Peter Weiss

Die Ästhetik des Widerstands

Erster Band

Reinhard [illegible]

Marburg, im Januar 1982

Peter Weiss

Die Ästhetik des Widerstands

Roman

Suhrkamp Verlag

19. bis 21. Tausend 1982

Druck: Nomos Verlagsgesellschaft, Baden-Baden
Printed in Germany

I

Rings um uns hoben sich die Leiber aus dem Stein, zusammengedrängt zu Gruppen, ineinander verschlungen oder zu Fragmenten zersprengt, mit einem Torso, einem aufgestützten Arm, einer geborstnen Hüfte, einem verschorften Brocken ihre Gestalt andeutend, immer in den Gebärden des Kampfs, ausweichend, zurückschnellend, angreifend, sich deckend, hochgestreckt oder gekrümmt, hier und da ausgelöscht, doch noch mit einem freistehenden vorgestemmten Fuß, einem gedrehten Rücken, der Kontur einer Wade eingespannt in eine einzige gemeinsame Bewegung. Ein riesiges Ringen, auftauchend aus der grauen Wand, sich erinnernd an seine Vollendung, zurücksinkend zur Formlosigkeit. Eine Hand, aus dem rauhen Grund gestreckt, zum Griff bereit, über leere Fläche hin mit der Schulter verbunden, ein zerschundnes Gesicht, mit klaffenden Rissen, weit geöffnetem Mund, leer starrenden Augen, umflossen von den Locken des Barts, der stürmische Faltenwurf eines Gewands, alles nah seinem verwitterten Ende und nah seinem Ursprung. Jede Einzelheit ihren Ausdruck bewahrend, mürbe Bruchstücke, aus denen die Ganzheit sich ablesen ließ, rauhe Stümpfe neben geschliffner Glätte, belebt vom Spiel der Muskeln und Sehnen, Streitpferde in gestrafftem Geschirr, gerundete Schilde, aufgereckte Speere, zu rohem Oval gespaltner Kopf, ausgebreitete Schwingen, triumphierend erhobner Arm, Ferse im Sprung, umflattert vom Rock, geballte Faust am nicht mehr vorhandnen Schwert, zottige Jagdhunde, die Mäuler verbissen in Lenden und Nacken, ein Fallender, mit dem Ansatz des Fingers zielend ins Auge der über ihm hängenden Bestie, vorstürzender Löwe, eine Kriegerin schützend, mit der Pranke ausholend zum Schlag, mit Vogelkrallen versehne Hände, Hörner aus wuchtigen Stirnen ragend, sich ringelnde Beine, mit Schuppen besetzt, ein Schlangengezücht überall, im Würgegriff um Bauch und Hals, züngelnd, die scharfen Zähne gebleckt, einstoßend auf nackte Brust. Diese eben geschaffnen, wieder erlöschenden Gesichter, diese mächtigen und zerstückelten Hände, diese weit geschwungnen, im stumpfen Fels ertrinkenden Flügel, dieser steinerne Blick, diese zum Schrei aufgerissnen Lippen, dieses Schreiten, Stampfen, diese Hiebe schwerer Waffen, dieses Rollen gepanzerter Räder, diese Bündel geschleuderter Blitze, dieses Zertreten, dieses Sichaufbäumen und Zusammenbrechen, diese unendliche Anstrengung, sich emporzuwühlen aus körnigen Blöcken. Und wie anmutig das Haar gekräuselt, wie kunstvoll geschürzt und gegurtet das leichte Kleid, wie zierlich das Ornament an den Riemen des Schilds, am Bug des Helms, wie zart der Schimmer der Haut, bereit für Liebkosungen, doch ausgesetzt dem unerbittlichen Wettstreit, der Zerfleischung und Vernichtung. Mit maskenhaftem Antlitz, einander haltend und von sich stoßend, einander erdrosselnd, überkletternd, vom Pferd gleitend, in die Zügel verwickelt, überaus verwundbar in der Blöße, und wieder entrückt in olympischer Kühle, unbezwinglich erscheinend als Meerungetüm, Greif, Kentaur, doch grimassierend in Schmerz und Verzweiflung, so rangen sie miteinander, handelnd in höherem Auftrag, träumend, reglos in wahnsinniger Heftigkeit, stumm in unhörbarem Dröhnen, verwoben alle in eine Metamorphose der Qual, erschauernd, ausharrend, wartend auf ein Erwachen, in fortwährendem Dulden und fortwährender Auflehnung, in unerhörter Wucht, und in äußerster Anspannung, die Bedrohung zu bezwingen, die Entscheidung hervorzurufen. Ein leises Klingen und Rauschen tönte auf hin und wieder, das Hallen von Schritten und Stimmen umgab uns Augenblicke lang, und dann war aufs neue nur diese Schlacht nah, unser Blick glitt über die Zehen in der Sandale, sich abstoßend vom Schädel eines Gestürzten, über den Sterbenden, dessen lahmwerdende Hand zärtlich auf dem Arm der Göttin lag, die ihn am Schopf hielt. Der Sims war den Kämpfenden der Boden, von seinem schmalen ebenmäßigen Streifen warfen sie sich empor ins Gewühl, auf ihn prallten die Hufe der Pferde, über ihn hinweg streiften die Säume der Kleider und wanden sich die schlangenförmigen Beine, nur an einer einzigen Stelle war der Grund durchbrochen, hier stieg die Dämonin der Erde auf, das Gesicht weggehackt unter den Augenlöchern, die Brüste massiv in dünner Umhüllung, den losgerissnen Klumpen der einen Hand suchend erhoben, die andre Hand um Einhalt bittend ragte aus der Steinkante, und hinauf zum profilierten Vorsprung streckten sich langgliedrige knotige Finger, als wären sie noch unter der Erde und wollten das Gelenk der offnen daumenlosen weiblichen Hand erreichen, sie bewegten sich unterhalb des Simses entlang, suchten nach den verwischten Spuren eingeritzter Buchstaben, und Coppis Gesicht, mit kurzsichtigen Augen hinter Brille mit dünnem Stahlrand, näherte sich den Schriftzeichen, die Heilmann, mit Hilfe eines mitgebrachten Buchs, entzifferte. Coppi wandte sich ihm zu, aufmerksam, mit breitem scharfgezeichnetem Mund, großer, vorstoßender Nase, und wir gaben den Gegnern in diesem Gemenge ihre Namen und besprachen, im Schwall der Geräusche, die Anlässe des Kampfs. Heilmann, der Fünfzehnjährige, der jede Ungewißheit von sich wies, der keine unbelegte Deutung duldete, bisweilen aber auch der poetischen Forderung auf bewußte Entreglung der Sinne anhing, der Wissenschaftler sein wollte und Seher, er, den wir unsern Rimbaud nannten, erklärte uns, die wir bereits um die Zwanzig waren und die Schule seit vier Jahren hinter uns hatten und das Arbeitsleben kannten, und die Arbeitslosigkeit auch, und Coppi das Gefängnis ein Jahr lang, wegen

Verbreitung staatsfeindlicher Schriften, den Sinn dieses Reigens, in dem die gesamte, von Zeus geführte Götterschar zum Sieg schritt über ein Geschlecht von Riesen und Fabelwesen. Die Giganten, die Söhne der klagenden Ge, vor deren Oberkörper wir standen, hatten sich frevelnd gegen die Götter erhoben, andre Kämpfe aber, die über Pergamons Reich hingegangen waren, lagen unter dieser Darstellung verborgen. Die Regenten aus der Dynastie der Attaliden ließen sich von ihren Bildhauermeistern das schnell Vergehende, von tausenden mit ihrem Leben Bezahlte, auf eine Ebene des zeitlos Bestehenden übertragen und damit ein Denkmal ihrer eignen Größe und Unsterblichkeit errichten. Aus der Unterwerfung der vom Norden eindringenden gallischen Völker war ein Triumph adliger Reinheit über wüste und niedrige Kräfte geworden, und die Meißel und Hämmer der Steinmetzen und ihrer Gesellen hatten das Bild einer unumstößlichen Ordnung den Untertanen zur Beugung in Ehrfurcht vorgeführt. In mythischer Verkleidung erschienen historische Ereignisse, ungeheuer greifbar, Schrecken, Bewundrung erregend, doch verständlich nicht als von Menschen hervorgerufen, sondern hinnehmbar nur als überpersönliche Macht, die Geknechtete, Versklavte wollte, in Unzahl, und wenige in der Höhe, die mit einem Fingerzeig die Geschicke bestimmten. Kaum wagte das Volk, als es vorbeizog an feierlichen Tagen, aufzublicken zum Abbild seiner eignen Geschichte, und da umschritten längst schon, zusammen mit den Priestern, die Philosophen und Dichter, die herbeigereisten Künstler, voll Sachkenntnis den Tempel, und was für die Unkundigen im magischen Dunkel lag, war für die Wissenden ein nüchtern einzuschätzendes Handwerk. Die Eingeweihten, die Spezialisten sprachen von Kunst, sie priesen die Harmonie der Bewegung, das Ineinandergreifen der Gesten, die andern aber, die nicht einmal den Begriff der Bildung kannten, starrten verstohlen in die aufgerissnen Rachen, spürten den Schlag der Pranke im eignen Fleisch. Genuß vermittelte das Werk den Privilegierten, ein Abgetrenntsein unter strengem hierarchischem Gesetz ahnten die andern. Einige Skulpturen jedoch, sagte Heilmann, brauchten nicht herausgeschält zu werden aus ihrer Symbolik, der fallende, der sich selbst entleibende Gallier zeigten die unmittelbare Tragik einer realen Situation, diese aber, antwortete Coppi, hätten sich nicht im Freien, sondern zwischen den Trophäen in den Thronsälen befunden, nur um darauf hinzuweisen, wem die Schilde und Helme, die Bündel von Schwertern und Spießen abgenommen worden waren. Einzig um die Absicherung des Herrschaftsbereichs der Könige ging es in den Kriegen. Die Götter, die sich mit den Erdgeistern konfrontierten, hielten die Vorstellung bestimmter Kräfteverhältnisse lebendig. Ein Fries voll namenloser

Soldaten, die, Werkzeug der Oberen, in jahrelangen Kämpfen über andre Namenlose herfielen, hätte die Sicht auf die Dienenden verändert, ihre Stellung angehoben, nicht die Krieger, die Könige trugen den Sieg davon, und wer siegte, durfte den Göttern gleich sein, während die Unterlegnen die von den Göttern Verachteten waren. Die Begünstigten wußten, daß es keine Götter gab, denn sie, die sich deren Maske aufsetzten, kannten sich selbst. Desto mehr drängten sie darauf, sich mit Pracht und Würde zu umgeben. Die Kunst diente ihnen dazu, ihrem Rang, ihren Befugnissen den Anschein des Übernatürlichen zu verleihen. Kein Zweifel an ihrer Vollkommenheit durfte entstehn. Heilmanns helles Gesicht, mit den regelmäßigen Zügen, den dichten Augenbrauen, der hohen Stirn, hatte sich der Dämonin der Erde zugewandt. Sie hatte Uranos, den Himmel, Pontos, das Meer, und alle Gebirge hervorgebracht. Sie hatte die Giganten, Titanen, Kyklopen und Erinnyen geboren. Dies war unser Geschlecht. Wir begutachteten die Geschichte der Irdischen. Wieder blickten wir hinauf zu ihr, die sich aus dem Boden streckte. Die Wellen des aufgelösten Haars umflossen sie. Auf der Schulter trug sie eine Schale voll Granatäpfeln. Blattwerk, Weintrauben rankten an ihrem Nacken. In der seitwärts nach oben gewandten rohen Fläche des Gesichts war der Ansatz des um Gnade flehenden Munds zu erkennen. Eine Wunde klaffte vom Kinn bis zum Kehlkopf. Alkyoneus, ihr Lieblingssohn, drehte sich, ins Knie sinkend, schräg von ihr weg. Der Stumpf seiner linken Hand tastete nach ihr. Sein linker Fuß, am gedehnten zersplitterten Bein hängend, rührte sie noch an. Schenkel, Unterleib, Bauch und Brust spannten sich in Konvulsionen. Von der kleinen Wunde, die ihm das giftige Reptil zwischen die Rippen geschlagen hatte, strahlte der Todesschmerz aus. Die weit ausgebreiteten Schwingen des Eisvogels, die ihm aus der Schulter wuchsen, verlangsamten seinen Sturz. Der Umriß des abgeborstnen Gesichts über ihm, mit der harten Linie des Halses, des hochgebundnen, unter den Helm gesteckten Haars, sprach von der Unerbittlichkeit Athenas. Im Schwung der Bewegung flog ihr weites gegürtetes Kleid zurück. Unter der niedergleitenden Umhüllung wurde an ihrer linken Brust der Schuppenpanzer sichtbar, mit dem kleinen aufgeblähten Antlitz der Medusa. Das Gewicht des runden Schilds, in dessen Riemen ihr Arm steckte, zog sie voran, zu neuen Taten. Nike, aufschnellend, mit mächtigen Flügeln, lockeren luftigen Röcken, hielt ihr den Kranz, unsichtbar, doch aus der Geste zu erraten, übers Haupt. Heilmann wies auf die verschwimmende Nachtgöttin Nyx, die, mit lieblichem Lächeln, ihr Gefäß voller Schlangen einem Niedergedrückten entgegenschleuderte, auf den vom offnen Mantel umwogten Zeus, der mit der wollnen Ägis, dem Fell des Verderbens, drei Gegner zusammenpeitschte, und auf Eos, Göttin der Morgenröte, wolkengleich reitend vor dem aufsteigenden Doppelgespann des nackten Sonnengotts Helios. So bricht, sagte er sanft, nach dem furchtbaren Gemetzel, ein andrer Tag heran, und jetzt wurde es laut in dem glasüberdeckten Raum vom Schaben der Füße auf glattem Boden, vom tickenden Echo der Schuhsohlen auf den steilen Stufen, die an der aufgebauten Westfront des Tempels hinführten zu den Säulengängen des Innenhofs. Noch einmal wandten wir uns dem Relief zu, das in seinen Bändern überall die Sekunde aufzeigte, in der gewaltsame Verändrung bevorstand, den Augenblick, in dem die gesammelte Kraft die unabwendbare Folge ahnen läßt. Indem wir die Lanze unmittelbar vorm Wurf, die Keule vorm Niedersausen, den Anlauf vorm Sprung, das Ausholen vorm Aneinanderprallen sahn, wurde unser Blick von Figur zu Figur, von einer Situation zur nächsten getrieben, und im ganzen Umkreis begann der Stein zu vibrieren. Herakles aber vermißten wir, den einzigen Sterblichen, der sich der Sage nach mit den Göttern im Kampf gegen die Giganten verbündet hatte, und wir suchten zwischen den eingemauerten Körpern, den Resten der Glieder, nach dem Sohn des Zeus und der Alkmene, dem irdischen Helfer, der durch Tapferkeit und ausdauernde Arbeit die Zeit der Bedrohungen beenden würde. Nur auf ein Namenszeichen von ihm stießen wir, und auf die Tatze eines Löwenfells, das er als Umhang getragen hatte, sonst zeugte nichts mehr von seinem Standort zwischen dem vierpferdigen Gespann der Hera und dem athletischen Leib des Zeus, und Coppi nannte es ein Omen, daß grade er, der unsresgleichen war, fehlte, und daß wir uns nun selbst ein Bild dieses Fürsprechers des Handelns zu machen hatten. Auf dem Weg zum engen, niedrigen Ausgang an der Seite des Saals leuchteten uns oft aus den kreiselnden Verschiebungen in der Menge der Besucher die roten Armbinden der schwarz und braun Uniformierten entgegen, und immer wenn ich im weißen runden Feld das Emblem auftauchen sah, rotierend und hackend, wurde es zur Giftspinne, schroff behaart, gestrichelt mit Bleistift, Tinte, Tusche, unter Coppis Hand, so wie ich es von der Schulklasse des Scharfenberger Instituts her kannte, als Coppi neben mir am Pult gesessen hatte, über kleinen Abbildern, Beilagen aus Zigarettenschachteln, über ausgeschnittnen Zeitungsillustrationen, das Wahrzeichen der neuen Herrscher verunstaltend, die feisten Gesichter, die aus den Uniformkragen ragten, mit Warzen, Hauern, bösen Falten und rinnendem Blut versehend. Auch Heilmann, unser Freund, trug das braune Hemd, mit aufgekrempelten Ärmeln, den Schulterriemen, die Pfeifenschnur, den Dolch an der kurzen Hose, doch er trug diese Kleidung als Tarnung, als Tarnung für seine eignen Erkenntnisse, und als Tarnung für Coppi, der von illegaler Arbeit kam, und für mich, der ich bereit war zum Aufbruch nach Spanien. So standen wir am zweiundzwanzigsten September Neunzehnhundert Siebenunddreißig, ein paar Tage vor meiner Abreise, vor dem vom Burgberg Pergamons hergeholten und wiederaufgebauten Altarfries, der einst, farbig bemalt und mit gehämmerten Metallen ausgelegt, das Licht des ägäischen Himmels widergestrahlt hatte. Heilmann gab die Ausmaße und die Lage des Tempels an, wie er sich gezeigt hatte, als er noch unversehrt war von Sandstürmen, Erdbeben, Plünderungen und Brandschatzungen, auf der terrassenförmig gegliederten Anhöhe der Residenz, oberhalb der Stadt, die heute den Namen Bergama trägt, auf vorgeschobner Plattform, hundertzehn Kilometer nördlich von Smyrna, zwischen den schmalen, zumeist ausgetrockneten Flüssen Keteios und Selinos, nach Westen blickend, über die Kaikosebene in Richtung des Meers und der Insel Lesbos, eine Architektur von fast quadratischem Grundriß, sechsunddreißig zu vierunddreißig Metern im Umfang, zwanzig Meter breit die Freitreppe, gestiftet von Eumenes dem Zweiten, den Göttern zum Dank für gewährte Kriegshilfe, einhundertachtzig Jahre vor unsrer Zeitrechnung begonnen und während zwanzig Jahren erbaut, weithin sichtbar, im zweiten Jahrhundert nach Christi von Lucius Ampelius in seinem Buch der Denkwürdigkeiten zu den Weltwundern gezählt, ehe sie im Schutt eines Jahrtausends versank. Und ist diese Steinmasse, fragte Coppi, die dem Kult fürstlicher und religiöser Zeremonienmeister diente, die den Sieg der Aristokraten über ein erdgebundnes Völkergemisch verherrlichte, nun zu einem freistehenden Wert geworden, jedem angehörend, der davor hintritt. Gewiß waren es hochgezüchtete Gestalten, die hier barbarische Mischwesen niedertraten, und es waren nicht jene verewigt worden, die unten in den Gassen der Stadt die Mühlen, Schmieden und Manufakturen betrieben, die tätig waren auf den Märkten, in den Werkstätten, den Werften am Hafen, auch war das Heiligtum auf dem dreihundert Meter hohen Berg, im ummauerten Bezirk der Magazine, Kasernen, Bäder, Theater, Verwaltungsgebäude und Paläste des regierenden Clans dem Volk nur an Festtagen zugänglich, gewiß waren nur die Namen einiger der Meister überliefert, Menekrates, Dionysades, Orestes, und nicht die Namen derer, die die Zeichnungen auf die Quadern übertragen, mit Zirkel und Bohrer die Schneidepunkte festgestellt und an manchem Haarschwall und Geäder sich voll Kunstverstand geübt hatten, und nichts erinnerte an die Fronarbeiter, die den Marmor brachen und die großen Blöcke zu den Ochsenkarren schleppten, und trotzdem, sagte Heilmann, gereichte der Fries nicht nur den Götternahen zum Ruhm, sondern auch denen, deren Stärke noch verborgen lag, denn unwissend waren auch sie nicht, auf ewig wollten sie sich nicht knechten lassen, schon beim Abschluß des Baus erhoben sie sich, unter der Führung des Aristonikos, gegen die Stadtherrn. Doch gehörte dem Werk immer noch der selbe Zwiespalt an, der zu der Zeit galt, als es entstanden war. Dazu berufen, königliche Macht auszustrahlen, konnte es gleichzeitig befragt werden nach seinen Eigenarten des Stils, nach seiner plastischen Überzeugungskraft. Pergamon war zu seiner Glanzzeit, ehe es im Byzantinischen Reich verfiel, berühmt für seine Gelehrten, seine Schulen und Bibliotheken, und die besondren Schreibblätter aus aufgeweichter, geschabter, polierter Kalbshaut machten die Resultate poetischer Erfindung und wissenschaftlicher Forschung beständig. Das Verstummen, die Lähmung derer, deren Los es war, in die Erde gestampft zu werden, war weiterhin spürbar. Sie, die eigentlichen Träger des ionischen Staats, des Lesens und Schreibens nicht kundig, ausgeschlossen vom künstlerischen Wirken, taugten nur dazu, einer kleinen Schicht von Begünstigten den Reichtum und der Elite des Geists die notwendige Muße zu schaffen. Das Dasein der Himmlischen war für sie unerreichbar, in den knienden vertierten Wesen aber konnten sie sich erkennen. Diese trugen, in Grobschlächtigkeit, Erniedrigung und Geschundenheit, ihre Züge. Daß die Darstellung des Götterflugs und der Vernichtung andrängender Gefahr nicht den Kampf des Guten gegen das Böse zum Ausdruck brachte, sondern den Kampf zwischen den Klassen, wurde nicht nur in unsrer heutigen Betrachtung, sondern vielleicht auch schon von manchem geheimem Blick damaliger Leibeigner erkannt. Doch auch die Nachgeschichte des Altars wurde bestimmt von der Unternehmungslust der Begüterten. Als die Bildbrocken, die unter den Ablagerungen vorderasiatischen Machtwechsels vergraben gelegen hatten, ans Tageslicht kamen, waren es wieder die Überlegnen, die Aufgeklärten, die das Wertvolle zu nutzen wußten, während die Viehhüter und Nomaden, die Nachfahren der Erbauer des Tempels, von Pergamons Größe nicht mehr besaßen als Staub. Darüber aber war keine Klage zu verlieren, sagte Heilmann, denn die Verwahrung des Glanzstücks hellenischer Kultur in einem Mausoleum der modernen Welt war dessen spurlosem Begräbnis im mysischen Geröll vorzuziehn. Da unser Ziel die Aufhebung des Unrechts, die Beendigung der Verarmung sei, sagte er, und sich auch dieses Land nur in einem Übergangszustand befände, könnten wir uns vorstellen, daß die Stätte einmal den erweiterten und gemeinsamen Besitz aufzeigen würde, der in der Monumentalität des Geformten gegeben war. So sahn wir im gedämpften Licht die Geschlagnen und Verendenden. Der Mund eines der

Niedergezwungnen, dem der reißende Hund über der Schulter hing, war halboffen, ausatmend. Seine linke Hand lag matt auf dem vorstürmenden lederbekleideten Fuß der Artemis, sein rechter Arm war noch in Notwehr erhoben, in den Hüften aber wurde er schon kalt, und seine Beine waren zu schwammiger Masse geworden. Wir hörten die Hiebe der Knüppel, die schrillenden Pfeifen, das Stöhnen, das Plätschern des Bluts. Wir blickten in eine Vorzeit zurück, und einen Augenblick lang füllte sich auch die Perspektive des Kommenden mit einem Massaker, das sich vom Gedanken an Befreiung nicht durchdringen ließ. Ihnen, den Unterworfnen, zur Hilfe müßte Herakles kommen, nicht denen, die an Panzern und Waffen genug hatten. Vor dem Entstehn der Figurationen war die Gebundenheit gewesen, die Eingeschlossenheit im Stein. In den Marmorbrüchen an den Berghängen nördlich der Burg hatten die Bildhauermeister mit ihren langen Stöcken auf die besten Blöcke gewiesen und dabei die gallischen Gefangnen bei der Arbeit in der dumpfen Hitze beobachtet. Beschirmt und umfächelt von Dattelzweigen, die Augen vor der blendenden Sonne zusammengekniffen, nahmen sie die Bewegungen der Muskeln, die Beugungen und Streckungen der schwitzenden Leiber in sich auf. Die in Ketten herangetriebnen besiegten Krieger, die an Seilen über den Felswänden hingen, Brecheisen und Keile in die Schichten des bläulich weißen kristallinisch glitzernden Kalksteins schlugen und die riesigen Quadern auf Schlitten aus langen Hölzern die gewundnen Wege hinab beförderten, waren wegen ihrer Wildheit, ihrer rohen Sitten verrufen, und furchtsam gingen die Herrn mit ihrem Gefolge abends an ihnen vorbei, wenn sie stinkend, besoffen von billigem Fusel, in einer Grube lagerten. Oben in den Gärten der Burg aber, im leichten Wind, der heraufstrich von der See, wurden die gewaltigen bärtigen Gesichter in ihnen schon zum Stoff des Traums, und sie entsannen sich, wie sie dem einen, dem andern befohlen hatten, stehn zu bleiben, wie sie ihm das Aug aufsperrten, den Mund zum Zähnezeigen aufrissen, wie ihm die Adern an den Schläfen schwollen, und Stirn, Nase und Jochbögen glänzend aus den Schlagschatten traten. Sie hörten noch das Schieben und Stoßen, das Anstemmen der Schultern und Rücken gegen das Gewicht des Steins, die rhythmischen Rufe, die Flüche, die Peitschenschläge, das Knirschen der Kufen im Sand, und sahn die Gestalten des Frieses in den marmornen Särgen schlummern. Langsam schabten sie die Glieder heraus, tasteten sie ab, sahn Formen entstehn, deren Wesen Vollkommenheit war. Indem die Ausgeplünderten ihre Energien in ausgeruhte und aufnahmebereite Gedanken übertrugen, entstand aus Herrschsucht und Erniedrigung Kunst. Durch den lärmenden Strudel einer Schulklasse drängten wir uns in den nächsten Raum, in dem sich das Markttor von Milet im Halbdunkel erhob. Vor den Säulen des Tors, das vom Rathaus der Hafenstadt auf den offnen Handelsplatz geführt hatte, fragte Heilmann, ob wir bemerkt hätten, wie drinnen im Altarsaal eine räumliche Funktion umgestülpt worden sei, dergestalt, daß Außenflächen zu Innenwänden wurden. Mit dem Gesicht zur westlichen Treppe, sagte er, hatten wir hinter uns die Ostseite, also die Rückseite des nur im Ansatz rekonstruierten Tempels, und rechts erstreckte sich aufgeklappt der südliche Fries, während links das Relief am Nordsims verlief. Das, was beim langsamen Umschreiten erfaßt werden sollte, legte sich nun seinerseits um den Beschauer. Dieser schwindelweckende Vorgang ließe uns am Ende die Relativitätstheorie verstehn, fügte er hinzu, als wir, noch ein paar Jahrhunderte tiefer geratend, an den Lehmziegelmauern entlanggingen, die sich einst im babylonischen Getürm des Nebukadnezar befanden, und dann plötzlich auf eine Anlage traten, wo gilbendes Laub, schwirrende Sonnenflecken, zweistöckige hellgelbe Omnibusse, Automobile mit blitzenden Reflexen, Ströme von Passanten und das taktfeste Schmettern nagelbeschlagner Stiefel eine Umstellung unsrer Orientierung, eine neue Positionsangabe forderten.

Wir befinden uns, sagte Coppi, nach der Überquerung des Platzes zwischen Museum, Dom und Zeughauskanal, vor den reglosen feldgrauen Wachtposten mit Stahlhelm am Ehrenmal, in dessen Verlies noch Platz genug ist für die Marschierenden, die, willig oder unwillig, auf dem Weg sind, sich hier, zerfetzt, verblutet, unter die Kränze mit seidenen Bändern zu legen. Heilmann, unterm Blattwerk der Linden, zeigte zwischen den hoch in Sesseln mit Greifenfüßen thronenden, über aufgeschlagnen Büchern vor sich hinsinnenden Brüdern Humboldt hindurch, über den breiten Vorhof, auf die Universität, in der er, mit vorzeitig bestandnem Abitur rechnend, das Studium der Auslandswissenschaften betreiben wollte. Englisch, Französisch beherrschte er bereits, und am Abendgymnasium, wo wir ihn kennengelernt hatten, war er auf der Suche gewesen nach Kontakten für den Unterricht der verpönten russischen Sprache. Die städtische Abendschule, Sammelpunkt für Proleten und abtrünnige Bürger, war unsre hauptsächliche Bildungsstätte gewesen, nachdem Coppi als Sechzehnjähriger die Schulinsel Scharfenberg verlassen und auch ich ein Jahr später zum letzten Mal die Fähre zum Festland beim Tegelforst bestiegen hatte. Hier dienten Grundkurse über Dostojewskis und Turgenews Romane dazu, die vorrevolutionäre Situation in Rußland zu diskutieren, so wie nationalökonomische Vorlesungen uns Anleitung gaben zur Beschäftigung mit der sowjetischen Planwirtschaft. Der Verband sozialistischer Ärzte sowie ein Stipendium der Kommunistischen Partei, deren Jugendorganisation Coppi angehörte, hatten uns den Besuch der Scharfenbergschule, einer damals fortschrittlich geleiteten Anstalt, ermöglicht. Vor allem Hodann, Stadtarzt, Leiter des Gesundheitsamts im Bezirk Reinickendorf, Chef des Instituts für Sexualwissenschaft, war es gewesen, der sich unsrer angenommen hatte. Wir waren ihm bei den Frageabenden im Ernst Haeckel Saal begegnet und nahmen bis zu seiner Verhaftung und Flucht im Jahr Dreiunddreißig oft teil an den Gesprächen über Psychologie, Literatur und Politik, die regelmäßig jede zweite Woche in seinem Haus an der Wiesener Straße, in einer Siedlung in Tempelhof, stattfanden. Coppi war nach der Berufung der nationalsozialistischen Regierung, genannt Machtübernahme, als der Schulbesuch für uns nicht mehr möglich war, als Lehrling bei Siemens eingetreten, und ich hatte Anstellung erhalten als Lagergehilfe bei Alfa Laval, wo mein Vater bei der Montage von Separatoren Vorarbeiter war. Hier, in einem der niedrigen langgestreckten Ziegelsteingebäude in der Heidestraße, zwischen dem Gelände des Lehrter Güterbahnhofs, mit seinen Werkstätten, Magazinen, Lokomotivenhallen und rangierenden Zügen, und dem Gedränge der Lastkähne im Kanal, der den Humboldthafen mit dem Nordhafen verband, war ich beschäftigt mit der Entgegennahme von Ausrüstungsteilen, die aus Hamburg, vom Bergedorfer Eisenwerk, und von der Stockholmer Hauptfirma kamen, sowie mit der Verpackung der fertiggestellten Zentrifugen für den Meiereigebrauch. Ende Neunzehnhundert Vierunddreißig hatten sich meine Eltern entschlossen, in die Tschechoslowakei zurückzukehren, das Land, dem wir den Pässen nach seit dem Friedensschluß von Versailles und Trianon zugehörig waren, ich selbst war an meiner Arbeitsstelle geblieben, um abends die Kurse zur Reifeprüfung fortsetzen zu können. Nach dem Auszug meiner Eltern hatte ich das Zimmer unsrer Wohnung in der Pflugstraße, in der Nähe des Wedding, an eine Familie vermietet, und schlief, wie ich es früher getan hatte, in der Küche, wo nachts das unaufhörlich heraufdringende Scheppern, Klirren und Fauchen aus dem Stettiner Bahnhof das Dröhnen an meinem Arbeitsplatz in Moabit ablöste. Inzwischen Hilfsmonteur geworden, wurde ich im Frühjahr Siebenunddreißig wegen Einschränkungen im Betrieb entlassen und befand mich seither auf der Suche nach Gelegenheitsarbeiten, ständig in der Gefahr, ausgewiesen zu werden, oder, angesichts der Forderung, mich um die deutsche Staatsbürgerschaft zu bewerben, mich zum Armeedienst melden zu müssen, einem Dienst, der für mich in diesem Herbst, nach einem Einstellungsbefehl von der tschechoslowakischen Botschaft, auch in meinem mir unbekannten Heimatland bevorstehn sollte. Doch waren die Kurse zur Erlangung des Abiturs sowie die Studien in Medizin und Ökonomie, die ich nebenher betrieben hatte, vorläufig ohnedies beendet, und die militärische Verpflichtung mußte aufgeschoben werden, da ich eine Tätigkeit in Spanien vor mir hatte. Wie für Coppi und viele andre, so gehörte auch für mich das Fehlen fester Berufspläne zum natürlichen Werdegang, unsre Hauptaufgabe sahn wir in der politischen Aktivität, und mein Weg führte mich aus dem Land hinaus, in dem ich aufgewachsen war. Coppi hatte sich hier zurechtzufinden, er war, gelernter Dreher, nach seiner Gefängnisstrafe genötigt gewesen, stempeln zu gehn, hatte Schnürsenkel verkauft und Zeitungen und Eistüten in einem Kiosk vorm Kino Rote Mühle am Bahnhof Halensee, und sollte jetzt, immer noch Mitglied der illegalen Kommunistischen Partei, in den Arbeitsdienst einrücken, zum Bau einer Fernstraße außerhalb Spandaus. Für Heilmann war die Ausbildung noch geregelt. Er war, nachdem sein Vater, früher Dozent an der Technischen Hochschule in Dresden, eine leitende Stellung im Berliner Stadtbauamt übernommen hatte, in die Herderschule eingetreten und wohnte bei seinen Eltern in der Hölderlinstraße, in unmittelbarer Nähe des Platzes, den wir noch Reichskanzlerplatz nannten und ausspien, wenn wir vor eins seiner jetzigen Namensschilder gerieten. Nicht zum Gedenken der Eroberungszüge, sagte Heilmann, sollten die grau Hingepflanzten, mit durchgedrückten Kniekehlen, das Gewehr auf flacher Hand an die Schulter gelegt, vor dem Tempel stehn, sondern um drüber zu wachen, daß der Befehl zum Ausmarsch nicht mehr gegeben wird, und geehrt werden sollten in der Gruft nur jene, die sich dem Tyrannen widersetzten. Rundgänge, Umwege einschlagend, vom Gedränge der Friedrichstraße hinein in die Gewölbe und Verzweigungen der Passage, vorbei am Panoptikum und an den Schaufenstern des Hofmalers, der nach des Kanzlers Geschmack die schwüle Verlogenheit des großdeutschen Rauschs in die Nacktheit verzückter Jungfrauen und Knaben pinselte, dann in der Georgenstraße, an den Viadukten entlang, im Gedonner der Stadtbahnzüge, zum Kupfergraben zurück, auf der Brücke zum Schloß Monbijou, in den Anlagen am Ufer, vorüber an Chamisso, mit schulterlangem Haar, auf rotem Marmorsockel, die Börse hinter uns lassend, abbiegend zum Hackeschen Markt, bis zur Rosenthaler Straße, Ecke Linienstraße, wo Familie Coppi im dritten Stock des zweiten Hinterhofs wohnte, entwickelte uns Heilmann, hier und da auch schon auf das Vorhaben des Herakles hinweisend, seine seit Jahren in Schreibheften festgehaltne

Vorstellung einer künftigen Gesellschaft, in der, nach den Erfahrungen des Zwangs, des Betrugs, der Erniedrigung und jeder Art von Tortur, die gewohnten Ordnungen, Gesetze und Tabus aufgehoben waren. Jede Ängstlichkeit vor Autoritäten, jede Gefügigkeit, jedes blinde Befolgen der Arbeit, seien hier, sagte er, einem Aufatmen gewichen, die Verwirrung sei beendet, das gemeinsame Beste sei mit dem eignen Besten identisch, es bestände Freiwilligkeit und völliger Ausgleich, es gäbe keine Rangstufen mehr, keine verschlossnen Türen, hinter denen geheime Entscheidungen getroffen wurden, alles fände in der Öffentlichkeit statt, jederzeit Einblick und Kontrolle erlaubend. Hier, wo jeder Handgriff, jede Zusammenordnung, von den daran Beteiligten selbst bestimmt würde und das Hervorgebrachte ihnen gehöre, wo jeder sich nach eignen Bedürfnissen fortbilden könnte, müßten Selbstbewußtsein, Stolz und Vergnügen zum Merkmal werden. Solch ein Gebilde, sagte Coppi, das Gedanken Saint Justs, Babeufs, Proudhons entlehnt, kann nur zum Anarchismus, zum Chaos führen. Dein Staat, der sich selbst überflüssig macht, weil er eine herrschende Klasse nicht mehr zu stützen braucht und weil niemand mehr da ist, der niedergehalten werden muß, erinnert wohl an das Geschlecht, von dem Lenin gesagt hat, es sei einmal imstande, den ganzen alten Plunder von sich abzutun, fragt noch nach jener vorbereitenden Phase, die du im mythischen Dunkel läßt, und in der die autoritärste Sache, die es gibt, die Revolution, Wirklichkeit ist. Mit Waffen hätten die Sieger den Besiegten ihren Willen aufzuzwingen, und mit Waffen, die Schrecken einflößen, ihre Macht zu behaupten, und ehe vom Absterben des Staats gesprochen werden könne, sei ein neuer Staat, mit den Regeln eines neuen Zusammenlebens, zu errichten, und dann begännen die alltäglichen Mühen, in denen jegliche Theorie ihren Gebrauchswert zu erweisen habe. Vielleicht war es das Getriebe des Verkehrs ringsum, das Heilmanns Rede undeutlich machte, doch er hielt fest daran, daß grade das, was Coppi als Illusion, als Erzeugnis wildwuchernder Phantasie bezeichnete, für ihn auf festem Grund stand, denn das Programmatische, das, was sich an Vorschriften binde, sei uns ja zur Genüge bekannt, wir wüßten, daß der Gehorsam, das Vertrauen in höhere Führung unser eignes Urteil schwächen, unser Unterscheidungsvermögen außer Kraft setzen und Unterlegenheit und Machtlosigkeit fördern sollten. Für uns gelte es, sagte er, die von alters her übernommnen Muster zu bezwingen. Seine Worte aber, die im Lärm verlorengingen, gegen fremde Gesichter prallten, befaßten sich schon längst wieder mit dem Schritt, den Herakles getan hatte, weg vom Privileg eines Bündnisses mit dem Olymp auf die Seite der Irdischen, und allmählich erst konnten wir den Erwägungen folgen, welche Art von Wendungen Herakles dabei vollzogen, welche Fehler er begangen und, vielleicht, welche Erkenntnisse er auf seinen Fahrten gewonnen hatte. Die Richtung, die er solchermaßen einschlug, war von Anfang an vorgezeichnet, denn gegen die Intrigen der Mächtigen lehnte er sich bereits als Säugling auf. Hera, Schwester und Gemahlin des Zeus, hatte der vom Göttervater geschwängerten, in den Wehen liegenden Alkmene aus Eifersucht den Bauch abgeklemmt, um die Geburt des Herakles zu verzögern. Hier zeige sich, sagte Heilmann, der Bruch, aus dem unversöhnlicher Widerstreit wurde, denn in der Leibesfrucht sei der Aufruhr gegen das Bestehende vorgebildet gewesen, und mit Ränken und Verschlagenheit wurde versucht, das Überlieferte zu erhalten. Es sollte an diesem Tag, so hatte Zeus feierlich den versammelten Größen verkündet, ein neuer Herrscher zur Welt kommen, einer, von dem er sich viel versprach. Was er damit meinte, war, wie üblich, den Sterblichen unergründlich, die Himmelskönigin aber witterte Unheil, denn die Umtriebe ihres Gatten waren ihr zur Genüge bekannt, und hier schien sich etwas, aus plötzlichem Einfall, aus göttlicher Lust anzubahnen, was das gesamte ehrwürdige Gefüge erschüttern konnte. Aus der oberen Sphäre war das Geschehnis auf die irdische Ebene versetzt worden. Der Verheißungsvolle sollte dem Amphitryon, Edelmann in Theben, Abkömmling des Perseus, geboren werden. Hera, mit Luftschritten, eilte hinein in die Gemächer eines andern Hohen, auch er dem Perseus verwandt, Sthenelos, dessen Frau schwanger war, im siebten Monat, und mit beißenden Getränken ließ sie diese vorzeitig gebären, so daß, anstelle des Herakles, zur bezeichneten Stunde Eurystheus ins Leben gestoßen wurde. Überlistet, verspätet erschien der, den Zeus zu großen Taten erwählt hatte, neben dem, den Hera bevorzugte, und Herakles war wohlgestaltet, schlug gleich die Augen auf und griff um sich, während der andre reglos und verkniffen lag, bläulich verfärbt. Wir werden sehn, sagte Heilmann, was sich aus dieser Rivalität ergab, in deren Verlauf der Mißgestaltete zur Macht gelangte und der Ebenmäßige und Starke alle Plagen und Bürden tragen mußte. Neidisch verfolgte Hera das Wachsen des Gesunden, dem der gewöhnliche Korb bald nicht mehr ausreichte, und sie schlich sich zu ihm, in goldnen Sandalen, die den Boden nicht streiften, gebadet in Ambrosia, schwere Gehänge an den Ohren, und in den üppigen Armen zwei Schlangen, die das Leben des Nebenbuhlers auslöschen sollten. Das Kind streckte ihr, die sich tief zwischen die beiseitegeschobnen Moskitoschleier geneigt hatte, die Hände, wie zu einem zärtlichen Streicheln, entgegen, spie ihr dann ins Gesicht und erwürgte die Nattern. Als Eurystheus noch jämmerlich in seinen

Kissen schrie und sich von den Ammen aufpäppeln ließ, hütete Herakles schon auf dem elterlichen Großgrundbesitz die Schafherden und erlangte beim Landvolk erste Berühmtheit, da er nicht nur den einfallenden Wölfen den Rachen zerriß, sondern auch dem für unbesiegbar erachteten Löwen, der seit Jahren in der Umgebung das Vieh fraß. Eurystheus, sein Vetter, rezitierte, mit weinerlicher Stimme, Gedichte, und spielte dazu, falsch, die Leier, Herakles aber zog Linos, dem Lehrer, der seinem Schüler weismachen wollte, die einzige Freiheit, die es gäbe, sei die Freiheit der Kunst, den Hut so hart über die Augen, daß ihm das Nasenbein brach, und als der Magister weiterhin behauptete, die Kunst sei zu allen Zeiten unabhängig von den jeweiligen Wirrnissen zu genießen, steckte er ihn kopfüber in die Jauchegrube und ertränkte ihn, zum Beweis, daß waffenlose Schöngeistigkeit einfachster Gewalt nicht standhalten kann. Die Töchter der Mnemosyne, auch sie zur Verwandtschaft gehörend, hatte er schon früher verprügelt, als diese sich anmaßen wollten, allein ausschlaggebend zu sein in allen Fragen des Tanzes, der Musik, des Gesangs und der Poesie, er zog die Lieder vor, die in den Gassen gesungen wurden, und die schrillen Rohrflöten, die gellenden Dudelsäcke, das Gepolter der Trommeln in den Wirtshäusern. Beim Herumstreunen in den von den Musen verabscheuten Vorstädten lernte er die Not kennen, die in den Hütten und Kellern zu Hause war, und es waren immer die Knechte und Mägde, das geduckte Gesinde, die Taglöhner, die Kleinhändler, die hungerten und ausgesaugt wurden von den auferlegten Tributen, während es oben in den Burgen Überfluß gab an Fleisch, Gemüse und Früchten, wie auch die Weinfässer dort, und die Schatztruhen, stets gefüllt waren. Er wollte es nicht glauben, daß der Terror, der seine Vaterstadt Theben in Bann hielt, dem mystischen Fürsten Erginos zuzuschreiben sei, den niemand je gesehn hatte, denn warum rülpste und kotzte Kreon, der König, und der gesamte Hofstaat, vor Übersättigung, warum trugen die Damen des Adels jeden Tag neue Kleider, wenn es über ihnen einen Gewaltherrscher gab, der unaufhörlich Abgaben verlangte. Um zu zeigen, daß es einzig und allein die Edelblütigen waren, die mit falschen Vorspiegelungen die unwissende Menge der Arbeitenden niederhielten und sie, während sie deren Obleute und Meister bestochen und gekauft hatten, bei Androhung unerhörter Strafen zur Schufterei zwangen, begab sich Herakles zur Insel der Marmorbrüche und holte sich von dort ein respekteinflößendes Gefolge. Den Sklaven, die hustend in der Mulde saßen, die Lungen voll Steinstaub, brauchte er nicht viel zu erklären. Mit Marmorbrocken im Bart, mit Kieseln zwischen den Zähnen, bewaffnet mit ihren großen Sägen und Brecheisen, begleiteten sie ihn, und was an Wächtern vorhanden war, wurde weggefegt, Verwundrung kam nur auf bei der Frage, warum dies nicht schon früher geschehn sei. Mit den Befreiten zog Herakles in Theben ein und verbreitete die Kunde, daß er Erginos gevierteilt und den Raben zum Fraß vorgeworfen habe. Noch ehe er die Königsburg betrat, waren in der Stadt Gesänge angestimmt worden, schnell für den Tagesgebrauch verfaßt, treffend gereimt, in Melodien gesetzt, die im Ohr haften blieben und schilderten, wie der Todfeind zerstückelt und gliedweise in alle Himmelsrichtungen verstreut und wie Theben endgültig erlöst wurde. Da weder Kreon noch seine verschlagensten Philosophen und Priester das Ungetüm, das so lange über sie regiert hatte, vorweisen konnten, mußte Herakles auch von höchster Stelle her gefeiert werden, und Kreon gab ihm zur Vermählung seine Tochter Megara, verteilte an die Bevölkerung Speise und Trank, ließ drei Tage lang Feste feiern und öffnete in einigen Arbeitslagern die Tore. Vom König und von allen Würdenträgern bekam Herakles nun zu hören, daß er der Beste, der Stärkste sei, daß eigentlich ihm der Rang zustünde, den der schwächliche minderwertige Eurystheus ihm weggestohlen hatte, gleichzeitig aber manövrierten sie den vor ihm Gebornen auf den Thron von Mykene, von wo aus er schwerbewaffnete Truppen übers Land schickte, die aufsässigen Bauern niedermetzeln und die entlaufnen Sklaven einfangen ließ. Dies war die Zeit der Umnachtung des Herakles, sagte Heilmann, während uns, von der Zentralmarkthalle her, hoch mit leeren Kisten und Kästen bepackte Lastwagen entgegenkamen. Er merkte, betört von den Reizen der Megara, nicht einmal, daß seine Leibgarde ermordet und verscharrt worden war, kein Warnruf drang über die Schloßmauern zu ihm hinauf, und als er zum ersten Mal wieder, in seidenem Gewand, durch die Tore hinausging in die Stadt, in der, wie er meinte, die Epoche des Wohlstands begonnen hatte, fand er nur Bettler und verwilderte Kinder, die Steine nach ihm warfen, und ein paar vorbeigehende Handwerker wandten sich, als er nach ihnen rief, von ihm ab. Ein einziger Augenblick der Unaufmerksamkeit konnte alles Erreichte zunichte machen, und nun waren Monate, vielleicht sogar Jahre vergangen, die er untätig verbracht, der Gegner aber genutzt hatte. Besser gewappnet als zuvor stand der Staat, damit sich Überraschungsangriffe nicht mehr wiederholen sollten. Auch die Hofautoren hatten dazugelernt und, im Dialekt der Gassen, Spottgedichte gemacht, deren Thema der Betrug des Herakles an den Armen, seine Großsprecherei, seine Aufgeblasenheit war, während Eurystheus, der Weise, der durch des höchsten Gottes Gnaden Eingesetzte, in vielen Versen gelobt wurde für seine väterliche Liebe zum Volk. Den Leuten, von denen es hieß, daß sie immer was brauchen, an das sie glauben, das sie verehren können, wurden auf den öffentlichen Plätzen Paraden vorgeführt, mit einer Augenweide von Kampfwagen, gefiederten Helmen, Standarten, und in hochgestimmten Reden wurde der Hoffnung Ausdruck gegeben, daß bald die letzten Verschwörer, die der Erneurung im Weg standen, beseitigt wären, und der Regent ließ die Müden und Ausgehungerten wissen, daß er sich um sie sorgte und mit ihnen litt, und mit schweigendem Erstaunen erfuhren die Zuhörenden, daß das, was über sie verhängt worden war, der Ausnahmezustand war. Wie hatte Herakles damit rechnen können, fragten wir uns, am Kanal, gelehnt ans rußige Eisengeländer, mit Knäufen, weißbefleckt vom Vogelkot, daß andre schon dagewesen wären, das von ihm Begonnene weiterzuführen, wie hatte er glauben können, daß eine vereinzelte Tat als Beispiel genüge, wie die Umwälzung zu erreichen sei. Er heulte vor Zorn, sagte Heilmann, er tobte im Schlafzimmer, weniger weil dies ihm widerfahren war, ihm, der sich doch zu wehren verstand, sondern weil er die unzähligen andern, die schwächer waren als er, und ohne Einfluß, im Stich gelassen hatte. Ehe er sich herauskämpfte aus den Spießen, die ihn umzingelten, erschlug er seine Frau und auch die Kinder, die sie ihm geboren hatte, alles, was ihn an die Oberen band, jede Verwandtschaft mußte ausgelöscht werden, hier gab es keine Versöhnung, und wir stimmten seiner Raserei zu, als grade ein Trupp der schwarzen Totengräber, den Totenkopf an der Mütze, gröhlend vorbeizog. Doch wir verstanden nicht, warum er sich dann, in einen Sack gehüllt, mit Asche bestreut, nach Mykene begab, um sich dem Eurystheus zu unterwerfen. Er demütigte sich, leistete Abbitte, sagte Heilmann, er nahm jede Erniedrigung auf sich, weil es notwendig war, sich selbst zu erhalten. Anstatt in die Folterkammern zu geraten, die für ihn bereitstanden, bot er dem Monarchen seine Dienste an und führte für diesen, der sich mit seinem Verbündeten brüsten konnte, eine Reihe gefahrvoller Aufträge aus. Seine Versäumnisse und die veränderte Lage im Land begreifend, mußte er sich jetzt einem langwierigen Plan zuwenden, mit dem er hoffte, das System der Mißgunst, der Herrschsucht und des Meuchelmords, das von Eurystheus, mit Hilfe der Hera, aufrechterhalten wurde, zu überwinden. Anfangs war nicht ersichtlich, was seine Taten bezweckten, und diese Ungewißheit hat sich in den Sagen, die über ihn verbreitet wurden, bis auf den heutigen Tag erhalten. Die Gelehrten gaben mit knappen Meldungen bekannt, daß Herakles sein Leben für den geliebten Eurystheus aufs Spiel setzte, um ringsum im Land, und später auch in entfernten Gebieten, Herde des Aufruhrs und der Feindlichkeiten zu beseitigen. Die Märchenerzähler auf den Märkten schmückten die Taten des

Abgesandten mit Einzelheiten aus. Hoch im Nordosten, bei Nemea, hatte er wieder einen Löwen erlegt, indem er ihn hinterrücks mit der Linken umfaßte, ihm Daumen und Zeigefinger in die Nüstern bohrte und die geballte Rechte durchs aufgerissne Maul tief in den Schlund stieß. Das Fell der Bestie als Umhang, die Läufe über der Brust verknüpft, den offnen Rachen übers Haupt gestülpt, war er weiter gezogen, diesmal nach Süden, zu den Sümpfen von Lerna, wo die neunköpfige Hydra hauste. Da bekannt war, daß dem Reptil jeder abgeschlagne Kopf doppelt nachwuchs, wurde in den Basaren schon wegwerfend über Herakles geredet, was nützt uns seine große schwarze Sichel, hieß es, wenn er doch nur ein Schlangenknäuel, größer als zuvor, zurückläßt. Er wäre nicht Herakles, lautete die Antwort, beende er ein Vorhaben ohne Sieg. Mit einem glühenden Baumstamm nämlich brannte er der Hydra nach jedem Hieb den Halsstumpf aus und verhinderte dadurch das Nachwachsen. Die Zuhörer schüttelten den Kopf, schnalzten ungläubig mit der Zunge. Doch als Herakles dann aus dem Gebirge von Erymanthos kam mit einem eingefangnen Eber, das gewaltige schaumtriefende Tier, an den Hinterbeinen hochgehoben, vor sich her in den Palast führte und in den Thronsaal, wo der von Gott gesandte König sich bebend vor Furcht in einen Tonkrug verkroch, gab es, bei aller Not, ein großes Gelächter, und manche begannen zu ahnen, was Herakles beabsichtigte. Seitdem stieg sein Ruhm wieder bei denen, die ihn schon verloren gegeben hatten, und als es hieß, er mache sich nun, am See von Stymphalos, an die Beseitigung der Riesenvögel, die eine Landplage waren und auf den Äckern nisteten, spielten die Kinder das Erzählte nach, schossen, mit blitzschnellen Bewegungen, ihre Pfeile in die Luft und wiesen, von Federn umstoben, triumphierend auf die Haufen der Beute. Zwar waren immer noch viele der Ansicht, daß all das Wild, das er gejagt, all die Herden von Vieh, die er eingebracht hatte, doch nie ihnen, sondern immer nur den höfischen Herrn zugute kamen, andre aber machten sich auf, um es Herakles gleichzutun und die Gegenden jenseits des Archipelagos zu erkunden. Eine Zeit der Meeresfahrten, der umwälzenden Entdeckungen brach herein. Während die Aristokraten ihre Denker zu immer größeren Anstrengungen trieben, um sich die fernen Taten des Herakles zu ihrem Vorteil ausmalen zu lassen, sprachen die Eigentumslosen von ihm als dem ihren. Was gibts neues von Herakles, wurde ständig gefragt, und so wie sie stolz auf ihn waren, weil er den feuerschnaubenden Stier auf die Knie gezwungen, die menschenfressenden Pferde gezähmt, den dreiköpfigen Riesen gefällt und die Freundschaft des Atlas gewonnen hatte, so wuchs ihr Zorn gegen Eurystheus, der, mit den Einflüsterungen der Hera im

Ohr, immer wieder versuchte, den Helden mit Unheil zu verfolgen, um ihn scheitern zu lassen. Es wäre an der Zeit, sagten die Arbeiter, die nachts im Versteck beisammen saßen, daß er zurückkehre, denn niemand mehr zweifle jetzt daran, daß er dem Eurystheus, mitsamt seinen Gutsbesitzern und Generälen, überlegen sei, und sie berieten, was er wohl bei den Amazonen getrieben, was die von ihm erbauten Säulen am Gestade des Okeanos zu bedeuten hätten und warum er sich so lange in den Gärten der Hesperiden aufhielt. Er müsse, wurde geantwortet, die gesamte Welt mit seinen Schritten ausmessen, um festzustellen, wo es feindliche Übermacht oder Möglichkeiten zur freien Entfaltung gäbe. Indessen bereiteten sich die Arbeitenden auf den Tag vor, an dem er wieder unter ihnen sein würde. Bei den Übergriffen der Söldner bewahrten sie Ruhe und Besonnenheit. Sie sammelten Pech in geheimen Kellern, um zum geeigneten Zeitpunkt die Arsenale in Brand stecken zu können. Als sie neue Mauern um die Königsburg zu errichten hatten, sorgten sie dafür, daß diese schnell zu öffnende Laufgänge enthielten. Sie wußten, daß Eurystheus schlaflos umherirrte in seinen prunkvollen Sälen und es aus allen Wänden flüstern hörte von der baldigen Ankunft des Herakles. Jetzt war es zu spät, daß die Oberen die Freilassung des Herakles bejammerten, daß die Einpeitscher den Soldaten größte Wachsamkeit befahlen, daß die Statthalter Almosen in den Städten verteilten. Die Unruhe, die sich verbreitet hatte, war nicht länger wegzuleugnen, die Sicherheit der Vornehmen war untergraben, keine Gebete und Aufmärsche mehr konnten dem Volk Andacht abzwingen. Noch wüteten die Folterknechte, und die Kerker füllten sich mit jedem, der willkürlich der Unzufriedenheit verdächtigt wurde. Wo aber die wahren Gefangnen saßen, zeigte sich eines Morgens, vor Sonnenaufgang, als Herakles in Theben eintraf, in Begleitung eines riesigen Hundes, bei dessen Geheul alles, was ein festes Haus hatte, sich unter den Betten verkroch, während die in den Hütten, oder die, die unter freiem Himmel nächtigten, aufhorchten und ihm entgegenliefen, als hätte sie eine frohe Posaune gerufen. Den seit altersher als unangreifbar dargestellten Wächter der höllischen Ordnung hatte Herakles, bei seinem letzten Vorstoß ins Innre des Weltbaus, mit Leichtigkeit, singend, wie gesagt wurde, aus den erdigen Tiefen raufgezogen, und auf dem Marktplatz, den die Krieger höherer Ränge geräumt hatten, zeigte er den Knechten und Mägden, den Taglöhnern und Handwerkern, den herbeiströmenden Bauern und Fischern, und dem herumlungernden Fußvolk, Kerberos, den schäbigen Köter, der, in Anbetracht der zahlreich Versammelten, den Schwanz einzog und zu winseln begann. In einem Käfig hatte er zudem einen Adler mitgebracht, auch dieser eine Berühmtheit im System des Zwangs und der Drohung, er war dazu dagewesen, die Trotzigen, Kühnen und Selbstbewußten zu quälen, den Aufbegehrenden die Leber zu zerfressen, wieder und wieder, und dies alles hatte jetzt, das sahn die Bewohner von Theben, ein Ende. Sie sahn, auf welch dürren räudigen Beinen sich die Herrschaft von Betrug und Lüge aufrecht hielt, und wie kläglich dem Vogel, der eben noch stolz über Prometheus thronte, die Federn hingen, wie stumpf die Häutchen waren, die sich über die sonst so gefährlich blitzenden Augen gezogen hatten. Zuende also mit der Festschmiedung ans Leiden für den, der das Neue dachte, offen alles in Theben, in Mykene, fürs Zeitalter der Gerechtigkeit. Doch gelang es den Bewohnern, wollten wir wissen, soviel Überzeugtheit um sich zu verbreiten, daß die Herrschaften in den Palästen, den Patriziergebäuden, auf den Knien herangekrochen kamen und um Gnade baten, wurde denen nicht doch wieder, bei einem geringen Zweifeln und Zögern, nicht einmal notwendigerweise einem Verrat, sondern dieser gewohnheitsmäßigen Duldsamkeit nur, Gelegenheit zur Verteidigung, zum Zurückschlagen gewährt. Denn nicht Frieden folgte nun, davon hätten wir doch gehört, vielmehr brachen weitere Feldzüge an, Kriege, umfassender als je zuvor. Herakles ließe sich jetzt jedoch nicht mehr wegdenken von der Seite der Versklavten, sagte Heilmann, beim Kreischen der Räder einer vollbeladnen Straßenbahn, die, vom Alexanderplatz kommend, in die Rosenthaler Straße einbog, er habe verdeutlicht, daß allen Zaubersprüchen begegnet, daß alles sagenhafte Getier überwunden werden konnte, und ein Sterblicher sei es, der solches vermochte. Seine Lehrzeit war vorbei, alles was er jetzt tat, würde gekennzeichnet sein von ungeheuren Verändrungen, mächtige Verbündete hatte er schon, zu ihnen gehörte der Träger des Himmelsgewölbes. Und doch, sagte Heilmann nach einer Weile, als wir in das zerschlißne, von gekrümmten Titanen gestützte Hoftor traten, und doch kam er um unter furchtbarer Pein, niemandem gelang es, ihm das mit dem vergifteten Blut des Nessos getränkte Hemd von der Haut zu reißen, und ihn dran zu hindern, sich im Wahnsinn des Schmerzes in den immer brennenden Scheiterhaufen zu werfen, auf dem Berg Oite.

Die Reihen der ineinandergeschobnen hölzernen Karren im Hof, die knarrenden Dielen der Treppen hinter uns lassend, öffneten wir die Tür mit der Scheibe aus geripptem Glas, den Kratzern und abgesprungnen Stellen in der fettigen, schwärzlich braunen Bemalung, dem Briefkasten aus buckligem schwarzen Blech, dem weißen zersprungnen Email des ovalen Namensschilds, der festgenagelten fleckigen Pappkarte, bedruckt mit dem verschnörkelten Text Leser des Völkischen Beobachters, und traten in die Küche ein. Im rauchigen Licht, das durchs Fenster fiel, waren Herd und Abwaschbecken zu erkennen, und am Tisch, unterm grünen Porzellanschirm der Deckenlampe, aufrecht auf dem Stuhl mit steiler Lehne, Coppis Mutter. Von ihrer halbtägigen Schicht in den Telefunkenwerken am Halleschen Ufer zurückgekehrt, hatte sie sich Schuhe und Strümpfe ausgezogen und die Füße in eine Schüssel mit dampfendem Wasser gestellt. Anfangs nur trüb wahrzunehmen, mit zerfließenden Konturen vor dem zu sechs Rechtecken zerteilten Fenster, zeigten sich die Einzelheiten ihrer Gestalt, als wir uns zu ihr an den blankgescheuerten Tisch setzten. Vom Ansatz des grauen, in einen Knoten zurückgebundnen Haars liefen dünne Falten fächerförmig über die Stirn zur Nasenwurzel, zwischen dichten Augenbrauen. Die Nase war vorgewölbt, tiefe Kerben zogen sich von den Flügeln her an den Mundwinkeln vorbei zum Kinn, die Lippen waren schmal, von der Zungenspitze angefeuchtet, mit dem Handrücken wischte sie sich über die geschloßnen, gelblich verfärbten Augenlider. Ihr dünner Hals wuchs starr zwischen den abfallenden Schultern hoch, sie trug ein hellblaues Kleid, mit dunkelblauen Längsstreifen und einem weißen Kragen mit einer Brosche, deren Glasperle das im Spiegel der gegenüberliegenden Wand aufgefangne Fenster reflektierte. Auch in den Pupillen ihrer Augen, die sich jetzt öffneten, glänzte das Abbild des Fensters. Die Fensterhälften waren fest verhakt, das Schloß der Tür war mit dem Schlüssel von innen wieder zugedrückt, die Decke an den Messingringen vorgezogen. Von den Wänden strömte ein mattes Grün in den Raum, außer dem Spiegel hing dort nichts als ein Kalender und eine Uhr, in einem runden weißen Gehäuse. Eine Tür führte zum Zimmer, in dem sich das Bett der Eltern Coppis befand, Coppi selbst schlief auf dem Sofa in der Küche, zwischen Truhe und niedrigem Bücherständer, alles glich der Einrichtung in unsrer Wohnung in der Pflugstraße, als ich dort noch mit meinen Eltern lebte. Der Küchenraum, der sich langsam verschattete, während die Glühfäden der Lampe schärfer wurden, stellte eine Eingeschlossenheit dar, die uns, die wir um den Tisch saßen, das Gefühl einer überwältigenden Niederlage aufzwingen wollte. Außerhalb dieser Zelle, hinter den bröckelnden Mauern, dem Treppengebälk, dem Hofschacht, war nur Feindlichkeit, hier und da durchsetzt von ähnlich kleinen verriegelten Räumen, die immer seltner wurden, immer schwerer aufzuspüren oder schon nicht mehr zu finden waren. Jedes Wort mußte aus der Machtlosigkeit herausgesucht werden, um jenen Ton zu treffen, mit dem wir uns seit mehr als vier Jahren Ausdauer, Zuversicht und Lebenskraft zusprachen. Die erlittne Katastrophe zu verwinden war jedesmal Voraussetzung für alles, was unternommen wurde, sei es allein oder unter Gleichgesinnten. Zumeist stellte sich diese Festigung unmerklich, gewohnheitsgemäß her, es brauchte nur ein paar Augenblicke des Schweigens. Selbst wenn unsre Gespräche dann alltäglich schienen oder sich zu sammeln begannen, immer waren sie beschwert durch die Nähe einer tödlichen Gefahr. Alles, was wir uns während der letzten Jahre an Kenntnissen angeeignet hatten, stand in Beziehung zu dieser Wechselwirkung zwischen notwendiger Absondrung und äußerst wachsamer Erkundung in einem gegnerischen Bereich, dessen Grenzen sich unaufhörlich ausweiteten. Daß Müdigkeit, Überanstrengung manchmal überhand nehmen konnten, wollten wir nicht gelten lassen, wir erklärten solche Erscheinungen körperlicher und geistiger Schwäche zu Bestandteilen unsrer Funktion. Wenn es soweit war, gingen wir drüber hinweg, warteten ab, bis es vorbei war, und gedachten der Gefängnisse, der Moore, der mit Stacheldraht umzäunten Torturfelder, und fanden uns nach einer Weile wieder in einem Zusammenhang, in dem es, trotz der scheinbaren Ausweglosigkeit, bestimmte Haltpunkte und Richtlinien gab. Nach dem Versäumnis des Zusammengehns, nach der Zerschlagung unsrer Organisationen, besaßen wir, in der grünlich umdunkelten Kammer, eine Reihe gemeinsamer Vorstellungen, die unverrückbar waren und zu denen uns von außen her Anweisungen und Nachrichten übermittelt wurden. War die Dichte innerhalb der Küche, deren Fenster Coppi nun mit einem Verdunklungspapier auslegte, auch fast hermetisch, so gab es doch schon Perspektiven, welche uns mit Aktionen verbanden, die an geographisch bestimmbaren Orten zu heftigen Auseinandersetzungen und Zusammenstößen führten. Waren wir erst der Überwachung auf Schritt und Tritt entkommen, konnten wir die Direktiven erörtern, die uns Halt gaben und eine Weiterarbeit ermöglichten. Leitende Funktionäre der verbotnen Parteien, denen es gelungen war, der Einkerkerung und Ermordungen zu entgehn, hatten außerhalb der Grenzen ihre Stützpunkte errichtet, manchmal kamen sie ins Land, und in den kleinen konspirativen Gruppen in den Betrieben, in den Tarnungsvereinen von Keglern, Sängern, Sportlern, Laubengärtnern, erfuhren wir, meist nur zu zweit, zu dritt, zu viert, was im größeren Umkreis an Maßnahmen zur Gegenwehr entstand. Vertauscht wurden hierbei oft die Namen der Orte, an denen Treffen stattgefunden hatten. So waren die Besprechungen in Moskau, im Herbst Neunzehnhundert Fünfunddreißig, über den Aufbau der illegalen Tätigkeiten und über die Notwendigkeit, zu einer Einheit der Arbeiterparteien zu gelangen, Brüssel zugeschrieben worden, der Stadt, in der zu Beginn des Jahrhunderts die russischen Sozialdemokraten ihren Kongreß abgehalten hatten, der ursprünglich Parteitag der Einigung genannt wurde, dann jedoch zur Aufteilung in Bolschewiki und Menschewiki führte. In der Anspielung auf diesen historischen Ausgangspunkt lag dialektische Ironie, denn vom Juli Neunzehnhundert Drei an ließ sich nicht nur der Bruch innerhalb der russischen Partei, sondern auch die Gegensätzlichkeit in den Meinungen deutscher und russischer Sozialdemokraten verfolgen, aus der sich schließlich die Spaltung in die Zweite und Dritte Internationale ergab. Die Nennung Brüssels erinnerte uns an jenen Getreidespeicher, in dem, bei stickiger Hitze, geplagt von Flöhen und Ratten, auf Brettern zusammengedrängt, von Spitzeln umschlichen, die emigrierten russischen Revolutionäre, unter Lenins Führung, ihre Strategien begründeten. Wachgerufen wurde die Hartnäckigkeit und Entschlossenheit und auch die Unversöhnlichkeit, mit der die Anschauungen vorgebracht wurden, doch bezeichnete die Wahl des Ortsnamens gleichzeitig auch das Bemühn, etwas von einer verlorengegangnen grundsätzlichen Gemeinsamkeit wiederzufinden. Die verflossnen drei Jahrzehnte waren eine geringe Zeit, die Trennung des Proletariats aber in die beiden großen Parteien und die in der Folge der Uneinigkeit erzwungnen weiteren Absplitterungen hatten ein Unheil begünstigt, das ständig auf der Lauer lag, jedes Zeichen von Schwäche für seine Angriffe zu nutzen verstand und in seinem Ausmaß jetzt alle Ansätze zur Erneurung ersticken wollte. Der bis an den Rand der Todfeindschaft geführte Kampf zwischen den Arbeiterparteien, die Zerstörung der Solidarität, die Auswirkungen des Fraktionalismus, an dies alles wurde bei der Erinnrung an Brüssel gerührt, desto größer schien uns der Mut, grade bei der bisherigen Unvereinbarkeit der politischen Linien, der Quelle des Kontroversen zu beginnen und somit auf den Schwierigkeitsgrad des Unternehmens hinzuweisen. Den Diskussionen über die Aktionseinheit zwischen Kommunisten und Sozialdemokraten lagen die Beschlüsse zugrunde zu einer Orientierung der Politik auf Bildung von Volksfronten, die einige Wochen zuvor, auf dem Siebten Weltkongreß der Komintern, getroffen worden waren. In Ermanglung von Kenntnissen über die Einzelheiten der Auseinandersetzungen hatten wir Abbildungen des Gebäudes der Kommunistischen Internationale betrachtet, um zumindest den Sitz derer vor Augen zu haben, von deren Erwägungen unsre Geschicke abhingen. Damals erhielt das vielfenstrige ebenmäßige Haus, gleich neben dem Trojckije Tor zum Kreml, einen rosafarbnen Schimmer unter den kleinen zerpflückten Wolken des Abendhimmels, und auch die goldnen Kuppeln dachten wir uns, aufsteigend aus dem roten Mauerwerk, mit den lilienförmig geöffneten Scharten, und drüben, vor dem riesigen offnen Platz, den gedrungnen Kubus, die schwarze Kaaba, enthaltend den Gläsernen, Enthobnen. Wir versuchten, unser winziges verborgnes Revier in das große Muster einzupassen und unsre isolierten Erfahrungen in Übereinstimmung zu bringen mit Richtlinien, mit Parolen, deren vielfältiger Stoff von den Delegaten zusammengetragen, verglichen, bemessen, revidiert, gehärtet und im Wortstreit geläutert worden war. Während unsrer Kindheit hatten unaufhörlich Bemühungen stattgefunden um die Errichtung der Einheitsfront, sie waren dann, ein halbes Jahrzehnt lang, bis in die offne Macht des Faschismus hinein, festgefahren, versperrt, um jetzt noch einmal zu einer Lösung, der Überwindung begangner Fehler zu drängen. Die spärlichen Nachrichten, die uns Achtzehnjährigen zukamen, wurden in dem Untergrund, in dem sie zur Sprache gebracht werden konnten, immer wieder vorgenommen, geprüft und auf ihre Folgen hin untersucht. Dies war für uns eine Grundbedingung, daß die Geschehnisse im großen Maßstab nie zu etwas Unverständlichem, Undurchschaubarem werden, daß wir unsre Isolation nie als ein Ausgeliefertsein ansehn durften. Wir hielten dran fest, daß draußen etwas bestand und sich stärkte und zum Gegenschlag vorbereitete, und je schwieriger es wurde, innerhalb der Reste illegaler Gruppierungen Kontakt miteinander aufzunehmen, sich gegenseitig Hilfe zu leisten und einander über Pläne zu informieren, desto bedeutungsvoller wurde jede kleinste Einzelheit, aus der sich Schlüsse ziehn ließen über den Zustand, die Handlungsverläufe außerhalb unsrer Grenzen. Doch seit einem Jahr hatten nun auch, von der totalen Kontrolle abgesehn, die kaum mehr Bewegungen in größerem Umkreis zuließ, Verändrungen innerhalb der sowjetischen Partei eingesetzt, die uns zusätzliche Vorsicht und Bedrängnis auferlegten, und die, ihre tieferen Ursachen verbergend, von uns geschärfte Aufmerksamkeit verlangten gegenüber jedem, dem wir zuvor vertraut hatten. Da ich selbst erst nach Beginn der faschistischen Herrschaft zu arbeiten begonnen hatte, waren die Voraussetzungen, die für die politische Tätigkeit unsrer Eltern bestanden, für mich ungültig geworden. Für sie hatte es auf den Arbeitsplätzen noch gemeinsame alltägliche Interessen gegeben, die sich über die Verschiedenheit der Parteizugehörigkeit und über ideologische Konflikte hin erstreckten. Lediglich das Vorurteil vom Gegensatz zwischen den Generationen blieb aufgehoben, stärker noch als zuvor wurde die einzige Trennungslinie, die es gab, vom Klassenkampf bestimmt, und diese verlief quer durch alle Altersgruppen. Es wurde einzig danach gefragt, auf welcher Seite der Front man stand, wenn sich dies später auch in nichts andrem als in schweigendem Einvernehmen zeigte, bei gemeinsamen Aktionen. Unsre persönliche Entwicklung fand in gewaltsamer Einengung statt, eine kulturelle Bewegungsfreiheit war undenkbar, was wir erlernten, konnte nur auf Schleichwegen gewonnen werden. Neunzehnhundert Siebenunddreißig, unterm paradoxen Zeichen des Strebens nach einer breiten einheitlichen Front und des im Innern waltenden Mißtrauens, des Zerfalls in den eignen Reihen, waren wir gezwungen, jeden Anstoß, den wir erhielten, nach eignem Ermessen, oft auf eine visionäre Weise auszudeuten und dabei dem Idealistischen Form zu geben. Was wir über Spanien gehört hatten, über die revolutionäre Bewegung in China, über die Unruhen und Aufstände in Südostasien, in Afrika, in Lateinamerika, oder über die Massenstreiks, den Zusammenschluß der Gewerkschaften und Arbeiterparteien in Frankreich, ließ uns vermuten, daß der Gedanke an den Sieg über die reaktionären Kräfte der Welt nicht so abwegig war, wie es sich in den schreierischen Phrasen von der Gleichschaltung in unserm Land darstellen wollte. Doch wenn wir versuchten, in den Betrieben und Organisationen Anzeichen von Verändrungen aufzuspüren, von Aufsässigkeit, von Sabotage, so fanden wir zumeist nur resignierte Anpassung, stummes Zusehn, und unsre Utopien konnten uns nicht drüber wegtäuschen, daß viele von denen, die wir noch im Januar Dreiunddreißig frierend, ärmlich gekleidet, zum Liebknechthaus gehen sahn, jetzt unter den Fahnen marschierten, in deren Rot die gekreuzten Werkzeuge der Arbeit vom eckig starrenden Symbol der Zerschlagung ersetzt worden waren. Während Heilmanns Eltern nichts vom Vorhaben ihres Sohns erfahren durften und wir ihn nur als Kameraden vom Eichkamper Sportklub besuchten, mit dem Fußball in der Netztasche, gab es in Coppis Familie, wie auch früher bei uns zuhause, Anteilnahme an allen Erörterungen über die Fragwürdigkeiten des politischen Lebens. Diese Möglichkeit, auch die eignen Unklarheiten und Trugschlüsse besprechen zu können, war entscheidend für unser Weiterkommen, und Heilmann war hier in Coppis Küche zugehöriger als im Westender Elternhaus. Wie Generationskämpfe für uns Merkmale ökonomischer Abhängigkeiten waren, in einer Gesellschaft, deren Untergang wir erstrebten, so hatten wir, mit Gewalt, die Bildungsteilung nach Klassenprivilegien beendet. Desinteresse für soziale, politische, wissenschaftliche und ästhetische Fragen der Zeit, matte Untätigkeit, geistige Verarmung, nichtssagende Meinungen waren häufiger bei Philistern und auch bei Angehörigen des Bürgertums zu finden, als bei den Massen derer, die von den Kulturinstitutionen abgeschnitten und durch schwere und einförmige Arbeit zermürbt wurden. Von früher Jugend an war ich es gewohnt, klare und einleuchtende Aussagen über die Eigentumsverhältnisse und den Mechanismus der Wirtschaft, über den Stand der Forschung, über künstlerische Produktion, über die Lage im Land und in andern Ländern und Erdteilen von denen zu vernehmen, die ihre Erfahrungen dort gewonnen hatten, wo die Konfrontation gegensätzlicher Kräfte stattfand, die unmittelbar einbezogen waren in die Krisenherde des gesellschaftlichen Prozesses und die nicht nur wußten, welche Erfindung und Entdeckung im Dienst der Herrschenden stand und welche von gemeinnützlicher Art war, sondern die auch Auskunft drüber geben konnten, wo die Nutznießer zu finden waren, welches Gesicht und welchen Namen sie trugen und welche Gewinne sie den Arbeitenden abgeschunden hatten. Es ging hier um elementare Dinge, um die Erkundung von Schiebungen und Verbrechen im Betrieb und auf dem Wohnungsmarkt, in der städtischen und staatlichen Verwaltung, in der internationalen Diplomatie und in den Hochburgen der Monopole und Trusts, es ging um Pressedebatten, um Kunstausstellungen und neuerschienene Bücher, um die Beurteilung der Parteipolitik und der weltweiten Machtkonstellationen, und vor der Wahnherrschaft waren wir an der Kritik an den Bevollmächtigten in Fach und Gewerkschaft, an den Aussprachen über Lohnforderungen, Arbeitsschutz oder Streikmaßnahmen beteiligt gewesen, und alle kannten wir die Zustände in den zurückgebliebnen südeuropäischen Ländern, in den Ghettos der Vereinigten Staaten und in den Kolonien, in denen Völker ihren Befreiungskampf begannen. Sicher unterließen es viele, sich zu äußern, degradiert durch Erziehung, betäubt von Niederlagen, doch wenn sie erst einmal zu sprechen begannen, so zeigten sie, wie genau sie die Vorgänge, in die sie verwickelt waren, kannten, und wohin ich auch kam, stets vernahm ich ein treffendes Urteil, einen neuen Hinweis zum Verständnis einer aktuellen Fragestellung. Arbeitsgefährten der Eltern, Nachbarn, zuweilen auch ausländische Gäste, Metallarbeiter aus Böhmen, italienische und spanische Genossen, denen meine Mutter, gebürtige Straßburgerin, mit französischen Sprachbrocken zur Verständigung verhalf, saßen wir am Samstagabend und am Sonntag oft in der Küche, die unser Wohnraum war. Mein Vater, seit jungen Jahren Sozialdemokrat, sicher der einzige politische Häftling, der je im Polizeiarrest seines ungarischen Heimatorts Nagy Emöke gesessen hatte, wegen Agitation gegen das Kriegstreiben des kaiserlich königlichen Österreichs, dann selber zum Kriegsdienst gezwungen, war als Schwerverletzter im Frühjahr Neunzehnhundert Sechzehn von der galizischen Front nach Deutschland gebracht worden und dann, aus dem Lazarett entlassen, in Bremen ansässig geworden. Hier wurde ich am achten November Neunzehnhundert Siebzehn geboren. Mein Vater hatte an der Weserwerft Anstellung gefunden und war, durch seine Tätigkeit im Arbeiterbildungsverein, in Verbindung gekommen mit der Zeitung Arbeiterpolitik, die nahe Beziehungen zum Spartakusbund unterhielt. Im November Achtzehn, nach der Ausrufung der Sozialistischen Republik durch Liebknecht, war er in Berlin, und danach wieder beim revolutionären Aufstand in Bremen, gelangte dann in den Zwanzigerjahren durch Selbststudien zum Ingenieursexamen, erhielt jedoch keine Möglichkeit zum beruflichen Aufstieg, sondern war weiterhin Arbeiter in Werftbetrieben, in feinmechanischen Werkstätten, bis er, nachdem wir nach Berlin gezogen waren, aufgrund technischer Verbesserungen, die er an seinem Arbeitsplatz einführte, zum Vormann ernannt wurde. Er war, nachdem er während der Zeit der politischen Radikalisierung den Unabhängigen Sozialdemokraten angehört hatte, im März Einundzwanzig wieder Mitglied der Mehrheitspartei geworden, weil sich ihm hier, wie er meinte, bessre Voraussetzungen für die Tätigkeit innerhalb der Gewerkschaftsorganisationen anboten. Obgleich seine Parteiführung während der Kämpfe in Berlin und Bremen auf der Seite des Gegners stand, und er auch späterhin ständig mit ihrer Politik in Konflikt geriet, hielt er doch an der Vorstellung fest, daß die Partei durch die Massen der Arbeitenden der Bildung einer sozialistischen Einheitsfront entgegen gedrängt werden könnte. Es war, trotz seines Strebens nach Aktionseinheit, etwas von einem Anarchisten, einem Syndikalisten an ihm, so wie er stets Amtspersonen, Offizieren, Bürokraten und Direktoren mißtraute, so waren ihm die Funktionäre und Bonzen in seiner Partei zuwider. Die Partei, das waren für ihn die Arbeitsgefährten, und er gab seine Erwartung nicht auf, daß diese der Partei ihr Gesicht geben würden. Der Kommunistischen Partei schloß er sich nicht an, weil er nicht das Verständnis für ihren Zentralismus aufzubringen vermochte. Er sah in der Befehlsgewalt der leitenden Instanzen und dem Gehorsam der Untergliederungen ein Prinzip, das nicht mit seinem Begriff von Demokratie in Übereinstimmung stand. Auch wies er die Forderung auf absolute Glaubensentscheidung ab, weil diese, wie er sagte, religiösen Charakter habe und ihn an die Beugung vor Obrigkeiten erinnre. Indem er nur für die Arbeiter, gleichgültig, ob sozialdemokratischer oder kommunistischer Zugehörigkeit eintrat, und aufkommenden antikommunistischen Tendenzen in der Gewerkschaft entgegenwirkte, gab er der Sozialdemokratischen Partei seine Stimme, zwar jedes Mal mit einem heftigen Ausfall gegen ihre letzten Manöver des Zurückweichens und der Kompromisse, doch mit der Zuversicht, daß die Werktätigen hier, ohne Zerschlagung des Staats, vielmehr ihn benutzend, zur Kontrolle und allmählichen Übernahme der Produktion gelangen würden. Der Zwiespalt zwischen Reform und Revolution war bei uns ständiges Thema, und vielleicht waren es seine Erlebnisse während der Erhebungen nach dem Krieg, die ihn davon überzeugt hatten, daß sich nicht durch gewaltsame Eingriffe, sondern nur durch langsame Stärkung und Ausweitung der Arbeiterbewegung, nicht durch bewaffneten Kampf, sondern auf parlamentarischem Weg, die gesellschaftliche Verändrung erreichen ließe. Befragt, ob nicht längst, durch den Opportunismus, die Duldung der bürgerlichen Machtpositionen, das Aufschieben der eignen Ansprüche, der Kampfwille gebrochen sei, antwortete er nur, daß die tragenden Kräfte der beiden großen Parteien seit jeher zum Zusammengehn bereit wären, und daß nur die Führung den Weg dazu noch nicht gefunden habe, und selbst Anfang der Dreißigerjahre, da auch das rapide Anwachsen der faschistischen Bedrohung es nicht vermochte, seinen Vorstand mit den Leitern der Kommunistischen Partei zu einer Verständigung zu bringen, hielt er immer noch das Aufkommen proletarischer Vernunft für möglich und rechnete sogar noch kurz vorm Januar Dreiunddreißig mit machtvollen Gegendemonstrationen, die in letzter Stunde das Verderben der Arbeiterklasse abwenden würden. Er zog bei derartigen Erwägungen die linke Schulter hoch, die steif war seit der Verwundung durch einen Steckschuß, bei den Gefechten auf der Kaiserbrücke in Bremen, was ihm die Haltung eines ewigen Zweiflers gab. Er war befreundet mit Merker, der dem Zentralkomitee der Kommunistischen Partei angehörte, und der zu einer Zeit, da die Sozialdemokraten in den kommunistischen Parolen noch als Sozialfaschisten bezeichnet wurden, bei Gewerkschaftstreffen für ein Zusammenwirken eintrat und, als sozialdemokratische Gruppen zur illegalen Weiterarbeit im Land gebildet wurden, diesen seine Unterstützung anbot. Merker, Dittbender, Münzenberg, Ackermann, Wehner waren nur einige von zahlreichen Kommunisten, mit denen er in der fachlichen Tätigkeit und in seiner Zusammenarbeit mit der Berliner Roten Hilfe, die ausländische Genossen betreute, bekannt wurde und die ihn in seinen Bemühungen um eine Überwindung der parteipolitischen Gegensätze bestärkten. Nach dem Auseinanderfall der Arbeiterparteien, nach dem erschreckenden Sichfügen der großen Mehrzahl, blieben vereinzelte Namen erhalten, mit denen wir noch lange, in unserm Abgetrenntsein, eine Tradition verbanden, die jetzt jedoch auch brüchig geworden war und von niemandem mehr mit Sicherheit personifiziert werden konnte. Menschen wie meine Eltern, wie Coppis Eltern, waren früher überall in der arbeitenden Bevölkerung zu finden, sie waren, ihrer Haltung nach, Internationalisten, sie standen, ob Sozialdemokraten oder Kommunisten, außerhalb der Parteifehden und traten, während über ihre Köpfe hinweg die entscheidende Politik geführt wurde, ohne viel von sich reden zu machen, ideologisch immer das Gemeinsame anstatt das Trennende suchend, für ihre Überzeugung ein. Ein Jahr lang noch, wie viele andre, auf die Gegenkraft hoffend, dann vor die demütigende Einsicht gestellt, daß die Zeit des Wartens, des Überwinterns, Jahre, Jahrzehnte dauern würde, hatte sich mein Vater in die Tschechoslowakei begeben, um dort noch einmal auf Arbeitssuche zu gehn. Die Umstellung fiel ihm und meiner Mutter schwer, und obgleich er in der nordböhmischen Stadt Warnsdorf, durch die Hilfe von Partei und Gewerkschaft, bald schon in einer Textilfabrik angestellt wurde, sprachen die Briefe, die ich von meinen Eltern bekam, von den Mühen der Anpassung und, in versteckten Anspielungen, von einer Unsicherheit, die sich auch dort ständig mehr verbreitete. Zu einem Zeitpunkt, da die tschechoslowakische Staatsbürgerschaft noch einen gewissen Schutz bot, war es meinen Eltern gelungen, der politischen Verfolgung zu entkommen, und auch ich durfte, mit meinem tschechischen Paß, und so lange ich eine Anstellung und eine feste Adresse nachweisen konnte, meine Ausbildung weiterbetreiben. Schwieriger war es für die Familie Coppi, dem Druck standzuhalten, der Vater war zunächst aus dem Rüstungsbetrieb der Mechanischen Werkstätten Berlin, wo er Lackierer gewesen war, entlassen worden, da er sich geweigert hatte, den nationalsozialistischen Organisationen beizutreten, und erhielt dann, als er doch nachgeben mußte, eine untergeordnete Arbeit, deren Lohn, zusammen mit dem niedrigen Erlös von der Stundenarbeit der Mutter, kaum zum Überleben ausreichte. Nur die Parzelle, die Coppis im Kleingartenverein Waldessaum in Tegel besaßen, konnte, mit angebauten Kartoffeln, Rüben und Bohnen, über die Notzeiten hinweghelfen. Die belastende Ungewißheit hinderte uns indessen ebensowenig wie früher daran, nach kulturellen Anregungen zu suchen. Zwar hatten wir nicht eine Fülle von Literatur in den Regalen, wir liehen uns wöchentlich Bücher aus der Stadtbibliothek, zur Zeit der Anwesenheit Hodanns hatte ich sie auch stoßweise von ihm, der sie willig auslieh, in unsre Wohnung getragen, doch die Bände, die uns gehörten, waren sorgfältig ausgewählt, sie waren zum Bestandteil unsres Lebens geworden, vom Vater, von der Mutter erworben. Durch zahlreiche Umzüge befördert, manche noch aus Bremen stammend, machten sie, neben einigem Geschirr und Bettzeug und dem Gepäck von Kleidungsstücken, unser einziges festes Eigentum aus, denn in den Möbeln sahn wir nur zufälliges Gut, billig und gebraucht erstanden, im Leiterwagen zu neuem Wohnort geschoben, vorm Umzug in eine andre Stadt schnell wieder verkauft. Wir besaßen eine Auswahl von Majakowskis Gedichten, ein paar Schriften von Mehring, Kautsky, Luxemburg, Zetkin, Lafargue, einige Romane von Gorki, Arnold Zweig und Heinrich Mann, von Rolland, Barbusse, Bredel und Döblin. Statt einer Spitzendecke, einer Porzellanvase hatten meine Eltern immer diese kleinen Blöcke aus dicht geschichtetem, eng mit Kenntnissen, Vorschlägen, Anleitungen bedrucktem Papier gekauft, und auch als das Geld knapp war, konnte es geschehn, daß mein Vater oder meine Mutter mit einem neuen Buch von Toller oder Tucholsky, von Kisch, Ehrenburg oder Nexö nach Hause kam, und wir saßen abends unter der Küchenlampe, lasen abwechselnd draus vor und besprachen untereinander den Inhalt. Von welcher Bedeutung diese Bücher waren und mit welchen Kräften sie uns verbanden, zeigte sich während der Zeit, da immer wieder beim einen oder andern von uns die Polizei einbrach und die Autorennamen als Beweis gegen uns benutzte, und da kam der Besitz von einem Band Lenin Hochverrat gleich. Immer geringer wurde deshalb die Anzahl der Bücher, die wir bei uns aufbewahrten, unter dem Kleinholz neben Coppis Küchenherd fand nicht mehr Platz als ein Heft mit der Einführung in Das Kapital, ein paar Zeitungsausschnitte mit Reden Dimitroffs und Stalins, die letzten Nummern der Roten Fahne, in den Völkischen Beobachter gesteckt, und das zerfledderte, von Hand zu Hand gegangne, als Reclamheft getarnte, mit dem Titel Wallensteins Lager versehne Braunbuch über den Reichstagsbrandprozeß. Weniger denn je sprachen die Kahlheit und Ärmlichkeit in den Arbeiterwohnungen dieser Jahre von gedanklicher Leere, die politisch Aktiven waren alle bekannt, niemand hatte früher ein Geheimnis aus seiner Parteizugehörigkeit gemacht, die Mitgliedslisten waren in den Händen der Staatspolizei, wir lebten auf Abbruch, bewacht von Hauswarten, Betriebsobleuten, Blockwaltern, Kreisleitern, Sturmabteilungen und Schutzstaffeln, Angehörige, nahe Freunde waren im Zuchthaus, im Straflager oder im Exil, und die Zurückgebliebnen versahn sich nur mit dem Notwendigsten. Dies war wie immer sauber und geordnet, nie waren die Stuben, in denen viele eng zusammenwohnten, dem Verfall preisgegeben, die Kargheit drückte verschwiegne zähe Auflehnung aus gegen den Ansturm von Demoralisierung und Verdummung.

Die nassen Fußspuren auf dem dunkelgrünen Linoleum zeigten den Weg an, den Coppis Mutter zurückgelegt hatte, um die Schüssel überm Waschbecken auszuleeren und am Herd warmes Wasser aus der Kanne nachzufüllen. Der Altar, der jetzt bei uns im Museum steht, sagte sie, die Schüssel zurücktragend, war ein Besitzstück der Könige, wir können uns, wenn wir Zeit haben, vor diese Dinge hinstellen, doch wollen wir begreifen, was sie bedeuten, und vor allem, wollen wir sie für uns selbst beanspruchen, so müssen wir alles das nachholen, was uns in der Schule nie beigebracht wurde. Wir haben doch kaum, sagte sie, indem sie sich setzte und die Füße wieder ins Bad stellte, Lesen und Schreiben gelernt, und das Bilderansehn war etwas, an das überhaupt nicht gedacht wurde. Für die meisten von uns haben diese Marmorfiguren keinen andern Wert als die Riesen unten am Tor, und wenn die abgerissen werden, stört es uns ebensowenig wie die Bauleute, die damals aus den Blöcken neue Mauern zu errichten hatten. Wenn sie sich die Steine aus den Wänden brachen, so taten sie, was praktisch war, sie brauchten sie nicht erst aus dem Tal raufzuschleppen, sondern konnten sie sich aus nächster Nähe heranholen, außerdem mußte schnell gehandelt werden, der Feind war im Anmarsch, die Festung bedroht. Jedesmal wenn ich zwischen den Atlanten durchgehe, jammert es mich, ich möchte, daß sie endlich ihre Last loswürden, es dürfte ja niemand gebeugt an den Türen stehn und uns an die eigne Mühsal erinnern. Stürzten wir sie quer über die Straße, als Barrikade, so hätten sie einen Sinn. Für die Arbeiter auf dem Burgberg waren die Quadern nichts andres als Baumaterial, sie vermauerten diese mit der glatten Rückseite nach außen und schlugen zuvor noch Köpfe und Glieder ab, weil alles Vorragende das Einfügen behinderte. Wie sollen wir, fragte sie, je davon wegkommen, daß für unsereinen dieses ganze Bauen nur mit Plakkerei und Entbehrung verbunden war, und mit unterdrückter Wut auf diejenigen, die sich damit brüsteten. Und wie sollen wir dann noch sagen, daß die geretteten Ruinen etwas vorstellen, was unsre Sinne bereichert. Für die Mohammedaner, sagte Heilmann, die früher in Pergamon eingefallen waren und sich zu neuen Angriffen sammelten, war das hellenistische Kunstwerk von ebenso barbarischem Aussehn wie für die Byzantiner, die ihre Besitzungen verteidigten. Die Araber hatten immerhin Grund, die Gebäude zu zerstören, denn sie kamen als Eroberer, und das Zertrümmern gehörte zum Kriegsrecht, die byzantinischen Burgherrn aber benutzten die Notwehr dazu, mit den heidnischen Überresten aufzuräumen. Den Göttern ließen sie die Gesichter abhaun, die Erdensöhne schonten sie. Beide, die Islamiten und die Christen, vernichteten, was ihrer Religion widersprach, was für sie fremdartig war, einen Sinn für vergangne Kulturen hatte es nur im hochentwickelten Pergamon gegeben. So wie wir von den Athleten im Lendenschurz unten auf die Zeit schließen können, in der sie hervorgebracht wurden, und ihnen die Lügenhaftigkeit des Industrialismus, der neue Sklaven brauchte, entnehmen, so führen uns die Bildhauereien des Frieses in eine Epoche, die uns etwas lehrt über die Ursprünge der Gesellschaft, in deren letzten Auswüchsen wir uns befinden. Wir berieten nun, was Pergamon vorgestellt haben mochte, wie es entstanden war, auf welche Weise es zerfiel und zu neuen Phasen überleitete, und bei jedem Satz war das Denkenlernen, das Sprechenlernen gegenwärtig, die Kluft zwischen der Erkenntnis und der Sprachlosigkeit, die überbrückt werden mußte. Mit seiner Machtstellung, in der es ein zweites Athen werden wollte, übernahm Pergamon auch die Götter des Mutterlands. Die Riesenstatue der Athena, dem mit Gold und Elfenbein besetzten Standbild des Phidias nachgeformt, erhob sich im Innenhof der Bibliothek, in deren Arkadengängen, zwischen steinernen Absätzen, auf hölzernen Fächern, zweihunderttausend Schriftrollen verwahrt lagen. In der Einsicht der Bedeutung von Traditionen waren Kunstsammlungen angelegt worden, mit Kopien klassischer Werke und mit erhandelten oder auf Kriegszügen geraubten Originalen. Es war das Ermöglichen eines Rückblicks auf die Leistungen andrer Jahrhunderte, das der Elite Pergamons das Bewußtsein gab, einer Neuzeit anzugehören. Die Lehren des Anaximander und Thales aus der Nachbarstadt Milet waren grundlegendes Bildungsgut für eine Lebenseinstellung materialistischer Art. Die beiden großen Vorgänger der pergamenischen Denker waren weniger Philosophen, als Bauleiter, Naturforscher, Mathematiker, Astronomen und Politiker gewesen. Sie gehörten zum Stand der Handelsherrn und Seefahrer, und ihre Untersuchungen gingen stets von konkreten Aufgaben aus. Brücken, Häfen und Befestigungen mußten errichtet werden. Konkurrenten waren auszuschalten, feindliche Expansionen einzudämmen. Transportwege über Land und Meer waren zu erweitern, Rohstoffe zu erschließen, Kolonien zu gewinnen, und zu diesem Zweck mußten sie die Eigenschaften der Elemente kennenlernen und die Welt in einem Sinn erklären, der auf alle Ausschweifungen in mystische Regionen verzichtete. Coppi wies darauf hin, daß demnach die ganze Götterordnung längst nur noch ein Bestandteil des Überbaus war, von den Regenten zur Einschüchterung verwendet, gleich der heutigen Religion, mit der die Aufgeklärten die Unwissenden einschläferten. Dem Volk stand das Einfache, Schlichte, Unkomplizierte zu, die Hoffnung auf ein Jenseits, das sie für alle Nöte entlohnen würde, das Vertrauen in die Güte und Hilfe des Unsichtbaren und die Furcht vor den Zürnenden und Strafenden, die jeden ihrer aufrührerischen Gedanken überwachten. Die Oberschicht hatte sich von solchem Aberglauben gelöst, man belächelte die Kindlichkeit der niedern

Stände und konnte, bei modischen Ausflügen zu Hirten, zu Rebenpflükkerinnen, zugeben, daß auch von diesen Analphabeten manch poetischer Ausdruck kam. Für die Geschulten gab es keine Existenz nach dem Tod, alles hatten sie hier, zu Lebzeiten, zu gewinnen. Die Kluft zwischen den Klassen war eine Kluft zwischen verschiednen Bereichen der Einsicht. Die Welt war für beide die gleiche, der gleiche blaue Himmel, das gleiche Grün der Bäume, die gleichen Gewässer, die gleichen Sterne waren zu sehn, doch abgetrennt von den Dienenden, den Unbelehrten, gab es Erkenntnisse, die die Dinge selbst nicht veränderten, ihnen aber zusätzliche Werte und Funktionen gaben, die sich von den Eingeweihten nutzen ließen. Wer glaubte, daß die Erde eine vom Strom des Okeanos umgebne Scheibe war, über die des Nachts die Lampen der Götter gezogen wurden, wer glaubte, daß Selene mit ihrem sich erhellenden und verdunkelnden Mondspiegel die Leichtigkeit und die Schwere kommender Ereignisse bestimmte und daß Poseidon die Wellen an die Gestade blies und den Seefahrern Blitze aus den Wolken entgegenschleuderte, der wagte sich allein nicht ins Weite, der hatte sich dem Schutz des Führenden und Bewaffneten anzuvertraun. Das Holz, das Feuer, der Weizen, die Minerale und Metalle hatten das selbe Aussehn in den Augen derer, die mit Werkzeugen die Dinge bearbeiteten, und derer, die das Erzeugte und Geerntete entgegennahmen, der Vorrang der letzteren aber lag darin, daß sie sich den Reingewinn schon errechnen konnten, denn ihnen gehörte der Grund, der das Gewünschte hergab, und der Markt, auf dem es zu veräußern war. Der Knecht hielt das schwere Erzstück in der einen Hand und das leichte Blatt in der andern, er sah das Geäder und das Glitzern der Körner und Streifen, vom Zweig war das dünne Gewebe gebrochen, aus aufgespaltnem Fels der Brocken gehoben, das Licht spielte darauf, das auch der Landherr sah, doch diesem war bekannt, daß die Materie sich aus kleinsten Partikeln zusammensetzte, den Atomen, die, in einer Vielfalt von Eigenschaften und Zuordnungen, allen Erscheinungen ihre Form gaben. Ging er, der Herr, auch auf dem gleichen Boden wie sein Gehilfe, hinausblickend über die weite Rundung, mit ihren Hügeln, ihren Kranichschwärmen und den im Dunst verschwimmenden Bergkämmen, so war er sich doch gänzlich andrer Ausmaße bewußt als der Häusler. Er hatte, getrieben vom Drang, das zu verstehn, was er brauchte, den Schritt in die vierdimensionale Auffassung des Raums getan, hatte, nachdem er die Ebene der Erde sich krümmen ließ, deren Rundung gefunden und die Möglichkeit, in der Verfolgung einer graden Linie zum Ausgangspunkt zurückzukehren, hatte, entdeckend, daß er sich im Unendlichen auf einer rotierenden Kugel befand, die, zusammen mit andern Kugeln, die Sonne umkreiste, seinem Denken das Verhältnis zur Zeit hinzugefügt. Ausgestreckt liegend, in den klaren Nächten, am ägäischen Meer, und in Ägypten, die Lage der Sterne auf der Himmelskarte verzeichnend, die Regeln kennenlernend, nach denen das Mondlicht abnahm und zunahm, begründete er seinen Kalender, genau errechnend die Dauer der Erdumdrehung, der Umlaufszeit des Monds um die Erde, des Kreisgangs der Erde um die Sonne und die Zugehörigkeit der Sonne, mit ihren Planeten, zum System der Millionen von Sternen, die insgesamt, in äußerster Entfernung milchig verdichtet, einen riesigen Ring bildeten, womit auch das Unendliche sich in sich selbst schloß. So wie er das verstand, was er brauchte, so war auch die einfachste Erklärung die wahre. Früher war es einfach und wahr gewesen, daß die Götter die Welt, mit allem Leben drin, geschaffen hatten, nach dem Vorstoß über die Berge und Meere aber und der Ausdehnung des Blicks nach oben schwindelte es ihn nicht einmal mehr beim Gedanken, daß die Erde, allein gelassen von den Göttern, mit ihm im Weltall dahinflog. Aus einem Brunnen im ägyptischen Syene peilte er die im Zenit stehende Sonne an. Die Schnur des Lots vermittelte die Linie, die sich vom glühenden Gestirn zum Erdmittelpunkt ziehn ließ. Da er wußte, daß die Strahlen der Sonne die Erde parallel trafen, mußte bei der Messung zur gleichen Stunde im nördlich gelegnen Alexandreia aus dem einfallenden Strahl und der angelegten Senkrechten ein Winkel entstehn. Anhand dieses Winkels und des Abstands zwischen den beiden Orten ließ sich der Grad der Erdkrümmung finden und sodann der Umfang der Erde feststellen, fast auf den Kilometer exakt. Doch wie er hier, in der Talmulde, in der Olivenpflanzung die Gründe der Mondverdunklung, der Sonnenfinsternis, der Ebbe und der Flut, der Gewitter und Regenfälle für sich behielt, so verschwieg er, wie Massen des Urstoffs sich einst aus dem All losgerissen und in der Leere miteinander verbunden hatten, wie Welten durch Zusammenstöße hervorgerufen und wieder zerstört worden waren, ehe der Glutklumpen der Erde verkrustete, die Flammenstürme erloschen, die Kontinente aus dem kochenden Wasser stiegen und im Schlamm sich die ersten fischähnlichen Wesen entwickelten, aus denen der Mensch hervorging. Die Dynamik des ganzen, so hieß es, wenn nach dem Zweck des Daseins gefragt wurde, sei das Gesetz der Notwendigkeit, und wer dieses Gesetz erkannt hatte, der meisterte es auch, mit seinem freien Willen. Das Tun dieses Freien war fortan einzig ein Befolgen der Notwendigkeit. Im Trieb, seinen Besitz zu vermehren, hatte er die Erde bis zur eisigen Insel Thule im Norden und südwärts bis zum afrikanischen Kap, nach Westen hin über die Säulen des Herakles hinaus und nach Osten zum weitverzweigten Fluß des Ganges erforscht, während der Bauer, unbeholfen messend, sein Stückchen Acker abschritt. Der Gebundne saß auf der Ruderbank, unten in der Galeere, ihm war nichts gegeben als das einförmige Vorbeugen, das kurze harte Zurückschnellen zum Paukenschlag des Antreibers, auf Deck der Navigator besaß die Weiten der Meere mit ihren Strömungen, Monsunen und Passatwinden, die er sich dienstbar machte auf seinen zyklischen Reisen, seine Position nach den Sternbildern bestimmend. Für den Unfreien gab es immer nur das, was unmittelbar vor ihm war, und sein ganzes Mühn hatte sich zu verbrauchen, um damit fertig zu werden. Für den Freien gab es ständig die Spannung des Neuen, er zeichnete Küstenlinien und geographische Formationen auf, ermittelte Schiffahrtsrouten, Fundstellen von Rohstoffen, Austauschmöglichkeiten. Die zum Dienen Verurteilten welkten schnell dahin in der Monotonie, er aber, für den es Initiative und Abwechslung gab, verjüngte sich. Er brauchte nicht, unter den Messen der Priester, um Verschonung vor Krankheit, um Heilung zu beten, die Ärzte hatten ihm das Wirken der Organe, des Pulses, des Kreislaufs und der Nerven dargelegt und ihm alle Arten von Medikamenten bereitet. Die Eigentumslosen brachten auf ihrem Altar den Göttern der Fruchtbarkeit und der Witterungen, der untern und der obern Weltregionen, die ihr Gebieter kaum mehr beim Namen kannte, Opfer dar, um diese dazu zu bewegen, ihnen vom Überfluß ein Geringes zukommen zu lassen. Für die Begüterten war alles Begehrte zu erhalten, durch gemünztes Geld, durch Banken, durch Expeditionstruppen. Ihre Philosophen fanden, daß das Geben und Nehmen, das fortwährende Gegeneinander und Einanderdurchdringen dem Wesen alles Lebendigen entsprach, jedes Ding wurde gebildet durch Verbindung und Trennung, Verdünnung und Verdichtung, Anziehung und Abstoßung, es gab keinen Stoff, der nicht aus Gegensatzpaaren bestand. So wie das Erkennen der Welt deren Beherrschung bedeutete, so war das Beherrschen mit dem Recht auf Macht und Gewalt verbunden. Mit ihren gefüllten Speichern, ihren beladnen Lastschiffen, ihren Landhäusern, Palästen und Kunstschätzen bewiesen die Unternehmer die Richtigkeit ihres Vorgehns. Sie standen auf der Seite des Fortschritts, sie verteilten die Arbeit, sie holten sich heran, den sie brauchten, sie entließen den, der ihnen nicht mehr paßte, sie gründeten Werkstätten und Fabriken, sie trieben, nachdem die rivalisierenden ägyptischen Behörden die Ausfuhr von Papyros verboten hatten, die Herstellung von Schreibhäuten voran, sie entwickelten die Technik des Färbens von Schafwolle. Weberinnen, Sandalenmacher, Schneider und Schmiede waren für sie am Werk, ihre Karawanen erhandelten aus China Elfenbein, Jade, Seide, Porzellan, aus Indien Gewürze, Duftstoffe, Salben und Perlen. Für ihre Werften ließen sie sich das Holz aus den Hochwäldern holen, sie ließen sich Kupfer und Eisenerz, Gold und Silber aus den Gruben fördern, die Viehherden hüten, Pferde züchten und das Korn und den Weizen einbringen, deren Überfluß ihrem Land den Rang der Getreidekammer Kleinasiens verlieh. Damals, sagte Coppi, entstand der Vorsprung, den sie uns gegenüber einnehmen und der uns immer wieder vor die Tatsache stellt, daß alles von uns Erzeugte hoch über uns verwertet wird und daß es, wenn überhaupt erreichbar, uns von dort oben zukommt, wie es auch von der Arbeit heißt, daß sie uns gegeben wird. Wollen wir uns der Kunst, der Literatur annehmen, so müssen wir sie gegen den Strich behandeln, das heißt, wir müssen alle Vorrechte, die damit verbunden sind, ausschalten und unsre eignen Ansprüche in sie hineinlegen. Um zu uns selbst zu kommen, sagte Heilmann, haben wir uns nicht nur die Kultur, sondern auch die gesamte Forschung neu zu schaffen, indem wir sie in Beziehung stellen zu dem, was uns betrifft. Wir haben Allbekanntes über die Form unsres Planeten und dessen Lage im Weltraum ausgesprochen, aber für uns hat es mit diesen einfachen Kenntnissen was Absonderliches auf sich. Wenn wir äußern, daß die Erde rund ist und sich um sich selbst dreht, dann bestätigen wir damit, daß es Besitzende und Besitzlose gibt. Nennen wir Grundsätze der physikalischen Ordnungen, so hängt daran die Arbeitsteilung in Ausübende und Eintreiber, die so alt ist wie die Wissenschaft. Das Übernehmen des von den antiken Forschern begründeten Weltbilds, in seiner ganzen Reichweite, ist immer auch Ausdruck der Bindung an die bestehenden Regeln der sozialen Verhältnisse. Erst wenn wir bei der Vorstellung, daß wir uns auf einer rotierenden Kugel befinden, alle damit verbundnen Selbstverständlichkeiten vergessen, läßt sich die Ungeheuerlichkeit verstehn, die unser Denken bestimmt. Zweitausend Jahre waren seit dem höchsten Stadium des Pergamenischen Imperiums vergangen, doch noch fast ein Jahrhundert nach dem Manifest beanspruchten die Oberen, denen wir stets zur Herrschaft verholfen hatten, immer noch alles Entdeckte für sich. Damals bahnte sich der Zerfall schon an, aber so groß waren weiterhin die Übermacht der Idee der Auserwähltheit und das Gebot der Untergebenheit, daß noch nichts die Arbeitenden zum Verständnis bringen konnte, daß sie es waren, von denen jeder Vorstoß zur nächsten gesellschaftlichen Stufe getragen wurde. Auf dem Berg über den fruchtbaren Feldern Mysiens, über der Geschäftigkeit des Hafens Elea, gaben sich die Edlen der Burg ihren Fertigkeiten hin, die Grundfragen nach dem Mechanismus der Welt waren geklärt, die Regierung wachte über die Wechselwirkung von Ausbeutung und Profit, die Geschäfte wurden von Spezialisten geführt, die Gouverneure in den

Landesteilen hatten Bürokraten und Funktionäre unter sich, die für die Erfüllung der Produktion sorgten, die Pacht der kleinen Landbesitzer, die Steuern in den Ortschaften wurden eingeholt, oft unter dem Druck der Truppen aus den Garnisonen, der Magistrat sorgte für Ordnung in den Städten, die Außenpolitik wurde vom Obersten Rat betrieben, und in den Höfen, Hallen und Wandelgängen des Gymnasiums, ursprünglich für die Ausbildung der Jünglinge zum Wehrdienst erbaut, konnten sich Lehrer und Schüler ungestört jenen Disziplinen zuwenden, die neben dem Gefestigten, dem streng Organisierten noch unerschöpflich waren, der Epik, der elegischen und lyrischen Poesie, der Malerei und Skulptur, der Musik, dem Tanz und der Dramatik, dem Gesang und der Kalligraphie. Um die Kunst herunter zu uns zu holen, mußten wir uns auf den von blendend weißen Mauern umringten, von Zypressen und Blumenbeeten gesäumten Gipfel begeben, wo sie ihr Eigenleben führte. Die Vorsteher der Akademien nannten sich Skeptiker, denn ihre Aufgabe war das Untersuchen, das Überlegen und Zweifeln, und den Ehrentitel des Kritikers trugen sie, weil sie nichts übernahmen, ohne es zu zerlegen und der Verändrung zuzuführen. Sie konnten, aufgrund ihrer Zuständigkeit in der Herrschaftswelt, alles, was sie behandelten, in Frage stellen, sie konnten vordringen in bisher unbekannte geistige Regionen, weil der Boden, auf dem sie sich befanden, stabilisiert und systematisiert war. Und wenn wir neben einem solchen Selbstvollendeten wie Crates stehn, sagte Heilmann, in seinem eigens für ihn angelegten Park, und ihm zuhören, wie er die Eigenschaften der Sprache definiert, so können wir uns jedes seiner Worte notieren, und er schlug, unter der Küchenlampe, sein Kollegheft auf. Die literarische Kritik hatte, nach Crates, drei Aufgaben, erstens, die Diktion, die Syntax und die Satzgliedrung zu prüfen, zweitens, die Phonetik, die Idiomatik, den Stil und die Figuren zu bewerten, und drittens, die verwendeten Ideen und Bilder einer historischen Beurteilung zu unterziehn. Für ihn und für seine Schule konnte eine Feststellung sprachlicher Qualitäten nur gewonnen werden, wenn alle Dunkelheiten ihre rationale Erklärung gefunden hatten, jede Aussage wurde deshalb mit empirischen Beobachtungen und praktischen Erfahrungen verglichen. Eine Erweiterung der Grenzen der Vorstellung vollzog sich auf dem Grund der Logik, und Schönheit wurde zugesprochen, was aus Unbekanntem zu Benennung und Formung gefunden hatte. Es wurde also immer dem Begreifen der Vorrang gegeben gegenüber der Empfindung des Wunderbaren, die Kunst war eine Wissenschaft, wie Geometrie und Statik. So folgten die Weisen im Hof von Pergamon den gleichen Perspektiven, die von den frühen Naturforschern gezogen worden waren, alles, was sie fanden, wurde nach seiner Verwendbarkeit ausgewogen, sie legten Regeln fest, die zwei Jahrtausende später noch galten, sie dienten der Fortentwicklung des Intellekts, und dabei dienten sie auch denen, die dem Intellekt die Entfaltung gestatteten. Dieses Reich des Geists war entstanden durch Gewalt, jeder Äußerung der Kunst, der Philosophie lag Gewalt zugrunde. Und je größer, je höher das Zustandegebrachte war, desto wütender war die Herrschaft der Brutalität gewesen. Nur wenige Jahrzehnte dauerte die Blütezeit des Pergamenischen Reichs an, und davor lagen mehr als hundert Jahre unablässiger Kriege. Dies war das Muster, das weitgehend noch den heutigen Staatsbildungen entsprach. Die Gesetze der antiken Sklavenhaltergesellschaft bestanden fort. Trotz aller Revolten mußte die Vielzahl des Volks immer wieder für die Elite ins Feld ziehn. Mehr als zweitausend Jahre waren vergangen, seitdem die ausgehobnen Söhne der Bauern, die in den kriegerischen Unternehmungen eingeholten Gefangnen sich von ihren jeweiligen Befehlshabern kreuz und quer durch Kleinasien treiben ließen und verbluteten in Schlachten, die zum Untergang des einen, zum Aufstieg des andern Usurpatoren führten. Vor zwanzig Jahren erst waren unsre Väter aus ihren Massakern gekommen, und winzig war die Periode nach dem Oktober, da das Signal zu einem Neuanfang gegeben worden war, nach der langen Vorgeschichte des Mordens. Immer hatten sich die Oberen ihre Rechte geholt, und immer hatten sie auf ihrer Hegemonie bestanden, bis andre Mächtige zur Ablösung kamen, und wir hatten es nie weitergebracht, als nachzugeben und uns zu fügen, und wieder einmal verharrten wir angesichts auflebender Tyrannei, die wir nicht kommen gesehn hatten. In unsrer verriegelten Küche stellten wir uns den Erdteil vor, wie Alexander ihn hinterlassen hatte, mit seinen griechischen Siedlungen, seinem Völkergemisch, seinen Festungen, in denen die Generäle, die ihrem Herrn das Weltreich erobert hatten, nun ihre eignen Königtümer verwalteten, von Partnern zu Gegnern geworden, eifersüchtig auf Erweiterung der Territorien drängend, ihre Truppen aufeinander hetzend, von Makedonien aus, von Thrakien, Bithynien und Pontos, von Kappadokien, Babylonien, Syrien und Ägypten. Die Länder der Diadochen lagen auf der blanken Fläche des Tischs, Coppi saß zurückgelehnt vor dem Hellespont, von wo Lysimachos, der ehemalige Leibwächter des Heerführers, nach Süden, die ägäische Küste entlang, vorstieß und Philetairos, einen jungen Hauptmann, aus Tius am Schwarzen Meer stammend, als Statthalter in Pergamon einsetzte. Coppis Mutter beugte sich über das Taurosgebirge, das im Norden das Reich des Seleukos, des Königs von Babylon, begrenzte, Heilmanns Hand glitt von Alexandreia, dem Sitz des Ptolemaios, hinauf übers Meer auf das Zentrum zu, das zur

Residenz der Attaliden werden sollte. Dazu bestimmt, die Garnison auszubaun und die Arbeit der Gouverneure zu schützen, erkannte Philetairos sogleich die Möglichkeiten, die seine Befugnis ihm gab, nicht mehr dienen wollte er dem Lysimachos, sondern die Monopolstellung ihm abstreitig machen. Er nahm die im Turm der Burg verwahrte Betriebskasse von neuntausend Talenten, der Währung von zweiunddreißig Millionen Goldmark entsprechend, an sich, und setzte sogleich Mittel ein, um starke Belegschaften aus allen Landstrichen zum Schutz seines Unternehmens zusammenzuziehn. Was heißt hier Forderungen, konnte er fragen, als sein ruinierter Chef ihn an die Erfüllung abspraсhegemäßer Pflichten gemahnte. Von ihm drohten Philetairos keine Gefahren, und mit Seleukos, seinem südlichen Konkurrenten, ging er eine Allianz ein, die unterm Zeichen des gegenseitigen Respekts stand, solange das Gleichgewicht des Militärpotentials aufrecht erhalten werden konnte. Freundschaftsvertrag wurde dies genannt, und nach der Terminologie der Marktverwaltung etablierte er eine Schutzherrschaft über die Küstenstädte, die nach dem Zurückschlagen der Perser durch Alexander einen Teil ihrer früheren freiheitlichen Rechte zurückgewonnen hatten. Die Parolen, die der große Eroberer ausgegeben hatte, daß es ihm um die Wiederherstellung der Demokratie ging und daß die Griechen Vorrang besaßen gegenüber allen andern Rassen, kamen der Polis gelegen. Während seines zehn Jahre langen Marschs durch das Innre Asiens, bei dem er bis zum Indus hin militärische Stützpunkte und befestigte Kolonisationsstätten für steuermäßig besonders begünstigte hellenistische Kaufleute errichtete und nach sich benannte, veränderten sich die alexandrinischen Schlagworte. Er mußte, um dem Weltreich, das er in seiner Ruhmsucht und Maßlosigkeit an sich riß, eine Einheit zu geben, auf die rassischen Diskriminierungen verzichten. Von Versöhnung war nun die Rede, von einer Verschmelzung zwischen West und Ost, von einer Gemeinschaft und Eintracht, und es zeichnete sich darin doch nichts andres ab als ein unersättlicher Bedarf an siegreich bestandnen Schlachten, an erschlagnen, zu Tode gefolterten gegnerischen Potentaten, an eingeholten Gefangenen, um sie als Sklaven, als Truppenverstärkungen zu verwenden, und an Weibern für die Offiziere und verdienstvollen Soldaten. Es hieß, Alexander sei vor seinem frühzeitigen Tod noch zur Einsicht gekommen und fast von Demut befallen worden, wovon aber er befallen war, war hochgradige Hysterie, die regelmäßig bei Meutereien ungeduldiger Truppen ausbrach. In einem Tonfall, der selbst vom Gefreiten, der heute versuchte, zum Rang eines Weltherrn emporzuklimmen, noch nicht erreicht wurde, riß er die Zweifelnden, Ermüdeten wieder auf seine Seite, indem er ihnen alles versprach. Hätte ihn das

Fieber nicht als Dreißigjährigen weggerafft, so wäre er doch, nach einiger Zeit des Tobens, in seinem riesigen, unhaltbaren, überall schon zerbröckelnden Bau zugrundegegangen. Er hinterließ Wirrnis, Trümmer und Feindschaft. Im Geist der Schiebungen aufgewachsen, ließ Philetairos den Landeignern und Handelsherrn, deren Unterstützung er anfangs benötigte, Vergünstigungen zukommen, die Latifundien durften ausgedehnt werden, die Warenhäuser erhielten freien Zugang zu den Kolonialgütern, eine Weile konnten sich die Bürger schadlos halten, die Eintreibung von Tributen und Pachtzinsen ging auf Kosten der Kleinbauern, Handwerker und Arbeiter. Für die Bewohner der Küstenstädte, die früher ausgesaugt worden waren von einer spartanischen oder athenischen Militärjunta, einem lydischen König, einem makedonischen, thrakischen oder rhodischen Flottenadmiral, schien zur Zeit der Gründung des Pergamenischen Reichs wirtschaftlicher Aufschwung bevorzustehn, und es war in ihrem Interesse, daß sich der Regent auf dem Burgberg mit Glanz und Würden umgab, denn je gewichtiger er sich machte, desto mehr wurde er von den nachbarlichen Reichen respektiert. Es wurde noch nicht kenntlich, daß er der Polis mehr und mehr von ihrem Einfluß nahm. In den ummauerten Städten bestand weiterhin die Klasseneinteilung nach Bürgern, Zugewanderten, Soldaten, Freigelassnen und Sklaven privater, öffentlicher und fürstlicher Zugehörigkeit, die Bürger hatten Mitspracherecht in der scheinbar demokratischen Regierungsform, ausgeübt von den gesetzgebenden Versammlungen des Repräsentantenhauses und des Rats, die Mitglieder des Magistrats konnten vom Volk gewählt werden. Söldner fremder Herstammung, die der Armee ihre Loyalität bewiesen, erhielten die Staatsbürgerschaft, an Offiziere wurden Ländereien, an Soldaten, die sich in den Kämpfen ausgezeichnet hatten, Ackerstücke verteilt, der Übergang von der Gesellschaft griechischer Stadtstaaten zur unumschränkten hellenistischen Monarchie vollzog sich in der Heranbildung einer breiteren besitzenden Bevölkerungsschicht, die ein Interesse dran hatte, ihr angebautes Getreide, ihr Vieh und ihre Fruchtgärten zu erhalten. Daraus ließ sich ein nationales Empfinden entwickeln vom umsichtigen Philetairos, der die Bereitschaft zur bewaffneten Verteidigung des Staats wachzurufen hatte. Er war nicht nur der Gier der Könige im Süden und Osten ausgesetzt, sondern brauchte die Gefolgschaft der Städte und des Lands jetzt vor allem zur Abwehr der keltischen Völker, die, von Trockenperioden und vom Andrang der Germanen aus ihren Wohnplätzen in Gallien vertrieben, der Donau folgend Thrakien durchquert und sich an der Meerenge zu den ionischen Küstengebieten übergesetzt hatten. Die Dynastie der Attaliden begründend, nach Attalos, seinem Vater benannt, der als General unter Alexander gedient hatte, verlangte Philetairos nach einem Fürspruch der Götter und einer Verbindung mit dem Mythos, um sich bei den Soldaten, die er in großen Mengen ausheben ließ, besser zur Geltung bringen zu können. Wie Alexander einst vorgab, ein Nachfahre des Herakles zu sein, so erklärte er, daß er in direkter Linie von Telephos, dem Sohn des Herakles, abstamme, der, nachdem seine Mutter, Auge, beim Schiffbruch umgekommen war, auf dem Berg von Pergamon eine Bleibe gefunden hatte. Die Geschichte dieser fünfzig Jahre darzulegen, während denen Philetairos und sein Bruder Eumenes sich gegen die Gallier wehrten, bis ihr Nachfolger das Land von den Feinden befreite und sich, als Attalos der Erste, zum König ernannte, komme, sagte Heilmann, dem Versuch gleich, die Wirrnisse eines Alptraums zu klären. Er wolle, fuhr er fort, später einmal die Motive dieser Phantasmagorie auf ihre Quellen hin erforschen, die sich natürlich in die gleichen Zusammenhänge einordnen ließen wie die Ereignisse, die sich im letzten halben Jahrhundert bei uns vollzogen hatten und unsre Erben in zweitausend Jahren wieder in Fassungslosigkeit versetzen würden. Die Gallier waren Biertrinker, die Hellenen dem Wein zugetan, sagte er, darin lag zunächst der einzige Unterschied, an dem die Landbevölkerung die neuen Eindringlinge erkannte, die Sitten der Krieger, die mit ihren Hornbläsern, ihren Familien in Karrenkolonnen kamen, waren kaum roher als die der früheren Söldner, die raubend und plündernd durch die Gegend gezogen waren. Sie suchten nach Landschaften, in denen sie sich niederlassen und ihren Hopfen anbauen konnten, und so wie ihnen die Bleibe genommen worden war, so verjagten sie andre aus ihrem Haushalt. An die befestigten Städte machten sie sich nicht heran, sie begnügten sich damit, ihnen die Zufahrtswege abzuschneiden und den Bewohnern Zölle abzuverlangen, was für sie, in dieser Notlage, rechtmäßig war, und außerdem, in diesem despotischen Zeitalter, üblichen Maßnahmen entsprach. Die reichen Handelszentren belagernd, ihnen Schutz anbietend, Entgelt in Waren entgegennehmend, hier und da auch Speicher stürmend, Häfen besetzend, breiteten sich einige ihrer Stämme im nordwestlichen Kleinasien aus, während sich andre ins zentrale Hochland begaben, wo sie zwischen Phrygien und Kappadokien eine Freistatt erhielten, da die Männer bereit waren, sich in den Armeen der Könige von Bithynien und Pontos zu verdingen. Als Fußvolk oder Reiter konnten sie ihre Arbeitskraft am besten verkaufen, und während sie vom Nordosten her, in den Regimentern des Nikomedes und Mithridates, zurück in den pergamenischen Bereich marschierten, waren andre ihrer Angehörigen in die Heere der Attaliden eingetreten, die gegen die

gallischen Sippen im Norden des Lands vorrückten. Wie Gallier gegen Gallier kämpften, so zogen Makedonen und Thraker, Perser und Syrier gegen einander, und in allen Truppeneinheiten standen Landsknechte aus Kreta, Rhodos und Cypern, und versprengte Gruppen mysischer Nomaden, mit ihren Häuptlingen, ihren eignen Göttern und Kulten, und aus den Alexanderkriegen übriggebliebne Cyrtier vom fernen Euphrat. In dieses Gedränge wurden die Landjungen rekrutiert, für eine Drachme am Tag, für Verpflegung und Trank, für Steuerbefreiung und die Zusicherung, daß sie die Kriegsbeute behalten durften und daß der Sold nach ihrem Ableben der Familie zufallen würde. Für die Soldaten gab es kein Vaterland. Da konnten die Werber, die Offiziere, noch so viel von heiligen Aufgaben und Pflichten reden, sie kannten kaum die Namen der Herrn, unter deren Feldzeichen sie sich sammelten. Als Tagelöhner stampften sie voran, um den Königen Land, Bodenschätze und Rohwaren einzuholen, und das wichtigste Produktionsmittel, die Sklaven. Sie, die Arbeiter, fielen übereinander her, um einander noch tiefer in die Leibeigenschaft zu stürzen, und so gerieten sie oft, in den erbitterten Geschäftsunternehmen, in die sich auch, die Lage ausnutzend, vom Süden her die Seleukiden und Ptolemäer einmischten, ins Lager des Gegners. Zur Ablenkung von den eigentlichen Zwecken der Aktionen ließen die Propagandisten Pergamons aufs neue das Geschrei los über wilde und minderwertige Rassen, über Barbaren, die eliminiert werden mußten, und die letzten Reste der von Alexander verbreiteten Illusion des friedlichen Zusammenlebens der Völker gingen unter auf den Marktplätzen, in den Reden über die Räubereien, Plünderungen, Schändungen und Brandschatzungen der Fremden. Betäubt vom Bild des Terrors der Okkupanten, in Schrecken versetzt durch die Androhung, insgesamt in die Sklaverei geworfen zu werden, wenn sie nicht alle Opfer für den Sieg Pergamons brachten, gaben die Städter ihre letzten Geldreserven, die Landbesitzer ihr Vieh und ihre Ernten her. Längst bestimmten nur noch die Hofbeamten in der Verwaltung, die Abgeordneten wurden nicht mehr frei gewählt, sondern eingesetzt auf Empfehlung des Fürsten, die Fronarbeiter konnten nicht mehr die Verluste ersetzen, die ihre Hausherrn durch die gesteigerten Tribute erlitten, und als die kurze, in künstlerischen Reichtümern gipfelnde Phase der Hochkultur begann, war die alte Standesgliederung bereits einer krassen Aufteilung gewichen in eine kleine Schicht von Privilegierten und in eine amorphe Masse, in der entmachtete Bürger, verarmte Händler und Handwerker und Sklaven jeglicher Herkunft sich einander immer mehr in einer alle umfassenden Verelendung anglichen. Etwas andres als ein Aufeinandergeraten von Keilen einer fortwährend angefachten Brutalität, sagte Heilmann, vor der verhängten Tür auf und abgehend, könne er sich bei der Durchführung des pergamenischen Absolutismus nicht denken. Wieviele hunderttausende von Bewohnern ihr Leben einbüßten, wurde von den Historikern nicht vermeldet, doch nannten diese, nach dem Sieg an den Quellen des Kaikos, die Zahl von vierzigtausend gefangnen Galliern, was auf das Vielfache von Ausgerotteten und in die östlichen Gebirge Geflüchteten schließen ließ. In der Stille, die dick um die Wände hing, lauschten wir einige Augenblicke lang, denn gleich mußte das Rasseln der Rüstungen und Waffen zu hören sein, das dumpfe Vorspringen, das Klatschen des in Fleisch dringenden Eisens, und dann, während der Dauer einer Sekunde, tobten die Nahkämpfe in der Küche, die Helme und Schwerter blitzten auf unter der Lampe, hingemordet lagen die Frauen und Kinder der gallischen Krieger. Die Befriedung des Reichs aber, sagte Heilmann, war, wie erwartet, nur eine scheinbare, denn die Ansammlung fremdstämmiger Sklaven, die fortschreitende Ausbeutung des Volks mußte Unruhe nähren. Gestützt von den Feudalfamilien, die jetzt über die Ländereien, die Handelsstätten verfügten, von einer Offizierskaste und einer korrupten Administration, festigte Attalos, der Retter, sein Militärregime und bereitete die Realpolitik vor, die es seinem Sohn, Eumenes dem Zweiten, gestattete, Pergamon in der Welt berühmt zu machen. Er ging Bündnisse ein, mit denen er sich die südlichen Widersacher vom Leib halten konnte, die nach zwei Generationen jedoch sein Geschlecht in den Untergang führten. Anstatt sich mit den Römern, die nun zur Vorherrschaft am Mittelmeer drängten, auf Feindseligkeiten einzulassen, bei denen er unterliegen würde, bot er ihnen Geschäftsverbindungen an, gestattete ihnen die Etablierung von Faktoreien, leitete einen kulturellen Austausch ein und stand ihnen in ihren Eroberungskriegen in Makedonien bei, während diese Pergamon halfen, Antiochos von Syrien und Pharnakes von Pontos zu schlagen. Ohne den Pakt mit Rom wäre der Zeustempel mit seinem Fries, der sich auf erstaunliche, neuartige Weise, in ununterbrochnem Band, um die Außenwände legte, nicht entstanden. Von den vierzig Jahren des durch Konferenzen, durch reges diplomatisches Spiel gesicherten Friedens waren die beiden letzten Jahrzehnte der völligen Absondrung des Geists gewidmet, daß er, mit höchster Anspannung, die Synthese aus jahrhundertelangem Kunstverständnis ziehe. Abhängig von Eumenes, der sich der Wohltäter nannte, und der seinerseits die Gunst des römischen Senats brauchte, um potentielle Angreifer abzuschrecken, während sein Reich, das sich vom Hellespont bis zum Taurus erstreckte, den Römern einen Schutz bot gegen die aggressiven asiatischen Regenten, handelnd im Auftrag dessen, der seine Machtausübung mit der Aura von Kunstwerken verbrämen lassen wollte, im kleinen Kreis eingeschlossen in Überfluß, im Weiten umgeben von Unterworfenheit, Verwirrung und Entkräftung, schufen die Bildhauer ein Werk, das sich über alle zeitgemäßen Gegebenheiten mit besondren Eigenschaften hinwegsetzte. Nicht daß es seine Obrigkeiten verleugnete, deutlich genug wies es ja drauf hin, wen es zu verherrlichen und wen es zu demütigen galt, doch entsannen wir uns jetzt des bearbeiteten Steins, so waren die Gesichtszüge der Göttlichen starr und kalt, ihre Erscheinungen waren unwirklich in ihrer Größe und Unnahbarkeit, während die Erliegenden, trotz aller Verunstaltungen, menschlich blieben, gezeichnet von Ängsten und Leiden. Doch standen die Meister deshalb auf ihrer Seite, fragte Coppi, waren sie offen für den Aufruhr, der unten in den Städten gärte, oder nahmen sie den Widerstreit, die Zerbrochenheit, das Aufbegehren ringsum nur als Anregung hin, für skulptierte Formen, Bewegungen, Kontraste. Sie mußten wissen von Aristonikos, dem Sohn des Eumenes und einer aus Ephesos gebürtigen Konkubine, Tochter eines Harfenspielers, von diesem von der Nachfolgeschaft Ausgeschlossnen, der sich früh dem Volk angenähert und dessen Notlage erfahren hatte, sagte Heilmann. Sie mußten die Vorbereitungen kennen, die Aristonikos traf, um mit den landlosen Bauern, den unzufriednen Soldaten, den Sklaven gegen die Herrschaft der Betrüger und Ausplündrer vorzugehn und einen gerechteren Staat zu gründen. Auch war ein solches Revoltieren ihnen nichts neues, in den hellenistischen Kolonien begehrten die Sklaven auf, in Kassandra hatten sich früher die Armen erhoben, und in Sparta schon mußten die makedonischen Patriarchen der Rebellion des Agis und Kleomenes weichen. Der Untergang aber, der dem pergamenischen Hoheitsbau von Anfang an beschieden war, setzte jetzt ein, indem die Gewalt an ihrer letzten Steigerung zerbrach. In der gesellschaftlichen Polarisierung siegten nicht die Kräfte, die einen sozialen Fortschritt herbeiführen wollten, sondern der in Selbstzerstörung übergehende Konservatismus. Seit langem standen die römischen Kohorten bereit, auf den Marschbefehl ihrer Gesandten wartend, doch ehe sich noch ein günstiger Zeitpunkt zum Überfall ergab, wurden sie schon von Attalos dem Dritten, Sohn des Eumenes, rechtmäßiger Thronfolger, letzter des Geschlechts der Attaliden, ins Land gerufen zur Hilfe gegen seinen Halbbruder, denn lieber wollte er ihnen das Reich übergeben, als es unter eine Volksherrschaft geraten zu lassen. Die römischen Feldherrn hatten inzwischen in Korinth und Karthago bewiesen, was sie unterm Bau eines Imperiums verstanden, und mit Blick auf ihre weitren Pläne nannten sie die hellenistische Erwerbung gleich Asia. Nach der Überführung von Streitkräften, der Installierung von Präfekten und Zinseinnehmern, nach der Zerreibung einfallender Heere aus dem Osten und Süden und der Herstellung eines Befestigungsnetzes durch Sulla kam Antonius und ließ aus der Bibliothek von Pergamon das in Pergament gerollte Wissen holen und nach Alexandreia verfrachten, als Vermählungsgeschenk für Kleopatra, seine Isis, seine Königin der Könige, und sein Standbild, als Gott und Wohltäter, sowie die Monumente und Säulen des Trajan und Hadrian überragten bald die Reliquien vergessner Majestäten und Götzen. Neue Tempel, zum Kult der Roma und ihrer Kaiser, stiegen aus den Grundmauern der Attalidenpaläste auf, Kolossalbauten, Arenen, Thermen für Heilkuren umgaben den Berg, und wieder war oben, in den Lehmbädern des Caracalla, bei den Theatervorstellungen, den musikalischen und tänzerischen Darbietungen, den künstlerischen Wettbewerben und gelehrten Gesprächen, Rang und Namen zugegen, und unten, an den Kloakenrinnen der Gassen, in den auf Hochdruck arbeitenden Werften, Schmieden und Manufakturen, brachen die Plebejer unter der Knute und vor Auszehrung zusammen. Und doch war die römische Gewalt, mit ihren niedersausenden Schlägen, ihren wütenden Tritten, ihren Wucherern, ihrem durchorganisierten Militarismus nichts gegen das System, das der Byzantinismus bereithielt. Unter den Römern hatte es zumindest Ansätze von Reformen gegeben, es bestand ein Interesse fürs Bildungswesen, Lehrer, Ärzte, Wissenschaftler wurden gefördert, im Byzantinischen Reich aber wurde das Aussaugen der letzten Kräfte des Lands mit ungeheurem hohlen Pomp zelebriert, und über den Erdrückten türmten sich, umgeben von Kriechern und Schmeichlern, die Hierarchien des geistlichen und weltlichen Adels auf, ungreifbar in ihrer erstohlnen Würde, unbelangbar für ihre Verbrechen. Die breiten knochigen Hände auf den Knien, die Beine, mit geschwollnen blauen Adern, grade nebeneinander in der Schüssel stehend, sagte Coppis Mutter, daß sie sich fragen müsse, ob nicht die Last der Peinigungen, mit der das Zustandekommen der Kunstwerke bezahlt worden war, diesen für alle Zeiten etwas Abstoßendes geben müsse. Sie verstände auch die Kalkbrenner, die ihre Öfen neben den Ablagerungen der alten Heiligtümer aufgestellt hatten. Die Ruinen von Kapitälen, Gesimsen und Statuen waren für sie nur ein Marmorbruch, und wenn sie hin und wieder ein Gesicht, einen Leib, ein Tier in die Blöcke geschlagen sahn, so konnte sie dies nicht dran hindern, vor allem an den Kalk zu denken, der hier gebunden lag. Wie für die Maurer die Quadern Bausteine ausmachten, so waren sie den Kalkbrennern Rohmaterial zur Gewinnung von verkäuflichem Mörtel. Seit Jahrhunderten war Kalk aus der Fülle der Marmortrümmer hergestellt worden, und dieses Handwerk wurde, wie auch der Transport von Steinen in ärmlichen Karren zu den umliegenden Dörfern, durch die Ankunft eines archäologisch geschulten Ingenieurs beendet. Coppis Mutter wollte wissen, ob denn die Kalkbrenner entschädigt wurden, nachdem Humann, der im Auftrag der türkischen Regierung eine Straße durch das westliche Kleinasien baute, bei einem Ausflug zur Berghöhe die antiken Fragmente entdeckt und die Arbeiter von der Fundstelle verwiesen hatte. Sie mußten, sagte Heilmann, auf Befehl des Großwesir Fuad Pascha, mit ihren Geräten nach Osten abwandern, in die Gebirge, aus denen sie, wie gesagt wurde, herstammten und die einst zu einem von keltischen Flüchtlingen besiedelten Land namens Galatien gehörten. Noch einmal vollzog sich die Vertreibung der bärtigen Urgestalten, die den Giganten ihre Erscheinung verliehn hatten. Sie, die Lebendigen, gingen in Steppe, Wüste und Geröll unter, so daß der Stein aufwachen konnte. Im September Achtzehnhundert Einundsiebzig, an einem klaren Morgen, nach dunstiger Nacht zwischen Zypressen und Maulbeerbäumen wischte Humann den Sand aus dem gekräuselten Haar, den Augenhöhlen, dem qualvoll geöffneten Mund des Sohns der Ge, der in der vertrockneten Erde eingebettet lag. Er verbrachte Jahre mit Vorbereitungen und kleineren Ausgrabungen, ehe er im Juni Achtundsiebzig mit der eigentlichen Arbeit beginnen konnte. Wer zahlte das Unternehmen, fragte Coppis Mutter, und was kostete es. Bei der ersten Periode, auf fünfundzwanzig Tage berechnet, sagte Heilmann, standen Humann zwanzig Arbeiter, zumeist Bulgaren, zur Verfügung. Ihr Lohn für diese Zeit betrug insgesamt achthundert Mark. Hundert Mark erhielt der Aufseher. Fünfhundert Mark wurden für Werkzeuge und technische Ausrüstung veranschlagt. Humanns Honorar belief sich auf tausend Mark. Mit Reisekosten und sonstigen Spesen betrugen die Ausgaben dreitausend Mark. Das Geld stammte, nachdem Seine Kaiserliche und Königliche Hoheit, der Kronprinz Friedrich Wilhelm, für das Vorhaben interessiert worden war, aus dem königlichen Dispositionsfonds. Nach dem Sieg über Frankreich, der Krönung des preußischen Königs zum Kaiser und der Gründung des Deutschen Reichs und nachdem in Paris die Gefährdung des Kapitals, die Commune, zerschlagen worden war, stand eine Zeit der industriellen Expansion, der Kontrolle über Kontinente bevor, und die Hauptstadt, Sitz des Hofs, verlangte nach Schätzen, die den musischen Sinn des Monarchen und Kolonialherrn hervorheben konnten. Deshalb wurden, ungestört vom Krieg, der zwischen der Türkei und Rußland ausgebrochen war, die Grabungen auf Pergamons Berg fortgesetzt. Anfangs sollten ein Drittel der Kunstwerke dem Finder und zwei Drittel dem türkischen Staat zufallen, in seinem Abhängigkeitsverhältnis aber sprach das Großwesirat in Konstantinopel der kaiserlichen Regierung zwei Drittel zu und verzichtete dann auch auf das letzte Drittel, gegen Bezahlung von zwanzigtausend Mark und die Entrichtung einer Spende von gleicher Summe für die notleidende Bevölkerung des Landes. Beim Abschluß der Freilegung des Burgbergs und der Überführung der mehr als tausend Kisten voller Friesplatten, Säulen und Skulpturen in das von Schinkel erbaute Museum, im Jahr Sechsundachtzig, waren dreihunderttausend Mark aus dem Dispositionsfonds und dem staatlichen Kulturbudget für Pergamons Marmor ausgegeben worden, ein im Vergleich zu sonstigen Kunstankäufen und im Verhältnis zum gewonnenen Wert geringer Betrag. Und doch kann in dem, was grausam ist, nie Schönheit enthalten sein, sagte Coppis Mutter, und den Hofschacht hinauf drangen Rufe, Fenster wurden zugeschlagen, Türen knallten, der Hauswart hatte, bei verordneter Abdunklung zur Luftschutzübung, einen Lichtschein entdeckt, im Treppenhaus war ein Getrampel, wir saßen still, hörten, wie zurückgehaltne Wut und Furcht, angestauter Überdruß, unterdrückte Raserei sich plötzlich Luft machten, in Zetern und Toben ausbrachen und ebenso schnell wieder versiegten. Jemand schlich draußen die Stufen hinunter, Phoibe, die glanzvoll Strahlende, zielte mit der brennenden Fackel aufs Gesicht des zurückweichenden geflügelten Giganten, und Asteria, ihre Tochter, die lichte Sternengottheit, packte den vom Jagdhund niedergezerrten schlangenbeinigen Gegner am Haar und stieß ihm, unbehindert von der Hand des Gefallnen an ihrem Arm, das Schwert durchs Schlüsselbein tief in die Brust. So erhoben sie sich alle, die Göttlichen, in ihren Gesten der Überlegenheit, Leto rammte ihren Flammenwerfer dem niedergesunknen, ihr den Fuß in die Lende stemmenden Tityos in den schreienden Mund, und sie trug weiter ihren Ruhm als Mutter der Artemis und des Apollon, während der Wilde auf ewig zu büßen hatte in der Unterwelt, zerfressen von Geiern. Aphrodite, Göttin der Liebe und Schönheit, drückte ihre reich verzierte Sandale dem rücklings über einem Haufen Toter liegenden Chtonios auf die Stirn, um ihm mit aller Kraft die Lanze aus dem Leib zu ziehn, der gefällte Dämon würde vermodern, den Waldgewächsen Nahrung sein, der Schaumgebornen aber waren noch unzählige Siege und unerschöpfliche Verehrung beschieden, die Moiren, dazu auserwählt, den Lebensfaden zu spinnen, das Los des Lebens zu verteilen und dessen Gang wieder anzuhalten, wüteten über ihren Opfern, die Glätte ihrer Gesichter stand ungerührt über dem Sturm von Krieg, Not und Schrekken, den die Jägerinnen mit sich brachten, Leichen hinter sich lassend eilten sie weiter, und Hekate, die Hilfreiche, ausgestattet mit drei Armpaaren, drei Köpfen, richtete, abgedeckt von großem Schild, Feuerstab, Speer und Schwert auf den grobschlächtigen Riesen, dessen Hand einen Steinbrocken als Wurfgeschoß umfaßte und dessen Gesichtszüge von der Unentrinnbarkeit des Verderbens sprachen. Mit Steinen nur, sagte Coppis Mutter, können sie sich wehren gegen die Gepanzerten und Schwerbewaffneten, sie knien, kriechen, sie zerbrechen und fallen ins aufgerissne Straßenpflaster, preisgegeben den Wasserkanonen, Gasgranaten und Maschinengewehren. Sie sah den Kampf in unsrer okkupierten Stadt, unserm besetzten Land, und es half nichts, daß Ge um Erbarmen flehte für ihren Sohn Alkyoneus, er war in Athenas Gewalt, der tötende Biß der Schlange in dessen Brust genügte ihr nicht, sie wollte seine restlose Zerfleischung. Zur Vernichtung verurteilt waren die Waffenlosen, die sich zusammenscharten hinter Barrikaden, von den Auserwählten, die sich imponierende Namen zugelegt und ringsum verbreitet hatten, daß sie unschlagbar waren, daß sie höchste Weltordnung im Sinn trugen. Sie starrte, nachdem sie die Schüssel geleert hatte, gebeugt auf dem Stuhl sitzend, mit dem Handtuch an den Beinen, der schemenhaften Bildwand entgegen, in unsern Beschreibungen überall nur das Triumphieren der Peiniger erkennend über das Gewühl der Entmachteten. Und nach längerem Schweigen sagte Heilmann, daß Werke wie jene, die aus Pergamon stammen, immer wieder neu ausgelegt werden müßten, bis eine Umkehrung gewonnen wäre und die Erdgebornen aus Finsternis und Sklaverei erwachten und sich in ihrem wahren Aussehn zeigten.

Untrennbar von der ökonomischen Begünstigung war die Überlegenheit des Wissens. Zum Besitz gehörte der Geiz, und die Bevorteilten versuchten, den Unbemittelten den Weg zur Bildung so lange wie möglich zu verwehren. Ehe wir uns Einblick in die Verhältnisse verschafft und grundlegende Kenntnisse gewonnen hatten, konnten die Privilegien der Herrschenden nicht aufgehoben werden. Immer wieder wurden wir zurückgeworfen, weil unser Vermögen des Denkens, des Kombinierens und Folgerns noch nicht genügend entwickelt war. Der Beginn einer Veränderung dieses Zustands lag in der Einsicht, daß sich die Hauptkraft der oberen Klassen gegen unsern Wissensdrang richtete. Seitdem war es das Wichtigste, uns eine Schulung zu erobern, eine Fertigkeit auf jedem Gebiet des Forschens, unter der Verwendung aller Mittel, der Verschlagenheit und der Selbstüberwindung. Unser Studieren war von Anfang an Auflehnung. Wir sammelten Material zu unsrer Verteidigung und zur Vorbereitung einer Eroberung. Selten zufällig, meist weil wir das Begriffne weiterführten, gelangten wir von einem Objekt zum nächsten, kämpften sowohl gegen die Mattigkeit an und die vertrauten Perspektiven, als auch gegen das ständig geführte Argument, daß wir nach dem Arbeitstag zur Anstrengung des Selbstunterrichts nicht fähig sein könnten. Mußten sich die betäubten Gedanken auch oft erst aus einer Leere hinausdrängen und nach der Monotonie Beweglichkeit aufs neue erlernen, so ging es uns doch auch darum, daß die Lohntätigkeit weder abgewertet noch verachtet wurde. Mit unsrer Ablehnung der Ansicht, daß es für unsereinen eine besondre Leistung sei, sich mit künstlerischer, wissenschaftlicher Problematik auseinanderzusetzen, war der Wille verbunden, sich in einer Arbeit, die uns nicht gehörte, selbst zu erhalten. Als Coppis Vater in die Küche trat, im dunklen, vom vielen Ausbürsten glänzend gewordnen Anzug, mit kragenlosem Hemd, die Baskenmütze weit über die Stirn zurückgeschoben, mit einer zerbeulten Aktenmappe unterm Arm, und am Tisch stehnblieb, spürten wir alle, wie der Tag an uns hing und welche Kluft überwunden werden mußte, ehe die Einbildungskraft, der geistige Überdruck oder die meditative Muße sich auch von uns beanspruchen ließen. Einmal hatten wir uns wütend davon losgesagt, daß die Lektüre eines Buchs, der Besuch einer Kunstgalerie, eines Konzertsaals, eines Theaters für uns mit zusätzlichem Schweiß und Kopfzerbrechen verbunden wäre. Inzwischen gehörten die Versuche, der Sprachlosigkeit zu entkommen, zu den Funktionen unsres Daseins, was wir dabei fanden, waren erste Artikulierungen, es waren Grundmuster, von denen aus das Verstummen überwunden und die Schritte in einen kulturellen Bereich vermessen werden konnten. Unsre Auffassung einer Kultur stimmte nur selten überein mit dem, was sich als ein riesiges Reservoir von Gütern, von aufgestauten Erfindungen und Erleuchtungen darstellte. Als Eigentumslose näherten wir uns dem Angesammelten zuerst beängstigt, voller Ehrfurcht, bis es uns klar wurde, daß wir dies alles mit unsern eignen Bewertungen zu füllen hatten, daß der Gesamtbegriff erst nutzbar werden konnte, wenn er etwas über unsre Lebensbedingungen sowie die Schwierigkeiten und Eigentümlichkeiten unsrer Denkprozesse aussagte. Das Thema war aufgegriffen worden von Lunatscharski, Tretjakow, Trotzki, deren Bücher wir kannten, wir wußten auch von der Initiative zur Heranbildung schreibender Arbeiter, die während der Zwanzigerjahre aufgekommen war, und die Äußerungen von Marx, Engels, Lenin über kulturelle Fragen hatten wir in Studienzirkeln diskutiert. Dies war wohl aufschlußreich, gab Anregungen, konnte auch auf Zukünftiges hinweisen, doch entsprach es nicht der Totalität, die wir anstrebten, vielmehr drückte es noch etwas Althergebrachtes aus, etwas, das sich letzten

Endes von den Maßstäben der Herrschaftswelt nicht lossagte. Auch uns, so war es von fortschrittlicher Seite zu vernehmen, sollte das, was sich Kultur nannte, zugute kommen, wir erkannten die Größe und das Gewicht vieler Werke, wir begannen zu verstehn, wie sich die gesellschaftlichen Schichtungen, Widersprüche und Konflikte in den künstlerischen Zeugnissen der Epochen spiegelten, doch gelangten wir damit noch nicht zu einem Bild, das uns selbst enthielt, alles, was uns entsprechen sollte, war ein Konglomerat von zusammengeliehnen Formen und Stilarten. Was auch immer wir hineinlasen ins Fertige, es konnte uns doch nur mit unserm Ausgeschlossensein konfrontieren, und wenn wir dabei waren, Zeitloses und Mächtiges zu entdecken, so gerieten wir in die Gefahr, uns von unsrer Klasse zu entfernen. Mit der Verwendung neuer Benennungen, neuer Assoziationen weckten wir das Mißtrauen derer, die von der Vorherrschaft der bürgerlichen Ideologie so vergewaltigt worden waren, daß sie den Zugang zu intellektuellen Ebenen nicht einmal erwogen. Dabei brauchten wir nur in ihre Gesichter zu blicken, um erinnert zu werden an die Ausdruckskraft, die in ihnen verborgen lag. Vor Dreiunddreißig, als ich meinen Vater zuweilen während der Mittagspause im Betrieb besuchte, konnte es geschehn, daß grade der Vertreter eines Bildungsvereins einen Vortrag in der Kantine hielt oder Gedichte verlas, wobei mir die Unmöglichkeit deutlich wurde, auf diese Weise die Verbindung zu geistigen Regionen herzustellen. Da saßen die Arbeiter über ihren Blechbüchsen, ihren Thermosflaschen, ihren aus fettigem Papier gewickelten Stullen, halbtaub vom Geschmetter des Metalls und der Niethämmer, zwanzig Minuten standen ihnen zur Verfügung, und daß sie immer ihre Gesichter von dem Sprecher abwandten und tief über den Tisch beugten, war nicht nur der Eile zuzuschreiben, mit der sie essen mußten, sondern auch aus Verlegenheit, weil sie mit dem, was ihnen wohlmeinend angeboten wurde, nicht das Geringste anzufangen wußten. Wenn sie nachher Beifall klatschten, schon wieder auf dem Sprung in die Werkhallen, so taten sie es aus Höflichkeit, er, der Künstler, nahm etwas von ihnen entgegen, sie selbst aber gingen leer aus. Es hing damit zusammen, das verstand ich schon damals, daß uns von außen her, von oben her, nichts beeindrucken konnte, solange wir gefangengehalten wurden, jeder Versuch, uns einen Ausblick zu schenken, konnte nur peinlich sein, wir wollten keine Zuteilungen, kein uns zugemessnes Stückwerk, sondern das Ganze, und dieses Ganze sollte auch nichts Überliefertes sein, es mußte erst geschaffen werden. Was wir zunächst brauchten, waren Lageberichte, Erläuterungen politischer Maßnahmen, Organisationspläne, und diese konnten nur aus den eignen Reihen kommen. Waren wir unter uns, so führten uns praktische Erwägungen auch zu diesem Gebilde, das sich Kultur nennen ließ und an dem die Qualitäten der suchenden Stimmen hafteten, mit den Gesten generationenlanger Erfahrungen, den Ansätzen des Stolzes und der Würde. Unser Weg heraus aus der geistigen Unterdrückung war ein politischer. Alles, was auf Gedichte, Romane, Gemälde, Skulpturen, Musikstücke, Filme oder Dramen Bezug nahm, mußte erst politisch durchdacht werden. Dies war ein Umhertasten, wir wußten noch nicht, wozu das Aufgefundne gut sein sollte, verstanden nur, daß es, um sinnvoll zu werden, aus uns selbst kommen mußte. Coppis Vater entnahm der Tasche, die er auf den Tisch gestellt hatte, zusammengefaltetes zerknittertes Papier, Flasche, zweiteilige Butterbrotdose, am Becken wurde abgewaschen, es wurde Kaffee gekocht, Coppis Vater, mit nacktem Oberkörper, rieb sich Hals und Gesicht ab, zog dann eine wollne Jacke über, auf der sich vorn eine Reihe gestickter Hirschköpfe befand, und wieder sprachen wir von Dingen, die wir einmal in unsern Besitz bringen würden, von Leistungen, um deren Verständnis wir uns bemühten. Abends sind meine Arme zwei Meter lang, sagte Coppis Vater, beim Gehn schleifen die Hände auf dem Boden. In diesem Bild zeichnete sich alles ab, was uns in den Jahren des Heranwachsens an Literatur und Kunst nahgekommen war. An der Verladerampe der Fabrik hatte Coppis Vater acht Stunden lang Kisten geschoben, gezogen und getragen, die Bestandteile von Geschützen waren drin verpackt, und Coppis Mutter hatte, in den Telefunkenwerken, Ausrüstungsgegenstände zur Manövrierung von Kriegsflugzeugen hergestellt. Jedes abgelieferte Stück, jede Emballage wurde von einer Kontrolliste begleitet, auf der die Namen der am Arbeitsgang Beteiligten verzeichnet waren, was jeden einzelnen haftbar machen konnte. Eine gelockerte Schraube, ein paar Körnchen Sand im Getriebe, ein fehlender oder falsch geschalteter Draht, dies waren Gegenständlichkeiten, an denen das Ergebnis einer Lektüre, einer Bildbetrachtung gemessen werden mußte. Wir fragten uns, ob die Themen der Bücher, die wir lasen, unsern Erlebnissen verwandt waren, ob sie Menschen schilderten, die uns nahstanden, ob sie Stellung bezogen und Lösungsversuche anboten. Es gab Werke, die in keiner direkten Beziehung zu unsern Normen standen, und die, grade weil sie Unbekanntes enthielten, unser Interesse weckten. Zumeist prüften wir Text oder Bild, worauf wir in einer Zeitschrift, in einem Museum, gestoßen waren, ob es sich im politischen Kampf verwenden ließ, und akzeptierten es, wenn es von offener Parteilichkeit war. Dann wieder stießen wir auf andres, was eine unmittelbare politische Wirksamkeit nicht zu erkennen gab und doch beunruhigende und, wie uns schien, wichtige Eigenschaften besaß. Waren

Bücher oder Bilder dieser Art, zudem, wenn sie die neuen Machthaber als entartet verschrien, aus den öffentlichen Sammlungen entfernt worden, so verstärkte dies noch unsern Wunsch, sie in die Register der Sabotageakte und revolutionären Manifestationen aufzunehmen. Der Surrealismus hatte uns schon beeindruckt, als Hodann, im Haeckel Saal ausgehend von zahlreichen Fragen nach dem Ursprung von Neurosen, Depressionen, Zwangsvorstellungen, auf die Zusammenhänge aufmerksam machte zwischen sozialen Verhältnissen und Motiven der Krankheiten, den Traumimpulsen, und uns deren Auswirkungen erklärte in einer Kunst, die dem ungebundnen Strom von Eingebungen folgte. Eine solche Ausdrucksart, die sich über die Logik hinwegsetzte, die alles Fremdartige, Erschreckende gelten ließ, um vorzustoßen zu den Anlässen des eignen Verhaltens, mußte uns, auf unsrer Suche nach Selbsterkenntnis, entsprechen. Auch wir waren ja mißtrauisch gegenüber dem Bestimmten, dem Festgefügten, und sahn unter der Hülle von Gesetzmäßigkeiten die Manipulationen an denen viele von uns zugrunde gingen. Auch der Dadaismus wies etwas von unsern Neigungen auf, er hatte in die feinen Stuben gespien, er hatte die Gipsbüsten von ihren Sockeln gestürzt und die Girlanden der kleinbürgerlichen Selbstverherrlichung zerrissen, das war uns recht, der Verhöhnung des Würdigen, der Lächerlichmachung des Heiligen stimmten wir zu, doch für den Ruf nach totaler Zertrümmrung der Kunst hatten wir nichts übrig, solche Parolen konnten sich diejenigen leisten, die übersättigt waren von Bildung, wir wollten die Institutionen der Kultur erst einmal heil übernehmen, sehn, was dort vorhanden war und unsrer Lernbegier dienstbar gemacht werden konnte. Wir sahn in den Bildern von Max Ernst, Klee, Kandinsky, Schwitters, Dali, Magritte Auflösungen visueller Vorurteile, blitzhaftes Beleuchten von Gärung und Fäulnis, Panik und Umbruch, wir unterschieden, wo es sich um Attacken handelte gegen Verbrauchtes und Untergehendes, und wo es nur um Respektlosigkeiten ging, die letzten Endes den Markt doch gewähren ließen. Wir erörterten den Widerstreit in den Auffassungen, die es einerseits vorzogen, die Gegenwart in ihrer Vielschichtigkeit, Zerbrochenheit und Wirrnis zu schildern, andrerseits den Zerfall sachlich und genau wiedergaben, wie Dix und Grosz, die hier die vorhandne Wirklichkeit scharf zerlegten und ausmaßen, wie Feininger, und sie dort erhitzt aufflammen ließen, wie Nolde, Kokoschka oder Beckmann. Angespornt durch die Verbote, durch die Erlässe, was nunmehr unter Kunst zu begreifen sei, durch die zensurierenden Maßnahmen, die verstehn ließen, welch untergrabenden Fähigkeiten die Herrschenden der Malerei und Literatur zuerkannten, waren wir stets auf der Suche nach Büchern und Zeitschriften, in denen noch

Zeugnisse der Vorkämpfer bewahrt waren, die nun im Verborgnen an der Arbeit waren oder das Land verlassen hatten. Als wir überlegten, ob poetische Geheimsprachen, Bildchiffren und magische Symbole zur Schilderung dunkler, scheinbar vernunftloser Vorgänge angebracht seien oder ob angesichts des Schwerverständlichen grade eine eindeutige Übertragung notwendig wäre, kam Heilmann hinzu, nachdem er uns, auf dem Rückweg von der Abendschule, auf dem Bahnhof Gleisdreieck seine Übersetzung von Rimbauds Une saison d'enfer vorgelesen hatte. Beides ist richtig, meinte Heilmann, sowohl der Griff, der uns den Boden wegreißt unter den Füßen, als auch das Bestreben, einen festen Grund herzustellen zur Untersuchung einfacher Tatsachen. Die meisten sind allzu weit entfernt von solchen Fragestellungen, sagte Coppis Vater, als daß sie in ihnen eine Notwendigkeit sehn könnten, eure Worte fliegen an ihnen vorbei. Es war ein Sausen in den Ohren, das würde sich nicht durchdringen lassen von Worten, die von einer Bühne kamen, von den Tönen der Streicher und Holzbläser auf der Estrade, davon abgesehn war das Sitzen mit schmerzendem Rücken auf dem Klappstuhl unmöglich. Das Hin und Her der Arme im Schwarz des Fracks, und was da vorn in die Tasten gehämmert aus dem klaffenden Flügel quoll, wäre dem vom eisernen Ring umzognen Kopf eine Qual. Immer wieder mußte, bevor sie anhoben mit ihren gemalten Mündern, den vieldeutigen Gebärden, angestrahlt in ihrer reichen Farbigkeit, umgeben von künstlichen Räumlichkeiten, zunächst dem Bedürfnis nach Schlaf stattgegeben werden. Bis zur Grenze des Ertragbaren hingen sie fest zwischen den Riemen der Werkbänke, und der Betonboden schlug unaufhörlich mit kalter Härte gegen die Füße. Wenn sie, die seit drei, vier Uhr früh auf waren, versuchten, sagte Coppis Mutter, eine Weile von dort, wo sie windelweich geschlagen wurden, rauszukommen, so sanken sie nicht in die Polster eines Sitzes zwischen Rembrandt und Rubens, sondern zogen sich fiebrig die Decke übers Gesicht. Verständnis zu erwerben für das, was in dicken Bänden geschrieben stand, der Weg zu den Schaltern, und das Ausfüllen von Formularen, das Präzisieren von Wünschen, was das Eingeständnis völliger Unkenntnis bedeutete, von all dem konnte nicht die Rede sein. Von der Metallfabrik, von den Schuppen der Eisenbahner, den Endstationen der Omnibusse führten nur ausgetretne Pfade in Richtungen, die mit halbgeschlossnen Augen, mechanisch sich schleppenden Beinen zurückgelegt werden konnten. Es war nicht das Problem, wie sich aus einer Stilart eine andre entwickelte, sondern was geschehn würde, wenn nach einem Tag des Krankseins ein zweiter Tag der Kraftlosigkeit folgte, denn der dritte Tag brächte, bei der geringen Unterstützung, die nackte Not. Eher fiel Krankheit über den

Geschundnen her, als daß ihm Erkenntnisse gekommen wären, sein Blick stolperte über die Zeilen, an denen der Finger entlangstrich, seine Lippen murmelten etwas, was das Gehirn gleich wieder vergaß. Die Katastrophe drang ein in die Kammer, deren Miete nicht mehr bezahlt werden konnte und durch deren Tür der Hauswirt, ohne anzuklopfen, schon trat. Was in den hohen bewunderten Dramen zur Katharsis geführt wurde, erlebte jetzt, ganz im Verborgnen, in Bescheidenheit, seine unbarmherzige Verpflanzung in alltägliche Praxis. Die Arbeit, sagte Coppis Mutter, wird nach einer Unterbrechung noch schwerer. Dennoch, antwortete Coppi, müssen wir uns immer wieder nach unsrer Aufgabe fragen, niemand sonst kann uns die Zusammenhänge erklären, in die wir eingespannt sind. Und dies war es auch, was uns sprechen ließ über Dinge, die uns eigentlich nicht zugänglich sein konnten. Um Theorien zu deuten, die vielleicht etwas über die Mittel und Wege zu unsrer Befreiung aussagten, mußten wir erst die Ordnung verstehn, in der wir uns bewegten. Daß wir bisher noch nichts erreicht hatten, zeigte sich jetzt, da der Selbstverlust so groß war wie noch nie. Kulturarbeit nannte Coppi den Übergang der Eingeschlossenheit im Betrieb zur Offenheit des Kurses am Abendgymnasium, denn der Schritt dorthin war die Leistung, er mußte gelingen, durch ihn mußte die Erschöpfung überwunden werden, die uns zurückhalten wollte. Mehr als die Hälfte der Teilnehmer fiel nach den ersten Stunden ab. Die Stirnen schlugen aufs Pult, niedergehaun von zwölf Stunden, die um sieben Uhr abends aus Blei waren. Das Unterrichtswesen kalkulierte diese Gefallnen ein, die Überlebenden hielten sich mit den Fingern die Augen auf, starrten die verschwimmenden Tafeln an, kniffen sich in den Arm, kritzelten ihre Hefte voll, und während des letzten Lehrabschnitts fielen noch mehr ab, es genügte, eine Woche zu verlieren, durch Wohnungssuche, Arbeitssuche, durch einen Unfall oder einfach nur durch Entmutigung, und sie waren raus aus dem Pensum gerissen. Über Kunst sprechen zu wollen, ohne das Schlürfende zu hören, mit dem wir den einen Fuß vor den andern schoben, wäre Vermessenheit gewesen. Jeder Meter auf das Bild zu, das Buch, war ein Gefecht, wir krochen, schoben uns voran, unsre Lider blinzelten, manchmal brachen wir bei diesem Zwinkern in Gelächter aus, das uns vergessen ließ, wohin wir unterwegs waren. Und was sich uns bei der Betrachtung eines Bilds dann zeigte, war ein Gespinst von Fäden, glänzenden Fäden, die sich zu Klumpen verdichteten, auseinanderflossen, sich zu Feldern aus Helligkeiten, Dunkelheiten formten, und die Schaltwerke der Sehnerven fügten den über uns hereinbrechenden Sturm von Lichtpünktchen zu Mitteilungen zusammen, die sich entschlüsseln ließen. Wir konnten uns alle Umstände in Erinnrung rufen, die mit dem Weg zur Erlangung von Kenntnissen verbunden waren, weil wir uns ständig im Stadium der Vorbereitung befanden, weil wir manchmal über den Anfang gar nicht rauskamen, weil uns nichts geschenkt wurde, weil die Begegnung mit einem literarischen, einem künstlerischen Stoff nie Selbstverständlichkeit besaß. Nur bei den Werken des sozialistischen Realismus hatten wir bisher die Frage nach Stil und Form zurückgestellt, hier ließen wir allein den Inhalt gelten, der sich grundsätzlich von allen andern Kunstrichtungen unterschied. Wir kannten die Stufen, die hinführten zu diesen Malereien, die Anspruch darauf erhoben, einzig und allein wegen ihrer neuartigen Aussagekraft hingenommen zu werden. Sie kamen aus dem neunzehnten Jahrhundert auf uns zu, aus einem mühseligen Dunkel, die Vorgänger derer aufzeigend, die sich nun mit Kraft erhoben, befreit und stolz. Die ungeheure Leistung wurde noch deutlicher, da hinter ihr die Sklaven, die Ausgedörrten, Verelendeten sichtbar wurden, generationenlang andrängend gegen die Übermacht, die unbesiegbar schien. Nur Erniedrigung, Unterdrückung, Gefangensein gab es in den Gemälden der russischen Realisten, doch in ihrer Verbundenheit mit den Menschen, die sie darstellten, in der Schilderung des Unrechts, das ihnen widerfuhr, standen sie schon auf der Seite derer, die eine Erneurung planten. Da waren Repins in den Riemen hängende Kahnzieher, Savitskis Zwangsarbeiter, die Erde beförderten zum Bau des Eisenbahndamms, Perovs Kinder, die durch den Schneesturm die Wassertonnen schleppten, da war Jarosjenkos von roter Glut versengter, in sich zusammengesunkner Heizer, eingesperrt in den niedrigen Ofenraum, das Schüreisen in den geschwollnen dick geäderten Händen haltend. Die Gesichter der zerlumpten, bärtigen Leibeignen, die barfuß oder in zerrissnen Sandalen und Halmstiefeln durch den Ufersand stampften, waren erloschen, bar jeder Hoffnung. Die Kinder vorm Schlitten waren ausgemergelt, ihre Gesichtszüge wächsern, stumpf vor Erschöpfung. Es war das Jahr Achtzehnhundert Vierundsiebzig, als die Wegarbeiter an der staubigen Böschung, von Soldaten überwacht, sich über die vollbeladnen Karren stemmten. In der Öde, der Entwertung ihres Lebens hatten sie nie was erfahren von den Revolutionen in Frankreich, von der Commune, für sie waren mittelalterliche Zeiten noch gegenwärtig. Auch den Steinklopfern von Courbet war keine Erleichterung beschieden, doch ihre Arbeit im Geröll war nicht mehr geprägt von Ausweglosigkeit. Ihre Kleidung war ärmlich, zerfetzt, ihre Bewegungen aber vermittelten etwas von der Kraft der Aufstände im Februar und Juni Achtundvierzig, und waren die Revolten auch niedergeschlagen worden, so glichen der Ruck, mit dem der junge Arbeiter den mit Steinen gefüllten

Korb anhob, und der harte Griff des Älteren um den Hammerschaft schon wieder den Gesten beim Barrikadenbau, beim wütenden Widerstreit. Die beiden wandten sich vom Beschauer ab, die Reproduktion zeigte sie vor fast schwarzem Hintergrund, da war ein zerbeulter Topf mit Wegzehrung, ein paar Hacken lagen wie Waffen bereit, würden sie sich umdrehn, so wäre ihre Bewegung voller Wucht. Viel von unserm eignen Leben hatten wir in solchen Bildern gefunden, unvollkommen, andeutungshaft, wie wir sie in Zeitschriften und Büchern gesehn hatten, war auch unsre eigne Auffassung und Schulung. Alles, was wir über sie zu äußern vermochten, konnte nur Skizze, Entwurf sein. Jahrzehnte noch würden wir brauchen, um aus ungefähren Einblicken Wissen werden zu lassen. Versuchsweise, zumeist weit entfernt von der Begegnung mit den Originalen, erkundeten wir, was sich uns als Schatten einer künstlerischen Wirklichkeit zeigte, schärften dabei unsern Blick für das Typische, die Gebärde, das Verhältnis zwischen den Figuren, für alles, was sich selbst aus verwischtem Grau herauslesen ließ. Die Arbeitenden in der Suite Dorés aus dem Londoner Hafen befanden sich in der gleichen abgründigen Dunkelheit, die in seinen Illustrationen zu Dantes Inferno herrschte, sie waren aber nicht der Verlassenheit von der Welt ausgesetzt, sondern schufteten in einem lebendigen Kreis, dessen Merkmal eben der Dampf und Qualm, der Feuerschein, das brodelnde Wasser war. Für Millet, ohne daß wir noch seine Farben kannten, war das Tagewerk eine unaufhörliche, notwendige Plage, seine Landleute waren vorhanden in einem Dunst, in dem sich das Schwitzen der Leiber mit dem schwelenden Sonnenlicht vermischte, sie waren verwachsen mit ihren Geräten, sie waren verknäult in die Strohhaufen, rangen mit dem Geernteten, standen, Erdklumpen gleich, in der Gewitterschwüle. Doch waren auch sie nicht im Besitz des Bodens, den sie bestellten, und gab auch ihnen der Tag nichts andres als Schweiß, körperliche Auszehrung und die paar Münzen, die notwendig waren für die Nahrung zum Überstehn des kommenden Tags, so gingen sie doch ganz in ihrer Tätigkeit auf, die Arbeit war nichts Fremdes, Aufgezwungnes für sie, sie waren an jedem Handgriff beteiligt, wenn sie zupackten, spürten sie ihre Ausdauer, nie haftete ihren Körpern etwas Dumpfes, Gebrochnes an. Noch als Wesen der Natur wurden sie vorgestellt, kreaturhaft bückten sie sich tief, um die Halme abzurupfen, drei Frauen in einer Reihe, in einer fortlaufenden Bewegung, die erste Hand unmittelbar vorm Greifen, die zweite Hand die Ähren umfassend, die dritte das Bündel sammelnd, alle Gestalten von gleicher Schwere, gleicher Bedeutung, ihr langsames, gebeugtes Vorschreiten unaufhaltsam, doch vegetativ noch, nicht gesehn als Bestandteil eines bestimmten Produktionsprozesses. Die

Erhebungen des Jahrs Achtundvierzig vermittelten sich wohl im Gestus der Arbeitenden, stellten ihr soziales Dasein aber noch nicht in Frage, nahmen sie, monumental, auch den ganzen Bildraum ein, auf die Hacke gestützt, den Spaten in den Acker stechend, die Hand beim Säen weit ausschwingend, so war es, als fügten sie sich doch noch in ihr Geschick. Millet selbst war zwischen ihnen aufgewachsen, nicht als Häusler, sondern als Sohn wohlhabender Bauern, er hatte den Geruch des Getreides eingesogen, hatte, wie Herakles, die Schafe gehütet, hinaufgeblickt in die Wolkengebilde, hinübergestarrt zu den hohen Felsen, an denen er sich den festgeschmiedeten Prometheus dachte, und diese mythologische Weite war noch vorhanden bei seinem Malen. Die Revolutionen hatten, beim ersten Anblick, nicht viel erreicht, und das Erlangte war durch die Gewalt der Bourgeoisie gleich wieder zertrümmert worden, die Kraftanspannung, die Streckung, der Sprung aber war eine Leistung gewesen, die sich nicht mehr wegleugnen ließ, und Millet hatte es verstanden, diese proletarische Energie aufzufassen und wiederzugeben. Er war kein Politiker, wie Courbet, er verfolgte die Konsequenzen sozialen Aufruhrs nicht weiter, er gab nur wieder, was er erlebt hatte, als Realist schilderte er die neue Bestimmtheit im Verhalten der Menschen, er konnte die Arbeitenden nicht im Besitz einer Macht sehn, die noch utopisch war, aber er stellte sie hin in der Würde, die sie sich erkämpft hatten. In seinen Bildern trat ein Zwischenzustand zutage, der physische Ausdruck der Gestalten mußte den revolutionären Erfahrungen zugeschrieben werden, der Schritt zu ihrem Selbstbewußtsein aber war eben erst eingeleitet worden, die Gewalt, zu der sie fähig waren, zeigte sich nur im Ansatz, doch indem er solches Leben hineinhob in die Salons der Gesellschaft, indem er die verschwitzten Figuren, mit ihren erdigen Zügen, ihrem lehmigen Gewicht, wegnahm von dort, wo sie bisher anonym ausgeharrt hatten, und hinein versetzte zwischen die gepflegten Porträts, die Nymphen und Schäferinnen, tat er etwas, was dem revolutionären Anliegen gleichkam. Allein das Erscheinen solcher Gestalten mitten in den Revieren des Bürgertums war ein Schlag ins Gesicht der Connaisseure, denn diese Leute hatten draußen zu bleiben, in ihrem Schmutz, dort, wo sie hingehörten. Doch nun waren sie nicht mehr abzuweisen, beängstigend, selbst wenn sie beim Abendläuten standen, in dieser Andacht, dieser mystischen Versunkenheit, die sich über Millets Felder lagern konnte, unmittelbar bedrohend dann der Landarbeiter, in den klobigen Holzschuhn, schwer atmend über der Hacke, und der Sämann, schwarz, tintig, düster durch die Erdschollen stampfend, von Himmel kaum eine Spur, vor Morgengrauen hatte er seinen Gang angetreten, vor Einbruch der Dunkelheit würde er nicht enden. Diese eindrucksvollen Gebärden gehörten der Revolution an, plötzlich waren die Knechte und Mägde in die ehrwürdigen Regionen des Akademismus, in die bürgerliche Geborgenheit eingebrochen. Die Erntearbeiter auf dem Bild von Lhermitte bekamen vom Verwalter ihr Tagesgeld ausgezahlt, aufrecht stehend, ohne Demut, streckte einer ihm die aufnehmende Hand entgegen, ein andrer zählte sorgsam die Münzen nach, ein dritter saß stolz, massiv, vor sich die riesige scharfe Sense. Die Lohnfrage war hier schon angerührt, auch die Frage des Betrugs an der Arbeitskraft. Sie waren nicht mehr wert, als was sie an diesem Abend erhielten, der vor ihnen liegende Reichtum des Getreides gehörte andern, sie aber waren fünf, der Pächter war einer, und nicht nur in diesem Kräfteverhältnis, auch in der Wirkung ihrer Körperlichkeit, zeigten sie sich als die Überlegnen. Meuniers Grubenarbeiter, Hafenarbeiter ragten auf in Reglosigkeit, in tiefem Ernst, die Stärke durchdrang sie, die Hand aber erhoben sie nicht. Selten nur, während dieses Jahrhunderts, in dem der Arbeitende zu einer Vordergrundgestalt der Kunst wurde, zeigten sie sich in der Geste der Gegenwehr, des Angreifens. Doch daß sie auftraten als neue Klasse, daß sie lebensnah vor dem bestürzten Beschauer erschienen, das war künstlerische Tat genug. Hinter ihnen lag eine Kette von Aufständen und Revolutionen, und waren sie auch jedesmal wieder zurückgedrängt worden, so hatten sie jedesmal auch Erfahrungen gewonnen, und es könnte sein, daß sie beim nächsten Ansturm besser gerüstet wären. Daß die Maler sich ihnen näherten, daß sie für ihre Bilder Motive aus der Arbeitswelt suchten, zeigte, daß auch die Kunst sich von alten Verpflichtungen löste, daß sich ihr Kräfte aufdrängten, die aus dem Volk kamen, Kräfte, die artikuliert werden mußten, zunächst wieder von denen, die des Sprechens, des vermittelnden Ausdrucks fähig waren. Die Maler verstanden diese Mahnung, sie vermochten noch nicht, sie zu übertragen auf das gesamte System, in dem sie lebten, aber sie klagten an, sie hoben die Notlage hervor, sie sahn in den Arbeitenden ihre Auftraggeber, sie protestierten in ihrem Namen, sie identifizierten sich zeitweilig mit ihnen, dann auch ließen sie sich wieder einfangen von den Verführungen der Konventionen. Wie immer lag der Widerspruch darin, daß das, was vom Volk ausging, erst auf einer höheren Ebene Gestaltung fand, und dort war es als authentischer Ausdruck nicht mehr zuverlässig, es brauchte nicht idealisiert oder dramatisiert zu sein, nahm aber leicht, in einer Welt aus Formen und Farben, ein Eigenleben an. Nur indirekt vermochten die realistischen Werke des vorigen Jahrhunderts den Arbeitenden zu helfen. Als ihre Abbilder sich längst in der Kunstsphäre ausbreiteten, waren sie, die Inspiratoren, noch von ihr ausgeschlossen, sie bekamen kaum zu Gesicht, was die Meister von ihrem Leben festgehalten hatten, doch die Begünstigten lernten, sich ihnen zuzuwenden, sich mit ihren Problemen zu befassen. Vorläufig war dies der einzig mögliche Werdegang. So wie die Grundhandlungen der Revolutionen immer von oben her übernommen und verwertet worden waren, so schlugen sich auch die Gedanken und Hoffnungen derer, die aufsteigen wollten, im Sammelbecken der Bildung nieder, um dort sublimiert zu werden. Es wurde, oft voller Mitgefühl, dem Volk etwas gegeben, was ihm doch ohnehin gehörte. Diesen Kreislauf, der eine ständige Beleidigung, eine Maßreglung war, einmal zu durchbrechen, darum mußte es uns gehn. Deshalb waren Coppi und ich den Bildern vom ersten großen Durchstoß der Arbeitenden, von ihrem Sieg, von der Errichtung ihrer Herrschaft, vorbehaltlos entgegengetreten. In unsern Augen waren die Werke genau so, wie sie zu sein hatten, eindeutig, naturgetreu, den Geschehnissen entsprechend, sie kamen nicht mehr von oben, wo sonst die künstlerische Tätigkeit ihren Sitz hatte, sondern direkt aus den Reihen derer, die den Kampf vollbracht hatten und die sich hier wiedererkennen wollten. Sie folgten einer Malweise, die bekannt war, sie verlangten keine Umstellung der Sehgewohnheiten, es gab Wichtigeres, Grundlegendes, im Bildungswesen, als daß man sich erst mit neuen Stilrichtungen auseinanderzusetzen hätte, um die Schilderungen der revolutionären Ereignisse verstehn zu können. Ein gewaltiger Sprung war getan worden von der Zeit her, in der die Arbeitenden stumm, verschlossen, verdingt, ihren Sold entgegengenommen hatten, bis zu dem Tag, an dem sie die eignen Werkzeuge hoben, die eignen Maschinen anlaufen ließen. Das Wirklichkeitsbild war ungebrochen weitergeführt worden, doch der Despotismus, der über den alten russischen Darstellungen des Volkslebens hing, war weggefegt, die Figuren standen nicht mehr wartend, als Verurteilte, sondern mit einem Stolz, einem Lachen, wie es vorher niemand an ihnen gesehn hatte. Die Tatsache dieses umstürzenden Vorgangs aber, sagte Heilmann, entledigt uns nicht der Frage, auf welche Weise er im Bild festgehalten wird. Auch bei den Handlungen wurde genau bedacht, sagte er, was richtig war und was falsch, was die nächsten Bewegungen gefährden und was sie absichern, weiterleiten konnte. Die Besonnenheit sei das Merkmal der gewaltsamen Aktion gewesen. Deshalb hätten wir zu untersuchen, wie die Energie, der Enthusiasmus der Menschen umgewandelt worden wäre in den Wert, der für das künstlerische Handwerk gelte. So lange eine solche Qualität nicht feststellbar sei, bliebe das Objekt nur ein Nebenprodukt aus dem Bereich des äußerlichen Handelns. Diese Kunstart, entgegnete Coppi, hat mit allen früheren Kriterien gebrochen. Sie geht ohne Umschweife aus der Realität hervor. Vielleicht waren im ehemaligen Herrschaftssystem die Lumpen und Fesseln besser gemalt, vielleicht waren die Kompositionsmuster, die Farbkontraste, die Wirkungen von Licht und Schatten in den Abbildungen der Kerker zur Vollendung geworden, vielleicht ließen sich aus der Wiedergabe von Armut und Elend neue Kunstrichtungen ablesen, hier aber wird etwas ausgedrückt, was noch nie gelungen war, das Ereignis, in dem die Arbeit in den eignen Besitz gebracht wird. Der Realismus in dieser veränderten Situation, sagte Heilmann, würde durch eine Idealisierung und Heroisierung aufgehoben, eine Haltung käme wieder auf, die von den Realisten der Jahrhundertwende überwunden worden wäre, deshalb, sagte er, würde den wahren Geschehnissen in den Bildern die Echtheit genommen. Nur mit einer Inhaltsverschiebung, fügte er hinzu, sind hier die Maler von Schlachten und Allegorien am Werk. Mit unsrer üblichen Kritik, sagte Coppi, ist diesen Bildern nicht beizukommen. Das Triumphieren in ihnen ist ihre Wahrheit. Demjenigen, dem der Aufbau des Sozialismus nichtssagend ist, mag solche Kunst als bloße Dekoration erscheinen, und die Hochgestimmtheit als leere Verherrlichung. Dort aber, wo der Schritt zur Befreiung, den wir selbst noch nicht wagten, vollzogen wurde, entspricht die Überhöhung der Wirklichkeit. Wir lassen uns bei der Beurteilung dieser Kunst, antwortete Heilmann, von der Achtung, der Bewundrung leiten, die wir dem Arbeiterstaat entgegenbringen. Künstlerische Fragen können jedoch nicht behandelt werden unter emotionalen und ideologischen Rücksichtnahmen. Was zum Fundament unsrer Kultur gehören soll, muß der Prüfung standhalten. Diese Bilder ermutigen uns, sagte Coppis Mutter, solchen Beistand benötigen wir jetzt, da sich so viele von uns geschlagen geben. Doch Heilmann ließ von seinen Einwänden nicht ab. Die Bilder zeigen wohl Leistungen, Errungenschaften auf, sagte er, doch verdecken sie die widerspruchsvollen Prozesse, in denen Neues entsteht. Ihr Inhalt läßt sich nicht als etwas Selbständiges bewerten. Ebenso wie der Gedanke der Revolution noch nicht die Revolution war, sondern erst seine Taten forderte, verlangte die Bildidee nach ihrer Ausführung in der Form. Inhalt und Form stimmen hier nicht überein. In die Abbildungen revolutionärer Vorgänge mischt sich ein Stil, der verbraucht ist. Die Maler, die sich des Zukünftigen annehmen wollen, greifen dabei zu den Mitteln eines romantischen Naturalismus, der sich zurück wendet, dem bürgerlichen Zeitalter entgegen. Ihr Naturalismus, sagte Coppi, zertrümmert alles, was Augenweide des Spießers war, eben in seinem Anklang an das Alte und Bekannte zeigt er, wie er sich über die frühere Idylle des Profits, der Ausbeutung erhebt. Auch könne es sich jetzt, da Eile geboten war, nicht drum handeln, Endgültiges zu errichten, das Wesentliche sei der Hinweis auf die Stärke, auf den Willen, das Gewonnene zu verteidigen. Im moralischen Sinn hätten wir uns diesen Bildern zu stellen, und dabei auch Mangelhaftes hinzunehmen, bis einmal die Kunstart gefunden wäre, die in voller Übereinstimmung mit der Größe des Erreichten stand. Unser gesamtes Studium, sagte Heilmann, erklären wir für nichtig, wenn wir uns wissentlich einer Künstlichkeit, einer Pose fügen, wenn wir stehnbleiben dort, wo das Weiterkommen längst vorgezeichnet wurde. Es schleicht sich hier, sagte er, eine kulturelle Gegenrevolution in unser Gesellschaftsbild ein. Das Philistertum drängt sich uns auf, untergräbt unsre Vorstellungen, und wir bemerken es nicht. Er glaube, sagte er, es komme daher, daß viele politische Aktivisten in ihrer Geschmacksbildung steckengeblieben seien zwischen Plagiaten und Surrogaten. Verständlich sei dies, da verglichen mit einer völligen Abwesenheit künstlerischer Gegenstände, das Gemisch aus Sentimentalität, Schwulst und Talmi in der Stube des Spießers durchaus etwas Höheres darstellen konnte, und viele, die damit begannen, nach einem Weg zur Bildung zu suchen, stießen auf diese nächstliegenden Ansätze, und verwechselten die verkappte Misere mit Zeichen von Kultur. Der Kampf um unsre Kunst, sagte er, muß gleichzeitig ein Kampf um die Überwindung des Hangs zur Kleinbürgerlichkeit sein. Wir brauchen nur zu einer flüchtigen Skizze aus der Hand van Goghs zu greifen, um in den klobigen Strichen die Schönheit zu erkennen, um die sich die goldgerahmten Kolossalgemälde vergeblich bemühn. Ich würde auch, fuhr er fort, den eindimensionalen Optimismus gelten lassen, wenn er nicht Anspruch auf absolute Gültigkeit stellte, auf eine Vorherrschaft, die jede sonstige Aussage beiseitestößt. Er erinnerte an das andre, das es gegeben hatte, vor allem auf dem Gebiet des Films, wo wir im Jahr vor dem Zusammenbruch noch Eindrücke entgegengenommen hatten, die ausschlaggebend gewesen waren für die Heranbildung unsrer politischen Überzeugung. Bei Gorki, Ostrowskij, Gladkow, Babel wurden die Charaktere nie zur Schablone, und in der Malerei und Architektur waren in den Jahren um den Oktober konstruktive Möglichkeiten entworfen worden, die mit dem Wesen der Revolution übereinstimmten. Warum ging es jetzt, fragte Heilmann, weit hinter das Gewonnene zurück, warum wurde eine Kunst, die revolutionär war, verleugnet und verfemt, warum wurden die Werke, die dem Experimentieren ihrer Zeit die Stimme verliehn, die umstürzend waren, weil das Leben, das sie umgab, sich von Grund auf veränderte, warum wurden diese kühnen mitreißenden Gleichnisse des Aufbruchs ersetzt durch Fertiges, warum wurde eine enge Begrenzung der Aufnahmefähigkeit eingeführt, wenn ein Majakowski, Blok, Bednij, Jesenin und Bely, ein Malewitsch, Lissitzki, Tatlin, Wachtangow, Tairow, Eisenstein oder Vertow die Sprache gefunden hatten, die identisch war mit einem neuen universalen Bewußtsein. Was die Expressionisten, die Kubisten während des Jahrzehnts vorm Oktober aufwühlten, sagte Coppi, geschah in einer Formwelt, mit der nur besonders Geschulte vertraut waren. Es war ein Revoltieren der Kunst, ein Aufstand gegen die Normen. Die Unruhe in der Gesellschaft, die latente Gewalt, der Drang nach einem Umbruch kam wohl zum Ausdruck, die Arbeiter und Soldaten aber, im November Siebzehn, hatten von diesen künstlerischen Gleichnissen nie was gesehn und vernommen. Die Dadaisten und Futuristen in Moskau setzten die Umwandlungen auf einer Ebene fort, mit der die Kämpfenden nicht vertraut waren. Die Kunst sollte ihnen nun gehören. Doch was da auf sie zukam, hatte seinen Ursprung in den westeuropäischen Ländern, in denen die Vertreter der Intelligenz ihre Eindrücke empfangen hatten, dies war nicht ihr Eigentum, es wurde ihnen doch wieder etwas vorgesetzt, Gut von Emigranten, von Lesekundigen wurde aufgepfropft. Es half ihnen wenig, wenn es hieß, daß die Revolution der Formen jetzt vereint werden sollte mit der revolutionären Umwandlung des gesamten Lebens, was die Avantgarde der Literatur und Malerei hier entwarf, mußte den russischen Arbeitern unverständlich bleiben. In ihren Kellerlöchern hingen keine Bilder, da gab es höchstens einen Farbdruck aus einer Zeitschrift, wie bei uns. Das Modernistische, das Abstrakte mußte vorläufig Privileg derer bleiben, die sich mit künstlerischen Problemen beschäftigten, eine proletarische Kunst konnte daraus nicht werden, auch wenn die Urheber meinten, die wahre Sprache eines revolutionären Volks zu sprechen. In diesem Übergangszustand kam die Frage auf, was nun besser sei, das, was dem hochentwikkelten Intellekt Nahrung gab, oder das, was dem Anfänger weiterhalf. Zu dieser Erwägung gehörte das Gegensatzverhältnis, das zwischen der nationalen und der internationalen Richtlinie lag. Hätte die Revolution sich ausgedehnt, so wäre auch der Kunst eine revolutionäre Vielseitigkeit erhalten geblieben. Die vorläufige Vereinzelung der Revolution, die Notwendigkeit, den Kampf allein weiterzuführen, sich selbst zu erhalten und zu verteidigen, sich zu verschanzen vor dem von außen andrängenden Feind, zwang auch die Kunst in eine Position, in der es drum ging, jedes Werk als soziale Waffe zu gebrauchen, jede Aussage genau auf unmittelbare Nützlichkeit in Abwehr und Produktion zu untersuchen. So wurde alles verworfen, was Zeichen von Komplikationen, Konflikten aufwies, weder dem Sowjetstaat, noch uns draußen wäre damit gedient gewesen. Zerbrochen, aufgelöst, gärend, mit immer wieder neuen Elementen laborierend, wie unsre Kunst, konnten die Bilder dort nicht sein, da war kein Platz für subjektive Betrachtung, Gegenständliches wurde verlangt, das sich prüfen, kritisieren ließ, wie ein Motor, eine Baukonstruktion. Die Arbeiter in den Eisenwerken, den Maschinenfabriken, den Werften, den Kolchosen sahn sich in diesen Bildern bestätigt. Ihr Milieu, der Hergang ihrer Tätigkeit, die Handhabung der Werkzeuge war richtig wiedergegeben. Darauf kam es an. Das Abgebildete funktionierte, es war Bestandteil in einem sozialen, in einem technischen Plan. Diese Kunst, sagte Coppi, nimmt ihren Platz ein neben den Industriekombinaten und Staudämmen, neben der Elektrifizierung, der Agrarreform und der Errichtung von Arbeiteruniversitäten. Sie ist zweckmäßig, wie es die Schulen, die politischen Organisationen sind. Es werden praktische Forderungen an sie gestellt, sie hat nicht dem zu entsprechen, was sich ein einzelner ausdenkt, sondern dem, was sich die Mehrzahl von ihr erwartet. Und doch, entgegnete Heilmann, kann diese Kunst dem Arbeitenden nicht genügen. Sie mag ihn noch so sehr in den Mittelpunkt der Geschehnisse stellen, sie unterschätzt ihn doch, wenn sie ihm nur einen Aspekt der Wirklichkeit zubilligt. Er muß empfinden, daß zurechtgelegte Themen ihn der eignen Entscheidung berauben. Bei der Bedeutung, die der sozialistischen Kultur zugemessen wird, erfährt derjenige, der zu studieren, zu lesen begonnen hat, der selbst etwas ausdrücken will, in Bild, in Schrift, daß ihm Wichtiges, Entscheidendes sogar, versperrt ist. Er sieht Situationen photographisch genau wiedergegeben, doch statt Nähe stellen sie Abstand, Fremdheit her, weil das Material nicht bearbeitet ist, weil es nichts enthält als Äußerlichkeiten. Wie exakt das Detail auch festgehalten wird, es bleibt Nachahmung, Trug. Seit Jahrhunderten bemüht sich die Kunst darum, solchen Abklatsch zu überwinden. Warum, fragte er, zerlegten die Impressionisten, die Kubisten und Futuristen denn das, was sich dem Auge darbot, doch nicht, um wegzukommen vom Faßlichen, sondern um dem, was ungreifbar blieb, neue Festigkeit zu verleihn. Seitdem die Photographie den Bereich des Authentischen, Dokumentarischen sichtbar macht für unser Geschichtsbild, seitdem das Licht, das von den Gegenständen ausgeht, direkt aufgefangen und konserviert werden kann, ist die Malerei weniger denn je dazu befähigt, durch emsige Überführung eines bestimmten Ausschnitts des Räumlichen auf eine Fläche Wirklichkeit vorzutäuschen. Immer hat uns die Kunst nur überzeugt, wenn sie den bemalten Grund, die beschriebnen Blätter mit eignem Leben füllt. Wenn Vorsorge getroffen wird, die Kunst zu steuern, so bestätigt dies nur den Eigensinn, der ihr innewohnt. Je stärker ihre Bindung, desto größer die Furcht vor der Gefahr ihrer Sprengkraft. Von dieser Erkenntnis ist es nicht weit zum Verdacht, daß nicht alles, was sich als mustergültig ausgibt, mit den Tatsachen übereinstimmt. Ist er denn Herr über alles, was er sich erobert hat, wird sich der Denkende fragen, wenn er die geringe Bewegungsfreiheit erkennt, die der künstlerischen Aktivität zugemessen ist. Mißtrauisch, sagte er, muß ihn dann auch die Ikone machen, die sich in zehntausendfältiger Ausfertigung über die gesamte künstlerische Arbeit erhebt, immer wieder hinweisend auf einen Höchsten, der die Gesamtheit schnurrbärtig väterlich, allwissend hütet. Wenn die russischen Arbeiter sonntags, sagte Coppis Mutter, in Scharen in die Gemäldeausstellungen gehn, in die Museen, die nun ihr Eigentum sind, dann nehmen sie konzentriert Einblick in ihre Geschichte und auch in die Zusammenstöße während der Jahre der Kämpfe, der feindlichen Übergriffe. Das Wichtigste für sie ist, daß sie standgehalten haben. Nie könne sie vergessen, sagte sie, wie sie einmal, im Liebknechthaus, einen Film gesehn habe über den Besuch von kirgisischen und turkmenischen Kollektivbauern in der Tretjakowgalerie, wie die Offenheit und Helligkeit in den Gesichtern, die Freude und das Staunen das Abgebildete widerstrahlten. Erst in der Vielfalt, entgegnete Heilmann, mit der die Kunst menschliche Erfahrungen darstellt, ist die Lebendigkeit ihres Ursprungslands zu erkennen, und im Grad ihrer Einschränkungen zeichnen sich auch die Verdrängungen ab, die im Land walten. Majakowski, sagte er, habe mit seinem Selbstmord das Unheil vorweggenommen, das sich jetzt über den Sowjetstaat hermachte. Wir hatten von den Gerüchten und Zeugnissen vernommen über Sabotageakte und Spaltungsversuche, Umsturzpläne und Verschwörungen zum Mord am Parteiführer. Schädlinge, Ungeziefer, Schmarotzer, Untermenschen wurden diejenigen genannt, die vor zwei Jahrzehnten die Revolution durchgeführt und den sowjetischen Staat gegründet hatten. Sie, die Gefährten Lenins, wollten den Sozialismus zunichte machen, das industrielle Leben zerschlagen, große Teile des Lands den Faschisten verkaufen und den Kapitalismus wieder einführen. Doch damit wird indirekt, sagte Heilmann, auch gegen Lenin eine schreckliche Anklage erhoben, denn er, von dessen Scharfsinn, dessen Zukunftserkenntnis wir immer ausgehn, hatte sich Mitarbeiter und Vertraute gesucht, die, indem sie nun insgesamt als Verbrecher, als Volksfeinde, als räudige Hunde entlarvt worden waren, doch von Anfang an in irgendeiner Weise hätten ihre Absicht verraten müssen, alles Geleistete dem Untergang preisgeben zu wollen. Warum durchschaute Lenin das Gesindel nicht, fragte er, das uns als Garde der Bolschewiki bekannt geworden war, warum blieb nur ein einziger übrig, der würdig sein sollte, seine Nachfolge zu übernehmen. Die Situation während der letzten Lebensjahre Lenins war eine andre als nach seinem Tod, sagte Coppi. Die zusammenhaltende Kraft, die von seiner Persönlichkeit ausging, ermöglichte es seinen nächsten Mitkämpfern, ihre wertvollsten Eigenschaften zu entwickeln. Er sah ihre Schwächen auch, warnte immer wieder vor den Machtkämpfen, den Splitterungen, die auf der Lauer liegen mußten, wo solch eine Ansammlung von eigenwilligen Köpfen sich mit dem Aufbau von etwas völlig Neuem befaßte. Die Internationalisten, die Jahre mit Lenin im Exil verbrachten, die sich an der Außenwelt orientiert hatten, stießen zusammen mit denen, die im Land geblieben, die im Volk verwurzelt waren. Der Generalsekretär, dessen Grobheit, dessen Mangel an Toleranz Lenin zu kritisieren wußte, war in der entscheidenden Situation, da die Revolutionen im Westen ausblieben, da alle Kräfte sich auf die Erhaltung des isolierten sozialistischen Staats einzustellen hatten, zu der Gestalt geworden, in der sich alles Verbindende und Verdichtende sammelte, er hatte sich abseits der Rankünen, Rivalitäten und Fraktionsbildungen gehalten, die während Lenins Sterben aufkamen, er war es, der Ruhe und Übersicht darstellte, der schlichtete, der sein Urteil abgab, als der Streit um die Nachfolgeschaft ausbrach. Die Geschichte, sagte Coppi, würde zeigen, ob er sich eigennützig oder zum Besten des Volks zurückgehalten hatte, die Vollmachten aber waren ihm vom Parteitag übertragen worden, weil niemand besser geeignet schien, in der Zeit der tödlichen Gefahr die Einheit der Partei zu sichern. Bei dem Ingrimm, der Verschlagenheit des Faschismus, der sich daran machte, jede aufgreifbare Kraft gegen den Arbeiterstaat zu mobilisieren, war es möglich, daß im sozialistischen Land selbst einzelne Personen und Gruppen, in Ausnützung der innern Meinungsfehden, dafür gewonnen werden konnten, sich gegen die Führung zu stellen, und berechtigt, notwendig war es da, alle diejenigen auszuschalten, die der Befolgung der ausgegebnen Richtlinien entgegenarbeiteten. Es wurden jedoch, erwiderte Heilmann, nicht nur aus der Staatsverwaltung, der Wirtschaft, dem Militärwesen Spione, Attentäter, Hochverräter herausgeholt, auch viele Künstler, die uns mit revolutionären Erfahrungen bekannt gemacht hatten, wurden plötzlich Abschaum genannt, dekadent, bürgerlich verseucht, Bücher wurden eingestampft, Filme zerstört, Theater geschlossen, manche, wie Babel, Mandelstam, Meyerhold wurden verhaftet, waren vielleicht schon erschossen, liquidiert. Diese Worte, sagte er, die Worte der Diffamierung. vor denen wir uns hier, im Umkreis des Raubmords, die Ohren zuhalten, sollen wir sie hinnehmen, wenn sie von der Seite der unsern kommen, und das künstlerische Forschen, sollen wir es mit Tabuvorstellungen, mit atavistischen und irrationalen Vorzeichen versehn und uns einreden lassen, dies alles sei berechtigt, sinnvoll, nur weil wir dem Land nahstehn, in dem solche Befehle ausgegeben werden, weil nichts dieses Land gefährden darf, weil es erhalten bleiben muß, verteidigt werden muß, nicht nur durch unser Handeln, sondern auch durch unaufhörliches Denken. Wie konnte es geschehn, fragte er, daß solche Entstellung, solche Verachtung sich einmischte in das, was für uns Klarheit war, und wie sollen wir die Kraft aufbringen, weiterhin einzutreten für das, was von Vergiftung ergriffen ist. In der engen Küche, in der Coppis Vater auf und ab ging, seinen Schatten vor sich einschrumpfen, hinter sich anwachsen lassend, an der Türwand, an der Fensterwand, konnten wir uns nichts andres denken, als daß die Taten der Angeklagten, denen seit einem Jahr der Prozeß gemacht wurde, in jeder Einzelheit erwiesen waren, hatten doch auch Autoren wie Feuchtwanger, Heinrich Mann, Lukács, Rolland und Barbusse, Aragon, Brecht und Shaw den Aufdeckungen Glauben geschenkt und sich vom Beweismaterial überzeugen lassen. Kein Zweifel durfte aufkommen an der Rechtmäßigkeit des Verfahrens, jetzt, da der Antikominternpakt zwischen Deutschland und Japan abgeschlossen worden war, da die chinesischen Armeen sich aus Shanghai zurückzogen, Nanking bombardiert und Peking bedroht wurde, da nach der Eroberung Äthiopiens der Beitritt Italiens zum Pakt bevorstand, da die Deutschen und Italiener, unterstützt durch die Nichteinmischungspolitik Frankreichs und Englands, ihre Hilfe an Franco verstärkten, und da immer lauter vom Großdeutschen Reich, vom Anspruch auf Kolonien, vom Drang nach dem Osten geredet wurde. Es ist so, sagte Heilmann, daß wir vor Geschehnisse gestellt werden, die wir schweigend zu akzeptieren haben, an die zu rühren verboten ist, daß allein unsre Wißbegier, die zur Dialektik gehört, plötzlich genügen soll, um uns der Verdammung auszuliefern. Grade weil wir dieses Land als beispielhaft der Welt gegenüberstellen, sagte er, muß ich mich fragen, was dort vorgeht, und wenn ich früher drauf verzichtet hätte, nach einem Verständnis der historischen Zusammenhänge zu suchen, so wäre ich auf der andern Seite geblieben. Es ist Sache des sowjetischen Volks, sagte Coppis Mutter, Stellung zu den Ereignissen zu nehmen und sie uns einmal zu erklären. Erwarten wir denn, daß sich solch ein riesiges Land, solch ein Erdteil, mit seinen zweihundert Millionen Menschen, seinen fünfzehn Republiken, im Verlauf von zwanzig Jahren umstülpen ließe und daß nach so viel Entbehrungen gleich alles zum besten stehn sollte. Was haben wir denn geleistet, bei uns, wir haben sie allein gelassen, damals, als sie begannen, wir haben Geduld geübt, anstatt das zu tun, wozu sie auch uns aufriefen. Vertrauen wir ihnen nur, denn sie sind uns voraus. Für Coppis Vater aber wurde in diesem

Augenblick die Enge der Küche unerträglich, er mußte Luft schöpfen, er drehte das Licht aus, wir hörten ihn durch die Dunkelheit stapfen, die Scheiben hätte er zerschlagen, wäre das Fenster verriegelt gewesen, die Fingernägel hätte er sich abgewetzt an der Wand, hätte es kein Fenster gegeben, prasselnd fiel das Papier ab, er riß das Fenster auf, Kühle drang ein und der Geruch von feuchtem Staub, und unser Blickfeld erweiterte sich auf ein paar dunkelgraue Fassaden, mit schwarzen Quadraten, über die gespiegelte Wolken hintrieben.

Erst zweitausend Jahre nach Aristonikos glückte die Revolution. Der Führer des Aufstands von Pergamon wollte die Bürger seines neuen Staats Heliopoliten nennen, nach der Sonne, dem Symbol der Gerechtigkeit. Doch was sie bekamen, waren Massengräber oder Sklavenketten. Aristonikos wurde in den Kielraum einer Triere geworfen und nach Rom gebracht. Sein Traum von einer Unabhängigkeitsbewegung endete im Forum, wo er, eingespannt in den Block, begafft und bespien wurde. Während er verreckte, sah er um sich her die glänzenden Tempel seiner Übermänner aufsteigen. Zwei Jahrtausende der Sklavenhaltergesellschaft waren vergangen, in ihren antiken, ihren feudalen und bürgerlichen Stadien, die Historie hatte, wie es hieß, Stufe um Stufe erklommen, Fortschritte erreicht durch den ständigen Druck der Massen, jeder Verbesserung lag ein Ausbruch von Verzweiflung zugrunde, das Herrschaftssystem aber war das gleiche geblieben, dem Andrängen der Leibeignen, der Geknechteten, der Lohndiener war es immer wieder mit neuen Waffen begegnet, und je größer die Wucht der Notwehr war, desto umfassender wurden die Vernichtungsschläge. Zweitausend Jahre lang war die Rede gewesen von denen, die zur Macht aufstiegen, die Vorgänger wegstoßend, sich selbst einnistend in höheren Rängen, bis die nächsten kamen, ungeduldig, draufgängerisch, und bei der Beschreibung dieser stetigen Bewegung wurde über jene, die in der Tiefe blieben, nur gesagt, daß ihre Zeit noch nicht reif sei. Noch nicht scharf genug, so hieß es, war der Widerstreit in der Gesellschaft, ungenügend organisiert die Revolte, zu wenig aufgeklärt das Volk, allzusehr geprägt vom Elend waren die Menschen der niedren Stände, als daß sie imstande wären, den Gedanken der Umkehrung zu fassen, als daß der Umsturz gelingen könnte. Von oben her war die Geschichte gegeben worden, dort wurde überzeugend dargestellt, daß jeder Aufruhr erstickt werden konnte, und ebenso selbstverständlich wechselten die Profiteure. Alles vollzog sich nach unveränderlichen Prinzipien, denn sie, die uns das Bild der Welt überlieferten, standen immer auf seiten derer, die die Regeln der Welt bestimmten. Die Widersacher gab es von Anfang an, für sie war die Geschichte eine einzige Folge von Entsetzen und Aufbegehren, nur kamen sie, unter all den Oligarchien, nicht zu Wort, und von den Papyrosrollen an bis zu den gellenden Radioapparaten wurde die Wahrheit erstickt von Demagogie. Wären die Schriftgelehrten, die Kenntnisreichen, der Klasse der Arbeitenden verbunden gewesen, so hätten die Visionen von einem Leben in Gleichheit nicht bis in unser Jahrhundert auf ihre Verwirklichung warten müssen, doch der Geist, sagte Coppi, war nun eben untrennbar von der Finanz, und heute noch reißen sich nur Einzelne der Intelligenz los und stoßen zu uns. Die Bildhauer auf dem Burgberg, meinte er, waren einverstanden mit der Beseitigung der Unruhen unten in den Gassen, denn wären sie es nicht gewesen, so hätten sie auch nicht vermocht, dem Fries solche Erhabenheit und Endgültigkeit zu verleihn. Das harmonische Götterbild, mit seiner Austrahlung von Ruhe und Gemessenheit, gehörte zu ihrem Ideal. Wäre in der Darstellung der Unreinen und Sündhaften der gesellschaftliche Konflikt deutlich geworden, hätten sie die Arbeit nicht fortsetzen können. Was dennoch an menschlichen Regungen in ihr Werk eingegangen war, ergab sich unbeabsichtigt, dank ihres handwerklichen Könnens, zu dem das Beobachten, das Wiedergeben konkreter Erfahrungen gehörte. Erst im Bewußtsein der tatsächlichen Machtverhältnisse würde die Möglichkeit entstehn, sich den Wünschen der Auftraggeber zu verweigern. Einen solchen Schritt schoben sie auf, indem sie sich in eine Verselbständigung und Isolierung ihrer Kunst retteten. Sie blieben den Fürsten und Prälaten, den spekulierenden Mäzenen verschrieben, und ihre Schuld trugen sie ab mit liebevoll und genau gezeichneten Einzelheiten, die sie von außen her durch den Filter ihrer Sinne eindringen ließen. Der Rückhalt, den ihnen die aufgespeicherten Gelder gaben, war die Gewähr dafür, daß hohe Leistungen überhaupt entstehn konnten, wo Kärglichkeit herrschte, war an Kunstförderung nicht zu denken, je hemmungsloser die Gewaltausübung, desto tiefer die Kontemplation, je umfangreicher das Zusammengeraubte, desto bedeutender die künstlerische Ausschmückung. In ihrer Stellung zwischen denen, die unten lebten und den Herrschern, deren Macht sie annahmen, gaben sich die Künstler dem Spiel der Materialisierung hin. Nur aus der Vorstellung heraus, daß das, was sie vollbrachten, selbständigen Wert besaß, konnte die Unermüdlichkeit, die Hingabe zur Arbeit erklärt werden, während ringsum sich der Terror ausweitete, während aus den spontanen regellosen Feldzügen durchdachte und wohlfunktionierende Kriegsmaschinerien wurden, während die Henkersknechte ihre Torturen perfektionierten, die Einkerkerungen fließbandartig vonstatten gingen und die Sklavenmärkte sich umwandelten zu unermeßlichen Straflagern, in denen die Entrechtung total und die Aussicht auf Freiheit aufgehoben war. Die französischen Revolutionen brachten den Bau, den sie sich errichtet hatten, ins Wanken, einige entdeckten ihre Zugehörigkeit zum proletarischen Element, und wiederum war diese Einsicht erzwungen worden durch den Kampf auf der Straße. Doch was gehört nicht alles dazu, sagte Coppis Mutter, um Kenntnisse umzusetzen in Handlung. Zweitausend Jahre brauchten wir, um eine wissenschaftliche Erklärung zu finden, warum wir immer wieder, bei allen Aufständen und Rebellionen, andern als Trittbrett gedient hatten, warum es uns nie geglückt war, unsre eigne Macht zu errichten. Beim Einblick in unsre eigne Geschichte konnte es manchmal scheinen, als seien wir immer die Unterlegnen gewesen, als habe sich nichts geändert an den Gewalten, die uns gegenüberstanden, der Oktober dann aber war der Beweis dafür, daß sich in all den Anläufen eine Kraft aufgespeichert hatte, die mehr Gewicht besaß, als alles, was uns früher gebunden hatte. In dem spiralförmigen Entwicklungsbild sahn wir uns zuweilen in unmittelbarer Nähe der Geschlagnen aus früheren Jahrhunderten, ihre Raserei und Lethargie wurden von uns nachvollzogen, doch dann war, anstatt der Ausweglosigkeit, der Ansatz zu einem neuen Vorgehn entstanden, und waren wir den Sklaven und Leibeignen auch noch nah, so befanden wir uns doch jetzt in einem Zeitalter, in dem unsre Zielsetzungen sich zu verwirklichen begannen. Wir standen nicht mehr in Gruppen, sondern als Klasse auf, die hinzu gewonnenen Kenntnisse von der Vergangenheit hatten uns nicht nur die Nöte früherer Generationen aufgebürdet, sondern uns auch die fortdauernde Unterdrückung in den unterentwickelten Ländern, den Kolonien bewußt gemacht. Das Joch war überall gleich schwer gewesen, nicht ein Land hatten wir gemeinsam, sondern eine Verantwortung, an der wir alle trugen, und so war das Bewußtsein der Solidarität, des Internationalismus entstanden. Vielleicht wirkte es paradox, solches in unserer Lage zu erwähnen, angesichts der Millionen Arbeitenden in unserm Land, die sich von den Aufgaben ihrer Klasse abbringen ließen. In diesen Anfängen waren auch im Sozialismus noch die Uneinigkeiten und Rivalitäten, die Intoleranz und die Arroganz vorhanden, die Menschen, die das Neue aufbauen wollten, waren selbst noch befangen vom Alten, jeder trug schwer am Ererbten, alles Zukünftige mußte noch unvollständig sein, konnte sich nur aus Andeutungen, Vorschlägen entziffern lassen. Politische Schulungskurse waren nicht mehr durchzuführen, wir hatten anhand eines im geheimen weitergereichten

Exemplars einer illegalen Druckschrift ein Urteil zu gewinnen über die Lage, hatten nach eignem Ermessen dafür einzutreten, was für uns das Richtige war. Und so wie sich unsre politische Entscheidung aus Bruchstücken, Dissonanzen, Hypothesen, Resolutionen und Parolen zusammensetzte, getragen von einer Überzeugung, die aus unsern eignen Lebenserfahrungen kam, so war auch die Kunst nicht in den Begriff zu bringen, ohne daß wir ihre Schwankungen, Brüche und Gegensätzlichkeiten hinzurechneten. Und wurde ihr das Widerspruchsvolle genommen, so blieb nur ein lebloser Stumpf übrig. Von Anfang an besaß die Aussagekraft der Kunst Höhen und Niedergänge, sie gehörten zu jeder Epoche, zeigten sich in dynamischer und statischer Phase, in expansiver Ursprünglichkeit und Regression, in Originalität und Imitation, die Qualität der einen Stilart ließ sich kaum absetzen gegen eine andre, was primitiv genannt wurde bei den paläolithischen Steinskulpturen und den in Fels geritzten Körperformen, den Monumenten der Osterinseln, den afrikanischen und indianischen Masken, war so treffsicher, daß es der heutigen Kunst vorbildlich wurde und dieser an Symbolkraft immer noch überlegen blieb, die Höhlenmalereien von Altamira und Lascaux besaßen an Magie, was in expressionistischen Werken durch Dekoratives ersetzt wurde, die kretischen Fresken, mit ihren lockeren luftigen Tönungen, ihren aufgelösten Konturen, waren der Naturauffassung der Impressionisten ähnlich, die Blütenmuster von Knossos enthielten schon den Jugendstil, die Aspektverschiebungen in den ägyptischen Reliefen bereiteten den Kubismus vor, der Surrealismus aktualisierte die babylonischen und aztekischen Figuren, die Bildwerke der Hindus und der Khmer oder sumerische und koptische Formen brachen in die Bildhauerkunst der Moderne ein. Altertum, Mittelalter waren Bezeichnungen für die kategorischen Schubladen der Theoretiker, ablenkend von der Tatsache, daß alles in der Kunst neu und gegenwärtig war. Seit jeher hatte es das Wirklichkeitsnahe und das Abstrakte, das Rituelle und das Phantastische gegeben, zur einen Zeit wurde Klarheit erlangt durch Flächigkeit, zur andern durch Tiefenwirkung, die Zentralperspektive war nicht als Verbeßrung zu werten, sondern nur als veränderte Mitteilungsart des Illusorischen. Immer gehörte das Zweckmäßige zur Kunst und das Eigenwillige, das streng Gebundne und der Sprung zum Überraschenden. Auch die Geschichte der Kunst glich einer Spirale, in deren Verlauf wir immer in der Nähe des Früheren waren, und alle Bestandteile ständig aufs neue moduliert und variiert sahn, und wenn sich eine für uns bedeutsame Verändrung ergab, so lag sie darin, daß wir den anfänglichen Wert der Kunst wiederentdeckt hatten, denn sie war, seitdem es ein Denken gab, Eigentum aller, verwachsen mit unsern Impulsen und Reflexen. Ebensowenig wie wir die Vorstellung akzeptierten von einer exklusiven Kunst, die für spezifisch Gebildete geschaffen war, konnten wir uns damit begnügen, daß es eine auf die arbeitende Klasse besonders zugeschnittne künstlerische Sprache geben müsse, eine Sprache, die leicht verständlich, solide und tatkräftig zu sein hatte. Für uns konnte die Kunst nicht vielseitig und erfinderisch genug sein. Mit vielen studierenden Genossen waren wir uns darin einig, daß jene Bilder, die uns über das Antithetische hinwegtäuschen wollten, bei allem, was zu ihrer Verteidigung angeführt werden konnte, wenig mit unserm Anliegen gemeinsam hatten. Wir wollten selbst ausfindig machen, was zu uns sprach oder was sich abgenutzt hatte, was im Dienst der Demagogen stand oder was uns behilflich sein konnte bei unsern Aufdeckungsversuchen. Maler, Dichter, Philosophen berichteten über die Konfrontationen und Krisen, die Verhärtungen und Aufbrüche ihrer Zeit. In den Übergängen von einer Stilart zur andern, in einer plötzlichen Befreiung der Bewegung, der Gestik, der Farbe, ließen sich soziale Umwälzungen ablesen, doch immer war in der Mannigfaltigkeit der Spiegelungen, der visuellen Konzentrationen, eine Einheit zu finden, alles gab einander Nahrung, befragte, antwortete einander, und nichts war so entlegen, daß es nicht verständlich wäre. Die Überlegung kam auf, ob nicht die Abhängigkeit der Künstler von Hofstaat und Klerus, bei aller Notwendigkeit, den Wünschen der Auftraggeber Folge zu leisten, ihrer Arbeit größere Sicherheit und Tragfähigkeit gab als zu späteren Zeiten, da sie für sich allein standen und nur für sich selbst verantwortlich waren. Die langsame ruhige Ausführung des Werks innerhalb einer von der Tradition gefestigten Reihe wurde durch das Verlangen nach Originalität ersetzt, das Neue wurde nicht dem vollendeten handwerklichen Können, sondern dem Genie zugeschrieben, und dieser Zwang zur Eigenart, zur Hingabe an das Individuelle, führte zur Absondrung, zum Grübeln, zur Dominanz des persönlichen Leidens, zum Überdruß und schließlich zur Infragestellung der Kunst. Mit Dürers Blatt vom verlornen Sohn und mit seiner Melencolia wurde deutlich die Trennung angezeigt zwischen der hierarchischen Kunst und derjenigen, die ganz auf sich gestellt war und völlig allein ihre Wahl zu treffen hatte. Wir besprachen, ob es deshalb nicht doch berechtigt sei, der Kunst, mit dem Anspruch auf Ausschließlichkeit, eine Richtlinie aufzuerlegen, und ob solche Festsetzung einer bestimmten Funktion wieder eine Überzeugtheit, eine Konsequenz hervorrufen könnte. Doch ein Stil ließ sich nicht aufdrängen, er mußte organisch wachsen. Es gehörte zur Periode, in der wir lebten, daß alles Bisherige, das erst wir in seinem ganzen Umfang kennenlernen konnten, in einen

Schmelztiegel geriet, der Stil unsrer Zeit mußte ein fortwährendes Suchen und Verwerfen sein. Und wie, fragte Coppis Mutter, konnte es früheren Künstlern möglich sein, unter Tyrannen Beständiges hervorzubringen. Weil sie das Ausmaß der Unterdrückung nicht durchschauten und die Machtverhältnisse nicht in Frage stellten, antwortete Coppi, sie sagten aus, was sie für wahr hielten. Der aufgeklärte Künstler von heute, der sich der Diktatur zur Verfügung stellt, kann nur heucheln und sich selbst betrügen. Die nach griechischen, römischen Vorbildern entstandnen Monumente des Faschismus sprechen von nichts andrem als von gipserner Hohlheit. Deshalb, sagte Heilmann, leben die Vertreter der Wahrheit in Verbannung oder Gefangenschaft oder bezahlen, wenn sie es wagen, den Machthabern ihre Meinung zu sagen, ihre Offenheit mit dem Tod. Kerker und Folter, Arbeitsverbot, Flucht, Exil und Scheiterhaufen, sagte er, gehören zum Los des Künstlers, seitdem er damit begann, sich von den Oberen loszusagen. Die Gesamtkunst, fuhr er fort, die Gesamtliteratur ist in uns vorhanden, unter der Obhut der einen Göttin, die wir noch gelten lassen können, Mnemosyne. Sie, die Mutter der Künste, heißt Erinnrung. Sie schützt das, was in den Gesamtleistungen unser eignes Erkennen enthält. Sie flüstert uns zu, wonach unsre Regungen verlangen. Wer sich anmaßt, dieses aufgespeicherte Gut zu züchten, zu züchtigen, der greift uns selbst an und verurteilt unser Unterscheidungsvermögen. Manchmal sind mir schon die Kunsthistoriker zuwider, die mit erhobnem Zeigefinger die Vieldeutigkeit jedes einzelnen Werks vergessen, diejenigen aber, die aus politischen Erwägungen Zwänge vornehmen, wissen vom Wesen der Kunst nichts. Mit ihrem Bilderstürmen, ihren Bücherverbrennungen, ihrer Bekämpfung nicht genehmer Ansichten stellen sie sich als Angehörige der Inquisition dar. Unverblümt bricht die Ideologie in ein Gebiet ein, das ihr wohl verbunden sein könnte, das sich ihr aber verschließen muß, wenn sie Unterordnung fordert. Marx und Engels wußten dies, und auch Lenin hätte seine Stellung nie dazu ausgenutzt, andern seine Ansichten über Kunst aufzuzwingen. Sie waren, im Sinn ihrer Schönheitsbegriffe, Traditionalisten. Ihr Kunstverständnis war aus den bürgerlichen Schulen hervorgegangen. Doch lasen sie aus den Werken die Werte heraus, die zusammenhingen mit dem gesellschaftlichen Fortschritt, und die der Kunst den Weg ebneten in den allgemeinen Besitz. Waren erst die Unterdrückungsmechanismen durch die Revolution zerschlagen, würde die Kunst nicht nur intakt bleiben, sondern ihre Harmonie und Größe überhaupt erst zur vollen Geltung bringen können. Sie hielten nichts von Umstürzen blanquistischer, proudhonistischer, bakunistischer Art, und wie sie gegen den extremen Radikalismus, die avantgardistische Rhetorik waren, so zogen sie die in sich gefestigten Klassiker unruhigen Geistern wie Hölderlin, Novalis, Kleist oder Büchner vor, die französischen Epiker waren ihnen lieber als Rimbaud, Lautréamont, Verlaine, Baudelaire, sie standen auf seiten der melodiösen Symphoniker, und das Atonale mußte ihnen eine Qual sein. Lenin empfand die zeitgenössischen Werke der Malerei als eine Beleidigung der Natur, er war zornig darüber, daß seine Ideale nicht unbehelligt durch die Revolutionswirren gelangt waren, doch wünschte er sich auch für die aufblühende Kunst im Arbeiterstaat das Ebenmäßige und Wohlklingende statt Auflösung der Anatomie, des Wirrwarrs von Schreien, Fabrikssirenen und Turbinen, so durfte sein Anspruch auf Parteilichkeit doch ein Gesicht tragen, das von jedem Künstler neu zu erdenken wäre. Was er, als Autorität, unter Parteilichkeit verstand, war von sittlicher Art, er sprach der Kunst eine eigne Vitalität zu, doch das, was bei ihm großzügig gewesen war, wurde bei seinen Nachfolgern flach und kleinlich, das Modellhafte siegte über die Spontaneität, das Methodische, Korrekte über das Freiwachsende. Wenn nun die Lehrmeister, so fragten wir in Diskussionen, uns die Dichtung und Kunst der vergangnen Jahrhunderte zum Studium empfahlen, wenn sie Balzac, Stendhal und Goethe, Rembrandt, Bach und Shakespeare für ihre Reife und Menschenkenntnis, ihre Umsicht, ihre Weltperspektiven lobten, wenn sie an Patriziern und Feudalherrn, an Aristokraten, Hofdamen und Königen zeitlose Konflikte auf humanistische Weise exemplifiziert sahn, warum sollte dann nicht auch in den Werken der spätbürgerlichen Grübler und Experimentatoren Aufschlußreiches unser Interesse wecken können. Hatten Marx, Engels, Luxemburg, Lenin nicht den Gedanken angeregt, daß kulturelle Äußerungen nicht immer infolge der materiellen Bedingungen ihrer Zeit, sondern oft im Gegensatz zu ihnen erbracht wurden, daß Künstler mit List, Trotz und Ironie die Schranken und Gegebenheiten der Produktionsverhältnisse durchbrachen und, mit neuen Erkenntnissen, zur Bewußtseinsveränderung beitrugen. Die Kunst besaß also, neben ihrem bestimmten Klassencharakter, eine Eigenschaft, mit der sie den sozialen, ökonomischen und politischen Prozessen, die unser Leben bestimmten, überlegen war, sie befand sich oft auf der Schwelle, von der aus das gesellschaftliche Sein verändert wurde, und eben diese Eigenschaft war es wohl, die die Ideologen ratlos machten. Sie vermochten nicht, der Anregung zu folgen, die Kunst als eine ständige, überall vorhandne Kraft zur Erneuerung wirken zu lassen, vielmehr verlangten sie von den künstlerischen Medien die gleiche Disziplinierung, die für sie, die Politiker, notwendig war. Wenn sie bevormundend, maßregelnd eingriffen, so war dies schwer zu kritisieren, da immer die besten Absichten damit verbunden waren. Die sozialistische Kunst sollte reingehalten werden von der Verrohung im kapitalistischen Kulturgeschäft, und jeder Maßnahme, die Verherrlichung des Kriegs, der sadistischen Gewalt, des Rassismus auszuschalten, mußte zugestimmt werden, lediglich wurde die Beurteilung schwierig, wo die Grenze lag zwischen der Bekämpfung der Reaktion und der Meinungsfreiheit. Wir stimmten nicht dem Gesichtspunkt zu, daß der Schund der Preis war, der für die Wahlfreiheit bezahlt werden mußte, wir verurteilten den Abfall, der sich täglich aus den Kloaken der Massenmedien über die Bevölkerung ergoß, doch was zur Literatur, zu den bildenden Künsten gehörte, durfte keine Zurechtlegung erfahren. So verlief unser Bildungsgang nicht nur konträr zu den Hindernissen der Klassengesellschaft, sondern auch im Widerstreit zum Grundsatz einer sozialistischen Kultursicht, nach dem die Meister der Vergangenheit sanktioniert und die Pioniere des zwanzigsten Jahrhunderts exkommuniziert wurden. Wir bestanden darauf, daß Joyce und Kafka, Schönberg und Strawinski, Klee und Picasso der gleichen Reihe angehörten, in der sich auch Dante befand, mit dessen Inferno wir uns seit einiger Zeit beschäftigten.

Die Divina Commedia war ebenso beunruhigend, rebellisch und formal und thematisch scheinbar von allem Bekannten entfernt wie der Ullysses, den wir auch erst bruchstückhaft, als eine Art Rebus, kennengelernt hatten. Was geschah denn hier, fragten wir uns seit dem Sommer dieses Jahrs, da wir den Weg in die merkwürdige, auf den Kopf gestellte, in die Erde versenkte Kuppel angetreten hatten, mit ihren Kreisen, die immer tiefer führten, und die Dauer eines Lebens in Anspruch nehmen wollten, während sie nach dem Durchgang doch noch Aufstieg verhießen, auch ringweise, bis zu Höhen, die außerhalb des Vorstellbaren lagen. Wir waren noch nicht weitergekommen als bis zu Francesca da Rimini und Paolo Malatesta, und hatten dabei viel Zeit verbracht mit der Umdeutung der Übersetzung von Gmelin, in Reclams Universalbibliothek, und der von Borchardt, in der Taschenbuchausgabe des Cottaschen Verlags, die Dreizeiler vergleichend mit den italienischen Terzinen, die Heilmann, ausgehend von seinen lateinischen und französischen Kenntnissen, uns vorlas. Solchermaßen von den sprachlichen Ungenauigkeiten, den geglätteten Metaphern, den verlornen Rhythmen und Tonfolgen der Außenschicht vorstoßend in die innren Zusammenhänge einer nie nachlassenden Glut, merkten wir, wie Erlebnisse in uns wach wurden, von denen wir vorher nichts gewußt hatten, die in uns angelegt gewesen waren, doch durch die Poesie erst zur Wirkung gelangten. Wir wollten bei der Lektüre jedoch nichts Mystisches, Irrationales aufkommen lassen und bemühten uns, jeden Anklang ausführlich in seine Komponenten zu zerlegen, allein die Gespräche über den Wald, in den wir zusammen mit dem Wandrer traten, dauerten Wochen, und wir kamen später oft drauf zurück, im Bewußtsein erst einige Motive dieses Gesangs verstanden zu haben. Gleichzeitig mit der Bewegung des Sichvortastens zu einem bestimmten, in der Welt der Wahrnehmungen aber nicht wiederfindbaren Ort, dessen Eingangstor und Vorhof genauso konkret beschrieben wurden wie das dunkle Gehölz mit seinem Getier, seinen topographischen Eigenheiten, seinem langsam hervorsickernden Licht, verlief die Darstellung des gesamten Unterfangens an sich. Von den ersten Zeilen an entstand der Eindruck, daß das, was hier geschildert werden sollte, sich mit Worten und Bildern eigentlich nicht ausdrücken ließ, und indem sich das Unmögliche dann, von Zeile zu Zeile, Abschnitt zu Abschnitt, in gleichmäßiger, mit fortlaufenden Randnummern versehner Gliederung, zu einer stabilen, harmonischen, nicht mehr anders zu denkenden Einheit zusammenfügte, wurde der Triumph der Vorstellungskraft verdeutlicht über das Chaotische, Weggleitende, absolut Ungewisse. Es zeigte sich nicht nur der Pfad hinein in das Seelengebäude des Inferno, in dem das Rohmaterial einer Epoche sich zu subjektiver Vision verdichtete, sondern der Schritt in den Mechanismus der künstlerischen Arbeit. Mit der Annäherung an die Kunst war der Gedanke des Todes verbunden. Der Schreiber des Gedichts befand sich in der Mitte seines Lebens, doch überließ er sich bei der Arbeit sowohl der Führung eines Toten als auch nur Begegnungen mit Toten. Als er sich aufmachte, hatte er sich in diese Todesnähe versetzt, er atmete noch, war aber erfüllt von Verstorbenem, in ihm war der Widerschein derer, die nichts mehr besaßen, und so, beim Nachdenken über das, was sie an ihn abgegeben hatten, was nur in ihm noch weiterlebte, beim Eindringen in Regionen, in denen naturgemäß auch von seiner Person höchstens das Skelett noch zu finden war, schien es ihm, als erlösche auch er schon. Wir konnten den Anfang seiner Reise mit Schlaftrunkenheit vergleichen, wir kannten das plötzliche Absacken von dem, was wir vor Händen hatten, das Einsetzen des Traums, die Augenblicke, in denen der Greifhaken an der Kette des Krans dir an den Schädel schlagen, der Treibriemen der Maschine dir den Arm abreißen konnte, oder nachts, frühmorgens, da es sich nicht ausmachen ließ, ob das Zimmer, in dem wir uns befanden, Bestandteil eines Traums war oder ob der Traum über dein Zimmer herfiel, und in diesem Zwischenzustand, umfangen von schwerer Müdigkeit, doch noch imstande, etwas zu sehn, zu hören, nach Gedanken suchend, um das Auftauchende, Spürbare gegenständlich zu machen, setzte er Buchstaben aufs Papier. Wir konnten uns die Ausführung eines Buchs, eines Bilds, noch nicht vorstellen, waren der Kunst bisher nur rezeptiv begegnet und hatten, ausgenommen ein paar Gedichte von Heilmann, höchstens hin und wieder eine Notiz angefertigt, zumeist über Erfahrungen aus dem Arbeitsbereich, die jedesmal wieder auf die unendliche Schwierigkeit hinwies, zu einer Sammlung, zu einem größeren Überblick zu kommen. Und sprachen wir über den Komplex, den uns das Dantebuch bot, so gehörten Gewissensbisse dazu. Bestanden wir auch auf unserm Recht auf Bücher, so geschah doch solch eine Lektüre nicht ohne Schüchternheit. Nicht einmal Coppis Eltern waren hier beteiligt, hier zeigte sich die ganze Unmöglichkeit, mit der wir zum Sprung vom Gegebnen zum Eignen angesetzt hatten, hier sahn wir allzu scharf die Absondrung von denen, die wie wir des Lesens fähig wären, aber nicht zur rechten Zeit gelernt hatten, wie ein Buch anzufassen und zu öffnen war. Wenn wir, mit soviel Überzeugung, von unserm kulturellen Selbstbewußtsein redeten, und wenn wir auch wußten, wie sich dies schon in einigen Gruppen gefestigt hatte, und wie viele es gab, die nachdrängten, konnten wir nicht umhin, an die schreckliche Lähmung der meisten andern zu denken, denen durch brutales Herrschaftswesen die Initiative, die Freizeit, die Anregung und Vorbildung zum Lesen vorenthalten waren. Es reichte ja nicht, drauf aufmerksam zu machen, daß die Bibliotheken offen standen, erst mußte die generationenalte Zwangsvorstellung, daß das Buch für dich nicht da war, überwunden werden. Wir saßen sonntags im Humboldt Hain oder auf dem Friedhof der Hedwigs Gemeinde, in der Nähe der Pflugstraße, und versuchten herauszufinden, was die Divina Commedia mit unserm Leben zu tun hatte. Wir nahmen zuerst an, daß die Entkörperung eine der Voraussetzungen zur Herstellung von Kunst sei, daß der Produzierende sich aufgab, um etwas außerhalb seiner selbst zu gewinnen. Doch dies klang wieder unvernünftig, stellte die Kunst unsrer Überzeugung nach doch größte Realität dar, und solche war nur zu erreichen durch die Anspannung aller Lebenskräfte. Es erwies sich dann in dem bemessnen, bewußt durchgeführten Gang der Komposition, daß das Anrühren des Todesgedankens, das Leben mit dem Tod und mit den Toten in sich, wohl den Trieb hervorrufen konnte zum Kunstwerk, daß aber das fertige Produkt für Lebende bestimmt war und deshalb auch nach allen Regeln des lebendigen Aufnehmens und Reflektierens ausgeführt sein mußte. Dante zeigte diese Methode der Doppelheit, in der der Schreck vorm Vergehn sich selbst überwand, indem er Zeichen hinterließ, die das eigne Leben überdauerten, und wenn es anfangs schien, als verberge sich diese Transformierung unter Symbolen und Allegorien, die nur dem verständlich sein konnten, der mit der Scholastik vertraut war, so ließ sich das Filigranwerk der Gleichnisse doch mehr und mehr abtasten nach Einzelheiten, die von einer aus unmittelbarer Nähe beobachteten Wirklichkeit sprachen. Es war nicht mehr notwendig, daß wir die Aussagen so verstanden, wie sie vielleicht vor sechshundert Jahren gemeint waren, sondern daß sie sich in unsre Zeit versetzen ließen, daß sie hier, in dieser Parkanlage, neben dem Kinderspielplatz, hier, zwischen diesen frisch aufgeschütteten Gräbern, unterhalb der Sankt Sebastian Kirche, Leben annahmen, denn das war es, was sie dauerhaft machte, daß sie unsre eignen Erwägungen weckten, daß sie nach unsern Antworten verlangten. Obgleich von Verderben umgeben, war uns früher nie der Gedanke gekommen, daß unser eben begonnenes Leben vorzeitig abgeschnitten werden könnte, jetzt aber rückte der eigne Tod für einen Augenblick aus dem Zerfließenden in den Fokus, dem er sich wieder entzog, doch nur, das wußten wir nun, um später wieder aufzutauchen, jedesmal deutlicher. Dante war abgestorben, doch umgeben von Verkörperungen, pelzig, hager, fauchend umherstreifend, als Luchs, als Wolf, schließlich brüllend mit Löwenstimme, ihn zurückdrängend, ins Versinken, und was war der Retter, der Wegweiser andres als die Erinnrung, die Ausdauer entstehn ließ, wo eben noch Haltlosigkeit gewesen war. Der aus Mantua, der Lombarde, rief ihm die Kontinuität in den Sinn, die sich fortsetzt über Leben und Tod, und auf diese Weise konnte am Grenzpunkt, wo die Auflösung wartet, die leicht verlierbare Welt noch einmal mächtig, gewaltsam, tumultarisch anwachsen, alles ihm entgegenstellend, was ihn zu dichterischer, politischer Tätigkeit getrieben, was seine Hoffnungen zerschlagen, ihn aus Florenz verjagt, ihm Exil und Armut auferlegt, und auch das, was sich nach Entsagung und Verlust an Liebe erhalten hatte. Beim Eintritt ins Reich der Verlornen, noch ehe Charon den Kahn zur Überquerung des Acheron abstieß, war es schon klar geworden, daß sich hier nicht ein Jenseits ins Erdinnre schraubte, sondern die bewohnte Welt, die Dante zur Wende zwischen dem dreizehnten und vierzehnten Jahrhundert umgestülpt hatte, mit allem, was es dort gab an Lärm und Bösartigkeit, Eifersucht, Zorn und Verblendung. Aus dem Gewühl der Figuren, von denen jede gefangen war in ihren Besessenheiten, hob er immer wieder einzelne hervor, nachdem er sie zuerst dem kühlen Fingerzeig des Vergil überlassen hatte, und nicht nur bis auf die Haut entblößt, mit ihren Narben, Verunstaltungen, charakterisiert in ihrem Wahn, traten sie auf, sondern auch als Repräsentanten bestimmter Klasseninteressen. Zuweilen überwältigt von Emotionen beim Anblick derer, denen er in Ränken und Kämpfen gegenüber gestanden hatte, gelang es ihm doch, ein gesellschaftliches Muster aufzuzeichnen, das für seine Zeit unerhört gewesen sein mußte. Hier waren alle Granden der Epoche, bis zu den Kaisern und Päpsten, mit eignem Namen, mit individuellen Zügen porträtiert, und aus ihren Leidenschaften war ein Feuer, eine Eruption, eine Vereisung geworden, worin sie sich für alle Ewigkeit verzehrten. Erst geblättert hatten wir dort, wo das von ihnen angerichtete Unheil festgehalten war, und konnten bereits erkennen, wie sich die ungeheure Fülle systematisierte. Die Halluzination, in der das Morden und Foltern auf die Täter zurückfiel, in der jede Perversität zur eignen Unerlöstheit wurde, war gleichzeitig eine fast pedantische Katalogisierung aller Attribute, die der Aufstieg zu Machtbefugnissen mit sich brachte. Doch bleibt dieser Moralist, hatte Coppi gesagt, der jeden seiner Feinde und Antagonisten der Verdammung ausliefert, selbst unbeschmutzt, er kann wohl weinen, kann in Ohnmacht sinken, angesichts all dieser Schmerzen, die erlitten werden von denen, die sie verursachten, oder auch des eignen Leidens, nie aber trifft ihn der Gedanke, daß auch er, durch ein Zögern, eine Unterlassung, ein Verschweigen, ein Leugnen, in den Augen eines andern schuldig wird, er geht durch das Böse hindurch und weiß, solange er sich an der Hand des Schutzgeists, des künstlerischen Bewußtseins, festhält, kann ihn nichts behelligen. Ist dies nicht auch, hatte Coppi gefragt, eine Vermessenheit, vor der wir uns in der Kunst zu hüten haben, und Heilmann hatte darauf geantwortet, daß diese Empfindungslosigkeit vielleicht die gleiche sei, die wir von Träumen kennen und die es uns überhaupt erst ermögliche, das Geschaute zu durchleben. Würden die Bestien Dante tatsächlich die Wunden schlagen, würden die Todeswütigen ringsum die Hiebe ausführen, die sie schon androhten, er hätte nichts mehr darüber zu berichten. Die Marter des Traums und der Dichtung, hatte Heilmann gesagt, sei die Auslieferung an eine Situation, aus der es kein Entrinnen gab, alles würde uns dort widerfahren, als ob es wirklich wäre, nur führe im Traum das nicht mehr Erträgliche zum Erwachen, so wie es sich in der Dichtung durch die Übertragung ins Wort befreie. Die Anästhesie gehöre auch zur äußerst beteiligten, Stellung beziehenden Kunst, denn ohne deren Hilfe würden wir entweder vom Mitgefühl für die Qualen andrer oder vom Leiden am selbsterfahrnen Unheil überwältigt werden und könnten unser Verstummen, unsre Schreckenslähmung nicht umwandeln in jene Aggressivität, die notwendig ist, um die Ursachen des Alpdrucks zu beseitigen. Desgleichen war die glasklare Durchleuchtung des Entscheidungskampfs zwischen Tod und Überleben in manchen Bildern zu finden. Als ich noch in der Montagehalle der

Separatorenwerke arbeitete, hatte es eine Periode gegeben, in der wir mit den Träumen des Piero della Francesca lebten. Hier handelte es sich nicht um ein Buch, das an keinen Platz gebunden war und beliebig vorgenommen werden konnte, um sich in seinen frei stehenden Eigenarten zu zeigen, sondern um eine Reihe von Ausschnitten, die nur eine Ahnung der Gesamtheit zuließen, in die sie gehörten, und die von solcher Spannung erfüllt waren, daß jeder Anblick den Wunsch nach einer Begegnung mit den wahren Ausmaßen der Fresken in Arezzo weckte. Schattenlos, in einem Raum, der keine Tiefe hatte, waren die Figuren, mit ihren Waffen, Streitrossen und Fahnen, ineinandergeschoben, die entferntesten von gleicher Größe wie die vordern, und jede Einzelheit, sei es die Kette einer Schleuder, eine Schnalle, ein Scharnier, ein Helmbusch, das Auge eines Soldaten oder Pferds, war gleichwertig, keinen andern Gesetzen unterworfen als denen, die von der Kompositionsfläche erlassen wurden. Das Zusammenklingen des Grauweiß, Grauschwarz und Umbra der Pferde, die rötlich violetten, grauen, grünen und blauen Tönungen der Kleidungsstücke, das Rot der Blutflecken, der Glanz der Schwerter und Rüstungen, die Kupferbeschläge am stumpfen Leder, der Durchblick auf die Windung eines spiegelblanken Flußlaufs mit Schwänen, das transparent in den Kalkputz getupfte Gras und Gebüsch im weißen Ufersand, das geometrisch ausgefaltete Gemäuer einer Stadt, das Grünblau des Himmels, das vom merkwürdig glatten unversehrten Boden aufgenommen wurde, dies alles war von einem Sehn, das jede Emotion vermied, in die monumentale Wirkungskraft von genau aufeinander ausgewognen Formen versetzt worden. Coppi fand diesen Blick kalt, verschlossen, die Endgültigkeit des Dargestellten schien ihm fatalistisch. Die Hohen standen für sich, umgeben von Gewappneten, von Standarten, beschirmt von einem Sternengewölbe, und abseits für sich, für immer eingekeilt in die Gebärden gegenseitiger Vernichtung, waren die Krieger. Weder die aussprengenden Beine des Pferds, noch die geschwungne Axt, der zum Wurf gepackte Speer enthielten die Möglichkeit zu einer Weiterbewegung, einer Veränderung der Lage. In den ausbalancierten Haltungen war kein Vorsinken und Zurückstürzen denkbar, keine Wendung und Drehung. Es gab nichts andres als die Einmaligkeit dieser konzentriert beobachteten Sekunde, aus der alles Empfundne ausgeschaltet war zugunsten eines Flechtwerks visueller Beziehungen, bestehend aus den Linien der Schwerter und Lanzen, des Zaumzeugs und der Standartenstangen, den Rundungen der Schilde, der Pferdeschenkel und Helme, den Säulen und Pfeilern der Beine, den Staffelungen der Arme, Hände und Gesichter, den Blickrichtungen der Augen unter dunklen Brauen. Das Fremdartige, das Befremdende des Bilds kam daher, daß es, trotz seines figurativen Gehalts, der Natur nichts nachahmen wollte. Es besaß sein eignes Licht, und das Geschehnis in ihm war ein Akkord von Farbigkeiten. Eine solche Aussage sei spekulativ, sagte Coppi, und führe unsre Sache nicht weiter. Was dort ausgefochten wurde, habe mit unserm Kampf nichts zu tun. Doch dienten die Einwände, die wir vorbrachten, oft nur dazu, unser Urteil zu schärfen. Warum, fragten wir, interessierten wir uns für dieses Bild, das in der Wahl seiner Gruppierungen ausgeht von der Klassentrennung. Weil wir die Kenntnis solcher Werke brauchen, die auf ihre Art unbestechlich sind, sagten wir. Wir benötigten diese exklusiven, anspruchsvollen Leistungen der Kunst, der Literatur, zur Ergänzung dessen, was uns von der andren Seite, die keine Denkmäler besitzt, der Seite der Ärmlichkeit und Knappheit, bekannt war. Feindlichkeit konnte dabei aufkommen. Doch immer wieder überwog der Drang, das, was sich abweisend, gleichgültig uns gegenüber verhalten wollte, zu behandeln, als sei es einzig dazu da, uns Lehrstoff zu geben. So wie die Schatten, die im wechselvollen Spiel den Körpern Luft und Lebendigkeit geben, verbannt waren, so war, trotz des Gedränges von Beinen, kein Abdruck der Füße und Hufe in der Bodenfläche vorhanden. Statuarisch ragten die Körper im Gewimmel auf, bepackt mit Schuppenhemd, Schulterpanzer und Schild, und niemand besaß doch eine eigentliche Schwere. Die Gesichter der Krieger starrten, unter riesigen Helmen, reglos und unberührt aus dem Kreuzwerk der Waffen hervor. Manchmal projizierte mein Gedächtnis ein Detail des Bilds in die Kessel, Zylinder und Kolben der Zentrifugen, mit denen ich beschäftigt war. Zumeist waren es die Gesichter, fühllos, doch voller Ausdruckskraft, ernst, schweigend, mitten in der Auseinandersetzung, die ich vor mir sah, drei von ihnen, mit Grüner Erde und Weißerhöhung untermalt, waren zwischen Rüstungsornamenten, Schwertern und Spießen zusammengedrängt, schräg frontal das eine, umrahmt vom weißmelierten Bart, im Profil das zweite, mit schnabelartig gewölbter Nase, vorgeschobner Unterlippe, das dritte dahinter, die Zähne glitzernd im offnen Mund, die Wange von einem Hieb gespalten, blutüberlaufen, und in ihrer Aneinanderlehnung blieb jedes doch für sich, mit gleichem sinnenden Blick. Eingekeilt zwischen einem scharf nach vorn stoßenden geschlossnen Visier, einer Posaune, einer Keule, einem Pferdekopf blickte ein andrer mit äußerster Aufmerksamkeit dem Beschauer entgegen, und so sehr war er von diesem Forschen in Anspruch genommen, daß er nicht wahrnahm, was ihm zugefügt wurde, denn hinter ihm ballte sich eine Faust um den Knauf des Dolchs, dessen Spitze sich ihm in den Hals bohrte. Das Drama des Dolchs, Bestandteil in diesem Abschnitt der Geschichte des Wahren

Kreuzes, spielte sich in exakt gleicher Höhe an einer zweiten Stelle ab, doch hier nicht beengt, versteckt, sondern weit offen, gleichsam zur Unterweisung dargeboten. Am grade vorgestreckten blauen Arm faßte die Hand leicht und locker den kunstvoll ziselierten Schaft und stieß die lange dünne Schneide tief in die steil zurückgebogne Kehle des Gegners. Dieser kehrte sein Profil mit dem Kinn nach oben, sein Schädel lag in der Schale des mit einem Blütenmuster bemalten Helms, und das Gesicht des Sezierenden hoch über ihm drückte die gleiche sorgfältige und sachliche Überlegung aus, die den Maler bei der Abfassung seines Bilds geleitet haben mußte. Und jetzt sahn wir auch, wie sich in den Werken, die den Bevorzugten und Auserwählten gewidmet waren, die Gesichter der Soldaten, der Knechte geltend machten, wie sie hervortraten, überzeugender, kräftiger, erfahrungsreicher als die ihrer Herrn. Bei Mantegna und Masaccio, Grien, Grünewald und Dürer, bei Bosch, Brueghel und Goya traten die Arbeitenden schon in den Vordergrund. Die Hirten und Fischer, die ihre dekorativen Funktionen hingenommen hatten, verloren plötzlich, in Bildern von Poussin, ihre Einfalt und Sanftmut und trugen Leidenschaften aus, wie sie in klassischen Tragödien beschrieben worden waren. Ein Schmied, ein Tischler wurden bei La Tour mit ihrer Arbeit so überragend, daß sie den Bildraum allein, ohne Auftraggeber und Käufer, einnahmen. Vermeer, Chardin behielten Reife, Schönheit nicht den Oberen vor, sondern ließen sie der Näherin, der Wäscherin, der Magd zukommen. Waren die historisch bedingten Ordnungen, die Größenverhältnisse einer bestimmten Zeit einmal bloßgelegt, so trat uns ein dauerhaftes Wirklichkeitsbild entgegen, und es ließ sich ausmachen, in welchem Grad der Künstler die zukünftige Entwicklung vorbereitet und welche Haltung er gegenüber der von Jahrhundert zu Jahrhundert getragnen Unterdrückung eingenommen hatte. In vielen Werken, gleichgültig, ob Fürsten, Prälaten oder spekulierende Mäzene Anspruch drauf erhoben hatten, sie zu besitzen, war, in der Befolgung des eignen Wahrheitssinns, in der Überwindung von Vorurteilen und Grenzziehungen, seit jeher das Element der Klassenlosigkeit enthalten. Die soziale Erneurung, die Übernahme von Entdeckungen und Eroberungen aus den Händen der Herrschenden, die Herstellung der eignen Macht, die Begründung unsres eignen wissenschaftlichen Denkens, dies waren Themen, die wir uns in der Kunst, der Literatur vorstellen konnten. Doch angesichts der zahllosen Möglichkeiten des Ausdrucks, die wir kennengelernt hatten, und die verschiednen Aufnahmefähigkeiten, Reaktionen und Ziellinien in uns selbst erwägend, kamen wir zur Überzeugung, daß sich zwischen sozialistisch denkenden Menschen eine neue Kunst entwickeln würde und daß der Weg von Gleichgesinnten seiner Richtung sichrer sei als alle programmatisch erlassnen Direktiven. Auch Abirrungen und mißglückte Versuche waren gut genug, wenn sie nur auf der Seite der Revolution standen, und jeder sollte sich aus den vorhandnen Möglichkeiten das an Altem und Neuem heraussuchen, was seinen persönlichen Gedankenverbindungen entsprach. Wir, die wir uns aus eignem Antrieb über die Ereignisse der Gegenwart informiert, die wir unsre Schlüsse draus gezogen und unsre politische Zugehörigkeit gewählt hatten, forderten auch von der Partei, der wir angehörten oder nahstanden, daß sie die Auswahl würdigte, die wir auf kulturellem Gebiet trafen. Die Tatsache, daß wir jungen Arbeiter, wie auch unsre Väter und Mütter, die unter den Jahren des Kriegs und der Not aufgewachsen waren, uns überhaupt mit Literatur und Kunst beschäftigten, und daß es grade die eignen Entdeckungen waren, die wir den erdrückenden Lebensverhältnissen entgegenstellen konnten, sprach dafür, daß unsre zukünftige Kultur aus uns selbst kommen würde und daß wir dazu vor allem das Vertrauen in unsre eignen Fähigkeiten brauchten. Dies alles war ein Skizzieren. Jetzt, an diesem letzten Tag in Coppis Küche, sah ich das Ausmaß des Begonnenen, des von uns Gesammelten, deshalb war die kurze Stunde vor Beginn der Luftschutzübung überfüllt mit Büchern und Straßen, Bildern und Arbeitsplätzen, Museen, Ideen und politischen Wirklichkeiten. Die Jahre, die ich in diesem Land verbracht hatte, waren kompakt spürbar geworden, ich befand mich an einer Wende, im Übergang zu einem neuen Lebensabschnitt. Doch war dies denn die richtige Bezeichnung, fragten wir, als wir über meine bevorstehende Abreise sprachen, besaß der Wechsel des Aufenthaltsorts noch eine Bedeutung, da die Aufgaben, vor denen wir standen, überall die gleichen waren und uns miteinander verbanden. Nach dem Sieg in Arezzo, sagte Coppi, den Gruß aus unsrer Francescaperiode wiederholend, und reichte mir eins der Bilder aus den Anfängen seiner künstlerisch agitatorischen Tätigkeit. Es gehörte zu den Kartenserien von Heerführern aus dem Weltkrieg und von Größen der faschistischen Partei, die er in Schmähzeichnungen verwandelt hatte. Sie waren mit Wortblasen versehn worden, in denen sie sich unflätig zu dem bekannten, was sie waren, Urkundenfälscher, Diebe von Volksgut, Rassenhetzer, Massenmörder, und zur weiteren Verdeutlichung ihrer Absichten hoben sie ein Messer, eine Axt, eine Pistole. Aus diesen Karikaturen, die er auf Anschlagtafeln der Untergrundbahn und auf Fahrpläne der Omnibusse befestigt oder an die Litfaßsäulen, auf Plakate für Großkundgebungen geklebt hatte, waren später die selbstabgezognen Flugblätter entstanden, bei deren Verteilung vor einem Fabriktor er festgenommen worden war.

Heilmann aber nahm mir das Bild weg. Immer noch, sagte er, unterschätzt ihr den gegnerischen Gewaltapparat. Er erbot sich, Coppis Zeichnungen, wie auch die neben dem Herd versteckten Schriften, im Keller der Wohnung seiner Eltern zu verwahren, wo sie der Entdeckung entgehn würden, und riet, vorsichtshalber, vom Schild an der Tür abgesehn, noch ein Führerbild in der Wohnung aufzuhängen, das jeden Eintretenden, auf verschiedenartige Weise, beeindrucken müsse.

Beim Lauf vom Untergrundbahnhof Schwartzkopfstraße, über die Chausseestraße hinweg, zur Pflugstraße, unterm Heulen der Alarmsirenen, von Blockwarten angerufen, die mich in den nächsten Luftschutzkeller treiben wollten, verfolgt vom Trillern ihrer Pfeifen, saß eine Frage in mir fest, und diese verlangte, während Automobile und Omnibusse anhielten, Eilende in den mit weißen Pfeilen angezeigten Löchern verschwanden und ich nur noch schneller die nächste Ecke nahm, um nach Haus zu gelangen, eine Antwort drauf, ob alle Beschäftigung mit Büchern und Bildern nicht doch nur eine Flucht gewesen war, weg von den praktischen, überwältigenden Problemen, gleiche atemlose panische Flucht wie dieses Jagen übers regenblanke Pflaster, hinein durchs zweiflüglige Tor mit den geschnitzten Pfosten, den Gang entlang, über den Hof, die Treppen rauf, in die kalte ausgeräumte Wohnung. Und ich brauchte nur die Linoleummatte zu sehn, mit den abgeschabten Linien und Bruchstellen an den hervortretenden Kanten der Bodenbretter, mit den ausgetretnen Pfaden, die zum Herd, zum Ausguß, zur Tür des Nebenzimmers führten, und dann einen Blick zu werfen in die Kammer, in der die Beine des Betts vier Vertiefungen im Bodenbelag zurückgelassen hatten, um wieder einmal das Muster der Armut zu spüren und zuzugeben, daß das, worum wir uns so übernächtig und mit Schwindelgefühlen bemüht hatten, für uns doch nicht vorhanden war. Doch dann am offnen Fenster stehend, hoch über dem Gewirr der Schienen, dem Dickicht der Leitungsmaste im Vorgelände des Stettiner Bahnhofs, setzte, zum Zweifeln gehörend, die Gegenwehr ein, und ich sagte mir, jetzt unterm Dröhnen der Manövergeschwader, daß die bei unsrer Armut absurd erscheinende Beschäftigung mit gedanklichen Reichtümern unser Anteil im Kampf ums Überleben sei, und daß in unsre leeren graugrünen Räumlichkeiten sehr wohl die Gevierte des Giotto von Assisi und Padua paßten, mit ihrer stilisierten Kargheit. Warum, sagte ich mir, müssen wir uns immer wieder dazu treiben lassen, daß wir uns auch noch das absprechen, was uns nichts andres kostet als unser Grübeln, nur um zu bestätigen, daß wir ein für alle Mal enteignet sind. Und fast fieberhaft schon ließ ich meinen Vater, in der grünen Lodenjacke, die linke Schulter hochgezogen, aus der Geometrie treten, die in der Arenakapelle das Leben Joachims umriß, und meine Mutter kniete, im langen braunen Unterrock, wie Anna, der durch die Wand hindurch etwas verkündigt wurde, auf dem Fußboden, vor dem Holzgestell, das mein Bett war. Meine Eltern waren vertrieben worden aus dieser Behausung, auch ich zog draus ab, und vor wenigen Tagen hatten die Proleten mit ihren beiden Kindern das Zimmer neben der Küche verlassen, um, mit ihrer Habe auf einem Karren, eine andre Zuflucht als Untermieter zu suchen. Es befand sich in der Küche nichts mehr als der schäbige Koffer, der meine Kleidungsstücke und ein paar Bücher und Schreibhefte enthielt, und, an der Wand, ein verblichnes und an den Kanten zerrißnes Plakat, darstellend auf grauem Grund einen Arbeiter, der mit machtvoller Gebärde seine Fesseln sprengte. Er sollte hier hängen bleiben, als letzter Aufruf, ehe es ihn wegfegte, es war notwendig, daß etwas von unserm frühren Leben hier übrig blieb, denn die Wände waren schon angefressen vom Rieseln und Zerbröckeln, und der Gedanke an den glatten Tisch mit den zwei kleinen Broten und der runden Holzplatte mit dem Fisch, darüber der heilige Franz, streng das Messer hochgehoben, ließ sich nicht länger halten, verglichen mit diesen Fresken wurde bei uns doch alles zu einem Zug durch Staub und Schutt. Scheinwerfer brachen sich mit kreisenden Bewegungen durch den Rauch und verfingen sich in den niedrig treibenden Wolken. Die Staffeln hatten sich entfernt, das hellere Brummen von Aufklärungsflugzeugen war zu hören, und aus Lautsprechern von Nachbarwohnungen, oder vom Bahnhof her, drang die Stimme eines Ansagers, dann und wann mit ein paar erkennbaren Wortfetzen, nach dem langgezognen Entwarnungssignal hinweisend auf erfolgreich beendete Übung. Schlagartig gingen die Lampen drüben in der Bahnhofshalle an und warfen lange Lichtbänder und Schatten über die Schienen, die Weichenkolben, die einrollenden und ausfahrenden Züge, auf deren Schildern die Namen Stralsund, Rostock, Stettin sichtbar waren. Güterwagen wurden auf die Abstellgleise rangiert, zu Pfiffen, hin und her geschwungnen blauen Laternen. Hinter den feuchtblinkenden Drähten und Gestängen des Bahngebiets, über den Blöcken der Ackerstraße, flammte das Reklameschild der Zählerfabrik der Allgemeinen Elektrizitätsgesellschaft auf, und zwischen den schwärzlichen Massen des Parks um das Lazarus Krankenhaus und den Friedhöfen an der Liesenstraße stand, umhüllt von Lokomotivendampf, der blaugraue Turm der Sankt Sebastian Kirche. Stadtbahnzüge und Omnibusse setzten sich in Bewegung, die Seitenstraßen waren wieder erfüllt von Schritten und Rufen, die Glühbirne, die nackt an der Küchendecke hing, konnte angedreht werden, ich setzte mich auf den Fußboden, an die Wand unterm Fenster gelehnt, würde heute nacht hier ausgestreckt liegen, mit Zeitungen zugedeckt, und auch morgen noch, denn war auch alles gepackt, waren auch die Möbel verkauft, die Miete bezahlt, so würde die Abreise doch erst in ein paar Tagen stattfinden, und ich mußte mich auf den Grund der Verzögerung besinnen. Ich wußte in diesem Augenblick nicht, was denn noch alles zu tun sei, die Abmeldeformulare im Polizeirevier wären auszufüllen, das tschechoslowakische Konsulat müßte noch einmal aufgesucht werden, sonst aber fiel mir nichts ein, die Fahrkarte hatte ich schon, einzig eine leere Wartezeit stand bevor, in einem leeren Zimmer. Vielleicht hatte ich mich bei meiner Planung verrechnet, oder, so fragte ich mich, hatte ich gemeint, vor dem Wegfahren noch eine lange Besinnung zu brauchen, um die Jahre in diesem Land zu rekapitulieren. Jetzt aber war es wieder klar, daß nichts Einschneidendes sich vollzog, daß das Datum der Reise sich nicht von den folgenden Daten abtrennen ließ, daß die Zeit eine einzige unteilbare Kontinuität war, zu bedenken, zu beobachten immer nur als Ganzes, und je weiter eine Periode vom Blickpunkt entfernt lag, desto einheitlicher schloß sie sich an ihr Vorher und Nachher an. So waren in dieser Stunde auch alle kommenden schon enthalten, und ich überlegte mir, womit der zweiundzwanzigste September Neunzehnhundert Siebenunddreißig, ein Mittwoch, in einigen Tagen in Warnsdorf, in ein paar Wochen in Spanien, in drei oder vier Jahrzehnten an noch unbekanntem Ort, gekennzeichnet werden könnte, außer durch den Kubus, in dem ich im Winkel zwischen zwei Flächen saß, die Löcher von Nägeln, die Abdrücke von Möbelstücken ausfindig machend. Auch dies gehörte zu der Flucht, daß ich nun, da ich versuchte, den durchlebten Tag historisch zuzuordnen, nicht mehr über ihn wußte, als daß Masaryk, der Präsident des Lands, dem ich, seit der Abtretung des väterlichen Heimatorts an die Slowakei, angehörte, nun in Lány bei Prag beerdigt worden war, und daß gleichzeitig mit den Luftabwehrübungen in Berlin Großmanöver in Mecklenburg stattfanden. Immer hatte ich so viel wie möglich aufgreifen wollen von den Ereignissen, die den Tagen ihre äußere Prägung gaben, und wieder war es so gewesen, daß davon nur übrig blieb, was sich aus dürftigen Zeitungsrubriken ablesen ließ. Zwischen solch ungeheuren Vereinfachungen lebten wir, während die Gedanken sich unaufhörlich in einer Überfülle bewegten, und wenn es Flucht war, was uns wegtrieb von unübersichtlichen Zusammenhängen, so war es eine notgedrungne, wir sanken weg aus Erschöpfung, ein ganzer Tag zwischen Nachrichtensendungen und Pressemeldungen hätte uns auch nicht mehr geben können zur Erkenntnis der Lage. Doch wenn wir uns abwandten von den Informationen, die nichts von den tatsächlichen Vorkommnissen deckten, und uns in unserm Spezialgebiet suchten, das sich nicht verfälschen ließ, in dem unser Forschen freien Lauf nehmen konnte, so waren wir doch wieder gezwungen, nach den methodischen Gegebenheiten zu handeln, die wir uns herausgesucht hatten. Die einzige Möglichkeit, mit den Bedingungen der alltäglichen Realität fertig zu werden, lag darin, unsren Beschlüssen und Schritten äußerste Knappheit zu verleihen. Die Tatsachen standen im Gegensatz zu unsrer Auffassung, daß alle Vorgänge durchschaubar, erklärbar waren. Der Rückzug auf das Unvermögen, die Geschehnisse zu verstehn, beließ die Welt beim alten. Für unser Fortkommen fertigten wir uns Modelle in Schwarz und Weiß an, und in der Einschränkung auf ein Für und Wider, ein Ja oder Nein, trafen wir unsre Entscheidungen. Die Partei, die wir gewählt hatten und für die wir uns einsetzten, war ein bestimmter stabiler Begriff, wenn auch in ihr ständig Verschiebungen stattfanden. Den Unsicherheitsmomenten begegneten wir mit der Absolutheit eines politischen Standpunkts. Wenn wir von den Meinungsverschiedenheiten, den Zerwürfnissen innerhalb der Parteiführung erfuhren, so sagten wir uns, daß in ihrem Grund die Partei die gleiche bliebe. Ließ sich auch vieles von dem, was wir mit unserm Entweder Oder dem Komplexen gegenüberstellten, noch nicht auf seinen Sachverhalt überprüfen, so würde unser Vorhaben, da wir so viele waren, die nach dem gleichen Ermessen handelten und einstanden für den gleichen Impuls, sich doch einmal, sagten wir, als richtig erweisen. Indem wir unsrer Tätigkeit durch die Bestimmung einer Frontlinie Sinn verliehn, konnte es zur Herstellung des illegalen Flugblatts kommen, zur Weiterleitung der Weisung an die Zelle, zur Unterbringung des verfolgten Genossen, zur Fahrt nach Spanien. In die Küche starrend, deren zerschabte, zur Decke hin aufgesprungne Wandbemalung das Lampenlicht reflektierte, fiel mir ein, was Heilmann über den Filter geäußert hatte, der über unsern Sinnen lag und uns nur aufnehmen ließ, was unser Gehirn verarbeiten konnte. Wir fänden uns ab mit einem winzigen Streifen des Spektrums, in dem wir einzig verstünden, was wir brauchten, und in dem die einfachste Erklärung immer die wahre sei. Wir selektierten, hatte er gesagt, aus dem, was ungeordnet auf uns einbrach, das, was sich einfügen ließ in die Kette unsrer Erfahrungen. Soweit wäre dies selbstverständlich gewesen, die Reaktionen andrer aber wollten oft geltend machen, daß das, was wir aufgenommen hatten, nicht im Fassungsbereich unsres Verstands liegen könne. Selbst in der Abendschule, wo sich von unsrer Seite Anspruch auf eine Erweiterung des Wissens stellen ließ, kam der Zweifel auf, ob wir wohl tatsächlich Einblick erhalten hatten in das jeweils behandelte Thema. Nur ein festgesetzter, begrenzter Gedankenbereich stand uns zu. Was für den Studenten wohlfeil war, war für uns verbotne Frucht. Der Haß, als Triebkraft des Lernens, war mir nie deutlicher geworden als eines Abends im Kaiser Friedrich Museum, bei einer nach der Führung stattfindenden Diskussion, da ein Kunsthistoriker, erfahrend, daß Coppi und ich Arbeiter waren, in Erstaunen über unsre Kenntnisse ausbrach und die Zuhörer immer wieder auf unsre Herkunft aufmerksam machte. Links von mir, in der Ecke, hatte sich das Wandbrett befunden mit den Büchern, über der Schlafbank, auch den runden Tisch, in der Mitte der Küche, versuchte ich mir zu vergegenwärtigen, die verschieden geformten Stühle, den Schrank mit dem Geschirr, der Wäsche, und von nebenan drang die Rundfunkstimme wieder ein, jetzt mit schriller Deutlichkeit, kundgebend das Landesverratsgesetz, das den Tod durchs Beil des Scharfrichters vorsah, für jede der verächtlichen Kreaturen, wie es hieß, die durch Spionage und Sabotage ihr schmutziges Judasgeld verdienten. Einen Feuerwagen gab es in Assisi, in dem Franz, gezogen von zwei roten Pferden, vom Dach des dünn geschachtelten Hauses abfuhr in einen grünen Himmel, und ich war mir beim Anblick dieses Bilds nicht gewiß, ob die Herstellung einer Verbindung zwischen den unten im Schlaf kauernden Mönchen in brauner Kutte und mir, der ich zusammengekrochen lag in der Lederjacke, ein Zeichen sei von Klarsicht oder von Verstörtheit. Dann aber wurde meine Aufmerksamkeit auf ein leichtes Knarren im Boden gelenkt, und auf die Andeutung einer Bewegung des Linoleumbelags. Dort, wo früher der Tisch gestanden hatte, genau in dem gleich Wellenkreisen verlaufenden Widerschein der Lampe, drückte sich eine der Dielen gegen die Matte, und indem diese angehoben wurde barst die gewetzte Scharte auf, mit knirschendem Geräusch zerriß das Linoleum fast bis zu meinen Füßen, und ich schob mich rückwärts an der Wand zum Fenster hoch, die Hände aufs Brett gestützt, die Schultern halb hinausgelehnt. Was vor mir geschah war mühselig, doch konnte ich keinen Beistand leisten, denn in der Vorwärtsbewegung war ich gelähmt, jedesmal wenn ich versuchte, die Arme auszustrecken, gelangte ich nur weiter rücklings zum Fenster. Vom ersten Knacken an wußte ich schon, daß jemand dort vergraben lag, und als die losgebrochne Planke seitwärts aufklappte, erkannte ich auch sogleich die über und über verstaubte Hand meines Vaters, mit dem breiten Gelenk, den kräftigen Knöcheln, sein Arm tauchte auf aus dem Mörtel, sein Gesicht lag noch im Werg, das zwischen die Bohlen gestopft war, ich wollte ihm helfen, doch ich hing so weit aus dem Fenster, daß die nächste Regung mich hinauswerfen würde. Wie mochte er aussehn, dachte ich, nach solch langer Zeit unterm Boden, fast drei Jahre lang, welche Anstrengung mußte es ihn gekostet haben, bis er endlich die vernagelten Bretter und den drauf geklebten Linoleumbelag zu sprengen vermochte. Ich stellte mir sein Gesicht vor, merkte dabei kaum, daß ich übers Fensterbrett geglitten war und hoch über der Straße in der Luft hing, doch was ich sah, war nicht sein Gesicht, und ich versuchte herauszufinden, warum dieser graue lehmige Klumpen, mit der grob und klotzig eingesetzten Nase, den tief eingedrückten Augenlöchern, der hart geschnittnen Kerbe des Munds, sich nicht dem Gesicht meines Vaters angleichen wollte, der es doch war, der dort lag. Dies handelt von der Schwierigkeit, sagte ich mir, sich etwas vorzustellen, sich etwas begreifbar zu machen. Indem ich mich mit den Füßen vom Fenstersims abstieß und über den Schienenschacht wegflog, dachte ich daran, wie eigentümlich es war, daß wir immer mit so viel Gewißheit zwischen den Dingen gelebt hatten, als seien sie tatsächlich das, wofür sie sich ausgaben. Ich konnte noch, kurz, den Triumph spüren, der damit zusammenhing, daß wir uns auf eine Wirklichkeit geeinigt hatten, daß wir dieses einzigartige und kühne Abkommen getroffen hatten, alles zu benennen und zu bewerten und in unser Bewußtsein einzuschließen, doch dann sah ich, rückwärts ausgestreckt fliegend, daß dies gar nicht stimmte, daß das Eindeutige und Gegenständliche umgeben war von einem Gewühl, von einem Lauern und Würgen, und unmittelbar darunter war von Namen und Bezeichnungen nur noch ein Lallen zu finden. Da ich die Sprache verloren hatte, ließ sich nichts mehr feststellen von dem, was jetzt, eigentlich mit Bestimmtheit, hätte kommen müssen. Ich war weggesunken aus dem Wissen, was das dort unten für ein Bahnhof war, es war unmöglich, sich alle Einzelheiten in Erinnrung zu rufen, aus denen sich dieses Bauwerk ergab, ich wußte nur, daß ich es oft gesehn hatte, und da kam ein leicht gerundeter Vorplatz, mit Droschken und Taxis, da kam eine Freitreppe, ein Portal, da kamen gelbe Klinkersteine, maurische Bogenornamente und Rosetten, da kamen Schalterhallen, Sperren, Bahnsteige, Puffer stießen aufeinander, Menschen liefen hin und her mit Koffern, ein Gebilde war da, das ein Bahnhof sein konnte, doch der Hinweis, wo der Bahnhof lag, wohin die Reise von dort führen sollte, fehlte, nicht einmal die Zeit ließ sich bestimmen, Kleidungsstücke, Fahrzeuge hatten zuweilen den Anschein, als stammten sie aus früheren Jahrzehnten. So einfach und überzeugend das Dasein zwischen Alternativen gewesen war, ständig zu Entschlüssen führend, Folgen von Ursachen aufweisend, so schnell und selbstverständlich ging es auch in einen Zustand des Unberechenbaren über, nur die Empfindung, daß das, was wir taten, das Richtige war, daß es anders nicht sein könne, hielt noch an, der Sinn für Richtungen war noch in mir vorhanden, mich umwendend, über das geschwärzte Glasdach des Bahnhofs streichend, wußte ich, daß ich rechter Hand eine breite Straße finden würde, und schon flog ich niedrig über eine dichte Baumgruppe, entlang an der Säulenfassade eines Museums, voll von urzeitlichen Knochen, versteinerten Gewächsen und Muscheln, blickte ins gedämpfte Licht der Säle, durch die ich sonntags mit meinem Vater gegangen war, und wieder tauchten Begräbnisplätze auf, ich mußte mit den Armen ausschwingen, um mich emporzuheben, um nicht hängen zu bleiben an den steinernen Monumenten, und dann, wieder in einer Drehung nach rechts, glitt ich hin über Sportplätze, mit Hürden, Sandkästen, Böcken, und auf der Asche der Laufbahn standen, zu einer kompakten Reihe formiert, die Schwarzgekleideten, Arm in Arm, und sie hatten sich jetzt in Bewegung gesetzt, äußerst langsam, eng ineinander verhakt, im Gleichschritt schwenkten sie von dem, der rechts außen auf der Stelle trat, in Uhrzeigerbewegung über das stopplige vertrocknete Gras der Wiese, und es regte sich etwas vor ihnen, von Gliedern, von Körpern, sie trieben Gefangne vor sich her, die einander stützten, einander zogen und schleppten, denn viele waren verwundet oder schon tot, kein Laut war von ihnen zu hören, und auch im Krankenhaus, am Ende des Felds, war es still hinter den hellerleuchteten Fenstern, dort lagen sie, zerfleischt, blutüberströmt, nebeneinander, übereinander, hingeworfen auf dem Boden, hier und da stampfte ein Soldat zwischen ihnen hindurch, mit eiserner Rute auf sie einschlagend, und nochmals nach rechts abbiegend, eindringend in eine schmale Schlucht, fast bis zum Boden absackend, fand ich zurück zur Ecke, an die sich die Häuserfront schloß, in der ich wohnte. Um ein paar Viertel war ich geflogen, das Bekannte war nah, nur abgetrennt vom Wiedererkennen durch eine winzige Entkräftung, schnell und unmerklich wie das Schließen eines Lids, der Übergang von der einen Ebene zur andern war kaum feststellbar gewesen, und total verschieden voneinander waren doch die Ordnungen, die geltenden Gesetze, und weil auch die Gewohnheit erhalten blieb, daß alles uns angeht, daß alles materiell ist, daß wir allem auf Tod und Leben ausgeliefert sind, so wurde das Fremde das einzig Mögliche, unmittelbar geladen mit allen Forderungen und Gefahren, eine andre Welt als diese graue, bleierne war nicht denkbar, hier spielte sich alles ab, die Häuser mußten so schwer und stumpf sein, die Straßen so voller Schwärze, der Himmel so niedrig und schwelend, etwas andres als dieses Schwimmen in der Luft, dieses Sichentlangtasten an Mauern, Pfählen, Dachrinnen war nicht möglich, nicht wegzuleugnen waren die Haufen der Toten auf dem Feld, vorangeschaufelt von der unendlich langsam sich verschiebenden Reihe metallner Beine, deren Mechanismus aufgezogen war, und das Krankenhaus lag dort, ohne Stöhnen und Jammern, wie auch die Maschinerie draußen ohne geringstes Rasseln und Ticken sich bewegte, und es wäre unbeschreibbar gewesen, wo, in welchen Straßen, in welcher Stadt, zu welchem Zeitpunkt, dies sich abspielte, und doch war jeder Vorgang natürlich, nur so, mit den Füßen zuerst, wieder rücklings, durchs Fenster, konnte ich in die Küche zurückkehren, und es war die gleiche Küche, die ich eben verlassen hatte, die Küche, in der die Glühbirne brannte, überm Fußboden, zwischen dessen aufgebrochnen Brettern mein Vater lag. Ich wollte mich nur, sagte ich zu ihm, nun des Sprechens fähig, vergewissern, wie es draußen aussah, ob draußen alles beim gleichen geblieben war, weil ich das, was in der Küche geschah, nicht für wahr halten konnte, und ich hatte mich bei meinem Umherblicken davon überzeugt, daß die Straßen, die Häuser, die Plätze und Anlagen wirklich waren, wie sie zu sein hatten, und daß deshalb auch nichts in der Küche entstellt sein konnte. Und weil nun jeder Zweifel verschwunden war, konnte der Lehmklumpen die ihm zugedachten Gesichtszüge annehmen. Mein Vater richtete sich auf. Sein kurzgeschnittnes borstiges Haar war voll von Kalkbrocken, seine Lippen waren verschorft, die Nasenlöcher und Wimpern verklebt, er stützte sich auf die Ellbogen, ich wartete darauf, daß seine Augen sich öffneten, daß sein Mund sich regen würde.

Erinnerst du dich an das Aussehn der Pflugstraße, fragte ich meinen Vater, und kannst du die Viertel beschreiben, die sie umgaben. Mein Vater dachte sich zuerst unsre Haustür, mit der Nummer Sieben. Sie bestand aus zwei schweren, im Flur mit langen Eisenhaken von der Wand abgestützten Hälften und war mit vergitterten Glasscheiben versehn. Wandte er sich von den wellenförmig geschnitzten Profilen der Außenfläche ab, so fiel sein Blick auf den roten Ziegelsteinbau an der gegenüberliegenden Straßenseite. Es war das freistehende Haus der Volksschule, dreistöckig, wie er glaubte, mit Gesimsen unter den Fenstern, und ein paar Stufen, die zum Eingang hinaufführten. Daneben erstreckte sich, auf steinernem Sockel, ein gußeiserner Zaun vorm schmalen Teil des Hofs, auf dem, zwischen Gebüsch, ein Gemüsebeet angelegt war. Daran schloß sich, zur Rückseite des Gebäudes verlaufend, der größere, mit Kies bestreute Hof. Zu den Seiten ragten Brandmauern auf, höher als die Schule, am Ende des Hofs lagen Werkstätten und kleinere Fabriken, mit Schornsteinen und Reihen rußiger Fenster. Drehte er sich nun, nachdem er über das Pflaster der Straße gegangen war, wieder unserm Haus zu, so sah er den großen Block, der sich links anschloß. Die Fassade, mit ihren eingelassnen Balkons, ihren breitgeschwungnen Stuckverzierungen, hob sich von den übrigen Mietskasernen ab. Hier wohnten Polizisten mit ihren Familien, zumeist mittlere Beamte, die ihre Dienststelle in den Kanzleien und Kasernen an der Chausseestraße hatten. Das Haus schloß unsre Straße am Winkel zur Wöhlertstraße ab. Nach den grünen Uniformen seiner Bewohner Maikäferhaus genannt, gab es uns, sagte mein Vater, Sicherheit, denn niemand kam auf den Gedanken, daß in unmittelbarer Nähe solcher Bewachung Genossen aus und eingehn und sich nach Dreiunddreißig hier oft wochenlang verstecken würden. In der Küche der Zweizimmerwohnung, die meine Eltern in Warnsdorf, im Kellergeschoß einer Villa an der Niedergrunderstraße, gemietet hatten, ging mein Vater auf und ab und versuchte, sich unsrer Wohnung in Berlin zu entsinnen. Unten im Torgang hingen die Tafeln mit den Namen der Mieter, handgeschrieben, oft ausgewechselt, überklebt, rechts und links stiegen die Treppen auf zu den Seitenflügeln, im Hof standen die blechernen Mülleimer vor dem Holzverschlag, in dem sich bei unserm Einzug noch Trockenklosetts befunden hatten, er wußte kaum mehr was von den Stufen, die er täglich hinauf und hinunter gegangen war, doch der Blick aus den Fenstern an der Rückwand des Hinterhauses war klar, vier Stockwerke hinab zum Schotter des Schienensaums, über die weitverzweigten Geleise, die Weichen und Signalmaste, die rauchumhüllten Züge, und nachts leuchtete das A und E und G vom Dach der Zählerfabrik zu uns in die Stuben hinein. Es ging mir darum, die Wirklichkeit, in der auf die sekundenlange Abwesenheit physischer Schmerzen die direkte spürbare Handlung folgte, in der sich jede Freiheit erdenken ließ und aus der es doch kein Entkommen gab, in der wir aus jeder Ohnmacht wachgerüttelt wurden, so genau wie möglich bestätigt zu bekommen. Die Augen mußten aufgerissen werden, es war mühsam, die Folgen des Erlebten zu tragen. Da war die Invalidenstraße, ehe man zum Museum kam, neben der Gnadenkirche, sahn wir ein grünes Taxi mit schwarzweiß kariertem Streifen. Aus der vorgestreckten Hand fiel Geld in die andre, angehobne. An diesem Geld hing dröhnend der Börsenmarkt. Weizen, Kohle, Öl flossen mit ein in die flache, entgegennehmende Hand überm Steuerrad. Die andre Hand flog schon weg, im Bogen, verlor sich zwischen Mänteln, Jacken, Röcken. Vielleicht begleitete uns solch ein Augenblick, als wir, von der Chausseestraße kommend, am Geologischen Museum vorbei, auf das Museum für Naturkunde zugingen, denn dies vor allem besuchten wir, sonntags. Auf dem Platz vor dem mit Portalfiguren, Rosetten, Söllern, Säulen geschmückten klassizistischen Bau standen große Bäume, zwei Buchen rechts vom Mittelweg, links eine Buche und eine Eiche, und zwischen den Bäumen war je ein verkieselter Stamm aus dem Mesozoikum aufgestellt. So hatten wir in die schillernde, splittrige Urzeit bereits hineingesehn, ehe wir vom Portal ins Vestibül traten und in die glasgedeckte Halle blickten, in der sich die Saurier erhoben. Das größte dieser Tiere aber, dreiundzwanzig Meter lang, zwölf Meter hoch, kannte mein Vater nicht. Das Skelett war in diesem Jahr erst aufgestellt worden, herbeigeschafft aus den Tendaguru Hügeln Tansanias. Bis hinauf zu den Deckenstangen reichte der Hals mit dem winzigen Kopf, der eigentlich nur ein mit Augen, Nüstern und dünnen Stabzähnen ausgestattetes Wirbelstück war, dessen Hirnansatz kaum ausreichte, um die Bewegungen des riesigen Körpers zu beherrschen. Der Brachiosaurus vegetierte am Rand von Seen und Flüssen, stieg als Fleischhaufen träg aus dem Sumpf, rupfte von Cycadeenbäumen, Farn und Eukalyptus Blätter und Früchte ab, ließ sich zurück ins schlammige Wasser klatschen. Wir hatten diese überdimensionierten watschelnden Köter mit ihren Echsenmäulern und Schildkrötenklauen studiert, wir hatten uns vorgestellt, wie sie röchelten, mit den Zähnen rasselten, wie sie, keineswegs Schrecken erregend, sondern hilflos den immensen Hals drehten, als, zu spät, ihnen der Schmerz bewußt wurde, hinaufdringend aus der Schwanzspitze, vom Biß der kleineren, gewandten, aufrecht auf den Hinterfüßen hüpfenden Fleischfresser. Es war was Pathetisches an diesen friedlichen Säugern, die in den Einöden vor hundert Millionen Jahren zu einer Größe ausarteten, die nie mehr erreicht wurde, die zugrunde gingen an diesem maßlosen Wachstum, ausgesetzt den Springern und Jägern, den eifrigen, schnellen, listigen Räubern. Da wies die Hand meines Vaters auf ein Knochengerüst, folgte der gewölbten stachligen Rückenlinie, umkreiste die hängenden Schulterpanzer, und schon entstand die Landschaft ringsum, in der unser eignes Leben seine Vorstadien durchlief. Konnten die riesigen Wesen auch Gestalt annehmen zwischen Schilf, Steppengras, Myrten und Mangrovepalmen, so überwog in der Phantasie doch der handgroße versteinerte Archaeopteryx, der feingliedrig, mit dünnen Rippen, umgeben vom Abdruck seiner ausgebreiteten Schwanzfedern und Flügel in der aufgeborstnen Kalkplatte lag. Spitz zulaufend, eidechsenhaft war der Kopf mit den schmalen bezahnten Kiefern, aus dem langen dünnen Schwanz, den Armknöcheln wuchs das Gefieder, hinschraffiert als Entwurf einer Möglichkeit zur Überwindung der Schwerkraft, zu einer neuen, fliegenden Art der Fortbewegung, die Krallen waren noch gespannt wie nach dem Abschnellen von einem Zweig, fliegend war der Körper festgehalten, im Übergangszustand von einer Lebensform zur andern, und immer, vom Getümmel der Dinosaurier kommend, zog es uns zu diesem Reptilvogel, diesem Ikaros der biologischen Entwicklungsgeschichte. Dann aber ging es noch um ein andres Museum, es trat zutage mit seinem rauchgeschwärzten Klinkergemäuer, einem Magazin ähnlich am großen Bahnhofsplatz in Bremen, an der Straßenecke gegenüber vom Hotel Columbus, rückseitig angeschlossen an die Ausladestellen für Früchte und Gemüse am Güterbahnhof. Zu diesem Museum führte der Weg über die Weserbrücke und den Domshof, am Rathaus vorbei, durch den Schüsselkorb und die Wallanlagen, links stieg der Park zur Baumschule an, mit der Windmühle überm Stadtgraben, vom Herdentor, neben dem Hillmann Hotel, ging es durch das Gedränge von Automobilen und Straßenbahnen auf die schon sichtbaren hinausgepufften Dampfwolken der Lokomotiven zu, und dann traten wir in die Halle, vor die Pfeilerreihen, die, unterm hohen Glasdach, weit in die Tiefe der Kontinente führten. Geschnitzte Pfähle, Masten und Tempeldächer erhoben sich hinter den zusammengedrängten tropischen Gewächsen in Kübeln, ich zog meinen Vater, der mich an der Hand hielt, gleich schräg nach rechts, zu den Pygmäen, die sich vor ihrer niedrigen gerundeten Hütte aufhielten, reglos die nackte Frau, die linke Hand um das Kind gelegt, das auf ihrer Hüfte saß und den Fuß auf den Gurt ihres Lendenschurzes stützte, die rechte Hand angehoben zur Halskette aus Leopardenzähnen, das Gesicht zur Seite gewandt, mit halbgeschlossnen Augen vor sich hinblickend, in sich versunken, wie auch der Mann, der auf der Spreu kniete und die Arbeit, die er vor den Händen hatte, das Glätten und Zusammenknüpfen von Blättern, vergaß. Ein Affe lag neben ihm, er hatte spielen wollen, war schläfrig geworden, sein Arm war, noch ausgestreckt, niedergesunken. Sie waren in den Regenwäldern Äquatorialafrikas zuhause, als Sammler und Jäger zogen sie umher, der Dschungel ließ keine Ansiedlung zu, die Hütte diente ihnen zu kurzem Unterschlupf, sie besaßen nur wenige Geräte, Pfeil und Bogen, waren dem Aussterben nah. Zwischen Wurzeln und Gestrüpp hatten sie ihr kuppelförmiges Nest gebaut, gestützt von gebognen Zweigen, abgedeckt mit Blättern, umwickelt mit dünnen Lianen, ein Schneckengehäuse voll tiefer Dunkelheit. Ringsum erstreckte sich unendlich der Urwald, in dem es schnatterte, grunzte und schrie. Hier war aus dem Roden der winzigen Lichtung, dem schnellen Bauen vor einbrechender Nacht, dem Nomadisieren an den Flußläufen, den Wasserfällen entlang, da die Hütte längst wieder eingegangen war in die Vegetation, ein einziger Augenblick des Wartens geworden. Nicht größer als ich, der Sechsjährige, verharrten die Waldbewohner mit angehaltnem Atem in knisternder Stille und merkten nicht, wenn meine Fingerspitzen ihre mattglänzende dunkle Haut berührten. Es waren noch Beduinen da, vor ihrem Zelt, Eingeborne Australiens, mit Speeren und Wurfhölzern, tätowierte Bewohner eines Pfahlhauses von den Salomoninseln, kunstvoll geflochtne Schildhütten aus Samoa waren zu sehn, japanische Gärten, Tempel und Kultgegenstände aus Birma, Korea, Tibet, Schneehütten der Eskimos, Totempfähle der Prärieindianer, eingeätzt in mein Gedächtnis aber hatte sich vor allem die Familie des Zwergvolks. Ich fragte meinen Vater nach unsrer Straße in Bremen, denn ich wollte seine Eindrücke mit meiner eignen Erinnrung vergleichen, die, aus den ersten Jahren meines Lebens stammend, schärfer, klarer war als das Abbild, das die Pflugstraße in mir hinterlassen hatte. Da gingen wir nun zurück über die Weserbrücke, auf die Alte Neustadt zu, an den Pontons unterhalb der Martinikirche lagen die Dampfschiffe, ein Raddampfer war dabei, die nach Hemelingen und Delmenhorst, zum Hafen und nach Vegesack fuhren. Durch die spitztürmigen Brückentore gehend, an denen die geschwungnen Eisenträger hingen, sahn wir rechter Hand, auf der Landzunge mitten im Fluß, das jahrhundertealte Viertel, das Herrlichkeit hieß, dessen Schuppen und Speicher sich bis zu den burgartigen Gebäuden des Teerhofs erstreckten, an die sich die Kaiserbrücke schloß, mit ihren mächtigen Bögen. Drüben am schmalen Nebenarm des Flusses waren Kähne vertäut am sandigen Ufer. Ein Brückensteig führte von der Halbinsel hinüber zur hohen, mit Quadersteinen befestigten Böschung, wo vom Deichweg her die Brautstraße abzweigte. Hier verliefen die Schienen der einspurigen Straßenbahn, die während des Kriegs von einem Pferd gezogen wurde, sagte mein Vater, und an der Ecke der Westerstraße lag das Lokal, in dem Ebert, nachdem er das Sattlerhandwerk aufgegeben hatte, Schankwirt gewesen war. Später, sagte er, hieß das Bierlokal Zum Ersten Reichspräsidenten. Ich versuchte, mir die Grünenstraße zu vergegenwärtigen. Stieg sie nicht an, von der Brautstraße, fragte ich. Mir war, als sei ich von unserm Haus hinuntergelaufen zum Krämerladen Wempe, gegenüber dem Straßenansatz, neben der Volksschule mit dem Säulenvorbau. Dessen entsann sich mein Vater nicht, für ihn zog sich die Grünenstraße grade hin, rechts Ziehms Schlachterei, Mertens Milchhandlung, die schmale, zum Deich abbiegende Gasse, die Kurze Straße hieß, dann ein paar Schänken, Packhäuser, Pferdeställe, die Werkstatt des Glasermeisters Bachmann, und hinter unserm Haus, Nummer Dreiundzwanzig, die ummauerten Höfe der Schieferfabrik, der Kaffeerösterei, das Gebäude des Eichamts. Ehe wir eintraten in die Grünenstraße, sah ich vor mir, jenseits der Westerstraße, am Neuen Markt, die Pferdetränke, die abgeschabte Brunnenkante, den langen Pumpenschwengel, die steinernen Pfosten, an denen die Brauereikutscher die Zügel befestigten, und als sie in die Kneipe gingen, tauchten die Gäule, in ihrem mit Kupfer beschlagnen Geschirr, die Mäuler ins Wasser. Der Stadtteil, der in mir nachlebte, war ein andrer als der, an den mein Vater jetzt dachte. Das Skelett der Straßen ließ sich errichten. Wir gingen auf unser Haus zu. Das Geviert wurde abgeschlossen von der Häschenstraße, mit Bestenbostels Maschinenfabrik und Haakes Bierbrauerei, weiter entfernt war die Große Allee, die zur Kaiserbrücke führte und zum Grünenkamp, wo im Herbst der Freimarkt abgehalten wurde, ganz am Ende der Straße befand sich der Neustadtbahnhof, da sah mein Vater sich auf dem Rad fahren, vorbei am Gelände der Kaiser Brauerei, der großen Brauerei Haake Beck, der Reismühle, über die Eisenbahnbrücke, auf dem Holzsteig neben den Güterzügen, zur Weserwerft. Ich blieb zurück im Haus, dessen oberstes Stockwerk wir bewohnten. Von der Diele führte eine enge, steile Treppe hinauf zum Zimmer mit der Küchennische, durchs Fenster waren die durch Zäune und Gemäuer voneinander abgetrennten Hintergärten zu sehn und, über den Dächern der Häuser an der Deichseite, die Giebelreihen des Teerhofs, mit ihren vorstoßenden Flaschenzügen an den Luken. Was ich von meiner Kindheit besaß, glich dem Revier, das den Pygmäen zugemessen wurde. Alles, was mir hier widerfahren war, hatte sich zu einem kleinen Raum verdichtet, angefüllt mit einem Gespür für Richtungen, Volumen und mit rebusartigen Andeutungen, die Leben annahmen, wenn der Blick sich in sie versenkte. Wie die riesigen Wälder mit ihrem Dickicht, ihren Wassergüssen, ihren wilden Tieren hinter einem Haufen zusammengerafften Blattwerks zu ahnen waren, so schlossen sich Höfe und Brücken, Schuppen und Deiche, Jahrmarktsbuden und Straßenecken zu einem Gewebe zusammen, aus dem eine Stadt sich deuten ließ, hier gab es keine Abstände, alles war beherrscht von der Empfindung der Nähe und ließ sich, durch geringe Verschiebungen des Blickwinkels, zur Vorstellung bringen. Ständig hingen um uns die Gerüche von Malz und Kaffee, vermischt mit den Dünsten aus der Seifenfabrik an der andern Seite der Straße. Wir klebten abends die Seife in Papier, sagte mein Vater, verpackten die Stücke in Kartons, als Heimarbeit, wie sie an Bewohner der Straße verteilt worden war. So legten sich um die begrenzte, in sich ruhende Welt, in der das Material des Anfangs sich aufstaute, die Erlebnisse meines Vaters. Ich war wenig mehr als ein Jahr alt, als ich die Salven der Gewehre und Maschinengewehre, das Krachen der Mörser hörte, doch bewußt konnten die Eindrücke erst durch spätere Erzählungen geworden sein. Meine Mutter stand frühmorgens am vierten Februar Neunzehnhundert Neunzehn mit mir auf dem Arm am Fenster, als in unsern Vierteln gekämpft wurde. Wir wußten nicht, sagte mein Vater, ob die Soldaten in der Kaserne am Neustadtwall noch zu uns hielten oder sich schon den weißen Garden angeschlossen hatten, die, wie wir von Meldegängern hörten, die Innenstadt besetzten, und über Buntentor in die Neustadt eindrangen. Auf der Weserbrücke hatten sich unsre Einheiten verschanzt, wir versuchten, uns durchzuschlagen zum Arbeiterrat in der Werft, über die Kaiserbrücke zum Lloyd Anleger, zur Schlachtpforte, ein Militärzug, hieß es, war auf dem Weg zur Eisenbahnbrücke, um das Stephanitor zu versperren. Während des Berichts meines Vaters sah ich die Kaserne vor mir, die roten Ziegelsteingebäude um den Exerzierplatz, die gestutzten schwarzen Bäume am Gitterzaun, das Tor mit den Schilderhäusern, ich sah die Große Allee, mit dem Promenadenweg in der Mitte, den Straßenbahnschienen zu den Seiten, hörte die Fabriksirenen vom Hafengebiet unaufhörlich rufen, zur Ermutigung der Kämpfenden. Von der Innenstadt her waren Abteilungen des Freikorps über die Martinistraße zur Kaiserbrücke vorgestoßen. Bei Sankt Pauli, am Neuen Markt, in der Johannis Straße wurde geschossen, aus den Seitenstraßen, über die Dächer, die Gartenmauern, kamen die Aufständischen, die abgeschnittnen Revolutionäre, ich sah es jetzt deutlich, vom Fenster unsrer Wohnung aus hatte ich es einmal schon in mich aufgenommen, ohne es zu erfassen, mein Vater war unter denen, die dort über die Schindeln krochen, in den Schneeböen, sich in die Bäume warfen, hinunterkletterten zum Deichweg, und als er beschrieb, wie sie sich von der Uferfeste langsam vorschoben zur Großen Allee, zum Ansatz der Brücke, wie sie sich am Geländer entlangdrückten, gedeckt vom Feuer der Cuxhavener Matrosen, hingen über mir die genieteten Brückengewölbe mit ihrem dichten Kreuzwerk von Balken, Minen schlugen in den Boden ein, eine blaue Stichflamme schoß aus einer zersprengten Gasleitung hervor, die Arbeiter drüben auf der Weserbrücke, sagte mein Vater, waren überwältigt worden, von ihren Barrikaden, zusammengetragen aus Karren, Kisten, Brettern, Matratzen, stieg schwarzer Qualm auf, die Domglocken läuteten bereits den Sieg der Konterrevolution ein, als wir noch mitten auf der Kaiserbrücke lagen, dort am Fuß des Eisenbogens, wo der Weg zum Teerhof abzweigte. Im gleichen Augenblick, sagte er, als ich getroffen wurde, sah ich, wie ein Matrose sich auf die zerplatzte Gasleitung warf, er hielt sie mit seinem Leib zusammen, warum eigentlich, fragte ich mich, seine Uniform brannte schon, er verbrannte, ein paar krochen auf ihn zu, um ihn zurückzureißen, sie bekamen ihn nicht los, so fest verklammert hing er, und es war doch nutzlos, und mein Vater grimassierte aus Ekel oder aus Wut, den ganzen Tag, sagte er, und die folgende Nacht dauerten die Gefechte an. Der Gruppe, in der sich mein Vater befand, war es gelungen, das gegenüberliegende Ufer zu erreichen und sich durchzuschlagen zur Eisenbahnunterführung am Stephanitor und zu den Kaianlagen, in denen sie jeden Winkel, jedes Versteck kannten. Die Werft war von den gegnerischen Truppen genommen worden, die Belegschaft aber sammelte sich schon wieder zum Angriff, während mein Vater zum Notlazarett in einem Schuppen am Gröpelinger Fährweg getragen wurde, dort lag er, zusammen mit andern Verwundeten, während der Tage, in denen die provisorische sozialdemokratische Regierung die Auflösung des Rats der Volksbeauftragten, der Arbeiterräte und Soldatenräte vollzog. Wenn mein Vater jetzt, hin und hergehend in der Küche, die Hände vor die Ohren legte, so war es wohl auch der wieder heraufdringende Lärm der Februarkämpfe, den er abwehren wollte, vor allem aber setzte uns das Dröhnen zu, aus den Lautsprechern, von der Straße her. Es wurde uns allen, ob wir es hören wollten oder nicht, jede Phase des Ereignisses nahgebracht, das in Berlin stattfand. Unaufhörlich stürzten die Bekanntmachungen aus den Fenstern der Nachbarschaft auf uns ein, unterbrochen von Marschmusik und Gebrüll. Der, welcher der Duce genannt wurde, war gestern, von den Manövern in Mecklenburg kommend, auf dem Bahnhof Heerstraße empfangen worden, und nun, am Abend des achtundzwanzigsten Septembers, auf dem Weg zum Maifeld, hinterm Olympiastadion, wo er, wie es hieß, neben dem Führer stehn und zur Welt sprechen würde. Wenn mein Vater an die Februartage in Bremen dachte, so war spürbar, daß eine Last auf ihm lag, mit der er nicht fertig wurde. Da war dieser Schuppen, ein ausgeräumter Pferdestall der Speditionsfirma Neukirch, da war der von Blut klebrige Verband um die Schulter, aus der der Feldarzt, der einzige, der auf der Seite der Arbeiter stand, ihm die Gewehrkugel geschnitten hatte. Die Frau mit dem Kinderwagen wurde von den Polizeistreifen durchgelassen, unter der Decke, neben mir, hatte meine Mutter ein paar Rüben, ein Stück Brot versteckt, jeden Abend kam sie zu meinem Vater, und nach einer Woche war er wieder in der Werft, die von den Arbeitern und Matrosen zurückerobert worden war. Hier hielt ihr Rat sich noch fast zwei Monate lang, als letzter revolutionärer Posten in der Stadt, in der das Bürgertum seine Macht aufs neue gefestigt hatte. Das ganze Dilemma dieses ungleichen Kampfs war noch wach in meinem Vater, wurde in ihm immer wieder ausgetragen. Im November, im Dezember, während der Doppelherrschaft, da war es wie in Sankt Petersburg gewesen, ein Jahr zuvor, die

Cafés, die Kinos und Theater waren vollbesetzt, als die bewaffneten Arbeiter durch die Straßen zogen, auf dem Newski Prospekt fuhren Leute in Kutschen, für die die bloße Erwähnung der Revolution eine Beleidigung war. Uns aber fehlten, sagte mein Vater, die Schüsse der Aurora, die ihnen den Boden unter den Füßen wegrissen. Neben unsrer Roten Stadt, am zehnten Januar zur selbständigen sozialistischen Republik proklamiert, bestand die Stadt der Bürger, des Kaufmanntums, des Welthandels fort. Als das fünfundsiebzigste Infanterieregiment, von der Front zurückkehrend, am Neujahrstag in Bremen eintraf, war dessen Chef, Major Caspari, bereits mit der Niederwerfung der Rebellion, der Wiedereinsetzung des Senats, beauftragt. Gesehn von den Fenstern des Hotel Columbus aus, und von der Veranda des Hillmann Hotels, wo die festlich gekleidete Bürgerschaft den Beginn des Neuen Jahrs feierte, kamen die Soldaten, begleitet von Offizieren mit gezognem Degen, als Retter. Jubel empfing sie vom Bahnhofsplatz bis über die Wallanlagen. Wie die Söhne der Stadt mit Rosen an den Gewehren in den Eroberungskrieg des Kaiserreichs geschickt worden waren, so wurden die Überlebenden jetzt, da sie sich zum Schutz des Großbürgertums leiten ließen, mit Blumen überschüttet. Doch auf dem Marktplatz wurden sie, deren Stab den freien Einzug in die Kasernen gefordert hatte, empfangen von der andern Macht, die sich zu dieser Zeit noch geltend machen konnte. Eben noch die Sektgläser austrinkend, die ihnen von den Hotelgästen gereicht worden waren, standen sie jetzt dem Soldatenrat gegenüber, auch dies war möglich, daß eine Solidarität auf sie übergriff, daß ein kurzer Augenblick von Klassenbewußtsein entstand, so gaben sie, ehe sie noch zur Kaserne gelangten, ihre Waffen an die revolutionären Einheiten ab. Diese Stadt, sagte mein Vater, in der die Patrizier in den Parkanlagen promenierten, in der die Warenlieferanten zu den geheizten Villen an der Contrescarpe, der Schwachhauser Heerstraße kamen und in der in den Arbeitervierteln gehungert und gefroren wurde, diese Stadt, in der die verzweifelte Entschlossenheit, die Revolution weiterzuführen, mit dem Starrsinn des Althergebrachten konfrontiert wurde, lag nun als Angriffsobjekt auf den Planungstischen der Minister und Generäle. Von Ebert, dem, in der Erinnrung an seine Zeit als Sattlerlehrling und Schankwirt, Bremen besonders am Herzen lag, liefen die Direktiven an Noske, ehemals Korbmachergeselle in einer Kinderwagenfabrik, vom Holzarbeiterverband aufgestiegen ins Knüppelgewerbe, nach seinem Sieg über die Kieler Matrosen nach Berlin berufen, zum Reichswehrminister, zum Oberbefehlshaber ernannt, von ihm an den Stab des neunten und zehnten Armeekorps und an das Generalkommando Lüttwitz, wo die Aufgaben verteilt wurden an die regierungstreuen Zivilbehörden und an Oberst Gerstenberg, der die militärische Einkreisung vorzubereiten hatte. Mit Hilfe von Obleuten der Gewerkschaften ließ Caspari unter den Soldaten werben, und diese, in den Garnisonen wieder den Befehlen ihrer Offiziere ausgesetzt, zwar demobilisiert, doch immer noch geschliffen und gedrillt, zogen den Anschluß an ein Bataillon von Freiwilligen der unsicheren Gemeinschaft mit den kämpfenden Arbeitern vor. In Verden sammelten sie sich und wurden wieder kriegsmäßig ausgerüstet, gewohnheitsgemäß traten sie an die Geschütze, Flammenwerfer, Panzer, die ihnen aus Berlin gesandt worden waren. Mitte Januar, als die sozialdemokratischen Volksbeauftragten die revolutionären Kräfte in der Reichshauptstadt zerschlagen und deren Führer ermordet hatten, und es an die Wahl der Nationalversammlung ging, in der die neue Regierung sich als Bewahrer der bürgerlichen Republik bestätigt sehn wollte, mußte auch Bremen genommen werden, die letzte Stadt, in der sich die Räteordnung noch behauptete. Aber was kann ich dir denn darüber berichten, sagte mein Vater gequält, es läßt sich nicht erklären, was vorging, es raste alles an uns vorbei, es ist alles so anders gewesen, als es dann in den Büchern stand, alles, was uns anging, ist ausgemerzt worden, in den Zeitungen, den Zeitschriften waren nur immer die Truppen zu sehn, die ihre Niederlage im Krieg durch den Sieg über das eigne Volk wettmachten. Und er spürte wieder den Stoß, der ihn nach vorn warf, es war, als klatschte dir einer mit der flachen Hand auf die Schulter, sagte er, und als wäre die Schulter nackt, und ich trug doch die dicke Jacke. Alles, sagte er, waren falsche Wahrnehmungen, es gab nur Vermutungen, hier in unserm Winkel, die historischen Geschehnisse rollten über uns hin, hatten für uns nicht das geringste Interesse übrig. Als sie ihn über die Brücke schleppten, sah er vor sich die Türme aus den dunklen Häusermassen aufragen, die Doppeltürme des Doms, den schiefen Turm der Liebfrauenkirche, die übereinandergestülpten Kuppeln auf dem hohen eckigen Ansgariturm, die runde Turmspitze von Stephani, und über den Bäumen der Schlachte die Söller, Zinnen und gezackten Giebel der Handelshäuser. Der Schmerz kam erst später, auf dem Weg durch die Gröpelinger Vorstadt. Die Bergarbeiter im Ruhrgebiet, hörte er einen Genossen sagen, wären in den Streik getreten, verlangten den Abbruch des Angriffs auf Bremen, hunderttausend Mann, dann kam ein eisiger Wind und riß ihn weg, und er wachte erst an der Verbandstelle auf. Die rote Fahne sah er wieder vom Dach des Betriebsgebäudes wehn, Munition, Waffen waren von den Matrosen zur Werft getragen worden, ihre Minensucher und requirierten Schleppdampfer lagen an den Docks vertäut. Wenn mein Vater meinte, es sei eine Selbsttäuschung gewesen, daß sich der Arbeiterrat noch zwei Monate lang in der Weserwerft halten konnte, so sah er dies von seinem heutigen Standpunkt aus, mit der Blickrichtung auf das vom Faschismus eingefangne Land. Jetzt schien es ihm nur gespenstig, wie sie sich dort behauptet hatten gegenüber der Regierung, die doch wußte, es würde ihnen niemand zur Hilfe kommen, sie würden langsam zermürbt, unmerklich überwunden werden. Was hat uns der Einsatz genutzt, sagte er, mag man ihn auch heldenhaft nennen, andre konnten dadurch nicht mehr angespornt, mitgerissen werden, die Energien zum Kampf waren der Bevölkerung im kalten Frühjahr verloren gegangen. Im Schneegestöber hatten sie ihre Toten zu Grabe getragen, vereinzelte Rufe nach Rache kamen noch auf, unbehelligt konnte sich der verhärmte Zug durch die Straßen bewegen, die Stadtherrn waren ihrer Sache sicher. Doch auch heute noch, sagte ich, gibt es jene, die durchhalten. Kleine Gruppen nur, antwortete er, zwanzig Jahre später immer noch kleine Gruppen, und damals setzten wir uns ein für das einzig Richtige, wir kämpften für die totale Verändrung der gesellschaftlichen Verhältnisse, wir hielten aus, weil wir glaubten, von überall her würden die Massen auf das gleiche Ziel zustreben. Wir sahn nicht, sagte er, wie die Stadt von Waffen starrte, als wir am fünfzehnten April zum Generalstreik aufriefen und die Aufhebung des Belagerungszustands, die Freilassung der Gefangnen, die Gleichberechtigung in der Zufuhr von Lebensmitteln forderten. Im Gegenschlag ließ der Senat alle Läden, Gaststätten, Apotheken, Krankenhäuser schließen. Die Reichen hatten sich rechtzeitig versorgt. Für sie gab es Privatkliniken, Ärzte, Krankenschwestern, Hebammen. Dann wurde auch das Wasserwerk teilweise stillgelegt, der Zufluß für unsre Stadtviertel abgeschnitten. Während drüben die Neureichen sich breitmachten, schöpften an unserm Ufer die Frauen Wasser aus der Weser, schmutziges öliges Wasser, und meilenweit gingen wir aufs Land hinaus, um ein paar Kartoffeln, einen Becher Milch für die Kinder aufzutreiben. Als mein Vater die Faust hob, war es, als wollte er sich selbst verfluchen, wegen der Hilflosigkeit, der Machtlosigkeit, der er am Tag vorm ersten Mai Neunzehnhundert Neunzehn, beim Abbruch des Streiks, erlegen war. Ein einziger Hohn, eine einzige Erniedrigung machte sich über das Bremer Proletariat her. Dies war die Erfahrung meines Vaters, es konnte ihm in diesem Augenblick keine Genugtuung sein, daß ich die Möglichkeiten zum Neuanfang vor mir sah. Im Bürgerpark hinterm Bahnhof und draußen im Sportklub zur Vahr waren Jugendliche, Sechzehnjährige unter ihnen, von den Stadtvätern bewaffnet, mit Uniform und Stahlhelm versehn und in die Wehrverbände eingereiht worden. Ein paar Jahre später standen sie in der Schwarzen

Reichswehr, in den Organisationen Kyffhäuser oder Escherich, den geheimen Truppen, mit denen der Generalstab die Abrüstungserlasse umging. Zur Schnellausbildung wurden sie in den Kasernen am Neustadtwall einquartiert. Die Kommandorufe, das Gebrüll der Marschlieder von damals drangen bis in den heutigen Tag. Ich sah im gedämpften Licht, das durch die in Straßenhöhe angebrachten Fenster fiel, wie mein Vater während der letzten drei Jahre gealtert war, sein Gesicht war müde, das Haar grau, nie kam er von dem Gedanken los, daß sich die Arbeiter in Deutschland von ihrer eignen Unentschlossenheit hatten niederzwingen, von ihrer eignen Blindheit hatten ausliefern lassen. Sein rechtes, von den Geschossen eines zaristischen Maschinengewehrs getroffnes Bein nachziehend, die linke Schulter steif nach der Verletzung auf der Kaiserbrücke, für die eine Verwundung mit dem Eisernen Kreuz Zweiter Klasse belohnt, für die andre als Staatsfeind verfolgt, wanderte mein Vater in der Küche umher, und versuchte, die Hand erhoben, den Blick hinaus auf die staubige Straße gerichtet, sich zu erklären, warum ihnen damals, als der Sieg möglich schien, die Kampfmittel genommen worden waren. Und wie die Welt meines Vaters mich umschloß, so umgab ihn die andre Welt, die Welt der Beschlußfasser, der Liquidatoren. Die kriegsmüden Soldaten, die durch Hunger, Preissteigerung, Ausplündrung zerschlissnen Arbeiter waren aufgestanden, politisch ungeschult, ohne revolutionäre Führung, eine Bewegung der Unzufriedenheit, der Ungeduld hatte um sich gegriffen, für viele stellte das noch kaum erfaßte russische Beispiel eine Hoffnung dar, in den aufbrechenden Streikaktionen, in der improvisierten Bildung von Räten war es, als begänne auch hier die Herrschaft des Proletariats. Eine Analyse der Situation, meinten sie, wurde nicht mehr benötigt, die Geschichte selbst hatte sie, die Mehrheit, zur Führung berufen. Es schien, als sei allein durch die Erhebung des Volks die von Gottes Gnaden eingerichtete Monarchie gestürzt worden und als warte der Staat nur darauf, von den Arbeitenden in Besitz genommen zu werden. Doch nicht die Revoltierenden, sondern der Generalstab, das Junkertum, die Hochfinanz hatten, im militärischen Zusammenbruch, die Monarchie aufgehoben, um ihre eignen Positionen zu retten. Schneller als die aufständischen Arbeiter, Matrosen und Soldaten handelten die Vertreter der Armee und Diplomatie, der Schwerindustrie und des Bankwesens, die Lage erkennend, ließen sie, dank ihrer Partnerschaft mit der Leitung der größten Arbeiterpartei, eine Scheinumwälzung zu. Nicht durch den Ansturm der Bevölkerungsmassen, durch die Verwandlung des imperialistischen Kriegs in einen Bürgerkrieg, durch den Beschluß des Arbeiter und Soldatenrats waren die sozialdemokratischen Bevollmächtigten in die Ämter der Revolutionsregierung gehoben worden, sondern durch die Feldmarschälle und Kapitalverwalter der alten Ordnung. Als Utopien, diffuse Wunschbilder noch das Entstehn einer sozialistischen Demokratie vorspiegelten, hatte die Regierung schon mit allen Institutionen der herrschenden Klassen Abkommen zur Niederwerfung des Aufruhrs getroffen. In diesem Augenblick, da die Arbeiterklasse ihre Partei als Instrument des Kampfs benötigt hätte, vollendete sich der Verrat an ihren Interessen, der seit mehr als einem Jahrzehnt von der Leitung der Partei vorbereitet worden war. Jetzt, beim Aufkommen der revolutionären Situation, machte es sich nicht nur geltend, daß jede Aufklärungsarbeit, jede organisatorische Tätigkeit, die auf eine gesellschaftliche Veränderung zielte, vermieden worden war, es zeigte sich auch, daß nicht einmal mehr die von Bernstein und Kautsky genährte Illusion des friedlichen Hineinwachsens in den Sozialismus, auf dem Weg der Reformen, bestand, sondern daß sich die Sozialdemokratische Mehrheitspartei zum Zentrum der Gegenrevolution gemacht hatte. Der Kriegsausbruch, sagte mein Vater, hatte Kautskys und Hilferdings Theorien bereits widerlegt. Sie hatten uns zwar das Wachstum des Kapitals zur imperialistischen Finanzgewalt treffend erklärt, jedoch die kriegerischen Konsequenzen dieser Expansion abgewiesen. So wie wir uns bei unserm Aufwachsen beeindrucken ließen von ihren Analysen, so ließen sie sich ihrerseits imponieren von der scheinbar unumstößlichen Vitalität der Geldherrschaft und waren nun dahin gelangt, daß unsre materielle und geistige Entwicklung nur noch in engster Zusammenarbeit mit dem Monopolismus stattfinden konnte. Auch die Unabhängige Partei, der mein Vater beigetreten war, hatte, unterm Deckmantel der Radikalität, keine andre Absicht, als die linken Sozialdemokraten abzufangen und gegenüber dem Spartakusbund zu neutralisieren, ihre Führer waren, als Mitglieder des Kabinetts, längst bereit, jede weitere Initiative der Massen zu brechen. Während Ebert, Haase und Noske ins Bündnis traten mit der Obersten Heeresleitung, der Polizeimacht, verständigte sich Legien mit den Repräsentanten des Unternehmertums, und ohne Wissen der Arbeiterschaft etablierten Gewerkschaftsführung und Industriemagnaten eine Union, garantiert frei von Sozialisierungstendenzen. Auch mit dem internationalen Kapital war die Verbindung wieder hergestellt worden, als Voraussetzung für den Aufbau der Republik. Im imperialistischen Krieg um die Märkte war Deutschland geschlagen worden, doch jetzt wurde es benötigt bei der Abwehr der neuen Gefahr, die das Weltwirtschaftssystem bedrohte. Scheidemann überzeugte die Gegner von gestern davon, daß die deutsche Regierung ihnen gleichgesinnt war, da es um die Bekämpfung des Bolschewismus ging. Gesundung durch Arbeit, dies war die Losung, die im Land ausgegeben wurde. Mit der Niederschlagung der proletarischen Revolution konnten die Aufhebung der Blockade und die Einfuhr der notwendigen Lebensmittel aus dem Amerika des Präsidenten Wilson erreicht werden, die einem, wie es hieß, undemokratischen Deutschland versagt gewesen wäre. Mit diesem ersten Erfolg, der unterm Zeichen der Vorsorge für Ordnung und Sicherheit stand, täuschten die Regierenden einen großen Teil der Bevölkerung. Bürgerlich demokratisch wurde die Revolution genannt, die nun zum Einhalt gebracht werden sollte. Von der Arbeiterklasse war sie getragen worden, doch nicht fortschrittlichem Bürgertum hatte sie den Weg geebnet, sondern, in ihrem Zögern, ihrer Verwirrung, der im Kolonialismus gehärteten und gewitzten Bourgeoisie Gelegenheit gegeben, eine weitere Stufe zu ersteigen. Vielen blieb die Entwicklung unverständlich. Sachwalter der Revolution nannten sich die Volksbeauftragten. Welchen Grund sollten sie haben, so konnte einem Zweifler geantwortet werden, sich gegen die Arbeitenden zu wenden, waren sie doch hervorgegangen aus ihrer eignen Bewegung. Im November, sagte mein Vater, bestand noch die Vorstellung, daß sich die Revolution, trotz der Restaurierung der Fürstenhäuser, der Banken, der Bürokratie des Obrigkeitsstaats in ihr proletarisches Stadium bringen ließe. Hier lag, sagte er, unser Fehlschluß. Im Vertrauen in unsre Ideale hatten wir uns für unverwundbar gehalten. Waren ausgegangen von der Wucht einer höheren Macht, die wir Wahrheit nannten, oder Gerechtigkeit, und von der wir annahmen, daß sie über alles Falsche und Betrügerische hinwegstürmen müsse. Unsern Kinderglauben, übernommen von Priestern und Großvätern, hatten wir, den Anstrengungen unsres Intellekts zum Trotz, durch den ganzen Krieg getragen. Hatten weder dafür gesorgt, daß wir beim historischen Augenblick geeint und gefestigt dastanden, noch, daß unsre Führer geschützt blieben. Die russischen Revolutionäre hatten sich nicht fassen lassen, waren außer Landes gegangen, hatten sich dort, jahrelang, auf den Angriff vorbereitet, hatten sorgsam ein Netz von Zusammenhängen, von Folgerichtigkeit hergestellt, wußten genau, wie die Kräfte verteilt waren, bei uns dagegen liefen die Besten in ihr Verderben, ließen sich, als wir die Sammlung, den Aufbau brauchten, unschädlich machen, und wir sahn fassungslos zu. Als Liebknecht und Luxemburg aus den Gefängnissen kamen, war der Aufruhr schon in vollem Gang, vom Balkon des Berliner Schlosses rief Liebknecht die Freie Sozialistische Republik aus, und Scheidemann proklamierte gleichzeitig auf der Reichstagsrampe die Deutsche Republik, hin und her strömten die Volksmassen und meinten, daß sich die Zerworfenheit durch gemeinsame Handlungen auf der Straße überwinden ließe. Bei unserm Kampf um eine Arbeiterregierung, sagte mein Vater, sahn wir in der Parteizugehörigkeit noch nichts Striktes, Gebundnes, das Feld der Theorien und Aktionen war offen für uns, war Unterlage für Diskussionen, wir teilten Grundsätze miteinander, die sich nicht trüben ließen durch verschiedenartige Detailauffassungen. Als Angehöriger des linken Flügels der Unabhängigen Partei war mein Vater Mitarbeiter an der Zeitung der Bremer Kommunisten, die, in ihrer Hinwendung zur Politik der Bolschewiki, nicht immer in Übereinstimmung mit den Spartakisten standen. Doch für das von Luxemburg vertretne Programm setzte sich mein Vater, vor allem in seinen Aufsätzen über die kulturelle Revolution, wiederum ein. Auf der Suche nach einer Form, einer Ausdrucksweise, mit der sich die ideologischen Widersprüche klären ließen, nahmen wir die Vielstimmigkeiten hin, sagte er, davon überzeugt, daß die gewaltsamen Ereignisse die Einheit, nach der wir alle strebten, herbeiführen würden. Sie, die bewußt eine revolutionäre Linie verfolgten, machten eine Minderheit in den Arbeiterparteien aus, auch diejenigen, die tätig waren in den Räten, waren aufgewachsen unter der These der Mehrheitspartei, daß die Voraussetzung für eine sozialistische Entwicklung in der Eroberung der parlamentarischen Republik läge. Auch die Aktivsten unter ihnen waren geprägt von Idealen, wie sie in den sozialdemokratischen Bildungsvereinen genährt wurden, nie gerichtet auf die Polarisierung der Kräfte, sondern auf Ausgleich, Zusammenarbeit zwischen den Klassen, nie auf revolutionäre Disziplin, sondern auf Disziplin in einem gegebnen Arbeitsverhältnis. Erst durch die marxistische Opposition im Spartakusbund war mein Vater auf die Notwendigkeit des Bruchs mit der revisionistischen Mehrheit gestoßen worden. Jetzt vermochte er, dem historischen Schlagwort der Sozialdemokratie, Wissen sei Macht, einen neuen Sinn zu geben. Ohne revolutionäre Umwälzung war auch die Kulturarbeit, wie er sie sich vorstellte, nicht zu leisten. Ich begann zu verstehn, wie sehr der politische Weg meines Vaters von solchen Gedankengängen abhing, ich entsann mich jetzt auch, wie er mein eignes kulturelles Interesse geweckt hatte durch den Hinweis auf den Zusammenhang zwischen revolutionärer Theorie und schöpferischer Entwicklung. Immer sollten den Arbeitenden, sagte er, von ihren Parteien der Stoff und die Themen gegeben werden, immer sollten sie, bei scheinbar brachliegendem Bewußtsein, die Entgegennehmenden sein, nie wandten sich die Funktionäre fragend an sie, bereit, von ihnen zu hören, was sie empfanden und dachten. Nur bei Luxemburg hatte er diese Offenheit und Vorbehaltlosigkeit gefunden, diesen tatsächlichen Sinn für demokratisches Betragen. Sie, so meinte er, wußte, daß die Arbeitenden, wenn auch nicht im Besitz der konventionellen Bildungsgüter, einen Reichtum an Erfahrungen besaßen, der, wachgerufen, der Intelligenz zu erweitertem Ausdruck verhelfen würde. Ständig ging es ihr darum, sagte er, herauszuhorchen, was in ihnen vorging, sie kennenzulernen, denn die Erneurung würde von ihnen geleistet werden, nur sie waren imstande, die Klassenherrschaft zu stürzen. Deshalb mußte sich alle politische Arbeit darauf richten, ihr Selbstvertrauen zu wecken, ihre Kenntnisse zu würdigen und zur Artikulierung kommen zu lassen. Immer wieder, ehe wir noch einsahn, sagte mein Vater, mit welchem Zynismus, welcher Skrupellosigkeit sich die rechten Führer der Sozialdemokratie zu den Verteidigern der Reaktion und des Chauvinismus machten, hoben wir hervor, daß die Herstellung des Friedens, und auch jedes Übereinkommen mit bürgerlichen Schichten, auf dem Boden und nach den Bedingungen der Arbeiterklasse stattfinden müsse. Und doch gab im Dezember, seine eigne Organisationsform nicht begreifend, der erste Rätekongreß in Berlin die gesamte Macht freiwillig ab an den Rat der Volksbeauftragten und bestimmte die Auslieferung der Waffen an die Offiziere, von denen die Kommissionen überall durchsetzt waren. Es seien keinerlei Voraussetzungen mehr vorhanden für die soziale Revolution, so hieß es jetzt, und wer in dieser Stunde noch festhielt an einer Fortsetzung des Kampfs, müsse als Feind der Nation angesehn werden. Wieder hielt sich mein Vater die Ohren zu. Das Geheul vom Maifeld drang zu uns herein. Da hatten sie den Platz der Massentreffen nach dem Datum benannt, das seit einem halben Jahrhundert zum Kampftag der Arbeiter ausersehn war, und die hunderttausende, die dort versammelt waren, stimmten, mit emporgestreckten Händen, ihrer eignen Demütigung zu. Der mit dem aufgeklebten Bärtchen unter der Nase, mit der Haarsträhne, die ihm in die flache Stirn fiel, hatte seine Begrüßungsworte ertönen lassen, gurrend war diese Stimme jetzt, die heiser, gröhlend sein konnte, die sich schrill überschlagen konnte, beherrscht war sie sozusagen vor der Feierlichkeit der geschichtlichen Konstellation, ein einzelner Satz trat aus dem gutturalen Gebrodel vor, stand herausgerückt im Zimmer, die Achse, hieß es darin, vollende sich nun. Minutenlang wogte durch die Straßen dieser Stadt und der übrigen Ortschaften Böhmens, und durch alle Straßen, Wohnungen, Amtsstellen, Wirtshäuser, Bahnhöfe, Werkstätten, Fabriken der Städte und Dörfer des Reichs, der Orkan des Selbstvergessens, das Tosen der Verblendung, und dann machte sich der andre bemerkbar, der Kleine, der sich auf die Zehen hob, der die Arme verschränkte, Kinn und Unterlippe vorschob und mit den Augen rollte, einige Sekunden lang war der angehaltne Atem zu spüren, rings um die beiden Schamanen, dann setzte das zerhackte Geschnatter des Glatzköpfigen ein, in dem der mehrfache

Ausruf der Revolution, mit einem R gleich einer Maschinengewehrsalve, sich identifizieren ließ. Von Revolution war die Rede auf dem Maifeld, von einer italienischen, von einer deutschen Revolution, und auch ein Zischen klang auf, wie von Sozialismus, und dies konnte geschehn, weil sich die Arbeiter, Soldaten, Matrosen im November Achtzehn hatten betrügen lassen. Nicht, daß sie ihre Forderungen aufgegeben hätten, sie kämpften um die Errichtung der Räteherrschaft, um die unmittelbare Vergesellschaftung aller kapitalistischen Unternehmen, um die Enteignung des Großgrundbesitzes, um den Anschluß an das bolschewistische Rußland, mit dem das Auswärtige Amt die diplomatischen Beziehungen abgebrochen hatte. Doch sie konnten sich nicht vorstellen, daß jene, die sich Volksbeauftragte nannten, lieber zum Massenmord, zur Verwüstung des Lands griffen, als ihre Stellung, die sie durch den Aufstand der Arbeiterklasse gewonnen hatten, durch revolutionäre Parolen zu gefährden. Diese Gutgläubigkeit, diese Ehrfurcht vorm Wort, wie es noch im Erfurter Programm zum Ausdruck gekommen und in den Statuten der Unabhängigen Sozialdemokratischen Partei verschärft worden war, diese Zuversicht, daß eine hohe Führung zu ihrem Besten wirken würde, machte es ihnen unmöglich, den Gegner im eignen Lager zu erkennen. Und dies war es, was mein Vater auszudrücken versuchte, wie weit entfernt sie, die Kämpfenden, von den Machenschaften der Leitenden waren, wie sie, auf ihrer Ebene, zerdrückt und ausgelaugt wurden vom politischen Spiel, wie sehr ihre Anstrengungen sich unterschieden von den Bewegungen, die über sie wegfluteten. Ständig rührte er an das Mißverhältnis zwischen den Vorgängen, die für ihn sichtbar waren, und den Intentionen der herrschenden Gewalten. Doch dabei waren er und seinesgleichen es gewesen, die die Proportionen verloren hatten, sie, die Mehrzahl, waren selbst, auf Grund ihrer eigentümlichen Fügsamkeit, schuldig an den Entstellungen, die um sich griffen. Sie wollten nicht verstehn, daß die Eliteverbände, die Republikanische Soldatenwehr, die verstärkten Polizeitruppen von den Führern ihrer Partei und Gewerkschaften zur Niedermetzlung der Arbeiterschaft herangeholt worden waren, noch in den Januartagen, als Noske, der selbsternannte Bluthund der neuen Ordnung, Liebknecht und Luxemburg und hunderte von Arbeitern in Berlin erschlagen ließ, gaben sie den Gedanken nicht auf, daß die Partei, in der der größte Teil des Proletariats sich sammelte, für die Revolution gewonnen werden könnte. Um die Berliner Gefährten zu entlasten, hatten die Bremer am zehnten Januar die Räterepublik ausgerufen. Bis zum letzten Tag, sagte mein Vater, setzten wir die Verhandlung mit den Sozialdemokraten fort. Diese tagten im Rathaus, hinter den Butzenscheiben, während wir unser Versammlungslokal in der Börse hatten. Noch am dritten Februar bemühten wir uns um einen Zusammenschluß mit der Mehrheitspartei, zur Abwehr der Truppen, die wir nur verleitet glaubten vom alten militärischen Geist, so verblendet waren wir, daß die Genossen, die wir an die Bebelschen Traditionen erinnerten, unbehindert zu unsrer Erdroßlung ansetzen konnten. Da war dieser Waigand, der herausstrich, er sei Sozialist, Proletarier, der eintrat für das Zusammengehn, der hervorhob, welche Leistungen grade von Ebert für das Wohl der Bremer Arbeiter vollbracht worden waren, und der, den guten Willen seiner Partei und seine eigne Ehrlichkeit preisend, zwischendurch ans Telefon lief, um sich mit Gerstenberg und Caspari in Verden über den Zeitpunkt zu verständigen, an dem die Truppen einrücken sollten. Geheult hatten wir, als Liebknecht, Luxemburg abgeschlachtet worden waren, als alles Erdenken unsrer Zukunft zertrümmert worden war von ein paar Kolbenhieben. Doch wir sahn unsre Sache noch nicht als verloren an, wir glaubten, daß es weiterginge, überall, bei uns wie in Rußland, wir meinten, mit unserm Kampf der russischen Revolution den Beistand zu bringen, den sie benötigte, wir teilten Lenins Überzeugung, daß der Oktober nur der Beginn gewesen war, daß der nächste entscheidende Schritt in Deutschland stattfinden würde, wir waren uns der Wechselwirkung bewußt, die zwischen der russischen und unsrer Revolution verlief, wir waren so sehr mit den unmittelbar vor uns liegenden Aufgaben beschäftigt und so sehr schon in die Isolierung gedrängt, daß wir die Mutlosigkeit und Erschöpfung ringsum nicht wahrnahmen. Aus unsrer Ohnmacht, sagte er, sich wieder zum Fenster wendend, ist diese Massenunterwerfung geworden. Für ihn fand auf dem Maifeld der Ausverkauf aller Werte statt, für die er gekämpft hatte und für die viele seiner Nächsten gefallen waren. Er wußte, nur wenige waren es in Deutschland, die an ihrer Überzeugung festhielten, die noch nicht angefressen waren vom Gift, es schauderte ihn beim Gedanken, wie ein Zug seiner Gewerkschaft mit Schellenbaum und Schalmeienorchester von einem Tag zum andern zu den Kolonnen der Braunen übergewechselt war, er wußte, auch hier in Warnsdorf würde er nicht lange bleiben können, auch hier herrschte der Zwang zur Eingliedrung, zur Gleichschaltung, da draußen auf dem sandigen Weg gingen sie, taktfest, mit ihren polierten Stiefeln, ihren gewetzten Dolchen, und in der Fabrik wagten die Genossen nicht mehr, ihre politische Zugehörigkeit zu zeigen, auch hier traf man sich schon im Verborgnen, denn es war ausgesprochen worden, das Sudetenland sei deutscher Boden, dessen Bewohner von Fremdherrschaft befreit werden mußten, da hatte er sich, zweiundfünfzig Jahre alt, nach Auswandrungsorten umzusehn, in Mexiko vielleicht, Australien, Kanada oder Skandinavien, doch er besaß weder einflußreiche Verbindungen, noch konnte er ökonomische Mittel zur Sicherheit aufweisen, geschickter Handwerker nur war er, Ingenieur, doch gewohnt, als Arbeiter seine Kenntnisse zu verwenden, wer würde ihn, in seinem Alter, noch aufnehmen und ihm Anstellung geben. Im Frühjahr Neunzehn, sagte er grübelnd, die Schultern hochgezogen, da begannen wir zu erkennen, was sich im revolutionären Winter vollzogen hatte. Wir erfuhren von Luxemburgs Einwänden gegen den bewaffneten Kampf, es wurde uns klar, daß wir bereits im November selbst auf Vorbehalte gestoßen, diesen aber, mitgerissen von den Aktionen, ausgewichen waren. In einer ungeheuren geistigen Anstrengung versuchten die Spartakusführer, nach der Einkerkerung den vollendeten Tatsachen ausgesetzt, von den revolutionären Kräften zu retten, was noch zu retten war. Ihre Proklamation der sozialistischen Republik war ein letzter Zuruf zum Mut, sie wußten, daß es keine Möglichkeit mehr gab zur Entscheidung gegen die bürgerliche Republik, in deren Nationalversammlung sich die Konterrevolution konstituiert hatte. Sie wußten, was wir damals noch nicht einsehn wollten, daß die Energien des Volks verkauft worden waren an die Bourgeoisie, die an keinem Verbrechen sparen würde, um ihre Macht zu behalten. Von Versteck zu Versteck gehetzt, versuchten Luxemburg, Liebknecht, Jogiches, Radek gegen die Panik anzukämpfen, die aufkommen mußte, wenn die Niederlage zur Gewißheit wurde. Einhalten ließ sich der Vorsturm nicht mehr, es ging jetzt nur noch darum, das Blutbad zu vermeiden, das von den Konkursverwaltern der Sozialdemokratie vorbereitet wurde. Dies war nicht die Revolution, wie Luxemburg sie sich vorgestellt hatte, der Kampf der Mehrheit für die Mehrheit, der für das Erreichen seiner Ziele keinen Terror benötigen, der sich durchsetzen würde, weil die Zeit für ihn reif war. Die Bildung von Räten war verfrüht gewesen, nur ein geringer Teil der Arbeiterklasse stand hinter den Spartakusforderungen, die Mehrzahl ließ sich täuschen von den Losungen, daß beim Wiederanlaufen der Produktion auch ihre Entwicklung gesichert sein würde. Die Zeit war zu kurz, als daß Aufklärung sie noch hätte erreichen können. Ihre Parteipresse überschüttete sie mit Propaganda, in der die Kämpfenden als Revolutionsromantiker, als anarchistische Putschisten diffamiert und die russischen Revolutionäre als Sozialdilettanten verhöhnt wurden. Die alte Mahnung breitete sich über ihnen aus, zu Ruhe und Besonnenheit, zu Fleiß und Tüchtigkeit zurückzukehren. Die Klassenjustiz hatte sich wieder eingenistet, gab sich aus als Beschützerin des Rechtsstaats und warnte vor der Schreckensherrschaft, wie sie sich in Sowjetrußland zeige. Und hier wurde Luxemburgs eigne Kritik an den

Maßnahmen nach dem Oktober gegen sie und die deutsche Revolution gekehrt. Von seiten der Reaktion kam die Frage auf sie zu, ob sie nun selbst den Gewaltstreich einer Minderheit vollziehn und die Diktatur der Partei über das Proletariat errichten wolle. Luxemburg hatte, eben weil es keine Partei gab, die imstande war, das deutsche Proletariat zu führen, einer Revolution widersprochen, die zum Bürgerkrieg werden mußte. Von ihrer entgegengesetzten Stellung her riefen auch die Leiter der Sozialdemokratie zur Abwehr des Bürgerkriegs auf, nur um ihren eignen dann, da ihnen die überlegne Waffenmacht zur Verfügung stand, ausbrechen zu lassen. Es war ein Krieg des Bürgertums gegen die Arbeiterklasse, ein Krieg der Minderheit gegen die Vorhut der geblendeten, geschwächten Mehrheit, und wir, sagte mein Vater, taten das gleiche, was Luxemburg getan hatte, wir taten es halb bewußtlos, sie tat es bei klaren Sinnen, sie blieb auf der Seite derer, deren gegenwärtiger Weg verfehlt war und bei denen doch das Recht lag. Am vierundzwanzigsten Dezember war mein Vater mit Knief, dem Redakteur der Arbeiterpolitik und dem Führer der Bremer Linksradikalen, in Berlin, um Radek in seinem geheimen Quartier aufzusuchen und Weisungen von ihm entgegenzunehmen für die Fortsetzung des Kampfs. Ich fragte mich, was in solch kurzem Hinweis alles an Erlebnisstoff, an geschichtlicher Zusammendrängung lag, konnte aber keine Antwort drauf erhalten. War Radek überhaupt aufzufinden gewesen, fragte ich. Mein Vater nickte nur. Sein Blick war stumpf, nach innen gewendet. Radek hatte gesagt, daß alle weiteren Handlungen außerhalb marxistischer Regeln verlaufen, daß sie das Element des Zufälligen, des Irrationalen enthalten würden, er hatte zum Abbrechen des Kampfs gemahnt, zum Rückzug auf politische Arbeit, Luxemburg aber wollte noch, dem körperlichen Zusammenbruch nah, eine Hoffnung sehn auf ein letztes, instinktives Vordringen der Kräfte, getrieben durch die angestaute revolutionäre Spannung, es war diese Vision, sagte mein Vater, die sie, wie uns andre, am Leben hielt, und ein paar Wochen später kämpften wir nur noch, alles andre abweisend aus unsern Gedanken, um ihren Tod zu rächen, in der zweifelhaften Genugtuung, daß der Mut zur revolutionären Handlung der Unterwerfung vorzuziehen war. Wir waren im Wunschdenken befangen, andern ein Beispiel zu sein. Dann mußten wir einsehn, daß dies falsch war. Nicht falsch von der Sache her, sondern von der Wahl des Zeitpunkts. Denn erst in der Bestimmung des richtigen Zeitpunkts, sagte er, äußert sich das Verständnis des historischen Materialismus.

Und warum, fragte ich, hast du dich dann doch wieder der Partei angeschlossen, die sich für immer gegen die Revolution gestellt hatte. Sein Suchen nach Erklärungen zeigte mir, daß bei aller Gegenwärtigkeit der Februartage des Jahrs Neunzehn diese Zeit doch einen Gedächtnisschwund, einen blinden Fleck in ihm hinterlassen hatte. Natürlich war früher bei uns oft über die Periode der Parteikämpfe zu Beginn der Zwanzigerjahre gesprochen worden, doch mir wurde erst jetzt bewußt, wie wenig mir über diese Vorgeschichte bekannt war, da stets das Verlangen nach einer Klärung nächstliegender Verhältnisse überwogen und meine Aufmerksamkeit in Anspruch genommen hatte. Auch jetzt, in der Nacht, da es endlich still geworden war über Warnsdorfs Straßen, da die Massen vom Maifeld in den Bahnen zurückverfrachtet worden waren in ihre Stadtviertel, da auch in Reinickendorf und am Wedding, in Friedrichshain und Neukölln kein Laut mehr aus den Schallkästen kam und die Menschen ausgestreckt unter den Decken lagen, ein paar Stunden noch bis zur Frühschicht, hatten die Berichte meines Vaters etwas Fremdartiges an sich, sein Zögern deutete an, daß er spürte, wie schwierig auch mir die Annäherung an dieses Gedankenmaterial war, in dem doch die Wurzeln lagen für ein Verständnis der heutigen Geschehnisse. Über dem Kadaver der Bebelschen Sozialdemokratie sah er die Gestalten von Ebert, Haase und Noske, Scheidemann und Severing, Legien, Landsberg und Wissel aufsteigen. Sie hatten zerfließende Gesichter, Speckbacken, Stiernacken, Hängebäuche. Flankiert waren sie von Kautsky und Hilferding, Bernstein und Wels. Von ihnen ging ein Gemurmel aus, lauschte er, so konnte er vernehmen, wie sie ein Bild von der Intaktheit der Welt entstehn lassen wollten, einander ins Wort fallend, einander überlispelnd, leugneten sie den Zusammenbruch der bürgerlichen Gesellschaft und bestritten die Verarmungstheorie, immer wieder war vom Reifungsprozeß des Finanzwesens, vom Imperialismus die Rede, bis sie, in verklärtem Tonfall, die Vereinigung aller unter der Macht des hochentwickelten Kapitals priesen. Zu den Totengräbern der Zweiten Internationale traten die Jüngeren, die den Bankrott der Arbeiterbewegung in die Gegenwart trugen, und rings um sie war ein dumpfer bleicher Haufen angewachsen, Groener, Hindenburg und Seeckt waren zwischen den Fratzen mit Schmissen, Schnurrbärten, schiefen Mündern zu erkennen, und Stinnes und Hugenberg, und Kapp, Sklarz und Tamschik, und Lüttwitz, Epp und Escherisch, und Erhard, Lettow Vorbeck und Hülsen, und all die andern Schieber und Fememörder, die Führer der Freikorps und Kriegervereine, der Wehrverbände, der Kampforgane des kapitalistischen Staatsapparats, der Stahlhelm rückte an und der Jungdeutsche Orden, und dann kamen die Wälder von Fahnen und Standarten, mit den zuckenden hackenden Kreuzen im weißen Rund, die Heere der Schreienden marschierten auf, und beschirmend über allen schwebten, von Rauch umflossen, Thyssen und Krupp, Blessing und Blohm, Ambros und Flick, Haniels, Pferdmenges und Bütefisch, Schwerin Krosigk und Messerschmitt, und wie sie alle hießen, mein Vater kannte ihre Namen genau. Er dachte an die andern Namen, die Namen derer, die den gewaltsamen Bruch in dem Block, in der Masse der Partei hervorgerufen hatten. Allein die Erinnrung hätte meinem Vater genügen müssen, um ihn an die Endgültigkeit der Trennung zu erinnern. Diese Namen waren als Zeichen herausgewachsen aus der Anonymität der Kämpfenden, mit ihnen erschienen all die andern, die aufgestanden waren, wenn mein Vater sich fragte, wie sie aussahn, Frölich, Knief und Flieg, Liebknecht, Luxemburg und Jogiches, Levi und Leviné, Brandler, Pieck und Zetkin, Eberlein, Enderle und Remmele, Duncker und Thalheimer, Eisner oder Landauer, so drängten sich ihm die Gesichter seiner Gefährten auf, seiner Mitarbeiter in den Schmiedewerkstätten, an den Drehbänken, in den Montagehallen. Mehring, krank, geschwächt nach der Gefängnishaft während des Kriegs, war als letzter der sozialistischen Parteiführer gestorben, unmittelbar nach den Mordtagen des Januar, und dann gehörten auch Knief und Leviné, Eisner und Landauer zu den Toten, und die meisten derer, die aus dem Spartakusbund die Kommunistische Partei gegründet hatten, waren ausgestoßen worden, früher oder später, nur Zetkin war weggestorben aus der Partei, kurz vor der Etablierung der faschistischen Macht, Flieg, Eberlein hatten die eignen eben in Moskau gerichtet, dies alles zog sich hin bis in die Warnsdorfer Küche, die Brüche, die Spaltungen hatten sich vervielfältigt, immer wieder in den letzten Jahren erfuhr mein Vater von dem einen, dem andern, der damals zu den Pionieren gehörte und jetzt verfolgt, verdammt war. Weil die Umwälzung, in der er selbst hin und her geworfen wurde, sich nun schon über zwei Jahrzehnte hinzog, hatte er nie einen Abstand, einen Überblick gewinnen können, erst heute, sagte er, sei es ihm möglich, eine Bestätigung zu finden für Entscheidungen, die er früher getroffen, für Schritte, die er, oft ohne zu wissen, wohin sie führten, getan hatte. Damals, sagte er, verteidigten wir uneingeschränkt den Weg der russischen Revolution. Die Rückschläge, die aufkommenden Mißverhältnisse führten wir nicht nur auf die Schwierigkeiten zurück, die durch die Intervention, die Abwürgungsversuche der Entente, den Bürgerkrieg entstanden waren, sondern vor allem auf das Versagen der deutschen Arbeiterklasse. Niemand mehr von uns, sagte er, konnte Luxemburgs Einwände teilen. Auch sie, hätte sie noch gelebt, wäre bereit gewesen, ihre Kritik zu revidieren, die Frage der öffentlichen Kontrolle, der Versammlungsfreiheit, der Pressefreiheit, der allgemeinen und freien Wahlen zurückzustellen, solange der Kampf gegen die Konterrevolution, die imperialistische Umkreisung geführt werden mußte. Was hatten denn wir erreicht, fragte er. Nicht mal den Achtstundentag hatten wir gewonnen. Die Revolution hatte uns den alten Herrschaftsapparat wiedergegeben, hatte das heilige Recht auf Eigentum, Ausbeutung und Profit sichergestellt. Hatte sich die offne Volksherrschaft in Rußland noch nicht verwirklicht, mußte dort vorgegangen werden mit Zwang und Gewalt, so waren wir mitschuldig dran. Es ging darum, die revolutionären Eroberungen zu retten, indem wir alles taten, um Rußland zu verteidigen, zu stützen, kämpften wir um unsre eigne Zukunft. Wir bangten um dieses Land, das nach den Verheerungen des Weltkriegs, den Zerstörungen und Opfern des Bürgerkriegs noch dem Angriff Polens ausgesetzt war, der deutsche Militaristen, und auch führende Sozialdemokraten zur Teilnahme reizte. Als gleichzeitig mit der polnischen Invasion der Putsch von Kapp und Lüttwitz ausbrach, in einer Verschwörung mit Ebert und Noske, fand das deutsche Proletariat für kurze Zeit zur Einheit, mit dem Generalstreik siegte es über den ersten Versuch zur faschistischen Machtergreifung. Durch nichts, sagte mein Vater, konnten wir uns zu dieser Zeit einnehmen lassen gegen die strengste Autorität und Disziplin, die der Kriegskommunismus forderte, war doch gegenüber den Einschränkungen der demokratischen Rechte auf der russischen Rätebasis bei uns jedes Recht nicht nur fadenscheinig, sondern aufgerieben worden. Den Zentralismus hielten wir für die höchste Instanz des Kollektivs, die Befehlsgewalt der Spitze, den Gehorsam aller Untergliederungen sahn wir als notwendig an, grade weil die Abwesenheit der zentralisierten Organisation, der in jeder Einzelheit geplanten und gelenkten Strategie, der Föderalismus, das Vertrauen in die Spontaneität, unsern Aufstand zum Scheitern gebracht hatte. Bis Ende Neunzehnhundert Zwanzig, sagte er, diskutierten wir unsern Anschluß an die Kommunistische Partei, auch ich war zum Übertritt bereit, konnte mir eine Rückkehr zur Sozialdemokratie nicht denken. Wir bemühten uns um die Erweiterung der Kommunistischen Partei, um die Herstellung einer breiten proletarischen Front, es war der erste Versuch, die Kräfte, die durch die Revolution in Bewegung geraten waren, zu einer Einheit zu bringen. Die revolutionären Führer, die neben Liebknecht, Luxemburg, Jogiches gestanden hatten, formten die junge, noch offne Partei, paßten sie den besondren Verhältnissen im Land an. Auch Radek, der die russischen Direktiven übermittelte, rechnete sich, nach seiner langjährigen Arbeit bei uns, zu den deutschen Kommunisten. Die Weltrevolution war weit abgerückt, sie würde nicht mehr ein einmaliger Akt sein, sondern ein langandauernder, von Siegen und Niederlagen durchsetzter Prozeß von Klassenkämpfen. Dafür mußte die Arbeiterschaft vorbereitet werden, ihr eigentlicher Kampf begann erst jetzt. Die sozialdemokratischen Staatsbeamten ließen jede aufkommende Unruhe, jeden Streik, jede Demonstration niederschlagen. Die Gefängnisse waren von Arbeitern überfüllt. Doch während sich die nationalistischen Verbände entwickelten, formierten sich auch die sozialistischen Kräfte, viele begannen jetzt, ihre Lage zu verstehn und in der Kommunistischen Partei den einzigen Träger ihrer Interessen zu erkennen. Die Mehrheit aber blieb noch in der alten Partei, es war nicht so sehr Unwissenheit und Trägheit, was sie dazu veranlaßte, sondern Erschöpfung, die den Schritt zu einer Umstellung nicht zuließ. Manchmal waren wir, sagte mein Vater, durch die Notzeiten, durch die Arbeitslosigkeit, die Suche nach Gelegenheitsarbeiten, so aufgerieben, daß wir jede politische Initiative verloren. Und mit den Versuchen zur Festigung einer Aktionseinheit verschärfte sich auch wieder der Meinungsstreit zwischen den Parteien und innerhalb der Fraktionen. Dabei wollte die Einheitsfront nicht Gegensätze übertünchen, überbrücken, sondern nur Einigung in einem einzigen, notwendigen, vernunftbedingten Punkt finden, nur hier wurde zum Zusammengehn aufgerufen, im übrigen lag das Feld nach wie vor für die ideologischen Auseinandersetzungen offen. Die Massen wären dazu auch bereit gewesen, zwischen den Parteiführungen aber prallten die extremen Meinungsverschiedenheiten aufeinander, und auch in sich splitterten sie sich wieder zu Antagonismen auf. Es war nicht nur die Haltung der Sozialdemokratischen Partei, die, nur weil die Aufforderung zur Einheit vor der Putschbewegung, der Gefahr der Militärdiktatur, später des aufkommenden Faschismus, von den Kommunisten ausging, jede Annäherung unmöglich machte, sondern auch der Radikalismus der Linken, die an der revolutionären Offensive festhielten, und jedes Zusammengehn mit der Sozialdemokratie als Ausdruck von Opportunismus ablehnten. Auch die Sozialdemokraten kämpften, auf ihre Art, um die Einheit, und sie verstanden darunter den Zerrkampf nach rechts, dabei wurden wir, die in der Mitte zwischen ihnen und den Kommunisten standen, einer Zerreißprobe ausgesetzt, bis im Dezember Zwanzig die eine Hälfte sich absetzte zur Kommunistischen Partei und die andre der Mutterpartei anheimfiel. Links stand nun, sagte er, das bewußte sozialistische Proletariat, und rechts sammelte sich, was am Kleinbürgertum, an den Mittelständen haften blieb. Und warum, fragte ich noch einmal, und dies war am Morgen des nächsten Tags, hast du dich nicht der Kommunistischen Partei angeschlossen. Mein Vater stand unterm Fenster, das Licht lag weißlich grau auf der linken Hälfte seines Gesichts, hob die wuchtigen Knochenwölbungen überm Auge hervor und ließ die Augenbraue, das stopplige Haar aufleuchten. Ein schwerer Schatten lag in der Schläfenvertiefung und der Mulde zwischen Jochbogen und Unterkiefer, die rechte Gesichtsseite war schwarz, durchbrochen nur vom kleinen glimmenden Fleck im Auge. Weil ich die Eintrittsbedingungen nun doch nicht mehr zu erfüllen vermochte, antwortete er. Es machten sich hier Grundsätze geltend, denen ich mich nicht unterstellen, für die ich nicht die verlangte, absolute Opferbereitschaft aufbringen konnte. Ein darwinistisches Prinzip trat zutage, das ich nicht billigte, eine Auswahl der Stärksten, eine Verachtung der Abweichenden, der Außenseiter, dies war nicht mit meinen Anschauungen in Übereinstimmung zu bringen. Ich konnte meine Zweifel damals noch nicht präzisieren, sagte er, doch stieß es mich ab, wie in fortwährendem Zwist eine Führungsgruppe die andre ersetzte, und wie, mit einer Terminologie, die die sozialdemokratische an Gehässigkeit übertraf, die aktivsten, die ergebensten Kräfte, ohne die es die Partei und die Internationale nicht gegeben hätte, plötzlich, weil sie nicht die jeweils richtige Linie vertraten, von ihren eignen als Sektierer, als Abtrünnige verstoßen wurden. Ultralinks waren jene, die nur Losungen befürworteten, die auf die Diktatur des Proletariats hinzielten, Maslow, Ruth Fischer gehörten zu ihnen. Als Rechte wurden diejenigen bezeichnet, die vor Kampfaktionen warnten, die durch Aufklärung eine Basis der Partei in der Bevölkerung herstellen wollten. Levi stand auf dieser Seite, er und Zetkin waren die einzigen Abgeordneten, die die Kommunistische Partei im Reichstag vertraten. Bei einem erneuten revolutionären Schritt, wie er von Fischer und Maslow verlangt wurde, hätte die eben erst in die parlamentarische Legalität getretne Partei von der Übermacht des Gegners leicht in den Untergrund zurückgedrängt werden können. Im Gedanken des Internationalismus waren Rechte und Linke miteinander verbunden, doch dies war ein Internationalismus unterschiedlicher Auslegung. Es zeichnete sich dahinter die Problematik ab, die auch in Sowjetrußland zu schwierigen, durch die Absperrung verursachten Entscheidungen führte. Die internationale proletarische Solidarität war gemeinsamer Leitsatz, in ihrer gegenwärtigen Brüchigkeit konnte sie für Levi jedoch nur ein Fernziel ausmachen, während sie für den linken Flügel noch etwas unmittelbar Erreichbares darstellte. Parallel zur sowjetischen Politik, die sich darauf einzustellen begann, den Sozialismus isoliert in einem Land aufzubauen, stellte die Parteizentrale die nationalen Aufgaben in den Vordergrund, in ständiger

Auseinandersetzung mit den linken Kräften wollte sie etappenweise, mit Teilforderungen vorgehn und, in einer Annäherung an die Vorstellungen breiter Bevölkerungsschichten, den Kampf um die Rettung der Nation propagieren. Levi, als Vorsitzender der Partei, als Nachfolger Luxemburgs, stimmte nur teilweise mit dieser Taktik überein, er wollte durch die Dominanz der nationalen Frage keine ideologische Beengung, keine Verdeckung des Internationalismus aufkommen lassen. Wie er den Ruf der Linken nach einer Realisierung der revolutionären Macht ablehnte, so widersetzte er sich der Richtung eines Nationalbolschewismus. Ehe es im März Einundzwanzig zu seiner Absetzung kam, glaubten wir noch, sagte mein Vater, daß sich durch die Unerbittlichkeit der Dispute eine Läuterung, ein gegenseitiges Verständnis ergeben müsse, wir fanden Bezüge zwischen allen Diskussionspunkten, sie konnten, bei einer Politik ohne Rechthaberei, ohne dogmatisches Denken, einander ergänzen. Doch dann sahn wir nur wieder vertiefte Brüche, Entladungen von Unversöhnlichkeit, und die Hintergründe der Kontroversen, der Kräfteverschiebungen, blieben uns, wie immer, verborgen. Im März, gleich nach der Niederschlagung der russischen Arbeiteropposition, waren die Kämpfe in Mitteldeutschland ausgebrochen, sie begannen als Streikmaßnahmen gegen die errichtete Militärherrschaft, die Zusammenstöße wurden provoziert durch Armee und Polizei, tausende von Arbeitern wurden erschossen, verwundet, eingekerkert. Damals war ein letzter desperater Versuch unternommen worden, die Weltrevolution doch noch anzufachen, um Sowjetrußland beizustehn. Alles wurde auf den Funken der Möglichkeit einer revolutionären Situation gesetzt, der linke Flügel der Kommunistischen Partei, die Komintern drängte darauf, die Rechten warnten, mahnten zum Einhalten. Die Hoffnung, daß sich die Massen in den Kampfhandlungen zusammenschließen, daß alle im Proletariat verankerten Organisationen zur gemeinsamen Gegenwehr vorstoßen würden, scheiterte. Von seiten der Sozialdemokratie hieß es nach der Niederlage, unter Verhöhnungen und Verleumdungen, daß die Kommunistische Partei, bei nicht auffindbaren revolutionären Bedingungen, keine Existenzberechtigung mehr habe. Levi, so erfuhren wir später, war für die Abgrenzung der Partei von den Kämpfen gewesen, solange nicht die Beteiligung der Volksmehrheit sichergestellt war. Vor allem aber war sein Zerwürfnis mit der Zentrale auf die Kritik zurückzuführen, die er an der Abhängigkeit von den sowjetischen Richtlinien geübt hatte. Dieser Monat war entscheidend gewesen für den Entschluß meines Vaters, wieder der Sozialdemokratischen Partei beizutreten. Mit dem Angriff der Roten Armee gegen die Arbeiter und Matrosen von Kronstadt hatte sich in seinen Augen die Abwendung von den Zielen der Revolution vollzogen. Trotzdem, sagte er, ließ ich mich noch von den Argumenten überzeugen, daß die Revolte von Sozialrevolutionären, von Menschewiki und Weißgardisten angefacht worden war. Die revolutionären Kräfte, so hieß es, befanden sich an der Front, politisch unerfahrne Ersatzmannschaften hatten sich, hungernd, unzufrieden, von kleinbürgerlichen, konterrevolutionären Kräften ausnutzen lassen. Alle Macht den Sowjets, nicht der Partei, riefen sie. Das mußte Hochverrat sein, zu einem Zeitpunkt, da es ums Überleben ging. Was war denn die Partei andres als höchstes Organ der Sowjets. Und nichts andres wollte die Partei erreichen, als was auch die Arbeiter und Matrosen von Kronstadt wollten, den Frieden, den Aufbau des Lands, der Wirtschaft, der Produktion. Nach Arbeiterkontrolle riefen sie. Dabei war die Staatsgewalt doch in den Händen der Arbeiterklasse. Bei der Wendung zur neuen ökonomischen Politik, beim Kampf um die Industrialisierung wurden die gleichen Energien benötigt, die der Revolution zum Sieg verholfen hatten. Jetzt, da alle ihr Äußerstes geben mußten, konnten keine Gruppen geduldet werden, die mit abweichenden Meinungen die Planung behinderten. Wer sich auflehnte, unterstützte die Reaktion, die immer noch bereit lag, um zuzugreifen und das Erreichte zu zerstören. Jahre später erst, sagte mein Vater, fanden wir zurück zu unsrer ursprünglichen Auffassung, daß es in Kronstadt nicht um einen Versuch zur Wiederherstellung bürgerlicher Vorherrschaft gegangen war, sondern um das Verlangen nach demokratischen Rechten. Trotz seiner Einsicht, daß die Opposition zu jenem Zeitpunkt objektiv dem Feind Hilfe leistete, konnte er nicht länger die Notwendigkeit der Gegenmaßnahmen verstehn. Seine Zweifel, darauf wies er noch einmal hin, hätten ihn jedoch nie zu einer ablehnenden Haltung gegenüber dem Sowjetstaat getrieben. Er warb in der Organisation der Arbeiterhilfe für den Beistand an Rußland und hob in allen Diskussionen die Bedeutung der russischen Ausdauer hervor. Ich trat der alten Partei wieder bei, sagte er, weil ich hier den kritischen Standpunkt einnehmen konnte, der mir in der Kommunistischen Partei verwehrt gewesen wäre. Auch war sie weiterhin die größte Partei, wir standen dort mit der Mehrheit der Arbeitenden zusammen. Ich sah keine Kapitulation darin, sagte er, ich gab mich keinem Selbstbetrug hin, eindeutig genug hatte die Partei deklariert, wo sie stand, was sie verfocht. Ich war Gegner ihrer Politik, doch als Gewerkschaftsmitglied hatte ich Einfluß auf die fachlichen Vorgänge und konnte hier, nachdrücklicher als von außen, für die Heranbildung sozialistischer Einheit tätig sein. Ich hatte mich vorher mit Radek besprochen. Auch er sah es als notwendig an, innerhalb der Sozialdemokratischen Partei die Stellungen auszubauen, von denen aus der Gedanke der Einheitsfront vorangetrieben werden konnte. Ihm, wie später Merker, Wehner, Münzenberg, war es wichtig, Kontakte zu haben mit Kadern in unsrer Partei, unsern Gewerkschaften, die sich für eine Zusammenarbeit einsetzten. Doch dann, in seinen Gedanken einundeinhalbes Jahrzehnt überspringend, sah er nicht mehr die unüberwindliche, kompakte Ablehnung seiner Partei gegenüber allen Annäherungsversuchen von kommunistischer Seite, sondern nur noch die von der Komintern gezogne Abgrenzung, die definitive Einbeziehung der gesamten Sozialdemokratie ins Lager des Klassenfeinds. Er vergaß, was er eben noch erklärt hatte, die Verantwortung seiner Generation für das Alleinstehn des Ersten Arbeiterstaats, für dessen Verurteilung zum Aufbau des Sozialismus in einem einzigen Land. Er hatte die Desorganisation und Machtlosigkeit des deutschen Aufstands erlebt, dessen entwürdigenden Zusammenbruch, als die revolutionären Führer schutzlos von einer Handvoll Schergen ergriffen, weggeschleppt und ermordet werden konnten, und nun hob er einzig die Entstellungen, die Ausartungen im Staat der Oktoberrevolution hervor, die, wie er sagte, nicht nur das eigne Land, sondern die gesamte Arbeiterbewegung in Starre und Betäubung versetzten. Im Abbau der von Lenin verlangten kollektiven Führung, in der Übertragung allmächtiger Vollzugsgewalt auf einen Einzelnen, sagte er, zeige sich der Schlußpunkt einer Entwicklung, in der die proletarische Demokratie, der freie Meinungsaustausch, die direkte aktive Beteiligung des Volks an allen Angelegenheiten des sozialen, produktiven Lebens verdrängt worden war, und kein Zeichen von Stärke wollte er darin erkennen, daß bei der bedrohten Lage die innre Krise mit solcher Offenheit ausgetragen wurde. Es trat plötzlich ein Gegensatz zwischen uns zutage, und ich frage mich, ob es jetzt, nach unsrer langen Trennung, geschehn sei, daß wir, mein Vater und ich, in verschiedne Lager geraten waren. Und wenn zwischen uns, die wir einander immer Verständnis entgegengebracht hatten, Zwietracht entstehn konnte, wie sollte es da noch, nach zwanzig Jahren der Feindlichkeit, den Parteien möglich sein, zu einer Zusammenarbeit zu finden. Für uns, sagte mein Vater, kommt es zuerst drauf an, ein reines Gewissen zu haben. Nichts, was durch Verstellung erreicht wird, kann für uns fruchtbar werden. Die Niederschlagung von Verrätern, die unsre politische Arbeits aufs Spiel setzen, ist eine Sache, eine andre Sache ist ein Prozeß, in der Machtvollkommenheit jeden andern Willen richtet. Die Kommunistische Internationale, die mehr wisse als wir, entgegnete ich, stünde hinter den Urteilssprüchen. Mein Vater, den ich immer als besonnen und beherrscht gekannt hatte, brach in Empörung aus. Es heißt, rief er, wo gehobelt wird, fallen Späne, und dies trifft zu auf den revolutionären Kampf gegen Klassen, die uns unsre Rechte verwehren wollen, hier aber werden, im Namen der Partei, die Vorkämpfer der neuen gesellschaftlichen Ordnung vernichtet. Es liegt an uns, die wir betrogen werden von Schulwesen, Presse und Diplomatie, die wir als unmündig erklärt werden von den höheren Parteiinstanzen, an unserm eignen Maßstab festzuhalten. Nicht nur unsre einzig übriggebliebne Fähigkeit, sondern auch unsre Schuldigkeit ist es, dem dämonischen politischen Apparat unsre geringfügige Realität entgegenzustellen. Wehren müssen wir uns dagegen, fertige Ansichten zu übernehmen und weiterzugeben, die dümmste Reaktion ist besser als ein pflichtbewußtes Nachbeten respekteinflößender Litaneien oder unser Schweigen zu Taten, die wir nicht hinnehmen können. Denn was haben wir andres, fragte er, als unsre Gedankennot, soll doch unsre Unwissenheit beschimpft werden, was ist denn unser Radebrechen andres als ein Zeichen für das Aufbegehren gegen die Lüge. Ich versuchte, ihm in Erinnrung zu rufen, wie er sich stets denen entgegengestellt hatte, die auf Moral und Humanität pochten und dabei doch alles taten, um jeden Fortschritt im sozialistischen Land herabzuwürdigen, die, ohne jede Rücksichtnahme bei der Durchführung ihrer Geschäfte, und verschlagen den Konkurrenten aus dem Weg räumend, eine idealistische Solidarität entwickelten, als es um die Erhaltung des gemeinsamen räuberischen Systems ging, die Kultur und Menschenwürde priesen, während sie die sozialistische Umwälzung verhöhnten. Gespräche fielen mir ein, die wir in Berlin hatten, zu einer Zeit, da wieder einmal entrüstet von der Rechtlosigkeit im sowjetischen Staat in allen Zeitungen die Rede war und er hervorgehoben hatte, in welchem Verhältnis die Gerichtsverfahren dort zum praktizierten Unrecht in den kapitalistischen Ländern standen. War die Hinrichtung von Sacco und Vanzetti Ausdruck von Rechtssicherheit, hatte er gefragt, und ich wußte noch, wie er von den hunderttausend Ermordeten sprach, in Europa, Amerika, in den kolonialen und halbkolonialen Ländern, bei der Auflösung von Demonstrationen, beim Niederschlagen von Revolten, wie er die Zustände in den Zuchthäusern der westlichen Welt beschrieb, in den indochinesischen Kerkern, wo die Gefangnen jahrelang angekettet und nachts mit eisernem Ring um den Hals an Pfählen befestigt waren. Auch klang in mir nach, wie er bei Auseinandersetzungen mit Arbeitskameraden von den Milliardenbeträgen gesprochen hatte, die in allen Behörden der Stadt und des Reichs unterschlagen, verschoben und als Bestechungsgelder ausgegeben wurden. Nie aber wurde, darauf hatte er hingewiesen, diese Korruption mit der Gesellschaft in Zusammenhang gebracht, in der sie stattfand, als isolierte Erscheinungen nur wurden die Skandalaffären behandelt und wieder vergessen, und die großen, die ganze imperialistische Welt umfassenden Schiebungen blieben unangerührt in salbungsvoller, selbstgefälliger Toleranz. Doch mein Vater hörte meinen Einwänden kaum zu. Er dachte an Radek, wie er ihn zum letzten Mal gesehn hatte, wieder in einem Versteck, in Berlin, Ende Oktober Dreiundzwanzig, nach dem Zusammenbruch des Hamburger Aufstands. Man wird mir die Schuld geben, sagte er, mit seiner weichen, langgezognen Sprechweise, seinem österreichischen Tonfall, wird mich zum Sündenbock machen für das Versagen der deutschen Arbeiterklasse, obgleich ich versucht hatte, die Aktionen bei dem Mangel an revolutionärer Stärke abzuwenden. Wieder waren die linken Kräfte in der Partei für einen bewaffneten Angriff gewesen. Radek dagegen, entsandt vom Exekutivkomitee der Komintern, wollte die Handlungen auf Demonstrationen, auf einen Generalstreik begrenzen, wollte zuerst die Taktik zur Bildung der Einheitsfront vorantreiben. Die Erhebung aber war nicht mehr aufzuhalten und wurde von der Reichswehr zerschlagen. Lenin ist todkrank, sagte Radek, mit seiner singenden Stimme, von ihm kann ich keine Hilfe mehr erwarten, wenn das Politbüro mich zur Verantwortung zieht. Dann hatte er noch gesagt, was mein Vater erst Jahre später verstand, man müsse sich festbeißen, festkrallen, zu allen Schleichwegen und Verstellungen bereit sein, wenn man durchhalten wollte bei dieser Arbeit, und da hatte er seine führenden Posten in der Partei und Internationale verloren, war deportiert worden, hatte mit Trotzki gebrochen und sich schließlich dem Generalsekretär zur Verfügung gestellt, hatte, alles verhöhnend, was er früher vertrat, den Kult um die höchste Person der Partei aufgebaut und den heroischen Realismus als allein gültige sozialistische Kunstform propagiert. Und jetzt, sagte mein Vater, ist er als Diversant und Kapitulant, als Verräter und Volksfeind verurteilt worden, weil seine Intelligenz doch nicht anpassungsfähig genug war. In Radeks und Pjatakows unglaubwürdigen Aussagen während des Prozesses sah er den letzten Versuch, auf ein Wahnsystem hinzuweisen, das im Land um sich griff. Doch mochte er auch recht haben, daß es Entstellungen gab, daß beim Zurückschlagen auf die Gegner der Parteiführung Unschuldige fielen, so war es doch kein Wahn, daß von imperialistischer Seite her unaufhörlich danach getrachtet wurde, das in ein paar knappen Jahrzehnten Erkämpfte zu unterminieren, zu zerstören. Immer noch stellte für England, Frankreich, Amerika der Bolschewismus die weitaus größere Gefahr dar als der Faschismus. Geschlossen wiesen die Regierungen der westlichen Staaten alle sowjetischen Versuche ab, zu einem Schutzbündnis zu gelangen, vielmehr hatten sie Deutschlands, Italiens, Japans Erpressungen und Aggressionen gebilligt und sich eingeschmeichelt bei den Diktatoren, wartend auf die Niederlage der spanischen Republik, der Revolution in China. Wenn die Sowjetunion sich tödlich bedroht sah, so war Grund dazu vorhanden, die Blockierung, die Abschnürung des Arbeiterstaats hatte sich vollendet, und jeder, der sich nur bei den Folgen aufhielt und nicht immer wieder die Anlässe zur rasenden Verteidigung hervorhob, trug seine Haut zu Markte und diente den Interessen des Feinds. Denn dort, auf der andern Seite, stand die Herrschaft des Kapitals, dort steigerte sich die Gewalt der Unterdrückung und Ausbeutung, dort wurden, zur Erhaltung des kolonialen Besitzes, neue Kriege vorbereitet. Mit jedem Wort aber vertiefte sich die Fremdheit, das Mißtrauen zwischen uns und erstreckte sich bald auf jedes Thema, in dem wir früher übereingestimmt hatten. So hielt mein Vater auch die Vorstellung von der fortschrittlichen, historisch zur Führung berufnen Arbeiterklasse für die nächsten Jahrzehnte außer Kraft gesetzt. Im Arbeitskampf hat das Proletariat kaum Einsichten gewonnen, sagte er, ungenügend waren stets die Handlungen, mit denen es auf eine Notlage reagierte, nichts hat es erreicht von dem Wissen, das es für sein kulturelles Weiterkommen braucht. Alle selbständige Kraft haben die Arbeitenden verloren, ohne aufzumucken würden sie sich einordnen in die bevorstehenden Feldzüge, auch wenn diese sie gegen Rußland führten. Ihre Mehrzahl, sagte er, habe sich mit dem Sklavendasein unterm faschistischen Pomp abgefunden und sich, anstatt den Gedanken des Internationalismus aufrecht zu erhalten, mit kleinbürgerlichen Versprechungen getröstet. Ich stellte meine Erfahrungen in Berlin gegen eine solche Ansicht und sagte, daß es eine Vermessenheit sei, die ausdauernde Arbeit, die dort geleistet wurde, zu verringern, vielmehr könnten, in Anbetracht der Lage, die noch bestehenden Aktionen nicht hoch genug eingeschätzt werden. Mochten es auch nur wenige sein, die im geheimen zusammenhielten, so müßten wir in ihnen doch jene sehn, die den Grund legten für die zukünftige Erneurung des Lands. Mein Vater sagte, die illegale Arbeit könne sich in Deutschland kaum mehr bemerkbar machen, und die Aufrüstung ginge in den Fabriken, mit Hilfe unsrer früheren Genossen, unter Hochdruck vonstatten. Nur vom Ausland her, meinte er, könne noch auf die deutschen Verhältnisse eingewirkt werden. Noch einmal, sagte er, müssen wir von vorn beginnen, dort, wo Luxemburgs Pläne abgebrochen, wo alle, die ihre Gedanken weiterführen wollten, verfemt worden waren, wo die Vorstellung des freien, selbstbewußt eingreifenden Proletariats verloren ging, wo die Partei nicht für die Entwicklung der Urteilsfähigkeit des einzelnen wirkte, sondern zu einer Kirche wurde, in der das Ich aufzugehn hatte. Ich antwortete, daß ich in der Partei weder eine mystische Organisation noch die Beherrscherin meines Willens sah. Vielmehr wäre der Schritt, der mich in die Partei führen würde, und meine Zusammengehörigkeit mit ihr, auf dem Prinzip absoluter Freiwilligkeit aufgebaut. Nie könnte ich in der Partei eine Zwangsordnung sehn, sondern immer nur eine Institution der Vernunft. Würde ich der Partei beitreten, so wäre dies das Resultat einer nüchternen praktischen Erwägung, frei von jedem Irrationalismus, eine durch Einsichten und Kenntnisse unterbaute Handlung, mit dem Ziel, meine eignen politischen Absichten in einen größeren Zusammenhang zu stellen und somit zu stärken. Mein Vater aber hatte sich wieder die Ohren zugehalten vor einer Sturzflut von Fanfaren und Chorgesang. Diese schreckliche Nationalhymne machte sich nun über einen ganzen Kontinent her, wusch alles weg, was sich ihr in den Weg stellen wollte, und als er nun, umherstampfend, wieder was von der Kaiserbrücke murmelte, verstand ich, daß es überheblich gewesen war, ihm seine Zerrissenheit, seine Unklarheiten vorzuwerfen, denn er hatte sein bestes getan, und plötzlich sah ich ihn, mit dem kurzgeschnittnen Bart, den er damals trug, in der dunkelblauen Filzjacke, den Kragen hochgeschlagen, das Fahrrad aus dem Garten in den Flur und hinaus zur Straße schieben, sah ihn übers Pflaster radeln, hinauf zur Großen Allee, sich noch einmal umwendend, zurückwinkend, ehe er an der Ecke verschwand und den kahlen glattgeschnittnen Deichweg entlangfuhr, zur Eisenbahnbrücke, hinüber zum Stephanitor, dann weiter, an den Kränen, Schienen und Lagerhäusern entlang, am Überseehafen, am Holzhafen, am Getreidehafen, bis zu seiner Werkstatt, dort unterhalb der riesigen Wände und Gestänge der Werft, mit dem Geschmetter der Niethämmer, den bellenden Schweißflammen und kreischenden Metallsägen. Und dann konnten wir wieder miteinander sprechen, es war wieder klar, daß wir uns im gleichen Lager befanden, und wie sich die Mißverständnisse zwischen uns aufklären ließen, so würden auch die Parteien, meinte ich, über die ideologischen Streitpunkte hinwegkommen und, weil es notwendig war, die Front der Einheit bilden.

Das Ausfechten von Gegensätzen, Widersprüchen war es gewesen, was zum Gemeinsamen zwischen uns geführt hatte. Ablehnungen, Schwierigkeiten hatte es gegeben, und immer wieder das Bestreben, mit These und Antithese einen für beide gültigen Zustand zu erreichen. So wie Divergenzen, Konflikte neue Vorstellungen entstehn ließen, so entstand jede

Handlung aus dem Zusammenprall von Antagonismen. Die Einsicht und Artikulation dieser Vorgänge, machte das Zusammenleben, die gegenseitige Würdigung möglich. In den Konfrontationen zwischen den Verhandlungsführern der Parteien war jedoch noch kein Ansatz zu einer Übereinstimmung zu erkennen. Nur in Spanien war ein breiter Zusammenschluß entstanden, von noch nicht ersichtlicher Haltbarkeit, alles, was in Erfahrung zu bringen war über die Versuche deutscher sozialdemokratischer und kommunistischer Funktionäre, sich miteinander über Positionen und Zielsetzungen zu verständigen, schien bisher gescheitert zu sein. Jetzt erst nahm ich wahr, wie begrenzt die Region gewesen war, in der wir gelebt hatten. Dort stand uns immer nur ein und derselbe Feind gegenüber, der unsre Handlungen bedingte. Im Untergrund befanden wir uns in einem bestimmten Kreis, und alle Orientierungen, die von ihm ausgingen, waren an dessen Dimension gebunden. Wir hatten uns nicht dabei aufgehalten, daß der Kontakt mit oberen Kadern unterbunden war, daß die Partei nur in kleinsten Zellen weiterbestand, es genügte uns, daß uns hin und wieder Anweisungen, Rapporte überbracht werden konnten, daß die im Ausland gedruckte Zeitung uns auch weiterhin erreichte. Die geringsten Zeichen der draußen fortlaufenden Aktivität ermutigten uns, vermittelten uns Sicherheit. Nun öffnete sich plötzlich das Feld, und eine Ahnung entstand von dem komplizierten Bild der Kräfteverhältnisse, die ständig zergliedert und ausgewogen werden mußten. Für uns gab es die direkten, selbstverständlichen Schritte, durch die wir, gleichgültig, welcher Gruppierung wir angehörten, miteinander verbunden waren, die leitenden Kräfte aber hatten, bei jedem Unternehmen, eine Vorstellung von der Gesamtlage zu gewinnen, in all ihren Verschiebungen und errechenbaren künftigen Phasen. Doch nun erkannte ich auch, wie unser Vorhaben, mitten im gegnerischen Bereich, beigetragen hatte zu den andern, umfassenden, weitverzweigten Untersuchungen, wie unsre Erfahrungen an den Arbeitsplätzen, in den Wohnvierteln von Meldegängern auf die Skala der Taktik übertragen worden waren. Unsre Hauptaufgabe war gewesen, sich nicht entdecken zu lassen, und bei ihrer Erfüllung verbrauchte sich oft der größte Teil der Energien, was wir ausfindig machen konnten, schien uns geringfügig, doch, plötzlich vom Freien aus gesehn, zeigte sich allein die Tatsache, daß einige aushielten, an ihrem Platz blieben, zur Verfügung standen, wenn sie gebraucht wurden, als bedeutungsvoll genug. Beim Verharren in der Illegalität, die beherrscht war vom Zeichen konspirativer Rechtmäßigkeit, hatte sich niemand abgeschnitten empfunden, auch ein langwieriges Alleinsein hatte nichts mit Vergessensein, Isoliertheit zu tun. Und wie hätte auch der

Gedanke, allein zu stehn, aufkommen können, da zehntausende der unsern sich in den Gefängnissen und Lagern befanden. Nie hatten wir uns gesehn, so wie mein Vater sich sah, tief unterhalb der Entscheidungen, einflußlos, ohne Beziehung zu denen, die die Vorgänge auf den Aktionsebenen lenkten. Was dort als dünnes Gerüst in Erscheinung trat, verlangte nach Kenntnissen, Einsichten, die mir noch nicht zustanden. Einige Hauptlinien nur waren mir bekannt, die Anstrengung, breite, verstärkte Stellungnahmen gegen den Faschismus zu erreichen, alle fortschrittlichen Kräfte für eine Volksfront zu gewinnen, die Waffenhilfe, die Freiwilligen nach Spanien gelangen zu lassen, die Kampagne zu erweitern für die Freilassung Thälmanns, der vom gleichen Los bedroht war wie der im Hamburger Zuchthaus ermordete André, und die immer wieder aufgenommne Bestrebung der Kommunistischen Partei, sich dem sozialdemokratischen Vorstand anzunähern. Für meinen Vater waren die Schwierigkeiten, zu einem Verständnis der parteipolitischen Auseinandersetzungen zu kommen, von prinzipieller Art. Immer sind wir, wenn wir nach einer Erklärung historischer Geschehnisse suchen, sagte er, angewiesen auf Informationen aus zweiter, aus dritter Hand. Die Anlässe der Ereignisse, in die wir verwickelt sind, bleiben uns verschlossen, wir haben sie auszudeuten nach eignem Ermessen. Zumeist besitzen wir keine andren Fakten, als Bruchstücke, die Genossen in Erfahrung gebracht hatten. Wir haben uns nie begnügt mit dem, was uns durch Protokolle und Kommuniqués zugemessen wurde und was Äußerlichkeit war und auf bestimmte Wirkungskraft zurechtgelegt, haben uns immer gewehrt dagegen, daß andre es für gut befanden, mehr zu wissen als wir. Bei unsern Erörterungen kamen wir mit dem eignen Spürsinn einem Sachverhalt oft näher als beim Lesen der offiziellen Bekanntmachung, die Mitteilung eines Arbeitskameraden konnte uns mehr sagen als das ausgegebne Parteiprogramm. Und was ist denn das, die korrekte Linie, sagte meine Mutter, immer hat sie was Pfaffenhaftes an sich, als will sie uns weismachen, daß es nur eine einzige Wahrheit gäbe. Ich antwortete, daß eine bestimmte Handlungslinie jetzt notwendig sei, so wie es notwendig sei, wichtige Strategien zu verdecken, zu verschlüsseln. Vielleicht, meinte meine Mutter, sind die an den Hergängen Beteiligten, aus lauter Gewohnheit etwas zu verbergen, ebenso ratlos, ebenso schlecht unterrichtet wie wir. Dann wieder wollen sie sich wichtig tun. Daß alles so verfahren, so ohne Perspektive ist, kommt daher, daß jeder, der ein kleines Amt innehat, dies noch bedeutender machen will, sich aufbläht und mit seinesgleichen Geheimnisse erzeugt, um in die höheren Ränge der Mysterien aufzusteigen. Überall, sagte sie, sehn wir diese Anlage zur Verschwörung, da drängen sich die Vertreter des wissenschaftlichen Sozialismus zusammen zu Zirkeln, Cliquen, Zentren, Flügeln und Plattformen und folgen dabei einem uralten Hang zur Clanbildung. Zu brechen ist dieses Muster nur, wenn wir selbst Einblick, Einsicht erlangt haben, wenn wir einwirken können auf jede Verwaltungsfrage, wenn wir diese Gruppierungen und Konzentrationen, die uns einschließen, nicht zulassen, weil sie ihrer Natur nach wuchern und Ämterherrschaft entwickeln müssen. Wir, unsrerseits, haben nie was zu verschleiern. Wir treten immer in völliger Offenheit auf. Wir gehn auf die Straßen, rufen unsre Forderungen hinaus. Bei jedem Schritt sind wir verwundbar. Nur der Eigennutz gibt sich keine Blößen, braucht die Täuschungsmanöver, Kaschierungen, Fallgruben. Doch weil es uns bisher nicht gelungen ist, sagte mein Vater, auf die Staatsgeschäfte Einfluß auszuüben, müssen wir uns Nachrichten einholen, so gut wir es aus eigner Kraft vermögen. Gegen das System, in dem wir gefügig gemacht und in Unkenntnis und Dilettantismus gehalten werden sollen, kommen wir noch nicht an. Eigentlich müßte alles, was ersonnen, angebahnt, entschieden wird, von uns ausgehn, dessen sind wir uns seit einem Jahrhundert bewußt. Überall müßten unsre Leistungen im Vordergrund stehn. Doch wir haben uns unsre Entschlußkraft entreißen lassen. Lohnsklaven sind wir immer noch, statt Produktionsprozesse zu lenken. Von unsrer Seite gehn die Visionen von Befreiung, von Erneurung aus, die Herrschenden aber sind uns in ihrer Ideologielosigkeit, ihrer fehlenden Moral überlegen. Zum Ausplündern brauchen sie keine Philosophie, im Gegenteil, je roher, je geistloser sie sind, desto höher steigen ihre Profite. Der proletarische Internationalismus ist eine große Idee, aber schlagkräftiger noch ist die Internationale der Kapitalbesitzer. Und doch wußten meine Eltern, daß die Verändrungen in das alte zähe Muster eindrangen. Noch konnte der Imperialismus morden und verwüsten, der Aufruhr gegen seine Gewalt aber setzte sich in den verschiedensten Zentren immer wieder fort. Das selbstgewählte Recht auf die Erschließung aller Bodenschätze, den Vertrieb aller Güter stieß auf Gegenwehr, in Indochina hatten Revolten gegen den Kolonialismus begonnen, China, Spanien waren in den bewaffneten Kampf getreten. Was sich an Solidarität mobilisieren ließ, fand sich in den Internationalen Brigaden zusammen. Die weltweite Einsicht in die Zusammenhänge des Unterdrükkungssystems war noch nicht da, und wie hätte sie auch entstehn können, bei der Entmündigung, der Vergewaltigung, die an den Völkern vorgenommen wurde durch die Schreibkundigen, die Meinungsverbreiter. Die wissenschaftliche Alternative, zum ersten Mal dem anarchistischen Bereicherungstrieb gegenübergestellt, war jung. Die Menschen, die Erkenntnisse in Taten umsetzen wollten, waren selbst aus dem Alten hervorgegangen und angefressen von Regungen und Eigenschaften, die zum Alten gehörten. Die Gehirne befanden sich in unablässigem Kampf mit der Brutalität, auch sie, denen wir in der politischen Organisationsarbeit vertrauten, waren gezeichnet vom Dasein im Versteck, im Hinterhalt, in Verstellung und Lüge, wie sie notwendig waren bei der Bekämpfung des Feinds. Oft wußten sie selbst nicht, was sie äußern durften, ihre Situation war unendlich schwieriger als die unsre, sie konnten nie sicher sein, wo bei den Zusammenkünften Verrat und Betrug auf der Lauer lagen, wie weit der, den sie zum Verbündeten suchten, sich dem Gegner verschrieben hatte, sie mußten sich ständig zensurieren, durften keinen Augenblick von ihrer Wachsamkeit, ihrem Argwohn ablassen, durften nichts als gegeben hinnehmen, hatten jeden Schritt nach allen Richtungen abzusichern. Wie könnte dies alles geschildert werden, dachte ich, nun aus den Vereinfachungen gerissen, mit denen ich mir eine Ausdauer ermöglicht hatte. Wie wäre dies, was wir durchlebten, so darzulegen, fragte ich mich, daß wir uns drin erkennen könnten. Die Form dafür würde monströs sein, würde Schwindel wecken. Sie würde spüren lassen, wie unzureichend schon die Beschreibung der kürzesten Wegstrecke wäre, indem jede eingeschlagne Richtung ihre Vieldeutigkeit eröffnete. Auf welche Weise mein Vater sich zwischen den Erscheinungen orientierte und Auskünfte einholte über die Hintergründe der politischen Komplexe, ging aus unsern weiteren Gesprächen hervor. Es zeigte sich, mit welcher Aufmerksamkeit, welchem Bedürfnis nach Lebenszeichen er sich doch mit der Lage der Arbeiterklasse befaßte, wie er sich immer wieder um Kontakte, Hinweise, Nachrichten bemühte, mit denen sich seine Anfälle von Resignation verscheuchen ließen. Er hatte einige Male Wehner getroffen, der jetzt Mitglied des Zentralkomitees und Kandidat des Politbüros war. Sie kannten sich von gemeinsamen gewerkschaftlichen und agitatorischen Projekten her seit dem Anfang der Dreißigerjahre. Die letzte Begegnung mit ihm hatte im Herbst des vergangnen Jahrs in Paris stattgefunden, doch bei dem Versuch, darüber zu berichten, lenkten ihn immer wieder Erinnrungen an andre Zusammenkünfte und Ereignisse ab. Neunzehnhundert Einunddreißig, nach den Wahlsiegen der Nationalsozialisten, als die Kommunisten zum Selbstschutz den Roten Frontkämpferbund aufgestellt hatten, zogen auch die Sozialdemokraten eine Kampforganisation zusammen, die Eiserne Front, bestehend aus dem Reichsbanner und Formationen der Sportvereine und Gewerkschaften. Im Zusammenschluß hätten die beiden Arbeiterparteien einen starken Abwehrverband besessen, die Führer der Sozialdemokraten aber waren zu keiner Aktionseinheit bereit. Eher ließen sie die sogenannten Hammerschaften der Gewerkschaftsverbände auf die kommunistischen Arbeiter einschlagen, als sie den Faschisten entgegenzustellen. Diese besaßen damals zahlenmäßig noch keine Überlegenheit, sie wären, bei einem gemeinsamen Programm, zu besiegen gewesen. Wieder waren nur auf der untersten Ebene Ansätze zur Errichtung einer Einheitsfront möglich. Als Sturmabteilungen der Nationalsozialisten in einem Bierlokal in der Schwartzkopfstraße ein Standquartier eingerichtet hatten, um von hier aus das Einfahrtsgebiet zum Wedding zu überwachen, schlossen sich die Bewohner des Viertels spontan zusammen, vertraten ihre übereinstimmenden Interessen und machten die Forderung auf Schließung des Versammlungshauses zu einer politischen Frage. Meine Mutter, die durch ihre Tätigkeit in der Zählerfabrik nahe Beziehungen zu den kommunistischen Betriebsgruppen und Straßenzellen unterhielt, versuchte sich auf diese Zeit zu besinnen. Sie war einmal wichtig gewesen, alle Erwägungen kreisten um sie, der Gegner hatte sein Regime noch nicht errichtet, plötzlich gab es die Möglichkeit, seinen Einfluß zu brechen und durch eigne Initiative die Führung der Parteien zu einem Abkommen zu drängen. Doch die Energien dieser Tage waren bald wieder verschüttet, die Trägheit breitete sich drüber aus. Das Fehlen einheitlicher Strategie, dann eine übereilte Reaktion, machten das Weiterkommen zunichte. Die Protestbewegung, jäh um sich greifend im Frühjahr Zweiunddreißig, enthielt in sich schon die Lähmung, von der ein Jahr später die Arbeiterschaft niedergeworfen wurde. Nur vereinzelte kommunistische Funktionäre, Merker, Wehner, Peuke, Dittbender, stützten das Unternehmen der Straßenbewohner. Da standen sie, die Träger der Handlung, in der Schwartzkopfstraße, der Pflugstraße. Sie waren aus den Fabriken, den Werkstätten gekommen. Sie trugen Masken vor den Gesichtern aus Ruß, aus Staub, aus schwarzem Öl. Sie scharten sich zusammen vor den mit Fähnchen behängten Fenstern des Braunen Hauses. Wachtposten standen an der Tür, den Daumen in den Hosengurt gesteckt, den Sturmriemen der Mütze ums Kinn gespannt, hinter ihnen erschallten die mörderischen Lieder. Meine Mutter überlegte, was an diesem Tag geschehn war, als sie um fünf Uhr nachmittags das Gebäude an der Ackerstraße verlassen hatte. Sie saß in der Ecke des Plüschsofas, mit dem braungrünen Muster von Farnkräutern, den Arm auf die Lehne gestützt, das schwere Gesicht in der Hand, sah auf die Straße hinaus, wo das Gedröhn jetzt verstummt war. Von der Schwartzkopfstraße aus sah sie drüben, neben dem Schieferturm der Sebastiankirche, die breiten gewölbten Fenster, hinter denen sie acht Stunden lang elektrische Apparate zusammengesetzt hatte. Sie stand in der Menge der Arbeiter und Arbeiterinnen, schwieg noch, wie die andern. Wir hatten geglaubt, sagte sie, daß die Faschisten sich durch unser Warten, unsre Ausdauer verdrängen ließen. Wir waren die Mehrheit hier. Es war unser Stadtteil. Dann kamen vereinzelte, drohende Rufe auf. Die Stimmen schwollen an, die Menge rückte auf das Lokal zu. Und plötzlich war das Klirren von Glas zu hören, Steine flogen in die Fenster, drinnen setzte das Handgemenge ein, die Schießerei begann. Die Schüsse aber kamen von ringsum, Polizeitruppen waren von der Chausseestraße herangerückt, hatten nur auf das Signal gewartet, das Zerkrachen des Fensters. Jetzt, als meine Mutter davon sprach, erinnerte ich mich an die erregten Diskussionen damals, ob das Feuergefecht, bei dem es mehrere Tote und Verwundete gab, durch Provokation der Polizei oder durch die Ungeduld der Rotfrontkämpfer hervorgerufen worden war. Die Polizisten, die mit ihren Hunden und Wagen bereitstanden, fielen über die Arbeiter auf der Straße her. Sie traten als Verteidiger des Braunen Hauses auf, dessen Räumung eine Woche lang von den Bewohnern des Viertels gefordert worden war. Nun war der Augenblick gekommen, an dem gezeigt werden sollte, daß die Gaststätte offen stand für jeden, daß niemand das Recht hatte, sich dort zu verschanzen. Haltet euch zurück vor Gewalt, wurde gerufen. Doch auch wenn wir das Lokal nicht gestürmt hätten, sagte meine Mutter, wäre es zum Zusammenstoß mit der Polizei gekommen. Neumanns Parole, schlagt die Faschisten, wo ihr sie trefft, wurde von der Leitung der Kommunistischen Partei nicht gebilligt. Wir hätten diesen Aufruf befolgen sollen, sagten viele Proleten, als es zu spät war. Der kommunistische Straßenschutz war notwendig, als die nationalsozialistischen Staffeln eindrangen in die roten Viertel. Im Frontkämpferbund waren mutige, zuverlässige Leute, die wußten, warum sie zum Angriff übergingen. Wir hielten die andre Taktik für besser, sagte meine Mutter, die Taktik der Arbeitersolidarität zur Überwindung der Parteigegensätze. Unmittelbar nach dem Vorfall wurden jedoch die Verbote, miteinander umzugehn, noch verschärft. Unter Haßpropaganda wurden wir gegeneinander getrieben, sagte sie, im gleichen Hausflur gingen wir, die wir eben noch gemeinsam gehandelt hatten, beschämt aneinander vorbei. Und nach unserm Rückzug konnten die Sturmabteilungen überall ihre Versammlungsstätten eröffnen, unterm Schutz der Polizei. So erhoben sie sich, als Arbeiterpartei getarnt, und gaben vor, das Nationale und das Sozialistische in sich zu vereinen, und zogen mit Täuschungen und Verblendungen die Kleinmütigen, die immer Betrognen, die unwissend Hoffenden mit sich. Anfangs scheu, dann unverhohlen, sagte meine Mutter, schlossen sich ihnen auch Bewohner unsrer Straße an, hoben statt der geballten Faust die gestreckte Hand empor. Wie würde ich mir meine

Mutter vorstellen, dachte ich, wenn ich sie seit dem Tag, an dem sie mit mir am Fenster der Grünenstraße stand, nicht mehr gesehn hätte. Eine Dunkelheit gehörte zu ihr. Die Augen, das Haar dunkel, ähnlich dem tiefen Nachklang ihrer Stimme. Die Stirn hätte ich mir breit gedacht, auch die Backenknochen, die Augenbrauen kräftig, ihr schmaler Mund aber und die Nase, die grade verlief, fast ohne Einkerbung am Stirnansatz, waren allzu deutlich vor mir, als daß ich nach ihren Formen noch hätte suchen können, das Bekannte verdeckte das, was ich von mir entfernen wollte, um es neu zu entdecken. Wäre ihr Haar so glatt und kurz gewesen, wenn ich es mir hätte ausdenken sollen, und war es an der Seite gescheitelt, fragte ich mich. Sie saß dort, schräg nach vorn geneigt, die Hand unterm Kinn, ihr Mund regte sich kaum beim Sprechen. Der elsässische Klang haftete ihrer Stimme noch an, vielleicht für uns nur erkennbar, mehr als zwei Jahrzehnte des Norddeutschen, des Idioms von Berlin, lagen darüber. In Straßburg war sie als Kindermädchen zu einer deutschen Familie gekommen und hatte diese kurz vorm Krieg nach Bremen begleitet. Hatte eigentlich arbeiten wollen im Gewerbe des Vaters, der war, in einer Seitengasse des von Baumreihen umstandnen Domplatzes, ich kannte das Haus von einer Photographie her, Schildermaler gewesen. Schilder für Handwerksinnungen, Kaufläden, auch Wappenschilder hatte er hergestellt und Torausschmückungen vorgenommen. Viel wäre zu erzählen gewesen über das Haus, in dem meine Mutter aufgewachsen war und das ich nie betreten hatte, über ihre Eltern, die jetzt in Straßburg begraben lagen, über ihre Begegnung mit meinem Vater im Delmenhorster Rekonvaleszenzheim, außerhalb Bremens, in dem sie als Hilfsschwester arbeitete, über die Vorfahren meines Vaters, die Kleinbauern, Feldarbeiter gewesen waren, über seinen Werdegang als Lehrling in einer Schmiede, als Schlosser in einer mechanischen Werkstatt, als Maschinist auf einem Dampfer der Donauschiffahrt, studierend in freien Stunden, auf einer Budapester Abendschule das Reifezeugnis erhaltend, dann eingezogen zu den Pioniertruppen in Galizien, doch war zuhause kaum drüber geredet worden, es wurde dem zurückgelegten Weg, den abwechselnden Aufenthaltsorten keine andre Bedeutung beigemessen, als die der jeweilig ausgeführten Arbeit. Hier in der Warnsdorfer Wohnung trat eindringlich der Unterschied hervor zwischen unserm Leben und dem bürgerlichen Dasein, dem verschwenderisches atmosphärisches Kolorit zur Verfügung stand, in dem es feste und traditionsbeladne Beziehungen gab zu Möbeln und Schmuckstücken, zu Zimmerfluchten und Gärten, während wir uns hier in einem Warteraum, einem Übergangsraum befanden, leicht und schnell zu verlassen und zu vergessen. Das schmale zweistöckige Haus in Straßburg, mit den ausgetretnen Stufen vor der Tür, den bleigefaßten Scheiben in den Fenstern des Erdgeschosses, den gekreuzten Pinseln und der Palette auf der an einer Kette hängenden Holztafel, hatte ich, in mich gekehrt, betrachten können, damals, in einem Hang zur Weltflucht, als Fünfzehnjähriger, als ich erfuhr, daß die Schulzeit in Scharfenberg für mich beendet sein sollte. Weder meine Mutter noch irgendein Chronist hätte sich je dran gemacht, das Altertümliche und Märchenhafte dieses Milieus zu schildern, von einem Heimischsein, einer Geborgenheit war nichts vorhanden gewesen, meine Mutter und ihre Schwestern hatten als junge Mädchen ihren Broterwerb begonnen, sie gerieten auseinander, kamen nie mehr zusammen, der Wechsel der Orte, das Reisen, die Ankunft in fremden Städten war nicht mit epischen Eindrücken verbunden, sondern nur mit der Frage, ob sich hier eine Anstellung finden ließ. Weil von Wilhelm Meister an bis zu den Buddenbrooks die Welt, die in der Literatur den Ton angab, gesehn wurde durch die Augen derer, die sie besaßen, konnten das Hauswesen mit solcher Liebe zum Detail und die Persönlichkeit im Reichtum aller Entwicklungsstadien umfaßt werden. Der Besitz prägte die Haltung, die den Dingen gegenüber eingenommen wurde, für uns indessen, denen der Wohnraum nie gehörte und der Aufenthaltsort eine Zufälligkeit war, war nur das Fehlende, der Mangel, die Eigentumslosigkeit von Gewicht. Darüber aber waren keine Worte zu verlieren, ich hätte in diesem Augenblick auch nichts andres erwähnen können als den eisernen Büchsenöffner, den ich auf dem Buffet liegen sah, in der Form eines Herings, der Unterkiefer als bajonetthafte Schneide vorgeschoben, den hatte es schon in Bremen gegeben, sicher hatte ich mit ihm gespielt und die Mutter hatte ihn mir aus dem Mund genommen. Im übrigen hatten wir keine Zeit, über die Kärglichkeit nachzudenken, unsre Biographie bestand mehr aus dem Rechnen, wie über die nächsten Tage und Wochen wegzukommen, wie die Miete zu zahlen sei, als aus dem Registrieren von Gegenständen, zwischen denen wir grade geduldet waren. Wenn das Haus in Straßburg mir doch in den Sinn kam, so war es deshalb, weil ich das Foto mit diesem Haus und seinem kleinen Malerschild oft angesehn hatte, von ihm schien alles herzustammen, was mir später in der Kunst bekannt wurde, und auf diese Weise, in der Überwindung der Armut und Entfremdung, ließ sich doch eine Familiengeschichte denken, eine Geschichte, in der das Eigne aus dem Bindungslosen entstand. Da erschienen Menschen, sie waren greifbar, deutlich, über sie wurde gesprochen, sie wurden beurteilt, sie gehörten zur besitzlosen Klasse, dies wurde festgehalten, wer hier geholfen und vermittelt hatte, wer dort beteiligt gewesen war an einem Projekt, die Menschen, unabhängig von Landschaften und Städten, geprägt von politischen Einsichten und Entschlüssen, bildeten die Umgebung, in der unsre Entwicklung sich abspielte, und zu ihren Aussagen, ihren Fragen und Antworten kamen die Bücher, sie waren ebenso losgelöst von ihrem Ursprung wie die Menschen, stellten, wie diese, nichts andres dar als das, wofür sie sich entschieden hatten. Bücher, Menschen, Bilder, das waren die Festigkeiten in einem Leben, das sonst nur das Unstete kannte. Die Arbeit im Untergrund, das Reisen mit falschem Paß, die anonymen Aufenthalte in fremden Ländern, das Exil, dies alles war die letzte Konsequenz eines Zustands, der seit jeher nomadenhaft gewesen war. Das Zimmer in Warnsdorf, unten im Haus der Seßhaften, diente den Vagabunden, den Proletariern, die gewohnt waren, herumzuziehn und ihre Arbeitskraft zum Verkauf anzubieten, ihnen, denen nichts gegeben war, die sich anstellen mußten, die Schlange stehn mußten, um das Notwendigste zur Existenz zu erhalten, zum verborgnen Treffpunkt. Hier, aus dürren Andeutungen, aus übermittelten Wahrnehmungen andrer, aus Vergleichen und Gedankenverknüpfungen, Störungen ausgesetzt und der Gefahr des Überfalls, entstand in unsrer Vorstellung etwas von dem Gewebe, das uns umspann. Die Worte meines Vaters waren stockend, suchend, und er bemühte sich darum, die Meinungsverschiedenheiten zwischen uns zu überwinden. Die Fäden, denen er folgte, gingen aus vom September Sechsunddreißig, als er, einer tschechoslowakischen Delegation angehörend, Wehner bei einer Veranstaltung der Weltfriedensbewegung in Paris traf. Sie zogen sich, ehe er versuchte, etwas von dieser Begegnung zu schildern, hin und her zwischen andern Haltpunkten, Gesprächen mit Taub, einem der Leiter der tschechoslowakischen Sozialdemokratischen Partei, mit Peuke, der bei Bodenbach über das Gebirge ins Land gekommen war und sich in Prag bei Freunden versteckt hielt, und setzten jetzt im November Fünfunddreißig an, dem Datum, an dem in Prag die erste Zusammenkunft stattfand zwischen führenden deutschen Sozialdemokraten und Kommunisten.

Und wie sollte das Schreiben für uns überhaupt möglich sein, fragte ich mich während des Berichts meines Vaters. Wenn wir etwas von der politischen Wirklichkeit, in der wir lebten, auffassen könnten, wie ließe sich dann dieser dünne, zerfließende, immer nur stückweise zu erlangende Stoff in ein Schriftbild übertragen, mit dem Anspruch auf Kontinuität. Das langwierige und ruhige Nachsinnen und Forschen lag außerhalb unsrer Reichweite. Die andrängenden Ereignisse zwangen uns Einsichten auf, die zu heftigen Reaktionen wurden. Sie konnten zu Handlungen führen, zu einer Abrundung, einem Gesamtbild aber ließen sie sich nicht bringen. Immer mußten sie fragmentarisch bleiben, mußten sich zerreißen, wegwischen lassen von neu auftauchenden Forderungen. Doch wenn es mir gelänge, einmal die Kräfte, die mich ständig von meinen Gedankengängen abbringen wollten, zu überlisten und den Anregungen und Einfällen, den entstehenden Erwägungen eine Bewegungsfreiheit einzuräumen, so würde für mich nicht die Ansicht gelten, daß der Schreibende einem bestimmten Land, einem genau umrissnen Lebenskreis, einer nationalen Kultur zugehören müsse, damit das Geschriebne überzeugend wirke. Was als vorrangig angeführt worden war in den Zeitschriften über realistische Kunst, über Arbeiterliteratur, die Verdeutlichung eines alltäglichen Milieus, die Verbundenheit und der Erfahrungsaustausch mit dessen Bewohnern, dies würde auf mich nur im begrenzten Sinn zutreffen. So wie dieses Zimmer, in dem wir miteinander sprachen, zufällig war und sich in welchem Land auch immer befinden könnte, so müßte ich mich beim Schreiben an Menschen wenden, die überall zu finden waren, unabhängig von ihrer Herkunft, der Internationalismus würde zum Merkmal meiner Zugehörigkeit werden. Denn daß wir nirgendwo sonst zuhause waren als in unsrer Parteilichkeit, das war mir, obgleich ich erst am Anfang meiner Reise stand, deutlich geworden. Wohl konnte ich die Vorzüge, einem Land, einer Stadt anzugehören, einsehn, für mein Vorhaben aber gab es einen solchen Ausgangspunkt nicht, ich würde aus dem Formlosen, Ungebundnen heraus beginnen müssen und nach Zusammenhängen suchen über die Grenzen von Staaten und Sprachen hinweg. Vielleicht hatten wir etwas von dem gemeint, als wir unsre Erörterungen über Kunst und Literatur politisch nannten. Würden wir je selbst auf diesem Feld zu Ausführenden werden, so wäre unsre Tätigkeit geprägt von der Absicht, Trennungen zu überbrücken, etwas zu finden, das für uns, die wir abgeschnitten waren von einem Heimischsein, gemeinsam sein konnte. So war mir auch die nationale Frage, dringend wie sie sein konnte als akutes Problem, immer nur als Bestandteil eines Übergangszustands erschienen, ihren Zweck erst erfüllend, wenn sie in Beziehung gebracht wurde zu einer umfassenden Entwicklung. Was in Deutschland geschah, verbanden wir mit den Vorgängen in Frankreich, in Spanien, in China, und wenn ich mir Menschen dachte in Prag, in Paris, in Berlin, in einem Raum, dessen Adresse nicht mehr festzustellen, aus dem Gedächtnis gestrichen war, um unter erpressendem Verhör, unter Folter nicht preisgegeben zu werden, Menschen in einem kleinen Kreis, die zukünftige Entwicklung ihres

Landes planend, so legte sich um ihre Worte jedesmal dieses weltweite Netz, das Besprochne wurde aufgenommen von einem Schwirren, hing unlösbar zusammen mit dem, was in Afrika, in Asien, den amerikanischen Kontinenten entworfen wurde und im Entstehn begriffen war. Wir waren Vereinzelte und gleichzeitig von einer Totalität umfangen, unsre Aufgabe war es, uns so viel wie möglich bewußt zu machen von dem, was ringsum geschah, auch von dem, was, wie mein Vater sagte, uns bevormundete und maßregelte, was nicht nach unserm Kommentar verlangte, was uns stumm und gefügig haben wollte. Im Gegensatz aber zu meinem Vater, der mehr von den Verblendungen und Übertünchungen ausging, vermittelte sich mir beim Umblick eine unablässige Spannung. Während ich mich nicht zu begrenzen brauchte, mußten die Politiker jedoch auf ein genaues Thema eingehn, mir stand die Vielfalt zur Verfügung, sie mußten recherchieren, exzerpieren, mußten eindringen in Teilaufgaben, ich brauchte nicht zu einem Ziel zu kommen, sie mußten Ergebnisse aufweisen, waren zuständig für Einzelheiten, machten Geschichte, indem sie, jeder an seinem Ort, winzige Teile zu einem Ganzen zusammenfügten. Es war diese Detailarbeit, dieses unermüdliche Wühlen und Forschen, das seinen Niederschlag gefunden hatte in den Erklärungen des Weltkongresses der Komintern, im Juli und August Fünfunddreißig. Alle Versuche, eine Aktionseinheit zustande zu bringen, lagen dem Beschluß der Volksfrontpolitik zugrunde. Die neuen Richtlinien revidierten die Auffassung der letzten Jahre, daß die Sozialdemokratie eine einzige reaktionäre Masse darstellte. Es sollte jetzt genau unterschieden werden zwischen den rechten Führern und den breiten Schichten der Arbeitenden in der Sozialdemokratischen Partei. Doch ehe diese Direktiven einer Verwirklichung entgegengetrieben werden konnten, mußten die Divergenzen beseitigt werden, und wer etwas begreifen wollte von den Hinweisen auf das im November in Prag abgehaltne Gespräch, sah sich wieder gezwungen, seine eigne Forschung in das dürre Außenwerk zu tragen und selbst eine Ordnung herzustellen. Im Untergrund hatten wir einem eindeutigen, exakt kenntlichen Feind gegenübergestanden, es brauchten keine Worte über ihn verloren zu werden, es ging nur darum, ihn zu bekämpfen. Der Faschismus war für uns die offne Diktatur des Finanzkapitals, war Waffe der reaktionärsten Kräfte, im Dienst ihres Interesses, Europa neu aufzuteilen. Diese Formel aber, sagte mein Vater, erklärte noch nicht, warum schon im Jahr Dreißig ein großer Teil der Arbeiterklasse den Nationalsozialisten seine Stimme gab und warum die Zahl der Wähler des Faschismus zu den siebzehn Millionen im Frühjahr Dreiunddreißig anwachsen konnte. Es genüge nicht, sagte er, allein die Krisenjahre, die

Splitterung der Arbeiterklasse dafür verantwortlich zu machen, es müsse nach den wahren Gründen gesucht werden, die die Einigung nicht zustande kommen ließen. Es zeigten sich immer nur taktische Rivalitäten, und diese verbargen die tieferen Beweggründe zur Entscheidungslosigkeit oder zur katastrophalen Fehleinschätzung der Lage. Die kommunistischen Parteiführer hielten auch nach der Machtergreifung der Faschisten daran fest, daß die Sozialdemokratie aufgrund ihrer ständigen Versuche, zu einem Ausgleich mit der bürgerlichen Mitte zu gelangen, als der Hauptfeind anzusehn war. Mit der These vom Sozialfaschismus waren keine gemeinsamen Kampfaktionen zu erreichen. Noch bei den Reichstagswahlen im März Dreiunddreißig hätten Kommunisten und Sozialdemokraten, wären sie zum Umdenken fähig gewesen, eine proletarische Front von zwölf Millionen mobilisieren können. Die Kommunistische Partei aber wartete auf den revolutionären Umbruch, und die sozialdemokratische Leitung zog eine Politik des Stillhaltens und der Anpassung vor und sah ihre Aufgabe darin, gegenüber einer rechtmäßigen Regierung die Rolle fairer Kritiker einzunehmen. Während die Kommunisten der Meinung waren, daß der Nationalsozialismus sich bereits im Niedergang befand, vertraten die Sozialdemokraten im Frühjahr Dreiunddreißig die Ansicht, daß in Deutschland noch nach Wortlaut und Sinn der Verfassung regiert wurde. So konnten die Zerschlagung der kommunistischen Organisationen und die Auflösung der Sozialdemokratischen Partei, der Gewerkschaftsverbände unbehindert durchgeführt werden. Als die Kommunisten, die nicht vom faschistischen Terror ereilt worden waren, in den Untergrund gingen, um eine Gegenwehr aufzubauen, verharrte der geflüchtete sozialdemokratische Parteivorstand unter den Nachwirkungen des Schocks. Alles, was er den kommunistischen Vorschlägen zu einer Neubewertung der Lage entgegenzusetzen vermochte, war Verwirrung und Lähmung. In Frankreich traten im Februar Vierunddreißig fünf Millionen Sozialisten und Kommunisten zum Streik an gegen faschistische Putschversuche und leiteten damit die erste Bildung einer Volksfront ein, in Österreich führte die Arbeiterschaft im gleichen Monat einen viertägigen bewaffneten Kampf gegen den Faschismus, die deutschen Sozialdemokraten aber blieben untätig. Und doch konnte es nicht allein das Zerwürfnis zwischen den Parteispitzen gewesen sein, sagte mein Vater, das der Arbeiterklasse die Handlungskraft nahm. Wenn auch tief vermauert während zweier Jahrzehnte, hätte es einen Blick offen lassen müssen auf die eignen Fähigkeiten, wären solche vorhanden gewesen. Die Instinktlosigkeit gegenüber der tödlichen Gefahr, die Selbsttäuschungen, die fruchtlosen gegenseitigen Vorwürfe, denen wir uns bereits in unserm revolutionären Winter hingaben, sagte er, haben wir, trotz aller Erfahrungen in den folgenden Jahren, nicht zu lösen verstanden. Die Führungskräfte vom Format der russischen Revolutionäre waren im entscheidenden Augenblick eliminiert worden, im Vergleich zu den Köpfen, die heute dem Sowjetstaat verloren gehn, überwogen bei uns Charaktere von engerem Schnitt, von kleinbürgerlichem Wesen, ohne Vermögen zum Weitblick, zur kühnen Neuschöpfung. Vor allem jedoch, sagte er, wolle er diese Eigenschaft den Leitern seiner eignen Partei zuschreiben. Was er vor zwanzig Jahren schon als größtes Versäumnis der Sozialdemokratie empfunden hatte, sei später zur entscheidenden Bedeutung für den Zusammenbruch geworden, die Unterlassung nämlich, die großen Möglichkeiten zur Schulungsarbeit innerhalb der Gewerkschaften auszunutzen. Unzählige sozialdemokratische Arbeiter habe es gegeben, die zu einer Erweiterung ihres Bewußtseins fähig gewesen wären, hätten sie nur den Antrieb, die Unterstützung dazu erhalten. Aber andrerseits, sagte er, kann nicht nur den Funktionären die Schuld für das Fehlen der Initiative zugeschoben werden, denn wir müssen uns fragen, warum die Arbeitenden nicht selbst zur Bildung, zum Weiterkommen drängten. Die ökonomische Notlage, fügte er hinzu, hemmte uns alle, doch auch sie kann nicht verantwortlich gemacht werden für die Passivität, den Fatalismus, die Unfähigkeit einzugreifen. Und hiermit hatte mein Vater die Frage gestellt, auf die es ankam, warum die Arbeiter in der Partei blieben, deren zentraler Programmpunkt der Antikommunismus, die Bekämpfung der Revolution, die Unterstützung der reaktionären Gesellschaft war. Der Antwort darauf wich er aus. Mechanistisch fand er die Auffassung, daß der Faschismus nichts andres sei als die extreme, offensive, brutalisierte Form der Monopolherrschaft. Hinzurechnen müssen wir, sagte er, die seit langem angebahnte Deformierung durch Autorität, die Zerstörung der Selbständigkeit. Doch eben dies gehöre in das System der Ausbeutung, antwortete ich. Die Institutionen der bürgerlichen Gesellschaft waren es, die den Arbeitenden zum Untertan machten, nur ihnen war dran gelegen, eine verhunzte Gefolgschaft zu erzeugen, die sich, wurde ihr plötzlich Futter gereicht, als Kampftruppe gebrauchen ließ. Da schien es, als ginge von dort der Faschismus aus, doch die Aufgejagten wußten nicht, um was es sich handelte, sie hatten nichts als ihre Leere, waren weiterhin schwächlich, konnten sich nur kraftstrotzend aufspielen, während sie die Machtgelüste ihrer Übermänner hinausschrien. Ein Drittel dieser Armee, sagte mein Vater, wurde von den Werktätigen gestellt, da waren nicht nur die Philister, die niedrigen Beamten, die verstörten Hausfrauen, alle die Unterbezahlten, die Arbeitslosen, die Verelendeten, sondern unsre Arbeitskameraden, auch sie waren in sich gebrochen, auch in ihnen überwog, als es wieder zur Krise kam, die Bereitschaft, sich zu unterwerfen. Dies, sagte er, müßte nun untersucht werden von den Führern der Arbeiterparteien, warum die Ansätze zur freiheitlichen, antiimperialistischen Gesinnung umschlugen zum Chauvinismus, warum aus dem Willen zur gesellschaftlichen Veränderung mystizistische Hingabe wurde, warum es mißlungen war, dem Proletariat seine Lage klar zu machen. So erhob sich die ungeheuerliche Fassade des Faschismus, und alles war noch zu tun, um die Begriffsverwirrungen, das Gerümpel von Phrasen, von Patenterklärungen dahinter wegzuräumen und nach einer Orientierung für den weiteren Weg zu suchen. Doch war den Führenden, fragte mein Vater, wirklich an Einsichten gelegen, die ihre eignen Fehler an den Tag brachten, vermochten sie es überhaupt, sich der Selbstkritik zu unterziehn, sich mit den Gründen des Zusammenbruchs auseinanderzusetzen. So lange das Ungelöste weiterbestand, konnte ein Neuaufbau der Arbeiterbewegung nicht gelingen, und mit dem Aufruf zur Volksfront mußte sich ein Klang von Hohlheit verbinden. Und so hatten wir denn, hier draußen im Exil, Ausschau zu halten nach Zeichen, wem es zuerst gelingen würde, den innren Zerfall zu überwinden. Während die alte sozialdemokratische Schule mit ihren Lehrern Wels, Vogel, Ollenhauer, Stampfer oder Hilferding auch weiterhin ein gemeinsames Vorgehn von sich wies, nahmen jüngere Sozialdemokraten und Mitglieder von Splittergruppen, Kontakt mit der Kommunistischen Partei auf. Da war der Rote Stoßtrupp, bestehend aus ehemaligen Angehörigen der Sozialistischen Arbeiterjugend, des Reichsbanners und verschiedner Studentenorganisationen, deren Programm es war, eine Bewegung ohne Parteibuch zu bilden. Da waren die Roten Kämpfer, der Arbeitskreis Revolutionärer Sozialisten, die Sozialistische Front, der Internationale Sozialistische Kampfbund und die Formation Neu Beginnen. Die ideologischen Ziele dieser kleinen Gruppen waren anspruchsvoll wie ihre Namen, mit ihrer oft sektenhaften Absondrung verbanden sie die Vorstellung, eine Elite abzugeben, die befähigt war, die Arbeiterklasse zu führen. Einheitliche Verhandlungen mit ihnen waren kaum möglich, auch waren sie nur zu begrenzten Abmachungen bereit. Beim Festhalten an ihren revolutionären Wunschbildern mußten sie sich mehr und mehr in die Enge drängen und schließlich von der Staatspolizei aufreiben lassen. Nur mit Kreisen der Sozialistischen Arbeiterpartei konnten die Kommunisten Verbindungen aufnehmen. Dies hatte die besondere Aufmerksamkeit meines Vaters geweckt, denn Frölich stand dort, sein früherer Gefährte aus Bremen, Mitbegründer und Ausgestoßner der Kommunistischen Partei. Es brauchte aber nur an einen solchen Namen gerührt zu werden, um die ganzen Schwierigkeiten der Annäherungsversuche in Erscheinung treten zu lassen. Frölichs Position entsprach in vielem der Haltung linker Kommunisten, die im Versuch, mit der Sozialdemokratie zur Zusammenarbeit zu kommen, einen Ausdruck von Falschheit und Verrat sehn wollten. Die bisher gültige Vorstellung, daß das Proletariat bei der faschistischen Machtergreifung keine Niederlage erlitten, sondern nur einen vorläufigen Rückzug angetreten habe, und daß eine revolutionäre Situation noch entstehn könne, war revidiert worden. Im August Vierunddreißig, als das Zentralkomitee zur Errichtung einer antifaschistischen Kampffront aufrief, wurde die Sozialdemokratische Partei jedoch weiterhin als Hauptstütze der Bourgeoisie bezeichnet. Erst ein Jahr später, auf dem Weltkongreß der Komintern und der darauf folgenden Brüsseler Konferenz, traten neue Bewertungen in den Vordergrund. Nun wurde konsequent unterschieden zwischen den rechten Führern der Sozialdemokratie und den Massen der parteiangeschlossnen Arbeiter. In der Praxis war die Taktik der Volksfront und der sozialistischen Einheitsfront längst von kommunistischen und sozialdemokratischen Kadern bei ihrer Arbeit in den Betrieben und Organisationen erprobt worden. Dort, im Untergrund, war die gegenseitige Unterstützung eine Selbstverständlichkeit gewesen. Für die Arbeiter bestanden noch die Reste einer gewerkschaftlichen Tradition, und von ihrer grundsätzlichen Bereitschaft zum Zusammengehn konnten sie weitergelangen zum Verständnis, daß die Front, die jetzt benötigt wurde, alle Schichten der Werktätigen und auch fortschrittliche bürgerliche Kreise umfassen mußte. Keine Partei oder Gruppe allein vermochte, das faschistische Regime zu stürzen. Es wurde klargemacht, daß es zunächst darum ging, die Gefahr eines Kriegs abzuwehren. Dies war das gemeinsame Anliegen einer Volksfront, die sich aus breiten Bevölkerungsschichten zusammensetzte. Eine solche Volksfront schloß die im Proletariat verankerte Einheitsfront nicht aus. Die Klassengesellschaft bestand weiterhin, und auch ein zeitweiliger Zusammenschluß konnte nicht darüber hinwegtäuschen, daß der Kampf gegen die Kapitalherrschaft weitergeführt werden mußte. Die führenden Sozialdemokraten begründeten ihre abweisende Haltung damit, daß die Kommunistische Internationale den Gedanken eines Siegs über den Faschismus im Herbst Fünfunddreißig noch mit der Losung der Proletarischen Diktatur verband. Zu jedem Zeitpunkt aber, auch während der Volksfrontpolitik, war das Ziel des Kommunismus die klassenlose Gesellschaft. Auch wenn die Kommunistische Partei jetzt unterstrich, daß diese Entwicklung nicht aus einer sozialistischen Revolution hervorzugehn brauchte, weigerten sich die sozialdemokratischen Führer, an Verhandlungen teilzunehmen, und hielten somit an der Zersplittrung der Kräfte fest. Für sie stand die Frage der zukünftigen Gesellschaft, nicht die unmittelbare Notwendigkeit des antifaschistischen Kampfs im Vordergrund. Sie wollten die grundsätzlichen ideologischen Verschiedenheiten nicht zurückstellen zugunsten eines gemeinsamen Ausgangspunkts. Die Fortsetzung der Bemühungen um Einheit verlangte von den Initiatoren Energie, Geduld, Disziplin und Selbstüberwindung. Die Umstellung auf die neuen Richtlinien wollte auch manchen kommunistischen Funktionären nicht immer gleich gelingen. Was auf der Basis entstehn konnte, stieß, auf höherer Ebene in Leitsätze übertragen, oft auf Zweifel und Widersprüche. Die spontanen Annäherungen im geheimen waren zu systematisieren und einzubaun in eine umfassende Politik, die Direktiven führten zu Spannungen, ehe ein klares Handlungsmuster zu erkennen war. Die Arbeiterbewegung, so hieß es nun, hatte neue Methoden und Formen des Kampfs, neue, den Gegebenheiten eines jeden Lands entsprechende Übergangsstadien ausfindig zu machen. Für uns, die wir versuchten, etwas von den historischen Abläufen zu erfahren, war nicht zu ersehn, ob die konspirative Front, auf der sich Wehner, Merker, Ackermann und andre Kommunisten neben Gewerkschaftern wie Brass, Michaelis, Kleinspehn, Petrich, Brill, Künstler befanden, schon in einem Zusammenhang stand mit der Volksfront, wie sie in Paris im Sommer Fünfunddreißig von einem ersten Ausschuß vorbereitet wurde. Im Bild überwog noch der Gegensatz zwischen den von sozialistischen Motiven bedingten Tätigkeiten und den von der Liberalität linker Bürgerlichkeit geprägten Manifestationen. Hinter der einen Aktivität standen, anspruchslos, schweigend, versteckt, die anonymen Arbeitenden, die andre war in einen Leuchtkreis geschoben, lebte gänzlich durch die Namen der Beteiligten. Doch durfte der Kampf ja nicht nur im Verborgnen geführt werden, er mußte, zur Verbreitung des Anliegens, an die Öffentlichkeit gelangen. Trotzdem drängte sich die widersprüchliche Zusammensetzung dieser geplanten Gemeinschaft auf. Dort unten die Aktivisten, die Praktiker der Einheit, die ihr Leben stündlich aufs Spiel setzten, isoliert in ihrer Überzeugung, dort oben, ungehindert, offen sich selbst darstellend, die Theoretiker, die an jedem Wort ihrer Erlässe feilten. Wieder ist es so, daß das gesamte Vorhaben getragen wird von den Arbeitern, sagte mein Vater, im Formulieren, heißt es, seien sie nicht so bewandert, dabei kamen die besten, schlagkräftigsten Aufrufe stets von ihnen, während der revolutionären Kämpfe, der Streikaktionen, jetzt aber geht es um Diplomatie, und dort sind sie traditionsgemäß ausgeschlossen. Dennoch war es bedeutungsvoll, daß einige leitende Sozialdemokraten nun der Einladung der Kommunistischen Partei Folge geleistet hatten und mit ihrer Teilnahme an dem von Koenen und Münzenberg gegründeten Komitee Stellung nahmen gegen ihre eigne Parteiführung. Als im Oktober Fünfunddreißig Dahlem, Merker, Ulbricht, Ackermann und Wehner mit der operativen Auslandsleitung der Partei beauftragt wurden, fanden sie in Paris Partner, die der Bildung einer Volksfront zustimmten, jedoch kein gültiges Entscheidungsrecht besaßen. Hier wurde sondiert, auf welche Weise der sozialdemokratische Vorstand in seinem Exil in Prag zu einem Entgegenkommen zu bewegen wäre.

Oft wurde, nach Taubs Meinung, zu eilig, unter Druck gehandelt. Sie wünschen immer gleich Resultate, die kommunistischen Genossen, hatte er gesagt. Es müsse erst darum gehn, einander kennenzulernen, einander über Absichten, über künftige Wege zu informieren. Doch worauf sollte noch gewartet werden, wurde gefragt, kannten sie einander nicht gut genug. Es war keine Zeit mehr zu verlieren. Wehner äußerte, beim Hinweis auf das Treffen in Prag, daß hier zumindest die Schranke völliger Unzugänglichkeit angehoben worden war. Vielleicht kam bei dem dreieinhalb Stunden langen Gespräch am dreiundzwanzigsten November zwischen den kommunistischen Bevollmächtigten Ulbricht und Dahlem und den sozialdemokratischen Parteiführern Vogel und Stampfer ein Augenblick der Erinnerung auf an die Konferenzen von Zimmerwald und Kienthal. In einer solchen Sekunde konnte Liebknechts gedacht werden, der aus dem Gefängnis seine Grüße geschickt hatte, viele der Gefährten, die jetzt zwei verschiednen Internationalen angehörten, saßen in Deutschland in den selben Gefängnissen. Das Los der Aktivisten aber war noch nicht imstande, ein Bündnis zu bewirken, vielmehr machte sich wieder die Bitterkeit bemerkbar, die aus der Vergangenheit übriggeblieben war. Für die Sozialdemokraten waren die Kommunisten immer noch die Splitterer, diejenigen, die aus der Bewegung ausgebrochen waren, und für die Kommunisten waren die Führer der andern Arbeiterpartei weiterhin die Verräter an der Revolution. Der Feind war der gleiche geblieben, war nur um ein Vielfaches stärker geworden, und wieder stand man ihm vereinzelt gegenüber, zum sofortigen Eingreifen drängten die Kommunisten, nach Ausflüchten, Verzögerungen suchten die Sozialdemokraten. Der Kompromiß aus den Jahren Fünfzehn, Sechzehn hatte sich verbraucht, eine gemeinsame Verurteilung des Imperialismus war nicht mehr möglich. Die Erklärung, daß ein antifaschistisches Zusammengehn notwendig sei, wie Ulbricht und Dahlem es vorschlugen, wurde vom sozialdemokratischen

Vorstand abgewiesen. Die späteren Erklärungen von Vogel und Stampfer ließen durchblicken, daß sie fürchteten, eine öffentliche Deklaration würde viele der Sympathisierenden nach rechts treiben, in der Annahme, die Sozialdemokraten seien nun zu den Kommunisten übergegangen. Sie bezichtigten die Kommunisten, sich der Front nur als eines Mittels zur Verdrängung der Sozialdemokraten zu bedienen, während sie selbst versuchten, kommunistische Arbeiter ins eigne Lager hinüberzuziehn. Wenn sie verlauten ließen, es ginge der Kommunistischen Partei nicht um eine Wiederherstellung der Demokratie, sondern um die Schaffung von Voraussetzungen für die Diktatur des Proletariats, so äußerte sich darin die Furcht, daß bei einer sanktionierten Interessengemeinschaft der kommunistische Einfluß zu stark werden könnte. Während die Kommunisten Schritte forderten zur unmittelbaren Unterstützung der antifaschistischen Aktionen im Land, wollten sich die Sozialdemokraten zuerst an die Ausarbeitung eines Regierungsprogramms machen. Immer wieder hielten sie der Kommunistischen Partei vor, daß sie den revolutionären Weg nur zeitweilig aufgeschoben hatte. Daß einzelne Kommunisten, mein Vater nannte Schubert und Schulte, Dengel, Leininger und Maslowski, die am Ziel eines Sowjetdeutschlands festhielten und, wie damals die Vertreter der Offensivtheorie, die Annäherung an die Sozialdemokraten als Versöhnlertum bezeichneten, gemaßregelt und vom Parteiausschluß bedroht worden waren, wurde den Kommunisten nun wieder von Taub und von Peuke als undemokratisches Verfahren vorgehalten. Als Zeichen des Gegensatzes zwischen den Parteien wurden die Maßnahmen genannt, mit denen Genossen, die dem Wechsel der Positionen nicht folgten, vom Apparat getroffen, geschlagen und zu Fall gebracht wurden. Gewiß, es gäbe Parteiausschlüsse auch bei den Sozialdemokraten, doch seien sie nicht in der gleichen totalen und definitiven Art gegen die Person gerichtet. Weil, so konnte geantwortet werden, die sozialdemokratische Partei auch nicht zu definitiven Handlungen aufforderte, weil die totale gesellschaftliche Veränderung für sie keine Grundfrage sei. Immer war, dies ging aus den spärlichen Mitteilungen über die Begegnungen hervor, den sozialdemokratischen Führern mehr an ihrem Prestige gelegen als an ihrem Willen, dem faschistischen Vormarsch zu begegnen. Lieber warteten sie, verharrten im Unlösbaren, als daß sie bei einem Schritt, der als ein Nachgeben ausgedeutet werden könnte, ihre früheren Allianzen aufs Spiel gesetzt hätten. Selbst wenn die Frontparolen der Kommunisten mit ihrer überparteilichen Einstellung eine einer bestimmten Situation angepaßte Taktik waren, und wenn, nach erfolgreichem Kampf, wieder die ideologische Scheidung in den Vordergrund treten würde, so hatten sie doch nicht mehr zu verlieren als ihr Mitbeteiligter am Bündnis. Auch dieser ließ sich auf das Experiment des Zusammenwirkens ein, ließ es ankommen auf ein Kräftemessen. Welche Garantien könnt ihr uns geben, sagten die Sozialdemokraten, daß nach einer Wiedereroberung demokratischer Freiheiten das Volk selbst entscheiden solle, ob es eine Sowjetmacht wünsche oder eine Nationalversammlung. Gleichzeitig verhandelten sie mit Repräsentanten des Kapitals, des Großbürgertums, des Militärs, mit Kreisen, die ihre eignen Interessen nun auch gefährdet sahn von einer Entwicklung, die immer extremer wurde und ins Selbstzerstörerische umzuschlagen drohte und mit deren Hilfe sie hofften, zu einer Republik alten Stils zurückzugelangen. Sie verfolgten die gleiche Linie, die sie Neunzehnhundert Achtzehn eingeschlagen hatten, sie taten es noch mit einem gewissen Zögern, wußten aber von Anfang an, daß sie es nie zur Frage einer Alternative kommen lassen würden. Aus allen Sondierungen hoben sich die beiden Pole ab, die sozialistische Demokratie und der demokratische Sozialismus. In der einen Gesellschaftsform würde, als Vorstufe zum Kommunismus, die Macht der besitzenden Klassen eliminiert und die Volksherrschaft hergestellt sein, in der andern war der gewaltsame Umsturz ausgeschlossen, hier sollte durch parlamentarische Entscheidung, im freiheitlichen Kampf der Parteien, die Hegemonie des Kapitals allmählich verdrängt werden. Doch hatte mein Vater zwei Jahrzehnte lang gesehn, was der sozialdemokratische Reformismus vermochte, und einem fortgesetzten Kollaborieren mit der Bourgeoisie wäre auch in Zukunft jene Grenze gesetzt, über die hinaus nichts mehr zu erreichen war. Denn wären die Arbeiter auch zum friedfertigen Weg zur sozialen Gerechtigkeit bereit, die Besitzer der Produktionsmittel wären es nie. Früher oder später würden die Reformen zurückschlagen und sich gegen sich selbst richten, weil sie die bestehenden Verhältnisse konservierten. Das Reaktionäre würde das Fortschrittliche ersetzen, indem die Arbeiterklasse durch die nichterfüllten Hoffnungen, das Hingehaltenwerden entkräftigt und demoralisiert wurde und die Menschen ihr Unterscheidungsvermögen verloren. Immer war appelliert worden an die Geduld, die Gutwilligkeit des Proletariats, während einer solchen Zurückhaltung stets bewaffnete Gewalt gegenüberstand. Unternahmen die Arbeitenden auch nur den geringsten Schritt über das Zugelassne hinaus, stellten sie ihre Forderungen in einem Ton, der die Unterwürfigkeit vermissen ließ, der einer Drohung gleichkam, schon reihten sich vor ihnen die Streitkräfte der Herrschenden auf, und dort wurde nie mit den Salven gespart. Selbst wenn es sich bei der sozialdemokratischen Führung um idealistische Überzeugung handeln sollte und nicht um eine Auflösung der Ideologie, so war doch aufs neue die Frage zu stellen, warum sie, deren Partei viele militante Mitglieder besaß, nicht den Selbstbetrug in ihrem Pazifismus einsehn wollte. Demokratisch regieren, sagte mein Vater, das bedeute, die Meinungen aller gelten zu lassen. Doch was halfen die Ansprüche der arbeitenden Bevölkerung, fragte ich, so lange Armee und Polizei, Massenmedien und Unterrichtswesen im Dienst der herrschenden Klassen standen. Durch politische Aufklärung, durch Stärkung der gewerkschaftlichen Organisationen würde es einmal gelingen, sagte er, die Kräfteverhältnisse zugunsten der Produzierenden abzuändern. Die Sprache des Streiks, der unbewaffneten Druckmittel müsse schließlich ihre Übermacht gegenüber den Gewehren beweisen. Und wenn wir dann argumentierend auf eine Wand stießen und wenn ich darauf bestand, daß eine Sturzflut von Verleumdung und Lüge jeden Protest, jede progressive Aktion unschädlich machen würde, wie jeder Ansatz zum sozialistischen Denken an Verhaftung, an Liquidierung scheitern würde, so hatte er den Hinweis bereit, daß die Sozialdemokraten bei ihren Bemühungen um eine Volksfront den Anschluß an bürgerlich demokratische Kräfte vorziehn müßten, da sie die Kommunistische Partei durch die Geschehnisse in der Sowjetunion mißkreditiert sähen. Verbarg sich, fragte ich mich, unter einer solchen These nicht nur die eigne Entmutigung und Handlungslähmung. Oder war das Zögern in der Hoffnung begründet auf einen Krieg zwischen Deutschland und der Sowjetunion, bei dem Faschismus und Kommunismus verbluten und zu späterem Zeitpunkt die Westmächte eingreifen würden, um nicht nur ihren, sondern auch den Sieg der Sozialdemokratie herbeizuführen. Tatsächlich sprach die Betonung der sogenannten westlichen Werte, die diplomatische Tätigkeit in den kapitalistischen Zentren, die ständige Denunzierung der Sowjetunion von der sozialdemokratischen Absicht, Deutschland eher einem Vernichtungskrieg auszuliefern, als mit der Kommunistischen Partei in ein Bündnis zu treten. Die Konsequenzen eines solchen Gedankens waren meinem Vater noch unvorstellbar. Sie würden, entsprächen sie der Wahrheit, sagte er, die Partei bis auf den Grund zerstören. Die Aufgabe, die von den Kommunisten immer wieder in den Vordergrund gestellt wurde, war die Bekämpfung der drohenden Kriegsgefahr, der sozialdemokratische Vorstand aber war für keine Teilnahme zu gewinnen. Die antifaschistischen Gruppen bestanden weiter in der Rüstungsindustrie, der Arbeitsfront, dem Luftschutz, den Sportvereinen, den Jugendorganisationen, die sozialdemokratischen Führer jedoch ließen verlauten, daß die Arbeiterschaft nicht fähig sei, sich gegen die Diktatur zu erheben, und daß jeder Versuch, die Kampfhandlungen zu stärken und auszuweiten, verantwortungslos sei, da dies nur neue Opfer bringen würde. Die Massenstreiks, der Zusammenschluß der verschiednen Gewerkschaften in Frankreich, im Frühjahr Sechsunddreißig, hatten der deutschen Opposition neue Zuversicht gegeben. Ein im Ausland beschlossnes Aktionsprogramm wäre von unmittelbarer moralischer Wirkung gewesen. Da die sozialdemokratische Führung an ihrem Zögern, ihrer Abweisung festhielt, konnte kein Zweifel mehr daran bestehn, daß sie die Aktivität in Deutschland nicht nur aufgegeben hatte, sondern sich auch darum bemühte, sie zu isolieren und zerschlagen zu lassen. Auch Peuke glaubte nicht mehr, wie mein Vater sagte, an eine Tätigkeit im Untergrund. Er gehörte, nach seinem Austritt aus der Kommunistischen Partei, der Gruppe Neu Beginnen an. Nach Peukes Erklärung sei es falsch, in der gegenwärtigen Situation die Kommunistische Partei in Deutschland überhaupt aufrechtzuerhalten. Vielmehr müsse man heute als konsequenter Marxist in einer breiten Massenpartei arbeiten, von der Art der englischen Labour Party oder der französischen Sozialistischen Partei. Er stimmte somit, wie viele linke Sozialdemokraten, dem Standpunkt Trotzkis zu, der den Gedanken der Volksfront ablehnte und seinen Anhängern in Frankreich empfahl, bei den Sozialisten unterzutauchen. Letzten Endes zielten alle diese Manöver darauf ab, das von der Sowjetunion angestrebte Bündnis mit den Westmächten gegen den Faschismus zu verhindern. Machtlosigkeit wollte aufkommen angesichts der Zersplittrung, die nicht, als Meinungsstreit, die ideologischen Positionen zur Klärung trieb, sondern zur Desorientierung führte gegenüber der anwachsenden feindlichen Geschlossenheit. Dann aber zeigte sich wieder die Stärke der Kommunistischen Partei, die, als einzige im Besitz eines Organisationsapparats, der Unentschiedenheit und Mutlosigkeit der andern Gruppierungen ihre Ausdauer entgegensetzte. Seit dem Sommer Sechsunddreißig wollten die sozialdemokratischen Führer erst recht abwarten. Jetzt sollten erst einmal Lehren gezogen werden aus dem spanischen Bürgerkrieg. In der französischen Volksfront sahn sie die Balance gewahrt durch die Politik Blums, der es verstand, die konservativen Kräfte stets dem Druck der Kommunistischen Partei entgegenzuschieben und jede Einmischung in den Kampf des republikanischen Spaniens zu vermeiden. Sammelten sich die Freiwilligen auch in Frankreich, so konnten sie doch nur illegal, in kleinen Gruppen oder einzeln, über die Pyrenäengrenze gelangen. Aufmerksam wurde im sozialdemokratischen Quartier die Entwicklung in der Regierung der spanischen Republik verfolgt. Innerhalb kurzer Zeit hatte die Kommunistische Partei dort die führende Stellung gewonnen. Gleich Blum, der pathetisch von der Volksmacht redete und das bürgerliche System seines Lands schützte, schlossen sich die deutschen Sozialdemokraten den westlichen Bemühungen an, das Entstehn eines Sowjetspaniens abzuwehren und eine Diplomatie vorzubereiten, die zur Absicht hatte, die spanische Sozialdemokratische Partei zum Träger eines künftigen Friedensschlusses zu machen. Bei Hinweisen auf ihre Vorstellung von einer neuen Entwicklung in Deutschland hatte das Wort Sozialismus nur noch fossile Bedeutung, sie hoben hervor, daß die Arbeiterklasse nie mehr den andern Klassen des Lands gegenübergestellt werden dürfe, daß alles, was an Klassenkampf erinnre, zu vermeiden sei. Wenn die Haltung der rechten sozialdemokratischen Führer bedingt war durch den längst vollzognen Entschluß, innerhalb der kapitalistischen Ökonomie zu wirken, so mußte doch wieder die Frage gestellt werden, warum die Massen der Arbeitenden in vielen Ländern noch den traditionellen reformistischen Idealen, der Vorstellung von friedlicher Evolution folgten. Erklären ließ sich dies nur aus einer elementaren Unsicherheit, aus einer Furcht vorm Zerfall des Gewohnten. Allzu gut kannten sie die Ungerechtigkeiten, die Gewalttaten, die ihnen widerfuhren. Doch je größer die Bedrückung des täglichen Lebens wurde, desto stärker machte sich der Trieb geltend, sich festzuklammern an das Geringe, das sie im Verlauf der Jahre gewonnen hatten. Als Ersatz für ihre Einflußnahme auf die Gesellschaft hielten sie sich an die Gewerkschaften, trösteten sich damit, in ihnen eine Organisation zu besitzen, die ihre minimalen Forderungen verteidigte. Die Gewerkschaften waren nicht mehr Instrument für den Kampf um Selbständigkeit, vielmehr wurden sie hier gebunden, niedergehalten, abgelenkt von ihrem eigentlichen Anliegen. Die Gewerkschaften waren zur Waffe der Führenden geworden, um die Arbeitenden zu pazifizieren. Hier wurde eine Wesensart gezüchtet. Das sozialdemokratische Syndrom untergrub das Empfinden für Klassenzugehörigkeit, es baute auf die Ängstlichkeit der Mitglieder, machte ihre anerzogne Schüchternheit konstitutionell, zog sie hinein in die Schichten des Kleinbürgertums, wo sie, weder dem Proletariat noch den Mittelständen zugehörig, sich als Reservoir für reaktionäre Zwecke ausnutzen ließen. Unverständlich jedoch blieb das Verhalten meines Vaters. Er ließ sich allenfalls aus seiner Enttäuschung über den Werdegang der Kommunistischen Partei erklären. Ihm lag jede Anpassung an das sozialdemokratische Laborieren fern. Er hielt sich starrsinnig auf der untern Ebene, die noch geprägt war von einer Solidarität zwischen den Arbeitsgefährten. Nie wäre er denen gefolgt, die um eines geringen Aufstiegs willen in die Abhängigkeit von Obleuten, Meistern, Betriebsleitern gerieten. Er sah, auf welche Weise sich in seiner Partei die Abtrennung von den Interessen der Arbeiterklasse vollzogen hatte. Es war dieses Denken nach oben, das den Funktionären in Fach und Partei ihr Gesicht gab. Unten, an den Arbeitsplätzen, wurde horizontal gedacht, da wurde der Nebenmann gesehn, doch schon beim erstbesten Kontakt mit einem Vorgesetzten begann die Willfährigkeit, und je höher hinauf der betreffende geriet, desto vertrauter wurde er mit den Ansichten und Vorstellungen der Oberen, und wenn er dann, geschmeichelt vom Umgang mit ihnen, ihre Argumente nach unten trug, so geschah es leicht, daß er als ihr Fürsprecher auftrat. Wenn das Festhalten an der sozialdemokratischen Ordnung gegen die folgerichtige gesellschaftliche Analyse sprach, so konnte auch, nach Ansicht meines Vaters, der kommunistische Standpunkt spätestens seit dem August Sechsunddreißig nicht mehr vertreten werden. Gegen Ende des zweiten Fünfjahresplans, sagte er, bei den Erfolgen der Industrialisierung, des Aufbaus der Kollektivwirtschaft, stellte sich der Erste Arbeiterstaat, trotz aller Gewaltmaßnahmen, für viele als vorbildlich dar. Als die Prozesse dann begannen, kamen Zweifel auf. Doch darüber war nicht mehr zu sprechen. Daß es auf beiden Seiten Abstoßendes gab, befreite uns nicht davon, eine Entscheidung zu treffen, auf welchem Weg wir noch Möglichkeiten für das Weiterkommen sahn. Passivität, Pessimismus waren die äußeren Kennzeichen der leitenden Sozialdemokraten, insgeheim indessen empfahlen sie sich in den Verwaltungszentren der Monopole. Die Kommunisten, beklommen, bedrängt durch die Unsicherheiten in der Partei, setzten dezimiert die Arbeiten fort, die geleistet werden mußten, um Europa nicht gänzlich dem Faschismus zu überlassen. Zwischen dergleichen mystischen Begriffen wie faschistische Umneblung und Raubgier und dem im Kommunismus praktizierten Personenkult mußten sie ihr Vertrauen in die sozialistische Wissenschaftlichkeit mobilisieren, mußten, von Gerüchten eingesponnen, am praktischen Denken festhalten, und selbst auf die Gefahr hin, abberufen und entmündigt zu werden, ihre nächstliegenden Aufgaben erfüllen. Daß sie, unter derartigem Druck, eine Härte entwickelten, die ihnen vielleicht zeitlebens anhaften würde, konnte ihnen nicht vorgeworfen werden. Auch war diese Härte, diese ständige Anspannung, eine Voraussetzung, um die Verhandlungen weiterzuführen mit den Vertretern der Partei, deren Vorstand den sozialdemokratischen Arbeitern in den deutschen Betrieben jetzt jedes Zusammengehn mit kommunistischen Kadern untersagt hatte. Spitzeln und Provokateuren ausgesetzt, nicht nur von faschistischer, sondern auch von sozialdemokratischer Seite, selber bedingungslos der Parteilinie verpflichtet, hatten die kommunistischen Zellen sich doppelt und dreifach abzusichern, was die innerdeutsche Arbeit zeitweise fast lahmlegte. Und während im Zentrum jeder zur Zurückhaltung gezwungen war, sollte nach außen hin, beim fortgesetzten Versuch der Volksfrontbildung, an der Beseitigung des Mißtrauens gearbeitet werden. Vielleicht, sagten wir uns, lag hinter der Konfrontation der kommunistischen Beauftragten mit Breitscheid, dem ehemaligen Vorsitzenden der sozialdemokratischen Reichstagsfraktion, mit Braun, dem früheren Leiter der Sozialdemokratischen Partei im Saargebiet, mit Grzesinski, einst preußischer Innenminister, der Versuch, einen Umbruch in der sozialdemokratischen Führungsspitze hervorzurufen, den rechten Flügel von den linken Kräften verdrängen zu lassen. Doch so, wie über den in Paris versammelten Sozialdemokraten die Elite stand, die das Vertrauen der Westmächte besaß und ohne die die Partei sogleich die Unterstützung der Weltfinanz verlieren würde, so waren auch die kommunistischen Funktionäre in jeder eigenmächtigen Bewegung gehindert. Bereits ein Gespräch zwischen einem Kommunisten und einem Sozialdemokraten außerhalb eines bestimmten Gremiums konnte zu Verdächtigungen und langwierigen Verhören führen. So war auch Wehner wegen seiner persönlichen Beziehung zu Breitscheid angedroht worden, vor den Parteiausschluß zu geraten, und aufs neue hatte er sich gefährdet, als er in Paris mit meinem Vater zusammentraf. Wie Genossen berichteten, die aus der Sowjetunion nach Prag gekommen waren, hatte er sich gegenwärtig vor der Parteileitung in Moskau zu verantworten. Wieder vermittelte das Bild, das noch schattenhaft war, dieses Ausgesetztsein, diese ungeheure Unsicherheit. Jeder, und erschien er auch nur sekundenlang in meiner Vorstellung, hatte den Ausdruck höchster Konzentration. Die fieberhaften Begegnungen dieser Zeit, das ständige Anwachsen der feindlichen Angriffsmittel mußte sich auch im eignen Lager auswirken, als ein Nervenkrieg, der zu Zerwürfnissen und Spaltungen führte. Oft waren Beauftragte bei ihren Reisen durch das vom Faschismus besetzte Land wochenlang abgeschnitten von der politischen Entwicklung, fanden sich dann in eine veränderte Sachlage versetzt, die taktische Umstellung verlangte. Beim Überbringen einer kurzen Meldung mußten labyrinthische Wege zurückgelegt werden. Aus spärlichen Informationen sollten konspirative Vorgänge zu etwas Sichtbarem, Erkennbarem zusammengefügt werden. Perspektiven sollten aufgezeichnet werden, und dabei waren die an den Untersuchungen Beteiligten oft den gleichen Mußmaßungen und Rätseln, den gleichen Zufälligkeiten und Trugschlüssen ausgeliefert wie wir. Mehrmals war Wehner in Prag gewesen, jedesmal blieben die Verbindungsleute aus, und die Unterbringung versagte. Im Frühjahr Fünfunddreißig, in einem Hotel abgestiegen, wurde er bei einer Razzia festgenommen. Obgleich er mit Papieren versehn war, die aus einem Unterschlupf in der Treptower Sternwarte stammten, dem besten derzeitigen Fälschungszentrum, hatte die tschechoslowakische Staatspolizei, wahrscheinlich auf Hinweis eines Emigranten, seine Identität ermittelt, ihn zunächst zwei Wochen lang in eine Isolierungszelle gesperrt, dann weitere fünf Wochen im Gefängnis behalten, ihm angedroht, daß man ihn, wie andre Kommunisten zuvor, nach Deutschland abschieben würde, und ihn schließlich ohne vorherige Erklärung nach Mährisch Ostrau gebracht, ins Dreiländereck, und der polnischen Polizei übergeben, die ihn in einem verschlossnen Waggon zum sowjetischen Grenzbahnhof Negoreloje beförderte, wo er einige Tage in einem fensterlosen Schuppen zu warten hatte, bis aus dem Sekretariat für deutsche Fragen in der Komintern seine Einreiseerlaubnis eintraf. Die Erwähnungen solcher Reisen und Irrfahrten hatten stets etwas Beiläufiges. Wochen, Monate in der Haft, manchmal ohne Pritsche, Decke, Waschgelegenheit, gehörten zum Alltäglichen. Daß man sich blind zu orientieren, daß man jede Auskunft zu erschleichen hatte, war das Normale. Nach längerer Zeit der Abwesenheit, bei den Fahrten in der Eisenbahn durch das Land, dessen Bürger er einmal gewesen war, lauschte der Reisende mit geschärftem Gehör auf die Gespräche, um ein Bild von den Stimmungsschwankungen, den Zeichen von Ermattung und Überdruß, von Aufsässigkeit oder Zorn zu gewinnen. Er tauchte auf bei einer Versammlung im Hamburger Hafengelände, bei einer Arbeiterversammlung im Ruhrgebiet, er begab sich ins Gedränge der Massenveranstaltungen, doch zuweilen, an einem Wirtshaustisch, oder im Zugabteil, während die Landschaft draußen vorbeiglitt, konnte ihn Fremdheit überkommen. Dies waren die Augenblicke größter Bedrohung, wenn sein Mimikry fadenscheinig wurde, wenn er seinen Tarnungsnamen vergaß. Und wenn viele auch durch eine Sekunde der Unvorsichtigkeit, durch Verrat in die Kerker und Folterkeller gerieten, so erreichten andre doch ihren Bestimmungsort. Jeden Tag kamen die Boten durchs Erzgebirge. Genossen, die in Sicherheit gebracht werden mußten, wurden verborgen gehalten in den Wäldern und Bergdörfern, dann nach Prag weitergeleitet. Dort fanden die sozialdemokratischen Flüchtlinge Hilfe, Verpflegung, Asyl durch ihre Partei, durch Komitees. Sie waren zu tausenden im Land geduldet, nachdem sie sich verpflichtet hatten, politisch nicht tätig zu sein. Kommunisten jedoch, die von der Fremdenpolizei aufgespürt worden waren, wurden zeitweise, als es hieß, die Tschechoslowakei müsse ihr Verhältnis zu Deutschland verbessern, ausgewiesen und den deutschen Grenzposten übergeben. Solche Andeutungen aus unendlich verzweigten Geschehnissen mußten weiterverfolgt werden, und doch war nur Schemenhaftes zu erreichen, das gleich wieder verwischt wurde. Es war, als gäbe es noch keine Sprache für dieses Wühlen und Graben, für das stundenlange Liegen mit angehaltnem Atem, das langsame Sichvortasten, das Suchen nach namenlosen Vermittlern, nach chiffrierten Adressen, für die plötzliche Konfrontation mit dem Mörder. Mißglückte, wie es Wehner geschehn war, der Kontakt mit der nächsten Stelle der Organisation, so besagte dies, daß von einer Stunde zur andern eine Gruppe ausgefallen war und neue Entscheidungen getroffen werden mußten. Jeder, gehörte er auch einer umfassenden Aktion an, war auf sich selbst angewiesen, stand für sich allein und mußte notfalls, die Verantwortung für alle andern tragend, allein mit dieser Verantwortung zugrunde gehn. In Prag, in Paris, an bestimmten Orten, zwischen bestimmten Menschen fanden ständig Gespräche, Übereinkünfte, Auseinandersetzungen statt, die auch für uns bedeutungsvoll waren, wer waren sie, die unsre Zukunft mitbestimmten, wie bewegten sie sich, was ging in ihnen vor, welche Räume umgaben sie, welche Straßen. Dies wollte ich wissen, und mein Vater dachte darüber nach, was sich überhaupt aussagen ließ über die flüchtigen Begegnungen in Paris, vor einem Jahr, und über diese Stadt, die er ja, wie er jetzt merkte, kaum kennengelernt hatte.

Mein Bild von Paris setzte sich zusammen aus Photographien bekannter Gebäude, aus Buchillustrationen, Farbdrucken, ein paar Filmszenen. Ich konnte den Fluß vor mir sehn, die Brücken und Uferstraßen, hörte den Nachklang von Lobpreisungen und Lockungen. Paris, das war die Metropole der Dichtung, der Malerei, der Philosophie. Paris, das waren die Volksmassen, die sich mit Stöcken, Hacken, Brecheisen hermachten über die in Rauch gehüllte Bastille, das war der Triumph der Hände über versteinerte Tyrannei, das war das Gewühl winziger Menschen zwischen dem Aufgetürmten, Gewaltigen. Paris, das war das Niederreißen der napoleonischen Siegessäule auf der Place Vendôme. Ein Fest war dies, jetzt führten sie, die nie geladen gewesen waren in die Oper, drüben an der Rue de la Paix, ihr eignes Singspiel auf, zu Ziehharmonika und Blasmusik. Paris, das war ein Spottgesang auf die Potentaten, die geflüchtet waren nach Versailles. Da wurden zu den Klängen von vier Orchestern die Seile der Gewinde angezogen. Die Fallrichtung der Säule war berechnet, die Kerbe tief in ihren Fuß geschlagen, der Einschnitt an der gegenüberliegenden Seite vorgenommen worden. Ringsum waren Schutzbarrikaden errichtet. Am sechzehnten Mai Achtzehnhundert Einundsiebzig, um halb sechs Uhr abends, im Klirren der abbrechenden, aus zwölfhundert eroberten Kanonen gegossnen Bronzeplatten, stürzte die Kolonne, beleuchtet von der über den Tuilerien sinkenden Sonne. Im Geröll, in einer Wolke von Staub, lag der Imperator, mit Toga und Lorbeerkranz. Sein Betrug an der Revolution war gesühnt worden. Zwischen den Communarden stand auch Courbet. Er trug eine Schirmmütze und einen dichten dunklen Bart, wirkte vermummt, zur Flucht, zum Untertauchen bereit. Als Bevollmächtigter für Fragen der Kunst war er verantwortlich gewesen für die Manifestation dieses Tags. Was dem Volk nützlich war, sollte erhalten bleiben, was von dessen Erniedrigung sprach, sollte vernichtet werden. Schon aber, wie in einem rückwärts laufenden Film, erstand die Säule aufs neue, die Bronzeplatten flogen spiralförmig hinauf, die Bruchstücke des Kaisers fügten sich hoch oben zur trajanischen Gestalt zusammen. Courbet hatte die Kosten für den Wiederaufbau zu tragen, fünfhunderttausend Francs in Gold, Gefängnis, Pfändung, Exil. Paris, das war dieses hoffnungsfrohe Anstürmen, dieser Rausch, allzu schnell beendet, zusammengeschlagen, Paris, das war das Feuer aus den Gewehrmündungen der Verteidiger des Reichtums, das waren die Sterbenden, die versäumt hatten, die Bank von Frankreich in ihren Besitz zu bringen, die zu gutmütig, zu friedliebend gewesen waren, um den Bankiers die Kehle durchzuschneiden. Paris, das waren die Arbeiter und Handwerker, die an den von ihnen erbauten Mauern niedergemäht wurden, das waren die elf Erschossnen, hineingedrückt in die engen Bretterkisten, mit Nummernzetteln um den Hals, zwei mit der Nummer Vier, Vater und Sohn, blutig, halbnackt oder in Säcke gehüllt, manche noch mit offnen Augen, die elf aus den Reihen der zwanzigtausend, der dreißigtausend Männer, Frauen und Kinder, die nach den zweiundsiebzig Tagen der Volksherrschaft der wiedererstarkten Bourgeoisie zum Opfer fielen. Paris, das war ein Dahingehn zwischen den Tempeln, den Obelisken und Wehrtürmen der Macht, vorbei am weiß strahlenden Sacré Cœur, den Hügel überlagernd, wo einst die Kanonen der Nationalgarden standen. Paris, das war ein Verrecken am Saumsteingatter, in zerlumpten, von Abwässern durchtränkten Kleidern, Paris, das war eine grenzenlose Freiheit der Phantasie. Den Boulevard Raspail entlang, unterm Blätterschatten, gingen im September Sechsunddreißig mein Vater und Wehner, Piscator war zu ihnen gestoßen, grade aus Moskau zurückgekehrt, grau im Gesicht, mit der Hand sich über die Augen fahrend, die Verdächtigungen schildernd, denen die Schauspielerin Neher, über Nacht aus Deutschland geflüchtet, ausgesetzt wurde, und die fruchtlosen Bemühungen, sie, wie auch andre Antifaschisten, die vor die Untersuchungsbehörden geführt worden waren, zu erreichen. In dem im August eröffneten Prozeß gegen

Kamenew, Sinowjew und andre Bolschewiki wollte Wehner eine einmalige Manifestation sehn, zur Warnung, zur Abschreckung. Es wäre unvereinbar mit seiner politischen Haltung gewesen, einen Zweifel an der Rechtmäßigkeit der Urteile zu äußern. Und doch hatte er seine Betroffenheit nicht verbergen können, als er anschließend von der Festnahme Dittbenders berichtete. Dittbender, früher Bezirksverordneter in Wilmersdorf, Mitglied des Vorstands der Roten Hilfe, wo mein Vater mit ihm zusammengearbeitet hatte, gehörte zu den ersten Verhafteten im Februar Dreiunddreißig und war während des Reichstagsbrandprozesses, zusammen mit andern gefangnen Kommunisten, aus dem Zuchthaus geholt worden, um, auf das Versprechen seiner Freilassung hin, gegen Dimitroff auszusagen. Aber anstatt ihn zu belasten, verteidigte er ihn, was ihm grausame Folterungen eintrug. Die schweren innern Verletzungen überlebend, gelangte er drei Jahre später in die Sowjetunion, wo er beschuldigt wurde, er habe seine Freigabe mit dem Versprechen erkauft, in die Dienste der deutschen Staatspolizei zu treten. Dittbender, von dem Dimitroff gesagt hatte, er gehöre zu den besten der deutschen Arbeiterklasse, er, der von Jugend auf für seine kommunistische Überzeugung eingetreten war, dem niemand Feigheit nachsagen konnte, wurde nun bezichtigt, sich der konspirativen Arbeit verschworen zu haben gegen den Staat, den er immer verteidigt hatte. Beklommenheit, Gewissenskonflikte kamen auf, als die Namen derer genannt wurden, die an der Gründung, dem Aufbau der Partei, der Internationale beteiligt gewesen waren und die jetzt des Verrats, der Zusammenarbeit mit dem Feind beschuldigt wurden. Im Herbst Sechsunddreißig sah jeder die Gefahr vor sich, in Ungnade zu fallen, ausgestoßen, festgenommen zu werden, niemand mehr war seiner Stellung sicher, ein jeder kämpfte um sein Dasein in der Partei, um sein Leben und wußte doch nie, wofür er sich zu verantworten hatte. Ein Jahr später, im September Siebenunddreißig, waren sie alle hineingezogen worden in die Kette, die nicht abzusehn war, Neher war als Agentin, Spionin verhaftet, ihr zweijähriger Sohn, in Moskau geboren, war ihr weggenommen worden, Neumann, Schulte, Remmele, Kippenberger, Flieg waren gefangen, verschollen. Ein Jahr zuvor sah auch Wehner sich schon gefährdet, und viele sagten Münzenberg, der zur Prominenz der Partei gehörte, den baldigen Fall voraus. Mit diesem, und mit Beimler, war Wehner an der Zusammenstellung der ersten Freiwilligentruppe beteiligt gewesen, die sich der in Spanien gebildeten Centuria Thälmann anschließen sollte und die im Herbst, unter Beimlers Führung, bei Huesca zum Einsatz kam. Mein Vater versuchte, sich Wehners Bedenken über den spanischen Kampf in Erinnrung zu rufen. Er fragte sich, was er wiedergeben durfte von dem Gespräch mit ihm, was nicht betroffen war vom Gebot der Verschwiegenheit, was hervorgehoben werden durfte für Gleichgesinnte. Wehner hatte ihn ins Vertrauen gezogen, auch für ihn hatte die Geheimhaltung eine Grenze, wenn es darum ging, Material zu gewinnen zum Verständnis der Lage. Es ging bei allem, was sich trotz Schweigepflicht mitteilen ließ, um unser Leben, wir mußten, bei aller Verschlossenheit vorm Feind, von den Dingen wissen, die uns, ohne Einblick in die Zusammenhänge, mit sich reißen konnten. Sie standen einander nah, hatten bei der politischen Tätigkeit, als Angehörige verschiedner Parteien, aufeinander rechnen können. So war es möglich gewesen, unten an den Arbeitsplätzen, in den Wohnvierteln, auf der Straße zusammengehn zu können. Doch Wehner befand sich jetzt vor der Untersuchungskommission der Komintern. Mein Vater durfte nichts äußern, was ihn belasten konnte. Ich spürte, daß er sich meiner wieder nicht sicher war. Einen Augenblick schien es, als überlege er sich, ob ich nicht doch nur gekommen war, um ihn auszuhorchen. Ich achtete ihn für seine Vorsicht. Als er dann sprach, verrieten mir seine zögernden, knappen Worte, daß er einiges vor mir verbarg. Er verschwieg, warum Wehner auf eine Versetzung nach Spanien gedrängt hatte. Obgleich er die Schwierigkeiten, die Intrigen und Zerwürfnisse kannte, die auch mit der Organisation der Freiwilligenverbände zusammenhingen, hätte er doch den Anschluß an die bewaffneten Einheiten den Kontroversen und Zweifeln vorgezogen, die bei der Parteiarbeit aufgekommen waren. Doch vielleicht, so hatte Wehner ihm angedeutet, wäre er auch dort nicht in den direkten, offnen Kampf gegen einen kenntlichen Feind getreten, sondern nur wieder in Mißtrauen, Verleumdungen, Bezichtigungen hineingezogen worden. Marty, der einst die französische Interventionsflotte im Schwarzen Meer auf die Seite der russischen Revolutionäre gebracht hatte und der mit dem Aufbau, der politischen Leitung der Freiwilligentruppen in Spanien betraut war, wollte in jedem Deutschen, der sich anmeldete, einen Diversanten, einen Saboteur und Trotzkisten sehn. Auf seine Mißgunst sei es zurückzuführen gewesen, daß die erste deutsche Hundertschaft mit mangelhafter Ausrüstung, ohne Nachschub ins Feuer geschickt wurde. Von Wehner hatte mein Vater etwas über die Anfänge der Brigadenbildungen erfahren, andre Berichte waren später hinzugekommen. Die Centuria Thälmann, in den Julitagen im Auftrag des Zentralkomitees von Schreiner zusammengerufen und der spanischen Arbeitermiliz Carlos Marx zugeordnet, bestand ursprünglich aus etwa sechzig Mann, mehr als die Hälfte von ihnen sozialistische Sportler, die nach Barcelona, zur Gegenolympiade, gereist waren. Anfang August stellte auch Beimler, aus Paris gekommen, eine Gruppe zusammen. Unterschiedliche Zahlen wurden jetzt genannt, auf achtzig bis neunzig Mitglieder war die Centuria angewachsen, doch war nicht ersichtlich, ob es zwei Thälmann Gruppen gab. Erst im Oktober wurde von einer einheitlichen Centuria gesprochen, die hundertdreiundvierzig Angehörige haben sollte. Als sie bei Tardienta zum Einsatz kam, waren Beimler ihr politischer Kommissar, Geisen ihr Kommandant, Wille und Schindler ihre untergeordneten Befehlshaber. Dieses Zählen und Nachgrübeln, kennzeichnend für die Art meines Vaters, mit der er sich bestimmte Ereignisse nahzubringen versuchte, schien jedoch beeinflußt von Wehners Sicht. Dieser hatte von den unzureichenden Vorbereitungen der Aktionen gesprochen, vom Mangel an Munition, Verpflegung und Sanitätern. Am vierundzwanzigsten Oktober, einen Monat nach der Rückkehr meines Vaters nach Warnsdorf, war die von den Falangisten besetzte Höhe Santa Quiteria von der Centuria gestürmt worden. Die Erobrung des befestigten Klosters, sagte mein Vater, habe die Einheit vierunddreißig Tote und einundvierzig Verwundete gekostet, unter ihnen der Kommandeur Geisen. Doch auch diese Ziffern waren unzuverlässig gewesen, allgemein wurden sie nur zusammengefaßt in der Mitteilung, daß mehr als die Hälfte der Hundertschaft bei Tardienta ausgefallen war. Etwas Unbestimmtes, Beunruhigendes verbarg sich in den Hinweisen meines Vaters. Ich fragte mich, ob er mich warnen, von meiner Abreise nach Spanien zurückhalten wollte. Doch in dem Forschen und Rechnen wurde vor allem seine eigne Unsicherheit und Unzugehörigkeit deutlich. Von einer Ablehnung oder Benachteiligung der Centuria Thälmann, aus der später das Thälmann Bataillon hervorging, hatte ich nie etwas vernommen, vielmehr war sie für ihren Mut vor Tardienta berühmt und von der Regierung Kataloniens mit einem Ehrenbanner ausgezeichnet worden. Ihre Verluste waren auf die ungenügende militärische Ausbildung, die improvisierte Kampfform der ersten Monate und die Abwesenheit eines zentralisierten Stabs zurückzuführen. Ausweichend, ablenkend sprach mein Vater von Spanien, um nicht an die eigentlichen Probleme zu rühren. Er hatte beim Zusammentreffen mit Wehner empfunden, daß dieser sich in einer scharfen Auseinandersetzung mit führenden Mitgliedern der Partei befand. Und während er dann schwieg, waren ihm die Verhöre gegenwärtig, denen Wehner ausgesetzt war. Das Verwirrende und Zermürbende in diesen Verhandlungen bestand darin, daß es sich nie mit Bestimmtheit sagen ließ, aus welcher Richtung die Verdächtigungen kamen. Zu vermuten war nur, daß Münzenberg, nun selbst Objekt der Untersuchung, der Kommission einen Teil des belastenden Materials zur Verfügung gestellt hatte. Mein Vater fürchtete, der Apparat habe schon mit Wehners Abbau begonnen, so wie Münzenberg Stück für Stück seiner Rechte, seiner Realität beraubt wurde. In Paris hatte mein Vater noch nichts von den Anfängen dieses Prozesses geahnt. Nach außen hin besaß Münzenberg, Mitbegründer der Kommunistischen Partei Deutschlands, einer der wenigen deutschen Kommunisten, die Lenin bereits während des Schweizer Exils nahstanden, noch hohes Ansehn als Propagandist und Publizist, nur Unstimmigkeiten zwischen ihm und der von Ulbricht geführten Parteigruppe waren bekannt, doch von solchen Unstimmigkeiten, über die Taktik der Weiterführung des antifaschistischen Kampfs, blieb keiner frei. Heute erst, im Herbst Siebenunddreißig, konnte er sehn, wie eine Revidierung des Begriffs Münzenberg einsetzte, wie in Anspielungen hier und da Münzenbergs Vergangenheit abgeändert, wie Verdienste ihm abgesprochen wurden. Nicht nur seine Bedeutung für die Geschichte der Partei wurde gemindert, verdreht, auch seine zahllosen Unternehmen, vom Aufbau der Internationalen Arbeiterhilfe für Sowjetrußland, von der Gründung seines Verlags bis zum antifaschistischen Schriftstellerkongreß in Paris, zum Volksfrontgremium, zur Weltfriedensbewegung, wurden losgelöst von ihm, seines Namens beraubt. Es lag darin die zähe, ingrimmige Entschlossenheit, ihn auszulöschen. Neunzehnhundert Fünfzehn, als Mitarbeiter der Zeitung Volkswille, dem Blatt der ungarischen Sozialdemokratie, hatte mein Vater Kontakt aufgenommen mit Münzenberg, der der Zimmerwalder Linken angehörte. In der Redaktion der Arbeiterpolitik in Bremen stand er im Schriftwechsel mit ihm, Münzenberg war nun Leiter der Sozialistischen Jugendinternationale. Später, in Berlin, hatte er in der Organisation der Arbeiterhilfe mit ihm zu tun, lieferte auch eine Zeitlang Beiträge für die Arbeiter Illustrierte, die Münzenberg herausgab. Diese Zeitung, sagte mein Vater, war ausschlaggebend gewesen für unsre Meinungsbildung. Jede Woche lieferte sie uns Material für die wichtigsten Debatten, und sie leitete viele von uns heran an Probleme der Kunst, der Literatur, der Wissenschaft. Hier wurde im Bild weitergeführt, was die großen, von Münzenberg nach Deutschland gebrachten Filme Eisensteins, Pudowkins, Ekks, Vertows angeregt hatten. Und nun, sagte er, höre ich, wie auch dieser Einsatz verringert wird. Münzenberg, dem es gelungen war, das bürgerliche Pressemonopol zu durchbrechen und Massenmedien in den Dienst der Partei zu stellen, konnte früher schon abschätzig der rote Hugenberg genannt werden, jetzt heißt es, er habe sich nur persönlich bereichern wollen und wäre wegen Veruntreuung der ihm zur Verfügung gestellten Kominterngelder nach Moskau befohlen worden. Auch Wehner schien sich, im September Sechsunddreißig, schon von Münzenberg abgewandt zu haben. Bemerkungen waren gefallen, aus denen hervorging, daß er ihn für einen Faiseur hielt. Er sei prinzipienlos gewesen, habe allzu oft seine taktischen Stellungen gewechselt. Mein Vater verteidigte ihn. Daß er sich nicht festlegte, sagte er, gehörte zu seinem journalistisch zugespitzten Stil, zu seiner polemischen Methode. Er wollte Zeiterscheinungen erklären, dies war nur möglich, wenn ständig der Gesichtspunkt verschoben wurde. Seiner Vielseitigkeit entsprach die von ihm geförderte Kunst der Fotomontage, des experimentellen politischen Films. Die jetzigen Herausgeber der Zeitung in Prag wollten geltend machen, daß Münzenberg keinen Anteil an der Profilierung des Blatts gehabt hatte, vielmehr habe er versucht, den Abdruck von Heartfields eindrucksvollen Montagen zu verhindern. Es sei Münzenberg einzig um die Entfaltung einer persönlichen Macht gegangen, sagte Wehner. Wohl sei er voll von Einfällen gewesen, andre aber hätten die Arbeiten ausführen müssen. Mein Vater sah nichts Negatives in dieser Eigenschaft des Inspirators. Er nannte es Stärke, daß Münzenberg, als Mitglied des Zentralkomitees, immer den Anschein völliger Unabhängigkeit erweckt hatte. Er war der letzte, sagte er, der an Luxemburgs Forderung auf offne Diskussion in der Partei festhielt. Beklommen, in einer Zeit, da jede Äußerung, jedes Vorhaben zu Verdächtigungen führte, nahm er wahr, daß nun Münzenberg an die Reihe kam, verurteilt zu werden, und niemand vermochte sich von solchen Übergriffen gegenüber seinem Nächsten freizuhalten, auch wenn er wußte, daß er selbst gleich ein Betroffner sein konnte. Das Irrationale überschattete die Logik. Die Wissenschaftlichkeit wurde ersetzt durch die Schimäre. Als mein Vater nach Paris gereist war, hatte er gehofft, Münzenberg wiederzusehn, doch es gelang ihm nicht, während der Kongreßsitzung mit ihm zu sprechen. Seit Neunzehnhundert Dreiunddreißig hatte er ihn nicht mehr gesehn, doch weiterhin seine Tätigkeiten aufmerksam verfolgt. Die Appelle zur Abwehr der antisowjetischen Hetze, zum Kampf gegen den Faschismus, zur Unterstützung der chinesischen Revolution, zur Hilfeleistung an die aufständischen Kolonialvölker, die er die Verdammten der Erde nannte, waren mit seinem Namen verbunden. Es war ihm gelungen, viele derjenigen, die dem Sozialismus noch unentschlossen gegenüberstanden, viele der Sympathisierenden, der humanistisch orientierten bürgerlichen Intelligenz, für eine Parteinahme zu gewinnen und ihre fortschrittliche Haltung zu politisieren. Seine Aufrufe waren unterzeichnet von allen, die der Literatur und Kunst, dem Theater, dem Film einer Epoche das Gesicht gaben, auch jetzt, wie oft in den Gesprächen dieser Tage, klangen die mit Werken verbundnen Namen derer auf, die an der

Spitze der politischen Bewegungen standen, ich wollte sie erst von mir wegschieben, was sollen diese Namen, dachte ich, warum soll ich mich mit ihnen befassen, wenn all die andern, auf die es ankommt, nicht genannt werden, und dann standen sie doch wieder da, drängten sich auf, als Wegzeichen, als Monumente, Brecht, Piscator, Dudow, Ihering, Jessner und Busch, Grosz, Dix, Kollwitz und Heartfield, Feuchtwanger, Döblin, Toller, Tucholsky, Ossietzky, Kisch, Becher, Seghers und Renn, Gorki, Gladkow und Ehrenburg, Dreiser, Shaw, Sinclair, Nexö, Barbusse und Rolland, Gropius, Taut und van der Rohe, Kerr und Jacobsohn, Pechstein, Muche, Hofer und Klee, Einstein und Freud. Und welche Versammlung von Autoritäten hatte Münzenberg ins Hotel Lutetia geladen, am Boulevard Raspail, im September Neunzehnhundert Funfunddreißig, zuerst einundfünzig an der Zahl, dann hundertachtzehn, bei der Konstituierung des nach dem Hotel benannten Komitees zur Vorbereitung der deutschen Volksfront. Unter den Schriftstellern und Publizisten waren Heinrich Mann, Klaus Mann, Feuchtwanger, Arnold Zweig, Toller, Leonhard, Olden, Ludwig Marcuse und Schwarzschild zu finden, und zu den Vertretern der Sozialdemokratie gehörten Breitscheid und Braun, Grzesinski und Kuttner, Schiff, Hertz und Schifrin, die in der Weimarer Regierung hohe Ämter innehatten. Schon damals muß es fragwürdig gewesen sein, ob aus diesem heterogenen Kreis von Politikern und Kulturpersönlichkeiten die Leitung einer Volksfront hervorgehn könnte. Doch wurde es anfangs als ein Gewinn angesehn, daß führende Sozialdemokraten sich mit Koenen, Münzenberg, Dahlem, Matern und Abusch, den kommunistischen Beauftragten, zusammensetzten, daß es überhaupt möglich war, zu einer Absprache zu finden, daß frühere Gegner, beim Versuch des Umlernens, nun zum ersten Mal den gemeinsamen Aufruf erließen, der innerhalb der Parteiführungen noch nicht zustande gekommen war. Handelte es sich auch nur um eine allgemein gehaltne Verurteilung des Faschismus und eine Aufforderung zur Wiederbelebung der elementarsten Menschenrechte, so hatte sich doch die Notwendigkeit des Zusammenschlusses manifestiert. Von den Aufgaben und Zielen, die das Gremium sich stellte, war noch nicht die Rede, und der innerdeutschen Opposition blieb unbekannt, auf welche Weise die Zusammenarbeit mit ihr hergestellt werden sollte. Mehr als an eine eigentliche Wirksamkeit, sagte Wehner, habe Münzenberg an eine wirkungsvolle Ausstrahlung des Kreises gedacht. Ihm schwebte eine Art geistige Gegenregierung vor, bestehend aus Berühmtheiten, die sich mit Denkschriften und hochgestimmten Reden an die Überlebenden im deutschen Untergrund wenden sollten. Diese unverbindliche Absicht aber ließ sich nicht decken mit den Intentionen des Zentralkomitees, das durch die Lutetia Gruppe Einfluß gewinnen wollte auf die bürgerlichen Oppositionsströmungen im Land. Es wurde den Kommunisten vorgeworfen, sie beabsichtigten, den überparteilichen Kreis zu einem ausführenden Organ ihrer Parteiführung umzuformen. Doch im Gegensatz zu den sozialdemokratischen und liberalen Mitgliedern des Komitees, die sich nur von außen her mit den Zuständen in Deutschland befassen und jede Teilnahme an militanten Handlungen vermeiden wollten, bemühten sich die Kommunisten um eine innre Aktivierung. Sie konnten in dem lockeren Verbund mit mehr oder weniger progressiven Einzelpersonen nur ein Mittel sehn, um weiter zu gelangen, zu einem Abkommen mit dem Vorstand der Sozialdemokratischen Partei. Erst wenn sich das Zusammentreffen auf die parteipolitische Ebene übertragen ließ, wäre zu einer praktischen Arbeit zu finden. Schon im vorbereitenden Kreis, als es darum ging, die Vorstellungen einer künftigen Staatsform zu konkretisieren, kam es zu einer Vertiefung der Meinungsverschiedenheiten. Beim Aufruf zur Hilfe für die Opfer des Faschismus, bei der Forderung der Amnestie für die Eingekerkerten, beim Protest gegen die Kriegsvorbereitungen war eine Einigung zu erlangen, was für ein Staat aber, wurde gefragt, sollte einmal aus dem antifaschistischen Kampf hervorgehn. Es genügte nicht festzustellen, daß Frieden, Demokratie, Freiheit der Meinungsäußerung, des Forschens, des Lehrens, der Religionsausübung herrschen sollten. Wer übte die Macht aus, lautete die Frage, auf welcher Grundlage baute sich der Staat auf. Im Juni Sechsunddreißig sprachen die Kommunisten, nach einer Ausarbeitung des Zentralkomitees, von einer demokratischen Republik, in der das Volk frei über alle Angelegenheiten der Wirtschaft, der Politik und Kultur entscheiden und die Regierung durch allgemeines gleiches geheimes und direktes Wahlrecht bestimmt würde. Doch wie weit, wurde gefragt, erstreckte sich der Begriff des Volks, wo begann die Grenze zu jenen, die als Feinde des Volks angesehn wurden, und nach welchen Gesichtspunkten wurde die Bourgeoisie aufgeteilt. Für alle, die sich der Front gegen den Faschismus zur Verfügung stellten, sollte es gleiche Befugnisse geben. Diese Front, die sich für ihre Rechte sammelte, würde die Verstaatlichung des Großgrundbesitzes, der Schwerindustrie, der Banken fordern. Die demokratische Republik würde noch kein sozialistischer Staat sein, aber dem Faschismus ein Ende bereiten und ein Wiederaufkommen des privaten Finanzwesens verhindern. Doch schon das Zusammengehn mit freien Gewerkschaftsgruppen, mit linken bürgerlichen Kreisen wurde von Vertretern der Sozialistischen Arbeiterpartei abgewiesen. Während Seydewitz zur kommunistischen Linie übertrat, zogen sich Frölich und Wolfstein zurück. Sie hielten die sozialistische Einheitsfront für wichtiger als das Konglomerat der Volksfront, das nur dazu angetan war, die Klassengesellschaft zu erhalten. Sie, wie auch Maslowski, weigerten sich einzusehn, daß die eine Front nicht die andre ausschloß, daß der Kampf um die Einheit der Arbeiterklasse von gleicher Wichtigkeit war wie der Versuch, so große Bevölkerungsteile wie möglich für die fortschrittliche Seite zu gewinnen. Hertz dagegen und Schwarzschild versuchten, die Tagungen von rechten Positionen her zu sprengen. Nicht zur Schwächung, sagte Hertz, sondern nur zur Stärkung des Faschismus könnte eine Volksfront dienen, in der die Kommunistische Partei einen entscheidenden Platz einnahm. Von außen begann er, zusammen mit Hilferding und Ollenhauer, zur Liquidierung der kommunistischen Parteien in Europa aufzurufen, wobei Schwarzschild sie, in seinem Neuen Tagebuch, unterstützte. Wieviel innre Umstellung, wieviel Anstrengung, früher begangne Fehler zu überwinden, von den Teilnehmern an den Zusammenkünften verlangt wurde, ging daraus hervor, daß den Kommunisten Sozialdemokraten gegenübersaßen, die, als hohe Regierungsbeamte, einmal den Schießbefehl gegen sie erteilt, den Ausnahmezustand über sie verhängt und ihre Kampfverbände, Parteiorganisationen und Zeitungen verboten hatten. Äußerste Beherrschtheit und die Einsicht in historische Notwendigkeiten waren die Voraussetzung für den Versuch dieser Koalition, es zeigte sich hier die sammelnde Kraft einer Partei, die stärker war als die Fähigkeiten aller einzelnen und frei von Ressentiment. Schwerer als für die kommunistischen Funktionäre, die im Auftrag ihrer Partei handelten, war es für Breitscheid, Braun, Kuttner, Grzesinski, entgegen der Ablehnung des Parteivorstands ihren Namen unter die Erklärungen des Ausschusses zu setzen. Wie haltbar aber, fragte ich mich, konnten ihre Unterschriften sein, und wie würden sie wirken auf die Zellen im deutschen Untergrund. Coppis Familie sah ich vor mir, in der grünen Küche, beim Lesen des Flugblatts, an dessen Text Grzesinski mitgewirkt hatte, Grzesinski, der als preußischer Innenminister verantwortlich gewesen war für den Mord, den sein Polizeipräsident Zörgiebel am Ersten Mai Neunzehnhundert Neunundzwanzig an den Arbeitern des Wedding beging. Das Maidatum war auch für mich bedeutungsvoll gewesen. Nach der nur indirekt aufgenommnen Erinnrung an den Aufstand in Bremen waren die Straßenkämpfe um den Nettelbeckplatz zum Anlaß meiner ersten politischen Stellungnahme geworden. Als die Vorgänge sich abspielten, wir wohnten damals in der Brunnenstraße, waren sie noch nicht deutlich in mein Bewußtsein gedrungen, erst zwei Jahre später, als Dreizehnjähriger, jetzt ansässig in der Pflugstraße, beim Lesen des Buchs von Neukrantz, Barrikaden am Wedding, verstand ich ihre Reichweite. Früher hatte ich von der Empörung andrer, hatte die Berichte meiner Eltern gehört, nun lebte ich tagelang in einer ungeheuren Erregung, in einer Wut, aus der Überzeugung wurde. Hier schilderte ein Buch, wie in einer Straße, es war die Kösliner Straße, die, kurz, schmal, von der Wiesenstraße begrenzt, unsrer abgeschnittnen Straße glich, sich menschliche Kraft erhob gegen mechanisierte Gewalt, und wie sie ein paar Tage auszuhalten vermochte, hinter Steinhaufen, ohne Waffen, im Sperrfeuer von Maschinengewehren, Scharfschützen, Panzerwagen. Die Brutalität, mit der die Beauftragten des Bürgertums das proletarische Recht auf den Demonstrationstag des Ersten Mai zusammenschlugen, nahm mir beim Lesen den Atem. Die grob verputzten Einschlagstellen der Geschosse in den Häuserwänden der Kösliner Straße waren noch zu sehn. Hier wehten die roten Fahnen stets dicht aus den Fenstern. Auch in unsrer Straße hatte es Entschlossenheit und Auflehnung gegeben. Wenn ich am Wochenende von der Scharfenbergschule nach Hause kam und über die Pflugstraße ging, dachte ich mir jedesmal die Möglichkeit neu aufbrechender Kämpfe aus. Ich begann, zuerst instinktiv, dann unterstützt von theoretischen Einsichten, den Mechanismus zu begreifen, der uns immer mehr in die Enge drängte, der uns unsrer Stimme berauben wollte und der am Ersten Mai Neunundzwanzig zu einer Entladung geführt hatte, die nur Vorbereitung für weitere, heftigere Schläge sein konnte. Ich sah den Widerspruch zwischen der vorgegebnen Verfassungstreue der Sozialdemokratie, der Hoffnung der Werktätigen, in dem bestehenden System zu einer Befreiung finden zu können, und dem Ausbau der Festung, von der aus die Angriffe gegen die Arbeiterklasse geführt wurden. Ich erinnerte mich, wie ich hin und her gerannt war in der Küche, in dieser Küche, durch deren Fensterritzen der Ruß vom Bahnhof drang, deren Tisch, deren Fußboden im Sommer, wenn wir das Fenster offen halten mußten, nach einer Stunde schon von einer schwarzen Staubschicht bedeckt waren, und wie ich mich fragte, wie meine Eltern in ihrer Partei noch eine Gewähr für die Verbessrung der Lebenslage, die Verändrung der Produktionsweise sehn konnten. Warum hatten die Arbeiter, im Mai Neunundzwanzig, nicht endlich die Rotationspressen der Zeitungen zerschlagen, in denen sie täglich beleidigt wurden, nicht nur der bürgerlichen Blätter, auch der sozialdemokratischen, die all diese Lügen ausspien, sie selbst seien es gewesen, die die Schuld am Gemetzel trugen, weil sie die Polizei herausgefordert hätten, warum schimpften sie nur und gingen immer wieder in den Betrieb, warum fügten sie sich, beugten sie sich, und mein Vater wiederholte jetzt, in Warnsdorf, was er auch früher geantwortet hatte, daß uns nichts andres übrigblieb, als zu arbeiten, um die Miete, den täglichen Fraß zahlen zu können. Was half es, daß Breitscheid, Neunzehnhundert Sechsunddreißig, sich um eine einheitliche Aktion mit den Kommunisten bemühte, daß er die sowjetische Politik zur Herstellung einer europäischen Sicherheit guthieß, daß Grzesinski, Kuttner sich lossagen wollten von früher begangnen Handlungen, wenn ihre Parteileitung doch festhielt am Verbund mit den Kräften, die sich immer wieder gegen die Interessen der Arbeiterklasse richten würden. In ihrer Abweisung der gemeinsamen Front im deutschen Untergrund zeigte sich nur die letzte Phase einer jahrzehntelangen Verstellung. Wie es jetzt die Kommunistische Partei war, die auf Verständigung drängte, so hatte sie auch in der Wende zu den Dreißigerjahren zur Einheit aufgerufen, wenn auch noch unscharf in der Zielrichtung, noch nicht deutlich genug zwischen der sozialdemokratischen Führung und der Masse der Parteiangeschlossnen unterscheidend. Wenn sie es Neunzehnhundert Neunundzwanzig, als die Nationalsozialisten erst wenige Sitze im Parlament hatten, noch nicht vermochte, den rapiden faschistischen Vormarsch zu errechnen, so mahnte sie doch ständig zum proletarischen Zusammenschluß, zur Gegenwehr, während der sozialdemokratische Vorstand sich mit seiner vermeintlichen Liberalität der Bourgeoisie zur Verfügung stellte und, im Werben um die Stimmen der Mittelstände, jede Gewaltanwendung gegen die revolutionär gesinnte Arbeiterschaft akzeptierte. Mochten in der Leitung auch einige widerstreben, sie kamen doch nicht heraus aus dem Kontrakt, den sie mit den Machthabern in Wirtschaft und Armee geschlossen hatten, beim Antritt ihrer Ämter hatten sie sich auszuzeichnen durch besondre Zusammengehörigkeit mit den vaterländischen Traditionen. Und doch, so sagte mein Vater zu Wehner, verstünde er nicht, was Münzenberg eigentlich vorgeworfen werde. Ihm war gelungen, freundschaftliche Beziehungen zu hohen Funktionären der Sozialdemokratischen Partei und der Gewerkschaften herzustellen, Bedingungen für den Beginn einer Volksfront zu schaffen, er hatte erreicht, was grundsätzlich von der Parteipolitik angestrebt wurde, und er hatte dieser Annäherung einen spektakulären Rahmen verliehn, um weite Aufmerksamkeit zu wecken. Hatte er nicht drauf hingewiesen, fragte mein Vater, welche Bedeutung dem Komitee, durch die Bezeichnung Lutetia, beizumessen war. Anspielungen, Scharaden, versteckter Spott gehörten zu Münzenbergs Arbeitsweise, so war Lutetia nicht nur der Name der Stadt Paris zur Römerzeit, der keltischen Wasserwohnung auf der Seine Insel Cité, sondern auch der Titel des Pariser Tagebuchs von Heine, das dessen Bekenntnis zum Kommunismus enthielt. Dieses Buch gehörte zur Lieblingslektüre Münzenbergs, behandelte zwar, wie der Autor im Vorwort zur französischen Ausgabe schrieb, die Jahre Achtzehnhundert Vierzig bis Dreiundvierzig, sei aber als eine Vorschule anzusehn für den Ausbruch der Februarrevolution Achtundvierzig. Hätten die Anwesenden im Hotel, sagte mein Vater, die Einleitung dieses Werks gelesen, so wäre ihnen Münzenbergs Vorhaben deutlich geworden, was einige allerdings vielleicht davon abgeschreckt hätte, dem Komitee beizutreten. Da hatten sich, unterm Zeichen Lutetia, bürgerliche Freidenker zu den Kommunisten gesellt, und der von ihnen verehrte Dichter Heine erteilte ihnen eine Lektion darüber, wer der wahre Held dieses Augenblicks war, die Soziale Bewegung. Nun einmal unter besten Absichten versammelt, hätten sie, wären sie hellhörig gewesen, vernommen, was Heine ihnen zu sagen hatte, vornehmlich über das lügenhafte Possenspiel des Parlamentarismus und dessen Komparsen und über die einzige Lehre, die es vermochte, die Macht der Hochfinanz zu erschüttern, die Idee des Kommunismus. Und mein Vater ging zum Buffet, öffnete die obere Glastür und entnahm dem Fach eins der dort aufbewahrten Bücher. Es war der weinrote Band Nummer Dreizehn bis Fünfzehn aus Heines Werken, erschienen beim Verlagshaus Bong. Er schlug die angestrichne Seite auf und las vor, wie Heine mit der Selbstironie, die auch Münzenberg eigen war, auf die Epoche einging, in der die finstern Bilderstürmer, die Kommunisten, zur Herrschaft gelangen, alle Marmorstatuen der Schönheit zerbrechen, alles Flitterwerk der Kunst zertrümmern, des Dichters Lorbeerhaine fällen und dort Kartoffeln anpflanzen und aus seinen Poesiebüchern Tüten drehn würden, um Kaffee drin und Schnupftabak zu verwahren. Ach, so hatte Heine gerufen, ich sehe dies alles voraus, und mich beschleicht unsägliche Trauer, wenn ich an den Untergang denke, mit dem das siegreiche Proletariat meine Verse bedroht, die ins Grab sinken werden mit der ganzen romantischen Welt. Er könne sich Münzenbergs Gelächter vorstellen, sagte mein Vater, wenn dieser an den Sinn dachte, den er der Zusammenkunft der spätbürgerlichen Intellektuellen im Hotel Lutetia gegeben hatte. Von solchem Frohsinn aber war nichts zu verspüren, als Münzenberg im September des gleichen Jahrs Wehner und Dahlem zu sich lud, um ihnen, kurz vor seiner Abfahrt nach Moskau, eine Studie vorzulesen, die er der Komintern unterbreiten wollte. Katz, der am Text mitgearbeitet hatte, und der schon, zusammen mit Abusch, an der Abfassung des Braunbuchs über den Reichstagsbrandprozeß beteiligt gewesen war, nahm an dem Gespräch nicht teil. Es ging Münzenberg darum, die Reaktionen, das Urteil der Genossen kennenzulernen, er war nervös, gespannt, verängstigt beim Gedanken an den bevorstehenden Besuch im Exekutivkomitee der Internationale, er, der sonst stets überlegen, selbstbewußt gewesen war, zeigte sich unsicher, er mußte Warnungen erhalten haben, er fragte sich, ob er nicht mit dem Hinweis auf seine dringenden Tätigkeiten für Spanien die Reise aufschieben sollte. Es blieb unersichtlich, wer wen hinterging, wer wen gegen wen ausspielte. Katz hatte sich vielleicht schon von Münzenberg zurückgezogen, wollte sich selbst schadlos halten, das Ergebnis der Konfrontationen in Moskau abwarten, Wehner und Dahlem waren kühl, reserviert, betrachteten Münzenberg bereits als einen Abfälligen. Auch für Katz hegte Wehner keine Sympathien. Wenn mein Vater jetzt an diese Tage zurückdachte, so fiel ihm ein, wie er sich über dessen Arroganz und Eitelkeit aufgehalten hatte. Katz war seit Neunzehnhundert Siebenundzwanzig Mitglied der Kommunistischen Partei, zeitweise Verwaltungsdirektor bei Piscator, dann tätig in der sowjetischen Filmproduktion gewesen, war bekannt als äußerst linientreu und hatte einen Hang zum Verschwenderischen, was Wehner, an die spartanische Lebensweise in der Illegalität gewohnt, abstoßen mußte. Ihm war Katz mit seinem schillernden Charakter nicht geheuer, er sah in ihm, obgleich seine Fähigkeiten respektiert wurden, einen Snob, der sich als Fürsprecher des Proletariats ausgab und vor dem er, der aus einer Arbeiterfamilie stammte, sich in acht zu nehmen hatte. Jedoch, so fügte Wehner hinzu, wäre es bei unserm heute meist unter Camouflagen stattfindenden Dasein möglich, daß ein derartiger Eindruck ungerechtfertigt sei und der allgemeinen Atmosphäre von Gereiztheit und Mißtrauen zugeschrieben werden müsse. Mein Vater fragte sich wieder, was eigentlich von dem Gespräch mit Wehner festgehalten werden konnte. Nur spärliche, vorsichtige Andeutungen hatte er vernommen. Im Sitz des Friedenskomitees waren sie einander begegnet. Die für die Öffentlichkeit bestimmten Deklarationen waren in der Woche zuvor beim großen Kongreß in Brüssel abgegeben worden, jetzt fanden nur Plenarsitzungen statt. Die Delegierten der Parteien und Gewerkschaften zogen sich zu Einzelbesprechungen zurück. In Brüssel waren die wichtigen Fragen, über den antifaschistischen Kampf, den spanischen Bürgerkrieg, vermieden worden. Nur die Rolle des Völkerbunds bei der Bewahrung des Weltfriedens sollte hervorgehoben werden. Nachdem die bisherigen Versuche der Sowjetunion, die Westmächte für ein Bündnis gegen den Faschismus zu gewinnen, fehlgeschlagen waren, ging es nun darum, in Genf für eine Unterstützung der sowjetischen Politik zu werben. Doch statt gemeinsame Interessen in Paris zur Debatte stellen zu können, traten verschärfte Meinungsverschiedenheiten zwischen den Fraktionen zutage. Es wurde der kommunistischen Delegation vorgeworfen, sie betreibe nicht mehr Volksfrontpolitik, sondern Parteipolitik und versuche, den Kongreß ihrer Herrschaft zu unterstellen. Mein Vater, als unbekannter tschechoslowakischer Gewerkschaftsvertreter, blieb im Hintergrund der Hektik. Bei Münzenbergs Berichterstattung, vor Parteiführern und Parlamentsabgeordneten, war er nicht zugelassen. Sah ihn dann auch nur im Trubel verschwinden, zwischen englischen, französischen Diplomaten. Und wo fand er dann Gelegenheit, Wehner zu sprechen, fragte ich. Mein Vater war dem überwältigenden Paris ausgeliefert, und dies war im Regierungskessel der Stadt, hier zwischen der Deputiertenkammer, den Ministerien des Äußern, der Armee, der Industrie, der Arbeit, der Erziehung, die Metro schleifte ihn hin und her zwischen seinem Hotel an der Gare de l'Est und der Station des Invalides, immer unterhalb der Place de la Concorde, der Champs Elysées, der Tuilerien, Notre Dame sah er nicht, und nicht, wie er es sich immer gewünscht hatte, den Louvre, nur jeden Morgen und Abend den Eiffelturm, zu dessen unwahrscheinlicher Höhe er nicht hinauffuhr. Es gab aber eine kleine Parkanlage, inmitten dieser sich ballenden Aktivität, er entsann sich, daß sie Square Rousseau hieß, Samuel, nicht Jean Jacques, gleich vor der pseudogotischen Kirche Sancta Clotilde, an der Rue Casimir Périer, wo den ausländischen Gästen das Haus des schwedischen Bankiers Aschberg mit den Räumlichkeiten der Circles des Nations zur Verfügung stand. Von dort von einer Zusammenkunft kommend, waren mein Vater und Wehner in Richtung des Armeeministeriums gegangen und in den Parkgarten getreten, in dieses Herz der Stille mitten im Orkan, und das Sitzen hier auf einer Bank, das war wenigstens was Greifbares, das Gebüsch, die Tauben, die Bauwerke ringsum konnte ich mir vorstellen, von dem Gespräch selbst gab es wenig Reales. Was mein Vater erfuhr, war schon gefiltert, und was er mir sagte, war ein dünner Abklang davon. Daß Münzenberg eine Schrift verfaßt hatte über eine Strategie zur Niederschlagung des deutschen Faschismus, war heute, ein Jahr später, bei weitgehend veränderten Verhältnissen, kein Geheimnis mehr. Doch der Inhalt der Abhandlung, die Münzenberg, großsprecherisch, wie Wehner erklärte, als sein Credo ausgab, und als richtungsweisendes Modell, zu dem die Kommunistische Internationale und das sowjetische Politbüro Stellung nehmen sollten, war auch meinem Vater nicht bekannt. Wehner sagte nur, Münzenberg sei eine tatsächliche Analyse der deutschen Situation nicht gelungen, er sei hinweggegangen über die bestehenden Probleme und Gegensätze, habe den Erfolg der Nationalsozialisten vor allem deren Propaganda, Agitation und Mythenbildung zugeschrieben und einen verstärkten Einsatz von Aufklärung verlangt. Die Partei wollte die Wichtigkeit der faschistischen Demagogie nicht erkennen. Wie immer, sagte Wehner, versuchte Münzenberg nur, sich auf seinem eignen Feld zur Geltung zu bringen. Beim Außenwerk hielte er sich auf, eine glänzende Fassade habe er errichtet, in der die deutsche Emigration sich selbstgefällig spiegeln könne. Wie ihn Katz abgestoßen hatte, in seiner Eleganz, seiner Gewandtheit, so war es Münzenbergs Anspruch auf Unfehlbarkeit gewesen, vor dem er sich verschließen mußte. Wo stand Wehner, hatte sich mein Vater gefragt, als dieser, noch flüchtig winkend, aus der Parkanlage verschwand. Er konnte sich nicht mehr, dachte er, in Übereinstimmung befinden mit der Politik des Zentralkomitees, wenn ihm etwas geschehn würde, so wäre der Grund darin zu finden, daß er zu sehr nach Ausgleichen suchte mit den sozialdemokratischen Funktionären, daß er die scharfen Grenzziehungen nicht gelten lassen wollte. Doch warum stellte er sich dann gegen Münzenberg, fragte er sich, da auch dieser das gleiche Ziel wie er zu verfolgen schien. Münzenberg war bei der sowjetischen Parteiführung nicht vorgelassen worden. Als er, gleich nach seiner Ankunft in Moskau, versucht hatte, Radek zu treffen, erfuhr er, daß dieser eben, zusammen mit Pjatakow, Sokolnikow, Muralow, verhaftet worden war. Anstatt in der Komintern sein Memorandum verlesen und erläutern zu dürfen, wurde er vor die Internationale Kontrollkommission befohlen, um, wie es hieß, wegen Verbreitung parteiinterner Informationen, mangelnder revolutionärer Aufmerksamkeit, ideologischer Abweichungen und oppositioneller Regungen für eine Gerichtsverhandlung vorbereitet zu werden. Von den Genossen, die über Wehners Verbleib berichtet hatten, erfuhr mein Vater, daß es Togliatti, der zu dieser Zeit Dimitroff in der Internationale vertrat, gelungen war, Münzenbergs Freigabe zu erwirken. Nachdem am fünfzehnten Oktober die sowjetischen Waffenlieferungen an die Kommunistische Partei Spaniens angekündigt worden waren, konnte er Münzenbergs Unabkömmlichkeit in Paris bestätigen. Doch er besaß nun bei seiner Tätigkeit für die Hilfe an Spanien keine Vollmachten mehr. Ein tschechoslowakischer Funktionär, Smeral, wurde mit seinen Ämtern betraut. Das Ausschlußverfahren gegen ihn war jetzt, September Siebenunddreißig, eingeleitet worden. Und vom Lutetia Kreis, fragte ich, was ist davon noch vorhanden. Nichts mehr, sagte mein Vater. Im Dezember Sechsunddreißig war der letzte geschlossne Appell der Gruppe veröffentlicht worden, unter starker kommunistischer Vertretung von Florin, Dahlem, Merker, Ackermann, Dengel, Koenen, Ulbricht und Pieck, dann fiel ein Sozialdemokrat nach dem andern ab, bis mit dem Austritt von Breitscheid und Braun, die die Kommunisten des eigenmächtigen Handelns, der Majorisierung anklagten, das Komitee im Mai Siebenunddreißig vor der Auflösung stand. Bei den Aktionen für Spanien wurden zwar noch vereinzelte gemeinsame Solidaritätsadressen abgegeben, doch ebensowenig wie der sozialdemokratische Vorstand je Stellung nahm zum spanischen Kampf, ließ er etwas verlauten über die weitere Entwicklung einer deutschen Volksfront. Wels drückte die Einstellung der Parteiführer am eindeutigsten aus im Bekenntnis, daß die faschistische Diktatur nur durch eine Opposition innerhalb der Wehrmacht und Wirtschaft beseitigt werden könnte, und daß er sich, als Durchgangsstadium, eine konservative Militärregierung wünsche. So war die Stimme Noskes wieder zu hören. Münzenberg, seine kommunistische Überzeugung beibehaltend, doch aus dem Wirkungsfeld der Partei gerissen, schloß sich der linksbürgerlich liberalen Deutschen Freiheitspartei an, die in Paris Anfang Siebenunddreißig gebildet wurde. Die Lutetia Front sollte hier, ohne ideologische Kennworte und Parteipolitik, fortgesetzt und auf konspirativem Weg nach Deutschland getragen werden. Mit ihrer idealistisch humanistischen Einstellung, eine Wiedererichtung des Rechtsstaats anstrebend, verband die Partei das praktische Anliegen einer Kontaktaufnahme mit antifaschistischen Kreisen in Heer und Geschäftswesen. Behielt diese Organisation mit ihren ausgesandten Freiheitsbriefen, die sich an die sogenannten anständigen Deutschen wandten, auch eine Begrenztheit, die Münzenbergs Arbeitsweise nicht entsprechen konnte, so stand sie doch auf der Seite der Kämpfenden und verlor manches Mitglied an Konzentrationslager und Hinrichtungsstätten. Was Wehner betraf, so glaubte mein Vater, daß dieser, der seit Jahren seine Fähigkeiten in der Illegalität eingesetzt hatte, den Verhören, denen er jetzt ausgeliefert war, standhalten würde. Dimitroff und Manuilski waren ihm gewogen, zudem besaß er die Eigenschaft, monatelang stur und gleichzeitig mit großem Überblick einen Standpunkt zu verfechten. Ich merkte, wie sehr meinem Vater all diese Mühen und Opfer zusetzten, die im Dienste einer Sache aufgebracht wurden, wie ihn das Wissen um diese Leiden ergriff, in denen die persönliche Tragik höheren Zwecken unterstellt wurde, und wie ihn, nach der politischen Arbeit eines Vierteljahrhunderts, der Gedanke beunruhigte, daß alle Handlungen vielleicht vergebens gewesen waren und er nicht mehr die Kräfte hatte, noch einmal von vorn zu beginnen. Ich begleitete ihn zur Fabrik, der Textildruckerei Fröhlich, an der Mandau gelegen, dem wasserarmen Fluß, der zur Görlitzer Neiße hin die Stadt durchquerte und besprach mit ihm meine bevorstehende Fahrt nach Spanien, und jetzt hatte sich das alte Einvernehmen zwischen uns wieder hergestellt. Trotz der Gefahren, die mich erwarteten, zog er meinen Entschluß der Verpflichtung vor, mich in Trenčin, dem Ort meiner Zuständigkeit in der Slowakei, zum Militärdienst zu melden.

Er sei gewiß, sagte er, und von den Akazien am Uferweg fiel ein rotes Blatt auf ihn nieder, daß auch er, wenn er jünger wäre, in der Brigade stünde, an der Hauptfront, an der heute um eine Entscheidung gekämpft wurde.

Ehe ich vom Spanienkomitee in Prag die Mitteilung erhielt, daß Hodann mich im Hospital Cueva la Potita bei Albacete erwartete, verbrachte ich einige Tage in einem Zustand, der sich schon in Berlin, während der letzten Stunden in unsrer Wohnung, angebahnt hatte. Ich wartete, und dieses Warten war weder untätig noch gelassen. Wenn ich mich, auf dem Fußboden sitzend in der Küche in der Pflugstraße, in einer Art von Eremitage, von Kontemplation befand, so war es deshalb, weil alles, was sich in mir angesammelt hatte, übermächtig wurde und nach einer Überprüfung, einer Klärung verlangte. Alles, was seit der Begegnung mit dem Altar von Pergamon besprochen worden war, verdichtete sich zu einem Grundbild, zu einer These, zu einer Lebenshaltung, aus der sich die bevorstehenden Schritte ableiten ließen. Jetzt, eine Woche später, wußte ich noch nichts über meine Aufgaben in Spanien, hatte vor mir nur die Reise nach Perpignan, einen Grenzübergang, der illegal genannt wurde, für uns jedoch wieder mit höchster Gesetzlichkeit verbunden war, einen Weg nach Figueras, wo ich, einmal angelangt, dem Organisationsapparat angehören würde, der über meine weiteren Tätigkeiten zu bestimmen hätte. Die Erwartung des Kommenden baute sich auf einer Grundlage auf, die in einem ständigen anonymen Zusammenwirken entstanden war. Wie meine Angehörigen, meine Freunde, hatte ich mich seit langem in dieser verborgnen Vorbereitung befunden zu Handlungen, die unsre Lage verändern sollten. So führte mich meine Aktivität, geringfügig, verschwindend im riesigen Gefüge der Kräfte, aus dem Untergrund in das Stadium des Volkskriegs, in das der Klassenkampf nun übergegangen war. Hier im abgeschiednen Warnsdorf war ich in Gedanken schon beteiligt an der bewaffneten Auseinandersetzung. Ehe die Entwicklung, wie wir sie uns vorstellten, sich verwirklichen ließ, mußte der Feind besiegt werden. Die Triebkraft, aus der sich dieser Richtpunkt ergab, war ein unaufhörlicher Haß gewesen, ein Haß gegen Habgier und Eigennutz, gegen Ausbeutung, Unterjochung und Folter. Anfangs hatte sich dieser Haß auf subjektive Art geäußert, er hatte sich gegen eine diffuse, totale Übermacht gerichtet, gegen eine Gesellschaft, die uns unser Studieren, unser Weiterkommen verwehren wollte. Später, als wir zu politischen Einsichten gelangt waren, erfuhr der Haß noch eine Steigerung, wir begannen, gezielt zu kämpfen, um das, was uns niederhalten wollte, zu vernichten. Ein kalter, mörderischer Abscheu leitete uns. Nur selten fanden wir diese Empfindung in der Kunst, der Literatur ausgedrückt, ansatzweise tauchte sie auf in den Bildern von Grosz und Dix, am nächsten kamen ihr Heartfields Collagen, eindeutig definiert trat sie uns dann in Lenins Aprilthesen entgegen. Für uns lag alles Feindliche im Faschismus. Was auch immer wir erfuhren in der täglichen Arbeit, im sozialen Leben, beim Erforschen von Malerei, Dichtung und Wissenschaft, es wurde einbezogen in die Hauptaufgabe, zuerst die Feindlichkeit zu überwältigen. Jedes Thema, das wir uns stellten, jedes Vorhaben aktualisierte den Zusammenprall zwischen Raubtum, monströser Destruktivität und der Wertskala, die unserm Leben einen Sinn gab. Manchmal war der Haß in seinem Überdruck erstickend, wollte sich selbst verbrennen, so gigantisch schien die Macht derer, die plündernd und mordend die Welt mit sich ins Verderben reißen wollten. Es gab Perioden, in denen jede Vernunft mich verließ, in denen es nur in den Schläfen hämmerte, in denen das Gehirn aus Blei war, und nur noch Raserei, blindes Wüten mobilisiert werden konnte gegen die Kräfte, die uns durch und durch verstörten. Doch dann brach wieder ein Auftrieb durch, es ging um unsre Integrität, unsre Selbstbehauptung. Verbunden mit dem Wunsch nach grundlegender Verändrung, nach dem Aufbau eines neuen Daseins, war die Empfindung der Zusammengehörigkeit mit dem Land, in dem die Kapitalherrschaft gestürzt und die Arbeitermacht errichtet worden war. Unsre Empörung und Auflehnung wäre ohne Hoffnung gewesen, hätte dieses Land für uns nicht etwas Unzerstörbares dargestellt, etwas, das allen Kränkungen, aller Mißgunst, allen Besorgnissen standhalten mußte. Aus unsrer eignen Verzweiflung heraus verstanden wir, daß es auch dort zu Anfällen von Umnachtung, von Raserei kommen konnte. Wir stimmten der Unduldsamkeit zu, mit der dort vorgegangen wurde. Es durfte kein Abwarten geben. Eine Versöhnung, ein Ausgleich war nicht denkbar. Mochte von Verirrungen, Fehlgriffen und Panik die Rede sein, für uns war jedes Zuschlagen, jede Gewalt berechtigt. Das Land stand allein, so wie wir allein standen, und in diesem Alleinstehn waren wir miteinander verbunden. In dieser Verbundenheit ließ sich die einzig denkbare Ausdauer finden, und in dieser Ausdauer lebten die einzigartigen, mitreißenden Bilder aus dem Oktober. Keine Zweifel, keine Bedenken konnten diese Bilder trüben. Sie überragten alles, wischten alles weg, was uns verdüstern wollte. Von ihnen ging jede unsrer Handlungen, unsrer Bezugnahmen aus, sowohl diejenigen, die geprägt waren von Emotionen und Träumen als auch die genau erwognen, berechneten, konstruktiven. Es war dieser Hauptgedanke, diese Maxime, die auch dem Flüchtigen, dem unerklärbar Erscheinenden, eine Vernunftbedingtheit verlieh, eine Eigenschaft, die es uns ermöglichte, durch die Zeit der Anfechtungen zu kommen. Wir ließen deshalb nie die Skepsis, die Ungewißheit, die uns befallen mochte, auf sich beruhn, das Zweifelhafte war immer nur Anlaß, neue Erklärungsversuche in die Wege zu leiten, und war Erkanntes überholt, so ging es weiter zu neuen Ausdeutungen. Die These unsrer Wahl war, trotz der Bestimmtheit und Geschlossenheit, die wir ihr gegeben hatten, vielfältig zusammengesetzt, sie war herangebildet worden im Verlauf eines Prozesses von Behauptungen und Gegenargumenten, von Annahmen, Befunden und Schlußfolgerungen. Die Bekämpfung des Faschismus, die Solidarität mit dem Sowjetstaat, dies waren die absoluten Notwendigkeiten, die sich aus unsern Erfahrungen ergeben hatten. So wie Coppi und Heilmann, und unzählige andre an ihrem Platz blieben, so war ich bereit, in Spanien auszuführen, was mir aufgetragen wurde, und da dies für uns das Richtige, Faßliche, Haltbare war, gerieten auch diese plötzlich auftauchenden Tage ohne Verpflichtungen nicht ins Haltlose. Wieder vermittelten sie die Gewißheit, daß wir uns innerhalb eines Ganzen befanden, daß nichts andres uns leiten konnte als das, was wir selbst begründet hatten. Oft schon war mir widerfahren, daß unser Bewußtsein, bei jeder Konzentration auf ein bestimmtes Interessengebiet, auf Verbindendes stieß, auf etwas, das grade dann vonnöten war. Bücher führte es uns zu und Bilder, und Gespräche rief es hervor, für die wir erst in diesem Augenblick reif waren. Auch dies zeigte, in welcher Universalität wir zu Hause waren, nichts nahm Gestalt an, wofür nicht schon die Voraussetzungen geschaffen worden waren, wir erkannten, was sich bereits in uns vorgeformt hatte, und den Stoff entnahmen wir unablässig der Gesamtheit, speicherten ihn auf, reicherten ihn an, oft ohne daß wir es bemerkten, bis er spürbar, gegenständlich wurde. Immer war die Empfindung des Hasses in unmittelbarer Nähe, denn die Offenheit, die uns zu eigen war und die unsre Selbständigkeit begründete, sollte aufgerieben werden, und wie viele schon auf der Strecke geblieben waren, so zerstört, daß sie die Verunstaltungen, denen sie anheimfielen, nicht einmal mehr erkannten, das hatte mit großer Detailschärfe einer beschrieben, dessen Werk, Das Schloß, ich in der Buchhandlung am Marktplatz fand. Doch ehe ich es aufschlug, zu lesen begann, erstand und mitnahm, studierte ich einen andern Band, den der Buchhändler herangetragen hatte, er enthielt farbige Reproduktionen der Gemälde Brueghels, ein Band für Ansässige, Geborgne, nicht für Reisende mit leichtem Gepäck. Auf ein Stehpult legte er das breitformatige Buch aus dem Verlag Schroll, und die Kleinstadt Warnsdorf im herbstlichen Böhmen verschmolz mit den flämischen Landschaften des sechzehnten Jahrhunderts, wie auch während der folgenden Tage, beim Lesen Kafkas, das dort geschilderte Dorf und Schloß in die trübe, kleinbürgerlich bäuerliche Abgeschiedenheit der hiesigen Umgebung gehörten. Brueghel und Kafka hatten Weltlandschaften gemalt, dünn, transparent, doch in Erdtönen, ihre Bilder waren gleichzeitig leuchtend und dunkel, sie wirkten massiv, schwer im Ganzen, glühend, überdeutlich waren sie in ihren Einzelheiten. Ihr Realismus war hineinversetzt in Ortschaften und Gegenden, die sofort erkennbar waren und sich doch wieder allem bisher Gesehnen entzogen, alles war voll vom Gespür, von den Gesten, Regungen, Handhabungen des Alltäglichen, alles war typisch, zeigte Wichtiges, Zentrales auf, nur um im gleichen Augenblick schon fremdartig, absonderlich zu wirken. Durchs Fenster der Buchhandlung waren die Stände der Gemüseverkäufer und Geflügelhändler zu sehn, das Rollen der Wagenräder auf dem Kopfsteinpflaster war zu hören, hart konturiert standen die Menschen einzeln, in Gruppen auf dem bläulich grauen Grund des Platzes oder vor den bräunlichen, rötlichen Fassaden der Häuser, sie bewegten sich umeinander, dunkel gekleidet, die Frauen mit viel Schwarz und Umbra, die Männer lehmig, ledern, dazwischen Helligkeiten, das Grün, das Weiß eines Kopftuchs, das Rot und Gelb im Kleid eines Kinds, und die Wege, die sie zurücklegten, glichen einem Zeremoniell, einem feierlich bemessnen Huldigungsgang. Ich nahm dieses Kreisen umeinander, dieses Vorbeiziehn in mich auf, doch es war kein Schauspiel, sondern Wirklichkeit, es diente bestimmten Zwecken, der Nahrungssuche, dem Angebot von Waren, dem Anpreisen und dem Auswählen, dem Kauf und Verkauf, es war nichts besondres an diesem Getriebe, diesen Geräuschen und Stimmen, sie waren die gleichen an jedem Markttag, doch aus dem Ritual mit seinem Rasseln und Klingeln, Poltern und Schaben wurde eine andre, beispielhafte, lehrbuchhafte Prozession, der Streit zwischen Karneval und Fasten. Die Fetzen eines Marschlieds, die vorbeistampfenden Schritte waren das letzte an Lärm, die Züge, die dann kamen, angeführt von Holzklappern, Dudelsack, Pfeife und Pauke, waren lautlos, nur noch die Erinnrung an das Getön war vorhanden, nur halluziniert noch wurden die Farben, die Figurationen. Mit braunen Kutten verhängt kamen die schweren Gestalten die Gasse herauf, vorbei an Scheiterhaufen und Tanzenden, und aus dem Seitentor der Kirche drängten sie sich, einige bedeckten mit dreibeinigen Kirchenstühlen ihr Haupt. Mit Gebetbüchern und Rosenkränzen, gebeugt, sich züchtigend mit Blätterbüscheln, zogen die

Bußgänger den Prassenden entgegen, Kinder folgten den Gruppen überallhin, sie gehörten zu den Reihen ihrer Väter und Mütter, brachen zwar noch hier und da aus, zu einem Mummenschanz auf eigne Faust, sich miteinander balgend, Kreisel peitschend, wurden aber immer wieder zurückgeholt, um zu tun, was ihnen anbefohlen worden war, in einen Halbkreis, Rasseln drehend, wie Gebetsmühlen, hinter der ausgemergelten Alten, die, einen Bienenkorb über den Kopf gestülpt, auf ihrem Rollwagen die Menge der Frömmelnden anführte, im andern verkleidet, maskiert, den Zug des fetten, auf einem Faß reitenden Prinzen Karneval begleitend, zwischen den Zechern und Schlemmern, die aus dem Wirtshaus zum Blauen Schiff strömten. Von den Feiernden bekamen die verkrüppelten auf Krücken nachhüpfenden Bettler nichts ab, die, wie das Schwein am Brunnen, nach den Krumen von Brot und Kuchen suchten. Nur drüben, wo jene gingen, die Barmherzigkeit zu üben hatten, erzwangen sie sich, ihre Lumpen, ihr Siechtum und ihre Blindheit, ihre Beinstümpfe und Arme ohne Hände, ihre verhärmten, im Korb schreienden Säuglinge und ihre im Bretterkarren gezognen Sterbenden zur Schau stellend, ein paar Almosen. Viel war auch hier nicht zu erwarten, von Geiz waren die vornehm Gekleideten geprägt, die dünnen Brezeln, die trocknen Pasteten, die mageren Heringe auf der Schaufel der Vettel sollten ihnen selbst Nahrung sein während der Kasteiung, den Brotleib versteckten sie unterm Brusttuch, und der Weinkrug, den sie sich hinten an der Schenke Zum Drachen noch hatten füllen lassen, war ausgetrunken. Alles stand im Zeichen eines ärmlichen Traums von Völlerei. Eier vom Marktstand lagen zerschlagen neben abgenagten Knochen, weggeworfnen Spielkarten, Holzlöffel wurden mahnend in leeren Töpfen gerührt oder staken in Mützen und Gurten, wartend auf Mahlzeiten, die nie kommen sollten, Zinnbecher rotierten auf Stöcken, Messer wurden an Schrottstücken geschliffen, baumelten an Bäuchen und zwischen Schenkeln, durchstachen Brötchen und ganz vorn, am Bug des Karnevalfasses, auf obszöne Weise den Inbegriff aller Schlemmerei, einen flachen, geräucherten Schinken. Kärglich war, was die Händlerinnen am Ziehbrunnen feilzubieten hatten, einen Korb Kohlköpfe, ein paar Fische für die Fastenden, und die Bäurin daneben, am Reisighaufen, briet einen letzten Pfannkuchen für die müden Teilnehmer des zu Ende gehenden Fests, und doch wurde für die Notleidenden, für Knechte und Mägde, Landstreicher, fahrende Musikanten dieses Geringe zu einer Vision. Hier, in der Mitte des Marktplatzes, umgeben vom sich schließenden Kreis des Umzugs, gab es, was für Geld zu erhalten war und vom Kunden verlangt wurde, Fettes und Magres, sonst nahm der Kommerz von dem, was ringsum geschah, nicht

Notiz. Und in der Mitte des Bilds, dem Beschauer verächtlich den Rücken zuwendend, ging ein bürgerliches Paar, er unter riesigem Hut, sie mit einer schaukelnden Hoflaterne am Hinterteil, und ihre Kleider waren vollgestopft, sie hatten sich versorgt. Von Vergnügen und Geselligkeit gab es in den Gemälden, die das Volksleben schilderten, nicht eine Spur. Die Landarbeiter, die Fuhrleute und Lastträger, die Viehtreiber und Holzfäller, die Handwerker und Bauern, sie alle waren oft von einer fast blöden Stumpfheit gezeichnet, ob sie, unter stürmischem Himmel, Gerten von den Weidenbäumen schnitten, ob sie das ungeheure Gehäuse des Babylonischen Turms um die Felsgipfel bauten, ob sie Jesus zur Kreuzigung führten oder sich bei der Kirmes im Reigen drehten, immer blieben sie im Unabänderlichen gefangen. Der Ausdruck des Rauschs war von dem des Schmerzes nicht zu unterscheiden. Es gab nur den aufgerißnen Mund, nie das Lachen. Kein Pflug bleibt stehn um eines Sterbenden willen, sagte der Buchhändler, auf den Schädel des Greises zeigend, der ausgestreckt, kaum sichtbar, unterm Gebüsch am Rand des Ackers lag, den der Bauer bestellte, und der Hirtenjunge, neben den Schafen auf den Stab gestützt, blickte hinauf in den leeren Himmel, aus dem Ikaros, von niemandem bemerkt, gefallen war. Das eingeflochtne Motiv des Sprichworts richtete sich auf die Unerschütterlichkeit der irdischen Arbeit, hielt aber auch an deren Schwere und Freudlosigkeit fest, was getan wurde, wurde getan unterm Joch, eine Erneurung gab es nicht, fern, winzig, beiläufig, klatschte der Sohn des Dädalus, dem das Wachs von den Flügeln geschmolzen war, ins Meer, nur seine strampelnden Beine waren noch zu sehn, die Wellen würden sich gleich drüber schließen. Der Blick, der solches sah, war erbarmungslos, unbestechlich, ich dachte mir die Augen, den Mund des Malers zusammengekniffen, exakt gab er wieder, was geschah, eine Erleichtrung, eine Hilfe konnte er nicht finden. Und dann lag vor mir das friedliche Dorf, mit kahlen Bäumen, verschneiten Dächern, zugefrornem Bach. Es kam einer, in eiserner Rüstung, über die niedrige Brücke geritten, begleitet vom Knappen, erstarrt stand eine Frau an der Haustür, die Hände ineinander verklammert, mit ihrem Säugling eilte ein Soldat fort. Von diesem Fluchtpunkt aus erweiterte sich das Geschehnis zum Massenmord, zusammengedrängt stand die gewappnete Reiterei, jedem Fliehenden den Weg versperrend, zu den Seiten stürmten die Landsknechte gegen die Häuser an, in schrecklicher Anschaulichkeit wurden die Kinder den Eltern entrissen, am Hemdzipfel, am Arm davongeschleppt, von Schwertern, von Spießen durchbohrt, und über den Leichen hockten die Fassungslosen. Das Dorf, von fern gesehn ein in sich ruhender Ort des Gewöhnlichen und Überlieferten, wurde dem Nähertretenden zum Schauplatz namenloser Verzweiflung. Das choreographische Muster, das von den Figuren eingenommen wurde, rhythmisch durchsetzt mit den roten Jacken und Hosen der wallonischen Schergen und den Sprüngen der Hunde, band das Grauenhafte zum Unentrinnbaren zusammen. Was sich abspielte zwischen den Bewohnern und den Söldnern, die ihresgleichen waren, die nur, wie immer, den Befehl ihrer Oberen ausführten, war nicht zu ertragen, und es stand doch, in seiner andauernden Gestik des Entsetzens, des kalten Abschlachtens, eingestanzt für immer in der ikonenhaft weißen Fläche. Dieses Überraschtwerden unter vermeintlichem Obdach, dieser plötzliche Einbruch des Unvorstellbaren war auch in der Erzählung vom Landvermesser zu etwas Bestehendem geworden. Hier gab es nicht mehr den Gedanken an einen Bereich, in dem der eigne Wille etwas vermochte. Das Dorf, in das der Landvermesser kam, war der Wohnplatz derer, die nichts in Frage stellten. Obgleich das Schloß sichtbar war, mit seinen flachen, weitgestreckten Gebäuden, seinen runden, mit Efeu bewachsnen Türmen, seinen Krähenschwärmen, befand es sich doch völlig außerhalb jeder Möglichkeit zur Annäherung. Das Quälende war, daß von Anfang an diese Trennung feststand, daß keine Überlegung aufkam, warum das Gesetz der Unzugänglichkeit für das Schloß zu gelten hatte. Sie alle, die hier unten im Dorf lebten, auch der hinzugereiste Landvermesser, nahmen den aufgezwungnen Abstand zwischen ihrer Welt und der Welt der Herren als etwas Unverbrüchliches hin. Während der Tage, an denen ich das Buch las, in den Lausitzer Bergen und auf der Schöberlinie, einem Paß, der, mit Bunkern befestigt, die Landesgrenze bildete, lernte ich Züge, Eigenschaften meiner selbst und meiner Angehörigen kennen, die ich früher von mir abgeschoben oder mit denen ich mich nur flüchtig befaßt hatte. Der Landvermesser sprach von seinem Arbeitersein, von seinem Untergeordnetsein, er ging davon aus, daß er sich in einem Anstellungsverhältnis zum Schloß befand, es lag ihm nicht dran aufzusteigen, etwas zu gewinnen, was außerhalb seiner Klasse lag, er wollte nur in seiner Tätigkeit anerkannt werden. Indem er sich nicht gegen das System wandte, daß ihn zum Dienenden und den Arbeitverteiler zum Alleinherrschenden machte, sondern nur gewürdigt werden wollte als der, der er war, erinnerte er daran, wie sehr unsereiner ständig dem Zwang der Genügsamkeit ausgesetzt war und wie viele es gab, die, ohne allen Zuspruch, die Situation, in der sie sich befanden, aus Selbsterhaltungstrieb auch noch verteidigten. Oft war zu hören gewesen, aus Angst, daß Widerspruch, Auflehnung, Streik ihnen den Broterwerb nehmen würden, sie hätten dankbar zu sein für die Arbeit, die der Besitzer der Fabrik, der Werkstatt ihnen gab, ihr ganzes Bewußtsein war davon geformt, daß sie nie ankommen konnten gegen die Übermacht, daß sie immer unten zu sein hatten, getreten, gekuscht, daß es nie Recht, sondern stets nur den Tritt für sie gab, wenn sie aufmuckten. Wir verurteilten die Hinnahme eines solchen Zustands, doch wenig nur hatten wir tun können, um uns davon loszusagen. Von seiten unsrer Vorgesetzten wie auch vom Schloß her war zu hören gewesen, man wolle zufriedne Arbeiter haben. Dort wurde keineswegs einer Unterdrückung gehuldigt, vielmehr wurde höchste, wenn auch von uns nicht beeinflußbare Gerechtigkeit geübt. Schwere Verantwortung lag auf den Obrigkeiten, unablässig befanden sie sich in grübelnder Aktivität, um die Wirtschaft des Dorfs in Gang zu halten. Und wenn ich dran dachte, in welcher Erbärmlichkeit die Arbeitenden während der beiden Jahrzehnte meines Aufwachsens hausten, so lebte es sich in den armseligen Wohnstätten, mit denen sich die Bewohner des Dorfs abfanden, sogar noch unbehelligter als in den Städten. Nur die Ergebenheit, die bei uns immer wieder durchbrochen worden war, war hier absolut. Weil das Elend, die Erniedrigung bei uns noch größer waren als dort, zwischen den ewigen Bittgängern und Knechten, mußte die ganze, unglaublich wirkende Entkräftung auch auf uns, und in vielleicht noch stärkerem Maß als im Dorf, zutreffen. Der Zwang, unter dieser Ordnung, der wir ausgeliefert waren, eine Arbeit durchzuführen, die weit unter unsern Fähigkeiten lag, kennzeichnete die Lebensweise im Dorf wie auch unsre eignen Erfahrungen. Nicht nur ich selbst, meine Eltern, Coppis Eltern, sondern alle, neben denen ich auf den verschiednen Arbeitsplätzen gestanden hatte, waren ständig dieser Demütigung ausgesetzt. Da ihnen in der Produktion nichts andres zur Verfügung stand als ein paar geringe Handgriffe, mußten sie von früh bis spät ihre Qualifikationen verleugnen und immer tiefer in Dumpfheit und Bewußtlosigkeit geraten. Von dieser Geschlagenheit und dem gleichzeitig verbreiteten Wahn, daß wir durch Gnade unser Auskommen fanden, ging Kafkas Buch aus, und es beunruhigte, bedrängte den Lesenden, weil er die Gesamtheit unsrer Probleme aktualisiert sah. Wir konnten uns wohl auf unsre politischen Maßnahmen berufen, konnten von Perspektiven sprechen, die uns aus der Gefangenschaft herausführen würden, und doch empfanden wir die gleiche Beengung, in der sich der Landvermesser befand. Wir konnten dem Verfasser des Buchs vorhalten, daß er nicht bestimmter ausgesprochen hatte, wer in diesem Schloß lebte, wer es war, der dort seine Vollkommenheit pflegte, wir konnten ihn kritisieren, daß er unsre Beherrscher in ein mystisches, fast religiöses Dunkel hüllte, daß er das Innre des Schlosses nicht bloßlegte und nicht die Vorbereitungen zu dessen Sturz zeigte, doch waren diese Einwände, die ich früher, wie mir jetzt einfiel, gehört hatte, bedeutungslos, denn das Prinzip, das er beschrieb, war einsichtig genug und rief grade durch die Konsequenz der Darstellungsweise eine noch stärkere innre Beteiligung hervor. Das Schloß war ja schäbig, brüchig, altertümlich, es besaß nichts Imposantes, hatte keine Befestigungen, wäre eigentlich leicht einzunehmen, und die Beamten, wenn sie sich mal zeigten, waren schwächliche, vergrämte, hinfällige Leute. Ebenso hatte sich uns das Gebäude des Kapitalismus gezeigt, dem Untergang nah, verschroben und verachtenswert, und stand doch weiter da, seine kleinen bösen Schläge, seine Betrügereien, seine Gemeinheiten austeilend, uns in Schach haltend mit seinen windigen Boten, Zöllnern und Torwächtern. In der Realismusdebatte war Kafka als dekadent abgefertigt worden. Doch damit hatte man sich verschlossen vor seinem gesteigerten Wirklichkeitsbild, in dem der Mangel an Aufruhr, das emsige Kreisen um Nichtigkeiten, das schauerliche Fehlen von Einsichten uns vor die Frage stellte, warum wir denn selber immer noch nicht eingegriffen hatten, um die Mißstände ein für alle Mal zu beseitigen. Was in Kafkas Buch zu lesen war, versetzte mich nicht in Hoffnungslosigkeit, sondern beschämte mich. Häufig genug hatte ich einem der Ingenieure oder Betriebsaufseher bei Alfa Laval so gegenübergestanden, wie es in Kafkas Räumlichkeiten zwischen einem Abgesandten des Schlosses und einem Dörfler der Fall war, und in solchen Augenblicken tat sich zwischen uns die selbe, künstlich verschleierte Kluft auf. Die glatte Freundlichkeit kam mir in den Sinn, die der Inspektor an den Tag legte, während zugleich deutlich war, daß er mich gar nicht sah, daß ich für ihn überhaupt nicht existierte, ausgeruhrt war er, satt, frisch gebadet bei seinem Morgengang durch die Montagehalle, wir indessen, seit vier Stunden bereits Zentrifugen zusammensetzend, waren verschwitzt und übernächtig. Als er sich umblickte, uns zunickte, mit dem Werkmeister ein paar Worte wechselte, machte er uns klar, ohne daß auch nur einer der Arbeitenden sich empört hätte, daß es die Aktionäre waren, die uns die Arbeit verschafften, und wir waren so unversehns versöhnt und fühlten uns vielleicht sogar gelobt und geehrt, weil wir uns durch den Zuläufer der Fabriksleitung nahgebracht sahn und uns einen Augenblick lang sicher glaubten vor der Entlassung ins Armenhaus. Es hing immer an einem Haar, ob wir den Beschlußfassern noch genehm waren, auch die Gewerkschaften vermochten nicht, uns während der Krisenjahre eine Sicherheit zu geben, die Mittelsmänner der höheren Konsortien äußerten sich stets wohlmeinend zu den von uns durchgesetzten Reformen und Rechten, doch wurden diese mit leichter, vertröstender Geste weggewischt, wenn sie ihnen nicht paßten. Es war diese definitive Verschiedenheit der

Befugnisse, die in Kafkas Buch zur Sprache kam. Immer wieder hatten wirs uns gefallen lassen, daß unsre Auftraggeber so hoch über uns saßen, daß wir sie nicht zu Gesicht bekamen, der Gedanke, sie in ihren Gehäusen aufzusuchen, einfach die Tür ihres Zimmers zu öffnen, vor sie hinzutreten, ihnen unsre Meinung zu sagen, war ebenso unfaßbar wie es der Weg ins Schloß für den Landvermesser war. Noch der geringste Bote der Herrn war mehr wert als wir, nichts focht ihn an, er konnte sich uns gegenüber aufblähn, jede Frechheit herausnehmen. Es entsprach genau den Hergängen bei uns, daß sich die Befehlshaber in ihren Regionen verborgen hielten, daß ihre Emsigkeit zu einem Tönen, einem Gesang, einem Rauschen anwuchs, ganz so, wie der Landvermesser es hörte, als er, übermüdet, zerschlagen, den Telefonhörer abnahm, um eine Verbindung zum Schloß herzustellen. Und was er hörte, gab ihm natürlich keinerlei Aufschluß über die Machenschaften dort oben, es wurde nur plötzlich der Eindruck erweckt, daß etwas Wichtiges, Folgenschweres vor sich ging, ein ungeheurer, weltweiter Betrieb, dem wir, als winzige Bestandteile des Maschinenparks, zu dienen hatten. So klang die Stimme des Imperialismus dem, der bisher zu schwach gewesen war, Kenntnisse zu erwerben über die Zusammenhänge der ökonomischen Verläufe. Doch selbst, wenn wir uns Einblicke verschafft hatten, blieben auch wir noch von diesem Surren gleich weit entfernt, obgleich wir doch daran beteiligt waren, als Heizer, Mechaniker, Lastträger, Karrenschieber, wir besaßen lediglich, als Folge unsrer Selbstschulung, eine Macht, die im Dorf des Landvermessers nicht entdeckt worden war, die Macht zur Arbeitsniederlegung. Auch daß Kafka dies verschwieg, konnte ihm nicht vorgeworfen werden, denn wir hatten selbst die Waffe des Streiks allzu zaghaft benutzt und waren, wenn wir uns einmal dazu entschlossen hatten, immer wieder zurückgekehrt unter das alte gleichbleibende hochstimmige Singen, das zeitweise nur, in unserm belanglosen Umkreis, versiegt, anderswo jedoch nur desto lauter weitergeführt worden war. Je tiefer ich eindrang in dieses Buch, desto mehr wurde angerührt von der Welt, in der wir lebten. Es handelte sich hier ja nicht nur um die Beziehungslosigkeit zur Arbeit, sondern um das gesamte Verhältnis, in dem wir zur überall tätigen Übermacht standen. Ebenso wenig, wie wir einzuwirken vermochten auf das Vorhaben der Konzerne und Monopole, hatten wir erkannt, wie sich die Transaktionen des Warenaustauschs brutalisierten, wie zur Ausbeutung der Raubmord hinzukam, wir waren auch in unsern politischen Zellen immer noch näher der Unwissenheit, die für das Dorf galt, als dem Zustand der Erkenntnis, den uns die Gesellschaftswissenschaft versprach. Nie hatten meine Eltern, meine Freunde selbst ihren Platz wählen können, wir mußten uns versetzen lassen, so wie es gerade kam, noch froh drüber, daß wir überhaupt untergebracht wurden. Ich sah vor mir meine Mutter, gekrümmt im Sofa sitzend, ihre Hüften, ihr Rücken rheumatisch nach dem jahrelangen Stehn auf dem Steinboden der Fabrik, ich sah Coppis Mutter, die geschwollnen Füße in der Wasserschüssel, ich sah meinen Vater in den Dämpfen des Textilwerks, sah ihn in der Küche in Warnsdorf, mit entblößtem Oberkörper, sich die blauvioletten, roten Farbflecken aus der Handdruckerei abschrubben, so wie er abends in Bremen die Haut von Teerspritzern, von Metallstaub gereinigt hatte, und sie alle, die ich kannte, glichen diesen Menschen im Dorf, immer zu vielen zusammengedrängt in einem Raum, Frauen, Männer, Kinder, hier einer schlafend, die Decke über den Kopf gezogen, andre am Tisch sitzend, sich waschend am Trog, alles ging vor sich im gleichen Raum, da wurde ein Gespräch geführt, dort beugte sich einer, die Hände an den Schläfen, über ein Buch, und wer über vierzig war, war schon invalidisiert, die Alten hockten wie Abfall in einer Ecke. Die Möglichkeit, sich zurückzuziehn, allein zu sein mit einem Menschen, gab es nicht. Die Begegnung mit einer Frau fand hinter einem Schanktisch statt, auf dem Fußboden, zwischen Bierpfützen, und selbst Frieda, die Gefährtin des Landvermessers, mit der es immerhin noch was Besondres auf sich hatte, da sie die Geliebte eines Schloßbeamten gewesen war, war dünn, kränklich, hatte gelbliche Haut, schüttres Haar, alles, was sonst in der Literatur, im Film angeboten wurde von geschlechtlichen Verlockungen, von Intimität, war für uns undenkbar. Was Kafka geschrieben hatte, war ein Proletarierroman. Da wurde über Liebe nicht gesprochen, wir kamen nicht einmal drauf, daß uns was fehlte, daß wir was vermißten, und für die jungen Arbeiterinnen, die arbeitslosen Mädchen, galt die gleiche Demütigung, von der die Frauen im Dorf betroffen waren, Kanzlisten, Sekretäre aus dem Schloß konnten sie aufgreifen, zu sich rufen, verbrauchen und wegwerfen, sie waren diesen Leuten ausgeliefert, und dabei redeten sie sich sogar ein, daß ihr Wert stieg, wenn sie die Aufmerksamkeit eines der Rohlinge geweckt und sich ihm ausgeliefert hatten. Viele der Packerinnen, der Laufmädchen hofften drauf, von einem Büroangestellten entdeckt zu werden, so wie die über uns stehenden Schreiberinnen in den Kontoren sich herrichteten für die Gecken aus dem Verwaltungsgebäude. Frieda hatte den Schritt zurück zu einem aus ihrer eignen Klasse getan und war unmittelbar darauf für ihre Abfälligkeit gezüchtigt worden, ihre Entscheidung, sich nicht mehr mißbrauchen zu lassen, machte sie zu einer Ausgestoßnen. In der Gesellschaft, die beherrscht war vom Gesetz, daß sie sich zu verkaufen hatte, konnte sie, die für ihre Selbständigkeit eintreten wollte, nur noch untergehn. Von der Lausche, dem höchsten Gipfel des Gebirgszugs, hinüberblickend nach Deutschland und auf die Ortschaft hinter den herbstlich verfärbten Waldungen unterhalb des Spitzbergs, wo meine Eltern lebten, fragte ich mich, ob diese Verheerungen und Verödungen, diese Gegenden der Geschlagenheit, die Kafka beschrieb, uns nicht doch in fruchtloses Grübeln, in Teilnahmslosigkeit versetzen wollten, ob uns nicht die qualvollen Erinnerungen an den Schmutz, das Elend, die Niedrigkeit alles dessen, was uns nahgewesen war, die Kraft nahm zur Auflehnung gegen das scheinbar Unabänderliche. Doch dann sah ich wieder, daß meine Abwehr mit meiner Betroffenheit zusammenhing, meine Nächsten, mich selbst hatte ich in diesen krummen, beschädigten, abgenutzten Dorfbewohnern wiedererkannt, es gab zwischen uns diese Muffigkeit, diese Verkümmrung, diesen philiströsen Mißmut, und auch wenn es um ein Weiterkommen, um Ideale ging, so teilten viele von uns das Streben des Landvermessers, endlich gewürdigt zu werden von den Behörden des Schlosses. Gewiß konnte man sich immer wieder sagen, daß dort drüben, hinter den Grenzbäumen von Seifhennersdorf, eine Wirklichkeit einsetzte, die nicht die geringste Schwäche, Unaufmerksamkeit duldete, in der jedes Zeichen von Lethargie bekämpft werden mußte, und doch behielt Kafkas Buch seine Gültigkeit für unsre soziale und politische Welt. Nicht nur das Schloß mit seinem hierarchischen Aufbau, in dem jeder seine bestimmte Zuständigkeit hatte und nicht mehr wußte als das, was ihm grade erlaubt war, immer nur ausführend, was andre verlangten, sondern auch das, was sich auf unsrer eigenen Ebene abspielte, besaß eine Kraft von jener Art, in der real Erlebtes übergeht in die Bilder des Traums.

Und wenn ich dem Buch vom Schloß die Barrikaden am Wedding entgegenhielt, so stießen wieder die beiden Gegensätze aufeinander, die für mich ausschlaggebend waren, hier die vielschichtige, schwierige, ständig ausweichende Wirklichkeit, dort die Realität, greifbar, klobig, ein kantiger Block. Kafkas Werk, im ackerbraunen Einband, war angefüllt mit unendlich verzweigten Gedankengängen, mit Verbindungen und Durchkreuzungen moralischer, ethischer, philosophischer Vorstellungen, mit ständigen Fragen nach dem Sinn der Erscheinungen, den Absichten der Tätigkeiten, das kleine Kampfbuch von Neukrantz, aus der Serie der Roten Romane, zum Preis von einer Mark, fragte nicht, gab nur eine Antwort, rief auf, dem Nihilismus zuvorzukommen, dem Leiden praktische Abwehrmittel entgegenzustellen, es spornte uns zum direkten Eingreifen an und konnte von allen, die in unsern Straßen wohnten, verstanden werden. Für Umwege, für Reflexionen war dort nicht die Zeit, was angegangen werden mußte, war fertig und klar, das, was über Kafkas Dorf sich verhängnisvoll, schicksalhaft auftürmte, war für die Bewohner des Wedding ein einsichtiger, klassenbedingter Unterdrückungsprozeß, dem die Stirn geboten wurde. Das eine Buch bestand aus fließendem Stoff, der langsam in der Phantasie Gestalt annehmen konnte, das andre Buch war ein Gegenstand, daran man sich stieß. Da gab es keine verwickelten Gespräche, keine Zerlegungen der Psyche, keine von Schuld, von Zweifeln angefreßne Untersuchungen einer Kosmologie, in die das eigne Ich verschlungen war, sondern nur den konkreten Stein, der auf der Straße zu den andern Steinen gefügt, den Balken, mit dem die Haustür verrammelt, das Tuch, mit dem die Wunde verbunden wurde. Alles, was bei Kafka Erörterung blieb über das Wesen des Schlosses, war hier vollendete Tatsache. Die Arbeiter schreckten nicht vorm Betreten des Gebäudes zurück, das dem Landvermesser fragwürdig war, für sie war es das Polizeipräsidium am Alexanderplatz, gradewegs gingen sie, von ihren Gerüsten kommend, in fleckigen Hosen und Kitteln, die Korridore entlang zu den Räumen der Potentaten, drangen ein ins Vorzimmer des obersten Chefs, ließen sich von den Sekretären nicht abspeisen und stellten sich mit ihren Forderungen vor den Stellvertreter hin. Dieses Männchen war beobachtet wie von Kafka. Die maßgeschneiderte, zu körperlicher Arbeit nicht verwendbare Kleidung, die eng die klägliche Gestalt umspannte, das Schwätzerische, Wichtigtuerische an ihm paßte auf die Schloßbeamten, nur wurde ihm von der Delegation keinerlei Respekt entgegengebracht, die Arbeiter näherten sich ihm nicht als Bittsteller, sondern verlangten ihr Recht. Und wurden sie dann auch mit einem nichtssagenden Wortgebrodel hinauskomplimentiert, so hatten sie doch gezeigt, daß sie vermochten, ins Herz der feindlichen Hochburg vorzustoßen. Dies war vorbildlich, es entsprach unter den waltenden Verhältnissen der höchstmöglichen Leistung. Auch der Kampf, der danach in den Straßen geführt wurde, war Beweis für den äußersten Mut, denn es war nur ein Ausgang von Tod und Vernichtung gegeben. Das Schloß war noch nicht einnehmbar, und das Verlangen nach einem würdigen Leben, nach einer Abschaffung der Übervorteilungen, stieß nur auf solche, die sich nicht zuständig nannten und auf Unerreichbare verwiesen. Die Erstarrung, von der die Menschen im Dorf zermürbt wurden, konnte nicht länger ertragen werden, sie war furchtbarer als das Herankommen der Panzer, das Krachen der Geschütze, es mußte vor Augen geführt werden, daß der Wille zur Auflehnung, zum Zurückschlagen noch vorhanden war, dies allein, daß die Arbeiter zwei, drei Tage lang aushielten, war ihr Sieg. Fortan würden die Schloßherrn wissen, daß das Stillhalten draußen nur notgedrungen war und jederzeit wieder durchbrochen werden könnte. Kafka hatte das Thema umkreist, er kehrte immer wieder zum gleichen Ausgangspunkt zurück, er brütete vor sich hin, versuchte neue Bewegungsmöglichkeiten, lag lauernd, raffte sich auf, ließ sich täuschen, abweisen, niederwerfen, konnte nie zu einem Ergebnis finden, doch auch ein Aufgeben erwog er nie. Wie sein Buch ohne Ende war, so war sein ganzes Vorhaben endlos, nicht mit einem Einzelfall befaßte er sich, sondern mit dem gesamten Dasein, das zwar keine Hoffnung, doch Handeln enthielt. Sein Held war anonym, eine Chiffre, nur die Gedanken waren es, die ihre Bilder entwickelten, die sich foltern ließen von den Grenzen, die ihnen gestellt waren, und die nichts andres wollten, als diese Grenzen zu erweitern, zu sprengen. Neukrantz ging sogleich auf eine bestimmte historische Situation zu, erklärte sachlich, mit Dokumenten, wie dem Geschehn beizukommen war. Seine Sprache war nicht durchziseliert, es wurde geredet, wie beim Arbeiten geredet wird. Es wäre nahliegend gewesen, die Welt des Intellekts abzuheben von der Welt der Arbeit, doch dann hätten sowohl die Absichten des einen als auch die des andern Buchs eine Verfälschung erfahren. Früher war mir zuweilen die Beschäftigung mit Kunst, Literatur im Vergleich mit den praktischen Aufgaben als ein Ausweichen, ein Sichabsondern vorgekommen, wie auch andre den geistigen Produkten Mißtrauen und Geringschätzung entgegenbrachten. Die beiden Bücher aber, die ich nun miteinander verglich, zeigten deutlich, wie die Verschiedenheiten voneinander abhängig waren, wie sie einander ergänzten und ohne einander nicht auskommen konnten. Beim Lesen des Buchs von Kafka entfernte ich mich nicht von unserm Tagesablauf, von den Packräumen, den Montagehallen, von der Fahrt in überfüllter Stadtbahn um halb fünf Uhr früh und nach Schichtschluß, und die materielle Gewalt im Buch von Neukrantz wäre nichtig gewesen, hätten hinter ihr nicht Ideen gestanden. Das Labyrinthische und auch das Gleichnishafte waren uns ebenso nah wie die Auseinandersetzung mit dem, was sich unmittelbar spürbar vor uns befand. Das Forschen und der Abwehrkampf waren zwei Seiten ein und des selben Stellungnehmens. Hier in Warnsdorf, während der Tage des Umherwanderns, nahmen die Kriterien der Kunst, die bisher mit der Reaktion des Rückzugs behaftet schienen, größere Faßbarkeit und Selbstverständlichkeit an, beim Lesen, beim Untersuchen von Bildern begab ich mich nicht mehr auf ein abgeschiednes, nur für Eingeweihte erreichbares Spezialgebiet, vielmehr fügte sich alles, was da gezeigt wurde, in meine täglichen Erfahrungen ein. Bereits bei der Lektüre des Berichts von Neukrantz hatte ich mir die Tätigkeit des Schreibens als ein Handwerk, einen Beruf denken können. Früher hatte ich Cooper, Defoe, Dickens, Marryat, Melville, Swift, Poe, Conrad und Jack London gelesen, die Barrikaden am Wedding aber waren das erste Werk, das den Wunsch hervorrief, selbst etwas aufzuzeichnen, etwas sichtbar zu machen. So ohne Umschweife, so offen und parteilich wollte auch ich mich daran machen, und ich versuchte es beim Verfassen meiner Aufsätze in Scharfenberg. Das Buch vom Schloß legte sich dann über eine lange aufgestaute Unruhe und über eine sich in ihren Anfängen befindende Wißbegierde. Es rief Beklemmung hervor, zwang mich, meine Schwächen und Versäumnisse zu sehn. Damals, sechs Jahre zuvor, hatte es nichts Unübersteigbares gegeben, ich saß im Geäst des Lindengehölzes, an der Schilfbucht gegenüber Baumwerder, und schrieb ins blaue Heft, ohne auch nur ein einziges Wort zu ändern, schnell, unbehindert, nach innerm Diktat, dann kam ich in die Arbeitswelt, und so leicht das Erdachte sich wiedergeben ließ, so mühselig war es, etwas festzuhalten von dem, was mir tatsächlich widerfahren war. Beim Suchen nach Ausdruck mußte erst das Zerschlagne, Zertrennte, mit dem wir behaftet waren, überwunden werden. Wir fragten uns, was das Wahre in der Kunst sei, und fanden, es müsse das Material sein, das durch die eignen Sinne und Nerven gegangen war. Doch wenn wir das Abwägen und Urteilen ganz auf uns bezogen, wenn wir sagten, es sei Bestandteil des Existierens und es müsse zu etwas Zusammenhängendem werden und unsre Selbständigkeit durchsetzen, dann empfanden wir wieder, wie an allen Bibliotheken, Museen und Wissenschaften unsre Maschinen, Werkzeuge und Stempeluhren, unsre gedrängt vollen Stuben hingen, und unter ausbrechendem Hohn, unter gegenseitigen Verspottungen sahn wir anstatt der Kontinuität und des erweiterten Blickfelds nur das Brett vor dem funktionslosen Kopf. Dort, am Rand der Schulinsel, in einer Urzeit, führte ich die Streikenden an, rief, auswendig, durch den Schalltrichter das Manifest über den Platz vorm Stettiner Bahnhof oder malte, oben hinter den Atelierfenstern, die ich im Dach eines Hauses an der Dresdener Straße, am Oranienplatz, gesehn hatte, riesige Allegorien der Befreiung. Danach, in der Pflugstraße, waren die Visionen zerstoben, aus der sozialen Unsicherheit, der ökonomischen Notlage, der politischen Vergewaltigung führte kein Wunschdenken raus, und erst im September Siebenunddreißig begann ich zu begreifen, daß wir bei unserm Versuch, zu Einsichten zu kommen, immer an der Stummheit und Müdigkeit unsrer Arbeitsgefährten mitzutragen hatten und daß wir alles, was wir auffanden, auch für sie erwarben. Denn einen andern Zweck, eine andre Wahrheit könnten unsre Bemühungen um die Eroberung der Kunst, der Literatur nicht haben, als die Zusammengehörigkeit zu stärken zwischen denen, die bisher nur ihr Abgeschnittensein davon verspürt hatten. Wollten wir ausweichen zum Eigenwert eines Kunstwerks, dann liefen wir Gefahr, in ein Vakuum zu geraten, erst in einer Wechselwirkung mit den Bedingungen, Besonderheiten und Verhaltensweisen unsres Lebensgebietes konnte unser Lernen, unser Studieren fruchtbar werden. Schon längst hatten wir festgestellt, daß ein Tag, an dem wir uns nicht zumindest eine Stunde mit einem Buch, einem wissenschaftlichen Problem befaßt hatten, unerfüllt bleiben mußte. Im Kampf gegen die gewöhnlichen Denkbehinderungen war uns Lehrstoff zugekommen aus den politischen und soziologischen Kompendien, aus den Kursen an der Abendschule, doch was uns in diesen Jahren besonders anzog und zur Ausweitung unsres Bewußtseins beitrug, hatten wir aus eigner Kraft zu erörtern, es war das Thema der Ambivalenz, der Kontroverse, des Widerspruchs, unter dem wir lebten. Hier, wo es um das sinnliche Aufnehmen der Realität ging, verbanden sich zumeist Anregungen aus Romanen, Gedichten, Malereien mit unsern Erlebnissen und Vorstellungen, hier konnten wir am ehesten zu einer Übereinstimmung mit uns selbst gelangen. Zwischen den Gegensätzen jagten unsre Überlegungen hin und her. Wir sollten verschlissen werden, dagegen stellten wir unsre Ausdauer auf. Gegenüber den Zwangsordnungen behauptete sich unsre Phantasie. Mit unsrer Initiative antworteten wir der systematischen Untergrabung der Handlungsfreiheit. Die Unmöglichkeit, eine absolut richtige, zutreffende Ansicht über die Zeitgeschehnisse zu haben, wehrten wir ab mit unsern grundsätzlichen Entscheidungen. Nach Zola, Gorki, Barbusse, Nexö hatten wir die Arbeiterschriftsteller unsrer Tage gelesen. Hier war das Neue zunächst die Schilderung unsres Daseins in den Hinterhöfen und Mietskasernen, den dunklen verschmutzten Werkstätten und Lagerkellern, an den Drehbänken, Maschinen und Verladerampen, die Berichterstattung von Betriebsversammlungen, Streikvorbereitungen und politischen Zusammenstößen. In den Büchern von Kläber, Gotsche, Hoelz, Bredel, Marchwitza oder Neukrantz trat uns die proletarische Wirklichkeit entgegen, zwischen trüber, grauer Ermattung und offnem Kampf, zwischen dem Hausen im Versteck und dem Eingesperrtsein in die Gefängniszelle. Oft hörten wir die Ansicht, und vertraten sie auch selbst, daß nur diese Werke für uns von Geltung waren, weil hier unsre Praxis, unsre Aufgaben beschrieben, weil hier die allen verständlichen Anweisungen gegeben wurden, wie wir aus der erdrückenden Einförmigkeit zu einer Entwicklung der eignen Kräfte gelangen konnten. Wir fanden, daß ihre Gradlinigkeit, ihr einfacher, reportagehafter Stil den Bemühungen entsprachen, sich über den Zustand des Unterdrücktseins klar zu werden. Die Charakteristik jeder auftretenden Person zu vertiefen, jede kunstvolle Technik in der Darstellung der innern Welt oder der wechselnden Räumlichkeiten erschien uns als eine Abweichung vom eigentlichen Thema. Wir hielten es für richtig, daß nicht dem Persönlichen, sondern dem Interesse der Klasse Ausdruck gegeben wurde. In dieser Geschlossenheit, meinten wir, mußte aufgetreten werden gegen den individualisierten Roman, der, überlegen, an Assoziationen reich, sich uns gegenüber im Festungswall der bürgerlichen Kultur, Turm an Turm, erhob. Doch bereits Rolland, Trakl, Heym, Hauptmann, Wedekind brachten diese Einstellung ins Schwanken, in dem Maße, als wir uns aus der Unkundigkeit herausgearbeitet hatten, waren wir auch offner geworden für Zeugnisse von Erfahrungen, die außerhalb unsres unmittelbaren Lebensbereichs lagen, die Sprache, die zusammenhing mit unsern alltäglichen Handhabungen, hatte sich erweitert, plötzlich verstanden wir Gedichte, die scheinbar nichts zu tun hatten mit unsern Stempelkarten, unsern Inventarlisten, unsern Lohnverhandlungen und Gewerkschaftstreffen. Und in Kürze waren wir so weit gekommen, daß wir den Jean Christophe, die Briefe van Goghs, die Tagebücher Gauguins, die Falschmünzer von Gide oder Hamsuns Hunger, in Wachstuch eingeschlagen, während der Mittagspause in einem Winkel zwischen Kisten lasen. So wie Weinert, Becher, Renn, Plivier, Döblin, Seghers, Kisch, Weiskopf, Friedrich Wolf oder Brecht aus Bürgertum, Kleinbürgertum gekommen und, in einem Umstellungsprozeß ihres Denkens, zu Sprechern der Arbeiterklasse geworden waren, so war es, allerdings ohne daß wir dabei unsre Position wechselten, möglich, uns Einblicke zu verschaffen in die Problematik des andern Teils der Gesellschaft. Hineinversetzt in die Widersprüche eines Übergangsstadiums, nahmen wir auf, was bürgerliche Autoren, mit der Detailschärfe, die sie aus der klassischen Geborgenheit übernommen hatten, über das Zerbröckeln, die Kursfälle und Pleiten ihrer Epoche auszusagen wußten. Wenn uns die Beschäftigung mit ihren Darlegungen manchmal schlechtes Gewissen eingebracht hatte, weil uns vorgeworfen wurde, wir kämen ihnen dadurch entgegen, versöhnten uns mit ihnen oder bereiteten uns zu einem Überläufertum vor, so wurde nun, bei meinem Umblick, jede Aktivität auf diesem Gebiet gerechtfertigt. Das System der Ausbeutung zog sich quer durch alle gesellschaftlichen Schichten, wir alle waren eingespannt in die Hierarchien, mitverantwortlich am Wuchern der Rangordnungen. Je vorbehaltloser wir die Zeugnisse aufnahmen aus den verschiedensten

Richtungen der Verfilzung und des Gärens, des Niederreißens und der autoritären Erhebungen, desto differenzierter wurde das Bild der Welt und das Verständnis für den Reichtum der Sprache. Wir hatten stammelnd begonnen, und wir kehrten beim Lesen, beim Versuch zu schreiben immer wieder zum Nullpunkt zurück, wo unser eignes Leben begonnen hatte, bei jeder Erkenntnis eines komplizierten Zusammenhangs vergegenwärtigten wir uns die Verarmung, in der wir und unsre Arbeitsgenossen festgehalten werden sollten. Wenn die Bücher Bausteine waren für uns, so kam Professor Kien, Canettis Büchermensch, allerdings zwischen Literatur um. Für uns hatten die Werke noch Spärlichkeit, waren mühsam erworben, Kien besaß sie im Überfluß, all sein gesammeltes Wissen loderte auf im Autodafé, anstatt Schlüsse aus seinen Kenntnissen zu ziehn, ging er unter in hektischem Wahn. Auch Céline, der sich in der Reise ans Ende der Nacht durch einen Morast von Armut und Elend bewegte, ließ nicht einen Ausblick entstehn, in dem sich Möglichkeiten zur Verbeßrung abzeichneten, anstatt Abwehr gab es nur Zynismus, Verfluchung, anstelle eines entstehenden politischen Untergrunds zeigte er uns eine Unterwelt der Verzweiflung und Hoffnungslosigkeit. Solche auf die Spitze getriebnen Antithesen verschärften indessen unsre eignen Entgegnungen. In den Büchern war der Krankheitszustand verzeichnet worden, an uns lag es, die Anlässe der Verseuchungen aufzudecken. Wenn Künstler, die aus dem Bürgertum stammten, ihrem Überdruß, ihrer Unzugehörigkeit Ausdruck gaben, so mochten sie mit dem Graben im individuellen Schmerz noch in ihrer Herkunft feststecken, mit dem Schreiben aber waren sie doch dabei, sich denen anzunähern, die in ihrer Tätigkeit einen unnötigen, luxuriösen Aufwand sahn. Vielleicht verstanden sie es selbst noch nicht, vielleicht würden sie nie über ihre Ausweglosigkeit, ihre Machtlosigkeit hinwegkommen, würden ihre Unruhe nie übertragen können auf das Suchen nach politischen Einsichten, würden nur allgemein ihren Ursprung verachten und keinen Anschluß finden an die Kräfte der Umwälzung. Die Bewegung jedoch, in der sie sich befanden, ob schwermütig oder rasend, zielbewußt oder unsicher, war groß genug, um uns deutlich zu machen, daß der Kampf weiterzukommen überall geführt wurde, daß die Regeln, die Mittel des Ausdrucks sich im Prozeß der Verwandlung befanden, daß sie hier zerfielen, dort erneuert wurden. Voller Verirrungen drängten Angehörige der Mittelschichten, des Kleinbürgertums auf eine Verändrung der Verhältnisse, viele wurden abgefangen vom Faschismus, gerieten mit dem Halbdurchdachten in die billigen Lehren der Reaktionäre, andre begannen, ihre Abhängigkeit vom Kapital zu begreifen, auch sie waren Lohnarbeiter, Mehrwerterzeuger,

Ausgesaugte, niemand von ihnen, ob im Büro, im Amt, in der Universität oder der Forschungsanstalt, war im Besitz des Produktionsmittels, sie alle, wenn sie es wagten, ihre Situation zu durchschaun, traten in Beziezung zu denen in den Industrien, den Werkstätten, und so erweiterte sich der Begriff der Arbeiterklasse, immer mehr von ihnen, die einmal der Bourgeoisie zugerechnet werden mußten, machten den Weg des Proletariats zu ihrem eignen, verliehn ihm oft sogar, mit theoretischen und praktischen Beiträgen, Gewicht. Den Büchern über die Epoche der Krise waren diese Überlegungen nur selten direkt zu entnehmen, nach außen hin blieben die meisten Werke der Bildungselite vorbehalten, der definitive Schritt wurde nicht vollzogen, war nur als Ungeduld, als Unlust am Bestehenden, als etwas Zukünftiges zu erraten. Neue fortschrittliche Kräfte, die sich aus früheren Bindungen befreit hatten, trieben uns dazu an, die eigne Stellung bewußter zu machen. So wie die Studenten und Akademiker, die Künstler und Schriftsteller, die sich uns anschlossen, ihre Herkunft nicht als endgültig angesehn hatten, so mußten auch wir den Dünkel überwinden, daß wir allein auf Grund bestimmter sozialer und ökonomischer Bedingungen im Proletariat zu Hause waren. Vielmehr hatten wir unsern Standort noch einmal, durch genaue Unterscheidung, zu wählen und zu definieren. Zugehörig der Arbeiterklasse war derjenige, der mit seinen Handlungen für sie eintrat, gleichgültig, woher er kam. Dies war besonders wichtig jetzt, da große Teile der Arbeiterschaft verwirrt und von ihrem Ausgangspunkt abgedrängt worden waren. Die breite proletarische Aktionseinheit war ausgeblieben. Die Arbeitenden hatten es nicht verstanden, sich dem Faschismus gegenüber abzugrenzen. Die Verteidigung war jetzt nur möglich, wenn sie zur Volksfront wurde, die Organisationen, Parteien, Bevölkerungsschichten umfaßte, die dem Proletariat nicht zugerechnet wurden, mit diesem aber das Interesse am Abwehrkampf teilten. Hatte auch die Arbeiterklasse noch zu keiner Geschlossenheit gefunden, so durfte doch beim Zusammenwirken mit andern politischen Gruppierungen nicht das Ziel der führenden Rolle preisgegeben werden, in die sie einmal zu treten hatte und die sie in der Sowjetunion, in Spanien, in China bereits einnahm. Trotz aller taktischer Bündnisse mußten die Auseinandersetzungen zwischen den Klassen fortgesetzt und gegebenenfalls verschärft werden. Mein Vater bezeichnete die Umschichtung innerhalb der gesellschaftlichen Kräfte als einen historischen Block, er sprach dabei von Gramsci, der im April dieses Jahrs nach zehnjähriger Haft in den Gefängnissen der italienischen Faschisten umgekommen war. Dieser hatte, aus den geschichtlichen Gegebenheiten, den Weg angedeutet, den die aus bürgerlichen Zwangsvorstellungen gelöste Intelligenz zusammen mit den Werktätigen einschlagen würde. Dabei konnte es sich jedoch nie um eine bloße Übernahme von Kulturwerten handeln, aus den Händen derer, die bisher mit ihren Privilegien im Dienst der Herrschenden standen, es wäre damit auch die Entpolitisierung der Kultur, die Absage an den Klassenkampf übernommen worden. Vielmehr hatte jetzt die Wechselwirkung einzusetzen zwischen dem fertig Gestalteten und dem Suchen nach eignem Ausdruck. Während wir uns Kultur aneigneten, mußte jener Gesamtmechanismus vernichtet werden, dessen Bestandteil die Kultur gewesen war. Was uns weiterbilden konnte, mußte erst noch geschaffen werden. Erst auf den Boden des Proletariats gestellt und dort ausgedeutet, würden die Werke der Literatur, der Kunst, der Philosophie einen neuen Sinn erhalten. Von tief unten her richtete sich der Blick in ein wissenschaftliches Zeitalter. Noch befanden wir uns in den Abschnitten des Schreckens und der Verfolgungen. Im schmalen Fenster oberhalb des Kopfs meines Vaters zeigten sich wieder die marschierenden Beine, in Schnürstiefeln und weißen Strümpfen, hinter ihnen, am gestrafften Riemen, ein Schäferhund, mit geöffnetem Rachen, Pfiffe waren zu hören und die krachenden Anrufe, die Unterwerfung verlangten vorm Reich der Gewalt. Wie können wir aber sicher sein, fragte ich, daß es nicht wieder zu Übervorteilungen kommt, wenn die akademisch Geschulten auf unsre fragmentarischen Kenntnisse einzuwirken beginnen. In seiner Antwort verband mein Vater Luxemburgs Vorstellungen von einer Schule der freien Initiative, einer Erziehung zur schöpferischen Aktivität, mit Gramscis Verneinung der Mechanistik, des autoritären Lernens. Wir haben noch vor uns, sagte er, die Kulturrevolution, von der am Anfang der Zwanzigerjahre die Rede war. Diese würde nicht nur uns, sondern alle, die für den Druck der Geschichte empfänglich waren, verwandeln. Das gemeinsame Anliegen, die Arbeit in den eignen Besitz zu bringen, würde uns zu einem gegenseitigen Verständnis treiben. Und wer würde dann, sagte er, wenn wir unser Grunderzeugnis nicht länger andern übergeben, sondern es selbst verwerten, noch in Frage stellen, daß alle ehemaligen Lieferanten und Subalternen, mit ihren aus der Unterdrückung freigelegten organisatorischen und pädagogischen Fähigkeiten beim Planen und Leiten, geistig Arbeitende sind. Daß er solche Überlegungen anstellte, zeigte, daß die Zeit ihn noch nicht verbraucht hatte, daß er immer noch zu einem Neuanfang bereit war. So hatte er auch jetzt, wie er es häufig in Berlin getan, die Küche zu einer Werkstatt gemacht und beschäftigte sich mit einer Reihe von Verbessrungen für die Handdruckerei. Auf der Arbeitsbank hatte er einen der hölzernen Rahmen liegen, dessen Befestigungsanordnung für den Drucktisch er verstärkte, wie er auch dem Spachtel, mit dem die Farbe durch die Schablone aus feinmaschigem Metallgewebe getrieben wurde, eine stabilere Form zu geben versuchte. Schwerer als ihm war meiner Mutter die Umsiedlung gefallen. Sie, die gewohnt war, zu arbeiten, die immer zum Unterhalt der Familie beigetragen hatte, war nun zur Untätigkeit verurteilt, weder in einer Fabrik noch in einem Büro wurde sie aufgenommen, und in ihrer Unruhe begann sie, die sonst ihren Teil der Hausarbeit schnell getan hatte, stundenlang die Kommode, den Tisch, die Stühle, die Bestecke zu putzen, und zwischendurch in sich versinkend starrte sie vor sich hin und vergaß die Umwelt. Einmal, als wir uns auf die Bank im Vorgarten des Hauses gesetzt hatten, kam die Vermieterin, Frau Goldberg, und verwies uns von diesem Platz, denn erstens, sagte sie, zahlten wir nur für die Wohnung und nicht für den Garten, und zweitens sei die Bank nicht für Juden bestimmt. Als ich empört antworten wollte, hielt mich meine Mutter zurück und preßte beim Aufstehn meinen Arm hart an sich. Während sie mich ins Haus zog, sagte sie mir, daß sie, nachdem man sie ihres dunklen Haars wegen einige Male als Jüdin bezeichnet hatte, sich nun selbst zur Jüdin erklärt hatte, was es ihr und dem Vater jedoch schwer machte, in Warnsdorf eine neue Bleibe zu finden. So hatte sie sich der Hausbesitzerin zu fügen, die ihr bei jeder Gelegenheit zu verstehn gab, daß sie nur auf Gnaden hier wohnte und bald, der Tag stünde schon fast vor der Tür, die Behandlung erfahren würde, die sie verdiene. Welcher Art diese Behandlung war, sah ich an einem der letzten Tage in Warnsdorf. Am Stadtrand, von Sankt Georgenthal kommend, in der Nähe einer Kiesgrube, wo es durch den sogenannten Kirchenbusch ging, hörte ich das Geschrei und Gelächter einer Gruppe von Kindern und Jugendlichen. Zuerst glaubte ich, es handle sich um ein Kriegsspiel und ging langsam vorbei, bemerkte dann aber, daß zwischen ihnen im Schotter ein Mensch lag, der röchelnde Laute von sich gab, und als ich nähertrat, sah ich, daß es der Eger Franz war, der Dorftrottel oder Jidd geschimpft wurde, ein harmloser, geistig zurückgebliebner Tagelöhner. Er wälzte sich, das Gesicht blutüberströmt, mit Schaum vor dem Mund, in Krämpfen zwischen den Halbwüchsigen umher, die ihn mit Füßen traten und mit Stecken auf seinen Kopf einschlugen. Die Schinder auseinanderdrängend, hob ich ihn auf und trug ihn bis zur Gärternei Fiala in Niedergrund, wo Hilfe herbeikam. Er starb, so hörte ich später, an den Folgen der Verletzungen. Seine jungen Mörder, deren Namen bekannt waren, wurden nicht zur Verantwortung gezogen, es hieß, der vagabundierende Jude habe sich beim Sturz während eines epileptischen Anfalls den Schädel gebrochen.

II

Hier bin ich am rechten Platz, hier in der Landschaft des Don Quijote, diese Worte aus Hodanns Brief, der mir über das Prager Spanienkomitee nach Warnsdorf zugestellt worden war, fielen mir ein, als wir, zusammengedrängt auf dem Lastwagen, in die Hochebene der Mancha einfuhren, unter den aufgetürmten, rot, violett von der sinkenden Sonne bestrahlten Wolken. Vor einer Woche hatten wir die französischen Grenzwächter hinter uns gelassen, waren durch das Geröll zwischen Céret und Junquera, durch Gesträuch und Olivenwaldungen gekrochen und auf die ersten republikanischen Posten gestoßen. Durch Gerona, Calella hatte der Zug uns nach Barcelona gebracht, in die schwarze, rauchige Bahnhofshalle, von den Eindrücken des Tags in dieser Stadt aber hoben sich immer wieder die Bilder des ruinenhaften, zerklüfteten Baus ab, vor dem wir uns, aus der Schlucht einer Avenue kommend, plötzlich befanden. Schildkröten trugen die Säulen des von staubigem Wind durchblasnen Portals mit den hochgeschraubten durchlöcherten Kampanilen und den Seitengewölben, die den Traum einer Kathedrale aus unbekannter Formwelt umschlossen. Den Kopf weit zurückgebogen, starrten wir hinauf in das wuchernde Gestein, sahn eine Gotik, die Erinnrungen an Ägypten und Babylon trug, die durch Zwingburgen, Barockschlösser und indische Tempel, durch Jugendstil und Kubismus gegangen war, durchwachsen von Stalaktiten, von petrifizierten Pflanzen, hoch oben knospend, aufblühend zu roten, blauen, goldnen Dochten, Kegeln, Kugeln und Würfeln, weiter unten, zwischen den Pfeilern, in den Nischen und Giebeln, um die glaslosen Fenster mit ihrem verschlungnen Rahmengezweig menschliche Gestalten im heroischen Stil des vorigen Jahrhunderts, hineingebacken in die Zapfen und Kolben, in die Muster von Moosen und Farnkräutern, Algen und Korallen. Truthähne und Hühner, Pfauen und Gänse, Maulesel und Ochsen scharten sich um die Heilige Familie, die, auf umranktem Tabulett überm Mitteltor, dem fragmentarischen Tempel seinen Namen gab. Ayschmann, vier Jahre älter als ich, Sohn jüdischer Emigranten, aus London über Paris gekommen, in Perpignan mit mir zusammengetroffen, stellte die Frage, auf welche Weise die Verschmelzung von Kitsch und architektonischer Vision vollzogen worden war, und es schien uns, als sei grade die Unvoreingenommenheit in der Behandlung aller künstlerischer Richtungen, die Abwesenheit eines bestimmten, sogenannten sicheren Geschmacks, die Voraussetzung gewesen für die Herstellung dieses monströsen und gänzlich freistehenden Formgebildes. Die Geste der Andacht, mit der Josef die Hände hob und sich seitwärts Maria zuneigte, die, unterm Zelt des Kopftuchs, die Krippe beschirmte, war platt, epigonal, und schwülstig waren die Engel, die in realistisch eingesetzte Metallposaunen bliesen. Auch die Apostel und Heiligen konnten, für sich gesehn, irgendwelchen belanglosen Denkmälern entstammen, ihre Versetzung aber zwischen die geometrisch behauenen gelblich grauen Blöcke, ihre Kontrastierung zu einer unbändigen Ornamentik, ihr Balancieren auf gerillten, geriffelten Globen, auf scharf vorspringenden Kanten, ließ ihren Naturalismus fremdartig erscheinen, ihre frommen Gebärden nahmen, in unmittelbarer Nachbarschaft von erstarrtem Schlamm und Kot, von geronnenem Wellenschaum, was Absonderliches, Wahnsinniges an, und so war es überall, der gepanzerte Krieger, mit dem gußeisernen Schwert in der einen Hand, mit der andern das geraubte Kind hochschleudernd, die um Einhalt flehende Frau neben dem zu den schnatternden Gänsen herabhängenden Kinderleichnam, die Patriarchen und Schriftgelehrten in ihren Gehäusen, sie alle, Anschauungsobjekte für den Schulgebrauch, erhielten neuen Ausdruck in einer Gesamtheit, deren Wesen die Vermischung war. Getragen von Drehkörpern, die einander umfaßten und umschlangen, drängten sich die skulpturalen Assoziationen ineinander, übereinander, jede Vertiefung, jede Kuppel überschwemmend, und immer entstand Leichtigkeit über ihnen, in aufgefalteten Palmwedeln, in spitz zulaufenden Gipfeln, und was an Schwere nach unten drang, löste sich auf in den Linien von Wogen, Lianen und Wurzeln. Das Regellose und Vermengte wurde beherrscht von der Logik des hyperbolischen, paraboloiden Bausystems, neben vorbrechender Überfülle lagen schmucklose, kastellhaft gemauerte Quadern, ein pathetisch illustratives Detail stieß auf einen Schwall von Lava und Schlacke, eine segnend ausgestreckte Hand, eine Erwartung göttlicher Sendung fand Antwort in den ausgebreiteten Schwingen, den Köpfen langhalsiger Vögel. Kettenglieder, Gewichte hingen am gefolterten, aufplatzenden Stein, und aus einer Brandung, durchsetzt von großen, lauschenden Ohrmuscheln, hoben sich verklärte Gesichter, die Augen, die Münder geschlossen, Körper arbeiteten sich, zwischen Tang und Algen, Seesternen und Tintenfischen, aus den Flocken der steinernen Gischt heraus, um Schwerelosigkeit anzunehmen, um ins Jenseits zu fliegen, hier war der Augenblick des Tods dargestellt, der Übergang von einem Zustand zum andern. Das Mittelportal, zur Preisung der Nächstenliebe, war voller Wundflächen, über den grimmigen Trauben von Blut und Eiter klebten geschnörkelte Schlangen, bereit, sich fallen zu lassen, Riesenschnecken, die Fühlhörner vorgestreckt, Ungetüme von Seeigeln krochen die Söller hinab an den Toren des Glaubens, der Hoffnung. Hinter den Scharten der Apsis stand die Leere der unerbauten Kirchenschiffe, der Luftzug fegte durch die Hohlräume der Frontalmasse, in deren untersten Alkoven Philosophen beim Gespräch saßen und ein Handwerker den Meißel in die Platte auf der Arbeitsbank schlug. Wir sahn durch die Torbögen auf den grell besonnten Hof, in dem die Granitbrocken, von den Steinmetzen verlassen, zu Haufen lagen, mit ihren begonnenen Gesichtern, ihren roh angedeuteten Schädeln von Kriechtieren, und nahmen dieses Bauwerk aus Gegensätzen wahr, überlastet und kahl, vom Harten sich zum Weichen suchend, vom Rauhen zum Glatten, bruchstückhaft und mit vollendeten Einzelheiten, aus Uraltem kommend und Zukünftiges erratend, nirgends einzuordnen, und nun war es, als würden die, die einzeln oder in Gruppen in der fossilen Vegetation standen, Botschaften überbringen, als wollten sie von Wundern berichten, in Geschrei, in Tanz, in Verzückung, anstatt in Gebete ausbrechen, und die Esel, die Stiere, die Drachen lachten dazu, da war ein Jaulen, ein Gewieher, die eisernen Schwerter zuckten auf, grelles Getön kam aus den langen Posaunen, die Beulen, Knoten und Klumpen fingen an zu vibrieren, zu fließen, die eingeritzten Buchstaben wurden zu Mündern, der Stein begann zu reden, zu rufen, Schorf rieselte auf uns nieder, von fern waren Kanonaden zu hören. Auf Schildkröten ruhte das Gebirge des Vorderbaus, die geduldigen hörnernen Rücken trugen das Szenarium der biblischen Geschichte, unmerklich würden sie sich vorwärtsbewegen mit ihrer gewaltigen Kulisse, von rückwärts geschoben von ein paar mastodontischen Schnecken, die keinen Platz mehr im Getürm gefunden hatten. Auf der Innenseite war nun alles von mächtigem Konstruktivismus, mit hartgezackten Treppen, übereinandergestaffelten halbrunden Vorsprüngen, schrägen Verlagerungen erhoben sich die Mauern um den Grund der Basilika. Welche Chöre, sagte Ayschmann, würden erschallen von den Singplätzen, die sich in Stufenreihen an den Seitenwänden und im Quergang des Triforiums, in einem nicht vorhandnen Gebäude, hinzogen, welche Wechselchöre, von tausenden gesungen, und welche Lieder würden es sein, die sie sangen, und er kniff, lauschend, die Augen zusammen, in einer Wolke von Staub. Hier, auf diesen Schienen, sagte er, auf die Stelle weisend mitten auf der Gran Via, hier fand der Baumeister seinen Tod, unter der elektrischen Straßenbahn, wurde um die Räder gewickelt, zerrissen, aufgerollt, im Juni Neunzehnhundert Sechsundzwanzig, das Schnelle, Klirrende und Dröhnende überfuhr Gaudís verschwiegne Welt, ihr Gewoge, ihre Sandbänke und ausgehöhlten Klippen traten uns wieder entgegen in der Paseo de Gracia, um die Casa Battló, die Casa Milá, und noch einmal, kurz vor der Weiterreise, begaben wir uns zurück zur aufgespaltnen Grotte der Sagrada Familia. Gerüste, Leitern standen am Gemäuer, als sollte der Bau weitergeführt werden. In mit Brettern vernagelten Schuppen waren durch die Ritzen Gipsformen, Büsten, durcheinandergeworfne Leiber zu sehn, aus Gestängen streckten sich Beine und Arme vor, im Gerümpel, zwischen flatternden Blättern voll mathematischer Formeln, standen Modelle von Konstruktionselementen, perforiert, Rippen, Armknochen, Schenkelknochen gleich, zeigten die Grundlage der Tragfähigkeit des Gebäudes, wandten wir uns um, erkannten wir unter den tumultarischen Außenformen das Skelett, den Organismus mit seinen Sehnen und Muskeln. Kinder, in langen grauen Kitteln, spielten im Hof zwischen den Bergen von Steinen, aus Strohhütten, neben einem niedrigen Haus mit gewelltem Dach kamen sie angelaufen, es waren Klassenräume drinnen, so war es der Wunsch des Architekten gewesen, sie sollten aufwachsen und lernen unter dem wachsenden Bau, sollten ihre Einbildungskraft schulen an der Vielfalt des Entstehenden. Wir fanden an diesem Tag, da wir durch Barcelona gingen, überall Hinweise auf die Kathedrale, die alles Aufgewühlte in sich konzentrierte und zu Monumentalität machte. Überall in den Boulevards, die so lang waren, daß jedesmal ein Blick genügte, um den Gedanken, sie zu bewältigen, unmöglich zu machen, standen auf Sockeln und Kolonnen Figuren aus Marmor, aus grünlicher Bronze, die in die Ferne starrten, Schnüre von Stukkaturen zogen sich an den Häuserfronten entlang, Schultern stemmten die Torbögen, die Gesimse empor, hier und da war das Schmuckwerk der Paläste von Plakaten, Spruchbändern verhängt. Von unserm Quartier im Hotel Victoria gingen wir zur Einnahme der Mahlzeiten quer über die Plaza de Cataluña, mit ihren Steinbänken, ihren mythologischen Helden um ausgetrocknete Brunnen, zum Hotel Colón, dessen Portal flankiert war von Transparenten, auf denen ein zorniger Lenin seinem lächelnden Generalsekretär entgegenblickte, wir gingen die Avenida Pi y Margall hinauf, vorbei am Haus der Partei, weit vor uns, auf hohem Kapitell, eine nackte Frauengestalt, gingen, die Göttin der Freiheit schritt über uns hinweg, zur endlosen Avenue des Vierzehnten April, wo wir im Büro der Internationalen Brigaden unsre Papiere und Fahrtinstruktionen erhielten, gingen wieder durchs Kreuzwerk der Straßenzüge, zum Hauptplatz, zur Telephonzentrale, in deren Fassaden noch Einschußlöcher zu sehn waren von den Kämpfen im Mai, als die anarchistische Opposition, so erfuhren wir, von Polizeitruppen und Einheiten der Armee niedergeschlagen worden war, und weiter zu den Ramblas, der breiten Allee, gingen zwischen den Ständen der Händler hindurch, Blumen, Kränze, Girlanden hier, dort Wellensittiche, Fasanen in Käfigen, Goldfische in Glaskrügen, hier Tönernes, Geflochtnes, lackierte Fächer, Kämme, Mantillas, dort rotschwarze Halstücher, rotschwarze Mützen, blaue Overalls, und zu den Seiten der Promenade die vorbeischaukelnden Straßenbahnen, auch sie bemalt mit dem diagonal aufgeteilten Rot und Schwarz der Iberischen Föderation, bis zu der von Löwen umbrüllten Säule, von deren Höhe Columbus, auf der Weltkugel stehend, über den Hafen aufs Meer spähte. In Taubenschwärmen warteten wir auf das Bild, das der Kanonenphotograph aus dem Kasten auf seinem kleinen roten dreirädrigen Karren zog, und begaben uns dann, verewigt auf gelblich klebrigem Papier, in die Gassen der Altstadt, aus deren Gemäuer Märtyrer, Geier, Echsen hervorstießen und in der uns, nachdem wir in den einzigen Zugang geraten waren, die hallende Plaza Real aufnahm. Umschlossen vom Viereck der Galerien, auf einer Bank unter Palmen, die Füße von uns streckend nach dem Gehen und Gehen, besprachen wir wieder die Gewächsarchitektur, die sich vor uns aufgerichtet hatte, und jetzt, drei Tage später, geschüttelt vom Lastwagen, sagte Ayschmann, daß das Werk vielleicht nicht zu Ende geführt worden war, weil der kirchliche und religiöse Anlaß des Bauens schon jeden Sinn verloren hatte, rings um eine entleerte Idee war diese Andachtsstätte errichtet worden, und deshalb konnte solch ein Dom nur unvollendet bleiben, konnte nur weiterleben als Bruchstück, seinen Wert nur noch finden in einem überwirklichen Allkunstwerk. Andre, sagte er, würden sie je weiterbauen, um Messen drin singen zu lassen, könnten einzig etwas Rückgängiges erzeugen, als Ruine allein könnte der Bau seine Echtheit behalten, als Gotteshaus müßte er zu etwas Künstlichem werden. Und es hingen die Wolken jetzt über uns gigantischen Körpern gleich, streckten Knäuel von Armen herab, ungeheure geballte Fäuste, aufgeblasne Gesichter, sie schwebten, bläulich rot, über uns hin, mit schwelendem Haar, verwehten Flügeln. Von Barcelona aus waren wir, vom Morgen bis zum Abend des nächsten Tags, im Zug nach Valencia gefahren, im hölzernen Waggon. Gegen Mittag, bei Vinaroz, wieder an den Rand des Meers gelangend, drängte die Realität, um derentwegen wir hier waren, nah heran, dort draußen, so zeigten Hände, lag die deutsche Flotte, die spanische Küste blockierend, der Feind nahm Gestalt an, er sprach die gleiche Sprache, mit der wir aufgewachsen waren, seine Abgesandten hatten neben uns auf der Schulbank gesessen, waren uns auf den heimischen Straßen begegnet, hatten in den Fabriken die selben Maschinen bedient wie wir, doch nun, da wir wieder aufeinander trafen, gab es nichts Gemeinsames mehr, definitiv hatte sich die Trennung vollzogen, uns gegenüber lag nur diese graue unpersönliche Kraft, die vernichtet werden mußte. Santander und Gijón waren in die Hände des Gegners gefallen, Hunderttausende von Flüchtlingen befanden sich auf den Wegen, am Ebro rückten die faschistischen Truppen vor, zwanzigtausend Italiener waren eben nach Cádiz eingeschifft worden, um das Expeditionskorps zu verstärken, und die eigne Front mußte, nach den bewaffneten Zusammenstößen im Sommer, gefestigt werden. Wir hörten, daß während unsrer Anwesenheit in Barcelona über hundert Anarchisten in der Stadt verhaftet worden waren. Zwiespältiges, Verwirrendes vernahmen wir über die anarchistischen, syndikalistischen Verbände, die sich den Weisungen der Regierung widersetzten, über die Vereinigte Marxistische Arbeiterpartei, deren abgekürzte Benennung, einem dumpfen Schuß gleich, wir noch oft hören sollten, und über die durchgeführten Aktionen gegen die Anarchosyndikalisten in Aragón. Gleich nach den Kämpfen bei Brunete, die Schlacht um Belchite wurde schon vorbereitet, die Bomben der Legion Condor fielen auf Zaragoza, war General Líster mit der elften Division der Volksarmee nach Caspe vorgestoßen, um das Hauptquartier der Selbständigkeitsbewegung aufzulösen. Die Rätekomitees ergaben sich, wie es hieß ohne Gegenwehr, die revolutionären Arbeitersoldaten wurden entwaffnet, viele von ihnen gingen nach einer Zeit der Umschulung zur regulären Armee über, wonach die Hauptkräfte der Zersplittrung unschädlich gemacht worden waren und die Volksfrontregierung ihre Souveränität bewiesen hatte. Ohne Einsichten noch in die gleichzeitig mit dem antifaschistischen Kampf ausgetragnen innern Kontroversen, doch jede Beunruhigung von uns abweisend und am Gedanken festhaltend, daß sich die Einheit hier um jeden Preis zu manifestieren hatte, fuhren wir durch die Apfelsinenwälder längs der Costa del Azahar, an Dörfern vorbei, durch kleine Städte, die vom Krieg nichts zu wissen schienen, Strandstücke tauchten auf, die auf ihre Gäste warteten, vielleicht machte der Kampf, der im Innern des Lands geführt wurde, doch nur einen Teil dieser Wirklichkeit aus, in einem unverwüstlichen Alltag, in dem neben unsern Idealen, unserm Glauben an das Entstehn der Gerechtigkeit, Kleinmut und Eigennutz fortwirkten. Vielleicht würde hinter den Böschungen das Badeleben bald wieder beginnen und die Fahrten und Märsche, die Anstrengungen und Opfer dieser Monate und Jahre vergessen lassen. Haß spürten wir gegen die Verräter in den eignen Reihen, dies band uns um so stärker aneinander, wir wußten, daß nichts unsre Zusammengehörigkeit zerreißen konnte, waren aber, durch die Ahnung der Widersprüche, wachsam geworden und hellhörig von jetzt an gegenüber jedem, der unsre Blickrichtung ablenken wollte von der breit vor uns aufgebauten Kriegsmaschine des Feinds. Es war dann ein Abend in Valencia, in einer Stadt, in der der Barock sich hinaufschwang bis in die höchsten Balustraden, in der Engel und Götter über den riesig aufgestülpten Häuserblöcken schwebten, in der ein gitterumrankter Balkon sich an den andern schloß, und im engsten Raum doch immer noch

Platz war für Fayencen, Blumengehänge und Putten. Eine Nacht in den Zelten auf dem zerstampften Feld der Arena, neben dem Nordbahnhof, und bei Morgengrauen schon auf der Plaza Castelar, wo die offnen Lastwagen vor dem Stadthaus bereitstanden. Hatten dort noch lange zu warten auf eine zu unserm Transport gehörende Truppe, lagen herum auf den Bänken, zwischen den Blumenständen, blinzelten hinauf zu den Gespannen der Engel, der entrückten Heiligen in wehenden Gewändern, und wieder war es, als hätten die Bürger, die nun erwacht waren und ringsum eintraten in die von Kyklopen bewachten Portale, mit unserm Krieg nichts zu tun, wir fragten uns, welchen Geschäften sie nachgingen, dort hinter den Fenstern, hinter dem eisernen Filigranwerk, und wem diese Geschäfte Nutzen brachten. Sie lugten durch die Spalten der Spitzenvorhänge hinunter auf uns, die wir als Abenteurer, als Freischärler zu den Füßen ihrer Häuserkolosse lagerten, und ein Aufatmen begleitete unsern Abzug. Und wir waren doch nicht mehr als Flaneure, Touristen gewesen in Valencia, in Barcelona. Wir hatten untersucht, was in den Stein an Kunstvollkommenheit, an Schönheitswerten hineinzulesen war, jetzt, auf der Fahrt durch die Felder, Hügel, Berge fragten wir nicht mehr danach, was die Formationen vorstellen sollten, sondern was sie an Eigenwert besaßen. Da wurde aus dem rötlichen Boden der Lehm gestochen und in den Feueröfen zu Ziegeln gebrannt, die Dachpfannen der Häuser waren vom gleichen irdenen Rot, rosa schimmerte das Gemauerte durch die weiße Kalkübermalung. An den Hängen, auf Terrassen, von niedrigen Steinmauern gestützt, hingen die Reben erntereif an den Weinstöcken, die Baumreihen dazwischen, aufwachsend aus der eisenhaltigen Erde, trugen fette grüne und violettschwarze Oliven, von Zypressenhecken waren die Apfelsinenplantagen abgeschirmt vor den Winden, die heraufstrichen vom Meer her, über die Reisfelder am See von Albufera. Baumhohe Schilfrohre, dicke, verstaubte Agaven wuchsen am Wegrand, grau waren die Höhen hinter Chiva, hier lagen an den Ausschachtungen die Zementfabriken im Qualm. Über den Gebirgsketten sammelten sich die Wolken, ballten sich immer höher zusammen, endlos der Reichtum an Wein, an Oliven, ärmlich aber der Maulesel, angetrieben im schmalen Ackerstreifen durch die kurz ausgestoßnen Rufe des Bauern am Holzpflug, und der Hirt mit dem Stecken, Ledersack auf dem Rücken, in einen Schatten gedrückt, im vertrockneten Gras zwischen den Schafen, die sich den runden Steinen anglichen, kam aus einer andern Zeit als der unsern. Der Hirt und der Bauer, mit ihren primitiven Geräten, sagte Ayschmann, sind den Maurern der Sagrada Familia verwandt, die Kärglichkeit ihres Arbeitslebens entspricht diesem Handwerk, in dem mühevoll, bei niedrigstem

Lohn, ein skulptierter Stein vom Flaschenzug, befestigt an dreibeinigem Balkengestell, hinauf zum andern gehoben wird, wie einst in den Lagern vor den gotischen Domen, da Generationen in geduldigem Dienst an den Hierarchien standen. Am Nachmittag, von Requena nach Casas Ibañez kommend, begann eine Verändrung in der Landschaft, hier befanden sich große Züge von Erntearbeitern in den Feldern, ihre Bewegungen, ihre Gesichter waren von einem neuen Ausdruck, die Tätigkeiten fanden nicht vereinzelt, in kleinem Umkreis statt, sondern ineinandergreifend, da war ein Eifer, eine Wucht, die noch an Nachdruck gewann, weil viele der Arbeitenden Waffen trugen oder ihre Gewehre in Reichweite aneinandergestellt hatten. Jugendbrigaden halfen bei der Weinlese und beim Pflücken der Oliven, mit Stangen wurde an das Geäst der niedrigen grobstämmigen Bäume geschlagen, die Früchte wurden aufgesammelt oder mit der locker durchs Blattwerk gleitenden Hand von den Zweigen gezogen, die Trauben, tiefgrün, füllten die aus Weidengerten geflochtnen Körbe, die auf dem Rücken getragen wurden, breit, schüsselförmig waren die Körbe mit der Last der Oliven, mit ausholendem Schwung wurden sie auf den Karren gesetzt, die Füße traten in die Speichen der hohen Räder, um dem Maulesel das Anziehn zu erleichtern. Hinter sandigen Hügeln waren Kommandorufe zu hören und das Knattern von Schüssen, von Casas Ibañez aus erstreckten sich, in weitem Halbkreis, über Madrigueras und Tarazona bis hinauf nach Villanueva de la Jara, die Lager, die Ausbildungsstätten der Internationalen Brigaden. Das Frühere, fast Mittelalterliche, war noch zu finden, im Dorf Mahora waren die rohen Bruchsteine in den Häuserwänden mit Lehm verputzt, die Türen aus grauen morschen Brettern, die Alten saßen im Torgang, die Männer mit dem Schal dick um den Hals geschlungen, die schwarze Mütze tief in die Stirn gezogen, die Frauen unter schwarzen fransenbehängten Tüchern, Hühner scharrten im Sand zwischen Thymianbüscheln, vor einem Jahr noch war hier alles versunken gewesen, abgeschieden, und es wäre so geblieben, wäre die Verändrung nicht gewaltsam eingebrochen und hätte sie sich hier nicht verschanzt. Das Neuartige, das war die Verbindung von Arbeit und Bewaffnung, von Produktion und Wachsamkeit, hier wurde die Republik in ihrem Zentrum verteidigt, und plötzlich traten alle Ungewißheiten und Zweifel zurück, eine Sicherheit stellte sich her, ein Vertrauen in die Haltbarkeit der Fronten im Norden und Westen. Die Städte an der östlichen Küste lagen außerhalb der offnen Auseinandersetzung, dort, in den Steinmassen, hielten viele sich auf, die weder an den Sieg der Republik glaubten noch ihn herbeiwünschten, dort wurde die Kraft zur Ausdauer untergraben, dort waren die fünften Kolonnen am Werk, und auf dem Schwarzen Markt wurden Waren verschoben, während die Menschen Schlange standen vor den Zuteilungsstellen für Lebensmittel. Da, wo die Geldherrschaft auf die Wiederaufnahme des Gütervertriebs wartete, da, wo internationale Beziehungen nicht der Solidarität, sondern dem Profit dienten, wo vieles, was im Versteckten geplant wurde, sich gegen die Regierung der Volksfront wendete, um aus den Verschiedenheiten politischer Richtungen Unvereinbares zu machen, um Verwirrung zu stiften, Wortbruch zu fördern, wo viele nach ihrem eignen Weg und Ausweg suchten, konnte nichts von der Gemeinsamkeit entstehn, die sich hier auf der Hochebene verwirklicht hatte. Alles war bisher ein Anreisen, ein erstes Aufspüren gewesen, jetzt waren wir tief in einem Land, das wir schon, ohne noch dessen Sprache zu kennen, als unser eignes ansahn, denn wir hatten schon kein andres Land mehr als dieses. Wir befanden uns in einer Armee neuer Art, in einer Armee, die nichts erobern wollte als die Befreiung von Unterdrückung, die niemandem zur Bereicherung verhelfen, sondern das Ende jeder Ausbeutung herstellen sollte. Wir waren nicht eingezogen worden in diese Armee, waren nicht gezwungen worden zum Kämpfen, freiwillig, aus eignem Entschluß, war jeder gekommen. Zum ersten Mal standen wir außerhalb des Bereichs der Übermacht, die sonst auf unsre Schritte, unsre Handlungen eingewirkt hatte. Nie hatten wir so deutlich unser Recht auf Entscheidung empfunden und auch die Notwendigkeit, Gewalt zu ergreifen gegen die Kräfte, die uns bisher niedergehalten hatten. So fuhren wir ein in die ungeheure Offenheit des Plateaus, auf schnurgrader Straße, Albacete entgegen, durch die parallel angelegten Weizenfelder, Weinfelder, tiefroten Erdstriche und violetten Thymianstreifen, über denen einzelne Pinien aufstiegen, mit glatten graden Stämmen, runden Kronen. Eine halbzerfallne, steinerne Brücke führte über den Jucar, schmaler Wasserlauf in breitem Geröllbett. Die Nähe des militärischen Zentrums zeigten die Ordonnanzwagen, die Truppentransporte an, die uns entgegenkamen, die verstärkten Posten an den Wegkreuzungen. Bei der schnell einsetzenden Dämmerung zeichnete sich Albacete als weiße Linie am gelben Horizont ab, unter den Wolken, die sich tintig, bleiern verfärbten, die Stadt war, wie ihr maurischer Name El Basiti verhieß, die Ebene selbst, das Herz der Ebene, flach lag sie da, hineingedrückt in das Muster hingewalzter Reihungen, Bestandteil abgeschliffner schraffierter Erdschichten. In der Dunkelheit ratterten die Camions über Eisenbahnschienen hinweg, durch eine der strahlenförmig in das Steingewebe stoßenden Straßen, vor ein Tor unter Rundtürmen und Zinnen, das Tor zur Kaserne der Guardia Civil.

Ursprünglich römische Siedlung und Raststätte für durchziehende arabische Karawanen, von Kalifen, wechselnden Königsdynastien und Conquistadoren, vom Landadel beherrscht, war die Provinzstadt, zu eng schon für ihre zwanzigtausend Einwohner, nun zu einem Heerlager der Internationalen Brigaden geworden. Das Neue, Umwälzende, Revolutionierende drückte sich als unförmiges Gewimmel aus, als ein Umherfluten, das hineindrängte in jeden Winkel, jede Räumlichkeit der niedrigen und verarmten, nur im Zentrum von einigen pompösen Gebäuden überragten Häuserketten. Dienten die Geldinstitute, die Versicherungsgesellschaften und Handelsfirmen, errichtet zum Besten der Besitzer der Latifundien, ausgestattet mit den Bordüren, die der aufblühende Kapitalismus als Zierat für seine Gewinnspannen verwendet hatte, hauptsächlich dem Oberbefehl, den Stäben und Verwaltungsbehörden, so nahmen die Wohnungen und Läden, die Keller und Schuppen alle Arten von militärischen Ausrüstungsgegenständen auf, mitsamt ihren Staffeln von Zulieferern und Auslieferern. Doch war das Auffüllen der Stadt nicht nach einem überblickbaren System vorgenommen worden, vielmehr verschob und verschachtelte sich alles ineinander, neben aufgestapelten Kisten und Tonnen beugten sich Schreiber über zusammengestellte Tische, eine Werkstatt, in der an einem Schmiedefeuer gehämmert wurde, diente Lastwagenfahrern als Schlafplatz, Zeigestöcke fuhren über Karten von Kriegsschauplätzen, nebenan reparierten Mechaniker Maschinengewehre und Lafetten, Sandsäcke, Mehlsäcke, Patronenkästen wurden in einem Hof ausgeladen, aus dem eine Feldküche kam, mit dampfendem Suppenkessel. An der Plaza Altozano, hinter der skulptierten, mit Balkongittern, Giebeln und Türmchen versehnen Fassade des Gran Hotels, waren zwei Etagen für Offizierswohnungen eingerichtet, darüber befand sich ein Depot für Kleidungsstücke und Wäsche, während im obersten Stockwerk, in vierzig Betten, Schwerverwundete lagen. Schräg gegenüber am Platz, in der Banco de España, hatte Barrio, der Leiter des Werbebüros, seinen Sitz, in den übrigen Räumen, zwischen Karteien, Aktenschränken, Tresoren, fanden neuankommende Mannschaften Unterkunft. Das Café Central, mit seinen Marmorsäulen, seiner breiten Treppe mit polierten Holzgeländern, war den höheren Rängen des Militärs vorbehalten, hier war durch die gewölbten Fenster ein Schimmer berühmter Gäste zu sehn, Hemingway, Ehrenburg, Louis Fischer saßen hier an den runden Tischen, und jetzt war neben Koltsov, dem sowjetischen Berater, Antonov Ovsejenko zu erkennen, Konsul der Sowjetunion, ich wollte ihm, der am siebten November Siebzehn den Sturm auf das Winterpalais geleitet hatte, zuwinken, doch er war schon umringt von Uniformierten, deren Sterne,

Streifen, Spiegel aus dem Dickicht der Topfgewächse hervorleuchteten, Koffer wurden herbeigetragen, Sturmgardisten sperrten die Straße ab, ein Automobil fuhr vor, es hieß, er sollte abreisen, er war, zusammen mit dem Gesandten Rosenberg, zurückberufen worden nach Moskau. Die Geschichte entbrannte in kleinen hektischen Herden an der Plaza Altozano, in deren Mitte ein paar staubige struppige Palmen einen Wassertümpel umringten, im Casino, zwischen Rathaus und Bank, saßen dieweil die Brigadiere, in olivgrünem Filz, in weiten Pluderhosen mit Wickelgamaschen, und auch gegenüber, im ehemaligen Circulo Mercantil, drängten sie sich an den Holztischen zusammen. Es konnte vermutet werden, daß dieser Platz, an dem auch der Justizpalast und das Capitol Theater lagen, der Mittelpunkt aller Planung und Aktivität war, doch am Bahnhof, zu dem die Paseo de la República führte, die einzige Allee der Stadt, bestanden mit gestutzten Platanen, wohnte im alten Dominikanerkloster Marty, Statthalter der Garnison, mit Hausstand und Gesinde, von hier ging die Macht, die Befehlsgewalt aus, neben ihm aber, dessen Name genannt wurde mit einer Mischung aus Ehrfurcht vor seinem legendären Ruhm und Abscheu vor seiner Überheblichkeit und Herrschsucht, gab es andre Kommandanten, Italiener, und Deutsche vor allem, und wieder, an diesem ersten Tag im militärischen Bereich, wollte sich uns aufdrängen, was an Meinungsverschiedenheiten, an Spannungen und Brüchen unlösbar verbunden schien mit dem Organisationsapparat der internationalen Armee. Mit unserm Eintritt in die Stadt waren wir in eine Totalität gelangt, die alle Konflikte in sich enthalten mußte und in der die Lösung stets die bewaffnete Aktion an der Front war. Nicht mehr als einzelne nahmen wir die Erscheinungen wahr, was wir sahn, wurde ergänzt durch die Blicke vieler andrer, jeder unsrer Schritte war Bewegung in einer organischen Gesamtheit. In Albacete empfingen wir die ersten Eindrücke von der Kraft, die uns lenken würde. Ehe wir weitergeleitet wurden zu unsern Bestimmungsorten, unsern Truppenteilen, unsern Übungsplätzen, wurde unsre Vorstellung vom Kampf einer Volksarmee auf die Probe gestellt. Für viele von uns, die keine großen Worte, sondern nur nüchterne Entschlossenheit kannten, mußte unterm Eindruck der vielfältigen Beurteilung das Bild des Kriegs plötzlich neue, fast hektisch flackernde Aspekte erhalten. Die meisten drängten darauf, so bald wie möglich in ihre Verbände zu kommen, weg aus dem Kessel der Polemik, in dem Eifersüchte und Feindseligkeiten gärten und die Brüderlichkeit Gefahr lief, in Vergessenheit zu geraten. Doch es gehörte schon zu unsrer gewonnenen Erfahrung, daß wir uns jede moralische Anfechtung vom Leib zu halten hatten. Für uns, darauf bestanden wir, und wir hörten es bestätigt von denen, die von den Fronten kamen, war in Spanien die internationale Solidarität zur Abwehr des Faschismus angetreten. Diese Antwort war von absoluter Bestimmtheit. Wie zuvor in Barcelona war uns in der Stadt, durch deren einförmige kahle Straßen der Zugwind fegte und Wirbel an den Ecken aufrührte, nur ein Tag gegeben, ehe Ayschmann sich im Ausbildungslager bei Posonubio und ich mich fünf Kilometer weiter nördlich, in Cueva la Potita, am Jucar gelegen, zu melden hatten. Wir waren Bestandteile eines Kollektivs, doch was da an ungeordneter Vielstimmigkeit auf uns zukam, mußte erst wieder durch persönliche Erkundung in Einklang gebracht werden. Zu unsrer Aufgabe würde gehören, ständig das Bewußtsein zu mobilisieren. Unsre Freiwilligkeit, die untrennbar war von unsrer Grundeinstellung, würde nach einem Verständnis der widersprüchlichen Eindrücke verlangen, nicht um Zweifel zu nähren, sondern um dem auf der Lauer liegenden Defätismus begegnen zu können. Wir sahn in dem Streit zwischen den Führungskräften, in dem Aufeinanderhämmern von Argumenten eine Notwendigkeit. Ganz Europa war ein Feld von Antagonismen, verschiedenartige, eigenwillige Energien mußten in Spanien zusammenströmen und nach einer Synthese suchen. Es war Sache eines jeden von uns, das Divergierende zu einer Einheit zu bringen. Oft hatten wir früher versucht, uns vorzustellen, wie dies war, die Sammlung zum Angriff auf den Feind, die offne Begegnung mit ihm, gegen den wir uns sonst nur im Verborgnen wenden konnten. Der Zeitpunkt unsrer Ankunft war noch geprägt von den Geschehnissen des Sommers, als ein Hauptteil der weitverzweigten Opposition ausgeschaltet und die Regierung umbesetzt worden war. Entscheidend, und einleuchtend für uns, war es, daß alle Kräfte sich jetzt der Sicherung der Armee zuzuwenden hatten, nur auf militärischem Weg konnte der Krieg, den revolutionäre Hoffnungen hervorgerufen hatten, zu einem Sieg geführt werden über einen Gegner, der sich von Anfang an mit seinem Übermaß an Waffen brüstete. Mit der Herstellung von Autorität und Disziplin, der Wiedereinführung von Rangstufen war etwas verdrängt worden vom ursprünglichen Elan, dieser aber hatte in seiner Spontaneität zu schnellen Niederlagen geführt, und man kam zur Einsicht, selbst in den Reihen der Anarchisten, daß bei der Konfrontation mit den Heeren der Berufssoldaten erfahrne Strategen gebraucht wurden. Manche wollten noch einen Widersinn darin sehn, daß der Kampf um die Erneurung stattfinden sollte mit Hilfe von überalterten Einrichtungen, die dem Verlangen nach Gleichheit nicht entsprachen. Und doch war die gelenkte, gebändigte Gewalt das einzige Mittel, das den Materialschlachten gewachsen war. Waren wir in unsrer materiellen Ausrüstung unterlegen, so durften wir uns nie in ideologischem Selbstvertrauen eine Blöße geben, unser Wille zur gesellschaftlichen Veränderung war groß, haltbar aber war er nur, wenn er zu einem unzerbrechlichen Zusammenschluß fand. Wir prüften einander, und uns selbst, vor dem Dualismus, der in den Aufgaben offenbar wurde, wir versuchten, die Zwistigkeiten gegeneinander abzuwägen, um einzustehn für das Ganze. Alle, die sich nach Spanien begeben hatten, waren erfüllt vom Stolz, von der Empfindung, das Richtige zu tun. Sie kamen aus Ländern, die sich zwar demokratisch nannten, die jedoch alles getan hatten, um die Abreise der Freiwilligen zu behindern, um die entstehende Einheitsfront zunichte zu machen und den spanischen Volkskrieg zu isolieren. Sie waren aus Überzeugung gekommen, die Politik des Ausweichens, den Betrug, die Erpressungen ihrer Regierungen überwindend. Zu der Bereitschaft, das Leben einzusetzen, gehörte die Forderung, als gleichberechtigt anerkannt und gewürdigt zu werden. Ihre Entschlossenheit war getragen von einem Klassenstandpunkt, der in den eignen Reihen zunächst überall auf Übereinstimmung traf, dann aber nach differenzierter Auslegung verlangte. Da das Hiersein sie alle gleichwertig auszeichnete, wollten sie sich auch nicht von Vorgesetzten unterscheiden. Nun mußten sie sich einfügen in eine Ordnung, gegen die sie sich früher, beim Militärdienst im eignen Land, vielleicht aufgelehnt hatten. An den Frontlinien, so war vielen Berichten zu entnehmen, war die Verteilung der Funktionen eine Selbstverständlichkeit geworden, in engstem Zusammenwirken wurde den Fähigkeiten der Offiziere vertraut. Hier aber, im Hauptquartier der Brigaden, hatte der hierarchische Apparat einen Atavismus entwickelt, der scharf abstach vom Anliegen des Kampfs. Daß der oberste politische Leiter, einem Fürsten gleich, von seinen Kreuzgängen und Steinsälen aus ein Regime persönlicher Willkür und einer an Verfolgungswahn grenzenden Anmaßung ausübte, mußte Bestürzung wecken. Bitterkeit war zu vernehmen darüber, daß in der proletarischen Armee Spielraum gewährt wurde für Bevormundung, Zank und Arglist. Es war jedoch möglich, daß der Ruf, der Marty anhaftete und der jedes Gespräch vergiftete, bewußt in untergrabender Absicht genährt wurde. Uns schien es möglich, daß seine despotischen Eigenschaften zurückzuführen waren auf die Verantwortung, die er trug. Wir brauchten nur sein Gesicht zu sehn, wie es uns auf Photographien entgegentrat, bleich und verschwollen, mit dunkel umschatteten Augen, um zu verstehn, gegen welche Panik er anzukämpfen hatte. Die Republik hatte die wichtigen Industrieprovinzen Asturien, Vizcaya, Santander verloren. Die Seesperre verhinderte das Einlaufen großer Lieferungen von Kriegsmaterial. Die Pyrenäengrenze war ständig davon bedroht, geschlossen zu werden. Martys Gesicht spiegelte die Notsituation wider, in der er kampffähige Verbände zu einer neuen Offensive zusammenzustellen hatte. Beim geringsten Einwand gegen seine Planung brach er in Jähzorn aus. Verrat witterte er in jeder abweisenden Bemerkung. Während wir uns darum bemühten, seine Härte damit zu erklären, daß er, von der sowjetischen Parteiführung in sein Amt eingesetzt, zuständig war für die Befolgung aller strategisch und taktisch als notwendig erachteten Anweisungen, sahn andre nur die Entstellungen seines Charakters, sagten, er sei vom Wahn der Potentate befallen und könne sich nur deshalb halten, da er gestützt und jeder Kritik enthoben werde von seinem höchsten Auftraggeber. Auch wurde gesagt, was Wehner meinem Vater bereits in Paris angedeutet hatte, daß er sich abheben wolle von den deutschen Brigadeleitern, die aufgrund ihrer Leistungen zu Einfluß und Ansehn gekommen waren. Er hatte Beimler verfolgt, ehe dieser im Dezember Sechsunddreißig vor Madrid fiel, dann galt seine Gegnerschaft Regler und Renn, Kahle und Zeißer oder politischen Funktionären wie Dahlem und Mewis. Einer wies auf die Freitreppe vor der Jesuitenkirche an der Calle de la Concepción, hier sollte er ein paar vermeintliche Saboteure erschossen haben, Häftlinge, die er sich aus den Lokalen der Militärpolizei im Seitengebäude geholt hatte. Wir blickten beim Vorbeigehn in das Mittelschiff der Kirche, in dem rechts und links dichtgereiht Feldbetten auf den roten Fliesen standen, dahinter, auf der Estrade, von der der Altar abgerissen war, wärmten sich Soldaten am offnen Feuer. In dem blitzhaft erscheinenden Bild waren sie, von grauen Decken umhüllt, von der selben Größe wie vorn am Portal die Gruppe, in der ein Weinkrug in Bastgeflecht mit langem Schnabel von Hand zu Hand gereicht wurde, ihre Gesichter, durch die hohen Fenster beleuchtet, der in die geöffneten Münder gelenkte Weinstrahl, die Gebärden in der Runde, das Dastehn in den Reflexen der Flammen, dies alles war von gleicher Bedeutung, zeichnete sich auf einer einzigen, hellgrau grundierten Ebene ab. Die sich selbst umschließenden Haltungen, die hartgeschnittnen Linien der Säulen und Mauervorsprünge sprachen von Kälte und Unmut, eine schmale niedrige Tür nur trennte die Unterkunft ab vom Gefängnis, von den Verhörräumen, die Inquisition, die dort ihre Zangen angelegt hatte, zog vielleicht die Kunde von qualvollen Gerichtsverfahren nach sich. Doch auch andernorts sollte Marty eigenhändig Todesurteile vollstreckt haben, an einem Teich im Stadtpark, in einer Schlucht bei Los Yesares am Jucar, und selbst wenn solche Nachreden erfunden waren, so drückten sie doch eine Auflehnung, eine Empörung darüber aus, daß höchste Posten in der internationalen Armee unzulänglich besetzt waren, daß Unrecht geduldet und nichts zur Klarstellung unternommen wurde. Falsch sei es auch, sagte ein Begleiter, wenn wir uns durch politische Loyalität dazu verleiten ließen, über Mißstände im eignen Lager zu schweigen. Die Anarchisten seien bekämpft worden, sagte er, weil sie den Zwang, die Niederdrückung des freien Willens nicht dulden wollten. Aber sie waren mit ihrer Freiheitlichkeit, sagte ein andrer, schon auf dem Weg gewesen, den Krieg zu verlieren. An der Machtfrage waren sie gescheitert, die Macht im Staat mußte übernommen werden, sie indessen waren gegen den Staat, vertrauten zu sehr der Initiative des einzelnen, ihr Gemeinwesen versagte, weil keine zentrale Planung vorhanden war, die Produktion ging zurück, die Ernte verkam. Ihr Niedergang sei darin begründet gewesen, antwortete der erste, daß der Boden, die Fabriken an die alten Besitzer zurückgegeben wurden. Beim Einmarsch der Volksarmee in Aragonien waren die Felder der Kollektivbauern verwüstet worden. Nicht die Unfähigkeit, sondern die gewaltsame Auflösung der Räteregierung, die Entwaffnung der Landarbeiter, sagte er, trage die Schuld am Zerfall der Verteidigungskraft. Die meisten aber, mit denen wir ins Gespräch kamen, stimmten der Disziplinierung, der Anpassung an eine einheitlich gelenkte Armee zu. Die straff geleitete Organisation, sagten sie, habe nichts mit Unterdrückung zu tun. Die Stärke des Feinds fordre unsern völligen Gehorsam. Rücksichtslosigkeit, auch Brutalität, sagte Ayschmann, seien zeitweise zu verfechten, doch müsse dabei eine Gegenkraft aufrecht erhalten werden, sonst ginge uns ein Zynismus ins Blut, der uns einmal dran hindern würde, am Aufbau des Neuen mitzuwirken. Es ging, wenn auch nur in Andeutungen und nur von wenigen zur Sprache gebracht, um das Problem, wie weit ein autoritäres Muster, ein verbrauchtes, als falsch erkanntes System immer noch nach Gültigkeit verlangen mußte unter Verhältnissen, in denen nur danach gefragt wurde, wer der Stärkere war. Spott kam auf angesichts der paternalistischen Transparente, die uns überall ihre Leitsätze vor Augen hielten. Phrasen, Sprüche, so wurde gesagt, sollten uns eingehämmert werden und uns auf vereinfachte Gedankengänge drillen, dabei wüßten wir selbst am besten, warum wir hier waren. Und doch besaßen diese Schlagworte ihre Wahrheit. Sie rührten zwar nur Äußeres an, standen aber für Wesentliches. Es waren Parolen, die Handlungen kamen von uns. Wir dachten an das Band über der Tür zum Haus der Partei in der Avenida Pi y Margall. Allzeit, so stand darauf, geht der politische Kommissar vorn, voraus, an der Spitze, wir konnten uns an den genauen Wortlaut nicht mehr erinnern, und jetzt, vor die Feria gelangend, eine Freiluftanlage, für Truppenunterkünfte eingerichtet, sahn wir über dem Rundtor wieder eine Inschrift, die uns Allbekanntes zurief. Es schadete jedoch nichts, aufs neue daran erinnert zu werden, daß die Beherrschung der militärischen Technik entscheidend war für den Ausgang des Kriegs, jede Bewegung brauchte ihre Vereinfachungen und Zusammenfassungen, auch der Text der Marseillaise, der Internationale besaß für die Betroffnen Worte, die sie längst auswendig kannten und doch immer wieder hören wollten. Desgleichen hatte Gaudí sich und seinen Glaubensanhängern zum ständigen Angedenken ein Gloria Gloria, ein Sanctus Sanctus, ein Hosanna in excelsis rundum ins Mauerwerk geschlagen. Dies aber konnte wieder Beweis sein dafür, daß wir von einer überlegnen Führung niedergehalten wurden, daß wir der vorausgesetzten Unselbständigkeit zustimmten, daß wir festhingen an Entmündigung, daß die Kennworte unsrer Gefolgschaft geprägt waren von einem falschen Bewußtsein, daß wir das wissenschaftliche Denken noch längst nicht beherrschten, sondern in kleinbürgerlichem Idealismus verharrten. Wir waren auf dem Weg zu unsern eignen Werten, über uns aber trugen wir Fahnen, Feldzeichen, Wappen, Insignien, die aus Zeiten kamen, die mit uns nichts mehr zu tun hatten. Nein, wir brauchten sie, in dieser Epoche der Kriege, für uns sprachen sie von Zukünftigem, von der Überwindung der Kriege, von Befreiung, Frieden. Hier, in dem kreisrunden, vorn zu einem langen, von Bäumen gesäumten Wandelgang ausholenden früheren Festplatz, am Rand der Stadt, wo sich die Felder an die kärglichen Arbeitersiedlungen schlossen, wo der Viehmarkt abgehalten wurde und in den frühen Morgenstunden die Karren der Bauern mit den Waren einfuhren, hier, zwischen den Arkaden, in denen vor dem Krieg, zu den Volksfesten, Verkaufsstände angebracht waren, und in den labyrinthischen Wegen um den mit künstlichen Blumen und bunten Lampen behängten Orchesterpavillon, versammelten sich Angehörige aller Länder Europas, des südlichen und nördlichen Amerikas, ihre Embleme und Epigramme hatten sie vor sich aufgestellt wie bei der Vorbereitung zum Marsch am Ersten Mai, hier drängten sich die Mitglieder der Bataillone, die mit ihren Namen Thälmann, André, Beimler oder Vuillemin, Lincoln, Garibaldi, Dombrowski oder Tschapajew, oder mit der Nennung des österreichischen zwölften Februars, der Commune de Paris, allgemeingültige Begriffe deckten. Einige Augenblicke lang dauerte der Eindruck eines Feiertags, es war etwas von Entspannung, von Leichtigkeit zu spüren, als wären die bevorstehenden Mühen übersprungen worden, als sei der Sieg schon erreicht, Gelächter, Beifall klang auf, dort, in der offnen Laube, in der Mitte der Allee, den Ritter von La Mancha sahn wir auf Stelzen hüpfen und fechten, sein Knappe, dick mit Kissen ausgestopft, schien zu versuchen, ihn zur Vernunft zu bringen. Alles Weltfremde, Irrationale verkörperte der Edelmann, und Sancho Pansa die Ruhe, die Gewitztheit des Volks, dies war wieder eine Zurechtlegung, simpel vielleicht, doch einleuchtend, die Pantomime zeigte, wie immer nur ein geringer Anstoß gebraucht wurde, um einen Fehlschluß aufzuheben, sicher würde der Held aus seinen Phantasmagorien zur Einsicht der Lage und zur effektiven Gegenwehr finden. Früher hatte er sich durch ironische Ränke, durch Verstellungen und ominöse Possen zu seinen Taten verleiten lassen, jetzt war er dem unverhohlnen Spott seines Publikums ausgesetzt, baumlang, klapprig irrte er umher, alles Traurige und Tragische wich von ihm, unter den Zurufen begann er schon zu zweifeln, mit Gewalt war er aus der Zeit der fahrenden Sänger und Träumer in die kriegerische Gegenwart gerissen worden. Oft schon mochten Theatergruppen auf Jahrmärkten das Drama des heroischen Narren vorgetanzt haben, dieses Epos eines Spaniens, in dem frenetisch nach der Überwindung des Bösen, nach Gerechtigkeit, Menschenwürde gesucht wurde und in dem stets das Scheitern an der Falschheit, der Bosheit, dem Betrug überwog, hier aber waren die Spieler auf der Estrade frei von Ehrfurcht vor Tradition und klassischer Größe, als Gespenst einer altertümlichen Bildung war Don Quijote in den Kreis neuer Erobrer geraten, die kein Erbarmen mit seinen Ausflüchten, seinen verfehlten Idealen kannten, die ihn zu sich herabzogen und ihn zwangen, mit krächzender Stimme die Lehre seiner Umkehr zu verkünden. Wie die Arbeit durch Bewaffnung ein gänzlich verändertes Wesen erhalten hatte, so war der Kulturbegriff aus seiner Isolation herausgeholt und mitten in den Handlungsbereich einer Guerilla gestellt worden. Kleine mobile Truppen des Bataillons de talento trugen Fragmente von Dichtung und Kunst in die Militärlager, die Unterstände und Dörfer. Grobe Anfänge ließen sich aus den zertrümmerten Monumenten erbaun, in manche Einöde drangen zunächst nur Buchstaben vor, an denen voll Mühe das Lesen erlernt wurde. Etwas von dem, was wir uns in einer schon weit zurückliegenden Vergangenheit vorgestellt hatten, dieser triumphale Einzug ins Lernen, vollzog sich hier und wurde zum Bestandteil der Beharrlichkeit. Auf dem Platz der Feria wurde uns von einem Berichterstatter noch ein andres Bild von Marty vermittelt, das zum beßren Verständnis seiner Person beitrug. Auf einem Stuhl stehend in der Arena de toros, inmitten der islamischen Türme und Bögen, hatte er vor tausend Freiwilligen eine Begrüßungsrede gehalten, deren Nachwirkung jede Geringschätzung des Quartiermeisters unmöglich machte. Nach dem Inhalt der Ansprache befragt, vermochte der Zeuge nichts davon wiederzugeben, er wußte nur, daß Ermutigung von ihr ausgegangen war. Solch Charisma gehörte auch in die Heraldik, die uns Ersatz war für das, was uns an umfassender Sicht noch fehlte. Eine Fülle von Sinnbildern, Chiffren, Appellen lag über dem Gemisch von Impulsen, die zu unsrer Anteilnahme, unsrer Verpflichtung geführt hatten, nach differenzierten Auslegungen aber wurde beim Zusammensein mit andern nicht gefragt, wir brauchten Zeichen zur schnellen Verständigung. Sammelten wir uns unter ihnen, so wußten wir, daß wir miteinander verbunden waren, für individuelle Erklärungen war keine Zeit. Schon am Morgen waren wir auf ein Symbol dieser Art gestoßen, als wir, aus dem viereckigen, von hölzernen Galerien umgebnen Hof der Kaserne kommend, in die Kantine an der gegenüberliegenden Straßenseite traten. In dem langgestreckten stallartigen Gebäude, dessen Dachbalken von einer Reihe von Pfeilern getragen wurden, befand sich an der linken Schmalseite ein Wandgemälde. Im gedämpften Licht, das durch die hochliegenden gewölbten Fenster einfiel, war zuerst nur die rote Farbfläche der Fahne zu erkennen, die zur Bildmitte emporstieg, erst beim Näherkommen wurden die Einzelheiten der Komposition sichtbar. Ein Mann mit einem Patronengurt über der Schulter und einem quer darübergehängten Gewehr, eine Frau und ein Arbeiter, alle im blaugrauen Overall, blickten, als straff stilisierte, stufenweise aufgebaute Gruppe, einer Zukunftsstadt entgegen, einer silbergrauen Metropole, durch das große M überm Eingang zur Metro an Moskau erinnernd, gipfelnd im Stern mit Hammer und Sichel an spitzem Turm. Mit der rechten Hand umfaßte der Bewaffnete die Fahnenstange, den linken Arm streckte er schräg hinauf über den Ausschnitt eines Hafens, mit silhouettenhaften Schiffsrümpfen, die Diagonale einer von luftigem Bogen getragnen Brücke betonend, über die, verwischt in der Geschwindigkeit, ein Zug mit rauchender Lokomotive fuhr. Von wem das Bild stammte, war nicht bekannt, doch die Haltung der Figuren, die sich wie zu einer Schutzmauer zusammenfügten, der Ausdruck gespannter Aufmerksamkeit in ihren Gesichtern, die Fluchtlinien der Fassaden, die ihrer Blickrichtung entgegenkamen, die rhythmisch gestaffelten Senkrechten des Getürms, die fast monochrome Malweise, kontrastiert nur vom Rot der Fahne, zeigten an, daß hier eine Konzentration von besondrer Wirksamkeit am Werk gewesen war. Da war auf eine grobe gekalkte Wand in einem zur Unterkunft notdürftig hergerichteten Stall ein Bild gemalt worden, das dem Provisorium nicht die geringste Beachtung schenkte, es war hingestellt worden in den Dunst von Zwiebelsuppe und schwarzem Tabak, standhaft erhob es sich, voll Gleichmut vor der Tatsache, daß sich schon Risse durch den Putz zogen, daß die dünne Farbschicht bald zerschabt, zerkratzt sein und durch die Feuchtigkeit, durch die Bewegungen in den klobig vermauerten Feldsteinen aufplatzen würde, es spottete seiner Vergänglichkeit, es gab, wie der Kämpfende im Feld, das äußerste seiner Fähigkeiten, es stellte sich dar wie für große Dauer gemalt, für die kosmische Zeitspanne, die wir hier in Spanien, in einer enormen Zusammenballung von Energien, verbringen würden, es hielt sich fest in der Wand, bis mit unserm Sieg oder unserm Untergang nur noch Flecken von ihm übrig wären, am trotzigsten dort, wo die Striche sich am dichtesten verbanden, in den Gesichtern, den Händen. Am Abend, ehe ich mich im Sanitätszentrum der Stadt zur Weiterfahrt einfinden sollte, nahmen wir noch etwas von der Zwiespältigkeit wahr, die schon zu einem spanischen Leitmotiv werden wollte. Oben hinter der Markthalle an der Plaza Major, am Wasserturm, im ehemaligen arabischen Viertel, fanden wir einen Rest des Zurückgebliebnen, Verelendeten. Neben den Schänken, schmale Einlässe im bröckelnden Gemäuer, standen an den Klapptüren ihrer Verschläge die Frauen, die ihren Körper verkauften, die im Warenhandel nichts mehr für sich behielten, die sich der totalen Liquidation des Eignen preisgaben, hinter ihnen, im Schein einer Ölfunzel, glänzte ein Tapetenstück auf, an die Lehmwand über ihre Erniedrigung gehängt. Soldaten, die für die Befreiung der Ausgebeuteten kämpften, strichen gebückt, wie auf schwappendem Boden, durch das Halbdunkel der Gassen, sahn sich verstohlen um, ehe sie sich hineinziehn ließen in das System, das sie teilhaben ließ an der Plündrung des Menschen durch den Menschen. Die Neuzeit, sagte Ayschmann, ist eine Prophezeiung, selbst leben wir noch in einem Mittelalter, sekundenweise gibt es Erhellung, die nimmt uns den Atem, macht uns euphorisch, dann sacken wir wieder zurück. Dies ließ sich widerlegen, denn unbestreitbar war auch, daß wir ein Teil des äußersten Vorsprungs der Gegenwart waren, das Wissen um jene, die vorangingen, ohne sich umzuwenden, ohne den Sturz zu fürchten, forderte unablässige Anstrengung, das Erreichte zu schützen, zu festigen. Da waren um uns die schmutzigen Kacheln des Abtritts unterhalb des Marktplatzes, kurz noch sah ich Ayschmanns Profil mit der scharf gewölbten Nase, dem vorstoßenden Kinn, ehe er sich abwandte, um zurückzugehn zur Kaserne. Ich begab mich zur Calle Major, der Hauptgeschäftsstraße der Stadt, schmal, ohne Gehsteig, ausgelegt mit rechteckigen, zur Mittelrinne leicht abfallenden Steinplatten. Die medizinische Dienststelle lag zwischen der Apotheke und dem Textilmagazin. Hinter der schweren profilierten Holztür mit der Nummer Vierzehn und der aus Eisen geschmiedeten Jahreszahl Achtzehnhundert Sechsundneunzig führte eine Marmortreppe hinauf zu einer Halle, in deren Mitte sich, als Lichthof, ein Kubus mit gläsernen Wänden erhob, umlaufen von einem Gang, an dessen Außenwänden sich Glastüren zu den übrigen Räumen befanden. Die Stukkaturen der Decken, die Blumenmuster der Mosaike auf dem Fußboden spiegelten und brachen sich in den Scheiben, die Kästen und Flaschen, die chirurgischen Instrumente und Injektionsspritzen auf den Tischen verdoppelten sich, bildeten Reihungen, es war nicht auszumachen, in welcher Glaskammer sie wirklich lagen, auch die Sanitäter, die abkommandierten Soldaten gingen multipliziert, mit Bestellzetteln, Bündeln und Taschen, ein und aus in den vervielfältigten Räumen, und das Kaleidoskop eines Gesichts, voller Rundungen und glänzender Flecken, voll kleiner schwarzer Bärtchen, schob sich auf mich zu, bis es ein einzelnes wurde, es gehörte Feingold, Mitglied der Administration von Cueva la Potita, der mich erwartete, um mich im vollbeladnen Automobil zum Hospital am Jucar zu bringen.

Auch dies war ein Platz, an dem etwas komprimiert werden sollte. Kleine Wolken trieben zuweilen schwirrend, summend hinein, sie enthielten nicht Staubregen, sondern Schwärme winziger schwarzer Mücken, sonst lagerte sich Stille um die Krankenstation unter den Pinien, oben am Rand des steil abfallenden, dicht von Pappeln bewachsnen Flußufers. Nur das Luftabwehrgeschütz an der Steinbrücke, die über die Schlucht mit der Geröllgrotte führte, deutete auf eine militärische Anlage hin. Unter den hohen Bäumen, deren Kronen den Turm des Hauptgebäudes verdeckten, saßen die Patienten, die beurlaubten Soldaten, im Ring der mit Kacheln bekleideten Bänke und um die zementierten Brunnen und Bassins. Der Frosch in der Mitte eines solchen Behälters glich einem urweltlichen Untier, ein segnender Christus stieg auf aus einem andern Becken, auf dem Sockel in einem dritten Tümpel standen ein Knabe und ein Mädchen, die, einander den Arm um die Schulter legend, sich verträumt über ein aufgeschlagnes Buch neigten. In einem Betätigungsdrang hatte jemand mit runden gelben Steinen, wie sie unten in den Höhlungen zu finden waren, die Wege gesäumt, und mit der gleichen verdrossnen Geduld waren die Geländer und Lehnen der Sitzplätze in den Terrassenmauern überm Ufer aus Lehm gebacken und verknoteten Zweigen nachgeformt, waren Tontöpfe mit Kakteen und Zwergpalmen aufgestellt, die Gestänge und eisernen Bögen fürs Rankenwerk des Efeus und der Wildrosen errichtet, und die Drähte verflochten worden zur hohen Kuppel eines Käfigs, aus dem der Pfau schläfrig äugte. Längst hatte sich das Knattern der Maschinengewehre, das Klirren der manövrierenden Tanks in den Übungslagern bei

Posonubio hinter den Böschungen verloren, was sich hier regte kreiste nur träge, um die Zeit zu vertreiben, zwischen abgesteckten Grenzen. Die geflügelten Löwen auf den Porzellanplatten, die Jungfrau von Llanos an der Hauswand, Schutzheilige von Albacete, unterm Strahlenkranz mit weißem Puppengesicht und violettem goldbesticktem Umhang, die ziselierten Gitter vor den Fenstern, die Säulen in dorischem Stil an der Vortreppe, dies alles war Ablagerung einer Zivilisation, die nichts andres mehr zu tun hatte, als ihrer eignen Grablegung beizuwohnen. Der Großgrundbesitzer Nieto hatte Neunzehnhundert Zwanzig seiner Frau das Landhaus als Morgengabe geschenkt, die Steinquadern einer dem Patron gehörenden, abgerißnen Bank in der Stadt, ihre Säulen, Gesimse und Fenstergitter waren beim Bau verwendet worden, und desgleichen ihre Türen, Paneele, Balken und Treppen aus Eichenholz. Nur zu den Jagden besucht von der Familie, einer der reichsten der Provinz, prahlend mit einem halben Dutzend ähnlicher Besitztümer, wies das nach außen sich idyllisch gebende Haus im Innern eine düstre Verlassenheit auf, die sich auch durch den Einzug der neuen Verwalter nicht vertreiben ließ. Den Soldaten, die sich in der Halle um den riesigen offnen Kamin scharten, war es in der Untätigkeit kein Trost, daß dem letzten Hausherrn, dem Baron Núñez de Balboa, als Feind des Volks jetzt ein Gefängnis der Republik zustand. Das Neue, das uns draußen im Land entgegen getreten war, wollte nicht Fuß fassen in dieser verdämmernden feudalistischen Ruhestätte. Da ich, entgegen meinen Erwartungen und Plänen, zum Dienst im Hospital herangezogen wurde, drängten sich mir die Einzelheiten der Bauten immer wieder auf, und ihre Eigentümlichkeiten verbanden sich mit den Vorgängen in diesem geschloßnen Bezirk. So war mein Kriegsschauplatz nicht, wie für die andern, die wechselnde Landschaft, die, Erdstück für Erdstück, im Vormarsch und im Rückzug verteidigt wurde, sondern eine Flucht von Zimmern, Kammern, Treppen und Korridoren, von Räumlichkeiten in bestimmter Anordnung um einen zwanghaft vollgestellten Pinienhain. Die Unveränderlichkeit der Region, zwischen Schlucht, Flußtal, Gemüsebeeten und Feldern, prägte die Topographie der Bewegungen und gegenseitigen Beziehungen der Bewohner. Bei der Ankunft herrschte ein Eindruck von Friedlichkeit, bald aber, unmerklich, im Alltag, zeigte sich das Beengende, Unausweichliche. Als ich Hodann gegenübersaß, in seinem Arbeitszimmer am Gang zwischen Treppenhaus und Wirtschaftsflügel, glaubte ich, daß ich nach der Beratung mit ihm weitergeleitet würde in ein Schulungslager, er brachte das Gespräch jedoch darauf, daß er für Administration und Krankenpflege einen Helfer benötigte. Dazu geeignet schien ich ihm, weil ich in Berlin vor ein paar Jahren einen Sanitätskurs absolviert hatte. Die Polizeizentrale an der Chausseestraße hatte damals Aufforderungen an die Jugendlichen in unserm Viertel erlassen, sich während des Sommers einer solch halbmilitärischen Ausbildung anzuschließen. Es ging dabei vor allem um den Versuch, junge Männer für die Armee anzuwerben, die Polizei übernahm die Vermittlung, die Kurse fanden statt in den Kasernen von Döberitz. Ich schloß mich den Ausreisenden an mit dem Gedanken, daß sich die erworbnen Kenntnisse später gegen meine Lehrmeister verwenden ließen. Da ich, die praktischen Erfahrungen dieser Wochen ausbauend, im folgenden Jahr an der Abendschule noch medizinische Vorlesungen besuchte, hatte Hodann Grund, mein Hierbleiben bei der Leitung in Albacete anzufordern. Die Auswirkung von Cueva la Potita mußte sich zu dieser Stunde schon bemerkbar gemacht haben, denn ich fand keinen Widerspruch, war bereits im Geviert der Siedlung gefangen, wenn auch noch in der Vorstellung eines Übergangszustands. Hodann saß mit dem Rücken zum Fenster, dahinter war der Vorhof zu sehn, fast ausgefüllt von einer Zisterne, mit hochgebognem Schwengel am Pumpenkopf. Sein großflächiges Gesicht, mit der hohen, in den kahlen Vorderschädel übergehenden Stirn, den dunklen, leicht nach außen schielenden Augen, lag in einem stumpfen, graublauen Schatten. Seine Stimme war gepreßt, von Atemnot behindert, doch seine Ruhe, sein vergnüglicher Gleichmut beim Vorzeigen des Schriftstücks mit der Notiz über die Aberkennung seines Doktorgrads, ließ mich nur Heiserkeit, Erkältung vermuten. Er las, in seiner stark vom Berliner Dialekt gefärbten Sprechweise, den Wortlaut des im Deutschen Reichsanzeiger vom elften Oktober Neunzehnhundert Siebenunddreißig veröffentlichten Beschlusses der Universität zu Berlin, an deren medizinischer Fakultät er im Dezember Neunzehn promoviert worden war. Er legte das Blatt, das der Pressedienst ihm eben zugestellt hatte, in die Mappe, die, wie er sagte, noch ein andres ehrenwertes Zeugnis enthielt, die Aberkennung der deutschen Staatsbürgerschaft, vom vierzehnten Juli Neunzehnhundert Dreiunddreißig. Jetzt, da er sich im Drehstuhl zur Seite gewandt hatte, wies die eine Hälfte seines Gesichts gelbliche Blässe auf, die Haut war feucht, Schweißtropfen standen auf seiner Stirn. Kaum hatte er die Mappe geschlossen, begann er zu würgen, gegen einen Erstickungskrampf anzukämpfen. Ich wußte nicht, daß er an Asthma litt, hatte ihn in Berlin nie krank gesehn, als ich aufsprang, um ihn zu stützen, und mich schon zur Tür wandte, um Hilfe herbeizurufen, zeigte er mit heftiger Bewegung auf das schwarze Lederetui, das auf dem Schreibtisch lag, ich öffnete es und entnahm ihm Injektionsspritze und Ampulle. Zusammengekrümmt dasitzend, preßte er mit bellendem Husten Schleim aus dem Hals und spie in den Napf, der neben ihm auf dem Boden stand, gleichzeitig brach er mit zitternden Händen den Verschluß der Adrenalinkapsel auf, füllte die Spritze, hielt sie zwischen Daumen, Zeigefinger und Mittelfinger hoch, prüfte mit hervorquellenden Augen den Strahl und stach sich die Nadel durch das Tuch der Militärhose in den Oberschenkel. Die Ampulle enthielt zwei Milligramm, doch sei er schon, sagte er später, auf vier bis fünf Milligramm gelangt und müsse versuchen, vom Inland weg ans Meer zu kommen, wo ihm das Klima, wie er hoffte, Linderung verschaffen würde. Eine Minute lang noch waren seine Bronchien gelähmt, qualvoll beugte er sich vor und zurück, um die Verkrampfung der Luftröhre zu lösen, Speichel rann aus seinem Mund, und seine Hände, mit weißen Knöcheln, klammerten sich, nachdem ich ihm die Spritze abgenommen hatte, um die Armlehnen des Sessels. Draußen, um einen steinernen Tisch mit Greifenfüßen, hockten Soldaten, die Spielkarten rhythmisch hoben und zurückschlugen. Mit einem gewaltsamen Stöhnen gelang es Hodann, sich Luft zu verschaffen, und eine Weile saß er tief vorgeneigt, mühsam einatmend, mit langgezognem Rasseln ausatmend, wischte sich dann mit dem Taschentuch Stirn und Gesicht ab und begann schon wieder zu lächeln. Hodann, ehemals Stadtarzt und Leiter des Gesundheitsamts in Berlin Reinickendorf, Mitglied der Ärztekammer und des sozialhygienischen Beirats im Magistrat, Angehöriger des Sozialistischen Ärzteverbands, seit dem Juli dieses Jahrs Chef des Rekonvaleszenzheims Cueva la Potita, das dem Bataillon Thälmann unterstellt war, hatte Deutschland am zehnten Mai Dreiunddreißig verlassen, an dem Tag, als auf dem Platz zwischen der Hedwigskirche und dem Denkmal Friedrichs des Zweiten, des Freundes Voltaires, des Flötenspielers und Soldatenschinders, zum ersten Mal die Bücher ketzerischer Autoren auf den nationalsozialistischen Scheiterhaufen brannten. Neben Hirschfeld, Forel, Havelock Ellis, Kollontai, einer der Gründer der Weltliga für wissenschaftliche Sexualreform, seit Ende der Zwanzigerjahre, Anfang der Dreißigerjahre berühmt, umstritten und verleumdet wegen seiner freimütigen Aufklärung auf dem Sexualgebiet, der Kommunistischen Partei nahestehend, in Artikeln und Büchern die Sowjetunion, die er einige Male besucht hatte, als vorbildlich schildernd, war er nach dem Reichstagsbrand verhaftet und ins Moabiter Gefängnis gebracht worden. Nach einem Monat wurde er vom Hof, in dem er, zwischen Ossietzky und Mühsam, seine tägliche Runde ging, zum Kommandanten gerufen, der ihm einen Zettel aushändigte, auf dem er gute Behandlung zu bestätigen hatte. Überzeugt, daß er wegen Fluchtversuchs erschossen werden sollte, ließ er sich, nach der Ankündigung seiner Freilassung, zum Tor leiten, von wo aus er jedoch unbehindert auf die Straße gelangte. Bei Berichten solcher Art hatte Hodann die spöttisch verschmitzte Art eines Märchenerzählers. Er konnte Ereignisse, bei denen es um Leben und Tod ging, zu einer Humoreske ausschmücken. Da tauchte im Gebäude der Staatspolizei am Alexanderplatz, in dem er sich zu melden hatte, unter den ausgebreiteten Schwingen des Adlers, ein Offizier der Schutzstaffel mit schwarzer Brille auf, dessen Stimme er wiedererkannte. Als medizinischer Sachverständiger beim Gericht hatte er einmal für den damals Arbeitslosen auf die Anklage von Notzucht Freispruch erwirkt, was jetzt zu der Gegenleistung führte, daß er, eingeschleust in die Gruppe eines Männergesangsvereins, bei Schaffhausen die Grenze zur Schweiz überschreiten durfte. In Genf war er bis Neunzehnhundert Sechsunddreißig im Internationalen Bureau für Gesundheitsfragen am Völkerbund tätig, wo er die norwegische Journalistin und Historikerin Lindbaek kennenlernte, mit der er nach Oslo übersiedelte. Hier überkam ihn, in der rauhen Kälte auf dem Karl Johan, zum ersten Mal nach einer Erkrankung in der Kindheit, wieder das Asthma, das ihn seitdem nicht mehr losließ. Eine unnötige Beschwernis, nannte er es, nicht wert, drüber zu sprechen, doch war sichtbar, daß der letzte Anfall ihn ermattet hatte, sein Gesicht war noch wächsern, das Hemd an Brust und Rücken durchnäßt, die Gelassenheit kostete Mühe. Seine Tätigkeit in Cueva stand, wie ich am ersten Tag schon erfuhr, unterm Druck der Schwierigkeit, bei mangelnder Verpflegung und medizinischer Ausrüstung, bei Erschöpfung und Unsicherheit Zuversicht herzustellen. In der letzten Zeit hatte er fast ebenso viele psychisch gestörte Patienten zu behandeln wie solche, die mit körperlichen Verletzungen eingeliefert worden waren. Er mußte sich mit den Konflikten befassen, von denen die Soldaten, in ihrer Funktionslosigkeit, befallen wurden, und neben Pflege und Beratung oblag ihm die Untersuchung kleinerer Vorfälle, wie sie in Situationen des Zusammengepferchtseins, des Wartens in Isoliertheit, aufkommen können. Obgleich sie nicht mehr wert waren, als Hodanns wegwischende Handbewegung, verursachten die Übertretungen der Hausordnung, die Unterschlagungen, Diebstähle oder Denunziationen in ihrer Aneinanderreihung doch eine Unlust, eine Vergiftung, und führten von Zeit zu Zeit, wenn die Serie sich verdichtete, und zu einer besonders pressenden kriminalistischen Aktivität zwang, zu einer Verschlechterung seines Gesundheitszustands. So war ihm auch heute, nach einer Einlieferung von Geflügel als Diätkost für Schwerkranke, das Fehlen der besten Stücke des Fleischs und der Innereien gemeldet worden. Die bisherige Ermittlung hatte ergeben, daß die im Hof geschlachteten Hühner in die Küche gebracht und dort von den Gehilfen Koelln und

Hochkeppler zerteilt worden waren. Noch ganz erfüllt von der Weite des Lands und der Größe der bevorstehenden Aufgaben, ging ich mit Hodann durch den Flur und trat in die Küche, den steinernen Raum nebenan, an einem quadratischen, von niedrigen Gebäuden umgebnen Innenhof gelegen, mit der Theke in der Mitte, den zwei Herden unterm Rauchfang, dem Spülbecken, den Tischen voller Kessel und Töpfe. Die Gehilfen des Kochs waren zu keiner weiteren Aussage bereit, sie schoben Bündel von Holz ins Feuer, wandten sich kaum zu uns um, eilten schon wieder hinaus zum Karren, der mit Ästen beladen war. Es saßen dort auf der Schwelle einer tief ins Mauerwerk eingelassnen Tür ein paar Alte, schwarz vermummt, reglos den Mann anstarrend, der am Bock die Säge mit Gewalt in die Hölzer fahren ließ. Das breite gewölbte Hoftor stand offen, draußen, auf einer erdigen Fläche, befanden sich Laufende, Springende, einer stürmte vorbei und schoß den Fußball hoch. Rufe, Pfiffe waren von dort zu hören. Michel, der Kalfaktor, von ukrainischer Herkunft, tauchte auf aus einem Haufen getrockneter Tücher, aus seiner Stube Hodanns Zimmer gegenüber kam auch Feingold, die Finger am Schnurrbart, Koelln und Hochkeppler hatten zu folgen, es wurde ihnen befohlen, die Spinde in ihrem Quartier zur Hofseite aufzuschließen. Hier, in der alten Gesindekammer des Herrensitzes, waren schon Spuren von ausgespuckten Knorpeln und Knöchelchen zu entdecken, einen Schlüssel wollten die Gehilfen nicht finden, unter den Schlafstellen aber waren Tonnäpfe mit den Resten des Vermißten versteckt. Die beiden standen betreten da, die Schürzen eng geschnürt um die bauschigen Hosen, Feingold schob einen Meißel in den Spalt der dünnen Schranktür, brach das Brett auf, zog einen Sack Kaffeebohnen heraus, einen Karton voller Büchsen kondensierter Milch und noch ein paar andre Kästen und Pakete. Im Hinterland des Kriegs hatte ich an der Rekognoszierung eines Hauses teilgenommen, als Ruhestätte diente es denen, die von der Front weggetragen worden waren, da reihten sich Zimmer oben um den Gang im ersten Stock, über der dunklen Halle aneinander, Behandlungsräume, Vorratsräume, Unterkünfte für Arzt, Pfleger, Verwalter, diese oberen Regionen waren mir noch unbekannt, der Korridor unten, die Küche, der Hof, mit Kopfsteinen belegt, die Räumlichkeiten ringsum aber nahmen Gestalt an, hier wohnten, unter niedriger Decke, Mitglieder des Personals und die Bauernfamilie, die früher schon den Boden des Barons von Balboa bestellte. Um Hochkepplers hagres, in Scham verbißnes Gesicht, um Koellns hilflos auseinanderfallende Züge zu sehn, war ich nicht hierher gekommen, und doch, erklärte mir Hodann, gehörten solche Nachforschungen zum großen zusammenhängenden Werk der Verteidigung. Die Küchengehilfen, beide Angehörige der Parteizelle, mußten ihrer Ämter enthoben und der Brigadeleitung in Albacete zur Bestrafung übergeben werden. Zurückgekehrt in Hodanns Zimmer hatte ich sogleich an der Eintragung des Falls teilzunehmen, den Tatbestand festzuhalten, auf der Liste die unterschlagnen achtundvierzig Büchsen holländischer Kondensmilch und einundzwanzig Glühbirnen in Originalverpackung sowie das Gewicht des aufgefundnen Kaffees und Zuckers zu vermerken. Wie waren, fragte ich, solche minuziösen Aufzeichnungen in Übereinstimmung zu bringen mit dem Befreiungskampf, der Europa erschütterte, und Hodann lächelte nur und wies noch einmal darauf hin, daß wir uns, auch hier, zu sehn hätten wie in einem Generalstab. Die fehlerhaft geführten Küchenbücher, das Verschwinden von Medikamenten, das Schlichten von Feindseligkeiten zwischen den Patienten oder zwischen dem politischen Verantwortlichen Diaz und den deutschen Mannschaften, deren Sprache er nicht beherrschte, die Zusammenstöße des Personals mit dem Administrator Feingold, der stets seine Autorität gefährdet sah, die Heranziehung der Feldpolizei, die demütigenden Verabschiedungen von Kameraden, die nicht aus unlauteren Absichten den Weg nach Spanien angetreten, sondern hier nur, in einem Vergessen, einer Schwäche, ihre Richtung verloren hatten, die fortwährende Konfrontation mit der Schattenseite einer großen historischen Leistung, dies alles gehörte zum Tag eines Arztes, der seine Zähigkeit und Hilfsbereitschaft, seine Menschenkenntnis und sein Überzeugungsvermögen auch noch gegen den Anflug eigner Erschöpfung aufbieten mußte. Einzig die Rücksichtnahme auf Zeitnot, auf Kriegsgesetze, sagte er, zwängen ihn zu Maßregelungen, die den begangnen Taten nicht angepaßt seien. Da drängte sich schon wieder, in angestrengter Beherrschtheit, eine Gruppe herein, der starre Ernst ihrer Gesichter aber ließ sich nicht lange halten, brach auf in wirr ineinandergeratenden Argumentationen. Der Soldat Hornung, bleich, blutig um den Mund, an den Armen gepackt von den andern, wurde vorgeschoben und eines Verbrechens, eines Mordes vielleicht, beschuldigt. Doch dann schien es um Aufwiegelei, Meuterei zu gehn, der Festgenommne, so hieß es, gefährde die Arbeitseinheit durch seine Erregungsanfälle. Genau wollte Hodann das Vorkommnis beschrieben wissen, und schon sackte der Anlaß des Tumults zu irgendwas Gewöhnlichem zusammen, das mit Dachziegeln zu tun hatte, die Sprecher spürten selbst die Peinlichkeit ihres Auftritts, und stockend, mit Worten, die überhaupt nicht mehr die zur Schau getragne Wut zu erklären vermochten, erwähnten sie, mehr und mehr beiläufig, daß Feingold sie vom Bau eines Schuppens weggerufen und ihnen aufgetragen habe, eine Reparatur am Küchendach vorzunehmen, worauf

Hornung, wie stets schon bei geringster Störung, schreiend dazu aufforderte, alles liegen zu lassen, Schluß zu machen, keinen Stein mehr anzufassen. Sie hatten den Angeklagten jetzt losgelassen, der preßte seine Hände in den Bauch. Hodann, versunken dasitzend, die Schultern hochgezogen, führte mit wenigen besänftigenden Worten die ganze Überreizung auf Abstinenz zurück. Auf den Mangel an Zigaretten. Wenn der Tabak kommt, sagte er, wird wieder Ruhe herrschen. Und überdies, fügte er hinzu, sei zu bedenken, daß Hornung, wegen seines Magengeschwürs, besonders empfindlich sei. Was sich entladen hatte, war verraucht. Die Leute, die ihre Waffen zu gebrauchen wußten, die standgehalten hatten vor übermächtigem Angriff, wandten sich ab, gedemütigt von ihrer unverständlichen Schwäche. Auch dies, sagte Hodann, als wir wieder allein waren, gehört in das Krankheitsbild. Aus dem Feuer waren die Soldaten plötzlich in eine Ruhestellung geraten. An der Front waren sie, durch die ständige Spannung, die Gefahr, die Notwendigkeit des gegenseitigen Vertrauens, eng miteinander verbunden gewesen. Die einzige Aufgabe dort war es, den Gegner zu bezwingen. Jetzt, da sie von ihren Truppenteilen getrennt waren und sich selbst überlassen, machten sich die schockartigen Erlebnisse bemerkbar und wollten bewältigt werden. Vor dem Feind hatte es keine Zweifel, keine Unbestimmtheiten gegeben. Der antifaschistische Kampf in Spanien war der Prüfstein für eine Generation von Arbeitern und Intellektuellen. Mit ihrem Beitritt zu den Bataillonen hatten sie ihren Standort eindeutig bewiesen. In ihrer Parteilichkeit hatten sie sich über alles Unausgeglichne in ihrem persönlichen Leben hinwegsetzen können. Erst hier, in der trivialen Abgeschiedenheit, spürten sie, wie eigne Bedürfnisse sich wieder geltend machten. Nicht nur die sexuelle Enthaltsamkeit stellte Beunruhigung her, auch Zweideutiges, Antagonistisches im politischen Bild drängte sich ihnen auf, rief Fragen hervor, die sie doch nicht zu stellen wagten. So wurden sie vom Grübeln, von Dumpfheit befallen. Sie, deren Redlichkeit über allem Zweifel stand, zeigten ängstliche, unwürdige Züge, wurden zu Querulanten, ließen sich, oft zu ihrer eignen Überraschung, zu Ausbrüchen hinreißen, die vielleicht nur Zeichen des Wunschs waren, durch Einspruch, durch Maßregelung zur Vernunft zurückgebracht zu werden. Bei mehr als hundert Patienten, nur einem Unterarzt und wenig ausgebildetem Personal, war es Hodann nicht möglich, dem Verlangen jedes einzelnen nach Gespräch und Beistand nachzugehn. Eine meiner Aufgaben sollte sein, ihn zu unterstützen beim Versuch, die Rekonvaleszenten zu aktivieren, etwa durch die Bildung von Studiengruppen oder die Herstellung eines Nachrichtenblatts, einer Wandzeitung. Unter Hodanns Blick wurde mir klar, was die Entscheidung dieser Stunde für mich bedeuten sollte. Ich fragte mich, ob ich fähig sei zu der verlangten administrativen Tätigkeit, und ob ich nicht im Begriff war, einen Rückzug anzutreten. Hodanns Augen waren fast schwarz, das rechte Auge war größer, die Braue hochgezogen. Ich hatte mit meinem Eintritt in die militärischen Verbände gerechnet. Drei Frontlinien gab es in diesem Krieg, die militärische, die politische, die kulturelle Front. Obgleich sie eine untrennbare Gesamtheit bildeten, war die militärische Front die greifbarste, hier führten die Handlungen zum unmittelbaren Ergebnis, wurden ganz durch die eigne Person und an ihr selbst vollstreckt. Diese Front war einfach, eindeutig. Sie entsprach den Absichten der meisten, die sich nach Spanien aufgemacht hatten. Jetzt, nachdem ich die gezeichneten Gesichter derer gesehn hatte, die aus den vordersten Linien zurückgekommen waren, wurde mir deutlich, daß der Gedanke an die Möglichkeit, dort das Leben zu verlieren, bei meinen Vorbereitungen nie erwogen worden war. Wäre ich sogleich zu den bewaffneten Einheiten gekommen, so hätte diese Furchtlosigkeit vielleicht weiterbestanden. Nun aber, hier zurückgehalten, wurde mir das ungeheure Wagnis der Teilnahme am Krieg, das Schreckliche, das eigentlich Unnatürliche dieser Auseinandersetzung, erst bewußt. Wenn ich Hodanns Forderung ausweichen wollte, so deshalb, weil es mir drauf ankam, eine Regung von Feigheit zu widerlegen oder zu zeigen, daß auch solche Beängstigung zum Entschluß gehören mußte, sich dem Kampf zu stellen. Vorn im Gefecht zu stehn, sei nicht unbedingt heroischer, sagte Hodann, als die kämpfende Truppe abzusichern. Die größten Opfer, wandte ich ein, würden vorn gebracht, und keine Arbeit als Organisator oder Samariter könnte diesen Dienst ersetzen. Und doch, sagte Hodann, bist du dort am Platz, wo du am ehesten gebraucht werden kannst, und da waren wir durch den Piniengarten gegangen, hinüber zur weißgetünchten Baracke, mit ihren zwanzig zweistöckigen Bettgestellen, auf denen hier und da Kranke apathisch lagen.

Eine Reihe von roh behauenen Pfählen, in den gestampften Lehmboden gerammt, trugen die Querbalken unterm Giebel des Wellblechdachs, die breiten Türflügel in der Seitenwand standen offen, draußen waren niedrige Stallungen zu sehn, mit Plankenzäunen, Trögen, einem Heuhaufen, Schafe wurden von den spanischen Landarbeitern herangetrieben, auch Hühner kamen manchmal vorbei, kluckend, im spärlichen verbrannten Gras scharrend. Nur abends, nachdem ein Strahl der sinkenden Sonne durch die Tür eingefallen war, flüchtig das Kopfende einiger Betten beleuchtend, zog sich ein Farbspiel von Rot und Gold für den, der es betrachten mochte, hinter den Pinienstämmen entlang, immer schmaler werdend, bis es im aufsteigenden Nebel zerrann. Begonnen werden mußte bei denen, die am meisten litten unterm Verlust der Handlungen, die an keine Sprache gebunden waren, die sich jetzt nur noch durch das Vorzeigen ihrer Verletzungen verständigen konnten, sonst aber verstummten. An ihnen, ein paar Dänen, Schweden, Jugoslawen, hatte sich das Versprechen der Gemeinsamkeit zu erweisen, die täglichen Sportstunden, das Fußballspiel, das Zusammensitzen beim Skat, am Schachbrett, am elektrischen Klavier drinnen in der Halle des Hauptgebäudes vermochten da nicht zu helfen. Es mußte begonnen werden bei denen, die die Fremdheit am stärksten empfanden, doch dabei wurde an etwas gerührt, das auch für alle andern zutraf, die grundlegende Schwierigkeit, sich auszudrücken. Wenn es darum ging, für eine Sache einzutreten, so konnte jeder seine ganze Energie und Großzügigkeit aufbieten, doch nach seinen Erfahrungen, seinen Neigungen befragt, mußte er nach Worten suchen, und die Hemmnisse machten sich geltend, die ihm von Jugend an auferlegt worden waren. Zu fachlichen Problemen hätten sie, die aus allen Berufsgruppen kamen, ihre Ansichten mitteilen können, doch ihre Bescheidenheit ließ es nicht zu, sich theoretisch zu äußern. Was Hodann erreichen wollte, war, daß sie das Dasein in der Krankenstation nicht als eine Schwächung, einen Ausfall erlebten, sondern als eine neue konkrete Aufgabe, die zu lösen war mit der gleichen Selbstverständlichkeit, mit der sie ihre Seite im Kampf gewählt hatten. So wie sie sich an der Front aufeinander hatten verlassen können, so sollten sie jetzt mit organisierten Gesprächen, Diskussionen zur gegenseitigen Stärkung beitragen. Vortragende, Schulungsleiter waren angefordert worden, doch könnte, anstatt auf sie zu warten, sagte er, schon im eignen Kreis mit dem Unterricht begonnen werden, denn jeder, der etwas gelernt habe, solle auch imstande sein, sein Wissen mitzuteilen, jeder sei potentieller Lehrer, und durch seine Mitteilungen würde er nicht nur sich selbst bestätigen, sondern auch den Zuhörenden Vertrauen in die eignen Kenntnisse geben. Seine Vorschläge aber, in der Baracke oder bei den Zusammenkünften in der hohen holzgetäfelten Treppenhalle des Landhauses, stießen auf Verlegenheit. Alle wollten wohl lernen, sich weiterbilden, fanden selbst aber nichts, was sie der Weitergabe für wert hielten. Die ausländischen Genossen wurden durch Übersetzungen ins Englische oder durch Hodanns norwegische Sprachkenntnisse in die Überlegungen miteinbezogen, und die Umständlichkeit dieses Verfahrens entsprach der Mühseligkeit des gesamten Unternehmens, das Hodann eingeleitet hatte und das zum Stillstand kommen wollte mit der Bemerkung, es sei sinnlos, Angelegenheiten der Lohnarbeit zu erörtern, die allen bekannt waren. Was sie interessierte, wurde gesagt, sei eine Aufklärung über die militärische und politische Situation. Die Nachrichten, die uns zweimal in der Woche von Albacete zukamen, reichten nicht aus, ein Bild der Lage zu vermitteln, die Anwesenden wollten Genaueres wissen über die Hintergründe des Streits mit den Anarchisten und der marxistischen Opposition, über die Absichten der Volksfrontregierung und der Sozialistischen Partei, über die Vorgeschichte des Kriegs, über zahllose Einzelheiten, deren Erläuterung jedesmal einen Experten benötigt hätte. Hodann warf wieder die Frage auf, ob sich nicht, solange die Experten noch nicht eingetroffen waren, das Bild, das jeder von den Internationalen Brigaden hatte, vertiefen ließe, indem die Gründe vorgetragen wurden, die den einzelnen hergebracht hatten. Vielleicht war es der Beweis einer Stärke, daß sich nichts drüber sagen ließ, daß sie alle einfach nur gekommen waren, weil es für sie das einzig Mögliche war. Hodann aber wollte sich damit nicht zufrieden geben, und erst, als es zur Auseinandersetzung zwischen ihm und Diaz kam, begannen einige zu verstehn, was er beabsichtigte. Diaz, der Beauftragte aus Martys Stab, hatte über jede Abweichung von der korrekten Linie zu wachen. Die Sondierungen über Möglichkeiten von Selbststudien schienen ihm suspekt. Er widersetzte sich dem Vorschlag, eine Gruppe dem Abhören und Ausarbeiten von Rundfunkmeldungen zuzuteilen. Du siehst deine Aufgabe darin, sagte Hodann, den Mannschaften anfeuernde, von plakativem Optimismus getragne Reden zu halten. Du meinst, du könntest die Parteidisziplin einzig mit dem Prinzip von Befehl und Gehorsam aufrechterhalten. Du baust auf die autoritären Muster, die vielen der Freiwilligen gewohnheitsgemäß nahstehn, und hinderst sie daran, freimütige Äußerungen zu tun. Im Gefecht haben sie einander nicht nach der Parteizugehörigkeit gefragt, haben einander nur nach den militärischen Fähigkeiten, dem Grad der Zuverlässigkeit beurteilt. Dort ist die Volksfront praktiziert worden. Hier muß das Zusammenwirken, das es in einem Kampfabschnitt gab, auf eine andre Art praktiziert werden. Die Verantwortung, die jeder im Feld trug, ist immer noch die gleiche, nur hat sie weniger mit unmittelbarer Anpassung und Einordnung zu tun als mit einer Selbständigkeit, die noch formuliert werden muß. Weil es nach den Statuten die Schuldigkeit des politischen Kommissars ist, sich des Menschen, nicht des Soldaten anzunehmen, hast du alles zu tun, um die Initiativkraft, die Erfindungsgaben jedes einzelnen zu fördern. Kam es auch, nach den heftigen Entgegnungen des Politresponsabeln, noch zu keiner andern Entscheidung, als daß der Bildung eines Nachrichtendiensts zugestimmt wurde, so begann jetzt doch eine gewisse Aktivität um sich zu greifen. Da meine Haupttätigkeit die des Krankenpflegers war, bei der ich mit allen Insassen des Heims in Kontakt kam, konnte ich etwas von den ringsum entstehenden Überlegungen aufnehmen. Manche wehrten sich noch dagegen, sich mit ihrer Lage zu befassen, das Nachdenken konnte verunsichernd wirken, es fehlte ihnen die direkte Anleitung, wie sie aus ihrem Mißmut herauskommen könnten. Bei andern kam, wenn auch undezidiert, zur Sprache, daß es in Spanien nicht nur um militärische und politische Ziele ging, sondern um die Verändrung des Menschen und seiner gesamten Lebensbedingungen, und eine solche Verändrung konnte nur gelingen, wenn sie im Bewußtsein eines jeden vollzogen wurde. Doch solche Vorstellungen zeigten auch, wie brüchig, wie unwahrscheinlich sie waren, denn was uns vor allem hier, in dieser Abgeschiedenheit, gegenüberstand, das waren Bedrängnis und Knappheit, das waren die unsäglichen Schwierigkeiten, die notdürftigsten Hilfsmittel zu beschaffen, das war das ständige Suchen nach Ersatz für das Fehlende. Da weder Medikamente vorhanden waren zur Beruhigung psychisch angegriffner Patienten, noch schmerzstillende Injektionen gegeben werden konnten, da viele an Ruhr litten und die hygienische Ausrüstung unzureichend war, mußte die Frage nach der Bedeutung der eignen Person fast lächerlich wirken. Doch da grade setzte Hodanns Argumentation an, jeder, sagte er, gehöre zu den Kräften, die an der Zukunft arbeiteten. Niemand dürfe hinter den Beschlußfassenden zurückstehn und sich bevormunden lassen. Hatten sie an der Front Mut und Standhaftigkeit gezeigt, so sollten sie jetzt geistige Ausdauer üben. Der Widerspruch zwischen Hodanns Forderung der Aufrichtigkeit, des Infragestellens, der Kritik und der von Diaz hervorgehobnen Notwendigkeit bedingungsloser Übereinstimmung mit der ausgegebnen Linie aber bestand weiter und verursachte bei jeder Zusammenkunft in größerem Kreis eine Reaktion aus Vorsicht und Mißtrauen. Rief Diaz zu ideologischer Festigkeit auf, so erklärte Hodann, daß unsre Loyalität nie Schaden nehmen könne am Anspruch, die Politik, die wir zu unsrer eignen gewählt hatten, auch einem fortwährenden Studium zu unterziehn. Wenn jemand zu sprechen wagte, so tat er einen Balanceakt, einerseits mit dem Wunsch, Klarheit in einer Fragestellung zu erhalten, andrerseits bestrebt, nichts zu sagen, was gegen die offiziellen Beschlüsse verstoßen könnte. Wir wissen, rief Hodann, daß eure Haltung integer ist, ihr braucht deshalb nicht nach der Richtigkeit eines jeden Worts zu suchen, braucht euch nicht drum zu bemühn wiederzugeben, was ihr gelernt habt, sondern sollt euch an das heranmachen, was noch unbestimmt, ungenau ist. Die innre Spannung aber, die Furcht vor einer Anzeige durch den Kommissar, war nicht aus der Welt zu schaffen. Die verschärfte Wachsamkeit war Gesetz. Mißtrauen mußte dem begegnen, dessen Ansichten nicht mit dem bestimmten Muster übereinstimmten. Jedem lag daran zu beweisen, daß er seine Pflichten erfüllte, daß er sich strikt an die geltenden Parolen hielt. Man konnte noch so sehr von seiner eignen Treue überzeugt sein, die Furcht, verdächtig zu wirken, wollte einen manchmal fast zerreißen. Nur der Nachrichtendienst fand in all dem Ungelösten eine kontinuierliche Form. Hier ging es um etwas Geregeltes, Handfestes. Das Rundfunkgerät, Marke Telefunken, war von Technikern mit einer Dachantenne versehn worden, das Redaktionskomitee, bestehend aus sechs Mann, wachte schichtweise am Lautsprecher. Nachts aber, bei der Zusammenfassung der Meldungen, machte sich der Zwiespalt geltend, der zu jeder Äußerung gehörte. Was sollten wir auswählen, fragten wir uns, wie waren die Bekanntgaben des Gegners am eindringlichsten zu kontrastieren mit den republikanischen Rapporten, wie konnten Auslassungen, dunkle Darlegungen in verständliche Tatsachen übersetzt werden, was war überhaupt in der Überfülle des Stimmengebrauses wichtig, haltbar, richtungweisend. Als Norm für die Blätter, die wir jeden Morgen ans Wandbrett in der Halle hefteten, galten die Berichte, die wir vom Sender der Brigaden auf der Kurzwelle Neunundzwanzig Acht empfingen. Hier, von Madrid aus, vernahmen wir, was alle im gleichen Maß anging, vom Stand der internationalen Hilfeleistungen, von den weitergeführten Einheitsbestrebungen, von der Lage in Deutschland. Und wieder kamen die Namen derer auf uns zu, die den spanischen Kampf unterstützten, die hier waren, wie Renn, Uhse, Weinert, Bredel, Regler, Busch, Marchwitza, Seghers, Kisch, Alfred Neumann, Alberti, Hemingway, Ivens, Ehrenburg, Malraux, Saint-Exupéry, Branting, Toller, Spender, Dos Passos, Neruda, Siqueiros, oder die, wie Heinrich Mann, Thomas Mann, Arnold Zweig, Feuchtwanger, Brecht, Wolf, Piscator, Rolland, Shaw, sich von außen her an die Öffentlichkeit wandten. Was wir nicht schrieben, war, wie klein sich der Kreis der Solidarität erwies, gemessen an der ungeheuren Zusammenballung der Kräfte, die auf einen Weltkrieg zusteuerten, wie es immer wieder die gleichen waren, die warnten, die zur Vernunft aufriefen. Nach jedem Zeichen suchten wir, in Frankreich, in der englischen Arbeiterbewegung, in Skandinavien, in den Vereinigten Staaten, in Indochina und vor allem in China, das uns Hinweise geben konnte auf die sozialistische Entwicklung, jede Demonstration, jede Unruhe, jeder Streik war Beistand für uns. Und dann kam Diaz, beanstandete zuerst die in ihrer Vielseitigkeit nur verwirrende Berichterstattung und bezeichnete dann die Wandzeitung, die bei den meisten Anklang fand, als ein ausreichendes Ventil, das weitere Diskussionen unnötig machte. Nein, antwortete Hodann, es würde hier nur etwas reproduziert, zwar Aufschlußreiches, Nützliches, doch käme es drauf an, welche Schlüsse aus dieser Umschau gezogen, welche Kommentare dazu gegeben wurden. Ende Oktober hatte er eine Zusammenkunft in der Halle angeordnet. Der Winter setzte vorzeitig ein, mit Sturm und Regenböen, die Fledermäuse, von denen eine im Stadtwappen Albacetes festgehalten war, warfen sich gegen das Haus, losgerißne Wahrzeichen, blind die Symbiose von Bankwesen und Großgrundbesitz umflatternd, wir hörten ihre Stöße an die farbigen Scheiben der Fenster oberhalb der Treppe, und das dumpfe Aufprallen mischte sich in das Knacken des brennenden Holzes im Kamin. Die rote Fahne, die vom Glasdach hoch oben bis zur Galerie am ersten Stockwerk hinabhing, leicht wehend im Zugwind überm Holzreifen des Leuchters, war Bestandteil des Versuchs, eine Wandlung im Wesen des requirierten Bauwerks zu verursachen, die perforierten Rollen aber, die zu Beginn des Treffens in den Klavierkasten geschoben worden waren, hatten mit der Tannhäuser Ouvertüre, der Cavalleria Rusticana, der Tristesse von Sibelius eher die Gespenstigkeit festgehämmert. Die geflügelten Löwen zogen auch hier, auf kleinen Platten, um die Wände, und Engel, mit nackten abgegriffnen Brüsten, stemmten sich aus den Türrahmen hervor. Geborgenheit wurde vorgetäuscht von dem brodelnden Destillationsapparat und den herumgereichten, mit einigen Tropfen gefüllten Bechern, fröstelnd jedoch drängten wir uns auf den Wandbänken zusammen und um den gewaltigen Tisch aus dem Sitzungssaal eines Direktoriums, und der Atem stieg in Wolken aus den Mündern. Die meisten schwiegen noch, und wie an eine Diskussion überhaupt zu denken sei, fragte einer, wenn jede Äußerung registriert und im gegebnen Fall dem Sprecher zur Last gelegt würde. Hodann bezeichnete sich als verantwortlich für alles Ausgesprochne, nur er, als Chef, als Offizier, könnte von übergeordneten Stellen zur Rechenschaft herangezogen werden. Dies stieß auf Ablehnung, es sei paradox, wurde gesagt, daß jene, die sich im Bewußtsein ihrer Verantwortung der Verteidigung angeschlossen hatten, ihrer Unmündigkeit zustimmen sollten. Jeder müsse, weil sich alle unter der gleichen Fahne befanden, für sein eignes Wort einstehn. Vielleicht war Hodanns Bemerkung provozierend gemeint. Er wandte sich an Diaz und sagte, daß der Macht des Dogmatismus verschärfte historische, wissenschaftliche, philosophische Bildung entgegengestellt werden müsse, grade in einer zugespitzten Situation sei die Meinungsäußerung unumgänglich. Damit würde, so ließ Diaz durch seinen Dolmetscher antworten, der Anarchismus heraufbeschworen, zu einem Zeitpunkt, da die Arbeiterklasse festeste Organisation benötigte, um sich gegen den Einbruch des Chaotischen zu wehren. Eigentlich entsprach die bremsende Wirkung, die von Diaz und der Gruppe seiner Anhänger ausging, der Lage, in der wir uns befanden, denn der Wunsch zu forschen mußte auf den Widerspruch derer stoßen, die das Gebot der bedingungslosen Gefolgschaft verfochten. So war es nicht nur in diesem Kreis, sondern überall, wo die Partei des Proletariats um die Erhaltung und den Ausbau ihrer Stellungen kämpfte. Wir befanden uns im Kriegszustand, da konnte kein Spielraum gewährt werden für Abweichungen und Zweifel, absolut bindend war und ohne Recht auf Einspruch, was die höheren Parteiorgane befahlen. In Anbetracht dessen war Hodanns Unternehmen etwas Gefährliches, und der Verdacht konnte aufkommen, daß er tatsächlich aus anarchistischen oder bürgerlich liberalistischen Beweggründen das Gespräch zu lenken versuchte. Die Frage, ob eine offne Diskussion überhaupt möglich war, ließ sich prinzipiell erweitern auf die Feststellung hin, daß der kleinste Fehler, den wir begingen, bei der Wachsamkeit des Feinds verheerende Folgen hervorrufen konnte. Dies aber würde bedeuten, sagte der erste Sprecher, dessen kräftiges, von einer Narbe verunstaltetes Gesicht durch die stützende Faust noch mehr in die Breite gedrückt wurde, daß auch wir davon ausgingen, Verräter in den eignen Reihen zu haben, doch solches anzuerkennen weigre ich mich, vielmehr wird in der Hemmung, am Disput teilzunehmen, unsre ganze undemokratische Erziehung sichtbar. Münzer war Schriftsetzer, stammte aus Hemelingen bei Bremen, seine Sprache, vom Plattdeutschen geprägt, hatte Vertrautheit in mir wachgerufen. Die Soldaten, fuhr er fort, die ihre Selbstsicherheit, ihre Energie und Großzügigkeit in die Sache legen, verstummen, wenn es dran gehn soll, in freier Entscheidung das Wort zu ergreifen. Wir alle, ich selbst habe mir dafür ein Auge ausreißen lassen, und ein Ohr ist kaputt, bildeten uns für das Hauptsächliche heran, für die Handlungen, auf die es ankommt, jetzt haben wir das Recht, und wir haben die Zeit, über diese Handlungen nachzudenken. Sie sollen zur Befreiung führen, und unsre Klasse ist es, die diese Befreiung in die Wege leitet. Die Befreiung kann uns nicht gegeben werden, wir müssen sie selbst erobern. Erobern wir sie nicht selbst, so bleibt sie für uns ohne Folgen. Wir können uns nicht befreien, wenn wir nicht das System, das uns unterdrückt, und die Bedingungen, aus denen das System erwächst, beseitigen. Wie aber soll die Befreiung nun von uns ausgehn, wie sollen die Umwälzungen vollzogen werden, wenn wir immer nur gelernt haben, uns zu fügen, uns unterzuordnen und auf Anweisungen zu warten. Selbst Lenin traute uns nur ein gewerkschaftliches Denken zu und ließ die Avantgarde der Partei für uns entscheiden. Das stimmte vielleicht mit den damaligen historischen Gegebenheiten überein. Die Partei führte politisch aus, was das Proletariat spontan in Bewegung setzte. Doch sollen unsre Aufgaben allzeit gewerkschaftlicher Art bleiben, fragte er, soll uns auf unterster Ebene eine gewisse Beweglichkeit zustehn, während die Entscheidungen von einer Elite geleistet werden. Von unten nach oben werden die Vertrauensleute gewählt, von oben nach unten wird befohlen. Außerhalb von Fach und Zelle sind wir ohne Einfluß, können keine Kontrolle mehr ausüben, wir produzieren unter Direktiven. So ist unser Arbeitsleben, unser politisches Leben. Daß wir uns zurechtweisen lassen, erniedrigen lassen, das liegt in unserm Wesen. Es wurde daraus eine brauchbare Eigenschaft rationalisiert. Wir hatten stolz drüber zu sein, daß wir fleißig, tüchtig und gehorsam waren. Aus unsrer Demut wurde das Ideal der Disziplin, der Parteitreue. Ich will, sagte er, als schon Unruhe entstand, auf das Folgende hinweisen. Alle unsre Bemühungen um Befreiung waren bedingt vom Versuch, die Vorherrschaft der Autoritäten abzuwerfen und endlich dorthin zu gelangen, wo wir selbst zu urteilen und zu bestimmen hatten. Dabei gerieten wir immer wieder vor die von oben, die uns erklärten, wir wüßten nicht, was das Richtige für uns sei und daß deshalb die Führung für uns handeln müsse. Wenn ich versuche, mir klarzuwerden über meine Stellung in der Arbeiterbewegung, so ist es, als müsse ich zuerst zu graben anfangen, müsse mich rauswühlen, rauskratzen aus einer Masse von Schutt, die uns zudeckt. Unsre Organisationen sind wie Erdschichten, die abgehoben werden müssen, damit wir uns selbst finden können. Dies ist es, was ich sagen wollte. Daß keine Gleichheit vorhanden ist. Daß wir immer, so sehr wir uns auch um Unabhängigkeit bemühn, auf jemanden stoßen, der uns vorschreibt, was wir zu tun haben. Daß wir unaufhörlich reglementiert werden. Daß alles, was uns vorgesetzt wird, noch so richtig sein kann, und daß es doch falsch ist, solange es nicht von uns, von mir selbst kommt. Aber die Partei, wandte ein andrer ein, sie steht für uns, die Partei, das sind wir. So heißt es, antwortete Münzer. Aber die so was sagen, kommen zumeist aus den oberen Regionen. Und wenn sie es sagen, haftet ihnen was Transzendentales an. Sie gehn von ihrem Bestimmungsrecht aus und von unsrer Nachgiebigkeit, sie bleiben unnahbar, kraft ihres Ranges. Diaz sprang auf, eine Weile war nur ein erregtes Durcheinander von Stimmen zu hören, dann erhob sich auch Hodann und rief mit unerwarteter Schärfe, daß Münzer noch das Wort habe. In der Stille, die eintrat, sagte dieser, daß viel über den zukünftigen Menschen in der zukünftigen Gesellschaft geredet worden sei, daß wir aber unbedingt an die Heutigen denken müßten, denn wären diese ängstlich und gedemütigt, schief und krumm, so nützten sie den Zukünftigen wenig. Die sogenannte freiheitliche Linie, wie sie sich in Spanien gegen das autoritative, zentralistische Modell richte, sagte Hodann, gehöre im Grund einer bürgerlichen Revolution an. In ihrer Abweisung politischer Handlungen und in ihrem Streben nach unabhängigen Produktionskollektiven folgten die Anarchosyndikalisten einer populistischen Richtung, sie wollten in der Hervorhebung der individualistischen Werte nicht hinauskommen über kleine natürliche Arbeitsgemeinschaften. So wie sie gegen die Massenorganisationen, den bürokratischen Parteiapparat, die Staatsmaschinerie waren, wandten sie sich gegen die technische Entwicklung, die Planwirtschaft. Auf diese Weise lenkten sie den Kampf der Arbeiterklasse nach rückwärts, einem romantischen, nostalgischen Handwerkertum entgegen, anstatt ihn voranzutreiben zu einer sozialistischen Ökonomie. Münzer seinerseits kam noch einmal auf die bewußte persönliche Einschränkung, die an Selbstaufgabe grenzende Disziplin zu sprechen, die den Kommunisten in die Gefahr brachte zu erstarren, sich zu verhärten. Die größte Freiheit, wurde ihm geantwortet, sei grade in diesem Entschluß zu finden, sich als einzelner zurückzustellen gegenüber der Sache, die zum Besten der vielen war. Die Auseinandersetzung schlichtend, drang Hodann darauf, das Thema auf die spanische Problematik zu konzentrieren, zumal an diesem Abend ein Angehöriger des Sozialistischen Jugendverbands an unsrer Diskussion teilnehmen sollte.

Gomez und Hodann machten sich nun daran, die von uns oft gestellten Fragen nach den Auseinandersetzungen in Spanien auf ihren Grundkonflikt zurückzuführen. Von den Sklavenaufständen an gegen die römische Herrschaft, den Revolten der Leibeignen gegen die Feudalherrn, dem Kampf der landlosen Bauern gegen die Oligarchien der Gutsbesitzer, bis zu den Kleinkriegen gegen die napoleonischen Okkupanten und die Dynastie der Carlisten hatte es in diesem Land Erhebungen gegeben, bei denen nach Lösungen gesucht wurde, die den Eigenschaften, der Lebensweise des Volks entsprachen. Mit Stöcken, Sensen und Heugabeln oder mit Schießeisen, wie es grade kam, dem Feind stets an Waffen unterlegen, doch immer mit einem Kampfwillen ausgerüstet, der an Todesverachtung grenzte, gingen die Arbeitenden gegen ihre Unterdrücker vor, ihr Stolz, ihre Empörung war ihnen genug und ließ sich nie zerschlagen von den

Söldnerheeren der Granden. Immer kam das Revoltieren von unten, flammte spontan auf, nie war es geordnet, zusammengefaßt, auch die Guerilla bestand noch aus Haufen, Rotten, Banden, und neben den Partisanen, die den Armen dienten, waren Abenteurer und Strauchdiebe zu finden. Als Bakunin, der Ersten Internationale angehörend, die Arbeiterassoziation in seinem Sinn auf Spanien ausweiten wollte und Achtzehnhundert Achtundsechzig dort durch seinen italienischen Abgesandten Fanelli die Lehren der geheimen anarchistischen Gesellschaft einführen ließ, war das Feld nicht nur vorbereitet durch die generationenlangen Angriffe gegen die Obrigkeit, sondern auch schon untermauert von den Theorien Proudhons. Zwar war das Landvolk, auf das es bei der Errichtung anarchistischer Kommunen ankam, in seiner Verelendung, seinem Analphabetismus noch nicht zu erreichen, Handwerker und Manufakturarbeiter jedoch schenkten Fanelli Gehör. Er kam zu einer Zeit der Gärung, da grade eine Armeerevolte ausgebrochen war gegen das Königshaus und seine Aufrufe zum Sturz von Kapital, Kirche und Staat Anklang finden mußten. Von Anfang an verband sich mit seinem Namen etwas von Heldenverehrung, da war eine Bereitwilligkeit, seine Gestalt aufzubauen, ihr einen mythischen Nimbus zu geben, der sich auswirkte auf alle späteren Beschreibungen. Als hochgewachsen wurde er geschildert, mit dichtem schwarzen Bart, dunklen feurigen Augen und einer Stimme, die unter heftigen Gefühlsausbrüchen metallischen Klang annahm. Nicht nur Revolutionär war er, sondern auch Wanderprediger, Wiedertäufer, Zauberkünstler. Er beherrschte die spanische Sprache nicht, sein rollendes Idiom war nur ungenau zu verstehn, doch seine durch weit ausholende Gestik unterstrichnen Hinweise, daß das Land denjenigen gehören sollte, die es bebauten, daß alle Handwerksbuden und Fabrikationsstätten zu übernehmen seien von denen, die dort die Arbeit leisteten, bedurften keiner Übersetzung und näheren Erklärung. Staatssozialistische Ideen ließen sich nicht verbreiten, die Aufforderung zur Selbsthilfe aber fand Resonanz in den eignen Erfahrungen, jeder von höherer Stelle ausgegebnen Direktive war zu mißtrauen, nie war auf führende Schichten Verlaß, aus kleinen Gruppen heraus hatte die Umwälzung zu kommen, und nichts durfte die Aktionen zur Heranbildung einer Partei führen. Weder durch ein Programm noch durch Diktatur sollten die Arbeitenden zur Macht gelangen, jegliche Hegemonie und Autorität war abzuschaffen, nur in Freiwilligkeit und Gleichheit würden die föderativen Gemeinden entstehn können, die der Anarchismus vorsah. Achtzehnhundert Einundsiebzig vollzog sich in London, beim Disput über die Frage der Teilnahme am politischen Kampf, der Bruch zwischen Bakunin und Marx und Engels, mit seiner Allianz stellte Bakunin den libertinären Kommunismus gegen das streng geordnete System auf und suchte in den folgenden Jahren sein Modell in Spanien unter Beweis zu stellen. In diesem Land, in dem es noch keine größeren Industrien gab und in dem die Arbeiter in den traditionellen Familienbetrieben in physisch spürbarem Kontakt mit dem Besitzer standen und ihre Verknechtung also unmittelbar erlebten, war jeder auf direkte Reaktion zur Gegenwehr eingestellt. Mochte Bakunin auch bei seinen kollektivistischen Vorstellungen an eine Elite gedacht haben, von der der Entwurf eines neuen Zusammenlebens ausging, so überwog doch sein idealistischer Glaube an den Instinkt und die Zusammengehörigkeit des Volks und er hoffte, daß sich aus der wenn auch noch obskuren, so doch elementaren Kraft das Reich der Freiheit organisch entwickeln würde. Und zwei Jahre später schien es bereits, als habe der Weg zu den Bruderschaften sich durchgesetzt, durch stetigen Druck, emsige Wühlarbeit. Im Andrängen der freiheitlichen Kräfte war die Monarchie zum Nachgeben gezwungen worden, der König dankte ab, die Republik wurde ausgerufen, ihr erster Präsident, Pi y Margall, pries Proudhon und den Anbruch des föderalistischen Zeitalters, verdammte die Ordnung, die stets als Deckmantel gedient hatte für Ungerechtigkeit und Gewalt, und leitete, zur munizipalen Aufteilung des Lands, die völlige Dezentralisierung ein. Für viele war es, als verwirkliche sich der Traum der eben zusammengeschlagnen Pariser Commune. Die Rolle der revolutionären Nationalgarden wurde von der republikanischen Miliz übernommen, hier und da wurden Werkstätten, Landgüter in den Gemeinbesitz gebracht, Bürgermeister wurden abgesetzt, Priestern wurde die Würde genommen, Beamte wurden entlassen, Reichen wurden Strafsteuern auferlegt, einzelne Repräsentanten des Adels, der königlichen Familie wurden vertrieben, der Kampf gegen Klerus und Aristokratie, gegen Kapital und staatliche Ordnung weckte Begeisterung bei der radikalen Jugend Europas, in Spanien war tatsächlich die Revolution eingeleitet worden, in Permanenz, wie es schon damals hieß, mit dem Ziel, den Staat, dieses Prinzip des Bösen, und alle Institutionen zur Niederdrückung des Menschen total und endgültig zu vernichten und durch freie Genossenschaften zu ersetzen. Die Führer des wissenschaftlichen Sozialismus aber wandten sich gegen solche Taten, die sich zu individuellem Terror, zum Niederbrennen von Fabriken, Schlössern und Kirchen, zu Plünderungen und Morden hinreißen ließen. Anstelle des Bombenwerfens empfahlen sie den Streik, anstelle des Halsabschneidens die Schulung und Bildung, statt des improvisierten Wegs forderten sie die Erziehung der Arbeitenden zum Bewußtsein ihrer Klasse. Nicht mit isolierten, wahllosen Maßnahmen, den Unabhängigkeitserklärungen von Dorfgemeinden, mit zusammengetriebnen Rächern, Sekten und Geheimbünden konnte die Befreiung der landlosen Bauern, der verarmten Arbeiterschaft erreicht werden, sondern nur durch den Zusammenschluß in einer Partei, die die Interessen des Proletariats wahrnahm. Und doch entstand der Aufruhr eben dort, wo es noch kein Klassenbewußtsein gab, wo der Mangel an Wissen, die Emotionen des Hasses am größten waren, der Umsturz wurde eingeleitet von verarmten und ausgehungerten Landarbeitern und Handwerkern, ohne Taktik, ohne Koordination. Und dies war nach anarchistischem Prinzip auch die einzige Möglichkeit, um zu einer wahren Verändrung zu kommen, denn sie würde nie bestehn können, wenn sie nicht von jedem aus eignem Willen geschaffen wurde. Der persönliche Entschluß, die Erkenntnis der individuellen geistigen Kraft mußte vorausgehn, erst wenn der Arbeitende sich nicht mehr als ein Abhängiger fühlte, würde er imstande sein, sich zu befreien. Marx entsandte Lafargue nach Madrid, in der Hoffnung, zwischen den Libertarios noch auf Ansätze einer sozialistischen Überlegung zu stoßen und eine definitive Abspaltung der anarchistischen Allianz von der Internationale verhindern zu können. Doch auch dies lag im Wesen der Untergrundbewegung, daß sich niemand als zuständig erwies, daß keine Leitung ausfindig zu machen war, und so konnte der Emissär nur umherirren im Land, von einem verlornen Flecken zum andern, konnte zusehn, wie in plötzlich aufflammendem Zorn lokale Vertreter der Ausbeutung, ein Gutsherr, Hausbesitzer oder Pfaffe, gefangengenommen, gehenkt wurden, und wie man mit vielen winzigen Siegen einen großen Sieg vortäuschte, während die Träger des alten Staats, die Mittelschichten und die Oligarchien über ihnen, kaum belangt wurden in ihrem System und weiterhin bedacht waren auf die Erhaltung ihres Besitzes, wartend auf den günstigen Zeitpunkt zum Zurückschlagen. Ebenso überraschend, wie sich der Durchbruch zum voluntaristischen Gefüge dargestellt hatte, fielen die entstandnen Einheiten auseinander, ohne Planung und Organisation war nicht beachtet worden, daß der unverwüstliche Gegner sich zum Angriff sammelte, daß die Förderung des Regionalismus die Initiative in die Hände der Generäle spielte, die nun ihrerseits mit gut zusammengehaltnen Truppen ein Nest des Aufstands nach dem andern aushoben, um das Land wieder, zentralisiert, zu einer neuen Festung monarchistischer Bourgeoisie zu machen. Hatten es die Begründer des historischen und dialektischen Materialismus nicht vermocht, mit ihrer Vernunft auf die Antagonisten der Arbeiterbewegung einzuwirken, so kam ihnen die Geschichte selbst zur Hilfe, und Engels äußerte sich erleichtert, als die anarchistische Republik ihre Schwäche gegenüber seinen und Marxens Thesen zeigte und plötzlich zusammengebrochen war. Dennoch blieb die föderalistische Tradition in unveränderter Stärke erhalten. Während des folgenden halben Jahrhunderts hatte sich sozial wenig in Spanien verändert. Außer den Kohlengruben in Asturien und den baskischen Stahlwerken und Werften gab es kaum größere Industrien, in denen sich ein einheitliches Proletariat hätte entwickeln können. Weiterhin waren in neunzig von hundert Betrieben weniger als fünf Arbeiter beschäftigt, eng an den Eigentümer gebunden. War auch inzwischen die Notwendigkeit erkannt worden, sich gewerkschaftlich zusammenzuschließen, so überwog doch noch der Hang zur isolierten Aktion, auch in der Kommunistischen Partei, die im April Einunddreißig, als nach dem Sturz von Monarchie und Militärdiktatur die Republik wieder konstituiert werden konnte, nur einige hundert Mitglieder zählte. Zu den Zusammenkünften der sechzig Kommunisten in Madrid, berichtete Gomez, kam ein Genosse jedesmal mit einer großen handgefertigten Bombe, die er unter seinen Stuhl legte. Befragt, warum er sie bei sich trage, antwortete er, wenn plötzlich eine Bombe erforderlich sei, so befände sie sich hier. Zu dieser Zeit war die Partei gegen den Parlamentarismus, gegen die Zusammenarbeit mit den Sozialisten, die sich mit den bürgerlichen Gruppierungen verbündet hatten. Für uns, sagte Gomez, konnte die Republik nur ein Übergang sein zum Ziel der Sowjetherrschaft. Die Mitglieder des Zentralkomitees fuhren in ein paar gemieteten Kutschen zur Plaza Major in Madrid, um dort, zusammen mit den angetretnen fünfzig Genossen, zu Streikaktionen, zum bewaffneten Kampf, zur Vorbereitung der Rätemacht aufzurufen. Es gehörte zur Vermessenheit dieses Einfalls, daß die Versammlung auf einem völlig von Gebäuden umschloßnen, nur durch ein paar schmale Gassen erreichbaren Platz stattfand, daß im Gedränge ein Fluchtweg also kaum vorhanden war, was dann auch dazu führte, daß fast die gesamte Parteigruppe in Gefangenschaft geriet. Erst nach solchen Erfahrungen versuchte die Partei, nun ein Jahr lang aus dem politischen Leben verdrängt, ihre Taktik der Realität anzupassen. Zahlenmäßig immer noch äußerst gering, gewann sie doch Einfluß in den Hafengebieten und Grubendistrikten und unter der Landbevölkerung, die die Ausplündrung am stärksten zu spüren hatte. Hinter den Erhebungen der Landarbeiter in Andalusien und Katalonien aber standen die anarchistischen und syndikalistischen Verbände. Diese stützten, bei ausgebliebnen Reformen, die Forderungen auf eignes Land, auf Enteignung der Großgrundbesitzer und riefen den Generalstreik aus in Valencia und Barcelona. Für das unaufgeklärte Proletariat waren die Unterschiede zwischen Kommunisten und Anarchisten schwer feststellbar. Ihnen, denen es um eine elementare Verbessrung ihrer Lage ging, konnten Streitfragen über den Aufbau einer Organisation oder über die Beteiligung an einer Regierung nur wenig bedeuten. Auch er selbst, sagte Gomez, habe kaum bemerkt, auf welche Weise er vom Block der revolutionären Landarbeiter in den kommunistischen Jugendbund gelangt sei. Deutlich war nur die Grenzziehung zur Sozialistischen Partei gewesen, dort stand die Reaktion, das Kleinbürgertum, und dahinter der Feudalismus. Diesseits der Front befanden sich, bis zum Aufstand der asturischen Grubenarbeiter im Herbst Vierunddreißig, die anarchosyndikalistischen und kommunistischen Kräfte. Erst an diesem Wendepunkt traten die Widersprüche innerhalb der weitverzweigten ideologischen Richtungen zutage. Die bisher von allen erstrebte Einheit der Arbeiterklasse ließ sich nicht herstellen. Vielmehr traten Verschiebungen, Verändrungen der Gesichtspunkte und Ziele ein, aus denen sich die neue Politik der Kommunistischen Partei entwickelte, eine Politik, die sie zwei Jahre später, in einer bestimmten historischen Situation, zur führenden Stellung bringen würde. Ein linker sozialistischer Flügel, unter dem Gewerkschaftsvorsitzenden Caballero, hatte sich auf die Seite des rebellierenden Proletariats gestellt. Dem Aufruf zum gemeinsamen Vorgehn schlossen sich die Kommunisten und regionale Gruppen der Syndikalisten an. Die Iberischen Anarchisten, die sich als eine revolutionäre Elite ansahn, und die Leitung der großen Arbeiterkonföderation aber lehnten die Teilnahme an den Kampfhandlungen ab, in denen sie nur den Ausdruck parteipolitischen Machtspiels sehn wollten. Und um die Macht ging es nun auch, um eine Macht, die bis in die Gegenwart ihren innern Antagonismus behalten sollte. Die von den Anarchisten diktierte Passivität der Hälfte der spanischen Arbeiterklasse trug zur Niederlage des Aufstands in Asturien bei. Die Errichtung der sozialistischen Einheitsfront scheiterte am Gegensatz zwischen dem kommunistischen und dem anarchistischen Prinzip. Der Gedanke des strengen Parteiaufbaus ließ sich nicht mit der freiheitlichen Improvisation verbinden. Im Oktober Vierunddreißig, ein Jahr vor der Neuorientierung der Kominternpolitik, wurde in Spanien der Grund gelegt zur Volksfront. Nur diese Strategie, so wurde erkannt, trug die Möglichkeit in sich, die künftigen Auseinandersetzungen zu bewältigen. Behielt Caballero auch eine feindliche Haltung gegenüber der Sowjetunion und der Kommunistischen Internationale bei, so verband sich die Kommunistische Partei doch mit ihm, in der Einsicht, daß beim Kampf gegen den wachsenden Faschismus die Kräfte der Mitte gewonnen werden mußten. Die Anarchisten indessen verlangten nach einer Verlagerung des Schwergewichts nach links.

Dabei war während der Revolte im Herbst Vierunddreißig, sagte Gomez, eine Neigung der Kommunistischen Partei zur Reduzierung kollektivistischer Absichten noch nicht zu erkennen, die aufständischen Arbeiter bildeten ihre eignen Soldatenräte und Revolutionskomitees, und ihre Appelle zur Einheit galten der Herstellung einer starken sozialistischen Basis, wie sie als notwendig angesehn wurde für den kommenden Zusammenschluß in einer breiteren Front. Die herrschenden Schichten des Lands, aufgescheucht von der Andeutung einer Einigkeit innerhalb der Arbeiterklasse, ließen ihr Militär auf die isolierten Aufständischen einschlagen, mit einer Gewalt und Brutalität, die Vorbote der falangistischen Konterrevolution war. Gegen drei Armeekorps mit Tanks, schwerer Artillerie und Luftgeschwadern hatten sich die Arbeiterregimenter mit zusammengerafften Pistolen und Flinten zu wehren, und wenn es ein Blutbad genannt wurde, so war dies buchstäblich zu verstehn, als eine Raserei mit allen nur vorstellbaren Grausamkeiten. Die zum Foltern und Abschlachten erzognen Truppen der Fremdenlegion und der aus Marokko herbeigeholten Mauren nahmen sich der Überlebenden der Bombardements an. In Asturien wurde die Epoche der Tortur eingeleitet. Wer in die Hände der Schergen geriet, dem wurden Zangen und glühende Eisen angelegt, dem wurden die Hände, die Geschlechtsteile zerquetscht, dem wurden die Knie, die Füße mit Hämmern zerschlagen, der hatte seinen Tod vielfach zu erleiden, wurde an die Mauer, untern Galgen, vor das selbstgeschaufelte Grab geführt, zur Hinrichtung auf den Stuhl gebunden, im Beisein der Frauen und Mütter, ehe er schließlich erhängt, garrottiert, erschossen oder in den angespitzten Pfahl getrieben wurde. Mit dreitausend Toten, siebentausend Verwundeten, vierzigtausend Gefangnen hatte die asturische Bevölkerung den Versuch zu bezahlen, dem Despotismus eine Arbeiterherrschaft entgegenzustellen. Und doch konnten die Schändlichkeiten den Aufruhr nicht ersticken. Ein revolutionärer Prozeß hatte begonnen, das politische Bewußtsein der Arbeiterklasse stärkte sich, und wenig mehr als ein Jahr später, im Februar Sechsunddreißig, war die von den Sozialisten und Kommunisten angestrebte Regierung der Volksfront Wirklichkeit geworden. Bei allem, was sich von nun an ergäbe, bemerkte Hodann, hätten wir die Seite zu wählen, die der eignen Auffassung von Wahrheit am nächsten käme. Eine objektive Begutachtung sei noch nicht möglich, wir könnten lediglich nach Maßgabe unsrer Fähigkeiten zwischen zwei Zielrichtungen entscheiden, indem wir feststellten, welche von beiden eine zutreffende Einschätzung der Lage, eine sichere Taktik für das Weitergehn mit sich bringe. Beide, die Anarchosyndikalisten und die republikanische Volksfront, verfolgten den gleichen Zweck, sagte er, die Befreiung des Lands vom Faschismus, doch die Mittel, die sie verwendeten, und die Vorstellungen von der Ausführung des zu Erreichenden ließen sich nicht miteinander vereinen. Schon bei den Wahlen begann das Zerren. Die anarchosyndikalistischen Verbände lehnten traditionsgemäß ihre Teilnahme ab, um ihre Souveränität gegenüber den Parteien und dem Parlament zu wahren. Ihnen angehörig waren große Teile der Massen, die nicht in den politischen Organisationen, sondern in den Syndikaten das Sprachrohr ihrer Interessen sahn. Trotzdem gaben viele Arbeiter ihre Stimme für die Volksfront ab, nicht nur, weil diese die Freilassung der politischen Gefangnen, es waren immer noch dreißigtausend, zusicherte, sondern auch weil die projektierte Agrarreform und Industrialisierung eine Verbeßrung ihrer Lebensumstände versprach. Die konformistischen Lösungen, behaupteten die Anarchisten, würden höchstens zu einer Sozialisierung der Armut führen, nur auf dem Weg der gewaltsamen Umwälzung wären die Forderungen der Arbeitenden durchzusetzen. Die Kommunistische Partei wurde angeklagt, die Revolution verraten zu haben. Die Kräfteverhältnisse im Land aber, darauf wiesen die Kommunisten hin, ließen den Umsturz nicht zu, und als überzeugender Beweis für die von ihnen propagierte Geduld und Zurückhaltung hatte das Wahlergebnis zu gelten, in dem den knapp fünf Millionen Volksfrontstimmen viereinhalb Millionen Stimmen der Rechten und des Zentrums gegenüberstanden. Für uns, sagte Gomez, begannen nun erst die eigentlichen realpolitischen Handlungen. Wir waren die kleinste Partei. Neben den neunundachtzig sozialistischen Abgeordneten und den vierundachtzig bürgerlichen Deputierten nahm die Kommunistische Partei in den Cortes jetzt sechzehn Sitze ein, was, verglichen mit dem einzigen parlamentarischen Vertreter im Jahr Dreiunddreißig, schon ein Sieg war. Wir mußten mit einem andern Maß als dem unmittelbar augenfälligen rechnen, sagte er. Unsre Partei war im Juli Sechsunddreißig zwar auf dreißigtausend Mitglieder angewachsen, mehr als eine Million aber standen im anarchosyndikalistischen Verband und anderthalb Millionen in der sozialistischen Gewerkschaft. Da war es bedeutungsvoll, als es unsern Kampagnen gelang, die kommunistische und die sozialistische Jugend in einer Organisation zusammenzuschließen, wodurch der Partei zweihunderttausend neue Verbündete zugeführt wurden. Fünfunddreißigtausend von ihnen traten während der ersten Tage des Kriegs in den bewaffneten Kampf. In den kurzen Jahren des Aufbaus der Partei, sagte Gomez, hatten wir zuerst unsern Mangel an theoretischen Kenntnissen und unsern Hang zu prahlerisch individualistischem Heldentum zu überwinden und dann zu lernen, uns von den schnell gewonnenen Erfolgen der Anarchisten nicht täuschen zu lassen und unsern revolutionären Überschwang wider die Meinung der proletarischen Mehrheit durch nüchterne Handlungen zu ersetzen. Zu Beginn des antifaschistischen Kriegs hieß es, daß die Macht auf der Straße liege und daß die Partei des Proletariats diese Macht ergreifen müsse. Doch nicht auf der Straße lag die Macht, um wie ein Päckchen Zigaretten aufgehoben zu werden, sondern vorn auf dem Kampffeld, und ließe sie sich dort, in zermürbenden Schlachten, finden, so mußte ihr zunächst durch diplomatische Anstrengungen ein Rückhalt gegeben werden. Im ersten Ansturm war der Wille zur Volksmacht jeder Überlegung davongelaufen. Die Illusion hatte um sich gegriffen, daß zum ersten Mal nach der Oktoberrevolution, im Europa der mißglückten Aufstände, eine Räteregierung gebildet werden könnte, und wir selbst hatten einmal zum Entstehn eines solchen Bilds beigetragen. Nicht nur unsre Vorbehalte gegen die Sozialdemokraten mußten wir überwinden, sagte Gomez, sondern unsern ganzen Abscheu vor den Krämern, den Kleinbürgern, den Mittelschichten, deren kompakte Gegnerschaft wir während unsres Aufwachsens zu spüren bekommen und mit denen wir jetzt zusammenzuarbeiten hatten. Wir waren voller Verständnis für die Argumente, daß wir diesmal, beim Kampf gegen die Feinde der Republik, nicht auf halbem Weg stehnbleiben durften, daß wir gleichzeitig mit den militärischen Aktionen auch die soziale Revolution vorantreiben müßten, und es bedurfte unsrer ganzen neugewonnenen Disziplin, um uns den Richtlinien der Partei anzupassen. Bald jedoch überzeugten uns deren Lagebeurteilungen und deren Organisationsvermögen beim Aufbau der Verteidigung. Innerhalb kurzer Zeit beteiligte sich die Partei an allen politischen und kriegstechnischen Maßnahmen. Gegen uns hatten wir immer noch die großen Massen derer, die nicht verstanden, warum die Kommunistische Partei die Revolution zum Einhalt gebracht hatte, die das Zusammengehn mit den Liberalen, der Mitte ablehnten, die uns der Verstellung, der Täuschungsmanöver bezichtigten und uns vorwarfen, nur Direktiven der Komintern gegen die Interessen des Lands durchsetzen zu wollen. In ihrer Überschätzung des in den ersten Monaten Erreichten glaubten die Anarchosyndikalisten, daß die Diktatur des Proletariats bereits Tatsache sei. Nachdem die Macht des Landadels, der Hochfinanz, der Kirche gebrochen worden war und die Komitees der Arbeiter und Bauern eine Reihe von Fabriken und Landgütern übernommen hatten, gaben sie sich der Vorstellung hin, von Spanien aus werde jetzt die Weltrevolution erfolgen. Sie wollten nicht begreifen, daß ihnen Armeen gegenüberstanden, die ihre Kollektive wegwischen würden wie Spreu, daß es zu früh war, an eine tiefgreifende gesellschaftliche Umformung zu denken, solange die faschistischen Großmächte in Spanien standen und das Land in ein Experimentierfeld zu verwandeln gedachten. Im Geist Don Quijotes, mit dem gleichen blinden Enthusiasmus, der auch uns früher zu eigen gewesen war, sagte Gomez, warfen sie sich, in programmatischer Unordnung, dem feindlichen Feuer entgegen. Und wer nicht auf der Strecke blieb, sondern flüchtete, nahm seine Utopie mit, daß ein anarchistisches Gemeinwesen, würden alle nur fest dran glauben, die feindlichen Kräfte verdrängen würde. Wir waren nicht, sagte er, gegen die Übernahme der Industrien, der Banken, des Großgrundbesitzes, wie hätten wir als Kommunisten dagegen sein sollen, wir waren nur gegen die Radikalisierung. Was wir erreicht hatten, war ein vorläufig nichtkapitalistischer Staat, in dem eine begrenzte Bodenreform eingeleitet und eine Grundlage des Bildungswesens hergestellt werden konnten, im übrigen waren alle Kräfte auf die Abwehr des Gegners zu richten, dessen Ziel es war, die entstandne Bastion des Sozialismus in Westeuropa zu vernichten und Erfahrungen dabei zu gewinnen für den Entscheidungskampf gegen die Sowjetunion. Die Voraussetzung für unsre Verteidigung war die Einheit des Volks. Deshalb mußte den kleinen Landeignern, den Gewerbetreibenden, der bürgerlichen Mitte eine Sicherheit gegeben werden. Die Partei hatte die Rolle des Ordnungsbewahrers, des konservativen Elements auf sich zu nehmen. Sie trat für Mäßigung, für die Erhaltung des Parlamentarismus, für die Erfüllung der Regierungsverpflichtungen ein, um auf lange Sicht auch eine revolutionäre Entwicklung gewährleisten zu können. Münzer nahm während dieses Stadiums des Gesprächs den Standpunkt der Anarchisten auf, daß mit der Abwendung der Revolution der Volkskrieg entkräftet worden sei, daß die von den Kommunisten erstrebte Einheit nicht entstehn konnte, weil die militante Arbeiterschaft sich betrogen sah, weil sie der Allianz mit dem Bürgertum kein Vertrauen entgegenbringen konnte. Nur auf proletarischem Grund, wie er im Juli Sechsunddreißig bereits errichtet worden war, hätte ein erfolgreicher Befreiungskrieg einsetzen können, nun aber waren die Arbeiter desorientiert, sie wußten nicht mehr, da so viele Energien umschlugen und sich im innern Zwist verbrauchten, wofür sie kämpfen sollten. Beim Angriff auf den Faschismus waren sie zu allen Opfern bereit, für die Erhaltung des bürgerlichen Staats wollten sie ihr Leben nicht geben. Doch der Ruf nach einer Fortsetzung der Revolution, das Verlangen nach weiteren Enteignungen, antwortete Gomez, hätte den Krieg mitten in die Republik getragen. Die Partei war gezwungen, das Risiko von Verlusten im eignen Lager auf sich zu nehmen, um das Zerbrechen der Volksfront, den Abfall der Mitte zur gegnerischen Seite zu vermeiden. Mit Argumenten der Vernunft, dann, als es notwendig wurde, mit Gewalt ging die Partei vor gegen den linken Flügel der Anarchosyndikalisten und gegen Nin, Gorkin, Andrade, die Führer der Vereinigten Marxistischen Arbeiterpartei, deren Name wohl Größe vorspiegelte, die jedoch kaum mehr als dreitausend, wenn auch äußerst aktive Anhänger besaß. Stieß die Kommunistische Partei hier auf eine Unversöhnlichkeit, die darauf abzielte, eine Spaltung der Republik hervorzurufen, so gewann sie andrerseits immer mehr Gehör, und ihr Anwachsen zu mehr als einer halben Million Mitgliedern im Frühjahr Siebenunddreißig zeigte, daß sie ihre Massenbasis gewonnen hatte. Nun wurden die neu Hinzukommenden jedoch weniger aus der Arbeiterklasse rekrutiert, sagte Münzer, als aus dem Geschäftswesen, der Beamtenschaft, den Kreisen der Akademiker, dem Offizierskorps, wo die Mitgliedschaft in der Partei Aufstiegsmöglichkeiten versprach. Nur wer der Kommunistischen Partei angehörte, so hatte sich gezeigt, konnte zu einflußreichen Posten gelangen. Daß viele zu uns aus dem Mittelstand kamen, entgegnete Gomez, entsprach der Parteitaktik. Er erhob sich bei diesen Worten, um zu einem Exkurs über die Staatskunst überzugehn. Die Reflexe des Feuers wogten auf der Fahne, Hände, Gesichter, wie schwarz und rot gemeißelt, schoben sich vor über die Tische. Die Mittelsäule der Halle warf einen schweren Schlagschatten quer über die abseits Sitzenden. List, Kaltblütigkeit gehörte zur Aufrechterhaltung der Volksfront. Kräfte waren in dieser Politik zu gewinnen, die ihrem Wesen nach der Reaktion nahstanden, die, stets der feindlichen Propaganda zugänglich, den Fortschritt behindern und sich für die Wiederbelebung des alten Herrschaftssystems einsetzen wollten. Sie mußten umworben werden, mußten Anreize erhalten, denn viele waren unter ihnen, die gebraucht wurden, deren Kenntnisse sich verwenden ließen. Und waren die Zwischenschichten erst einmal einbezogen und gewürdigt worden, so ließ sich auch Einfluß ausüben auf die starken rechten Randgruppen, die ihre Stützpunkte im Spanien der falangistischen Generalität sahn und rundum im lauernden Europa. Sorgfältig mußte zwischen ihnen allen unterschieden werden, die Interessen, die sie vertraten, verschoben sich unaufhörlich, je nach den Aussichten des Fortkommens, die sich erboten. Bei dieser Tätigkeit war die ehemals unansehnliche Kommunistische Partei plötzlich in den Vordergrund getreten. Der Augenblick war entstanden, da sie zum Zentrum der gesellschaftlichen Festigung wurde. Sie wurde zum Sprachrohr der Besinnung, sie griff ein, um chaotisches Auseinanderfließen zu verhindern. Die ersten regellosen Abwehrkämpfe der Milizen hatten ihre Kraft verloren, die Volksfront war vom Zusammenbruch bedroht. Die Furcht vor dem Faschismus war auch eingedrungen ins Kleinbürgertum, das, bei aller Selbstsucht, doch etwas von den generationenlangen Unabhängigkeitsbestrebungen des Lands übernommen hatte. War, beim Embargo der Westmächte, beim deutlichen Warten Englands und Frankreichs auf den Untergang der Republik, schon die panische Bereitschaft aufgekommen, sich dem Gegner auszuliefern, so zeichneten sich nun, durch das sichere Auftreten der Kommunistischen Partei, neue Möglichkeiten einer Verteidigung ab. Die patriotische Leistung der Gegenwehr hatte sich noch nicht verbraucht, nur die militärischen Mittel waren versiegt, und die überschwenglich aufgedrängten sozialen Veränderungen erwiesen ihre Haltlosigkeit. Die Kämpfenden mußten eine Festigung ihrer Vitalität erfahren, im Hinterland mußte der Schock der gewaltsamen Eingriffe besänftigt werden. Dazu wurde eine Machtstellung benötigt, und diese war nur zu erobern von dem, der ein Arsenal aufweisen konnte, aus dem zu nehmen war, was in der Stunde gebraucht wurde. Schiffe liefen von Odessa aus, um die Blockade zu durchstoßen und der Kommunistischen Partei die Waffen zu bringen, ohne die die Fronten zerfallen wären. Es ging um die Erhaltung der spanischen Republik, für diese hatten die Kommunisten, wie die Sozialisten und Anarchosyndikalisten, vom ersten Tag an gekämpft. Der Republik, dem Volksblock, nicht einer bestimmten Partei, sollte die Hilfe zugute kommen. Das Merkmal des neuen Einsatzes war ein heroisches, doch brachte es sich nicht durch ein Wunschdenken, sondern durch praktische Fähigkeiten zur Geltung. Der Kommunismus als Ziel wurde nicht aufgegeben, sah es auch so aus, als verdränge die Partei alle Bestrebungen zum Umbruch, zur revolutionären Verändrung. Die Hilfe des Bürgertums wurde nur für das Ebnen des Wegs gebraucht, in dessen Verlauf es selbst einmal entmachtet werden würde. Jetzt noch konnte es sich, nach dem Widerruf der Beschlagnahmung allen Besitzes, als Partner der Kommunisten verstehn, gegenüber jenen, die ihnen offen die Vernichtung angedroht hatten. Solche Regelung zu treffen und dabei doch das Verständnis, die Unterstützung der Arbeiterschaft zu gewinnen, das war die Aufgabe, die sich der Partei stellte. Eine Regierung mußte geschaffen werden, die in ihrer Zusammensetzung den Antagonismus zu beherrschen vermochte. Caballero, der im Jahr Vierunddreißig mit dem Standpunkt seiner Partei gebrochen hatte, daß alle sozialistischen Kräfte einer kommenden bürgerlichen Revolution zur Verfügung zu stellen waren, und der seit dem Aufstand in Asturien nicht mehr für Reformismus, sondern für die Abschaffung der Kapitalherrschaft eintrat, besaß starken Einfluß auf die Arbeiterklasse. Übergegangen zu einem libertinären Kommunismus, den die Mitte nicht ernst nahm, der ihm aber den Respekt der Anarchisten und Syndikalisten zusicherte, ließ er sich in eine Position manövrieren, die ihm die proletarischen Sympathien erhielt und die liberale Seite doch noch nicht abschreckte. Hatte er im ersten Kriegsmonat die kommunistische Forderung eines Neuaufbaus der Armee noch für konterrevolutionär gehalten, so trieben ihn die verschärfte militärische Lage, die Auflösung des Versorgungswesens doch bald zur Einsicht, daß nicht nur eine zentralisierte Heeresleitung, sondern auch eine Stabilisierung der Staatsmacht notwendig war. Geschmeichelt von der kommunistischen Diplomatie, ließ er sich, als Spaniens Lenin benannt, hochspielen ins Amt des Ministerpräsidenten und Kriegsministers. Die Verantwortung, die ihm, als Chef der Volksfront, auferlegt wurde, führte ihn, nach Berechnung der Kommunistischen Partei, zu einer Mäßigung, die ihm nun auch vorsichtiges Vertrauen von bürgerlicher Seite eintrug. Der Zufluß von militärischer Ausrüstung aus der Sowjetunion, der Beweis der internationalen Solidarität durch die Ankunft der Brigaden, konsolidierte seine Haltung. Die Kommunistische Partei, von deren Planungen er abhängig war und die in die Leitung des Generalstabs eintrat, garantierte den rechten Bevölkerungsschichten, daß er nicht mehr abschwenkte zu der von ihm geforderten Arbeiterregierung, sondern stehn und fallen würde mit der Volksfront. Wie die Partei sich zuerst den Sozialisten genähert hatte, so ging es ihr dann, bei der Ausweitung und Absicherung der Koalition, darum, unter denen, die ihr stellungsgemäß Mißtrauen, Feindseligkeit entgegenbringen mußten, Stützpunkte zu errichten. Die Anarchosyndikalisten konnten sich vielleicht überzeugen lassen durch den Mut, die strategischen Fähigkeiten, die die Kommunisten im Feld bewiesen hatten, um jedoch Offiziere, Spezialisten in Wirtschaft und Verwaltung zu gewinnen, mußten Versprechungen, Überredungen, Appelle an den Ehrgeiz gemacht werden. Was dabei an Belohnungen gezahlt wurde, diente gleichzeitig dazu, sie der Kontrolle der Partei zu unterstellen. Auch die Bauern waren für die Lieferung von Lebensmitteln aufgeschlossner, wenn man ihren Wunsch, ein eignes Stück Land zu besitzen, förderte, statt ihnen eine Produktionsweise aufzuzwingen, für die sie noch nicht reif waren. Nicht zynisch berechnetem, sondern wirklichkeitsnahem Denken entsprach solches Vorgehn. Auch viele Landarbeiter, sagte Gomez, die Anarchisten gewesen waren, solange sie nichts besaßen, wollten, als ihnen Felder zuteil wurden, den Anarchismus durch rationale Betriebsmuster ersetzen. Der Schutz des privaten Eigentums, die Sorge um den Staatshaushalt, dies war in den Augen derer, die immer noch die Unordnung, die Krise als Akkumulator für einen Umsturz vorzogen, ein Verfahren, mit dem die Partei die Vormacht an sich reißen wollte, und wenn sie dem militärischen Kampf Regeln gab, die dem Gegner angemessen waren, so führte dies zu der Unterstellung, sie gewänne ihre Handlungskraft einzig aus der Unterstützung der Sowjetunion. Als Kommunistische Partei gehörte sie zur Kommunistischen Internationale, darin lag ihre Stärke. Ihre bestimmende Position hatte sie erreicht, weil sie Bestandteil einer Weltbewegung war, die nun, hier in Spanien, zur Wirkung kam. Daß die Waffen vom geretteten Goldbestand der spanischen Nationalbank bezahlt werden, sagte er, hat seine Richtigkeit, die sowjetische Industrie, bei angestrengter Produktion für die eigne Verteidigung, hatte dafür zu arbeiten. In unsern Tresoren sind die Gelder ohne Nutzen, so aber werden sie für die Erkämpfung des Siegs und später für den Wiederaufbau des Lands verwendet. Plötzlich war zu spüren, wie sich hinter den Versammelten die Dimension des Todes auftat. Es war, als zeichnete sich, nicht nur in Münzers Gesicht, mit dem einen leuchtenden Auge und der schwarzen Vertiefung daneben, in allen Gesichtern, die sich dem Sprecher zuwandten, ein Verlangen nach andern Worten, Erklärungen ab, nach einer Ausdrucksweise, die den Ereignissen, mit denen sie verbunden waren, besser entsprach. Da keine Fragen gestellt wurden, war es schwierig auszumachen, was sie hören wollten, nur der Reglosigkeit der Blicke, dem Schweigen, der Haltung von Schultern und Armen war zu entnehmen, daß noch auf etwas gewartet wurde. Dieses Verharren war geprägt vom Wissen, daß sie unmittelbar ausgelöscht werden konnten. Doch hatte dieses Begreifen nichts Tragisches, der Tod war ja in jeder Sekunde gegenwärtig gewesen, er war etwas Selbstverständliches, er gehörte dazu. Die Bereitschaft aber, sich von seiner Endgültigkeit einholen zu lassen, hatte den Anspruch auf Verantwortung, das Gehör für Wahrheit nach jeder Richtung hin verschärft. Es war nicht dies, daß sie dem Berichterstatter mißtrauten, nur stellte sich die Politik in diesem Augenblick als losgelöst dar von dem, was für die Kämpfenden wesentlich war. Die Opfer, die für die Durchsetzung der politischen Linie gebracht werden mußten, schreckten sie nicht, darüber verloren sie kein Wort. Auch daß die Entscheidungen höheren Orts getroffen wurden, daß sie die Ausführenden waren, weckte keinen Widerspruch. Sie waren nach Spanien gekommen, um zu kämpfen, es war selbstverständlich, daß ein Stab ihre Bewegungen zu leiten hatte. Doch in der aufkommenden Stille, im plötzlichen Bewußtsein von jeglicher Einflußnahme auf die Entwicklung abgetrennt zu sein, bedrängte sie all das Ungelöste, das sich unter der klaren, glatten Oberfläche der Strategie verbarg. Das Haus, in dem sie sich befanden, ließ sie etwas von der Isoliertheit spüren. Sie dachten an ihre Arbeitskameraden, an ihre Angehörigen, an die Macht der Reaktion, die die Länder, aus denen sie kamen, umklammerte. Sie wünschten sich zurück zu den Frontabschnitten, wo, auch im kleinsten Verband, ihre Stärke immer gegenwärtig gewesen war. Was geschieht jetzt in Frankreich, in Skandinavien, wollten sie wissen, was ist dort zu hören von der Arbeiterklasse. Aus den einfachen, direkten Handlungen waren sie hineingeraten in verwickelte Diplomatie. Ohnmacht überkam sie. Warum ist es noch nicht gelungen, mochten sie sich fragen, im antifaschistischen Krieg die Gegensätzlichkeiten abzubaun, warum ließ sich, wie es doch vorn im Feuer immer erreicht worden war, nicht auch oben Geschlossenheit herstellen. Durruti, der Held der ersten Offensive, die Verkörperung des ungezähmten, von keinen Parteistreitigkeiten behelligten Volkswillens, war in den Kämpfen um die Universitätsstadt von Madrid im November Sechsunddreißig gefallen, rechtzeitig, meinten viele, um nicht ausgeschaltet zu werden wie die Führer der Marxistischen Vereinigung, zu früh, sagten andre, denn nur ihm wäre es vielleicht möglich gewesen, die Ideale der Revolution, die mitreißende Solidarität der Initialzeit mit der zentralisierten Staatsführung, dem effektiven Militärapparat zu verbinden. Hodann sagte, Durruti habe gewußt, daß seine Miliztruppen dem Gegner nicht gewachsen waren, vor seinem Tod noch habe er die Forderung auf eine einheitliche Militärverwaltung gestellt und die sowjetischen Waffenlieferungen begrüßt, auch wenn er, seinem ganzen Wesen nach, Anarchist blieb. Dann, bei Erkundigungen über Nins Organisation, setzte eine Sperre ein in den Gedanken. Die Partido Obrero de Unificación Marxista galt als ein Instrument des Trotzkismus. Auch Hodann zögerte, das Tabu, das mit diesem Namen verbunden war, zu durchbrechen. Im Seitenraum, dessen Glastüren zur Halle weit geöffnet waren, sah ich die in die Holzwände eingelegten Reihen der kleinen, unbeholfen gemalten Bildplatten, die Szenen aus dem Leben des Don Quijote darstellten. Im Feuerschein aus dem Kamin, der sich hier, im ehemaligen herrschaftlichen Speisesaal, mit seinem Vorbau bis zu den schwarzen Deckenbalken auftürmte, waren Stationen der Fabel zu erkennen, wie der Held zum Ritter geschlagen wurde, wie er auszog mit seinem Schildknappen, wie er die schrecklichen Windmühlen und Weinschläuche bekämpfte und alle folgenden Abenteuer bestand, bis er, verlassen auch von seiner Dulcinea, nach schlimmen Vorzeichen, in sein Dorf zurückkehrte, um dort, nicht ohne vorher testamentarisch die Beichte seiner Torheiten zu verfassen, unter Klagen und Tränen seinen Geist aufzugeben. Nin und Maurin, sagte Hodann dann doch, waren ursprünglich, die Konföderation der Arbeiter leitend, für einen Anschluß an die Kommunistische Internationale gewesen. Sie gehörten zu den Begründern der Kommunistischen Partei, trennten sich aber, nach den Ereignissen von Kronstadt, von der sowjetischen Linie. Auch von Trotzki, dem sie später, als oppositionelle Linkskommunisten, nahstanden und von dem sie Orientierungen übernommen hatten, sagten sie sich los, da er ihnen, wie seinen Verbündeten in Frankreich, empfahl, in die Sozialistische Partei einzutreten, um dort eine revolutionäre Plattform zu errichten. Für den Zusammenschluß der Gruppe um Nin mit Angehörigen des Blocks revolutionärer Landarbeiter hatte Trotzki nur Spott übrig. Nie, sagte er, würde es dieser Vereinigung, bei allem Schwärmen für die Vollzugsgewalt amorpher und analphabetischer Volksmassen, gelingen, die zur Durchführung einer Revolution notwendige politische Organisation aufzubaun. In Trotzkis Augen war es ein unverzeihlicher Fehler gewesen, von der Diktatur des Proletariats zu sprechen, ohne daß tatkräftige Arbeiterräte bestanden, und nach einer Vertiefung der Revolution zu rufen, als es keine revolutionäre Situation mehr gab. Von Trotzkis Sicht aus standen die sogenannte Marxistische Arbeiterpartei und der linke Anarchosyndikalismus einer revolutionären Entwicklung ebenso im Weg wie die von sowjetischen Direktiven abhängige Kommunistische Partei. Welche Alternative aber, fragte Gomez, stellt seine, in kleinen Zellen über die Welt verteilte eigne Internationale dar. Mit seiner Bekämpfung der sowjetischen Parteiführung bekämpft er die Sowjetunion. Jeder Angriff auf unsre Schutzmacht ist auch ein Angriff auf uns, ein Angriff auf den Kampf der spanischen Republik. Dennoch sei es richtig, sagte er, sich mit Trotzki auseinanderzusetzen. Um den Widersacher zu schlagen, müßten wir mit seinen Vorstellungen, seinen Ideen und Plänen vertraut sein. Es nütze uns nichts, seinen Namen zu verschweigen. Auch sei es möglich, daß wir, beim Drang nach Vervollständigung unsres Wissens, einiges von ihm lernen könnten. Dabei befinden wir uns allerdings, sagte Gomez, in einem Dilemma. Es ist unausweichlich, daß wir jetzt mit zweierlei Maß zu messen haben. Wir verlangen nach einer differenzierten Analyse, aber die Zeitnot, der Kampf auf Leben und Tod zwingen uns zu einer vereinfachten, summarischen Betrachtungsweise. Wollen wir uns mit dem Werdegang des früheren Mitarbeiters Lenins, des Mitplaners der Oktoberrevolution befassen, so drängt sich uns zunächst die Tatsache auf, daß seine Gegnerschaft zum Sowjetstaat ihn, wenn auch von andern Beweggründen als den faschistischen geleitet, ins Lager des Faschismus stellt. Das Wesen des Feinds läßt sich in Graden messen, im entscheidenden Augenblick aber steht uns nur ein einziger Feind gegenüber. Deshalb mußten Nin, Gorkin, Bonet, Andrade, Gironella, Arquer und andre Wortführer der Opposition verhaftet werden. Sie wurden beschuldigt, sagte Münzer, Geldverschiebungen, Waffenschmuggel, Spionage, Sabotage betrieben und die Übergabe des Lands an die Falangisten vorbereitet zu haben. Dies kann mit ihrer Haltung nicht übereinstimmen. Wir kämpfen um die Wahrheit, um eine beßre Zukunft, sagte Gomez. Wir benötigen auf unserm Weg tiefere Einsichten in die historischen Zusammenhänge, unablässige Schulung in den Fragen der proletarischen Bewegung. Gleichzeitig stiehlt sich von allen Seiten die gegnerische Verschwörung ein. Entstellungen, Verdrehungen, gegensätzliche Parolen vermischen sich mit unsern Aussagen und Anordnungen. Um unterscheiden zu können zwischen dem, was uns nützt, und dem, was uns schädlich ist, haben wir uns auf bestimmte Begriffe zu einigen. Später, wenn unsre Aufgaben bewältigt sind, können wir die gegenwärtige Zeichnung in Schwarz und Weiß zu ihrem ganzen Spektrum auseinanderlegen, heute muß jede Anklage, die sich gegen einen unsrer Feinde richtet, auch auf alle andern zutreffen. Deshalb sind diejenigen, die sich den Beschlüssen der Regierung widersetzen, vor das Militärgericht zu stellen und, wenn notwendig, zu liquidieren. Dies, sagte Münzer, entspräche nicht der Auffassung großer Kreise in den Syndikaten und Gewerkschaften. Dort käme Nin und seinen Gefährten immer noch hohes Ansehn zu, und Beunruhigung breite sich aus über deren Verbleib. Mögen wir ihnen auch keine andre Schuld zumessen, sagte Hodann, als die Hingabe an einen atavistischen Heroismus, an einen Traum von vollkommner Freiheit, dazu verurteilt, an den Panzerwänden der italienischen Tanks und unter den Bomben der deutschen Flugzeuge pulvrisiert zu werden, so müssen wir ihrer Beseitigung doch zustimmen, weil sie, mit ihrer Begeistrung für das Undurchdachte, der Emanzipation der Arbeiterklasse im Weg stehn. Münzer indessen war nicht der gleichen Meinung.

Denn er habe im Feld neben ihnen gestanden, sagte Münzer, und wisse von ihrer Tapferkeit zu berichten. Ihre Herabwürdigung sei ideologisch und parteipolitisch bedingt. An der Front ist das Kämpfen vorrangig, sagte er, dort ist die ganze Aufmerksamkeit auf die Bewegungen des Feinds gerichtet, alle Energien konzentrieren sich auf die Schläge gegen ihn. Im Innern des Lands aber wird ein großer Teil der Kräfte und Mittel dazu verwendet, die Truppen auszuhorchen und zu kontrollieren und sie zu einer Gleichschaltung, zu einer genauen Übereinstimmung mit der Linie zu bringen. Die Polizei ist zu einer Armee in der Volksarmee angewachsen. Der Geheimdienst, die Verhörinstanzen breiten sich aus. Immer mehr Haftlokale, Gefängnisse, Untersuchungskommissionen und Sondergerichte werden beansprucht. Unser Bewußtsein, sagte er, ist der Gefahr eines Bruchs ausgesetzt, unterm ständigen Druck der Anweisungen, die unsern eignen Einsichten nicht entsprechen, die wir aber, in unsrer Disziplíniertheit, befolgen. Ayschmann, der, von der Nordfront zurückgezogen und vor neuem Einsatz ins Lager bei Albacete gekommen, uns in Cueva besucht hatte, ging auf Münzers Überlegungen ein. Diese Bemühung um Konformität, sagte er, vollzieht sich nicht nur in der politischen und militärischen Zentrale, sondern auch in uns, sie ist überhaupt die Bedingung zur Durchführung unsres Kampfs. Niemand kann den Krieg auf eigne Faust führen, wir sind gezwungen, die Grundsätze der Leitung anzuerkennen. Er seinerseits, sagte er, müsse der Ausschaltung eines jeden zustimmen, der jetzt an der freien Meinungsäußerung festhalten und Fraktionsbildungen fördern wolle. Die einzige Sicherheit an der Front habe er darin gesehn, daß sich hinter ihm eine einheitliche und festgefügte Strategie befände und er damit rechnen konnte, daß diese, wenn nötig, mit den Mitteln der Gewalt aufrechterhalten blieb. Nicht nur zuverlässige Genossen seien nach Spanien gekommen, sondern auch Abenteurer, Schwindler, Spitzel. Da sei es besser, beim geringsten Verdacht einzugreifen, als irgendeine sabotierende Kraft unbehindert wirken zu lassen. Allein stünden wir doch, hier auf der Südfeste Europas, belauert von der ständig stärker werdenden Reaktion, und verheerend wäre es für die Moral der Truppen, wenn sie einen Zerfall der Ordnung im Land zu spüren bekämen. Im Kampf, sagte Münzer, können wir keinen Unterschied sehn zwischen unserm Ziel und dem Ziel der Regierung. Vorn sind Mannschaften und Offiziere in absolutem Vertrauen aneinander gebunden und bei jedem Schritt abhängig voneinander. Nie gab es dort ein Ausweichen vor erteiltem Befehl. Nun aber, in unsrer erzwungnen Ruhestellung, werden Gegensätze heraufbeschworen, gezüchtet. Andersdenkende, Irrgläubige, Abtrünnige zwischen uns sollen aufgespürt werden. Plötzlich haben wir Rechenschaft abzulegen für die Beweggründe, die uns nach Spanien führten. Die Verdächtigungen demütigen, erniedrigen uns. Wer, fragte er, hat den Führenden die Befugnis gegeben, uns solchermaßen bloßzustellen und zu entmachten. Wenn ich behaupte, daß der Konflikt, in den wir geraten sind, gespaltne Menschen erzeugt, fuhr er fort, so beziehe ich mich auf das Muster, das uns immer schon in eine untergeordnete Stellung hineinzwingen wollte. Seitdem wir angefangen hatten, selbständig denken zu lernen, suchten wir nach dem, was für uns, für unsre Klasse, das Eigne war, versuchten, das zu kritisieren und abzuweisen, was uns aufgedrängt werden sollte. Marx habe ich so verstanden, daß er uns lehren wollte, unser Verhältnis zur Arbeit neu zu verstehn, statt Anpassung gelte es die Mechanismen zu zerschlagen, die uns abhängig machen. Doch statt die Produktionsmittel in die eignen Hände zu bringen, wurde von uns verlangt, sich mit Halbheiten zu begnügen. Da bewegte sich stets, gleichzeitig mit uns, eine andre Gewalt voran, eine Gewalt der Eindämmung. Wo wir glaubten, Erleichtrung zu finden, begann Regression, wenn wir formulierten, was auf uns selbst zutraf, wurde es schon als überholt erklärt. Ayschmann antwortete, daß viele derjenigen, die Vertrauensposten, Führungsaufgaben erhalten hatten, noch ebenso unfrei waren wie wir und den gleichen Schwierigkeiten ausgeliefert auf der Suche nach dem Richtigen. Mehr als Provisorien, Übergangsformen, Kompromisse konnten auch sie nicht zustande bringen, und dies war schon viel, denn auch das Stärkerwerden des Feinds drängte ja gleichzeitig mit unsrer Bewegung voran und versuchte, uns zum Stillstand, zur Passivität zu bringen. Mit dem Feind, sagte Münzer, befinden wir uns im offnen Kampf, unser Verständnis für die Arbeitsbedingungen unsrer Vorgesetzten aber läßt uns auch immer das Unbefriedigende, die Notlösungen, die Abirrungen, das offenbar Fehlgeschlagne hinnehmen. Auch wir, wären wir an ihrer Stelle, sagte Ayschmann, könnten keine beßren Ergebnisse erreichen. Dies stimme nicht, sagte Münzer, als wir den Abhang zum Fluß hinuntergingen, vorbei an der Grotte, durch das Geröll einer Stallruine, denn indem wir ständig die Grundabgaben leisteten und durch die Arbeitsteilung andern die Verwaltung überließen, entfernten wir uns immer weiter vom ursprünglichen Ziel, den Zwangsapparat abzuschaffen. Jetzt sind zwei Jahrzehnte seit dem Oktober vergangen, sagte er, und wir haben mehr Erklärungen bei der Hand, warum der patriarchalische Staat, die Bevormundung durch Beamte und Funktionäre, die Offizierskasten, der blinde Gehorsam, die Würde allerhöchster Befehlshaber weiterbestehn müssen, als daß wir die Schritte zählten, die uns noch von der Arbeitermacht trennten. Ich ging nach Spanien, weil ich glaubte, dort würde nicht fatalistisch mit einem allmählichen Absterben des Alten gerechnet, sondern handfest, wie es notwendig ist, Schlag für Schlag damit aufgeräumt. Ich mußte einsehn, daß auch hier der beengte Weg verfolgt und alles, was sich drüber rausstrecken will, weggeschnitten wird. Nun befinde ich mich im Selbsterhaltungskampf, um nicht offenbar werden zu lassen, daß das, wofür ich mich eingesetzt habe, nicht dem entspricht, was die Führungskräfte für mich projektieren. Wachteln flatterten auf vom gegenüberliegenden Ufer, dessen unterste Erdschichten tief ausgewaschen waren vom Wasser. Da war dieses Rascheln der Blätter an den Pappeln, deren Stämme dicht vom Efeu umschlungen waren, dieses im Windzug anschwellende, sinkende, nie ganz aufhörende

Geräusch, auch bei Nacht in meiner Kammer an der Turmtreppe war es zu hören, wir gingen am Dickicht entlang, im aufgeweichten Boden, grauviolette moosige Pflanzen blühten hier, im November noch, hießen Romero, Wildspargel wuchs zwischen den Wurzeln der Bäume, von herbem Geschmack, die Schwärme der kleinen Mücken schwelten auf, hingen reglos über uns eine Weile, stoben dann, mit plötzlichem Schwung, weg über den Fluß und wieder zurück in die verwachsne Waldung. Wir liefen auf den Steinen über die schmale heftige Strömung des eiskalten Wassers, gingen unterhalb der steil aufragenden, weißlich gelben Sandformationen entlang, und Münzer, so sagte Ayschmann, täte gut daran, sich zurückzuhalten, denn nachdem Caballero abgesetzt und nun auch verhaftet worden war, sei Kritik Hochverrat. Die Nachricht von der Festnahme des ehemaligen Ministerpräsidenten hatten wir, nach der Rundfunkmeldung, nur mit dem Kommentar wiederzugeben, daß er sich den republikfeindlichen Kräften angeschlossen habe. Bei der Diskussion in der Halle war der Abgang des Mitbegründers der Volksfront verschwiegen worden. Er hatte in der Allianzpolitik seine Schuldigkeit getan. Er war nur bis zu einem bestimmten Grad formbar, zusammenarbeitswillig gewesen, als Meinungsverschiedenheiten aufkamen, war die Partei stark genug, ihn zu stürzen und mit ihm die anarchistischen Minister der Regierung. Nicht zur Versöhnung zwischen den Lagern brauchte eine solche Gemeinschaft zu führen, sie konnte auch Unterwerfung des schwankenden Denkens bezwecken, durch überlegne, einsichtsvolle Aktion. Dies war ein Sieg der historischen Kraft. Wer der Führung nicht mehr entsprach, war abzustoßen, gleichgültig, welche Funktionen er vormals erfüllt haben mochte. Nur eine Linie konnte gültig sein im Volkskrieg, nur nach einer Richtung hin konnte die Strategie verlaufen. Der Begriff der Moral war in der Politik anders zu bemessen als im menschlichen Umgang, hier bestimmte ein Realitätssinn, der nicht nach Gefühlsregungen fragte, nur nach Nützlichkeitswerten. Einzig zwischen Freund und Feind konnte unterschieden werden. Schwankend, unfähig sei Caballero gewesen, hieß es von offizieller Seite. Für militärische Mißerfolge hatte er die Verantwortung zu tragen. Im Mai zeigte er offen seine Illoyalität, als er sich weigerte, gegen Nins Verband vorzugehn. Weil er es unvereinbar fand mit seiner Stellung als Arbeiterführer, sagte Münzer, eine Arbeiterorganisation aufzulösen, weil er in den Oppositionellen immer noch Patrioten sah. Und sie halfen dem Faschismus doch, sagte Ayschmann, indem sie unsrer Politik entgegenarbeiteten. Es ging darum zu beweisen, daß die Kommunistische Partei eine Volksfront aufrechtzuerhalten verstand. Dies war notwendig nicht nur für Spanien, sondern auch für die Fortsetzung der sowjetischen Bemühungen, zu einem Abwehrbündnis mit England und Frankreich gegen den Faschismus zu gelangen. Die Republik mußte den Respekt und das Vertrauen der Westmächte gewinnen, weckte sie auch nur den Verdacht, daß dort eine revolutionäre Entwicklung befürwortet würde, so hätte dies die zerbrechlichen Verhandlungen in Genf und in den diplomatischen Zentren des Westens zunichte gemacht. Gleichzeitig mit dem Kampf um Spanien mußte die Sowjetunion verteidigt werden, ihre Gefährdung führte auch uns einer Niederlage entgegen. Es ist nicht so, sagte Münzer, daß ich mich weigerte, die Parteipolitik anzuerkennen, es geht mir um etwas Grundsätzliches, das zusammenhängt mit unserm Dasein in der Partei. Es ist eine Sache zu schweigen, weil uns ein Feind gegenübersteht von einer Niedertracht, die uns alle Mängel und Fehler der Partei belanglos erscheinen läßt, eine andere Sache ist das Verstummen, das ein Zeichen von Unterlegenheit ist. Zu unserm eignen Schutz haben wir unsre Organisationen um uns aufgebaut. Sie sollen uns stärken in unserm Bewußtsein. Nicht unsre Fügsamkeit sollen sie fördern. Sie entstanden aus unserm Willen zusammenzugehn, gemeinsam zu handeln. Alles, was wir uns vorzustellen vermögen von unserm Weg zum Fortschritt, zur Befreiung, kommt aus dem Gedanken dieser Solidarität. Doch die Teilnahme an einem solchen Zusammenschluß wäre wertlos, wenn wir auch unsre gewohnheitsmäßige Schwäche mitnähmen, wenn wir die Bindung eingingen aus Passivität heraus, wenn wir dort nur Hilfe suchten, wenn wir uns nur vom Kollektiv mittreiben lassen wollten. Vielmehr, sagte er, müsse dort unabläßlich an einen jeden der Anspruch gestellt werden, mitzuwirken, mitzuführen. Wir haben, im Streit gegen die Fälschungen, die uns von Kind auf einfangen wollten, unsern Standpunkt gewählt, wir haben uns nicht der reformistisch verflachenden Meinungsbildung, der Entpolitisierung in den Gewerkschaften ausgesetzt, in denen nur noch Lohnkämpfe von Interesse waren, sondern forderten von uns, daß wir Einblick gewännen in die soziale, ökonomische, kulturelle Gesamtheit. Wir sind hier, sagte er, weil wir die grundsätzlichen Fragen verstanden haben, und die selbe Anstrengung, die uns dazu trieb, wehrt sich jetzt dagegen, den Drang, mehr zu wissen, blockieren zu lassen. Die Fügsamkeit, die von uns verlangt wird, soll immer wieder im Zusammenhang gesehn werden mit einer restlos solidarischen Haltung. Daß der Kampf in seiner Härte nur in völliger Einheitlichkeit geführt werden kann, akzeptiere ich, doch muß dabei deutlich werden, daß nichts uns festhält in Unklarheiten, Verstellungen und Mystifikationen. Wären wir zu einem solchen Nachgeben bereit, so hätten wir den Millionen nichts zu erwidern, die sich bei uns zu Hause in die Illusionen faschistischer Demagogie treiben ließen, die sich in ihrer Selbstverleugnung anfüllen lassen mit völkischem, rassischem, nationalistischem Schund, die gläubig nachplappern, was ihnen an Schlagworten vorgesetzt wird, von Heim ins Reich, von Blut und Boden, von Kraft durch Freude, von mütterlichen Frauen, starken Männern und dankbaren Kindern, die sich, im Sog der Abgeschmacktheit, begeistert mit Gamsbärten und Hirschfängern ausstatten, mit Uniformschnüren und eisenbeschlagnen Stiefeln. Solches, sagte er, mit der Hand über die sandige Böschung streifend, konnte aufkommen, weil der Boden brach lag, weil die Arbeiterbewegung es nicht vermocht hatte, ihre eignen Werte zur Geltung zu bringen, weil sie sich allzu gern imponieren ließ von Gartenzwergen und Kanarienvögeln, bestickten Kissen und Wandsprüchen von Ruhe und Geborgenheit, und so erhielten die Verblendeten ihre falsche Sicherheit, ihren falschen Frieden und ihren falschen Wohlstand, ihre falsche Arbeit für alle, ihre neue Ordnung. Wie sollen wir wirkungsvoll dagegen angehn können, wenn wir selber nicht mächtig sind, jede unsrer Handlungen zu vertreten, wenn auch wir festsitzen in Selbstverleugnung, zwischen Unklarheiten und Zwängen. Die autoritäre Gewalt sei nötig, sagte Ayschmann, um in dieser Zeit der Erpressungen und Verblendungen mit dem Feind fertig zu werden, der den Absolutismus, den äußersten Zwang in sich verdichtet. Ich will mich nicht davon überzeugen lassen, antwortete Münzer, daß mich die Konfrontation mit der Schreckensherrschaft des Anspruchs enthebt, in jedem Augenblick Auskunft geben zu können über die Mittel, die ich selbst verwende. Es wäre tödlich für uns, die wir für etwas Zukünftiges kämpfen, wollten wir eine Haltung einnehmen, von der sich die, die nach uns kommen, lossagen müßten. Majakowski, sagte er, und er sprach diesen Namen so laut aus, daß er zwischen den Flußufern hinhallte, Majakowski hat unsrer Vision Form gegeben, für ihn gab es nur den Gerechtigkeitssinn der Massen, in seinen Worten konnten wir unsre eignen Empfindungen und Gedanken entdecken, vieles wirkte euphorisch, utopisch, doch es stand ganz im Einklang mit dem Oktober, der sich ja auch weit in das noch Unkenntliche streckte, dort war der Ausgangspunkt, dort begann für mich, Ende der Zwanzigerjahre, als Lehrling, der Entwicklungsweg, wie Lenin ihn angestrebt hatte, und ich sah diese Entwicklung immer im Zusammenhang mit unserm eignen Wirkungsbereich, in der Werkstatt, in unsern Straßen, nur hier war das für uns Gültige zu finden, wir kamen immer wieder auf Majakowski zurück. Majakowski, dies war ein Name, der sich mit einer bestimmten Person deckte und andre zu sich heranzog, der besagte, daß auch wir des Ausdrucks fähig waren, daß uns allen die Möglichkeit gegeben war zu sprechen, zu erschaffen, daß wir, die wir sonst mitten im Dreck saßen, jeder Leistung für würdig befunden wurden. Ich hasse, rief er, jetzt gegenüber der Wassermühle von Los Yesares, alles, was mit Oberhoheit ausgestattet, was mit dem Privileg der Vollkommenheit, der Unantastbarkeit behängt ist, und wenn Majakowski Inbegriff unsres Schutzes war, so war sein Tod, seine Selbstzerstörung, auch unser Sturz, plötzlich sahn wir, daß wir noch kaum begonnen hatten mit dem, was als Versprechen vor uns lag, plötzlich spürten wir wieder, wie die Arbeit uns zerschlug, wie die Sorgen um die Existenz uns auslaugten, wie unvermögend wir waren, die Kraft zur Selbstbildung aufzubringen. Der Fluß wurde hier durch einen Damm zur Mühle abgezweigt, die Schaufelräder aber standen still, das Wasser lag graugrün, reglos im Becken, nur im schmalen Nebenarm strömte es weiter, zwischen Betonbrocken und zerborstnen Balken unterm Holzsteg hinweg, auch die Gebäude drüben, zu denen wir kamen, waren zusammengestürzt, gesprengt, verlassen. Vielleicht waren es die Ruine des Stalls, des Heuschobers daneben, das verödete Wohnhaus, mit ein paar Möbelstükken noch, die Wände feucht, schimmlig, die Münzer an sein eignes gescheitertes Leben denken ließen, denn als Schriftsetzer, sagte er, würde er, nun einäugig, nicht mehr taugen, und seine Frau hatte, der beiden Kinder wegen und um ihre Arbeit als Lehrerin nicht zu verlieren, sicher unter Druck das Scheidungsgesuch eingereicht. Dies gehörte auch in den Volkskrieg, das Zurückliegende, Zerrüttete war nah in jedem Augenblick, der nicht in Anspruch genommen wurde von den Kampfhandlungen. Unruhe über den Verbleib der Familie kam auf, doch die gleiche Festigkeit, die an der Front gefordert wurde, war auch im Persönlichen zu leisten, und eigentlich war der Mut, der Opferwille in Spanien erst richtig zu messen, wenn das, was jeder einzelne alltäglich an Beherrschtheit, an Selbstüberwindung aufzubringen hatte, mit einbezogen war. Der größte Teil des Heroischen blieb unsichtbar, zu sehn war nur das Andrängen der Truppen an diesem und jenem Frontabschnitt. Was in diesen Bewegungen an Leben enthalten war, fand keinen Platz in den Meldungen, und auch im eignen Kreis wurde es abgetan mit einem Scherz, einem Lachen, einer Handbewegung. Daß es so war, darüber brauchten keine Worte verloren zu werden, wie hätte es anders sein können in dieser Zusammenziehung menschlicher Kontingente, in dieser Kollision gesellschaftlicher Kräfte. Mit ihrem persönlichen Leben waren sie hier angetreten, ihre einzige Aufgabe aber war es, eine Kette zu bilden, die zusammenhielt. An sich selbst denken konnte jeder, gesehn aber wurde er nur als Bestandteil des Ganzen, wenn er ausfiel, mußte die Bresche sich wieder schließen, und er würde ebenso unbekannt bleiben wie sein Grab.

Höchstens einen Hinweis konnte es geben, daß er einmal vorhanden gewesen war, wie jetzt, da Münzer auf das leere, vom Nebel umlagerte Haus wies und den italienischen Angehörigen der Brigaden erwähnte, der hier erschossen worden war vom Bauern, mit dessen Frau er ein Liebesverhältnis gehabt hatte. Das war dahingesagt, von der Not, dem Schrecken, der Verzweiflung war nichts mehr vorhanden. Und war je das Krachen des Schusses zu hören gewesen, so war daraus vielleicht, auf verdrehte, versponnene Weise, das Gerücht über Martys Standgericht im Flußtal von Los Yesares geworden. Wir stiegen den Pfad schon hinauf, Münzer ging die Dünen entlang, zurück zur Sanitätsstation, ich begleitete Ayschmann noch ein Stück des Wegs. Es mochte sein, daß er nicht damit rechnete, mich wiederzusehn, weil er mir jetzt etwas anvertraute, was in diesem Krieg zum Verschwiegnen gehörte. Von einem Gesicht sprach er, fragte, ob ich mich des schmalen dunklen Gesichts mit den glänzenden Augen erinnre, in einer der Türen oben in der Gasse hinterm Wasserturm, und unbestimmt sah ich die Frau vor mir, zu der er noch einmal gegangen war. Er wollte mir etwas erklären, als könnte ich es für ihn aufbewahren. Um die Preisfrage ein für alle Mal abzutun, hatte er ihr alles gegeben, was er besaß, und sie hatte ihn gleich verstanden. Sie verkaufte sich nicht. Sie waren beide aus freiem Willen füreinander vorhanden. Als er dies sagte, war es schon Abend, dunstig, wir standen in einiger Entfernung vom Bunker des Wachtpostens, zwischen den Baracken fuhren die Lastwagen auf, um die Kompanie bei Nacht in die umkämpften Gebirge bei Teruel zu bringen. Zunächst, sagte er, habe sich noch sein Gewissen bemerkbar gemacht, nach dem Zuschlagen der Tür, beim Schritt zu dem niedrigen Lager unterm lose hängenden Tapetenstück habe er fast gehofft, er möge für seinen Verrat mit allen Krankheiten bestraft werden. Doch all dies vergaß er dann, sagte er, als er den schwarzen Fetzen von ihren knöchernen Schultern und Hüften nahm. Von einer mit Zellstoff verklebten Wunde sprach er, vom Widerschein der Öllampe auf dem goldnen Tapetenmuster, vom Rauschen und Prasseln des Papiers, von einem Meer aus Papier, und seine Hände fuhren durch Goldstaub, durch Schaum, durch stäubendes Eis. Einen Augenblick war es, als habe er mir einen Traum berichtet, dann aber, da er sich abwandte und verschwand, nahm ich ein Stück seiner Wirklichkeit mit.

Das Datum, zu dessen Feier wir uns in der Halle versammelt hatten, besaß für mich eine besondre Bedeutung, denn vor zwanzig Jahren, als Lenin um acht Uhr abends, in Begleitung des Arbeiters Rachja, maskiert mit Perücke und Brille, eine alte Mütze tief in die Stirn gezogen, einen Schal ums Kinn geschlungen, den Weg zum Smolny antrat, lag meine Mutter in der Frauenklinik am Weserufer in den Wehen, und um Mitternacht, als Lenin die Vermummung ablegte, im Zimmer am Ende des Korridors, oben im Institut für adlige Mädchen, gleich neben der Aula, wo die Delegierten des Sowjetkongresses, in zerlumpten Soldatenmänteln, zusammengedrängt saßen, und als die Schüsse aus den sechszölligen Kanonen der Aurora zu hören waren, ging mein Vater immer noch unruhig im Wartezimmer auf und ab, und zehn Minuten nach Zwei, am Morgen zum achten November, als Antonov Ovsejenko, schmalschultrig, mit Schlapphut und randloser Brille, so wie ich ihn, den ich meinen Paten nannte, durchs Caféfenster in Albacete gesehn hatte, die Mitglieder der Provisorischen Regierung im Winterpalais für verhaftet erklärte, kam ich auf die Welt und lag eben gewaschen und gewickelt bei der Ausgabe des Aufrufs, daß alle Macht jetzt übergehe auf die Sowjets der Arbeiter, Soldaten und Bauern, die eine wirkliche revolutionäre Ordnung gewährleisten würden. Mangel an allem, sagte Hodann bei seiner Ansprache, herrschte im jungen Sowjetstaat, wie im heutigen republikanischen Spanien. Und wenn keine Lebensmittel, keine Ausrüstungsgegenstände vorhanden waren, so gab es desto mehr an Meinungsstreit, an ingrimmigen Rivalitäten. Wie Hunger und Entbehrungen, sagte er, muß es Gegensätze, heftige Konflikte in allen revolutionären Bewegungen und Volkskriegen geben, sie machen einen natürlichen Bestandteil des Kampfs aus, denn in einem gesellschaftlichen Umbruch stehn sich nie zwei Klassen allein, mit genau umschriebnen Interessen, gegenüber, sondern immer sind auch die kämpfenden Lager selbst in sich vom Antagonismus angegriffen, der die Triebkraft des ganzen gewaltsamen Zusammenstoßes ausmacht. Immer wird die Wucht des Angriffs, in der wir alle nach Einheit suchen, nach gemeinsamer Handlung, nach Verständnis und Solidarität, begleitet vom Gären der verschiedenartigen Auffassungen, Bestrebungen, Zielrichtungen, immer ist der Wunsch, übereinzukommen in den Richtlinien, zusammenzuwirken vor dem gemeinsamen Feind, konfrontiert mit dem Drang zur Verwirklichung dessen, was von den einen als das absolut Richtige und Wahre erkannt wird, und was sich in den Augen der andern doch wieder von deren Wahrheit unterscheidet. Dies alles kann sich im ersten Vorstoß so geringfügig zeigen, daß es vergessen wird, in solchen Augenblicken entsteht das tatsächlich Revolutionäre, der Ansatz zum Neuen, zum neuen Menschen, das ist die Sekunde, in der die Idee zur materiellen Gewalt wird, in der alle getragen werden von einer Kraft, die einen bisher unbekannten Wert erzeugt, doch dieser Zustand ist nie haltbar, er verlangt sofort nach Untermaurung, sonst zerfließt er, zergeht im Leeren, und deshalb rast die Theorie auf die Handlungen zu und versucht, sich in Stufen, in ihren Ansprüchen auf Durchdachtheit, durchzusetzen, und weil die Theorie immer mehr von sich reden macht als die Praxis, ist gleich nach den Schritten des Anfangs die Krise da, in die bedenkenlose Überzeugung mischt sich das Zerwürfnis, die Einfachheit der Handlung wird zerstört von der Kompliziertheit der Gedanken, die sich gegenseitig aufheben wollen. So entsteht die paradoxe Situation, daß es zwischen all denen, die Gemeinsames anstreben, schärfste Trennungslinien gibt, und dies bis zur Selbstzerfleischung. Nur die ausdauerndste und listigste Führung, die im Besitz des größten historischen Überblicks ist, kann aus der Fülle der Tendenzen eine haltbare Synthese herstellen. Mußte nicht, fragte er, als es nach dem schwer erkauften Frieden von Brest Litowsk darum ging, die Revolution zu erhalten, der Aufstand der Sozialrevolutionäre niedergeschlagen werden und, nach Beendigung des Bürgerkriegs und dem Sieg über die Intervention, die Revolte von Kronstadt, und hielten sich nicht, während des Aufbaus des Sowjetstaats, bis zum heutigen Tag die oppositionellen Gruppen, die verschiednen Plattformen, die nun, in den Prozessen, wieder gewaltsame Gegenaktionen erzwangen. Wir dürfen nicht, sagte er, unsern winzigen persönlichen Maßstab an die komplizierten und langwierigen politischen Verläufe legen, wir sind unscheinbar neben der Lokomotive der Geschichte, selbst wenn wir selbst es sind, die diese mit unsern einzigartigen und einmaligen Handlungen in Gang setzen. Hodann berichtete von seinem ersten Besuch in der Sowjetunion, als die Menschen in dem verarmten, wirtschaftlich und industriell zurückgebliebnen, immer noch an den Folgen des Bürgerkriegs tragenden Land an die Arbeit gingen, um den ersten Fünfjahresplan zu verwirklichen. Ohne Transportmittel, ohne passende Werkzeuge machten sie sich an die Ausschachtungen, den Bau der Gerüste, die Herstellung der Grundmauern. Viele gehörten schon einer neuen Generation an, es waren die Söhne und Töchter derer, die die Oktoberrevolution durchgeführt hatten, und sie alle, die jungen und die älteren, errichteten nun ihre Fabriken, Staudämme und technischen Werke, mühsam die Konstruktionszeichnungen entziffernd, sich den Kopf zerbrechend über die Zusammensetzung der gelieferten Maschinen, in täglichen Erfahrungen die Gesetze der Mathematik, Statik, Hydraulik, Elektrodynamik erlernend. Die Zuversicht und Beharrlichkeit dieser Jahre übertrug sich auf uns, als wir vor uns sahn, wie mitten in der Steppe, im Südosten des Ural, vorm Berg von Magnitogorsk, der Zug von Pferdekarren mit den in Amerika erstandnen Ausrüstungsteilen für das neue metallurgische Kombinat heranfuhr, wie die Bauarbeiter, die ehemaligen Kahnschlepper und nomadisierenden Viehhirten, mit Schubkarren, Hacken und Schaufeln kamen, die Erde aushoben und, im Stützwerk knorpliger Bretter, das Fundament des ersten Hochofens legten, wie sie zwei Jahre am Fuß des Bergs in Zelten lagerten, allmählich eine Stadt entstehn ließen neben dem heranwachsenden Hüttenwerk, und Stein auf Stein setzten zu einer Industrie, die einmal Bagger, Traktoren und Turbinen erzeugen sollte. Die Namen Magnitogorsk und Dnjepropetrowsk, wo gleichzeitig das große Wasserkraftwerk entstand, hatten die Wirkung von Signalen, sie bedeuteten Erneurung, sie warfen Licht auf die Fähigkeit des Menschen, sich bei der Verfolgung eines bestimmten Ziels über alle Entbehrungen hinwegsetzen zu können. Das Bauen konnte sich zwar mit dem, was in den Ländern des Westens längst dastand, nicht messen. Die Bildreportagen in Münzenbergs Arbeiter Illustrierten hatten den Spott der gehobnen Klassen geweckt. Analphabeten waren es, die dort Zivilisation spielten, was bedeutete schon eine Fabrik, eine Kraftstation in der Einöde, wenn in Europa, in Nordamerika aus riesigen Arealen die Schlote aufragten, überall Elektrizitätswerke rauschten und Fließbänder Automobile und landwirtschaftliche Maschinen ausspien. Herablassend sah man sich die Arbeitenden an, leicht beunruhigend waren nur ihre Massen, so ausdauernd, so voller Erfindungskraft. Für uns war, was dort entstand, Detroit und dem Ruhrgebiet überlegen, denn hier hatte nun zum ersten Mal eine Produktion eingesetzt, die nicht den Besitzern des Kapitals, sondern den Erzeugenden zugute kommen sollte. Da mochten die reichen Länder sich aufblähn und auf die Knappheit zeigen, unter der die russischen Arbeiter lebten, wir aber hielten ihnen die Millionen in ihrem eignen Bereich entgegen, deren Armut um ein Vielfaches größer war, wir wiesen hin auf die Ausplündrung, mit der sie ihren Wohlstand begründeten. Ja, Reichtümer hatten sie angesammelt, monopolisierte Schätze, wie sie im Sowjetstaat nicht zu finden waren, mit Raubgut spielten sie sich auf und verschwiegen, daß die gepriesne Überlegenheit ihres Gesellschaftssystems getragen wurde von verelendeten Völkern und Kontinenten. Mit Spannung verfolgten wir, wie die Straßen gezogen, die Eisenbahnschienen gelegt wurden. Noch als alles im Zustand des Beginnens war, behaftet auch mit Fehlern, mit Unvollkommenheiten, ging der Hohn des Westens bereits in Verstimmung über, und als die Turbinen am Dnjepr anliefen und, ein Jahr vorm Ausbruch des Faschismus in Deutschland, die Feuer in den Hochöfen von

Magnitogorsk aufflammten und die Stadt rundum mehr als hunderttausend Einwohner zählte, und als die Kolonnen von Traktoren aus Charkow kamen, und die Lastkraftwagen aus Gorki, und der Strom von Kohle aus dem Becken von Kusnezk, da wurde Empörung laut in den Kreisen der westlichen Kulturträger, denn dies durfte nicht sein, daß die Arbeiter und Bauern ihnen einen eignen Industriestaat entgegensetzten, der sich nun auch zu rüsten verstand, um sich gegen ihre Angriffslust, die sie so gern geheim gehalten hätten, zu verteidigen. Die gesamte Belegschaft, auch mit einigen herbeigetragnen Schwerkranken, befand sich in der Halle und im Seitensaal, die Stufen der Treppe waren besetzt und die Fensterbänke, unter den roten und blauen Scheiben, und vom Gang oben hingen Beine zwischen den Geländerpfosten herab. In Augenblicken der Stille hörten wir vom Treppenwinkel her das Ticken der hohen Standuhr, die Feingold morgens mit dem Schlüssel aufzog, und jede Viertelstunde trieb das scharrende Werk Glockenschläge hervor, die, nachhallend, die Bedeutung eines eben ausgesprochnen Worts unterstrichen. Es wurde, beim Bedenken des Aufbaus aus der Zerstörung, etwas vom Stolz der Pioniere in uns wach. Das Heroische, das Pathetische in der sowjetischen Kunst war der Epik des Geleisteten genau angemessen. Was Außenstehenden sentimentalisch, idealistisch erscheinen konnte, war für uns, die wir zum größten Teil ebenso ungeschult waren wie die russischen Bauleute, Einblick in die Verwirklichung einer hundertjährigen Utopie. Höchstens Münzer hätte vielleicht der Ansicht sein können, daß die Utopie noch nicht eingelöst worden war, daß die Erbauer des Arbeiterstaats den Lohn für ihre Anstrengungen noch nicht empfangen hatten, und dann wäre das, was wir uns vorstellten, für ihn nur ein Rührstück gewesen. Doch da ich ihn, neben mir, beim Zuhören sah, als ein Bergmann, zur Ergänzung technischer Einzelheiten, von den Martinöfen und Walzenstraßen des Hüttenwerks sprach, und als er dann selbst erklärte, wie das aufgestaute Wasser durch den Schacht, dessen Verengung die Geschwindigkeit steigerte, in das spiralförmige Zulaufrohr fiel und die Schaufelräder der Turbine in Bewegung setzte, wie die Wasserkraft Energie erzeugte und somit die Sowjetmacht mit Elektrifizierung addiert wurde, war zu erkennen, wie auch er übereinstimmte mit dem Grund und dem Ziel dieses Tuns, und wie wichtig es ihm war, daß das Geschaffne erhalten blieb. Nur sein Bedürfnis, zur absoluten Klärung jeder Frage zu gelangen, ließ ihn alle Aspekte heranziehn und grade die Fehler, die Trugschlüsse, das Mißratne erwähnen. In solch kritischer Annäherung, sagte Hodann, befragt, warum sein Buch über die Sowjetunion auch negative Äußerungen enthalte, findet das Objekt eine beßre Würdigung, als nähmen wir es vorbehaltlos hin. Ein restloses Akzeptieren, sagte er, sei immer ein Schwächebeweis. Die Probleme, die sich den russischen Arbeitern gestellt hatten, wurden von uns vorgenommen und ihre Lösungen nachvollzogen. Dies war ein Hergang, der sich, nachdem die Zusammenkunft mit dem klirrend dem Klavier entrollenden Marsch aus Aida ihren Abschluß gefunden hatte, über die folgenden Wochen erstreckte. Viele von uns hörten zum ersten Mal eine wissenschaftliche Beweisführung über physikalische Gesetze. Daß wir uns im Gleichgewicht halten konnten, daß das mit Lot, Winkelmaß, Wasserwaage Konstruierte an seinem Platz verblieb, war selbstverständlich gewesen, jetzt wurden in Gesprächen Kenntnisse vermittelt, die Einblick gaben in die Bedingungen von Beständigkeit und Bewegung der Körper. Wir alle hatten Werkzeuge gehandhabt, hatten Schrauben angezogen, Hebel niedergedrückt, hatten gedreht, gefräst, genietet, Motoren zusammengefügt, Kohle gefördert, Wege geschichtet, hatten Bauwerke ausgeführt ähnlich denen, die sich auf dem Wandbild in der Kantine von Albacete zeigten, aufgerichtet zu hohen gradlinigen Blöcken, und dabei hätten wir doch nie etwas über die Kräfte mitteilen können, die ein Verharren, eine Lageverändrung verursachten, oder über die elementare Erkenntnis, daß die Bewegung, die Größe eines Gegenstands immer nur aus ihrem Verhältnis zu einem andern Gegenstand hervorging. Die Oktoberrevolution war kein vergangnes Ereignis, sondern etwas unmittelbar Gegenwärtiges, sie griff hinein in das abseits gelegne Grundstück der Cueva de la tia Potita und verdrängte die Unlust, die Lähmungen der letzten Zeit, und wenn wir uns zu den Sitzungen in das Bauernhaus begaben, am Feldweg, zwischen Scheune und Stall, war es, als würde dabei auch der Geist der ehemaligen Bewohnerin, der verstorbnen Tante Potita, heraufbeschworen und, in den höhlenartig niedrigen Stuben des alten Spaniens, mit den Äußerungen über ein verändertes Leben konfrontiert. Im Verlauf der Diskussionen wurde offenbar, daß wir einen Mathematiker und einen Astronomen unter uns hatten, der eine Bauarbeiter, der andre ein schwedischer Seemann. Beide hatten, neben der Berufsarbeit, ihre Studien betrieben, der Mathematiker führte uns aus den verworrnen Vorstellungen von Raum und Zeit heraus und demonstrierte die Berechenbarkeit aller Gebilde und Vorgänge und deren Beziehungen zueinander. Rogeby, der schwedische Genosse, gab Auskunft über das Weltbild des Galilei. Nächtelang, in der Kammer, die ich mit Feingold teilte, dachte ich nach über den Satz, daß alle Körper ihre Lage oder Geschwindigkeit beizubehalten versuchten, und daß sie nur durch die Einwirkung einer andern Kraft davon abgehalten werden können. Hodanns Husten dröhnte im Zimmer nebenan, ich stand bereit, um beim Klopfen an die Wand zu ihm zu eilen, sein Bett, mit dem Messinggestänge, den großen Kugeln am Kopfende und Fußende, rutschte knirschend hin und her, die nackten Engel streckten sich, auch hier im oberen Flur, über den Türrahmen vor, zwischen den spiegelglatten Flächen der Stuckwände. Schlaflos stieg Hodann immer wieder die knarrenden Stufen hinab, zum Nebenraum der Halle, dessen Tisch vollgepackt war mit seinen Papieren, Schreibheften, Büchern, setzte sich dort, eingehüllt in Mantel und Decke, in den schwarzen hölzernen Sessel, dessen Rückenlehne seinen Kopf gewaltig überragte. Arbeitete er nicht an Aufsätzen, Tagebucheintragungen, so las er Hölderlin in diesen Nächten. Nach einem Erstickungsanfall, als ich zu ihm hinuntergegangen war, zeigte er mir die Notizen zu seiner Lektüre, nicht die Einsichten Hölderlins, sein Hellenismus, diese Verkleidung des Geists der französischen Revolution, sagte er, waren im Wesen der Deutschen wirksam geworden, sondern der germanisierende Chauvinismus Fichtes, wie auch der aufgeklärte, rationale Hutten vom volkstümelnden Luther, der nüchtern wissenschaftliche Herder vom gefühlvoll idealistischen Goethe, der trockne, sich auf den menschlichen Erfahrungsbereich beschränkende Kant vom metaphysischen Hegel an die Wand gedrückt wurden. Er wolle diesen Stärkeren nicht ihre bedeutenden Eigenschaften absprechen, sagte er, aber sie hätten immer im Dienst der Fürsten gestanden, wären, bei aller Fortschrittlichkeit, doch eingetreten für die Erhaltung eines Herrschaftssystems, an dem die echten demokratischen Kräfte zerbrechen mußten. Dieses Mißverhältnis zwischen den Titanen, diesen Stützen der Obrigkeit, die dem Volk die Vernunft und das Recht auf Selbständigkeit absprachen und ihm ergebnen Gehorsam empfahlen, und revolutionären, verfemten, ausgestoßnen Gestalten wie Forster, Kleist, Grabbe, Büchner, Heine hatte die Entwicklung des Humanismus in Deutschland nie aufkommen lassen. Darin, sagte er, seien die Gründe zu finden für die faschistische Massenpsychose, die sich in die Klänge Wagners hüllte und Beethoven mißbrauchte. Es waren dann noch Papierfetzen zu sehn, hineingeschoben in die Rapporte, Listen, Krankenberichte, nach Friedensfreiwilligen anstatt Kriegsfreiwilligen verlangte seine kleine, säuberlich flüssige Handschrift. Das Herrengefühl müsse umgewandelt werden in ein gesundes Selbstgefühl, das doch befähigt sei, sich in die internationalen Notwendigkeiten einzuordnen, und dem Soldatenhelden müsse das Ideal eines Friedenshelden gegenübergestellt werden. Wie aber, fragten seine Worte auf dem zerknitterten Zettel, ließe sich die dazugehörige Neuorientierung und Stabilisierung erreichen. Dies waren versteckte Gedankengänge, denen er, eingekreist von den Szenen aus Don Quijotes imaginärem Leben, sich hingab, und sie wurden gleich wieder zugedeckt von den Protokollen, niemand brauchte drauf einzugehn, in den Stunden nach Mitternacht, Zeit zu ihrer Ausführung war nicht vorhanden, nur eine Weile noch, lag ich dann auf dem Feldbett, neben mir Feingold, der sich schnarchend hin und her wälzte, dachte ich über sie nach. Da sah ich auch die andern Räumlichkeiten in den Bauwerken ringsum, angefüllt mit Körpern auf Strohmatratzen, und wenn sie schliefen, waren Bilder doch in ihnen wach, manche lagen hingestreckt, ohnmächtig heimgesucht von einem Feuerregen. Sie waren stumm, ihre Lippen regten sich aber, sie wollten das Schreien in ihnen ausbrechen lassen, sie spürten jetzt nicht, daß sie im Schutz lagen, sie krochen irgendwo oder rannten, es mußte geschrien werden, angeschrien werden gegen den Sturm von Geschossen, sie wußten nichts andres mehr, als daß sie schreien mußten gegen diese elementare Gewalt und brachten doch keinen Laut hervor. Andre wieder lagen nur da und lauschten, sie lagen in der Erde, und sie hörten nah und fern diese Schreie, und das waren die schrecklichen Schreie nach ihr, die sie einmal geboren, genährt, aufgezogen hatte, die Schreie vor der Beendigung des Kreislaufs, vor der Rückkehr zum Ursprung. Vielleicht hatte Hodann etwas von dem gemeint, als er nachsann über die Soldaten des Friedens. Hatte an den Wahn des Kriegs gedacht, an diese totale Vernichtung, diesen schrecklichen, vorzeitigen Abbruch aller Lebensmöglichkeiten. Doch konnte man nicht behaupten, fragte ich mich, daß drüben nur die Soldaten des Kriegs, die Söldner der Zerstörung standen, während hier schon jene zu finden waren, die Hodann meinte, denn kein andres Heldentum gab es hier als die Selbstaufopfrung für den Frieden. Ich sah Hodann gefährdet. Sorge um ihn kam auf, die ich ihm jedoch nicht erklären konnte. Gegen drei Uhr morgens, wenn das Einschlafen nicht gelungen war oder beim plötzlichen Aufwachen, war immer die Zeit, in der wir wehrlos waren, deshalb wurden jetzt auch, da die Sonne noch weit unter der Erdrundung hing, die Verurteilten zur Hinrichtung geführt, Feingold stöhnte, Hodanns betäubtes Atmen drang durch die Stukkaturen, und das meiste von dem, was sich noch fassen ließ, war losgerückt, beziehungslos, gehörte eher den Emotionen an als der Vernunft. Erwogen wurde, was nicht in den Zustand des Wachseins gehörte, sich deshalb sonderbar ausnahm, bei Tage banal wurde und sich verflüchtigte, die Vorstellung etwa, daß es unter den Menschen mehr Verbindendes als Trennendes gab, mehr Verständnis als Roheit, und daß trotzdem alles vom Zerstörerischen beherrscht war. Derartiges wurde dann auch nicht zur Sprache gebracht, als Hodann einer Art Prüfung unterzogen wurde, keineswegs mit dem Anschein von Mißtrauen, beiläufig nur, auf irgendwelche, kaum ernst zu nehmende Bezichtigungen hin, ohne daß klar wurde, was man eigentlich von ihm wissen wollte.

Nur die Mühen, unter denen die Fahrt nach Cueva zurückgelegt werden mußte, wiesen auf die Dringlichkeit hin, die mit dem Besuch verbunden war. Dem Auto wurde der Weg gebahnt von einem Schneepflug, den Hodanns Gefährtin Lindbaek fuhr. Daß sie, umstoben von Flocken, im graugrünen Filz der Armeeuniform, in Stiefeln und Pelzmütze, als erste eintrat, hinter ihr vermummt das Gefolge, gab dem Besuch etwas familiär Mythologisches. Sie schnäuzte sich die Nase mit den Fingern, schüttelte, nachdem sie die Mütze abgerissen hatte, den Schwall ihres schwarzen gekräuselten Haars. Hodann wirkte klein, schmächtig neben ihr, fühlte sich an diesem Vormittag auch, wie er sagte, ziemlich marode, er hatte sich eben, bei einem schweren Asthmaanfall, fünf Milligramm Adrenalin injiziert. Arme wühlten sich aus den wolkig zurückgleitenden Mänteln heraus, Lindbaek, die als Berichterstatterin eben wieder zwei Monate an den Fronten verbracht hatte, zog Hodann zu sich heran, dann trat Ehrenburg, den sibirischen Wolfspelz über einen Stuhl schwingend, auf ihn zu, um den langjährigen Freund in einer Umarmung fast zu erdrücken. Bredel, untersetzt, dunkelhaarig, ergriff seine Hand. Coppi, Heilmann hätte ich herbeirufen wollen, denn er war unser Vorbild gewesen, er hatte uns gezeigt, daß es möglich war, Ausdruck zu finden für unsre Lage, die Absperrung zu durchbrechen, eigne Bücher in das Reservat der Kultur zu schleusen. Mitglied des Spartakusbunds, der Partei seit ihrer Gründung, zwei Jahre lang gefangen in den Zuchthäusern der Weimarer Republik, nach einem Jahr den Konzentrationslagern der Faschisten entkommen, verkörperte der Sechsunddreißigjährige für uns proletarische Ausdauer und Überlegenheit. Abseits noch standen Mewis und Stahlmann, die Vertreter des politischen und militärischen Stabs. Ehrenburg, so hieß es, wollte die Lazarette in Albacetes Umgebung besichtigen, das verlieh dem Unternehmen den Anschein eines Ausflugs, nicht eine Kommission, sondern Gäste waren eingetroffen, man nahm Platz um die mit glühender Holzkohle gefüllten Messingbecken. Mewis aber erwähnte gleich Hodanns Gesuch um Versetzung an die Küste, ob er denn überhaupt, fragte er, bei seiner gesundheitlichen Verfassung das Amt des Chefarzts in der Anlage bei Denia übernehmen könne. Eine gewisse Ähnlichkeit schien zwischen ihnen zu bestehn, deren Blicke sich nun trafen. Mewis saß vorgebeugt, seine linke Iris war von einem grünlichen, die rechte von einem bläulichen Grau. Die Pupillen in Hodanns ungleich großen Augen verengten sich, die rechte Augenbraue zog sich hoch. Da war, außer den Eigentümlichkeiten ihrer Augen, schon keine Übereinstimmung mehr vorhanden. Er habe keine Verabschiedung oder einen Ruhesitz beantragt, sagte Hodann, zusammengesunken auf einem Schemel, vielmehr meine er, daß seine Kräfte sich in einem günstigeren Klima besser nutzen ließen. Der Anflug einer Kontroverse aber wurde sofort wieder weggewischt, Ehrenburg äußerte sich lobend über die Sanitätsstation Cueva, er habe viel, sagte er, über die Wirksamkeit der Studiengruppen, das Betätigungsfeld der Patienten vernommen. Doch einigen Vorhaben gegenüber, sagte Stahlmann, müßten Bedenken geäußert werden. Er hatte die Zeitschrift La Voz de la Sanidad mitgebracht, in der ein Artikel Hodanns publiziert war über Sexualprobleme der Soldaten im Krieg. Die Aufnahme einer derartigen Diskussion, sagte er, wäre doch wohl kleinbürgerlicher Art, in einem Befreiungskampf, wie er in Spanien geführt werde, seien sexuelle Bedürfnisse zurückzustellen, und es könne in einer solchen Zeit nicht zu den Aufgaben eines Arzts gehören, sich mit Angelegenheiten der Privatsphäre zu befassen. Dies war scherzhaft ausgesprochen, auch wirkte Stahlmann, von untersetzter kräftiger Gestalt, mit breiter wuchtiger Stirn, schrägen Augen, hervortretenden Bakkenknochen, wulstigen Muskelsträngen überm Mund, nicht prüde. Hodann aber schloß sich dem Gelächter nicht an. Mit leicht pfeifenden Atemzügen machte er sich an eine Erklärung und setzte sie, selbst als Mewis und Stahlmann abwinkten, fort. Jeder Krieg, sagte er, auch ein nationaler Volkskrieg, stelle einen pathologischen Zustand dar, mit allen individuellen Folgeerscheinungen. Die Kämpfenden, seien sie politisch noch so bewußt, würden durch die Enthaltsamkeit in eine Irritabilität versetzt, die ihre Resistenz schwäche. Der Klassenstaat habe mit der Einrichtung von Bordellen für eine Triebbefriedigung der Soldaten gesorgt, für eine Volksarmee aber sei dieses Verfahren, das zwar die Gemütsverfassung der Soldaten stabilisiere, die Frau jedoch in Erniedrigung versetze, nicht annehmbar. Für die Faschisten gäbe es da keine Bedenken, für sie war die Frau auch im Krieg eine Ware, je nach Ansprüchen, zu verschiednen Preisstufen, käuflich. Im republikanischen Spanien indessen versuchen wir, sagte er, die Prostitution aufzuheben, und nach der Beseitigung der sozialen und kirchlichen Dogmen ist die Frau im Prinzip dem Mann gleichgestellt. In diesem Sinn, fügte er hinzu, habe der Krieg auch einen Gesundungsprozeß hervorgerufen. Weiterhin aber bestände, vor allem bei den spanischen Genossen als Nachwirkung einer katholischen Moral, die Neigung, die Problematik zwischen den Geschlechtern auszusparen. Immer noch sei die stupide Doktrin erhalten, daß eine Frau undefloriert in die Ehe zu treten habe, und viele, die während eines Urlaubs ihre Freundin zärtlich umarmten, müßten sich danach im Bordell Erleichtrung verschaffen. Jetzt, da wir die Prostituierten für eine würdigere Form des Arbeitslebens umzuschulen haben, sagte er, hat auch der Mann umzulernen. Unterstützt von Ehrenburgs Einwurf über Kollontais Propagierung der freien Liebe beim Aufbau des Sowjetstaats, mit dem darauf folgenden Hinweis, daß sich dort nun doch wieder der Hang bemerkbar mache, der Frau den Platz an Herd und Wiege zuzuordnen, sprach Hodann über die Schwierigkeiten bei der Verändrung der Sexualauffassung in einem Land wie Spanien. Die kameradschaftliche Zusammenführung von Mann und Frau im Befreiungskampf stelle erst den Beginn dar für eine Befreiung vom Kult der weiblichen Reinheit. Und was die Onanie betreffe, so müsse diese während des Kriegs und bei unsrer Ablehnung der Prostitution als ein natürliches prophylaktisches Mittel angesehn werden. Stahlmann hob sein Löwengesicht, winkte ab und brach in das Gelächter aus, das sich die ganze Zeit in seinem Gesicht vorbereitet hatte, Hodann aber erklärte schon, daß diese Fragen, die für viele mit puritanischem Rückhalt oder mit dem Gefühl von Unsicherheit und Schuld verbunden seien, mit jener wissenschaftlichen Klarheit zu behandeln wären, die zu unsrer politischen Überzeugung gehöre. Lindbaek, die Beine von sich gestreckt, weit zurückgelehnt im Sessel, hatte den Arm um Hodanns Rücken gelegt. Es war, als hielte sie ihn fest und als sammelten sich die andern, nach ersten Manövern, nun zum eigentlichen Verhör. Doch so wie sie hereingeschneit waren, so verblieben sie auch, vorläufig, in einem weichen, undeutlichen Umhertappen, es ließ sich nicht feststellen, ob das Gespräch Hodanns sexualhygienischen Anschauungen wegen geführt wurde, es wurde jetzt eher versucht, drüber hinwegzukommen, er selbst war es, der das Thema nicht losließ. Er widersprach dem Gedanken, die Arbeiterklasse sei Herr über die Triebkräfte und habe Harmonie aus ideologischer Disziplin gewonnen. Mehr noch als in andern Gesellschaftsschichten, das habe ihm die Praxis gezeigt, seien Störungen, Ängste, Depressionen im Zusammenhang mit geschlechtlichen Fragen im Proletariat zu finden und die Behandlung sei von gleicher Bedeutung wie die soziologische Aufklärung. Bei einer Aussprache über Empfängnisverhütung, Schwangerschaftsunterbrechung oder Masturbation, sagte er, setzen wir uns mit den Vorurteilen und Zwängen auseinander, die der bürgerliche Sittenkodex auferlegt, und unterm System der Ausbeutung haben die am schwersten Betroffnen auch am schwersten an Konflikten im Sexualleben zu tragen. Trotz seiner besonnen vorgebrachten Argumentation war die Ablehnung auch weiterhin spürbar. Körperliche Ertüchtigung, wie Sport, militärische Weiterbildung, sagte Mewis, sei dem Wohlbefinden der Soldaten dienlicher als das Wühlen im Seelenleben. Für Hodann hatte der Mensch, der sozial tauglich genannt werden konnte, ein Ganzes darzustellen, und dieses Ganze war undenkbar ohne die Einbeziehung der psychologischen Realität. Er sei, entgegnete er auf einen Einwand von Mewis, kein Fürsprecher psychoanalytischer Einzelbehandlung. Er habe immer das offne direkte Gespräch mit dem Patienten oder die Therapie in einer Gruppe vorgezogen um im individuellen Problem den sozialen Zusammenhang aufzuschlüsseln. Er behandle Fragen der Arbeiterklasse auf einer zivilen Ebene und reduziere sie somit, sagte Mewis. Auch hier sei allein die Partei zuständig, denn nur in der politischen Gemeinschaft könne der einzelne Stärkung erfahren. Womit beschäftigt ihr euch eigentlich hier, fragte Stahlmann, seinerseits zur Attacke übergehend, ihr wollt in Cueva wohl eine Camarilla aufstellen oder ein anarchistisches Kränzchen gründen, und er konnte sich solchen Spott leisten, denn die Aufgaben, für die er sich einsetzte, standen in krassem Gegensatz zu Hodanns psychiatrischem Anliegen. Im Hinterland des Feinds hatte er mit seiner Truppe Brücken und Munitionslager gesprengt, bis an die portugiesische Grenze war er vorgestoßen. Aus seiner Bemerkung ging etwas von den Rapporten hervor, die Diaz abgelegt haben mußte. In seiner Antwort wandte sich Ehrenburg überraschenderweise zunächst gegen jegliche Verordnungsstrenge und respektvolle Vorsicht. Der Kadavergehorsam, sagte er, gehöre einer verwitternden Epoche an, und es wäre unzeitgemäß, wollten wir ihm noch Folge leisten. Rogeby, zwischen einigen Angehörigen der Belegschaft, die beim Gespräch anwesend waren, hob die Hand. Still, nachdenklich, der Philosoph genannt, erweckte er, wenn er einmal das Wort ergriff, stets Aufmerksamkeit. Das Preußentum, sagte er, der in Jamara, Guadalajara, Brunete als Maschinengewehrschütze dabei gewesen war, ist jedoch immer noch, zum Leidwesen ausländischer Genossen, in den deutschen antifaschistischen Einheiten zu finden. Nicht, daß er gegen die harte Schule im Ausbildungslager sei, sagte er, sondern nur gegen eine Tradition, die dem Kampfgeist der Soldaten in Spanien nichts nütze. Skandinavier, nach verlustreichen Gefechten zurückgekommen, seien von deutschen Befehlshabern gestellt und auf korrekte Jackenknöpfung untersucht worden, und einige, die sich über die Verweise ungebürsteter Stiefel wegen empörten, hatten eine mehrtägige Arreststrafe erhalten. Wir hätten, sagte Mewis, den Offizieren, mit ihren Erfahrungen aus dem Weltkrieg, dem russischen Bürgerkrieg, die Definition militärischer Pflichten zu überlassen. Würden wir, rief Stahlmann, vor jeder Entscheidung zuerst einen Diskussionsklub zusammenrufen, so kämen wir nie vom Platz, und auch dies konnte er sagen, da grade in seiner Partisanenkolonne nichts von blinder Unterordnung herrschte, sondern engstes und selbstverständliches Zusammenwirken. Im übrigen, sagte Mewis, bestünde überall in der Armee das Mitspracherecht, das jedem die Möglichkeit zubillige, auf demokratische Weise Anregungen vorzubringen. Daß dies gestattet sei, entgegnete Ehrenburg, danach hätten die Anarchisten nicht mal gefragt, sie setzten es in ihrem freiheitlichen Kommunismus voraus. Dort wäre niemand auf den Gedanken gekommen, sich zum Vormund über einen der Mitkämpfenden zu machen, und niemand hätte die Vermessenheit aufgebracht, für sich einen höheren Rang, höhere Befugnisse, verbunden mit höherem Sold, in Anspruch zu nehmen. Was beabsichtigte er, fragten wir uns noch beim aufkommenden Erstaunen, war er seiner so sicher, fühlte er sich so unangreifbar, daß er, nach der Eliminierung des anarchistischen Einflusses, den Anarchismus, mit dessen Führer Durruti er eng befreundet gewesen war, noch einmal in Schutz nehmen konnte. Doch da vollzog er schon eine für ihn bezeichnende dialektische Wendung. Die Anarchisten hatten recht in vielen ihrer revolutionären Grundsätze, sagte er, die Moral, der sie folgten, war vorbildlich, ihre Zielsetzungen stimmten überein mit den Hoffnungen eines großen Teils der Bevölkerung, dieses Richtige und Wahre aber mußte, in einer bestimmten Situation, zum Falschen und Unwahren werden. Erstrebenswert sei es gewesen, groß genug auch, um sich dafür zu opfern, doch nicht imstande, sich auf die Dauer zu behaupten. Falsch sei das moralisch Richtige, wenn es den sozialen und politischen Umständen nach zum Untergang verurteilt war, und das, was anfangs dem Ideal zu widersprechen schien, könne sich, konsequent durchdacht und unterbaut, schließlich als überlegne Qualität erweisen. Bredel kam, beim aufgetischten Linsengericht, auf den Gegensatz zwischen einem allgemein gehaltnen humanistischen Antifaschismus und einer genau geplanten, mit der Parteilinie übereinstimmenden Stellungnahme zu sprechen. Wenn er Thomas Mann als Beispiel nannte, so mochte seine Unduldsamkeit gerechtfertigt sein durch die eigne militante Aktivität, durch den ständigen Kampf des Arbeiters gegen den selbstsicheren Begriffsapparat des Bürgertums. Der Weg Manns vom liberalen Autor zum ausgesprochnen Gegner der faschistischen Diktatur sei zwar bewundernswert, sagte er, doch sei es immer noch ein bequemer Weg, bei dem neben Stunden politischer Tagesverpflichtungen eine unabhängige künstlerische Welt erhalten blieb. Weder belaste der Schriftsteller seine Einsichten mit der Konsequenz des Anschlusses an eine Partei, die es verstände, eben diese

Einsichten zu verwirklichen, noch ließe er sich in seiner schöpferischen Freiheit stören durch die Ereignisse der Krisensituation. Die Wahl der politischen Seite müsse heute mit der ganzen Person bewiesen werden. Er bestreite, daß die Kunst noch eine eigne Region außerhalb des unmittelbar Gegenwärtigen, eine eigne Zeitdimension neben unsern Kontinuitäten einnehmen könne. Der Schreibende sei ebenso wie der Kämpfer an der Front, der Organisator illegaler Unternehmungen unweigerlich und direkt mit den konkreten Geschehnissen verbunden. Jeder Versuch, die künstlerische Arbeit auf einem schmalen Marginal zwischen den entscheidenden Aktionen bestehn zu lassen, sei nicht nur gleichbedeutend mit einem Festhalten an den Normen einer veralteten Welt, sondern auch ein offner Dienst am Feind. Und wieder war es Ehrenburg, der die Rolle des Advocatus Diaboli übernahm. Nicht unbedingt wolle er Goethes Ideal teilen, sagte er, daß man nur in perfekter Stille und Isoliertheit, fernab vom Trubel der Welt, schöpferisch sein könne, doch seien tief im Zentrum des Sturms, umlagert doch unbehelligt von Aktualitäten, poetische Visionen möglich, die mehr über ihre Zeit auszusagen vermochten als die informativsten Reporte. Nehme der Autor mit seinem ganzen Wesen teil am Lebendigen und reagiere er darauf mit den Mitteln, die ihm eigen seien, so sei dies eine der wesentlichsten Handlungen in der Politik, der Politeia, dem Bürgerrecht, und als solche in der Gemeinschaft vorrangig zu beurteilen. Stahlmann hatte sich, seinen Stuhl zurückstoßend, erhoben. Wir sind auf dem Weg nach Teruel, sagte er. Die entscheidende Schlacht hat dort begonnen. Und ihr unterhaltet euch über das Wesen der Poesie. Ja, sagte Ehrenburg, in ein paar Tagen werde ich dort sein und Lindbaek auch, und Bredel und Grieg, und viele andre, die schreiben. Wir kämpfen dort, indem wir berichten. Und warum kämpfen wir, fragte er. Weil wir die Welt, in die auch unsre Literatur gehört, befreien wollen von der Verunstaltung. Wir dürfen uns nicht beirren lassen bei der Beurteilung der Waffen, die in diesem Kampf verwendet werden. Es mögen sich manche nicht an der Front befinden, und doch ist das, was sie vor sich sehn, was sie beschreiben, was sie an Zukunft projizieren, Halt und Kräftigung für uns, wenn wir heil herauskommen. Wir sind nicht mutiger als die, die ihre Energien uneingeschränkt dem innren Bild zur Verfügung stellen, die sich in ihren Regungen nicht beeinflussen lassen von den praktischen, für uns im Vordergrund stehenden Forderungen. Ohne uns, rief Stahlmann, sind sie hilflos, verloren. Und wir, entgegnete Ehrenburg, wären nichts ohne sie. In einigen Wochen, fuhr er fort, befinde ich mich vielleicht wieder in meiner Stadt, in Moskau, es stärkt mich zu wissen, wer dort alles am Werk ist, um auch das

Wort beständig zu machen, am Leben zu erhalten. Auch ich wußte, wen er meinte. Selbst wenn er die Namen verschwieg, begab er sich in Gefahr. Die unhörbare Nennung Babels, Meyerholds, Tairows, Tretjakows, Mandelstams, Achmatovas wollte ihn selbst schon zu einem Verurteilten machen. Hodanns plötzliche Frage nach Ovsejenko, Rosenberg, Koltsov, Ehrenburgs Gefährten, die ihre Rückreise aus Spanien bereits vollzogen hatten, zeigte mir, daß seine. Äußerung auch ihn bestürzte. Und schon wieder richtete Ehrenburg sich auf, wer sich nicht zu behaupten vermag, geht unter, dies, sagte er, meine ich mit der tödlichen Bedrohung, der wir alle im gleichen Maß ausgesetzt sind, ob vorn im Gefecht oder hinten irgendwo in der Verschanzung. Und was hatte es nun auf sich mit diesem Besuch, fragte ich mich, sollte Hodann auf die Probe gestellt, provoziert, gewarnt oder nur darauf vorbereitet werden, daß mit dem Jahreswechsel eine neue Leitung in Cueva eintreten und er seinen Standort wechseln würde. Seine Versetzung nach Denia stand nun, wie in bestem Einvernehmen, fest. Die Station dort wurde nicht als Genesungsheim, sondern als Durchgangslazarett beschrieben, man rechnete mit starkem Zustrom von Verwundeten. Stünden Hodanns Bemühungen um eine geistige Aktivierung der Patienten nicht eigentlich, wie von Mewis angedeutet, im Widerspruch zu seinem längst geäußerten Wunsch, das Sanitätslager in Cueva zu verlassen, habe er nicht, fragte er, die Initiative von Anfang an auf Abbruch geführt. Nein, sagte Hodann, auch wenn er nur wenige Wochen vor sich hätte, so würde er diese nutzen, den Kranken neben ärztlicher Hilfe intellektuelle Anregung zu geben, nur auf solche Weise ließe sich der Gesundungsprozeß fördern. Die meisten Insassen der Klinik aber würden nun entweder zu ihren Verbänden zurück oder zu andern Sammelstellen gelangen, in Kürze schon wäre hier ein neues Kontingent von Erholungsbedürftigen zu erwarten. Aus Hodanns Blick, der noch um eine Schattierung dunkler wurde, entnahm ich, daß er verstand, wie verdächtig seine Tätigkeit der politischen Leitung in Albacete war. Doch wenn auch den Besuchern daran gelegen war, in Cueva aufzuräumen, so brauchte ihnen nicht vorgeworfen zu werden, daß sie die Ansichten Martys teilten. Sie standen selbst im Widerspruch zu dessen Eigenmächtigkeit. Wenn sie Anweisungen weitergaben, so geschah dies nicht ohne Vernunft und Rücksichtnahme. Hodann wurde die Erleichterung gewährt, nach der seine Krankheit verlangte. Was jedoch von den Verantwortlichen gefordert wurde, um in der Stille und Absondrung nicht Passivität, Erstarrung aufkommen zu lassen, das wollte Hodann, vor allem weil Ehrenburg dran gelegen war, die Einrichtungen der Brigaden kennenzulernen, noch zeigen. Er bestand drauf, vielleicht grade wegen des ungünstigen Wetters. Ich folgte der Gruppe nicht, die sich nun, wieder in die Mäntel gehüllt, in den Schneesturm begab, sondern stieg die steile schmale Treppe im Turm hinauf, zum überdeckten Auslug. So unwirtlich die Halle unten war, mit ihren vielen Türen, ihren bräunlich schwarzen Holzwänden, ihrer übermäßigen Höhe, so attrappenhaft war der Turm, er täuschte nur vor, was von einem Landschloß verlangt wurde, äußerlich aus großen Quadern zusammengefügt, versehn mit gewölbten Fensterluken, war er innen ohne Lichteinfall, kalt, gänzlich zugemauert. Da war nur die enge Galerie oben, durchblasen vom Wind, und war auch im Sommer gewiß nicht einladend mit ihrem schmalen Brettersitz, der die Wände umlief. Es gab aber von hier aus einen Rundblick, der schon ein Abschied war, die gesamte Anlage bot sich dar, eingebettet in die weißen Flächen, umgeben von den schwarzen Linien der Stämme und des Geästs. Eine schräge Spur hinterlassend, stapften die Besucher auf die Baracke mit dem Wellblechdach zu, deren Lage sich der Richtung des Küchenflügels anschloß. Rauch stieg aus dem Schlot der Herde auf. Im Hof zwischen dem Viereck der niedrigen Seitengebäude wurde wie immer gesägt und die Axt ins Astwerk geschlagen. Das im rechten Winkel zur Baracke liegende Gehöft am Weg, in den Karrenräder dunkle Rinnen gegraben hatten, zog sich mit Dächern verschiedner Höhe hin, Mauern umschlossen dahinter den Platz mit dem Jauchebecken und Düngerhaufen. Rundum in den Vertiefungen befanden sich die kleineren Bauten der Ställe und Schuppen, miteinander von hingekritzelten Zäunen verbunden. Die Brunnen, Statuen und Bänke, amphitheatralisch zusammengestellt, lagen verlassen unter Schneekissen, an der Brücke, am Geschütz ging der Wachtposten hin und her. Nun standen die Besucher drinnen im Schlafraum, dessen hartgestampfter Erdboden ausgelegt war mit Pinienzweigen und an dessen Längswand, den Pritschen gegenüber, zwischen Fahnen eine auf Packpapier gemalte Sternkarte und eine mit bunten Nadeln bespickte Zeichnung der Frontlinien hing. Von den Betten waren die Soldaten, die Beurlaubten, die Rekonvaleszenten herabgeklettert, mit Decken über den Schultern, denn es war, trotz des Feuers im eisernen Ofen, kalt in dem großen Raum. Zwischen den Pfählen unter den Dachbalken standen sie zusammengeschart vor den seltnen, hohen Gästen. Vielleicht würde man sie nach ihren Erfahrungen fragen, vielleicht fanden sie aufmerksame Zuhörer, vielleicht gab es ermutigende Worte, und so streckten sie sich hoffnungsvoll auf, die Hände stramm an die Hose gedrückt, vielleicht würden sie sich auch auf die Bretterbänke setzen, um den Kanonenofen herum, für ein langes Gespräch, denn Zeit wurde immer gebraucht, ehe man sich einander nähern konnte. Der Zug aber kam schon wieder aus der zurückliegenden Tür hervor und bewegte sich gegen die Schneewehen an auf das Bauernhaus zu, wo, in den erleuchteten Fenstern erkennbar, die Teilnehmer eines Kurses sich versammelt hatten. Weiter weg lag alles in einem sich verdichtenden weißlichen Grau. Hinabblickend über die vom Frost gepuderten Pappeln, über Flußufer und Schlucht, empfand ich plötzlich, wie abgeschnitten wir immer noch waren von diesem Land, wie wenig wir wußten von dessen Bewohnern. Kaum mehr als ein Symbol stellte das Land dar, in dessen Bürgerkrieg wir verstrickt waren, eigne Interessen nur, eigne Betätigungen hatten wir hierher verpflanzt. Ein paar Städte, ein Etappenlazarett bekamen wir zu Gesicht, in einer Kaserne, bei einem Transport waren wir zugegen, in Gefechtsstreifen gerieten wir, winzige Ausschnitte zeigten sich uns. Wir hatten uns mit der Arbeit begnügt, die hier zu leisten war, über alles Fehlende hatten wir die ins Weite gerichtete internationale Aufgabe gespannt. Das Wichtigste war gewesen, daß wir in diesem Land, mit unsern durcheinandergewürfelten Sprachen, Waffen und Ausrüstungsteilen, den Gedanken an das Weiterbestehn einer Weltbewegung aufrechterhielten. Unsre Zugehörigkeit hatten wir in der politischen Entscheidung gefunden, dieses Handlungsfeld, dieses taktische Bild, diese Landkarte Spaniens aber war noch nicht verwandelt worden in ein lebendiges Gefüge, in dem es Begegnungen mit Menschen, bestimmte Arten des Sehns, des Ausdrucks gab. Über die Brüstung des steilen Wachturms gebeugt, sah ich tief unten nur den steinernen Tisch, umgeben von steinernen Sitzen, auf schmaler Terrasse, zwischen künstlichen Vasen und Säulen.

Unten am steinernen Tisch, zur Höhe des Turms aufblickend, bei plötzlich klarem Himmel an einem der ersten Januartage, vernahm ich schon etwas von den Dimensionen, in die ich nun hineingeraten würde. Morgen sollte ich Hodann nach Denia folgen, die Zeit in Cueva war zu Ende, die Gefährten, Münzer und Rogeby unter ihnen, hatten die Reise zu ihren Bestimmungsorten bereits angetreten. Hodanns letzter Rundgang galt den Landarbeitern, die das Krankenheim von den umliegenden Feldern her mit Gemüse, Früchten, Fleisch belieferten. Auch dort war häufig zu schlichten gewesen zwischen den Bauern, die, auf Erlaß des Agrarministeriums, ihre Überschüsse der Brigadenverwaltung zur Verfügung stellen mußten, und der Administration, die sich mit Kontrollen und Anordnungen in die Bewirtschaftung einmischte und dadurch mehrmals Streikandrohungen der Campesinos verursachte. Bei der Übergabe der Rechenschaftsberichte hatte Hodann seinen Nachfolgern noch nahgelegt, daß die ständige Bemühung um ein gutes Einvernehmen mit der Bevölkerung ebenso wichtig sei wie der militärische Kampf, und daß kein Sieg zu gewinnen sei, wenn der Soldat im Befreiungskrieg sich nicht, wie es in einem alten chinesischen Sprichwort hieß, unter dem Volk wie ein Fisch im Wasser bewegen könne. Im letzten Gehöft, das wir besuchten, sollte der siebzehnjährige Sohn eben zum Militärdienst aufbrechen, und wir wurden eingeladen, an der Abschiedsfeier teilzunehmen. Damit wurde auch Hodann, von dessen Versetzung man erfahren hatte, geehrt. Wir folgten dem Bauern vorbei am Ziehbrunnen, mit der schräg aufragenden Holzstange und dem Eimer an der Kette, zum Keller, dessen Lehmkuppel aus dem Schnee ragte. Mit diesem Weg begann ein Zeremoniell, das sich fortsetzte beim langsamen Aufklappen der Brettertür und beim Hinabsteigen auf steilen ausgetretnen Stufen in die tief in die Erde gegrabne Grotte. Im Schein der Öllampe, die der Sohn des Bauern hochhielt, zeigten sich die aneinandergereihten Tonnen und das viereckige Becken mit der Handpresse zum Keltern des Weins. Den Spund einer der Tonnen zog der Bauer heraus und füllte eine große mit Bast umkleidete Karaffe. Dieser Wein war im Geburtsjahr des Sohns geerntet und verschlossen worden, und der Sitte gemäß durfte die Tonne erst geöffnet werden, wenn der Eintritt des Sohns in die Armee bevorstand. Mit der schweren Karaffe auf der Schulter stieg der Bauer die Treppe aus gehärtetem Lehm hinauf, der Sohn schloß die flach in der Kuppel liegenden Türflügel, und wir gingen zurück in die niedrige weißgekalkte Küche, um am Tisch den Wein zu trinken. Der cognacartige Geschmack des lange gelagerten, durchsichtig hellgoldnen Weins war noch auf Zunge und Gaumen zu spüren, als wir in dem vom Stab zur Verfügung gestellten Auto von Albacete in Richtung Denia fuhren. Nicht etwas Fremdartiges hatte der Besuch im Gehöft wachgerufen, vielmehr Bekanntes anklingen lassen. Der Kreis um den Tisch erinnerte mich an den Raum, in dem ich, von Kindheit an, zu Hause war, so hatten auch wir immer gesessen, in der Nähe des Herds, auf hölzernen Stühlen. In der Wohnküche der Bauern hatte sich meine Zusammengehörigkeit mit dem Land mehr gefestigt als während der Monate im Herrensitz von Cueva, wo ständig das Wirken einer andern Klasse gewärtig war. Diese Feindlichkeit war eingeräuchert gewesen in die Wände, sie knirschte uns aus jeder sich öffnenden Tür, jeder beschrittnen Treppenstufe entgegen. Um den riesigen Tisch im Speisezimmer hatten die Kinder, die Mädchen mit Schleifen im Haar, die Knaben mit Schlips und weißem Hemd, Platz nehmen müssen auf den hohen Stühlen, ohne mit dem Rücken die Lehne berühren zu dürfen, so hatte es, wie uns der Fahrer berichtete, der Großvater befohlen, der jetzt drüben in der Festung saß, unterhalb des vorbeigleitenden Burgbergs von Chinchilla. Seit dem Nachmittag bei den Bauern war die Republik nicht mehr bloß Kriegsschauplatz, Vermessungskarte für zurückweichende und vordringende Truppenbewegungen, sondern ein Boden, auf dem jede Fußspur mit unserm eignen Geschick verbunden war. Aus dem dünnen Schnee ragten die kurzgestutzten Reben wie knöcherne Hände hervor, in Reihen schienen dort die Gefallnen begraben zu liegen. Und jede Begegnung mit einem Militärtransport, jeder Anblick eines bewachten Depots und Lagers, jede Kanone, jeder Panzerwagen gab uns Hoffnung, daß wir den Kampf überstehn würden. Welche Kräfte wurden dabei wieder von den unsern gefordert, um die Bedrohung einer Teilung der Republik von Teruel nach Castillón aufzuhalten, und wie nichtssagend waren dagegen unsre Anstrengungen während der letzten Tage, als wir mit Insektenpulver und Schmierseife das Spital von Läusen und Kakerlaken gereinigt hatten. Obgleich es hier für jeden von uns, sagte Hodann, um Handlungen von historischer Tragweite geht, und obgleich wir, an welchem Platz wir uns auch immer befinden, von früh bis spät an einer enormen Energieentwicklung beteiligt sind, so scheint uns doch oft die persönliche Arbeit ergebnislos. Da habe ich nun seit dem Sommer, sagte er, Wunden und nervöse Störungen behandelt, eingewirkt auf die Schlaflosigkeit, die Erschütterungen des Selbstbewußtseins der Patienten, habe die Ansicht des Professors Tissot in Lausanne widerlegt, der Siebzehnhundert Sechsundsiebzig furchtbare, durch Masturbation zugezogne Schäden beschrieb, habe viel Zeit damit verbracht, die Gründe der Sexualfurcht darzulegen, habe, neben solcher, bedeutungslos erscheinender Therapie gegen Unwissenheit und Verstörtheit, mich herumgeschlagen mit unzähligen Kleinigkeiten, mit der Beschaffung von Eiern und Milch, von Verbandszeug, Gaze, Watte, Salbe und Seife, habe versucht, dieses heruntergekommne Anwesen zu einem einigermaßen funktionierenden Heim zu machen, habe mit dem Kommissar über jedes Detail verhandelt und dem Administrator erklären müssen, daß die Bauern es besser wüßten als er, wie ihre Tomaten zu behandeln seien und nach welcher Zusammensetzung des Futters ihre Schweine verlangten, und dabei im Kampf mit meinen Bronchien gelegen und den Napf mit Sputum gefüllt. Und nun habe ich mein Amt Nachfolgern übergeben, die zu einer ebenso zähen, minuziösen und zermürbenden Aktivität gezwungen sind, und bin auf dem Weg, die gleiche Tätigkeit an einem andern Ort, nur unter beßren Witterungsverhältnissen, anzutreten. Mögen wir, fügte er hinzu, doch einen Fortschritt erkennen, denn sonst wären diese Alltäglichkeiten umsonst. Von hier aus, meinte ich, müßte dieser Krieg einmal beschrieben werden, Lindbaek, Ehrenburg, Bredel und Grieg und viele andre geben Auskunft über die sichtbaren Ereignisse, über die Verändrungen, die bedeutsam sind für die politische Entwicklung, sie halten das Notwendige fest für eine künftige Betrachtung der Vorgänge dieser Jahre. Wer aber, fragte ich, vermittelt die Geduld, mit der die meisten hier leben, da es doch grade zum Wesen dieser Geduldigen gehört, alles, was den eignen Zustand betrifft, als der Mitteilung für nicht wert zu erachten und anspruchslos darüber zu schweigen. In einer solchen Einstellung, sagte Hodann, zeichne sich eine bestimmte Herkunft ab. Hättest du, sagte er, eine bürgerliche Erziehung gehabt, so brächtest du auch die Gewißheit mit, daß alles, was auf dich zukommt, dich angeht und deine Meinung herausfordert. Du könntest, wohin es dich auch verschlagen würde, mit aller Selbstverständlichkeit jede Situation für dich in Anspruch nehmen. Statt dessen trägst du nach wie vor an der Erfahrung deiner Unterlegenheit, du glaubst, es wolle dich keiner anhören, du bist dir nicht sicher, wie sich deine Studien verwenden, zum Ausdruck bringen lassen sollen. Dies, sagte er, habe ich immer wieder in Gesprächen mit jungen Arbeitern erlebt, sie schrecken davor zurück, ihre Kenntnisse weiterzugeben, weil sie erfüllt sind von der Verachtung der andern, weil sie in der Schule schon abseits saßen, als nicht zur Teilnahme an Wissenschaft, Kunst, Betriebsführung berufen, sondern prädestiniert, so bald wie möglich unten ins Räderwerk zu treten. Ich wollte ihm widersprechen, wollte ihm erklären, wie viel wir schon gewonnen hatten, mußte dann aber doch zugeben, daß wir uns tatsächlich alles nur erbittert im Kampf gegen die Erziehung zur Passivität aneignen konnten, wie gar nichts auf natürliche, ruhige Weise erreicht werden konnte, sondern immer nur in Auflehnung, durch gewaltsames Zurückschlagen, und daß trotz allem uns doch nie der Sprung in die Welt der Entscheidungen gelänge. Und dennoch, sagte Hodann, ist die Entschlußkraft der Arbeitenden der Macht der Beschlußverfassenden überlegen. Sie haben ihre Stärke in der Gesellschaft nur noch nicht genutzt, auf andrer Ebene aber weisen sie, durch ihre Moral, ihre Solidarität, auf die Möglichkeit ihrer zukünftigen Herrschaft hin. Arbeiter vor allem sind es, sagte er, die sich nach Spanien begeben haben, und diejenigen, die sich auf ihre Seite stellen und von bürgerlicher Herkunft sind, haben mit ihrer Klasse gebrochen. Da ist noch etwas, sagte Hodann, was auf die Zukunft der Arbeiterklasse hinweist, niemand dort muß sich, um sich seines Werts bewußt zu werden, von seiner Herkunft lösen, im Gegenteil, grade in ihr liegt sein ganzes Potential, während für uns, mit der Last des Bürgertums, die Leistung erst im Aufruhr gegen die Herkunft beginnt. In mancher Hinsicht, sagte er, ist der Entwicklungsgang dessen, der seine Klasse zu verneinen hat, schwerer als der Weg jener, die ihre Klasse, als die progressive, bejahen können. Und wenn wir dies auch den abfälligen Bürgern voraus haben, sagte ich, so sind sie doch stets im Besitz eines größeren Überblicks, in ihrer Abtrünnigkeit leisten sie manchmal mehr als wir in unsrer Zusammengehörigkeit. Entmutigt aber hatte es uns eigentlich nie, daß sie einige tausend Wörter und Begriffe mehr besaßen als wir. Wenn wir über literarische, künstlerische, wissenschaftliche Themen sprachen, so war uns bewußt, daß es gleichsam auf Anleihe geschah, daß wir nur skizzierten, was später ausgeführt, eingelöst werden mußte. Alles war Vorbereitung gewesen. Wir waren gewiß, daß sich unser gegenwärtiges Radebrechen einmal in konsequente, kontinuierliche Wortreihen übertragen ließe. Was wir jetzt noch nicht auszudrücken vermögen, so folgerten wir, werden wir in zehn, in zwanzig Jahren formulieren. Wir verlangten bei solchen Gesprächen stets nach einem langen Leben, dies sei Voraussetzung, um die Benachteiligung einzuholen. Doch solltest du nicht aufschieben, sagte Hodann, was du jetzt schon festhalten könntest, mit Zurückhaltung, meine ich, ist die Empfindung von Minderwertigkeit verbunden. Auch müssen wir damit rechnen, daß unsre Lebenserwartung in dieser Zeit immer kürzer wird. Wenn du nicht äußerst oder direkt notierst, was dir in den Kopf kommt, so hältst du damit an den Vorurteilen fest, die sich gegen dich richten. Die Arbeiterliteratur, nach der wir verlangen, muß sich von Anfang an über jede Begrenzung hinwegsetzen, sie darf nicht jenen Bildungsstand abwarten wollen, den wir bei der bürgerlichen Literatur voraussetzen. Ich sah wiederum ein Vorurteil darin, daß an die Aufzeichnungen eines Arbeiters nicht die gleichen Ansprüche gestellt werden sollten, die für jedes andre Kunstwerk gelten. Bis vor kurzem hatte ich nur falsche und ungenaue Vorstellungen von Spanien, ein paar Erinnrungen an Goyas Caprichos und Desastres, an Gedichte von Lorca, an die Abbildungen aus einem surrealistischen Film von Buñuel. Erst seit dem Besuch in der Wohnung der Bauern, sagte ich, habe ich begonnen, etwas vom eigentlichen Sinn meines Hierseins zu begreifen. Hodanns Gelächter war mir zunächst unverständlich. Von der neben der medizinischen Zentrale gelegnen Apotheke sprach er, die wir vor der Abfahrt aus Albacete aufgesucht hatten. In dem mit Marmorplatten ausgelegten Vorraum stand, zwischen den aufgeklappten Flügeln eines reich ornamentierten Triptychons, ein Granittisch, einem Katafalk ähnlich oder einer Sezierbank, der dahinterstehende Wächter wies den Besucher entweder ab oder winkte ihn, wenn er ihm bekannt war, in die dahinterliegende Stube. Nachts, hinter herabgelaßnen Läden, sagte Hodann, könne man dort auf den Altar geraten, um zergliedert zu werden. Für mich, sagte er, hustend vor Lachen, ist der Inbegriff meines Aufenthalts in Spanien diese Hinterkammer, mit ihren bis zur Decke stufenförmig ansteigenden Fächern voller Fläschchen, Dosen und Krügen und mit dem Meister am Mischbrett, der mir zusammenreibt, was ich zum Überleben brauche. Mir fiel ein, daß ich während des Betrachtens der kunstvoll gemalten Blüten und Gewürze auf den Porzellankrügen und der Reihen von blauen, grünen und violetten Flaschen einen süßlichen, leicht betäubenden Geruch verspürt hatte, der aus dem Gefäß unterm Stößel des Apothekers aufstieg. Morphium, Opium mußten wohl die Päckchen enthalten, die Hodann, neben den Adrenalinkapseln, mitgenommen hatte aus dem Geschäft an der Calle Major, Nummer Sechzehn, und jetzt, da wir die Zitadelle von Almansa passiert hatten und auf bergigen Wegen Denia entgegenfuhren, brauchte sein Lachen nicht weiter erörtert zu werden. Hodann war auch darauf zu sprechen gekommen, daß man immer dann die Exotik rühme, wenn die sozialen und ökonomischen Hintergründe eines Landes verborgen bleiben sollten. Je fremdartiger und geheimnisvoller sich ein Land darstellte, desto größer waren die Ungerechtigkeit, die Armut, das Elend, je geglätteter seine touristischen Postkarten, desto gärender seine Unruhen. Auf allen Kontinenten, sagte er, machte das Wissen um die materiellen Faktoren die Spannung aus in meiner Begegnung mit einer Stadt, einer Landschaft. Nicht nach Verschiedenheiten suchte ich in Sitten und Gebräuchen, in Mythen, Tänzen und Musik, sondern nach Ähnlichkeiten mit dem, was mir bekannt war, nach Verbindungslinien zu gleichen Ursprüngen. Etwas Unverständliches gab es nicht, und wer behauptete, einem sonderbaren Volksstamm begegnet zu sein, der zeigte nur seine eigne Isolierung und seinen intellektuellen Hochmut. Einmal, sagte er, habe der proletarische Internationalismus mit dem Satz, daß es für den Arbeiter kein Vaterland gebe, einer solchen humanistischen Anschauung entsprochen. Im Oktober Siebzehn sah Lenin Indien, China, die lateinamerikanischen Länder, das noch gebundne Afrika aus unmittelbarer Nähe, in den zwei folgenden Jahrzehnten aber sei durch die wuchernde Macht des Imperialismus die revolutionäre Kontinuität zerbrochen und nur noch auf vereinzelte Erhebungen hingewiesen worden. Diese Entwicklung, sagte er, trägt die Gefahr in sich, daß Befreiungskämpfe auf das eigne Land begrenzt bleiben, daß der Gedanke des Internationalismus in den Hintergrund gedrängt wird und verloren geht und daß wir uns schließlich untereinander bekämpfen, weil keine Übereinstimmung mehr besteht in der Auffassung der Revolution. Die militärische Hilfe der Sowjetunion an Spanien, ergänzte Hodann, könnte als ein

Versuch angesehn werden, wieder zu gemeinsamen Grundlagen zu finden, sicher aber wären wir nicht, wie weit dieser Einsatz durchführbar sei, und ob er nicht auch auf einen Schlußpunkt stoßen müsse, bedingt durch die Notwendigkeit, alle Kräfte in den Dienst der eignen Verteidigung zu stellen. Für Hodann war der Aufenthalt in Spanien ein direktes Fortsetzen seiner früheren Tätigkeiten. Der Begriff von Entwurzlung, von Emigration existierte nicht für ihn. Er hatte Deutschland wohl als Vertriebner hinter sich gelassen, nicht aber, um verloren, unzugehörig, ein Flüchtlingsdasein zu führen. In Genf hatte er Aufgaben gefunden, in Oslo, in Paris, es gab Aufgaben in Spanien, und es würde immer wieder Aufgaben geben dort, wo er auf Freunde, Genossen stieß. Der Unterschied zwischen einem Emigranten und einem politischen Verbannten ist, sagte er, daß der eine sich in eine Fremdheit, in ein Vakuum versetzt fühlt, daß ihm das Gewohnte und Heimatliche auf eine schmerzliche Art fehlt, daß er oft nicht verstehn kann oder verstehn will, was ihm widerfahren ist und daß er sich abwechselnd mit seinem persönlichen Leiden und den Schwierigkeiten der Umstellung und der Versuche, sich im neuen Land anzupassen, herumschlägt, während der andre nie sein Ausgestoßensein akzeptiert, stets die Gründe seiner Vertreibung im Auge behält und um die Verändrung kämpft, die ihm die Rückkehr einmal ermöglichen soll. Deshalb, sagte er, haben wir im Exil aufkommenden Ermüdungserscheinungen, Ansätzen von Psychosen aus Funktionslosigkeit heraus entgegenzuwirken und uns stets als Aktivisten zu sehn, denen unter den Forderungen geschichtlicher Ereignisse nur verschiedne Standorte gegeben sind.

Lag Cueva la Potita versteckt, eingekapselt in einer Einöde, so war die Sanitätsstation bei Denia, umgeben von Gärten und Feldern, Landhäusern und Olivenhainen, in einer weiten Offenheit, die sich nach Nordosten hin zur Horizontlinie des Meers verlor und im Südwesten überging in bewaldete Hügel und Ketten bläulich dunstiger Berge. Nicht durch Schluchten und Geröllhalden war das Ziel zu erreichen, sondern durch ein pastorales Tor, flankiert von weißen Steinpfosten, überwölbt von luftig verschnörkeltem Schmiedewerk mit dem Namen des Besitztums, Villa Candida. Durch die Apfelsinenpflanzung mit tiefhängenden Zweigen voll reifer Früchte führte der Weg auf das hellgelbe Gebäude zu, von ebenmäßiger Form, die äußeren Kanten und die mit Balkonsäulen versehnen Fenster mit vorspringenden roten Ziegeln gesäumt. Die Bauweise im Innern glich der des Hauses am Jucar, doch die große viereckige Halle, mit dem von grün und weiß gestreiften Draperien verhängten Oberlichtfenster, hatte nichts von einer Grabkammer, jeder Schmuck, jeder Gegenstand, jedes Möbelstück war ausgewählt, gepflegt. Die in die rötlichen Sandsteinplatten des Fußbodens eingelegten Fayencen, die Delphine, Löwen, Adler, Lilien und Wappen entstammten solidem Handwerksverstand, ebenso wie die Keramikfriese, die an jeder Treppenstufe zum oberen Stockwerk Szenen aus dem ländlichen Leben darstellten. Ostindische und chinesische Porzellanteller, Degen, farbige Stiche hingen zwischen den Leuchtern an den holzgetäfelten Wänden, reich skulptierte Renaissancestühle, Truhen mit Greifenfüßen, Schränke voller Zinnkrüge, schwere Tische mit Querbalken und aufgeschlagnen Seitenklappen füllten den riesigen Raum, die Geländer der umlaufenden Galerie wurden von schraubenförmig gedrechselten Pfeilern getragen, und waren wir über die Mägde bei der Weinernte, die Eselkarren, Musikanten und tanzenden Bauern, die Jäger und Hirsche hinaufgestiegen, so bot sich uns eine gruppenweise angeordnete Familiengeschichte dar, auf gerahmten Daguerreotypien und Photographien, ein Jahrhundert umspannend, Kinder in geschnürter Kleidung, Zylinder und Frack, Damen mit Mantillas und Perlen, Herren mit allen Arten von Orden und Bärten. Merle, Bankier, war der letzte Besitzer des Hauses gewesen. Hinaustretend auf die Terrasse zur Seeseite hin, vor der Schlafzimmerfront, konnten wir den Ziergarten überblicken, voller Palmen, Zedern, Lorbeerbäume, Magnolien und farnblättriger Jakarandabüsche. Rechts erhob sich der Berg von Denia, gekrönt vom Kastell, gegenüber, an der Bucht, lag das Lazarett, ringsum, in fünf andern Villen, waren die Rekonvaleszenzheime eingerichtet worden, im Seitenbau unten, unterm steilen Ziegeldach, befanden sich Küche, Geflügelställe, Laboratorium, Verwaltungsräume. Im Labor aber gab es weder ein Mikroskop noch Glühofen, Zentrifuge oder elektrischen Wasserkocher, und in den Stuben der Administration war keine Schreibmaschine vorhanden. Das Auto war zum Hauptquartier zurückgefahren worden, Ärzte und Pfleger hatten bei plötzlichen Erkrankungen oder gemeldeten Unglücksfällen die kilometerlangen Wege zwischen den einzelnen Häusern zu Fuß zurückzulegen. Betten, Handtücher, Seife, Waschschüsseln waren in den Landsitzen kaum zu finden, die Patienten lagen auf Matratzen am Steinboden. Auch im Lazarett fehlten die einfachsten sanitären Ausrüstungen, Schutzimpfungen konnten nicht vorgenommen werden, Mittel zur Desinfizierung waren nicht aufzutreiben. Wegen des geringsten Rezepts mußte, bei mehr als dreihundert Verwundeten und Kranken, ein Bestellzettel nach Albacete, eine Tagesreise entfernt, geschickt und eine Woche gewartet werden, bis eine Ambulanz mit den benötigten Medikamenten eintraf. Während die Schlacht um Teruel ausgekämpft wurde, säuberten wir die Räume mit Wasser und Sand, zogen durch Denia auf der Suche nach Tüchern, Dekken, Eimern, Töpfen, Schreibpapier und telefonierten nach Jod, Lysol, Chloramin, nach Brom, Aspirin und klinischen Untersuchungsgeräten. Mit der Übernahme des Besitztums war, beim Schutz der Eigentumsverhältnisse, die Bedingung verbunden gewesen, keine Verändrungen an der Villa Candida vorzunehmen. Höchstens als Wohnung für den Chefarzt durfte das Haus dienen. Hodann wollte von diesem Anerbieten keinen Gebrauch machen, er bemühte sich, das Verfügungsrecht über das Gebäude zu gewinnen, um dieses als Zentrale zu verwenden. Die Errichtung der Station war planlos verlaufen. Ein paar Ärzte hatten mit zufällig zusammengestelltem Personal die geräumten Häuser mit Patienten belegt, die aus den überfüllten Hospitälern in Alicante, Benidorm, Alcoy geschickt worden waren, einzelstehende Villen und Güter, bis hinauf nach Olíva, Gandia, wurden als Unterkünfte benutzt, teilweise auch als Heim verwendet für kranke und verwaiste Kinder. Eine Organisierung der weitverzweigten Anlage war ausgeblieben, da die meisten Ärzte und Sanitäter zur Front bei Teruel abberufen wurden. Im Gutshof La Bosque stand eine Pflegerin allein mit achtundvierzig Kindern, niemand konnte nach Olíva geschickt werden, wo mit skandinavischer Hilfe ein Kinderheim instandgesetzt werden sollte. Es galt, zunächst Überblick zu gewinnen, Selbsthilfe zu schaffen, unter den Eingelieferten nach Freiwilligen zu suchen, die fähig waren, Sanitätsdienste zu leisten. Die meisten hatten, entmutigt, dem Niedergang beigewohnt und sich damit begnügt, ihr Leben zu erhalten. Erst der von Krankheit geschwächte Hodann gab ihnen einen Anstoß zur Aktivität. Warum hatte niemand von sich aus mit dem Aufräumen begonnen, fragte ich mich, warum hatte keiner der vielen Menschen, die hier versammelt waren, die Kraft zur Initiative gefunden. Es war, als hätten sie alle nur auf Hodanns Ankunft gewartet, um zu tun, was notwendig war. Dieses Fragwürdige, oft Mißverstandne, Mißbrauchte, das als Führungseigenschaft bezeichnet wurde, äußerte sich in Hodanns Fall als ein Ruhen in sich selbst, als eine Fähigkeit, zuhören zu können und andre ihren eignen Wert verspüren zu lassen. Es wurde mit den einfachsten Handhabungen angefangen, Bestandsaufnahmen wurden vorgenommen, die Belegschaften nach nationaler Zusammengehörigkeit aufgeteilt, Gruppensprecher gewählt, gemeinsame Treffen bestimmt. Wie in Cueva machte Hodann den Anwesenden bewußt, daß sie mit ihrer Entfernung aus den Frontlinien noch nicht demobilisiert worden waren. Ohne Leitung hatten viele vergessen, daß sie einer Armee angehörten.

Wieder zeigte es sich, daß der Internationalismus, der von jedem einzeln vertreten wurde, doch noch nicht die gemeinsame Sprache gefunden hatte, daß er allzu leicht, beim Zusammensein zwischen Angehörigen verschiedner Länder, Mißstimmigkeiten aufkommen ließ. Im innern Zerfall hatte sich niemand mehr um Zusammenstöße und Übergriffe bekümmert. Alles, was sich in kleinerem Ausmaß im Lager von Cueva anbahnen wollte, war hier bereits in seinen letzten Folgen zu finden, nicht nur ein pädagogisches Wirken mußte es in Denia geben, sondern ein Neubeginnen hatte einzusetzen. Der Aufbau von Ordnung und Disziplin bedeutete anfangs auch Abwehr von Gewalttaten, wie sie aus der Lethargie heraus plötzlich möglich waren. Die Seeluft erleichterte Hodann das Atmen, er blickte über den weißen Strand, über die Häuser zwischen Blumenbeeten, Mandelbäumen, Feigenbäumen, über die zerklüfteten Bergreihen bis hin zu den höchsten, verschwimmenden Spitzen, doch wenn er die Tür zu einem Zimmer öffnete, traf er auf entstellte Gesichter. Hinterm Schreibtisch in der Administration stand eine Frau, Stirn und Wange blutig zerkratzt, zwei Männer wichen vor ihr zurück, ein dritter stand untätig in der Ecke. Im Rapport hatte ich den verzerrt dargestellten Vorfall festzuhalten. Zu den wenigen Frauen im Sanitätszentrum gehörend, beunruhigte Marcauer die Phantasien vieler der isolierten Männer, und als Ducourtiaux und Geyrot, Mitglieder eines französischen Bataillons, angetrunken zu ihr ins Verwaltungszimmer kamen, spielten sie in grober Anzüglichkeit auf Liebesbeziehungen an, über die Gerüchte umgingen. Jegliche Parteischulung vergessend, ihre Brigaden entehrend, in denen sie sich viele Monate lang, bis zu ihrer Verwundung, bewährt hatten, fielen sie über die Genossin her, die die gleiche Uniform trug wie sie, und der Einbruch der Anarchie erfuhr durch die Gegenwart des stummen Zuschauers seine Beglaubigung. Dies, widerwillig, unter grotesken Beleidigungen und dem Verlust kostbarer Zeit ins Protokoll geschrieben, gehörte zum ersten Tag. Die Gesichtszüge von Soldaten, gerötet vom Alkohol, feucht von Speichel und Schweiß, gruben sich ins Gedächtnis ein, ehe die Persenning des Polizeiautos sich über ihnen schloß. Und doch war aus Hodanns Haltung, aus seinem Blick zu ersehn, daß die ständige Angst vor dem nächsten Asthmaanfall gewichen war, der psychische Druck, der sein Leiden förderte, hatte nachgelassen. Die Eroberung Teruels durch die republikanischen Truppen, die Niederlage und Gefangennahme falangistischer Regimenter trugen zum Aufkommen eines Optimismus bei. Hier, im milden Klima, während an der nördlichen Front noch eisige Kälte herrschte, breitete sich die Gewißheit einer Wende des Kriegs aus, die sich auch nicht abschrecken ließ durch die Verletzten und Schwerkranken, die in lehmbespritzten Lastwagen herbeigeschafft wurden. Eigentümlich wie diese Siegesgewißheit war der Anblick der Apfelsinenbäume, die gleichzeitig mit den reifen Früchten Blüten trugen für eine kommende Ernte. Lindbaek und Grieg kamen Mitte Januar von Teruel zurück. Sie hatte den norwegischen Schriftsteller in einem Tank vom verschneiten Valverde durch die umkämpfte Gebirgsgegend bis zur Plaza Torrija in Teruel gefahren. Seit einem Jahr war sie Angehörige des Thälmann Bataillons, um die Geschichte dieser Einheit zu schreiben. Sie sprach von ihrer Arbeit am Vorwort zu dem Buch und von den Schwierigkeiten des ganzen Unterfangens. Von Jamara an hatte sie, da Frauen in den militärischen Formationen nicht zugelassen waren, als Journalistin an allen Kämpfen des Bataillons teilgenommen. Uniform und Waffe aber durfte sie tragen. Oberst Kahle selbst hatte sie aufgefordert, den Bericht zu verfassen, doch wie, fragte sie sich jetzt, konnte überhaupt aus einem noch nicht abgeschloßnen Stadium heraus, wenn viele Zusammenhänge noch verdeckt bleiben mußten, Geschichte geschrieben werden. Die Anfänge liegen offen, sagte sie, darstellbar ist auch der räumliche und zeitliche Verlauf der Gefechte, und Augenzeugenberichte, Charakterisierungen einzelner Personen können dem Text Leben verleihn. Trotzdem bleibt dieses Berichten unbefriedigend, weil ihm die Perspektiven fehlen, die über den Tagesbedarf hinausreichen. Als politische Schriftsteller, sagte Grieg, sind wir ständig mit dem Problem konfrontiert, wie sich Übereinstimmung herstellen läßt zwischen dem Forschen um eigner Erkenntnisse willen und dem parteilichen Grundsätzen unterworfnen Gewissen. Es besteht nicht mehr das restlose Aufgehn künstlerischer Prinzipien in einer revolutionären gesellschaftlichen Lage, wie es der Fall war in den ersten Jahren nach dem Oktober. Da war jedes Wort von der Überzeugung getragen, daß es eine Wandlung vorantrieb, gleichgültig ob es sich an unmittelbare Fakten oder an poetische Gleichnisse hielt. Prosa und Gedicht, hier einer einzelnen Stimme, dort einem kollektiven Willen Ausdruck gebend, standen klar erkennbar, ohne sich je beengt oder dirigiert zu fühlen, auf der Seite des stürmischen Fortschritts. Wohl konnten sie der Kritik unterworfen werden, einer heftigen, beißenden Kritik oft, aber sie wurden empfangen, beurteilt als eine Kraft, die veränderlich war, die nach neuen Formen suchte, und die sich alle Verstiegenheiten leisten konnte. Heute befinden wir uns immerzu vor der Frage, wie weit wir bereit sind, unsre Entdekkungen taktischen Direktiven unterzuordnen. Aus diesem Grund, sagte er zu Lindbaek, erscheint dir dein Bericht dürr. Wie du ihn auch drehst und wendest, du stößt auf Zweideutiges, Strittiges. Nicht einmal die Anfänge liegen, wie du meinst, offen da, spätestens mit Beimlers Eintreffen sind sie in Dunkel gehüllt. Über Schreiner sagst du in deinem Buch nichts aus. Über Beimler erfahren wir nicht mehr, als daß er Frontkämpfer, Mitglied des Matrosenrats in Cuxhaven gewesen, dann, nachdem er am Vorabend des Tags, an dem sein Todesurteil vollstreckt werden sollte, aus Dachau entkommen war, in Moskau lebte und Anfang August Sechsunddreißig nach Spanien gelangte, wo er am ersten Dezember schon bei Madrid fiel, ins Herz getroffen aus nächster Nähe. Nichts konntest du mitteilen über die Einzelheiten seiner Flucht aus dem faschistischen Gefängnis, entweder weil du selbst nichts drüber weißt, oder weil der Feind nicht wissen darf, was du weißt, und über seinem Tod erhebt sich das Monument des Unbekannten Soldaten. Über seine Flucht hieß es, sagte Lindbaek, er habe einen Wächter erwürgt und sei in dessen Uniform entkommen. Eine solche Tat hätte ihn ausgezeichnet. Als er im Westpark fiel, zusammen mit Schuster, dem Bataillonskommissar, im Feuer der marokkanischen Scharfschützen, wurde über ihn, wie über Durruti, verbreitet, er sei von den unsern ermordet worden. Wir kennen das. Diejenigen, die solche Lügen in Umlauf setzen, sind die gleichen, die heute melden, Teruel sei wieder in den Händen der Falangisten. Ihnen ist dran gelegen, die Kämpfer verdächtig zu machen, sie zu entwürdigen, Unruhe aufkommen zu lassen und die Volksfront und die Armee zu spalten. Dort wird auch behauptet, die deutschen Bataillone seien bewußt in ihr Verderben geführt worden. Dort werden die Freiwilligen Schlachtvieh genannt. Nicht solche Verzerrungen meine ich, sagte Grieg, vielmehr will ich die Frage stellen, welchen Radius wir um ein Geschehnis zu ziehn vermögen, ob wir uns nur an den Kreis halten können, in dem wir den gegenwärtigen Rücksichten gerecht werden und den Parolen des Augenblicks entsprechen oder ob wir vorzudringen wagen zu einem unbequemen Überblick, der voller Gegensätze ist, in diesen Gegensätzen aber ein Bild von größerer Gültigkeit birgt. Wir sind Kommunisten, sagte er, wir schweigen, innerhalb des von uns selbst gezognen Rings. Mit unserm Schweigen erkennen wir die von der Partei ausgegebnen Gebote an. Wir fragen nicht nach den Gründen des noch tiefren Schweigens, von dem Rosenberg und Ovsejenko umgeben sind, die an Durrutis Sarg die Ehrenwache hielten. Wir fragen nicht, warum der geheimnisvolle General Kléber, Österreicher oder Deutscher, Held aus zahlreichen Schlachten, nicht mehr genannt wird und verschwindet, als habe es ihn nie gegeben. Wir schweigen, in der Annahme, oder in der Überzeugung, daß es wichtige Gründe für diese Vorgänge und Verordnungen gibt, doch während wir schweigen, in der Hoffnung, in der Gewißheit, daß uns die Partei zu einem späteren Zeitpunkt ihre Entscheidungen erklären wird, treten wir ein in die Gedankenregion, in der uns der Drang zusetzt, nicht nur für unsre Zeit, sondern auch für eine Epoche zu schreiben, in der das Wahrheitsbedürfnis alles jetzt Zurechtgelegte durchbrechen wird. Wir wissen, daß uns die Partei einmal, wenn sie den Augenblick für richtig ansieht, alle Zusammenhänge in ihren heute oft schwer durchschaubaren Beschlüssen erhellen wird, denn sie wäre keine leninistische Partei, wollte sie ihre Handlungen der Begreifbarkeit entziehn. Wir werden, wenn die Krise, in der wir uns jetzt befinden, überwunden ist, Kenntnis erhalten von den Zerwürfnissen und Umwälzungen, die sich gegenwärtig innerhalb der Partei vollziehn, und doch, grade weil der Gedanke der Gerechtigkeit untrennbar ist von den Grundlagen der Partei, geraten wir in einen moralischen Konflikt, in dem der objektive, nach Ungebundenheit verlangende Standpunkt des Historikers auf die Selbsteinschränkung des Parteipolitikers stößt. Wir sind Humanisten, haben gleichzeitig aber eine unmenschliche Strenge gegen uns selbst auszuüben. Für einen Autor, sagte Hodann, ist die Wahrheit unteilbar. Für ihn hat die Wahrheit ein wissenschaftlich faßbares Kriterium zu sein. Er kann zeitweise bestimmte Erwägungen zurückstellen, würden seine Aussagen eine größere und wichtigere Strategie behindern, doch müßte er jedes Vertrauen verlieren, gäbe er sein eignes Gesamtbild auf. Seine Qualität ist immer an dem Grad zu messen, in dem er sich über die tagespolitischen Begrenztheiten hinwegsetzt und sich einstellt auf das Streben der Zeitgenossen nach einer Deutung der Welt, in der wir vorhanden sind. Die Wahrheit ist ein wandelbarer Begriff, entgegnete Lindbaek. Für mich ist wahr, was unsrer Sache zu einem gegebnen Zeitpunkt am besten dient. Und doch bist du unruhig, sagte Grieg, denn du bewegst dich auf schwankendem Boden. Das ist nicht meine Ungewißheit, antwortete Lindbaek. Was ich für wahr ansehe, gehört zur Übereinkunft. Wir erwarten einen Weltkrieg, da darf kein Wort, das ich äußre, Zweifel aufkommen lassen am absoluten Übereinstimmen mit unsrer Strategie. Ich habe das massenhafte Sterben gesehn. Will ich dies erklären, kann mir nicht die Nennung von Fragwürdigkeiten helfen. Vom Risiko des Sterbens ist jeder im gleichen Maß an den Fronten betroffen. Der Entschluß, sich zur Wehr zu setzen, ist mit der Möglichkeit des Todes verbunden. Ich überschätze nicht die Bedeutung der Brigaden. Emigranten in Paris, in Prag geben sich gern der Vorstellung hin, daß der Krieg von unsern Bataillonen entschieden würde. Wohl liegen die Einheiten Thälmann, André, Beimler ständig im Feuer, doch bestehn sie höchstens aus fünftausend Mann. Auf dreißigtausend, fünfunddreißigtausend wird die Anzahl der Freiwilligen geschätzt, ein Bruchteil der Volksarmee mit ihren siebenhunderttausend Mann. Den Falangisten liegt daran, die Bedeutung der Internationalen

Brigaden zu vergrößern. Sie geben kund, daß ohne diese das republikanische Spanien längst zerfallen wäre. Sowjetische Truppen rechnen sie zu zehntausenden auf. Sie wollen den Eindruck erwecken, fremde Kräfte hätten das republikanische Spanien, zur Einführung des Bolschewismus, überschwemmt. Dies wird von der bürgerlichen Presse Europas und Amerikas übernommen, zusammen mit der Rechtfertigung des Verteidigungsbunds zwischen dem nationalistischen Spanien und Deutschland und Italien. Ebenso fälschlich aber wie die Bezichtigung einer kommunistischen Infiltration wäre es, wenn wir den Einsatz der Internationalen Brigaden verringerten. Die Hälfte von ihnen ist in der Erde geblieben, zu deren Verteidigung sie kamen. Die Verluste in ihren Reihen wurden durch Spanier ersetzt, in manchen Abteilungen überwiegen schon die spanischen Genossen. Und doch ist die internationale Teilnahme am Krieg, trotz ihrer zahlenmäßigen Geringfügigkeit, unschätzbar für den Standpunkt der Solidarität. Dreißigtausend Mann sind verschwindend wenig im Verhältnis zu einer einzigen Demonstration der Volksfront in Paris. Weil aber die hunderttausende nicht alles tun, um den Angriff des Faschismus zu brechen, so müssen die tausende immer wieder genannt werden, denn diese sind es, die aus ihren politischen Einsichten die Konsequenzen ziehn. Ihr Gewicht ist zu spüren, wie auch die sowjetischen Waffenlieferungen, von vielen als unzureichend angesehn, die Schlagkraft der Volksarmee sichern. Bei den Schwierigkeiten der Transporte unter der Blockade ist es ein Triumph, wenn wir ein Maschinengewehr in jedem Regiment haben, und bei Brunete erhielten wir sogar Panzerabwehrkanonen des neusten Modells. Von der Durchschlagkraft der Fünfundvierzigmillimeter Granaten kann ich berichten, einen Sachverhalt kann ich wiedergeben, die Mühen entstehn erst, wenn es darum geht, die persönlichen Kräfte hinter jeder Handlung darzustellen. Da habe ich Fakten gesammelt über eine kleine Formation, deren Name von symbolischer Bedeutung ist. André ist hingerichtet worden. Thälmann, trotz des Einspruchs aus aller Welt, ist weiterhin eingekerkert und von Ermordung bedroht. Die Wahl dieser Namen für unsre militärischen Einheiten ist richtungweisend. Mit dem Eintritt in die Bataillone wird eine politische Zugehörigkeit bestätigt. Wie aber soll ich dies verdeutlichen, da sich nicht der Hintergrund des einzelnen Kämpfenden feststellen läßt, da ich nicht die Impulse, die Wege kenne, die den Freiwilligen an die Front von Irún, nach Katalonien führten. So müssen die meisten in ihrer Anonymität verbleiben. Nur einzelne Namen lassen sich hervorheben, stellvertretend für die vielen, die mir an den verschiednen Kriegsabschnitten, in den vordersten Linien, begegneten. Gleichzeitig mit Beimler kamen andre Führungskräfte des Bataillon Thälmann um, die Namen Adler, Wille, Schuster sind mir bekannt. Als Geisen beim Angriff auf Santa Quiteria verwundet wurde, fielen auch der Zugführer Preuß und der Fahnenträger der Centuria, er hieß Pukallus, und zu ihren Nachfolgern wurden die drei dänischen Brüder Nielsen ernannt. Dies ist es, was mich quält, sagte sie, daß ich nicht weiß, wer sie waren, sie alle, deren hervorragendste Eigenschaft darin bestand, daß sie für Spanien ihr Leben ließen. Und jetzt bemerkte ich, wie ihr kraftvolles großflächiges Gesicht plötzlich erstarrte und grau wurde. Ich hatte sie nach den Verlusten bei der Eroberung der Klosterhöhe gefragt, und sie hatte zu rechnen begonnen, nannte neunzehn Tote, Gummel, Wagner, Schwindling, Hirsel, Engelmann, Pfordt, Lösch, Mayer, Baumgarten, Heras, Vigier, stockte dann, wußte die Namen der andern nicht zu nennen, sprach dann von zweiundfünfzig Verwundeten. Als ich sagte, ich hätte von andrer Stelle die Zahl von vierunddreißig Toten und einundvierzig Verwundeten erfahren, war sie in tiefe Verlorenheit geraten. Vielleicht, sagte sie tonlos, konnte nur ein Teil der Verwundeten beim Rückzug gerettet werden. Auch die Zahl von hundertdreiundvierzig Mann, die zum Angriff angetreten waren, konnte sie nicht bestätigen. Jede Beschreibung einer Kampfhandlung konnte widerlegt, von einem entgegengesetzten Gesichtspunkt aus vorgenommen werden. Wenn sich die Zahl der Mitglieder in einem Regiment, die Zahl der Toten und Verwundeten nicht feststellen ließ, wie sollte sich dann auch nur die Kontur eines einzelnen Menschen aufzeichnen lassen. Grieg sagte, die drei dänischen Brüder könnten aus der Ungenauigkeit hervorgehoben werden, sie seien Gestalten für ein Drama, vielleicht ließen sich an ihnen, im Fluß der Widersprüche, der durcheinandertreibenden Interessen, der Deformierungen und Wunschbilder, individuelle Eigenschaften wiedererkennen und beispielhaft machen. Lindbaek zog einen Brief hervor, aus Kopenhagen, auf dänisch geschrieben, vom Vater eines gefallnen Soldaten namens Larsen, auch er aus dem Thälmann Bataillon. Er war ein guter Sohn, schrieb er, ich weiß nur gutes über ihn zu sagen, und es war eine gute Sache, für die er sich opferte. Nur eine Bitte habe ich, laßt mich wissen, wo mein Sohn begraben liegt. Es eilt nicht, ihr habt ja Tag und Nacht zu tun, um die Welt von der Barbarei zu befreien. Aber ich möchte gern, wenn der Sieg gewonnen ist, zum Grab meines Sohns reisen und den Platz sehn, an dem er zuletzt gekämpft hat. Doch niemand, sagte Lindbaek, weiß, wo Aage Larsen begraben liegt. Es gibt viele Massengräber bei Teruel. Sein Vater, der Arbeiter ist, wohnhaft in Kopenhagen Nord, Mimersgade Fünfunddreißig, erster Stock, wird vielleicht einmal nach Teruel kommen. Er wird die aus den Ruinen wieder aufgebaute Stadt zwischen den Bergmassiven liegen sehn, mit ihrer hohen Viaduktbrücke, ihrer riesigen Arena, ihren Steilhängen, und ich werde jetzt ermitteln, wo die Einheit seines Sohns sich befunden hat, ehe sie aufgerieben wurde, so daß wir, wenn wir den Feind geschlagen haben, dort ein Zeichen setzen können, deutlich genug für den suchenden Blick des Arbeiters Larsen. Doch als Lindbaek ein paar Wochen später wieder auf dem Weg nach Teruel war, in Regenstürmen, waren die Zufahrtsstraßen nördlich von Valencia schon abgeschnitten von vordringenden Truppenkeilen der faschistischen Armeen. Nach unaufhörlichem Bombardement waren die erschöpften republikanischen Soldaten in Teruel vom Gegner umringt worden, Verstärkungen konnten nicht herangeführt werden, da eine neue falangistische Offensive an der Aragónfront und am Ebro vorbereitet wurde, und als Lindbaek und Grieg nach Denia zurückkamen, stand Teruel vor dem Fall.

Inzwischen war die Villa Candida zum Hauptquartier des Sanitätszentrums geworden. Es ließ sich nicht feststellen, ob Hodann eigenmächtig das Haus in Beschlag genommen oder persönlich mit dem Besitzer verhandelt hatte, wir fragten auch nicht weiter danach, sahn in der Übernahme des Anwesens einen Ausdruck des Kriegsrechts. Besonders schonungsbedürftige Patienten wurden in den Terrassenzimmern untergebracht, während die übrigen Räumlichkeiten um die Galerie den Ärzten und dem Personal zur Verfügung standen. Der Speisesaal unten und die Gesellschaftszimmer hinter den breiten Glastüren dienten der Verwaltung, Zusammenkünfte wurden in der Halle abgehalten. Indem wir uns einrichteten und feste Verbindungen zwischen den weit auseinanderliegenden Gebäuden schufen, veränderte sich auch unsre Einstellung zur Zeit davor, die uns zerfahren erschienen war. Als der Tag geregelt abzulaufen begann, wurde auch das Vorausgegangne übersichtlich. Wir waren unvorbereitet mitten in einen Zustand der Ermattung und Auflösung geraten, es mußte gehandelt werden, und alles, was in Bewegung gekommen war, sahn wir von unsrer gegenwärtigen Position aus, wir verstanden uns als Urheber der Geschehnisse. Dann erst wurden die einzelnen Menschen sichtbar, und während der gemeinsamen Arbeit tauchten Bruchstücke des Vergangnen auf, die langsam größere Zusammenhänge deutlich werden ließen. Wir lernten kennen, was sich vor unserm Eintreffen ereignet hatte, und dies war, wie überall, voller Improvisation, mit vereinzelten Anläufen zu organisatorischen Initiativen und Rückschlägen gewesen. Jedes Lazarett, jedes Militärlager, jede Versorgungsstätte war diesem Rhythmus unterworfen, jeder Bereich lag zeitweise gelähmt. Wie die Waffenfabriken der Republik nicht die Ausfälle durch die Blockade zu ersetzen vermochten, so war die Produktion auf allen andern Gebieten unzureichend, ständig drohte der Zusammenbruch der Verpflegung, des Nachschubs, kamen irgendwo Zeichen von Schwäche, Mutlosigkeit auf, so wirkten sie sich gleich aus auf jeden, der selbst schon Lethargie, Hoffnungslosigkeit in sich trug, und wurden zu Wellen des Niedergangs. Und immer auch war die Gegenwehr da, mit Leistungen, die kaum gewürdigt wurden, die sich verloren in immerwährenden Anforderungen, hier trafen Kleidung, Munition ein, dort wurden Flüchtlinge mit Nahrung, Unterkunft versehn, hier brauchten Erschöpfte Ruhe, dort rückten Einheiten mit neuen Kräften aus. Die Frage aber wurde gestellt, warum die Arbeiterschaft Frankreichs, Englands, Skandinaviens nicht genügend helfe, die einfließenden Gelder, abgespart vom Lohn des einzelnen Spenders, waren im Verhältnis zum Bedarf verschwindend gering, wo blieben die Kampfaktionen, wurde gefragt, wo blieb der mächtige Generalstreik, wie war es möglich, daß die Arbeiterklasse Frankreichs sich mehr und mehr ihrer reaktionären Regierung ergab und das allmähliche Auseinanderfallen der Volksfront zuließ. Die Augenblicksbilder aus der Zeit um die Jahreswende hatten etwas Flackerndes an sich, Weihnachten war die Küste von deutschen Flottenverbänden bombardiert worden, gleichzeitig wurden Typhuserkrankungen gemeldet, Nebenbauten des Lazaretts lagen zerstört, Wege zersprengt, eine Quarantänestation mußte eingerichtet, die unbeaufsichtigten, herumstreunenden Kinder mußten von der ansteckungsgefährdeten Zone abgehalten werden. Bei Mangel an Ausrüstung, in einem Schuppen, waren die Infizierten zu pflegen, die ersten Todesfälle ereigneten sich Anfang Januar, als das Lager von Denia erneut beschossen wurde, in diese Schutzlosigkeit, diese verwirrten Anstrengungen kamen wir, aus unserm kleinen isolierten Bereich, und waren, bei unsrer ersten Beurteilung der Lage, dem gleichen Fehler verfallen, der immer wieder begangen wurde in Situationen der Krise, es wurde nach Schuldigen für die Unordnung gesucht, nicht was erreicht worden war, nur Mißglücktes wurde gesehn und Fehlendes beklagt. Die Belegschaften, die nun mit neuem Antrieb an den Aufbau gingen, waren die gleichen, die wir übermüdet, zermürbt angetroffen hatten, doch auch früher waren sie ja schon am Werk gewesen, freiwillig, ungeschult, ihr Charakter hatte sich nicht verändert, sie waren nach wie vor zu Schrecken und Unentschlossenheit, zu Arbeitsbereitschaft und Selbständigkeit fähig. Können wir denn von uns behaupten, sagte Grieg, daß wir uns von ihnen unterscheiden, geraten auch wir nicht zuweilen in Stillstand, in Ausweglosigkeit, die wir dann mit fremder Hilfe, manchmal auch kraft eigner Gedanken, überwinden. Und was sind schon diese Gedanken, sagte er, was sind schon diese Sprüche, die wir niederschreiben, gemessen an den Taten, die ringsum vollbracht werden. Wir raffen uns auf zu einem Bericht, wir berufen uns auf die humanistische Verantwortung, wir lassen unsern Unwillen, unsre Verzweiflung laut werden gegenüber dem Unrecht, den Leiden, die wir mitansehn, hier aber werden die Verletzten, die Sterbenden in den Armen getragen und gebettet, hier werden die Wunden, die Krankheiten mit einem Nichts an Medikamenten, an Instrumenten und mit einem Übermaß an Hingabe, an Zuspruch behandelt. Zur Erleichtrung unsres schlechten Gewissens, weil in ganz Europa nicht genügend getan wird, um dem spanischen Volk, das für uns alle kämpft, Beistand zu leisten, zur Entschuldigung für unsre Unzulänglichkeit sind wir hier, fahren herum in dieser Verwüstung, und schicken unsre Berichte aus, die weniger wert sind als die kleinste Handreichung im Schützengraben oder an der Verbandsstelle. Griegs Werk war mir nicht bekannt. Ich versuchte, etwas von dem, was er geschrieben hatte, von seinem Gesicht abzulesen. Es war ein helles, glattes Gesicht, mit gradlinig geschnittner Nase, ebenmäßigem Mund, aufmerksamen Augen, hoher breiter Stirn, darüber dunkelblondes gescheiteltes Haar. Unter den festen, gesammelten, geschloßnen Zügen aber lag noch ein andrer Ausdruck, der sich schwer einfangen ließ und manchmal ein Enttäuschtsein, fast Trauer zu sein schien. Er war von hünenhafter Gestalt. In seinem langen, grauen Pullover, der locker wie ein Kettenpanzer hing, hätte er an einen vorzeitlichen nordischen Krieger erinnern können, wäre nicht dieses ständige Nachdenken in ihm gewesen, das seiner Stärke etwas mühevoll Gewonnenes gab. Und so, wie er zuerst harmonisch, in sich ruhend wirkte, und sein Blick dann doch diese Schattierung einer Schwermut annehmen konnte, so waren die Gesten seiner Hand, mit denen er Ausgesprochnes unterstrich, von etwas Zaghaftem, Gebrechlichem geprägt. Wir sind Humanisten, hörte ich ihn noch einmal sagen, doch unsre Humanität ist mit Schande bedeckt. Allzuviele, die ständig den Humanismus, den Pazifismus im Mund führen, die das Unrecht wohl sehn, für eine Veränderung aber nicht kämpfen wollen, sind, in ihrer Diskretion, nichts andres als Apologeten der herrschenden Klassen. Ich verstand seine Selbstanklage nicht. War es denn nicht genug, daß er hier war, fragte ich mich, tat er nicht das seine, indem er mit Frontberichten, politischen Übersichten zur Aufklärung beitrug. Alles, was wir zu tun vermochten, war Begrenzungen unterworfen, wir kritisierten die Schwächen an uns und an andren, wir unterlagen übereilten Schlußfolgerungen, wir bemühten uns darum, Ansätze von Wahrheit aus den Deformierungen herauszuschälen, grade auf Schriftsteller wie Grieg kam es an, die, indem sie von außen her ihren Blick in die Verworrenheit richteten, etwas von Zusammenhängen entdecken konnten. In der Nachrichtenverbreitung, sagte Hodann, wird nun vorgegangen nach den gleichen Mustern, die wir uns, in Enge und Ungeduld, zusammenklauben. Sündenböcke werden gesucht für die Räumung Teruels, den verlustreichen Rückzug. Da wurden zunächst Anarchisten, versprengte Anhänger Nins genannt, obgleich deren Einfluß längst als gebrochen gemeldet worden war. Plötzlich tauchten sie wieder auf und hatten, in ihrer Widerspenstigkeit, ihrer Weigerung, den Befehlen des Armeestabs Folge zu leisten, die Stadt in die Hände des Feinds fallen lassen, dann richteten die Angriffe sich gegen Prieto, den Verteidigungsminister, und es wurde nach seiner Absetzung gerufen. Auf dem Boden der täglichen Anstrengungen sahn wir den Zwiespalt im Volkskrieg aufs neue hervortreten. Zum Zeitpunkt, da die nationalistischen Armeen drohten, nördlich von Teruel her zum Meer vorzustoßen, um die Republik zu zerschneiden, wuchsen die Unstimmigkeiten in der Regierungspolitik zur Krise an, die Parteien richteten sich gegeneinander, während die Truppen ihr Äußerstes gaben, um die Stellungen bei Caspe zu halten. Hier das Aufgebot aller Kräfte zur Notwehr, dort Fraktionskämpfe innerhalb der Staatsführung. Doch auch dies ließe sich anders beurteilen, sagte Grieg. Wie in den militärischen Reihen kein Nachgeben, keine Unzuverlässigkeit aufkommen durfte, so war in der Regierung niemand zu dulden, der zum Defätismus, zu eigenmächtigen Handlungen neigte. Prieto glaubte nicht mehr an die Möglichkeit eines republikanischen Siegs. Er hatte, in Zusammenarbeit mit dem englischen Kabinett, Vorbereitungen zu einem Verhandlungsfrieden getroffen. Mewis, Anfang März zu einem Informationsgespräch nach Denia gekommen, führte weitere Gründe an, die Prietos Enthebung notwendig machten. Von Prieto, der dem rechten sozialistischen Flügel angehörte, wußte ich nichts, als daß er rund, dicklich war und der Frosch genannt wurde. Nur von Rivalitäten zwischen ihm und Caballero, von Streitigkeiten zwischen ihm und Negrín, dem Ministerpräsidenten, hatte ich gehört. Dann habe er sich, hieß es, als Günstling der Kommunistischen Partei über Caballero erhoben. Bestürzend war diese Belanglosigkeit von Kenntnissen, dieses Angewiesensein auf die totale Scheidung der Befugnisse. Immer wieder, in allen unsern Erörterungen, war das Bewußtsein dieser Zweiteilung aufgekommen, und immer wieder zurückgesunken unter dem Gewicht unmittelbarer Anforderungen. Und da vernahmen wir nun, daß der Minister, dem die Führung des Kriegs oblag, seinen Aufgaben entgegenwirkte, er, der die Truppen mitzureißen hatte, sah sie in ihr Verderben gehn. Zu seiner Unfähigkeit, seinem Pessimismus kam noch der Versuch, sagte Mewis, das Bündnis zwischen der Sozialistischen und der Kommunistischen Partei aufzureißen. Die Volksfront mußte geschützt, ihre Gegner ausgesperrt werden, nicht nur, weil sie jetzt eine Gegenoffensive vorzubereiten hatte, sondern weil die Einheitsbestrebungen in weiterem Maßstab wieder aufgenommen werden sollten. Eine Neubildung der französischen Regierung, sozialistisch orientiert, stand bevor, und hatte Blum früher auch seinen Mangel an Entschlossenheit gezeigt, so konnte doch, bei der Zuspitzung der Konflikte, mit einem Aufleben der Volksfront in Frankreich gerechnet werden. In wenigen Tagen sollte in Valencia eine Konferenz deutscher Sozialdemokraten und Kommunisten stattfinden, dieses Treffen mitten im Kampfgebiet war bedeutungsvoll für die Gespräche zwischen den höheren Funktionären in Paris. Die militärische Front in Spanien war ein Teil der großen politischen Front, die sich quer durch Europa zog. Hier waren gemeinsame Interessen der Arbeiterbewegung bereits bewiesen worden. Die Aufrechterhaltung und Festigung unsres Abschnitts wirkte sich nicht nur unmittelbar aus auf die parteipolitischen Verhandlungen, sondern stärkten auch die unermüdlich auf allen Konferenzen vorgebrachten sowjetischen Argumente für die Notwendigkeit des internationalen antifaschistischen Bündnisses. In London konferierte Ribbentrop mit Halifax über die deutschen Ansprüche auf Österreich. Vom Großdeutschen Reich mit zwei Hauptstädten, Berlin und Wien, wurde gesprochen. Göring forderte die Befreiung der Deutschen in Böhmen und Mähren. Der Vorstand der Sozialdemokratischen Partei, sagte Mewis, würde zur Entscheidung gedrängt. Braun, Garbarini, Martens und andre sozialdemokratische Angehörige der Brigaden hätten das bewaffnete Zusammengehn bereits eingeleitet. Doch es träten dabei auch alle Schwierigkeiten zutage, sagte Grieg, in denen die Verhandlungen gefangen lägen. Nicht nur um ein Aufschieben des europäischen Kriegs ginge es der westlichen Diplomatie und der sozialdemokratischen Führung, sondern auch um ein Aufschieben des kommunistischen Einflusses. Unter Vorgabe der Nichteinmischung sei man dort weitgehend bereit, ein nationalistisches Spanien anzuerkennen. Nicht umsonst habe Prieto jetzt einen Bruch heraufbeschworen. Im Einvernehmen mit den Leitern der Sozialdemokratie müsse er gehandelt haben, als er sein gegensätzliches Verhältnis zur Komintern, zum Sowjetstaat hervorhob. Zugunsten seines Aufstiegs hatte er sich der Kommunistischen Partei bedient, so wie diese ihn gefördert hatte, so lange er ihr nützlich war. Schon schob er seinerseits die Schuld am Verlust Teruels kommunistischen Fehlberechnungen und Intrigen zu. Die Sozialdemokraten, sagte Grieg, würden sich bei ihren Abweisungen drauf berufen, daß Prieto, wie Caballero, von den Kommunisten nur als taktischer Bundesgenosse innerhalb ihrer Machtbestrebungen verwendet worden sei. Um Prestige und Einflußnahme, um Zerrkämpfe und Hegemonie ginge es nach wie vor, sagte er, und dies sei, bei der Verschiedenheit der Grundauffassungen, unabwendbar, er bezweifle, ob selbst tödliche Gefahr die beiden Parteien zur Verständigung bringen könnte. Die Zeit der Freiwilligkeit sei verpaßt. Nur noch auf dem Weg des Zwangs, der Gewalt könne Einheit herbeigeführt werden. Dies alles ist hart, sagte er, und wir wollten so gern tolerant sein. In diesem Dualismus haben sich die meisten unsrer Begriffe von Grund auf verändert. In der Politik, der Kunst des Möglichen, ist kein Platz für Gefühle, und auch in der Kunst des Unmöglichen, die unsre Regungen, unser Formempfinden, unsern poetischen Sinn umfaßt, hat jetzt alles unterm Zeichen des Notwendigen zu stehn. Schönheit ist Handlung. In der großzügigen Tat finden wir Harmonie. Unser Vorbild ist Äschylus, der schwerbewaffnet ins Feld zog. So ist Dichtung ständig mit Selbstüberwindung verbunden. Deshalb fahre ich, sagte er lachend, der ich von Natur aus seekrank bin, zur See, erklettre ich, der ich an Schwindel leide, die höchsten Gebäude, suche, der ich den Tod fürchte, die Plätze auf, wo die Bedrohung am größten ist. Für Mewis, der, seit der Abberufung Dahlems nach Paris, das Kommissariat der Partei in Barcelona leitete, mußten die praktischen Probleme jedes Grübeln und Abstrahieren überlagern. Sein halb grüner, halb blauer Blick war auf Grieg gerichtet. Sein schmaler Mund schien Verachtung auszudrücken angesichts all dieser Persönlichkeiten, die nach Spanien gekommen waren, um ihren Geist in Handlungskraft umzusetzen. Oder es preßten sich seine Lippen zusammen in der Sorge um die erwarteten Auseinandersetzungen mit den sozialdemokratischen Kadern und mit Marty, der sich den Absichten der deutschen Antifaschisten in Spanien, ihre Aktivität nun auf den Kampf im eignen Land zu konzentrieren, in den Weg stellte. Marty, den Gedanken einer zweiten Front als Störung eigner Planungen abweisend, hatte seinen Unwillen über die Konferenz in Valencia geäußert und versucht, die Delegaten durch entgegengesetzte Befehle von der Teilnahme fernzuhalten. So machten sich bei all den Spannungen und Splitterungen in der Regierung auch wieder die Kontroversen bemerkbar, die es zwischen den Nationen in den Brigaden gab, und damit noch nicht genug, denn bei der Fixierung dieser Situation drängten sich die Verschiedenheiten des politischen Denkens innerhalb jeder Einheit auf. Hodann, die Hände auf die Widderköpfe vorn an den Armstützen des Stuhls gelegt, Lindbaek neben ihm, mit ihrem schwarzen

Haarschwall, einer Geisterseherin, einer Drude ähnlich, Grieg, hin und hergehend, die Wappenbilder im Fußboden betrachtend, Mewis, durchs Fenster Ausschau haltend nach dem Wagen, der ihn abholen sollte, Marcauer, am Tisch, aufblickend von den Papieren, wartend, ob es noch was zu protokollieren gäbe, diese wenigen nur, in engstem Kreis zu gleichen Aufgaben zusammengeführt, vertraten Ansichten, die in vielem nie zur Übereinstimmung gebracht werden konnten, Marcauers Stirn sah ich, von kleinen weißen Narben durchsetzt, Lindbaeks breiten, in den Linien verwischten Mund, Griegs nervöse, auf einer unsichtbaren Klaviatur spielende Finger, und allein der Stuhl, in dem Hodann saß, forderte alle Aufmerksamkeit, mit seiner kunstvollen Architektur, seinen gerippten, wellenförmig ineinander verkreuzten, den Ledersitz tragenden Seitenstükken, doch nicht gegen Grieg richtete Mewis seinen Ausfall, sondern gegen Hodann, der die ganze Zeit über eine Bemerkung Griegs nachgedacht und dann geäußert hatte, daß es doch notwendig sei, an einem Humanismus festzuhalten, an einem sozialistischen Humanismus. Da sind sie wieder, diese Paradoxa, diese fixen Ideen, rief Mewis, plötzlich wie im Einverständnis mit Griegs früherem Argumentieren, dieser Sozialismus mit menschlichem Gesicht, dieser freiheitliche Kommunismus, als stelle der Sozialismus nicht die menschlichste Form des Zusammenlebens dar, als sei der Kommunismus nicht schon gleichbedeutend mit der Befreiung der Mehrzahl. Sein schnelles Fortgehn beim Erscheinen der Ordonnanz ließ keine Antwort mehr zu, und es war auch fraglich, ob Hodann oder Grieg noch etwas entgegnen wollten, denn hinter dem Angerührten lag andres, das jetzt nicht zur Sprache gebracht werden konnte und das schwerer noch als alle spanischen Mißhelligkeiten auf uns lastete.

In dieser Zeit konnte jeder Tag historisch genannt werden, jeder einzelne das Produkt einer Leistung von vielen, die zur Entscheidung drängten, prall voll mit Ereignissen, von denen die Zukunft der Nationen, der Kontinente, der ganzen Welt abhing. Doch übermächtig waren die sich befehdenden Kräfte zwischen dem zweiten und dem fünfzehnten März zu spüren. Es war kaum möglich, die verschiednen Schichten der Geschehnisse auseinanderzuhalten, in unsre Schritte, unsre Handlungen drangen ständig die Bilder aus den Zentren ein, in denen sich Macht und Gewalt verdichteten. Wir überwachten, für unsern Nachrichtendienst, die englischen, französischen, tschechoslowakischen Radiomeldungen, skandinavische Kurzwellensender unterrichteten uns, und die deutschen Rundfunkstationen, deren tönendes Triumphieren von Grieg zu Worten übersetzt wurde, aus denen der Sachverhalt andeutungsweise hervorging. Was wir erfuhren, waren unzusammenhängende Signale, Morsezeichen, Fingerzeige, die erläutert werden mußten. Gleich außerhalb des Kremls, am Marx Prospekt, im Gewerkschaftshaus, im früheren Klubgebäude des Adels, zwischen den Marmorsäulen des Festsaals, zwischen den azurblauen Wänden, unter den riesigen Gehängen der Kronleuchter, saß Bucharin auf der Estrade, zusammen mit Rykow, Krestinski, Rakowski und den andern Angeklagten, und bekannte sich als Führer der Konterrevolution, deren Anliegen es gewesen war, den Kapitalismus im Sowjetstaat zu restaurieren. Grieg sah ihn, wie er dreieinhalb Jahre zuvor dort oben am Pult seine große Rede hielt, während des ersten Allunionskongresses der Schriftsteller, seine Rede auf die Freiheit der revolutionären Kunst, auf die bedingungslose Offenheit der Form, seine Worte hatten etwas hart Geschliffnes, Kristallisches, sie enthielten eine Vision, nicht im meditierenden Sinn, es war eine feurige Attacke, ein Gefecht, ein Parieren, es war eine Vision, die sich aus heftigen Debatten ergab, ein Einschlagen auf Engstirnigkeit und Dogmatismus, auf die Kunstgewerbler des heroischen Idealismus, eine Absage an alle Direktiven, ein Ruf nach Entfaltung der Individualität. Dort, in den letzten Augusttagen des Jahrs Vierunddreißig, schien der Grund gelegt worden zu sein für die neue Kultur, die seit dem Oktober nach ihrem Ausdruck gesucht hatte, richtungweisend war jeder Satz, getragen von der hohen Verantwortlichkeit des Sprechers, hinter ihm stand das Politbüro, die Partei. Grieg vernahm noch die Äußerungen der Freude, den Sturm des Beifalls, tausendfältig waren die Umarmungen der Versammelten von den Facetten der Lampen aufgefangen worden, und diese Spiegelflächen, die einstmals die vor Juwelen und Orden glitzernde Aristokratie im Tanz zurückgestrahlt hatten, reflektierten nun die Bilder eines armseligen Haufens von Verdammten. Wußte Grieg auch, daß Bucharin ein Jahr später allen Einfluß und nach einem weiteren Jahr jeglichen Halt verloren hatte, so war ihm dessen Erscheinung nach dem letzten Jahr der Gefangenschaft jetzt doch unglaubwürdig. Hatte ich denn noch gehofft, fragte er, er würde sich reinwaschen können von den Beschuldigungen, die während der Prozesse gegen Sinowjew, Kamenew, Pjatakow, Radek, Tuchatschewski auch über ihn herfielen, hatte ich denn noch geglaubt, er sei imstande, die vom Faschismus hervorgerufne nationale Panik aufzulösen und die sozialistische Gesetzlichkeit wieder herzustellen. Was brachte ihn, den nächsten Vertrauten Lenins, dazu, fragte er, sich vor der Weltöffentlichkeit darzustellen als Organisator des Blocks der Sowjetfeinde und alles, wofür er zeitlebens gekämpft hatte, zu verleugnen. Krestinski, klein, schmächtig, zusammengesunken, die Brille mit Stahlrand auf die Nase geklemmt, vollbrachte am Eröffnungstag des Gerichts eine Leistung, die, so hatte Grieg geglaubt, zur Auflösung des Schreckens führen könnte. Als einziger der Gefangnen hatte er sich geweigert, ein Geständnis abzulegen, nie habe er dem Block der Rechten und Trotzkisten angehört, habe von dessen Bestehn nicht einmal gewußt und keinerlei der ihm zur Last gelegten Verbindungen mit dem deutschen und japanischen Spionagedienst unterhalten. Gleichzeitig mit den Siegesmeldungen der Falangisten, die auf dem Vormarsch waren nach Fuendetodos, Goyas Geburtsort, westlich von Belchite, drang der Ankläger auf den Widerspenstigen ein, der nun in Abwesenheit gefallen war. Hören Sie zu, rief der Staatsanwalt, Sie werden sich nicht drauf berufen können, nichts gehört zu haben, und Krestinski, vormals Gesandter der Sowjetunion in Berlin, antwortete fast flüsternd, es sei ihm übel. Grieg erbleichte schon an diesem Mittwoch, als der Vorfall in verschiednen Sprachen überbracht worden war, und mehrmals sprach er davon, wie Krestinski eine Medizin eingenommen hatte, um wieder imstande zu sein, den Verhandlungen zu folgen. Das Wagnis, sagte er, in dem Krestinski mit allen bisherigen Regelungen der Prozeßreihe brach, muß ihn alle psychischen Kräfte gekostet haben, er mochte sich nur deshalb dazu entschlossen haben, weil er hoffte, die andern würden ihm folgen. Die Möglichkeit war da, an diesem zweiten März, die Wende hätte eintreten können, die internationale Presse war versammelt, ein gemeinsamer Ruf, in den wenigen Augenblicken der Bestürzung, der Erstarrung, hätte zur Aufdeckung ihrer Unschuld geführt. Doch es geschah nichts, die andern verharrten gebrochen, ihrer Vernichtung entgegensehend, die Verhörsmaschine rollte schon wieder über den Zwischenfall hinweg, erdrückte ihn zur Bedeutungslosigkeit, die Mitangeklagten machten sich, wie bisher, zu den Verbündeten des Gerichts und trieben Krestinski zum Widerruf seiner Bemerkung an. Bis zur Abendsitzung am dritten März aber gab sich Grieg noch der Erwartung hin, daß Bucharin aufstehn würde, dort in der Säulenhalle, in dem Ballsaal, daß er, kraft seiner bolschewistischen Vergangenheit, kraft des dialektischen und historischen Materialismus, die entstandne Situation erhellen würde. Doch dann wurde uns durch den Äther Krestinskis Bekenntnis vermittelt, Wort für Wort schrieben wir es nieder, um es, schwarz umrandet, in die Wandzeitung des kommenden Morgens aufzunehmen. Von den Niederlagen an der Nordfront meldeten wir nichts, taktische Rückzüge durften hier und da vermerkt werden, Fuendetodos und Caspe, Quinto und Montalban wurden von den Unsern gehalten. Grieg wiederholte Krestinskis Aussage, er stellte sich hinter den großen Tisch in der Halle, außer mir waren nur Hodann, Lindbaek, Marcauer zugegen. Er versuchte, sich hineinzuversetzen in den Geständigen. Krestinskis Worte zu seinen eignen machend, bemühte er sich darum, heranzukommen an ihren Sinn. Unterm Eindruck der Scham, sagte er, hervorgerufen durch diese Anklagebank, verschlimmert noch durch meinen krankhaften Zustand, angesichts der Meinung der Welt, bin ich nicht fähig gewesen, die Wahrheit zu sagen, jetzt aber bitte ich das Gericht, meine Erklärung festzuhalten, daß ich voll und ganz schuldig bin der schwersten Anklagen, des Treubruchs und des Verrats. Er stand eine Weile schweigend, die Hände vor sich auf die Tischplatte gestützt, auch hier, wie in Cueva, hatten wir das lange rote Fahnentuch vom Glasdach herabhängen lassen, bis tief über die Galerie. Und wenn ich jetzt bekenne, sagte er dann, daß ich Kommunist bin und daß ich bis zu meinem Ende fortfahren werde, für den Kommunismus zu wirken, so höre ich die Stimme des Richters. Sie sind kein Kommunist, schreit diese Stimme, Sie sind ein erbärmlicher Betrüger, Sie sind ein stinkender Haufen menschlichen Abfalls. Ich stelle mir vor, dies seit mehr als einem Jahr, bei Tag und bei Nacht, bis zur Besinnungslosigkeit, in meiner Gefängniszelle, in den Verhörsräumen gehört zu haben, aber ich spüre nichts dabei, es bleibt alles abstrakt, läßt sich nicht fassen, wir haben sie allein gelassen, sie sind uns in ihrer Verlassenheit unbegreifbar geworden, und wenn sie, die unendlich tiefer im Kommunismus verwurzelt waren als ich, die den Kommunismus mit ihren Taten bewiesen hatten, sich fallen ließen, wenn sie bereit sind, nicht einmal mehr einen Schatten ihrer selbst abzugeben, wie könnte ich da noch von mir behaupten, daß ich, so viel schwächer, so viel unentschloßner, befähigt wäre, meine Überzeugung, meine innre Logik und Kontinuität zu bewahren. Was ist denn dies, fragte er, das die stärksten Vertreter der marxistischen Gesellschaftswissenschaft, die zähesten und klügsten Verfechter der sozialistischen Ordnung so zerrissen hat, daß sie sich selbst nicht wiedererkennen können. Dies ist nicht mehr Krestinski. Es ist ein Namenloser. Dies sind nicht mehr Rykow, Rakowski. Dies ist nicht Bucharin, der dort behauptet, den faschistischen Staatsumsturz vorbereitet zu haben. In den direkten, nackten Faschismus sind Sie gesunken, sagte der Ankläger Wyschinski zu ihm. Ja, das ist richtig, antwortete Bucharin. Wenn er im August Vierunddreißig, sagte Grieg, zum Abschluß seiner Rede ausrief, Wir müssen es wagen, so meinte Bucharin damit, daß er die Zeit nun für reif hielt, das kulturelle, soziale, industrielle und politische Leben zu einer Einheit zusammenzuschließen, Dichtung, Kunst würden unmittelbar aus der gesamten Produktion emporwachsen, unter der Beteiligung aller, zum ersten

Mal, so verstand ich ihn, hatte sich das Bewußtsein einer kommunistischen Existenz manifestiert. Und was geschah dann, fragte er, wo hat unsre Aufmerksamkeit versagt, es konnte doch nicht möglich sein, daß das, was damals von uns allen empfunden wurde, sich zerstören ließ von einem Einzelnen, daß dieser Einzelne sich eine Position errichtete, die jeden Widerspruch unmöglich machte, die die enormen intellektuellen Energien neben ihm zerfallen ließ. Und doch, sagte er, sich aufrichtend, und doch müssen wir, aus noch völlig unersichtlichen Gründen, dem Gericht zustimmen und uns von denen, denen wir bisher vertrauten, abwenden. Ja, fuhr er nach einem Nachdenken fort, wir haben sie im Stich gelassen, die Angeklagten, aber mehr noch sie alle, das ganze Volk, das hier anklagt. In unsrer Zuneigung, unsrer hoffnungsvollen Erwartung haben wir nicht die Ereignisse kommen gesehn, die die Führung des Lands zu solcher Gewalt zwangen, wie dürften wir es wagen, jetzt Anstoß zu nehmen, Einwände vorzubringen, Maßnahmen zu tadeln, die nur so und nicht anders getroffen werden konnten. Ohne die Machtentwicklung dort wäre das Land unter dem unerhörten Druck auseinandergebrochen, und wir stünden nicht hier. Ich kannte die Kreise, in denen Trotzki in Frankreich und in Norwegen umging, alle Feinde des Kommunismus waren auf seiner Seite, die reaktionäre Presse des Westens stand seinen Artikeln gegen den Sowjetstaat offen. Was nützte es, wenn er sich nur eine andre Art des sozialistischen Lebens dachte, wenn er nur den beseitigen wollte, der ihn einst verstoßen hatte, was nützte es, wenn er behauptete, zum besten des proletarischen Staats zu wirken, da hinter ihm, sich verflechtend mit seinen Parolen, die weltweiten Organisationen standen, vom humanistischen Liberalismus bis zum profitsüchtigen Verbund mit dem Faschismus, denen es um nichts andres ging als um den Sturz der Sowjetunion. Und so werdet ihr, mit euerm Wahrheitsbedürfnis, fragte Marcauer, die Urteilssprüche anerkennen und verteidigen. Nichts werde ich gegen sie äußern, sagte Grieg. Die Bedrohungen, die sich gegen den Sowjetstaat richten, sind so groß, daß jedes Wort, ehe wir es publizieren, immer wieder und wieder auf seine Verteidigungskraft geprüft werden muß. Verschweigen können wir die Vorkommnisse nicht, sagte Hodann, deshalb müssen wir sie nach Grundsätzen auslegen, die heute notwendig sind. Wir dürfen keine Beunruhigung aufkommen lassen, müssen den Truppen zeigen, daß Kräfte da sind, die unaufhörlich wachen, die jede Verschwörung, jede Unterminierung aufdecken, müssen sie davon überzeugen, daß die Sowjetunion gestärkt aus der furchtbaren Auseinandersetzung mit den innern Gegnern hervorgehn wird. Die öffentliche Darlegung des Verrats soll zu einer Katharsis führen, die den Menschen neuen Mut, neue Ausdauer schenkt.

Im Verlauf ihrer Selbstentblößung wird den Angeklagten, so stelle ich es mir vor, eine Gewißheit zuteil, daß sie mit ihrer Aufopfrung, wenn auch auf schreckliche Weise, ihrer Partei und ihrem Land einen letzten Dienst erweisen. Für eine solche Deformierung setzt ihr euch ein, rief Marcauer, weil ihr in eurer Männerwelt verhaftet bleibt. Warum, fragte sie, will Grieg nicht die Herrschaft eines Einzelnen, mit ihren Folgen, begreifen. Er sagt, ein Einzelner könne nicht fähig sein, solch unantastbare Machtfülle für sich zu beanspruchen. Doch er selbst ist ja nicht Schöpfer des Kults, der mit seiner Person betrieben wird, der Kult kommt auf ihn zu. Die Heiligsprechung geht von denen aus, die ihr System erhalten wollen. Nichts andres ist er als der Exekutor dieses Systems. Sie alle, die sich da an der Gerichtsschranke beugen, sind dem System verfallen, sind Opfer des Gehorsams, des Respekts, der Disziplin. Sie gehn zugrunde an den Gesetzen, die sie selbst geschrieben haben, doch hätten sie diese Gesetze nicht geschrieben, gehörte nicht auch das Recht auf Befehlsgewalt hinzu, und dieses Recht war es, nach dem alle strebten. So zerschlagen, so ausgelöscht kann nur der sein, der aus großen Höhen gefallen ist. Ihrer Autorität verlustig gegangen, sind sie in den Abgrund geraten. Sie wollten selber führen, jetzt aber sind sie Entmündigte, Entwürdigte. Ich kann keine Tragik sehn in ihrer Situation, nur Wahn. Vor den Leithammeln, den Bullen, den Häuptlingen schwatzen sie nach, was ihnen eingebleut wurde, mit fremden Zungen sprechen sie sich selbst das Todesurteil aus. Von großen intellektuellen Energien hast du gesprochen, sagte sie, sich an Grieg wendend, diese Energien aber wollten nur auf eines hinaus, auf größeren Einfluß, in fortwährendem Drängen wurde einer von ihnen an die Spitze geschoben, das Aufstiegprinzip setzte ihn an seinen Platz, wo jeder ihm huldigte und jeder ihn beneidete. Sie hätten selbst den Thron dessen einnehmen wollen, von dem sie sich züchtigen lassen, denn aus Eitelkeit und Hörigkeit, aus Hochmut und Erniedrigung besteht ihre Welt. Eure Ordnung, rief sie, zeigt sich dort in der Säulenhalle in ihrer letzten Konsequenz. Wie schwelgen sie, sagte sie, in ihrer Potenz auf den Richterstühlen, und wie lassen die verstoßnen Rivalen sich demütigen in ihrer Unfähigkeit. Sie gehören untrennbar zusammen, die Impotenten und die krähenden Hähne mit ihren geschwollnen Kämmen, sie sind aneinander gebunden, sie brauchen einander, die Kommandeure und die, mit denen jetzt Schindluder getrieben wird. Grieg wehrte sich, Marcauer rede wie eine Anarchistin, sagte er, sie verstünde nicht den strengen Aufbau der Partei. Nicht in der Folge von intriganten Zweikämpfen, sondern im Wahlgang des demokratischen Zentralismus würden die Posten besetzt. Nur aus der Bindung an diese Ordnung ließe es sich auch erklären, daß die vor Gericht Gestellten die vom Kollektiv ausgesprochnen Verurteilungen akzeptierten. Und das vertrittst du, sagte Marcauer, solche Exaltation nennst du kommunistisch, nur die Folter, die zur Vollzugsgewalt eurer Welt gehört, kann einen Menschen so entäußern, daß er seine Vernichtung mit Dank empfängt. An Radek erinnerte sie, diesen Speichellecker, der zuerst falsche Zeugnisse abgab, um seine eigne Haut zu retten, um wieder klettern zu können, dann die Verherrlichung des großen Patriarchen betrieb, des Allwissenden, Allsehenden, Weisesten der Weisen, bis auch er weggefegt wurde und unterging in Selbstbezichtigungen. Was wir hier sehn, sagte sie, ist nur eine Auswahl aus der Garnitur der Oberen, es sind nur die, die das Spiel bis ins letzte mitmachen, viele, die ihr Gesicht wahrten, die sich nicht zur Verleugnung ihrer selbst zwingen ließen, die niedern, die wahren Kommunisten, wurden im Verborgnen abgeknallt, in Krestinski glühte noch ein Funke auf, dann wars auch mit seiner Überzeugung zu Ende. Seht doch, auf welche Weise die Angeklagten sich erpressen lassen. Sie geben nie begangne Untaten zu, um ihre Kinder, ihre Frauen zu retten. Zunächst wirkt dies edel, doch es kommt nur dem Weiterbestand ihres Systems zugute. Sie reißen die Familie mit, um sich in ihrer Entkräftung eine letzte Genugtuung zu verschaffen, indem sie sich als Beschützer ihrer Frauen wähnen. Die Frauen, das sind die Mitgefangnen ihres selbstsüchtigen Gefüges, die Frauen können als Geiseln dienen oder von andern Männern übernommen werden. Was hier geschieht, sagte sie, mag euch in Einzelheiten unverständlich scheinen, seinem Wesen nach aber ist es in seiner unendlichen Gleichförmigkeit allzu bekannt. Die Männerwelt, rief sie noch einmal, tobt sich hier aus. Die Gewitztesten, diejenigen, die sich am besten anzupassen verstehn, halten das Ruder, die Anspruchslosen bleiben auf der Strecke. Frauen werden da nur als Abfall gerechnet. Und wenn ihr mich Anarchistin nennt, so bin ich es in dem Sinn, als ich meine, daß die Tapferkeit keine Anweisungen braucht, die Planung schätze ich wie ihr, doch will ich sie klassenlos, ohne Bevorteilungen, ich bin für äußerste Gewalt gegen den Feind, diese aber braucht keine Büffel als Gespann, ihre Wirkungskraft ist am größten, wenn das Kollektiv intakt ist. Grieg war fahl, er stand aufrecht am Tisch, der Kommunismus hat seine Objektivität noch nicht erreicht, sagte Marcauer zu ihm, und ihr seid es, die ihn im Emotionalen, im Irrationalen zurückhaltet. Wenn ihr nicht weiterwißt, so wollt ihr glauben, ihr müßt glauben, sonst bräche euer Haus zusammen. Auch ihr, stündet ihr an der Anklageschranke, würdet euern Richtern vergeben, ihr würdet sie lobpreisen, denn sie sind identisch mit euerm Ideal. Ich stimme dir zu, sagte Hodann, in allem, was deine Anprangerung der patriarchalischen Welt betrifft. Auch das Land des Sozialismus hat es noch nicht verstanden, die Merkmale der männlichen Vorherrschaft wegzuräumen. Mit ihrem Geltungsdrang erbauten die Männer das kapitalistische Unterdrückungssystem. Auch im Proletariat wurde nur selten die Diskriminierung der Frau überwunden, ihre Stellung als Geprellte und Erpreßte war gleichartig in allen Klassen, nur in Situationen der Krise konnte sie, als Arbeiterin, ihren männlichen Genossen näherrücken. In Augenblicken großer Not oder großer Hoffnung, im Zustand des Streiks, der Revolte, der Revolution löste sich unter den Arbeitenden die Grenze zwischen den Geschlechtern auf, der Kampf gegen den gemeinsamen Feind ließ die Männer ihre konstitutionelle Begünstigung vergessen, ließ die Frau gleichberechtigt sein, da waren die gewöhnlichen Machtkonstellationen durchbrochen, fundamental und existentiell stand die Frau neben dem Mann. Dies waren immer vorübergehende Phasen, besonders zeichneten sie sich während der Commune und in der Oktoberrevolution ab, uns allen sind sie bekannt aus den Aktionen in den Betrieben, auf den Straßen. Immer nur in Einzelfällen lernten wir daraus, daß wir alle, in allen gesellschaftlichen Schichten, von der kapitalistischen Zivilisation geprägt waren, daß das System der Ausbeutung auch dem ausgebeuteten Mann ins Blut gegangen war und daß wir beim Wiedereintritt in die sogenannte Normalität weiter anzukämpfen hatten gegen die alten Bewertungen, die sich sofort geltend machten. Nach jedem Aufschwung setzte die Repression wieder ein. Hier jedoch, sagte er, begeht auch Marcauer den Fehler, die Stellung der Männer als etwas Naturbedingtes zu schildern. Die kapitalistische Männerwelt steht weiter unterm Zeichen des Kampfs aller gegen alle. Männliche Horden verteidigen ihre Besitztümer voreinander. Der sozialistische Staat aber hat damit begonnen, abzubauen, was das atavistische und antagonistische Verhältnis zwischen den Menschen bewirkte. Rückschläge haben eingesetzt, Mechanismen der Arbeitsteilung haben sich wieder breitgemacht, eine wahre Gleichheit ist noch nicht zustande gekommen. Doch wäre es falsch, sich von außen her über das noch Fehlende zu beklagen, denn was haben wir in unsern Ländern schon selbst zum Entstehn einer sozialistischen Ordnung geleistet, was haben wir selbst zu einer Verändrung der Lage beigetragen. Mit entscheidenden Umwälzungen wurde im sowjetischen Staat begonnen, auf vielen Gebieten, im Sozialen, im Erzieherischen, im Kulturellen hatten sich die Grenzen zwischen Planenden und Ausführenden, zwischen Mann und Frau, wie sie bei uns noch üblich sind, verschoben und aufgelöst. Marcauer sieht in den Prozessen die Welt des Mannes, und diese Sicht ist berechtigt. Doch diese Männer interessieren uns nicht mehr als Vertreter ihres Geschlechts, sondern als Repräsentanten der hinter ihnen stehenden ökonomischen Faktoren. Was die Verhandlungen, in solch unermüdlicher, zwangsmäßiger Genauigkeit, zum Ausdruck bringen, ist der Versuch der Rechtfertigung der jetzigen Politik gegenüber den Verteidigern der Schule, die ihren Ursprung in der Leninschen Periode hatte. Wenn Bucharin zugibt, er habe den Kapitalismus einführen wollen, so spricht er von den Handlungen der Planer zur Zeit der Neuen Ökonomischen Politik, als die Wirtschaft durch tayloristische Maßnahmen angekurbelt werden sollte, als der Staatskapitalismus als vorübergehende Notwendigkeit angesehn wurde, als man den Bauern Vorteile versprach, um sie zur Produktionssteigerung anzureizen, Tendenzen, wie sie heute in der spanischen Republik von der Kommunistischen Partei gefördert werden. Nicht das Augenfällige, der Kult, der um die Führungspersönlichkeit betrieben wird, ist von Bedeutung, das haben wir festgestellt, sondern das Prinzip der Diktatur von oben. Es geht um den Aufbau des Sozialismus in einem einzigen Land. Ausgesperrt vom übrigen Europa, bedroht vom Faschismus, muß die Kollektivierung und Industrialisierung aus dem Boden gestampft werden, Millionenmassen sind, zur sozialistischen Akkumulation, dort einzusetzen, wo sie gebraucht werden. Diesen gewaltsamen Lösungen, erreichbar nur durch äußerste Zentralisierung, widersetzten sich viele der alten Bolschewiki. Wir sehn, mehr als ein Jahrzehnt später, nach dem Ablauf einer dynamischen Entwicklung, den letzten Kampf Lenins ausgefochten von seinen Gefährten gegen den Bürokratismus, die Parteihierarchie, die allmächtige Staatsmaschine, für die Forderung auf Einblick und demokratische Kontrolle, für das Mitwirken der Arbeitenden in der Politik, für die Fortsetzung der kulturellen Revolution. Ihr seid wie Brecht, sagte Marcauer, der für viele das kritische Gewissen verkörpert, der aber auch bei der Verhaftung seines Lehrers Tretjakow an der Behauptung festhält, daß in den Prozessen Gerechtigkeit waltet und eine gigantische Verschwörung aufgedeckt und geahndet wird. Wenn es heißt, daß neue Generationen antreten, um die Weiterführung des Begonnenen zu sichern, und daß sie das Verbrauchte und Degenerierte, das ihnen im Weg steht, wegräumen müssen, so ist euer Schweigen Zustimmung. Wird euch der Terror dabei bewußt, so beruft ihr euch auf den Werdegang jeder Revolution. Den einen nach dem andern aus den Reihen der Gründer des Sowjetstaats habt ihr zerbrechen gesehn. Ihre Demütigungen vor dem Gericht, das sich Volksgericht nennt und eine Instanz der Führung ist, nehmt ihr hin. Wäre er noch am Leben, sagte sie, dann würde auch Lenin hier verklagt werden, ist doch auch Krupskaja schon allen Beleidigungen ausgesetzt worden.

Erst später verstand ich den Sinn ihrer Bemerkung. Sie wollte sagen, daß alles, was jetzt geschah, nur eintreffen konnte, weil Lenin nicht mehr am Leben war, daß er als einziger es vermocht hätte, den Tendenzen entgegenzuwirken, die jetzt Selbstzerstörung hervorriefen, sprachen doch alle Schriften, Briefe, Notate aus der Zeit vor seinem Tod von dieser Absicht. Jetzt aber trat nur die beunruhigende Frage an mich heran, ob ich bereit wäre, Marcauer, die während der ersten Monate des Kriegs, als Männer und Frauen gemeinsam kämpften, dem Luxemburg Bataillon angehört hatte und in der Sierra Alcubierre verwundet worden war, der Liquidierung auszuliefern. Ich weigerte mich, einen solchen Gedanken anzuerkennen. Doch hatte ich oft genug bezeugt gesehn, wie Genossen ohne Widerspruch die Abführung eines der ihren zugelassen und damit erklärt hatten, daß es erforderlich war zum Schutz der Partei. Die Betretenheit nach dem Disput wirkte sich ein paar Tage später noch aus, als Mewis angekommen war, als Bucharin sich, vom Morgen bis spät in die Nacht, in eine Fülle von Widersprüchen verwickelte, als Fuendetodos, dieses Dorf unterhalb des steilen Berghangs, mit seiner Quelle, die allen gehörte, mit seinen aus rohen Steinen zusammengefügten Mauern, seinen engen Gassen und dem Haus des Malers, mit seiner Umgebung aus weißem, von vereinzelten Grasbüscheln durchsetzten Sand, vom Gegner genommen wurde und Frankreich die Sperrung der Pyrenäengrenze ankündigte. Nicht mehr um mein Leben kämpfe ich, sagte Bucharin, nachdem Mewis sich aufgemacht hatte nach Barcelona, um die letzten Vorbereitungen zur Konferenz in Valencia, am dreizehnten März, zu treffen, mein Leben, das habe ich schon verloren, sondern für meinen Ruf kämpfe ich, für meine Stellung in der Geschichte. Der Eindruck, den Mewis in mir hinterlassen hatte, war schattenhaft geblieben. Kühl, sachlich, ganz den politischen Aufträgen hingegeben, schien er sich von der Kompliziertheit, der Vielseitigkeit des Charakters eines Hodann, Grieg oder Münzer zu unterscheiden. Nur einen Augenblick lang war er mir nahgetreten. Er hatte mich gefragt, warum ich noch nicht um den Beitritt zur Partei ersucht habe. Erst als ich merkte, daß mir die Antwort Schwierigkeiten bereitete, wurde mir bewußt, wie überlegt und gezielt seine Worte gewesen waren. Die Problematik kam wieder auf mich zu, wie ich mich verhalten würde, wenn die Interessen der Partei eine Absondrung von meinen Freunden verlangten. Gegen die Grundlagen und Zielsetzungen der Partei kannte ich keine Vorbehalte. Die Partei war für mich immer das unmittelbar zugängliche Kampfinstrument gewesen. Es war die Partei meiner Klasse. Ich betrachtete mich als ihr Angehöriger, auch ohne Mitgliedsbuch. In einer Unterordnung unter den Mehrheitsbeschluß sah ich keinen Verzicht auf die Freiwilligkeit und Selbständigkeit, die mit dem Eintritt in die Partei verbunden war. Doch nie durfte das Vernunftsmäßige zurücktreten, nie durften sich metaphysische Ansprüche geltend machen. Unklarheiten waren aufgekommen, die meinem Verlangen nach absoluter Integrität widersprachen. Die Partei aber war auch die Partei der Dialektik. Verbrauchtes, Orthodoxes war in sie überführt worden, doch da war auch das Junge, die Verändrungsfähigkeit, da waren die Kräfte, die sich auf die Zukunft richteten. Das Harte, Strenge, Disziplinierte gehörte zu ihr, wie die Hellhörigkeit, die Imagination. Die Gegensätzlichkeiten würden sich zu einer Synthese bringen lassen. Die Beantwortung der Frage, die Mewis, fast beiläufig, gestellt hatte, mußte aufgeschoben werden. Zu schnell liefen die Ereignisse jetzt ab, als daß wir die Ruhe zu einer Erörterung hätten finden können. Andre Vorgänge waren zu überwachen. Da kamen, in pausenloser Folge, diese dunklen, undurchdringlichen Anklagen, da war dieses unruhvolle Suchen zwischen den Trümmern zerschlagner Argumente nach Motiven, aus denen sich Rehabilitierung vielleicht noch gewinnen ließe. Es zeigten sich uns die eigentümlichen Verzerrungen des Idioms, das von den Gefangnen im Prozeß verwendet wurde, das teilweise gänzlich unverständlich war, dann wieder geheime Anspielungen und Gleichnisse zu enthalten schien. Auf Hegel war Bucharin zu sprechen gekommen, Verbrecher sind Sie, nicht Philosoph, rief der Staatsanwalt dazwischen, darauf Bucharin, gut, ein verbrecherischer Philosoph. Diese Bezeichnung, sagte Hodann, trifft genau auf ihn zu, denn die abweichende Ansicht ist die verbrecherische Ansicht. Er macht sich zu einem Äsop, dem die Herrschenden bei Todesstrafe verbieten, seine Erkenntnisse zu verbreiten. Einmal, sagte er, wenn die Archive geöffnet und uns zugänglich gemacht werden, mögen wir den Schlüssel finden zu diesem letzten Mittel der Sklavensprache. An die Nachlebenden sind seine Worte gerichtet. Wenn er zugibt, scharfe, verleumderische Reden über die Parteiführung gehalten zu haben, so will er die Aufmerksamkeit auf die Alternative lenken, die er vertrat. Abgestempelt zum Verräter, nennt er sich selbst Verräter, und für ihn ist dies gleichbedeutend mit Bolschewik, so stellt er den Bolschewismus in ein Gegensatzverhältnis zur jetzigen Parteiform. Immer wieder bezeichnet er seine Handlungen als illegal, und die Hartnäckigkeit, mit der er diese Illegalität hervorhebt, lenkt den Blick darauf, daß nur von einem bestimmten Blickwinkel aus seine Taten als illegal gelten, daß sie für ihn und die Opposition aber Legalität besitzen. Desgleichen ist seine betonte Verantwortung für die Vorbereitung, den Aufbau, die Leitung des staatsfeindlichen Blocks ein Hinweis auf sein Festhalten an der Notwendigkeit, zu einer andern Auffassung zurückzukehren. Er vergleicht sein Vorhaben mehrmals und von Wyschinskis heftigen Abweisungen unbeirrt mit einer Palastrevolution. Dies ist ein atavistischer Begriff, der mit einem sozialistischen Staat nichts zu tun haben kann. Grade deshalb aber ruft er dieses Bild hervor. Er konfrontiert die Rückständigkeit mit der Wissenschaftlichkeit, als deren Fürsprecher er sich sehn will. Doch was kann er mit solchen Zweideutigkeiten erreichen, fragte ich, warum spricht er, da er nichts mehr zu verlieren hat, nicht aus, was er meint, warum überläßt er es andern, die bald die Geduld drüber verlieren würden, seine Fabeln auszulegen. Er wird wohl eingesehn haben, sagte Grieg, daß er sich mitten in der Apokalypse befindet, da setzt er voraus, daß auch wir uns umstellen, wenn wir ihm zuhören, daß auch wir nichts Übereingekommnes, direkt Wiedererkennbares in seinen Äußerungen erwarten, nur Rätsel noch darf er aufgeben, sonst müßte er schweigen. Wir gingen dann, an diesem elften März, durch den Garten, im betäubenden Geruch der Apfelsinenblüten, nach deren arabischem Namen Azahar die ganze Küstenstrecke bis hinauf zum Ebro benannt war. Fremdartig wie die im Ohr noch nachklingenden Worte aus dem Prozeß war auch Griegs Bemerkung jetzt, über Bucharins Sohn, geboren, als eben der große Literaturkongreß stattfand. Einen Besuch zu Hause bei Bucharin hatte er erwähnt, hatte von seiner jungen Frau gesprochen, von den Bewegungen und Gebärden der Zärtlichkeit zwischen ihnen, und dann von Jurij, dem Sohn, und dies war ein Satz, der mir, in seiner formelhaften Art, immer wieder durch den Kopf ging, er liebte dieses Kind abgöttisch, sagte Grieg, und das Vorgeprägte, Fertige, Unveränderliche der Wortzusammenstellung nahm an dem Abend im Garten eine unerträgliche Bedeutung an, der Satz hing in der stillen Luft, Grieg war stehn geblieben, er hatte den Kopf weit zurückgeneigt, auf seinem Gesicht lag der Himmel, Hodanns Züge waren in einem Lächeln verzerrt. Diesem Duft, sagte er, wird eine Wirkung zugeschrieben, die uns besonders aufnahmefähig macht, alles Äußere tritt zurück und das Wesentliche kommt näher. Deshalb, fuhr er fort, lachend und hustend, werden die Ejercicios Espirituales auch vornehmlich im Apfelsinenhain ausgetragen, während der Woche, die, nach allem Gerede der Priester über Himmel und Hölle, in vollständigem Schweigen zu verbringen ist. In unsre geistigen Übungen aber drang die Nachricht vom Rücktritt der Regierung Schuschnigg und vom Aufmarsch der deutschen Truppen an der österreichischen Grenze. In Wien waren die Swastikafahnen gehißt und die jüdischen Viertel überfallen und ausgeraubt worden. Wir meldeten noch nicht, daß Belchite verloren war, konnten aber von eignen Erfolgen berichten, an der Front im Nordwesten von Madrid, in den Guadarrama Bergen, und groß angeschlagen ans Brett wurde Wyschinskis Verlangen nach einem Höchstmaß an sozialistischer Verteidigung, was in diesem Fall den Schuß in den Nacken der Angeklagten bedeutete. Das darauf folgende Tosen des Beifalls hatte Grieg noch einmal an den achtundzwanzigsten August Vierunddreißig denken lassen. Was meinte Bucharin damals, fragte er, als er von der Entfaltung der Individualität sprach. Er wollte ausdrücken, sagte er darauf, daß man das Wesen des Revolutionären, die Umwälzung des gesamten Lebens nur fassen und in sich und in der Außenwelt verwirklichen kann, wenn man im uneingeschränkten Besitz seiner Persönlichkeit ist. Mit kleinem Tintenstift machte Bucharin, von Lenin der Liebling der Partei genannt, sich noch fieberhaft Notizen zu seiner Verteidigungsrede, da fielen Quinto und Montalban, und die italienischen Brigaden des Schwarzen Pfeils, die Einheiten der Fremdenlegion, die maurischen Truppen durchbrachen die republikanischen Linien, die Weltpresse begann zu den Detonationen der deutschen Fliegerbomben vom nah bevorstehenden Ende des spanischen Bürgerkriegs zu sprechen. Bucharins Letztes Wort, um sechs Uhr abends am zwölften März, ging unter im Dröhnen der Panzerwagen, im Stampfen der fünfundsechzigtausend Mann, die in Österreich einmarschierten. Der Verlauf jeder Minute wurde jetzt bekanntgegeben, um vier Uhr nachmittags war der in Braunau Geborne über den Inn gefahren und nun von seiner Heimatstadt aus auf dem Weg nach Linz, wo ihn die Menge auf dem Marktplatz erwartete. Eine Stunde hatte Bucharin gesprochen, ich komme jetzt zum Schluß, sagte er, ich beuge mein Knie vor dem Land, vor der Partei, vor dem ganzen Volk. Auf dem Balkon des Rathauses war schon jener namens Himmler erschienen, und wir sind stolz, rief er, daß dieses Stück deutscher Erde, das unsern Führer hervorgebracht hat, nunmehr erlöst worden ist und zurückkehrt in die große Heimat. Gedrängt voll war die Halle der Villa Candida, die Fenster standen offen zum schwarzen Garten, die Gesichter der Zuhörer hatten sich verhärtet, die Münder waren verbissen, die Augen zusammengekniffen. Die meisten von ihnen stammten aus Deutschland, aus Österreich, aus der Tschechoslowakei, sie sprachen in verschiednen Dialekten die gleiche Sprache wie die, die aus dem Radio quoll, Jahre illegaler politischer Tätigkeit lagen hinter ihnen, manche waren in den Gefängnissen gewesen, viele befanden sich schon seit längerer Zeit im Exil, und alle empfanden jetzt die Trennungslinie, die der ideologische Kampf durch diese Sprache gezogen hatte. Jedes Wort verstanden wir, und doch war es, als müßten wir es uns, da es aus dem Mund des Gegners kam, erst übersetzen, wir hatten früher, als wir noch in unserm Land wohnten, diese Sätze vernommen, wie sie als Zuruf ertönten und beantwortet wurden in gemeinsamem Gebrüll, wir hatten das Schluchzen der Ergriffenheit in der Stimme der Ansager gehört und ringsum die Gesichter der Begeisterten gesehn, wir dachten an unsre ehemaligen Arbeitsplätze, an die Gespräche in der Kantine, am Feierabend, da hatte es noch die nüchternen, dem Praktischen angepaßten Worte gegeben, da gab es noch Werkzeuge, Maschinen, Häuser, Straßen, die für uns etwas Gemeinsames darstellten, durch bestimmte Tätigkeiten waren wir miteinander verbunden gewesen, doch dann schoben sich die Schlagworte der Neuordnung auch in unsern Sprachkreis hinein, die Verständigungsmöglichkeiten wurden geringer. Mißtrauen kam auf, die Gespräche wurden überwacht und verstummten, nur noch das Notwendigste wurde gesagt, was uns anging, wurde allein in kleinstem Kreis geäußert. Trotzdem war uns die Teilung der Sprache noch nicht als etwas Endgültiges erschienen, die alltäglichen Wörter umgaben uns, wir hörten die Stimmen der Kinder, der Nachbarn, wir betraten die Läden, die Bibliotheken, die Museen, alles war noch nah, wir meinten, daß die Deformierungen der Sprache äußerlich waren, daß sich die Arbeitenden im Grund nicht von der Terminologie der Demagogen anstecken ließen. Erst jetzt, von außen her, verstanden wir, daß die Verunstaltungen einer Seuche gleich tief ins Wesen der Menschen eingedrungen waren. Eine Leere war angewachsen zur Besinnungslosigkeit, die innre Not all derer, die nicht fähig gewesen waren, ihre Lage zu erkennen und einzugreifen kraft einer politischen Entscheidung, fand Ersatz, Trost, alles, was jetzt gelesen und ausgesprochen wurde, war ein Zeugnis umfassender Selbsttäuschung. Eine Lebensweise in Passivität und Gedankenlähmung trat in der Sprache zutage und zeigte die Kluft zu jener Sprache, die wir mit uns getragen hatten. Von den vielen erleuchteten Fenstern am Marktplatz redete der Reporter, sie bekundeten ihm, wo die Freunde, die Parteigenossen wohnten, einige Fenster aber, sagte er, seien noch dunkel, dort wohnten die Volksfeinde, die Juden, und jeder solle sich die Adressen merken. Dann brach er plötzlich in ein Lachen aus, das sich auf die Wartenden unten übertrug, denn ein paar der bezeichneten Fenster hatten sich nun auch erhellt. Dieses Gelächter, das aus einem Hohlraum auf uns zukam, dieses Höllengelächter, hatte nichts mehr zu tun mit dem selbstzufriednen, fatalistischen Johlen, das wir von Massenveranstaltungen her kannten, es entsprach einem Rausch, in dem das Verlangen nach Blut, nach Mord lag. In diesem Augenblick erkannten wir die sich auftürmende faschistische Macht, die ungeheure Stärke, die uns gegenüberstand und weiter anwachsen würde, ein noch nicht vorstellbares Ausmaß an Gegenwehr fordernd. Zusammengeschnürt war unsre kleine spanische Bastion, an den schrumpfenden Verteidigungslinien wurde nicht nur um das Überleben der Republik gekämpft, hier standen die Truppen schon im Vorgefecht des kommenden großen Kriegs. Wie das um zehn Minuten vor acht einsetzende Jubeln bei der Ankunft des Feldherrn voller Zerstörungswut gewesen war, so war die Stille jetzt, als er den Balkon des Rathauses betreten hatte, geladen mit der Erwartung eines Orakels. Der neue österreichische Statthalter, Seyß Inquart, verband das Zeremoniell der Begrüßung mit der Annullierung des Paragraphen Siebzehn Achtundachtzig des Friedensvertrags von Saint Germain, der Neunzehnhundert Neunzehn die Unabhängigkeit Österreichs garantiert hatte, und nach dem Gebrüll der Stimmen kam die Erklärung des Schnurrbärtigen, die sich, langsam, männlich gefaßt, kehlig zuerst, dann heiser und schrill sich steigernd, an die gesamte Welt richtete. Bereitschaft und Bekenntnis, Hingabe und Andacht, Vorsehung und Erfüllung, beauftragt, verpflichtet, gläubig und opfergewillt, Zeugen und Bürgen, dies waren einige der Stigmen, um die seine Syntax sich legte, und das Nichtige wurde vom einsetzenden Geheul zum Übermenschentum aufgebläht. Wer mit der Hand an den Schallkasten rührte, vernahm die Schwingungen der Tollwut, und wir dachten an sie, die jetzt mitten unter ihnen schwiegen und die Faust ballten, noch machtlos, in diesem Reich, das den Tod in sich trug. Wie würden sie sich in acht nehmen müssen, um sich nicht mit Worten, die in ihrer Sprache noch vorhanden waren, zu verraten, sie hatten, in die Enge gedrängt, die Begriffe, die der Sprache ihr Leben gaben, für sich zu behalten. Auch wer von uns jetzt zum illegalen Kampf ins Land käme, würde sich ständig drauf zu besinnen haben, daß die Gedanken, die in seine Sprache gebracht würden, jederzeit als Provokation erkennbar wären. Würde eine Verständigung überhaupt noch möglich sein, fragten wir uns, würden jene, die dort schrien und das Heil und den Sieg heraufbeschworen, je zum Denken zurückkehren können, würden sie je imstande sein zu erkennen, was mit ihnen geschehn war. Wir begannen in dieser Nacht zu begreifen, auf welche Zeiträume hin der Kampf sich erstrecken würde, an die bewaffnete Gewalt hatten wir bisher gedacht, nun war in gleicher Stärke der Stellungskrieg der Gedanken zu führen, Worte, Erklärungen hatten ausdauernd auf den Wegen der List das Lager des Gegners zu suchen, hier mußten die Vorstöße geplant werden wie bei militärischen Aktionen. So verstanden wir nun auch das Anliegen der politischen Führung, nie die Verbindungen abbrechen zu lassen mit denen, die aus den Reihen der Partei, der Gewerkschaftsorganisationen übriggeblieben waren, sie aufzusuchen, mit ihnen, im abgesicherten Versteck, die Sprache zu sprechen, die unsre Ansichten und Vorstellungen enthielt. Viele, die diese Sprache meisterten, waren ins Ausland gegangen, dort arbeiteten sie weiter an Satzreihen, die nicht zerfressen waren von Aggressivität, vom Zerfall der Moral, von den Entstellungen durch Despotie. Diese Werke, in denen die Traditionen einer Literatur erhalten blieben, standen außerhalb der Raserei, die im Land des Sprachursprungs um sich griff, doch würden sie im Vakuum, in dem sie sich jetzt befanden, die Spaltung überbrücken und eine Beziehung herstellen können zu jenen, deren Aufnahmefähigkeit mit jedem Tag mehr zerstört wurde, fragten wir uns. Da hatten wir wieder die Idee der Unverwüstlichkeit fundamentaler Werte heranzuziehn, die alle Katastrophen überstehn, hatten uns zu besinnen auf Begründungen, nach denen das Bewußtsein den Verändrungen der Lage nachgab und folgte, die einschneidende Ereignisse, aber auch geistige Blockierungen zu lösen vermochten, und so wie wir, in unserer Absondrung, angespannt waren, um unsre Handlungen in ihrer Folgerichtigkeit nicht beeinträchtigen zu lassen, so würden auch drinnen, in der Umzinglung, tausende andre, wie Coppi, wie Heilmann, ihre Fähigkeiten steigern, um, wenn auch nur insgeheim, ihr Bild von einer Weiterentwicklung zu bewahren. Der Feind aber befand sich erst im Anfangsstadium seiner Offensive, Österreich hatte er genommen, auf die Tschechoslowakei, auf Danzig richteten sich seine nächsten drohenden Sprechchöre, und die westlichen Mächte ließen sich von den Tiraden nicht warnen, vielmehr war es, als träfe der Ton auf ihr Verständnis, kannten sie doch aus ihrer eignen Geschichte den Drang zum Expandieren, zum Besitzergreifen, zur kolonialen Ausbeutung. Nicht mit einem Irrsinnigen verhandelten die englischen und französischen Diplomaten, sondern mit einem Geschäftskonkurrenten, der ihnen an Kniffen, an Überraschungstricks überlegen war, den Wirtschaftsemissären ging es nicht darum, ein Regime von Tortur und Raubmord aufzuhalten, sondern ihre eignen Profite zu sichern, zu jedem Nachgeben waren die herrschenden Klassen des Westens bereit, wenn sie nur selbst ihre Märkte behalten konnten und die deutsche Raubgier sich dem Osten zuwandte, den an Bodenschätzen reichen sowjetischen Republiken entgegen. So legte sich um die Verknechtung und Ausbeutung nicht nur der Stumpfsinn, sondern auch ein Gespinst von Intrigen und Komplotten. Würden da noch Stimmen durchdringen können, fragten wir uns, die aufriefen zur Einheit. Und selbst wenn morgen, in Valencia, von der Konferenz ein Manifest ausgegeben wurde, was konnte es noch besagen, da doch die sozialdemokratischen Führer die Verteidigung der spanischen Republik ablehnten und sich hinter die bürgerliche Verurteilung des Sowjetstaats stellten. Mit gutem

Gewissen konnten sie, die seit Jahren dem Zusammenschluß der Arbeiterklasse entgegengewirkt hatten, sich nun auf ihre Alternative berufen, die sich absetzte von der Krise, in die der sozialistische Staat geraten war. Das Militärkollegium des Obersten Gerichtshofs der Sowjetunion hatte sich um halb zehn Uhr abends zur Beratung zurückgezogen, Blum verhandelte, während Negrín bei ihm antichambrierte, um ihn um Beistand zu bitten, mit den Radikalsozialisten, die ihre Teilnahme an der Volksfrontregierung davon abhängig machten, daß die Nichteinmischung in Spaniens Angelegenheiten aufrechterhalten blieb, und im Linzer Hotel, dessen Namen, vom Rauschen verzerrt, wir als Wolfsgrube deuteten, schlief der Eroberer Österreichs, Kräfte sammelnd für kommende Taten. Um vier Uhr Moskauer Zeit, am Sonntagmorgen, wurde den von Scheinwerfern grell bestrahlten Angeklagten beim Surren der Filmkameras das Urteil verkündet, dies ging schnell, kein Stöhnen, kein Schreien, keine Ohnmacht, schon wurden sie nacheinander, von je zwei Soldaten, hinausgeführt, Bucharin als letzter, totenblaß, mit seinem ergrauten Spitzbart Lenin sehr ähnlich. Durch die kalte Dunkelheit vor Sonnenaufgang wurden sie zum prunkvollen Gebäude mit den vermauerten Fenstern der untern Stockwerke am Lubjanka Platz gefahren. Mittags dann, Grieg starrte übers weißlich flimmernde Meer, stand der Braunauer, tief ergreifendes unvergeßliches Erlebnis, ehrfurchtsvolles Schweigen, auf dem Friedhof von Leonding, am Grab seiner Eltern, Blums neugebildete Regierung lehnte jede Unterstützung der spanischen Republik ab, vorbei an Caspe, das die unsern noch hielten, drangen Keile der nationalistischen Armeen in Richtung Küste vor, und aus Valencia keine Nachricht. Erst Tage später, als Caspe gefallen war und tausende umgekommen waren bei den Luftangriffen auf Barcelona und die Falangisten vor Tortosa und Vinaroz standen, erreichte uns der Appell der Konferenz, die Bemühungen um Gemeinsamkeit fortzuführen, und wir erfuhren, daß Mewis und die andern leitenden Kader der Partei ihren Rückweg nach Paris antreten sollten, um von dort aus die Untergrundarbeit zu organisieren. Wir Zurückbleibenden fragten nicht mehr nach denen, die erschossen worden waren in den Kellern, niemand wollte jetzt nachdenken über das Recht oder das Unrecht der Urteile, den schuldigen oder unschuldigen Weg in den Tod, niemand wollte begangne Fehler, Mißgriffe, Wahngebilde erörtern, jetzt, da die Welt den Anschluß Österreichs an Deutschland ohne Widerspruch hingenommen hatte, da bei der Konzentration auf die eigne Verteidigung die sowjetischen Waffenlieferungen geringer werden mußten, da unser Land vor der Zerteilung, der Zertrümmrung stand, konnte es nur noch um das Nächstliegende gehn, um eine Mobilisierung der letzten eignen Kräfte, um ein unmögliches Durchhalten zum Gewinnen von Zeit, ehe ganz Europa in die entscheidende Auseinandersetzung gerissen würde.

Während der Sommermonate, Grieg war abgereist, Marcauer verhaftet, Hodann wieder heftigen Anfällen seiner Krankheit ausgesetzt, festigte sich in mir die Grundlage für eine Arbeit, die ich als meine zukünftige ansah, ohne sie noch genau benennen zu können. Nur eine Klangfarbe hatte sich eingestellt, die es mir möglich erscheinen ließ, allen Gedanken und Erfahrungen Ausdruck zu geben. Worte oder Bilder würden ihre Medien sein, je nach Bedarf. Die Schritte, die mich zur Verwirklichung meiner Absichten führen sollten, konnten jedoch noch nicht getan werden, die gewünschte Entwicklung war so verbaut, daß es eine Vermessenheit war, sie überhaupt zu erwähnen. Ich wußte nicht einmal, wohin ich mich begeben sollte, wenn die Freiwilligen, nach den Beschlüssen der Kommissionen in Genf, Spanien zu verlassen hatten. Was sich anbahnte in mir, war mir vermittelt worden durch die Menschen, die mir, in fortwährendem Wechsel, nahkamen. Ihre Stimmen, der Ausdruck ihrer Gesichter, manchmal nur ein Blick, eine Geste, eine kurze Bemerkung, das Ertragen ihrer Schmerzen, der Übergang von der Schwäche zur Zuversicht, die Haltung, von der jeder geprägt war, das Material, das in ihnen lag, gebunden oft, langsam in Erscheinung tretend, übergreifend vom einen auf den andern, dies alles fügte sich zusammen zu einem Gewebe, das seine Vollendung schon in sich trug. Dies wiederzugeben schien einfach, ich war ein unbeschriebnes Blatt, brauchte nur zu warten, bis Zeichen sich aneinanderreihten, ich kam Wahrnehmungen nah, in denen sich, in früher Jugend, dieser Augenblick vorbereitet hatte. Die Aufgabe, die sich mir stellte, hatte ich nicht um meiner selbst willen zu leisten, ich verstand sie als eine Kraft, die auch in vielen andern wirksam war und uns alle einer Klärung entgegentrieb. Gemeinsam besaßen wir dieses geschärfte Wachsein. Wir wußten, daß wir preisgegeben waren, und gerade dieser Zustand war es doch, der viele dazu befähigte, dem Ansturm einer ungeheuren technischen Überlegenheit standzuhalten. Die kleinmütige Regierung Blums war in sich zusammengefallen, Daladier hatte die letzten Ansätze zur französischen Volksfront liquidiert, englische Abgesandte untersuchten das tschechoslowakische Problemfeld, um ihren Verrat vorzubereiten, Chamberlain schloß mit Italien einen Pakt zum Schutz des Mittelmeers, der gesamte Westen, mit Rückendeckung durch die Vereinigten Staaten, machte sich an Franco, den künftigen Sieger heran, günstige Bedingungen zur Partnerschaft erhandelnd, und auch die sowjetischen Stimmen wurden versöhnlich gegenüber dem Caudillo. Alles akzeptierten wir, alles wußten wir zu begründen, das republikanische Spanien war ein Objekt, das auf dem Schachbrett höherer Interessen verschoben wurde, es mußte sich ausspielen lassen zugunsten der bedrängten Sowjetmacht, so daß diese ihre Bemühungen um ein Bündnis mit England und Frankreich weiterführen konnte. Wenn wir hörten, daß Ehrenburg in einem Artikel die Falangisten als Patrioten bezeichnet hatte, daß Litvinow im Völkerbund erklärte, der spanische Konflikt sei von den Spaniern selbst zu lösen, so sahn wir darin nicht eine Aufforderung, die Waffen zu strecken, sondern einen weiteren Ansporn, standzuhalten und die Sowjetunion zu entlasten. Je deutlicher der Wille war zur Verteidigung der Republik, desto stärker würde der Druck sein, den wir auf die bürgerlichen Regierungen ausüben konnten, grade weil es aus der Presse ablesbar war, daß uns der Halt genommen war und unser Land geopfert werden sollte, klammerten wir uns alle an diesen Boden, und die Einheiten der Brigaden, denen nur noch wenig Zeit blieb, sahn wieder den Sieg vor sich, um dessentwillen sie sich nach Spanien aufgemacht hatten. Nach dem Beginn unsrer Offensive am Ebro war es tatsächlich, als könnte es noch gelingen, den Feind aufzuhalten, bis der Krieg auf ganz Europa übergreifen und den Abzug der deutschen und italienischen Truppen fordern würde. Die Stabilisierung der Linien nach dem Durchbruch bis vor Villalba und Gandesa hatte gezeigt, daß wir immer noch Reserven an Energien besaßen, und wir hielten fest an der Vorstellung, daß in letzter Stunde noch die große einheitliche Front gegen den Faschismus entstehn würde. Daran zu denken, es könnte eine Selbsttäuschung sein, wäre gleichbedeutend gewesen mit einem Verrat an unsern Grundsätzen. Alles, was wir taten, war auf die Gemeinsamkeit gerichtet, wir sahn vor uns, von Land zu Land, das Aufsteigen des Internationalismus. Ohne die Gewißheit, daß die Solidarität ringsum anwachsen würde, hätten die bis über die Hälfte reduzierten Bataillone und die spanischen Verbände der Volksarmee nicht den Fluß und die gegnerischen Stellungen bezwungen. Bei diesem Vorgehn zeigte sich die unabdingbare Zusammengehörigkeit, die verbißne Übereinstimmung zwischen Denken und Handeln. Der Besitz des Lebens wurde bedenkenlos eingesetzt, verwundet zurückgeschleppt besannen sich einzelne vielleicht auf einen entfernten Rückhalt, wurden dann aber gleich wieder an jene gebunden, die in den Schlachtfeldern lagen. Bei uns im Lazarett, dessen Abbau schon vorbereitet wurde, konnte es geschehn, daß manche, augenblickslang, in Geistesabwesenheit verfielen, ihre Gesichter wurden flach und leer, bis andre sie zu sich heranzogen und sie wieder eins wurden mit den Geschehnissen. Mochten die einzelnen auch aus verschiednen Beweggründen zum Anschluß an die Brigaden geführt worden sein, und gab es für jeden auch Stunden von Schwäche, von Entmutigung und konnten einzelne sich auch einer Verirrung, eines Vergehns schuldig machen oder ganz von sich abkommen und sich damit auch lossagen von uns, so mußten sie alle doch zu der umfassenden Kraft gerechnet werden, die sich hier sammelte. Jeder hatte seinen eignen, besondren Anstoß erhalten und sich aus einer Umgebung gelöst, die nur ihm gehörte, jeder war Schwankungen unterworfen, und doch waren sie alle, vom Tag ihrer Ankunft an, von gleichem Ursprung, standen in einem neuen, gemeinsamen Beginn. Hatte es sich ihnen nicht schon früher gezeigt, so empfanden sie es in diesem Sommer, wie sehr sie ineinander verwurzelt waren und wie unauflösbar diese Nähe war. Wenn nun trotzdem, in einem plötzlichen Absacken, in einem Aufschnellen des Triebs, nur sich selbst zu erhalten, jemand die Zusammengehörigkeit betrog und sich selbst verstieß oder verstoßen werden mußte, so zeigte uns dies vor allem, wie schwierig es war, ständig im Einklang mit sich selbst zu sein, und wie nicht nur der einzelne auf sich, sondern alle auf den einzelnen einzuwirken hatten. Und weil da nicht nur unsresgleichen waren, verantwortlich füreinander, unter konstanten Leitzeichen, und wir befallen wurden aus zahlreichen Richtungen, gehörten die Ermüdungen und Zusammenbrüche zu uns, und nicht selten erkannten wir uns grade in ihnen wieder. Während ich auf der Karte in der Villa Candida die Pfeile und roten Linien zeichnete und die Stecknadeln mit den Fähnchen versetzte, kamen die numrierten Hügel, die Wege und Ortschaften im Bogen, den der Ebro zwischen Fayón und Tortosa beschrieb, unmittelbar auf mich zu. Wenn in einem Monat, Anfang September, die Räumung des Rekonvaleszentenheims, der Abtransport der Verwundeten nach dem Süden beendet waren, würde ich mich bei der Rekrutierungsstelle in Valencia zu den bewaffneten Verbänden melden. Nachdem die Republik, am fünfzehnten April, bei Vinaroz geteilt worden war, war die Schraffierung, die ich zur Darstellung der eindringenden feindlichen Truppen mit dem Lineal auf der Karte vornahm, zusehends breiter geworden, bis sie hinter Castellón aufhörte. Immer wieder waren die Vorstöße in Richtung Sagunto, Valencia bedrohend, zurückgeschlagen worden, und auch an der nordwestlichen Front wurde, in einem wogenden Halbkreis, die Hauptstadt gehalten. Die Karte betrachtend sahn wir den klobigen, zerbeulten, geschundnen Leib unsres Lands, den an der Brust abgeschnürten Rumpf und oben

Hals und Kopf, ständigen Schlägen ausgesetzt. Nervenfäden gleich erstreckten sich die Straßen nach Murcia, Almería, Albacete, Cuenca, unerreichbar war für uns Barcelona geworden, der Sitz der Regierung, aber noch schlug der Puls in Madrid, noch spürten wir die Offenheit zum Meer. Und so drang der Blick ein ins Zentrum der Schlacht, war es auch still über Denia, so hörten wir doch das Dröhnen des Sperrfeuers, Liebknecht, Thälmann, André, Beimler hatten als erste den Strom überquert, mit ihnen waren Garibaldi, Gramsci, Lincoln, Dombrowski, Dimitroff gekommen, und der Zwölfte Februar und die Commune de Paris, Stoßtruppen in den Reihen der Angehörigen aller spanischen Landschaften. Mora de Ebro, Miravet, Benisanet, Pinell, Corbera, Fatarella, Mequinenza, die Berge von Pandols, diese Punkte, Striche, Flecken lagen mitten im gleißenden Licht, in den Kugelschwärmen, in der aufsprühenden Erde, wir waren zwischen ihnen, die im Sand, im Geröll, im Gestein auf die Dörfer, die Anhöhen zukrochen, zustürmten, wir waren in den kleinen Booten, die abgestoßen wurden von der Böschung, hinter uns, emporsteigend vom Ufer, die Gemäuer mit gewölbten Fenstern, Arkaden, Türmen, wir wateten durch das reißende Wasser, der Feind hatte im Norden die Schleusen geöffnet, wir fühlten in den Händen den Griff um die Planken der Pontons, um die Schaufeln beim Befestigen der Brückenköpfe. Ihnen allen, die hier in Denia lagen, mit ihren Verletzungen, ihren seelischen Erschütterungen widerfuhr noch einmal, was sie in den Gefechten ereilt hatte, und wir, die ihnen die Verbände wechselten, die ihnen die Stümpfe wuschen, spürten ihr Zittern in uns. Unser Leib, der Leib des Lands, war ein einziger Schmerz, blutüberströmt, zerhackt war er, doch überall entwickelte er ein neues Zugreifen, ein neues Zurückschlagen. Wir hatten gesagt, daß wir alles verstünden, was oben geschah, in den Gesandtschaften und Kabinetten, den Wirtschaftszentren und Generalstäben, doch wir taten nur so, als ob alles seinen Sinn hätte, wir kritzelten mit Kreide Berichte aufs Brett, die uns zugekommen waren aus den Ministerien, den Sälen des Völkerbunds, wischten sie wieder weg, legten neue Nachrichten drüber. An der Geschichtsschreibung hatten wir nicht teil, die Geschichte schrieben andre für uns, Mengen von Fakten wurden erbracht, Material für künftige Bücher, für Bibliotheken oder für Archive, dem Einblick entzogen, fieberhaft wurde notiert, durcheinander tickten die Telegraphen, schwirrten die Stimmen der Reporter, für uns galt immer etwas andres, etwas, das nicht genannt wurde, das nichts zu tun hatte mit dem, was in scheinbarer Übersichtlichkeit sich auf den Seiten der Zeitungen in großen Schlagzeilen ausbreitete. Was bei uns zutage trat, war nicht geordnet, oder vielmehr, es unterstand andern Folgerichtigkeiten, es gehörte nicht den breitfließenden Strategien an, sondern kam tropfend, kaum hörbar, aus trocknen, verschorften Lippen. Die Pressedienste nannten alles beim Namen, was auch für uns von Bedeutung war, die Ortschaften, die im Feuer lagen, die Daten der Angriffe und Rückzüge, die Zahlen der Toten und Verwundeten, die Namen der Armeeführer, und doch war es, gedruckt oder als Rundfunkmeldung, fremdartig, es wurde dahingesagt, als brauche sich im Grunde niemand davon stören lassen, blitzhaft konnten wir es liegen sehn zwischen Kaffee und Brötchen auf den Frühstückstischen oder es hören als Begleitgeräusch zum Abendbier, die, die es mitteilten, und die, die es aufnahmen, blieben unbeteiligt, auch wenn sie förmlich von Leichenbergen eingekreist waren, auch wenn sie vom Ernst der Situation sprachen. Zu wissen, daß die meisten nicht mehr mit uns rechneten, gehörte in Spanien zum Überleben, wer an uns dachte, sah uns höchstens als eine Art von Gladiatoren, die irgendein Todesspiel betrieben, Filmstreifen überbrachten der noch unversehrten Welt ein paar Wolken von Staub, in denen Kämpfende untergingen. Doch auch diese Vorstellung, daß es außerhalb unsres Bereichs Menschen gab, die friedlichen Tätigkeiten nachgingen und denen solch ein Alltag das Natürliche war, berührte uns nur flüchtig, für uns gab es den Begriff des Abstands kaum mehr, was draußen Kriegsschauplatz genannt wurde, ein Stück Geographie, dem ein zerstreuter Blick sich zuwenden mochte, war unsre bloßgelegte Haut, da wurden Gräben eingeschnitten, da grub sich das Messer bis tief an die Knochen, Sand barst hervor, die Finger verkrampften sich im Sand, Sand knirschte zwischen den Zähnen. Ein schnell gesprochner Hinweis auf Truppenverschiebungen, das war für uns ein unendlicher Weg von Erdwall zu Erdwall, bei dem wir mit dem knorpligen Stamm eines Olivenbaums, mit einem Felsblock verwuchsen, bei dem Gebüsch und Gras unser Gesicht überwucherte. Lindbaek sagte, daß viele doch über den Skizzen saßen, die, nachts ausgedruckt, dem vergangnen Tag schon nicht mehr entsprachen, daß auch ihnen diese punktierten Linien, diese Speerspitzen, an denen Kompanien, Bataillone, Divisionen hingen, ins Blut gingen, daß sie die kleinen, hingetupften Zeichen von Trümmerhaufen anstarrten und sie mit ihrem eignen Leben verbanden. Gleich stimmten wir ihr zu, gleich waren wir bereit, die internationale Einigkeit zu sehn, wir waren ja selbst aus ihr hervorgegangen, dann aber waren wir wieder auf uns gestellt, nur noch unser Krieg war dies, unsre Zerfleischung, und der Triumph gehörte nur uns, wenn wir dem Gegner wieder eine Stunde abgewonnen hatten. Marcauer war zum ersten Mal verwarnt worden, als sie äußerte, es würde sich niemand mehr drum bekümmern, wenn mit den abziehenden Resten unsrer Brigaden nicht auch die deutschen und italienischen Streitkräfte Spanien verließen. Es war, als trauten wir unserm Land, bis in den August, Unverwüstlichkeit zu, wir machten uns blind für alle Zeichen, die vom Gegenteil sprachen, auch die riesigen Verluste ließen uns unsre Agonie noch nicht erkennen. Von unserm Sieg sprachen wir, und tatsächlich war diese Zählebigkeit ein Sieg. Ja, sagte Marcauer, wir geben der Welt ein Beispiel, wir tun, was getan werden muß, doch was hilft es, da niemand uns nacheifert, da der Kranz mit den Schleifen der Parteien und Gewerkschaften für uns schon bereitliegt, die Begräbnisreden schon geschrieben sind. War es wirklich ein Sieg, daß wir immer noch nicht zurückgewichen waren, immer noch in Reichweite Villalbas, Gandesas lagen, immer noch das Delta des Ebro hielten, war es ein Sieg, fragten wir uns Ende August, daß sich die Letzten der Internationalen Brigaden dem Feind heftiger als je zuvor entgegenwarfen, ehe der Befehl zum Rückzug gegeben werden sollte. War das Ausharren in der Zermürbung ein Sieg, während die militärische Führung in sich zerstritten war, viele Generäle die Operationen abbrechen, Schluß machen wollten. Es war ein Sieg. Auch die Verwundeten bejahten es, die bei Tag und Nacht eintrafen und kurz blieben, ehe sie weiterfuhren nach Süden. Es war ein Sieg, so lange wir das Bestehn einer Brüderlichkeit sahn. Es war ein Sieg, so lange der Internationalismus noch nicht ganz aufgerieben war. Immer wieder wurden Namen genannt, in denen sich das Leben aller Kämpfenden verdichtete, Kahle, Líster, Walter, Flatter, Mirales, Namen die sich abhoben von den Zaghaften, von denen, die Verrat, Kapitulation planten. Oft wurde von Modesto berichtet, dem Achtundzwanzigjährigen. Er war klein, ja schmächtig, doch sein Mut übertrug sich auf die andern, oder er gab die Kräfte weiter, die seiner jugendlichen Offenheit zugeflogen waren. Heldenmut, Hodann sprach über dieses Wort, das anrüchig geworden war, weil man es für falsche Zwecke benutzt hatte. War dies, was hier am Ebro stattfand, nicht heldenhaft, fragten wir. Und wenn es heldenhaft war, war es dann nur heldenhaft auf unsrer Seite, und nicht auch drüben, konnte der Einsatz des eignen Lebens überhaupt verschiednen Vorzeichen unterstellt werden, besaß der Feind nicht im gleichen Maß wie wir das Recht, von seinen Helden zu sprechen. Wir hatten es zumeist vermieden, den Begriff des Heldentums zu verwenden. War er auch untrennbar mit den Leistungen des proletarischen Kampfs verbunden, so klangen doch falsche, pathetische Töne mit. Wie aber waren dann die Taten der unsern zu unterscheiden von den Handlungen des Gegners. Heldenhaft, das war zunächst der Schritt über das Gewohnte hinaus, der bewußt vollzogne Bruch mit jeglicher Geborgenheit, jeglicher Aussicht auf privates Weiterkommen, die Einordnung in ein Prinzip, das einer überpersönlichen Sache galt. Heldenhaft also waren die, die trotz Furcht und Entsetzen einstanden für ihren Entschluß und um der für sie gültigen Idee willen das Risiko auf sich nahmen, alles andre, was sie liebten, zu verlieren. Heldenhaft war das uneigennützige Eintreten für eine Verbeßrung des Lebens von vielen. Die auf der andern Seite waren wohl der gleichen Gefährdung ausgesetzt wie wir, doch was sie erreichen wollten, gehörte nicht ihnen, konnte weder ihnen noch ihren Nächsten Erneurung bringen. Nicht aus Überzeugung waren sie angetreten, vielmehr hatten sie sich mitziehn lassen, aus jener Gleichgültigkeit heraus, die ihrem Mangel an Urteilsvermögen entsprach. Als Grund für ihr Kämpfen hätten sie nichts andres nennen können als das, was ihnen eingetrichtert worden war. Doch durften wir sie deshalb geringer schätzen, wurde gefragt, hatten sie nicht den gleichen Preis zu zahlen, hatten sie nicht die gleichen Schmerzen zu ertragen. Und schließlich, war es nicht fast heroischer, für etwas zu kämpfen, was aufgezwungen wurde, als zu kämpfen in Freiwilligkeit, mit der Zukunft einer Klasse vor Augen. Hier gab es nur die eine Antwort, daß derjenige, der sich für den faschistischen Raubkrieg opferte, sich sinnlos opferte. Unser Sieg, das, was wir unsern Sieg nannten, lag darin, daß wir, wenn auch nur für kurze Zeit, den Willen zur Befreiung, die Idee der Gerechtigkeit bewiesen hatten und die ungeheure materielle Übermacht aufhalten, ja in Panik versetzen konnten. Das ist das Kräfteverhältnis heute, sagte Hodann, von Fortschritt und Reaktion. Alle Macht, die das Alte erhalten will, steht auf der nationalistischen Seite, während wir nur die Hoffnung besitzen, daß unsre jetzige Unterlegenheit einmal gesühnt werden wird. Das gesamte Kapital einigt sich auf ein einziges unwiderlegbares Argument von Panzern, Artillerie und Luftgeschwadern, diejenigen aber, die für die Republik einstehn, sind in sich zerrissen, und es bedarf noch furchtbarer Anstöße, um Sympathien umzusetzen in aktive Beteiligung. Für Hodann waren die Vorgänge am Ebro das Sinnbild vom Entstehn einer neuen Kultur. Nur aus solchen, die eigne Begrenztheit übersteigenden Handlungen, sagte er, entsteht geistige und gesellschaftliche Entwicklung. Dies sei Wunschdenken, antwortete Marcauer. Von der Politik werde unser Heroismus längst nicht mehr in Betracht gezogen. Es schenke uns zwar Genugtuung, daß wir die Stellungen noch hielten, doch für die Geschichte sei nur bedeutsam, daß England, Frankreich, die Vereinigten Staaten den Generalissimo bereits anerkannt hatten, da er ihnen die Neutralität seiner Regierung im kommenden Krieg zugesagt habe. Und dann riß sie noch einmal an, was wir früher schon abgelehnt hatten, daß der Zusammenbruch kommen müsse, weil dem Kampf von Anfang an der Boden entzogen worden sei, weil die Absage an die Revolution die Kräfte des Volks gelähmt hatte. Hier widersprach auch Hodann zornig. Dies sei jetzt nicht auszumachen, sagte er, die Deutung dieser Zeit müsse der künftigen Forschung überlassen bleiben. Wir sahn Marcauer als verstört an, Lindbaek empfahl ihr Ruhe, Zurückhaltung während der wenigen Wochen bis zur Evakuierung. Doch sie war besessen davon, alles auszusprechen, was sie bedrängte, ständig zurückzugreifen auf Geschehnisse, die in unsern Augen nichtig geworden waren angesichts aller bevorstehenden Schwierigkeiten. Da tauchte wieder dieser stumpf herausschießende Name der kleinen resistenten marxistischen Partei auf, gegen deren gefangne Führer das Militärgericht nun einen Prozeß vorbereitete. Warum, fragte sie, wenden Regierung und Generalstab jetzt, da es um Leben und Tod der Republik geht, einer Handvoll Oppositioneller, die ohnedies zu keiner Einflußnahme mehr fähig sind, soviel Aufmerksamkeit zu, es sei denn, um die These des Verrats immer wieder zu beweisen, um Fehlschläge in der eignen Politik wegerklären zu können. Vor allem aber um Nin ging es ihr. Seine Liquidierung im vergangnen Jahr durch Polizeiagenten, sagte sie, sei Grund genug zur Empörung, als noch schwererwiegend aber sehe sie an, daß sich in der Hinnahme eines solchen Geschehns eine Einstellung zeige, die ein Hohn sei auf unsre Ziele, ein Betrug an all denen, die zur Verteidigung des Lands gekommen waren. Wir erinnerten an Badajoz, wo im August Sechsunddreißig das Morden nach jeder faschistischen Eroberung begann. Tausende von Menschen waren dort in die Arena geführt, von Maschinengewehren niedergemäht und mit Säbeln abgestochen worden. Guernica, Bilbao, Gijón, Teruel, was sind das für Namen, sagten wir, gegen ein paar Einzelgänger, die beseitigt werden müssen, weil sie die eigne Front gefährden. Wie kann der spanische Volkskrieg, fragte sie, je von unsrer Seite in seiner Gerechtigkeit dargestellt werden, wenn wir ihn mit Heucheleien besiegeln. Weder gehöre ich Nins Organisation an, sagte sie, noch bin ich Trotzkistin, sondern seit meiner Jugend Mitglied der Kommunistischen Partei. Ich will wissen, auf welche Weise meine Partei das Geschichtsbild ausformt, für das auch ich verantwortlich bin. Nin, wandten wir ein, sei nach Zaragoza entkommen und dort von den Faschisten erschossen worden. So hatten wir es gehört. Dort, wo er gewesen war, sagte Marcauer, gab es keine Möglichkeit zur Flucht, und den Ort, an den er gebracht wurde, konnte er nur als Toter verlassen. Am sechzehnten Juni Siebenunddreißig war er verhaftet worden. Auf der Liste der Gefangnen fehlte indessen sein Name. Spanischen Genossen aber war bekannt, daß er in

Madrid, in einem Gebäude der Partei, von Beamten des sowjetischen Sicherheitsdiensts verhört wurde. Nichts gäbe es einzuwenden gegen seine Gefangennahme, antworteten wir. In Barcelona habe er sich am Aufruhr gegen die Regierung beteiligt. Verständlich sei auch, daß unsrer Schutzmacht an der Klarlegung des Falls gelegen sein mußte. Es wäre Sache seiner Landsleute gewesen, sagte Marcauer, sich mit ihm zu befassen. Doch nicht einmal für Caballero, der seine Freigabe verlangte, war er erreichbar. Überall in der Öffentlichkeit wurde damals die Frage gestellt, wo ist Nin, was habt ihr mit Nin getan. Mitglieder der Partei, der Gewerkschaften, des Kabinetts gaben ihrer Bestürzung Ausdruck darüber, daß die Legalität, die sie als Grundlage der Republik ansahn, außer Kraft gesetzt worden war. Das Justizministerium, verurteilt zur Machtlosigkeit, konnte nur mitteilen, daß Nin sich in Gewahrsam, in Schutzhaft befinde. Die Untersuchungskommission war von Rosenberg und Antonov Ovsejenko eingerichtet worden. Diese, sagte sie, sind jetzt selber Opfer der Willkür geworden, zu deren Entstehn sie beigetragen hatten. Wir versuchten, Marcauer zum Schweigen zu bringen, sie vor ihren eignen Worten zu schützen. Doch wenn wir von unserm Krieg sprechen, sagte sie, in Gegenwart des politischen Kommissars, so müssen wir auch sprechen von dem andern Krieg, der gleichzeitig in den eignen Reihen gegen die Vertreter abweichender Meinungen ausgekämpft wird, von einem Krieg, dessen Waffen ich nie billigen kann. Nin wurde gefoltert. Er sollte zu Bekenntnissen gezwungen werden. Er weigerte sich auszusagen. Als die Regierung am vierten August der wachsenden Beunruhigung mit einer Note antwortete, daß sich nichts mehr über Nins Verbleib ermitteln ließe, war dieser bereits nach Alcalá de Henares, außerhalb Madrids, transportiert worden, in ein Gefängnis, das der Partei unterstand. Ich bin dort gewesen, sagte sie. Ich habe die Sandgrube gesehn, in der er hingerichtet wurde. Goya hat diese Böschung gemalt und den Blick in die Gewehrmündungen, dieser Blick läßt mich nicht los. Niemand mehr konnte Marcauer beistehn, als ihre Arrestierung angeordnet worden war. Wir wollten die Bedeutung der Vernehmungen, die sie zu erwarten hatte, verringern. Gewiß würde Hodanns ärztliches Gutachten sie vor einer schweren Bestrafung verschonen. Ihre Leistungen würden anerkannt, ihre Aussagen auf Überanstrengung zurückgeführt werden. Doch dabei wußten wir schon, daß wir den Gedanken an sie, die aus Hamburg, aus einer großbürgerlichen jüdischen Familie stammte, verdrängen würden. Und bald schon verwischte sich die Stunde am frühen Morgen, als sie von der Militärpolizei abgeholt wurde, und nur der Eindruck hielt sich noch, wie sie unten in der Halle der Villa Candida den Sand beschrieb, zu fahlem

Gelb beleuchtet von der abgestellten Laterne, das Weiße in den aufgerißnen Augen, die dicht aneinandergereihten Rücken des Exekutionskommandos, und seitlich hinter ihr, an der Wand, waren ein paar der gerahmten Stiche des Bankiers Merle zu sehn, die Ruine des Diana Tempels auf der Burghöhe von Denia darstellend, das Amphitheater von Saguntum und die Elefanten des Hannibal auf den Flößen, bei der Fahrt über den Ebro.

Was aber wäre, schrieb Heilmann, wenn Herakles nicht unverzagt, ständig die Befreiung der Unterdrückten vor Augen, Ungetümen und Tyrannen seine Taten entgegengesetzt hätte, wenn wir sagen müßten, daß er von Furcht und Schrecken geplagt war und seine Handlungen nur dazu dienten, die eigne Schwäche und Vereinsamung zu überwinden. Es hatte zwei Monate gedauert, bis Heilmanns Brief, nach Warnsdorf und weiter nach Prag, dann nach Paris und Albacete geschickt, mich in Denia erreichte. Vielleicht aber, schrieb er, kommt es auf das gleiche heraus, ob der Weg, den Herakles zurücklegte, voll Lust und Übermut oder mühsam und entsagungsvoll war, da doch nur das Erreichte gerechnet und die Frage gestellt wird, wem dies zugute kam. Wir hatten in ihm den Menschen gesehn, der das Hierarchische und Irrationale hinter sich ließ, der, seiner begünstigten Stellung entledigt, zuerst selbstsüchtig die alten Gesetze zerschlug, dann aber zum Wohl andrer einzugreifen lernte. Er war für uns der Irdische, dem es darum ging, die Natur zu beherrschen, der zum ersten Mal klarmachte, daß hier, im Diesseitigen, die Verändrungen, die Verbeßrungen stattfinden mußten, daß nichts andres uns nützt als das, was unmittelbar spürbar ist, was, bei handfestem Zupacken, die Lage erleichtert. Selbst wenn er uns prahlerisch erschien, aufschneiderisch in seiner nur vom Löwenfell umhüllten Nacktheit, auf jede kriegsmäßige Bewaffnung verzichtend, nur mit einer Keule ausgerüstet, so hatte er doch unsre Bewundrung geweckt, denn seine Tollkühnheit, sein höhnisches Wüten war immer nur darauf gerichtet, den Sterblichen beizustehn gegen das Monströse und Destruktive. Von Geburt an war er, der Sohn des Zeus, der Bosheit und Hinterhältigkeit, den Betrügereien und Übergriffen andrer ausgesetzt, und mit seinen Reaktionen hatte er uns gezeigt, daß die Gewalt notwendig war, um das feindliche Getümmel zu besiegen. Nun habe ich, schrieb Heilmann, nicht nur den Dodekathlos noch einmal, sondern andres noch, was von den Spuren des Herakles berichtet, studiert, und dabei ist seine Gestalt vielfältiger, auch fragwürdiger geworden. Was waren die Ungeheuer denn, gegen die er kämpfte, andres als Träume, denen er sich immer wieder stellen mußte. Solche Gebilde, wie sie ihm begegneten und von ihm erschlagen wurden, suchen uns doch nur heim im Schlaf. Ich kenne diese löwenartigen, vogelartigen, schlangenartigen Tiere, ich verstecke mich vor ihnen, doch sie wittern mich, sie spüren mich auf, wenn ich im Gestrüpp der Nacht liege, sie beißen mich in die Hüfte, ich ringe mit ihnen, das ist ein furchtbarer Zwang, und ich erwache erst, wenn ich schon zerrissen sein müßte, aber keine Wunde, kein Schmerz ist vorhanden. Solche Bestien setzen uns zu, wenn wir etwas Übermächtiges tief in uns vernommen haben, wenn wir zittern beim Gedanken an unsre Unterlegenheit. Daß es immer diese riesigen, feuerschnaubenden, vielleibigen, vielköpfigen Wesen sind, die auf ihn zukommen oder die er aufstöbert in ihren abseitigen Gefilden, spricht davon, daß er mehr in seinen Träumen als im Alltäglichen verhaftet war. Zwar ist die Bedrohung etwas Gewöhnliches, allen Bekanntes, doch wenn wir sie vergleichen mit ihren Auswirkungen, die Herakles zu durchstehn hat, so nimmt sie was Absonderliches an, mit dem nicht jeder vertraut ist. Wir könnten sagen, daß in diesen plötzlich aufflammenden Halluzinationen alles, was sich sonst im Kleinen ereignet, zu unheimlicher Größe wird, zu etwas Beispielhaftem, angesichts dessen die andern sich trösten können mit den Worten, seht, wenn Herakles derartiges bewältigt, müßten wir doch zurechtkommen mit unserm eignen Kram. Aber so ist es nicht. Für die Hungernden, für die Bewohner der Elendsviertel, wenn sie es überhaupt vermögen, sich etwas unter den in der Fremde vollzognen Leistungen des Herakles vorzustellen, müssen dessen Zusammenstöße ganz im Gedanklichen bleiben, und im Gedanklichen, meine ich, bleiben sie auch für ihn, sie bemächtigen sich seiner, indem er in sich hineinstarrt. Die uns überlieferte Vielzahl seiner Taten, die ihn so berühmt machte, ist einem Stundenbuch gleich, einer Serie von Votivbildern, auf denen die einzelnen Stationen vermerkt sind, wir, wie auch die Historienerzähler vor uns, haben darin die Gestalt eines Helfers in der Not, eines Retters erkannt, der für seine Tapferkeit mit höchstem Glück belohnt wurde. Was aber, fragte ich mich, war das für ein Glück. War es das Glück darüber, daß nun beßre Zeiten gekommen und die meisten Greuel und Verheerungen abgewendet worden waren. Keinesfalls. Nun begann es erst recht mit den Kriegen, und das Darben wuchs an in den Städten. Daß er, nachdem er sich auch mit einem gewöhnlichen Tod nicht begnügen konnte, sondern unter unfaßbaren Qualen zugrunde ging, von den Göttern wieder aufgenommen wurde und fortan entrückt dem Olymp angehörte, machte ihn mir verdächtig. Warum sahn die Höchsten ihn am Ende als ihresgleichen an, wenn nicht deshalb, weil er nichts getan hatte, um ihre Stellung zu erschüttern, ja, weil es ihm eigentlich nur gelungen war, den Glauben an übermenschliche, das heißt göttliche Fähigkeiten zu verbreiten. Bedenklich waren mir zuvor schon seine Anfälle von Wahn und Raserei gewesen, seine Weinkrämpfe, wenn es nicht gleich so ging, wie ers wollte, sein blindes Umsichhaun. Aber ich hatte versucht, darin doch Zeichen vom Leben eines Erdbewohners zu sehn, er rückte mir nah in seiner Verwirrung, seiner Eifersucht, seinem Ehrgeiz, seiner Selbstüberschätzung und Verzweiflung, aber dann überwog doch der Eindruck, daß wir es zu tun hatten mit einem Verlornen, einem Unheilbaren, der sich wohl mit allen ihm verfügbaren Kräften gegen das Böse wehrte und es doch nie zu beseitigen verstand. Die Unklarheit, die er hinterließ, führte wohl auch dazu, daß grade jene, die wir für seine Widersacher hielten, ihn für sich in Anspruch nahmen. Den Handelsherrn, den Bankleuten, allen, die nach Gewinn, nach Erfolg trachteten, wurde er zum Schutzheiligen, der Schlemmerei, der Libertinage wurde er zum Vorbild, die Notleidenden wußten nur noch wenig mit ihm anzufangen. Hinzu kam, daß er zum Inspirator des Kolonialismus wurde, mit ihm begann das Zeitalter der griechischen und ionischen Ausfahrten übers Meer bis zum Ende der Welt, seine Schilderungen des Reichtums fremder Länder hatten die Begüterten, die Unternehmer dazu verlockt, ihr Geld im Schiffsbau zu investieren und sich die fernen Bodenschätze zu erschließen. Ich sah ein, schrieb Heilmann, daß die schweren Aufgaben, von denen es hieß, Hera habe sie ihm gestellt, durch seine eigne unsägliche Unruhe hervorgerufen worden waren, und stimmt das meiste auch, was uns davon bekannt wurde, mit seinen Hirngespinsten überein, so läßt sich einiges doch für uns verwerten, denn es gibt Kunde von einem Lebensgrund, auf dem du zur Zeit buchstäblich stehst. Anfangs hatte ich mich beim Lesen des Briefs zurückversetzt in die Tage vor meiner Abreise aus Berlin, dann war es vielmehr so, als hätte Heilmann sich hierher, in meine Gegenwart begeben. Was ich jetzt über Herakles lese, sagte er, kommt nicht mehr aus einem Mythos, hat zwar noch epische Züge, ist aber geprägt von der Unvollkommenheit, dem Irren und Suchen, den Fehlschlägen und fortwährenden Neuanfängen, die sowohl zum Wesen der Poesie, der Traumdeutung gehören, als auch zum Drang, sich selbst in der Welt zu bestätigen. Ich kann ihn nicht mehr sehn, so wie ich ihn vor einem Jahr sah, das hatte mich zunächst enttäuscht, unser Hauptargument war doch gewesen, daß er die Bindung an die Götter gekündigt hatte, ich bin dann noch oftmals zu unserm Fries zurückgekehrt und habe die Tatze seines Löwenfells schwingen gesehn zwischen Zeus und dem vorwärtsjagenden Gespann der Hera, die ihm nach seinem Dasein im Jammertal ihre Gnade geschenkt hatte, und direkt unterhalb des Herakles oder vielmehr unterhalb der Leere, in die wir ihn uns hineindachten, sitzt einer unsrer Brüder, durchbohrt von den Blitzen des Göttervaters, die dieser gegen jeden schleudert, der es wagt, sich wider ihn zu erheben, und vielleicht holt der, von dem wir so viel erwarteten, grade mit der Keule aus, um dem Erdensohn das Haupt zu zertrümmern. Trotzdem, sagte Heilmann, gebe ich Herakles noch nicht auf. Ich will ihn nicht hinnehmen, wie die Herrschenden ihn abgebildet haben, demagogisch seine Einordnung fordernd in ihre Klasse und Kunst, kann aber auch den siegreichen Helfer der Versklavten in ihm nicht mehr erkennen, sondern nur einen, der sich manchmal weit über sich selbst erhob, dann wieder rettungslos verfangen war in seinen Phantasien. Ausgehend von seinem Ende, das immerhin Dichtung und Drama zu zahllosen Deutungen anregte, näherte ich mich ihm aufs neue. Wie war das mit der Deianeira, fragte ich mich. Jedenfalls konnte bei der Ausdeutung des Zweikampfs, in dem Herakles dem Acheloos die Geliebte abgewann, keine Rede davon sein, daß er sich je an einem Scheideweg befunden hatte, der ihn Entsagung und Tugend wählen ließ. Seine Begierde nahm mich wieder für ihn ein, Keuschheit hatten wir ja nie von ihm verlangt, grade das Triebhafte in ihm war es gewesen, das uns von seiner Handlungskraft überzeugte, das ihn herausriß aus seinen Grübeleien. Gut, wir hatten diese Seite überschätzt, hatten ihn sogar für einen Antiintellektualisten gehalten, der jede Argumentation mit rohen Hieben abschloß. Und hier komme ich wieder auf sein Trauma zurück, in dem er sich heranbegibt an die Gewalten, um sie durch List zu übertrumpfen. Acheloos, Flußgott genannt, war ein Züchter von Wasserbüffeln, selbst ein Bulle, es kann angenommen werden, daß Deianeira das Leben mit ihm einem Dasein mit dem flatterhaften, umherstreunenden Herakles vorzog. Daß er sie entführte, verzieh sie ihm nie, eine unglücksträchtige Ehe war dies von Anfang an. Er ließ die Frau allein und begab sich gleich wieder auf Wanderungen, die ihn indessen in seine letzten und schrecklichsten Umnachtungen führten. Er, der immer seine Männlichkeit unter Beweis stellen wollte, wurde, in die Hände der Omphale geraten, nicht nur herabgewürdigt zum Sklaven, sondern mußte, als Magd, in Frauenkleidern, den Pantoffelhelden abgeben, verhunzt und getreten von seiner Gebieterin im ledernen Mannsgewand, verspottet, wenn er nicht fähig war, ihren Gelüsten nachzukommen. Als er schließlich hinausgelangte aus diesem Traum, krank, deprimiert, doch noch nicht so geschwächt, daß er auf der Reise nicht gleich wieder auf Frauenraub ging, begab er sich in die Einöde, zu seiner Gemahlin Deianeira, fand dort aber nicht freundliche Aufnahme und Verzeihn, sondern Abneigung, ja Widerwillen, Haß. Natürlich hatte die von ihm Verlaßne die Zeit nicht untätig verbracht, sie, die den Stier im Mann geliebt hatte, war inzwischen Nessos verfallen, der unter Pferden lebte, ein Kentaur, dem Herakles nicht gewachsen war, und als Deianeira sich jenem wieder einmal hingab, am Flußufer, singend, um vorzutäuschen, sie sei bei der Wäsche, erschoß der Zurückgekehrte den Rivalen, an den er sich mit bloßen Händen nicht heranwagte, mit vergifteten Pfeilen. Doch kann es kaum dieses mit Blut vermengte Gift gewesen sein, das, im durchtränkten Tuch, den Tod des Herakles herbeiführte. Zum ersten war der Frau, die er unterm Leib des Kentauren hervorzog, um sie noch einmal zu gebrauchen, nicht dran gelegen, die Liebe des Herakles, der mit einer aufgegriffnen Kebse angekommen war, mit einem Zaubergebräu zurückzugewinnen, zum zweiten gab sie ihm überhaupt kein Hemd, sondern übertrug ihm, voll Sperma, auf einfachere Art die Seuche, an der er krepieren sollte. Das Nessoshemd, das so mit seiner Haut verwuchs, daß sich, wenn er ein Stück davon abriß, das Fleisch bis auf die Knochen löste, war seine letzte Lüge, denn Deianeira hatte alle vorderasiatischen Geschlechtskrankheiten weitergegeben, die der brünstige Pferdemann, nach jahrelangen Umtrieben mit Herden von Getier, in sie hineingestoßen hatte. Ein solches Eingeständnis aber war für Herakles, der auf seinen Nachruhm bedacht war, unmöglich. Deshalb die hinausgebrüllte Sage vom vergifteten Gewand. Vor seinem Ende, sagte Heilmann, verfiel Herakles noch einmal der größten panischen Angst, die er bereits in der Wiege erfahren und für die er sich zeitlebens zu rächen versucht hatte, dem Schrecken, dem Abscheu vor der Frau. Die Sinnlichkeit, die ihm angedichtet wurde, kann nur den Vorstellungen derer entsprechen, die Liebeskraft mit Besitzergreifung verwechseln, nicht ein einziges Mal läßt sich den zahlreich eingegangnen Verbindungen entnehmen, daß er seiner Partnerin zugetan gewesen war, immer nur hatte er entrissen, gezüchtigt, gemordet oder wurde gepeinigt. Sein Umherhetzen begann mit der Verfluchung zur Minderwertigkeit, Zweitrangigkeit durch Hera, Befriedigung mag er nur erfahren haben in ein paar homoerotischen Beziehungen, mit Iolaos vielleicht, mit Philoktet, seinen Gefährten, unter all seinen Bravaden verbarg sich nur eine tiefgehende psychische Entstellung. Noch als er sich wälzte im Brennen des trachinischen Trippers, des trojanischen Schankers und der sogenannten phrygischen Vierten war ihm nur dran gelegen gewesen, das zu vertuschen, was ihn zerbrochen hatte, und sie alle, Hesiod, Sophokles, Ovid, Seneca standen ihm bei, sein Geheimnis zu wahren, sie alle nannten Deianeira bei ihrem

Namen, der Töterin des Manns bedeutet, zogen aber keine Schlüsse draus, taten sogar das ihre, um sie in Unschuld darzustellen, als treue Gattin, nur um die Ehre des Herakles, die Ehre der falschen Familie zu retten. Und doch, sagte Heilmann, nimmt Herakles in diesem Augenblick, als der Ring seines Lebens sich schließt, wieder Größe an, fast Erhabenheit. Nicht etwa ins Wasser wirft er sich, um dort seinen Wundbrand zu löschen und sang und klanglos zu verschwinden, sondern er ruft alles Volk herbei, daß es zuschaue, wie kein Gegner ihm stark genug ist, wie sich auch höchstes Leiden noch steigern läßt, und er kriecht, schreiend vor Schmerzen, bergauf zum Scheiterhaufen und legt sich in die Flammen. Jetzt, da die Pein ins Unermeßliche steigt, nimmt sein Gesicht das verzückte Lächeln an, mit dem er, zerfallend, in die Unsterblichkeit eingeht. So wende ich mich also, schrieb Heilmann in seinem Brief, den Reisen zu, die Herakles, nach der Teilnahme an der Fahrt der Argonauten zum Osten, westwärts führten und in denen alles zusammenströmt, was nach Erweitrung und Entdeckung verlangt. Nicht nur er war unterwegs, viele andre waren es, die sich aufgrund der Landnot, der Übervölkerung in den Städten, der wachsenden Handelskonkurrenz, dem steigenden Bedarf an Rohstoffen in die Adrias begaben, um sich, von den Küstenstreifen her, neue Märkte zu erobern. Er aber, von alters her als derjenige bekannt, der, aus welchen Gründen auch immer, Furcht und Enge überwand und das Unbekannte suchte, zeichnete mit seinem Namen für die Vorstöße der Hellenen nach Sizilien und dem südlichen Italien, nach Kyrenaika, Korsika und ans gallische Ufer, wo Massalia, das heutige Marseille, bald zur bedeutenden Geschäftsstation wurde. Die Saga vom Herakles hat sich in Wellenkreisen ausgebreitet, erst war sie zu Hause im Peloponnes, dann umfaßte sie Thrakien, Kreta und das Schwarze Meer und erreichte dann die Balearen und Spania, vom Gebirge Pyrena bis hinab nach Gadir. Die Ausfahrt zum weltumschließenden Okeanos bot einen geeigneten Platz zum Aufstellen der Säulen, hier erhoben sich als natürliche Festen die steilen Felsen am Südzipfel Iberiens und an der nördlichen Spitze des heißen Kontinents. Atlas vermochte, mit einem Schritt hinüberzusteigen. Während es manchen, der Herakles übertreffen wollte und nach den Inseln der Seligen suchte, hinaus ins Weltmeer verschlug, hielt dieser sich an die Hesperiden, in deren Gärten die Citrusfrüchte gleich Goldäpfeln an den Bäumen hingen. Und ringelten sich hier auch gefährliche Schlangen um die Stämme, so wurde diese Gefahr doch aufgewogen durch all die Metalle, die sich aus bereitstehenden Gruben fördern ließen und von unschätzbarem Wert waren für die nach mehr Waffen verlangenden Kriege. Er blieb lange in Avien, dem

Schlangenland. Auf das ehrenhafte Angebot des Atlas, für ihn den Himmel zu halten, ging er nicht ein, der mochte da stehn bleiben, mit der Last auf den gebeugten Schultern, Herakles hatte andres zu tun, sah seine Aufgabe darin, für die Anlage von Faktoreien, Siedlungen, Städten zu sorgen. So soll er Zakynthos gegründet haben, Sagunto, das gegenwärtig, zum Schutz Valencias, gehalten wird, und zu den großen Umschlaghäfen der Phöniker, südlich der Mündung des Guadalquivir, kam er, ehe die Seefahrer aus Phokaia, lange vor Pergamons Aufstieg, an der Stelle gelandet waren, die sie dann Hemeroskopeion nannten, und dort, auf der Berghöhe, der Artemis einen Tempel erbauten.

Längst hatten wir den Kastellberg von Denia besuchen wollen, doch die Arbeit ließ es nie zu, erst Anfang September, als große Teile der Sanitätsstation geräumt worden waren und die Abreise der Ärzte und des Personals bevorstand, machten wir uns auf den Weg. Durch die vereinbarte Auflösung der Internationalen Brigaden sollten wir gewaltsam von diesem Land losgerissen werden. In der Demobilisierung lag nicht nur die Absicht, den Krieg auf einen internen Konflikt zurückzuschrauben, sondern auch, unter diplomatischer Verkleidung, ein Angriff auf die Solidarität, die sich Spanien zugewandt hatte. Fünfunddreißigtausend Freiwillige waren seit dem Herbst Sechsunddreißig an die Fronten gelangt. Lindbaek, die ihre Papiere ordnete, rechnete fünftausend Deutsche und Österreicher auf, zehntausend Franzosen, sechstausend Engländer, Amerikaner, Kanadier, dreitausend Italiener, tausend Skandinavier, tausend Jugoslawen, zweitausend Polen. Insgesamt waren dreiundfünfzig Länder in den Bataillonen vertreten. Die Beteiligung all dieser Menschen hatte längst gezeigt, daß in Spanien kein Bürgerkrieg, sondern eine weltweite ideologische Auseinandersetzung stattfand. Und diese Volksfront, sagte Lindbaek, soll nun zersprengt werden. Ihr Gesicht nahm wieder den grauen versteinerten Ausdruck an. Schrecklich waren diese Zusammenstellungen, bei denen der einzelne immer nur Bestandteil war eines Bündels von hundert, von tausend. Einige mehr, einige weniger, darauf kam es nicht an. Abrundungen, die unfaßbares Leben umschlossen. Körper, die nur Ziffern waren, addiert zu Kolonnen, Kompanien, Bataillonen, Brigaden, Divisionen, Armeekorps. Mengen, von denen die Zahlen verbluteter Leiber subtrahiert wurden. Jeder Ankommende, jeder Ausfallende ging ein in eine anonyme Masse. Wie aber, fragte Lindbaek, sollte es sonst möglich sein, einen Überblick zu gewinnen. Die Bestände jeder Einheit wurden auf mehr als die Hälfte reduziert. Von den fünfunddreißigtausend Freiwilligen befanden sich jeweils höchstens zehn bis zwölf Tausend bei den kämpfenden Truppen. Jetzt standen nur noch Splitter der internationalen Verbände in der Volksarmee. Der militärische Beistand, den sie zu geben vermochten, war gering. Trotzdem empfanden die Übriggebliebnen, daß sie beim Rückzugsbefehl die spanischen Gefährten im Stich lassen würden. Bis zuletzt versuchten sie, die Auflösung der Brigaden zu leugnen. Höchstens eine Ausweitung des Kriegs hätte sie von der Notwendigkeit ihres Abzugs überzeugt. So wurde die verschärfte Lage an der tschechoslowakischen Grenze zu einer Hoffnung. Ein gesamteuropäischer Krieg gegen den Faschismus schien uns besser, als das ständige Ausweichen und Suchen nach Kompromissen. Wir waren mehrere Sanitäter, die in den nächsten Tagen nach Valencia aufbrechen würden, um uns den bewaffneten Einheiten anzuschließen. Spanien war zu unserm Land geworden. Wir wollten uns von unserm eignen Boden nicht vertreiben lassen. Nach der Ausweisung gab es nur noch das Leben im Exil. Die Ärzte und einige zurückgebliebne Patienten warteten darauf, von Schiffen der englischen Flotte nach Marseille gebracht zu werden. Hodann, Lindbaek konnten die Weiterreise nach Norwegen planen, für die meisten andern aber stand der Aufenthalt in Lagern bevor. Ein paar Belgier hatten, wegen ihrer Teilnahme am spanischen Krieg, ihre Staatsangehörigkeit verloren, den Deutschen, Österreichern, Tschechoslowaken war ihr Land verschlossen, sie würden betteln müssen um ein Visum irgendwohin, ständig der Gefahr gewärtig, über die Grenze an den Feind abgeschoben zu werden. So ist wieder ein Vorstoß des Klassenkampfs zurückgeschlagen worden, sagte Lindbaek, und die versprengten Kräfte werden sich neu formieren müssen. Doch nicht über die Unsicherheit der Zukunft sprachen wir an diesem Vormittag, auf dem Weg nach Denia und dann oben auf der Burghöhe, sondern über Geschehnisse, die ein paar Jahrtausende früher über diese Küste hingegangen waren. Immer lag vor uns das Meer, blaugrau, diesig mit dem Rand des Himmels verfließend, zwischen Hainen von Eukalyptus, Zypressen, Mandelbäumen erstreckten sich die Apfelsinenpflanzungen, hier und dort, aus der Schnittstelle an einem Ast, sproßten Zitronentriebe hervor, violett blühend, mit hellvioletten jungen Früchten. Wir sprachen über geimpfte Apfelsinenbäume, die Zitronen erzeugten, und gerieten so allmählich hinein in die Geschichte. Die Lebensdauer eines Menschen hatte dieser Baum, dreißig bis vierzig Jahre brauchte er, um seine volle Tragfähigkeit zu erreichen, jede Ernte erbrachte siebzig, achtzig Kilo Früchte. Sechshundert, siebenhundert

Jahre alt aber konnten die Olivenbäume werden, die sich dickstämmig, mit gewundnem Gezweig, auf dem Feld aneinanderreihten. Das Grün auf der untern Seite der länglichen, leicht gewölbten Blätter war von dunkler, satter Färbung und matt silbrig getönt auf der Oberfläche. Zahlreiche Abarten der Ölbäume gab es, von denen die Taube einmal den Zweig zu Noahs Arche gebracht hatte und die den Hügel umstanden, auf dem Jesus, weit drüben hinter dem westasiatischen Ufer, ans Kreuz genagelt worden war. Je nach Einfluß der Witterung waren die Blätter kürzer, breiter, härter oder geschmeidiger, und die ovalen, anfangs weißlich grünen Früchte nahmen in fetter, blanker Reife die Farbe an, die nach ihnen benannt wurde, während andre, runde Sorten wechselten von rötlichem, bläulichem Violett zu tiefem Schwarz. Als Colomb über den Atlantik segelte, wurden die Bäume am Wegrand schon geerntet, und sie trugen Früchte beim Aufstieg und Niedergang der europäischen Kolonialreiche. Lindbaek, ursprünglich Archäologin von Beruf, wollte wissen, welche Bewandtnis es hatte mit den griechischen Tempelresten auf dem Berg über der Stadt, deren Name in einen Zusammenhang mit der Göttin Diana gebracht worden war. Brüchige Treppen, schmale Pfade führten am Berghang zu den Ruinen hinauf, die zusammengebacknen Sandsteinquadern der Befestigungsanlagen waren von Moos, vom Wurzelwerk der Feigenbäume und niedrigen Pinien überwuchert. Von den Säulen des Tempels, umbaut von romanischen Mauern und Türmen, wie es uns die Abbildung in der Villa Candida gezeigt hatte, aber war nichts zu sehn, hier lagen nur die zerfallnen Gewölbe und Hohlgänge einer Festung aus der Zeit der Konquistadoren. Von der Balustrade am Vorhof blickten wir über Stadt und Hafen. Links, in der weiten Bucht, rollten weich, in gleichmäßiger Folge, die Streifen der Brandung heran zum Strand, rechts, auf der Landzunge, erhob sich der Mongó, am Fuß dünn bewaldet, der Rücken kahl, grau geschichtet. Die gekalkten Häuser, mit Dächern aus rotbraunen Ziegeln, drängten sich übereinander an gewundnen Gassen, im Becken, an den schmalen, zum Auslauf abbiegenden Molen, lagen Fischerboote, schwarz oder weiß und blau bemalt, das rötliche Segel gerefft an der langen leicht geschwungnen schräggestellten Rah. Sie glichen noch den Booten, die den Kolonisatoren, mit ihren Trieren von der Ägäis gekommen, den Fischfang eingebracht hatten. Die Stadt, an deren Rand wir acht Monate lang gewohnt hatten und die wir uns einprägen wollten, wurde nun von flimmerndem Licht umschlossen. Nur eine Reihe heller Glockenschläge durchbrach die Stille. Wir dachten uns das Getriebe am Kai, an den Landestegen, um die Speicher und Werkstätten. Maulesel zogen die zweirädrigen, vollbeladnen

Karren herbei, über die Planken eilten die Träger hinauf zu den Schiffen, gebeugt unter den prallen geflochtnen Säcken, den schweren Kisten. Auf steinernen Bänken wurden Fische eingesalzen, in Tonnen verpackt oder an Hanfleinen aufgehängt zum Dörren. Kamele brüllten in den Ställen, und ungeheuer dröhnten die Blasebälge und Hämmer in den Schmelzhütten und Schmieden. Zinn und Kupfer, von Karawanen aus Andalusien geholt, Silber aus der Sierra Nevada, der Sierra Morena, dazu das bleihaltige Erz aus Almeria, das Eisenerz aus Murcia, das Bergsalz aus Cardona, dies alles lag hier zuhauf. Die Barren des edlen Metalls, das seltne schwere Zink, die Bronzelegierungen, so begehrenswert für die Herrn der Waffenarsenale in Ionien, füllten die Bunker der stämmigen runden Frachtschiffe, über schwitzenden Leibern knallten die Peitschen, und war hier ein unaufhörliches Schleppen und Schieben, ein Prasseln von nackten Fußsohlen, so war drüben, in den Lagern der Soldaten, ein sattes Dösen, ein Lallen an den langhalsigen Weinkrügen. Hätte es Herakles nicht gegeben, so hätte eine solche Gestalt erfunden werden müssen, denn was hier zusammenströmte an Gütern, verlangte nach sagenhaften Umschreibungen, wobei die Eintreiber an Bedeutung gewannen und sich als auserwählt ansehn konnten, wenn erzählt wurde, einer von halbgöttlichem Ursprung habe sie an diese Gestade gerufen. War es doch immer schon so gewesen, daß die Hellenen die historischen Geschehnisse auf eine Ebene des Sinnbilds übertrugen, um ihre Faßbarkeit zu erschweren und somit die Scheidung zu erhalten zwischen den Eingeweihten und dem niedern Volk. Die Vorstellung des Griechentums war zumeist gewürdigt worden als die Idee höchster kultureller Entfaltung. Nichts aber wäre diese Idee gewesen, ohne ihren stabilen Grund. Oben entstand der Gedanke der Demokratie, die Lehre von der Einheit und Gleichheit der Menschen. Unten war die geschundne Arbeitskraft, abgetrennt von allen Rechten. Was die besitzenden Klassen aufsteigen ließen an Säulenbauten und kunstvollen Skulpturen, wurde getragen von Hekatomben geketteter Leiber. Aus dem Dumpfen und Modrigen konnten die edlen Proportionen sich lösen. Ohne Umschweife stellten die Patriarchen die Trennung her, die Voraussetzung war für ihre ökonomische Ordnung. Die Priester und Philosophen bestätigten sie darin, sorgten dafür, daß die Massen in Schach gehalten wurden in abergläubischer Furcht, wer je ein Wort der Aufklärung wagte, wurde verstoßen. Sklavenhalter und Sklaven, die ersteren verbündet mit überirdischen Kräften, ihr Raubtum in Dichtung verherrlichend, die andern, nur vorhanden als Vieh, als lebendiges Werkzeug, bildeten das zweigeteilte Gefüge, um dessen Auflösung wir heute noch kämpften. Auf unsäglicher Ausplünderung ruhte die griechische

Kultur, ständig wurden, zur Erobrung von Sklaven, Kriege geführt, und eine Gnade noch sollte es den Zusammengetriebnen sein, daß sie solch auserwählten Herren dienen durften. Aus Hochmut und Brutalität, Rassismus und Menschenverachtung wuchs die hellenische Marktwirtschaft hervor, in härtester Rivalität zwischen den Stadtstaaten, intern konkurrierend um die höchsten Profite. Milet, volkreichste Stadt Vorderasiens, beherrschte, mit vier Häfen, den Handel in der Ägäis, expandierend schnitt die Metropole den kleineren Burgstädten die Landzugänge ab. Feldzüge hatten den Bauern die Äcker verwüstet, die jungen Männer waren gezwungen, sich in den Armeen zu verdingen, die Großgrundbesitzer in den Küstengebieten mußten nach neuen Produktionszweigen suchen. In Phokaia, an der Hermosbucht, leitete die Beengung eine Umstellung ein vom agraren zum maritimen Denken, die Unternehmer, die sich vormals nie aufs Meer hinaus gewagt, denen Viehdiebstahl und Plündrung benachbarter Ortschaften als Gewerbe genügt hatten, ließen sich nun von den Berichten fremder Matrosen verlocken, selbst Schiffe zu bauen, die Frachten aus weit entfernten Regionen herbeischaffen konnten. Ihre in Kühnheit verwandelte Bedrängnis zeichnete sich ab in der Konstruktion der Fahrzeuge, mit denen sie alles, was die phönikische Technik hervorgebracht hatte, überflügelten. Mehr als hundert Ruderer, in drei Reihen übereinander, eine Maschinerie, vom Takt der Pauke gelenkt, trieben die Schiffe voran, an Deck, in Zelten, lagen die Handelsleute, ihre Seekrankheit überwindend in der Erwartung aller zu erlangenden Schätze. Unten ein unaufhörliches Knirschen und Krachen, oben, auf dem Befehlsstand, ein Messen, Peilen, Berechnen. Pfeilschnell, das rotgefärbte Segel vom Wind gebläht, die Ruder niederschlagend, tropfensprühend sich hebend, durchschnitt die Galeere, mit weit vorstoßendem Rammsporn, das Wasser, jedes fremde Schiff, das ihr in die Quere kam, überfallend. Den Reedern aus Phokaia wurde die gewonnene Vormachtstellung bald zur Hybris, der Durchbruch vom kleinlichen Binnenhandel zur Warengewinnung aus neuen Welten hatte ihre Persönlichkeit verändert, das Wertvollste, vormals Monopol der Könige, hatten sie in ihre Hände gebracht, das Metall, und wer dieses verwaltete, war imstande, den Staat zu beherrschen. Je unerschöpflicher aber ihre Quellen sich zeigten, desto mehr waren sie drauf bedacht, ihre Begnadung durch die Götter zu unterstreichen. Sie, die nichts verschenkten, brüsteten sich damit, von den Göttern beschenkt worden zu sein. Vielleicht ermutigte es sie anfangs tatsächlich, daß die Himmlischen sie führten, doch je greifbarer, errechenbarer die Reichtümer wurden, desto sachlicher wußten sie auch die lenkenden Kräfte zu bewerten, das Sublime wurde ihrem praktischen Sinn unterworfen, schließlich verbanden sie sich den Gottheiten nur noch in den Münzen, in die sie deren Angesicht prägten. Hier war auf vollendete Weise ein Gleichnis vollzogen worden von der Übertragung der Allmacht, wer die Münzen besaß, war auch Träger des göttlichen Willens. Genau ließen die Grade der Bevorteilung sich nun bestimmen, der Götterbegriff wurde nutzbar in Gold, in Silber, wurde ausgewogen, gesammelt in Beuteln, Säcken, Tresoren. Wissend, daß nicht Dämonen die Güter zustanden, sondern ihnen, die sie an sich rissen mit Gewalt, mit der Verbreitung von Schrecken, und wissend auch von der Magie, die dem Reich der Geister noch angehörte, vereinten sie das Faßbare mit dem Unergründlichen. So blieb mit der entstehenden Geldwirtschaft, als Ablenkung vom Prinzip der Ausbeutung und Unterdrükkung, der Glaube ans Heilige, die Verehrung unsichtbarer Spender verknüpft. Der Kapitalismus kam aus den Tempeln, geweiht von Zaubersprüchen und Opferfeuern. Die berühmtesten Abbilder olympischer Wesen entstanden erst nach der Gründung der Banken, dem Beginn der weiträumigen Spekulationen, bis in die Gegenwart präsidierten Athena und Zeus in den Aufsichtsräten. Daß die Seefahrer aus Phokaia sich hier an der Landspitze im Schutz des Bergmassivs niedergelassen hatten, schien Lindbaek glaubwürdig, weniger aufgrund der Bruchstücke verwitterter Marmorsäulen, auf die wir im Geröll gestoßen waren, als der Landschaftsformation wegen. Sie kannte die türkische Küstenstrecke vom Dorf Palatia, wo einst die Paläste Milets standen, bis hinauf nach Bergama. Sie war im ehemaligen Phokaia gewesen, fast auf dem gleichen Breitengrad wie Denia gelegen, und ihre Erinnrung an diese ärmliche verlaßne Ortschaft, in der vor zweieinhalb Jahrtausenden emsiges Leben um die großen Werften und Handelshäuser geherrscht hatte, verband sich mit dem Panorama vor uns. Waren bisher noch kaum Belege dafür zu finden gewesen, daß Denia sich auf Hemeroskopeions Boden erhob, so wollte die Bucht mit dem Vorgebirge, die wie ein Abbild des Herkunftsorts der Kolonisatoren war, es selbst unter Beweis stellen. Kein andrer Platz an der iberischen Ostküste wäre zu finden gewesen, der besser dem Namen Hemeroskopeion entsprach, dem Aussichtsspunkt zum werdenden Tag, als diese Anhöhe über dem natürlichen Hafen, von der die Gelandeten den Blick, in Richtung auf ihre eigne Stadt hinterm Meer, der aufgehenden Sonne zuwenden konnten. Solch Merkmal des Sichwiederfindens mochten die Herrn aus Phokaia göttliche Fügung genannt haben, und da sie gekommen waren, um mannigfaltige Beute zu erlegen, und ein Erblühn, eine Neugeburt in Reichweite stand, errichteten sie der Göttin der Jagd und der Fruchtbarkeit eine Gedenkstätte. Anfangs mochten sie noch Tauschgeschäfte betrieben haben mit den Phönikern, die hier eine ihrer Anlegestellen besaßen, dann entschied die Übermacht der Truppen über den Güterzugang, Befestigungen waren schnell hergestellt, und mancher mit Freilassung belohnter ionischer Sklave konnte nun selbst zum Aufseher werden über versklavtes iberisches Landvolk. Innerhalb weniger Jahrzehnte vollzog sich die Ablösung kolonialer Vorherrschaft in Spania, die Phöniker verloren, unterm Druck der bewaffneten hellenischen Karawanen, eine Faktorei nach der andern, bis sie auch aus Gadir verdrängt wurden, der Hafenstadt, von der sie die Bodenschätze ausgeschifft hatten, die ihrem Reich einst zu Wohlstand und Ruhm verholfen hatten. Nicht nur Straßen, Kasernen, Magazine, Kaianlagen überließen sie den neuen Gouverneuren, sondern die Gruben vor allem, die nun erst in großem Maßstab von den jungen, tüchtigen Imperialisten erschlossen wurden. Das Zeitalter der Industrialisierung nahm hier bereits seinen Anfang mit der Erfassung strategischen Materials, der Festsetzung der Rohwarenpreise, der Börsentätigkeit, den hohen Dividenden, die vom investierten Kapital abgeworfen wurden, und dem riesigen Verschleiß an Produktivkräften bei der Gewinnung und Verarbeitung der Waren. Denn wenn wir uns ein Bild machten von der Tätigkeit in den Hüttenbetrieben, den Gießereien und Metallfabriken im siebten und sechsten Jahrhundert, so waren, gemessen an der seitdem verfloßnen Zeit, die heutigen Veränderungen äußerst gering. Immer noch gab es genügend Bergwerke in Afrika, in Lateinamerika, in denen die Arbeiter der gleichen Zermürbung ausgesetzt waren wie die geknechteten Iberer beim Klopfen des Silbers und Zinns, und vielen von uns war es kein großes Zeichen von Fortschritt, daß wir nur acht Stunden und ohne Fußketten in den Stollen zu liegen hatten, im Vergleich zu den Gefesselten, die dort bis zu vierzehn Stunden verbrachten. Der Staub in den Lungen, die Nässe, der Zugwind, die körperliche Pein waren gleich, nur etwas länger hielten wirs jetzt aus, früher war das Leben dort schon nach einigen Jahren verbraucht. Und kaum ein halbes Jahrhundert war es her, daß wir einige Rechte und Reformen gewonnen hatten, immer noch waren wir in verzweifelter Nähe der Arbeitenden vor zweieinhalb Jahrtausenden und hofften wie diese auf eine Welt der Befreiung. Da wuchs in den Garnisonen eine Oberklasse auf, die sich von den Bauern die Früchte und das Getreide ernten, den Wein keltern und das Vieh hüten ließ, Springbrunnen spendeten Kühle in den Innenhöfen der ländlichen Villen, Mosaiken schmückten die Fußböden und polierte Gemälde die Wände, unsäglich war das Elend in den Lehmhütten der Leibeignen, den Lagern der Grubensklaven. Die Familien des Finanzadels wurden seßhaft im Land der Schlangen und Goldäpfel, zu den Säulen des Herakles gesellten sich hohe Leuchttürme, in denen die Feuer des mit Harz behandelten Holzes brannten, weithin sichtbar den Flotten der Kauffahrteischiffe. Die Handelsherrn kontrollierten wohl den Absatz ihrer Güter drüben in den westasiatischen Häfen, waren aber, in nüchterner Voraussicht, mehr bedacht auf den Ausbau ihrer überseeischen Niederlassungen. Zwar war Phokaia von einem Marktflecken zur Kolonisationsmacht angewachsen und auf dem Weg, Milet, bekannt für seine Keramik und Teppiche, seine Wollstoffe, Goldstickereien und Purpurfarben, seine Philosophen, Dichter und Wissenschaftler, mit all den Metallen zu übertrumpfen. Feindliche Angriffe aber bedrohten ständig den Kontinent, die Heere des expandierenden Persiens drängten der ägäischen Küste entgegen. Sicherer waren den Geschäftsführern ihre spanischen und gallischen Trusts und Kompanien, leichter war dort Fußvolk zusammenzustellen zum Schutz des Eigentums. Im Jahr Fünfhundertvierzig vor unsrer Zeitrechnung wurde Phokaia zum ersten Mal von General Harpagon, der Dienst tat unter Kyros dem Zweiten, genannt der Großmütige und Milde, gründlich ausgeräubert und niedergebrannt. Von nun an waren die Kapitäne, die mit ihren Frachten zurückkehrten, nie gewiß, ob sie ihre Stadt noch vorfinden würden, und nicht nur Phokaia lag etliche Male in Trümmern und mußte mit mehr und mehr schwindenden Kräften, neu aufgebaut werden, auch Miletos mit seinen gewaltigen Außenforts fiel der persischen Großmacht zum Opfer. Die schönen milesischen Bauten und Statuen sanken in den Schutt, aus dem sie erst von den preußischen Altertumsforschern wieder ausgegraben werden sollten. Phokaia ließ nur wenige Kunstwerke in der Erde zurück. Die prosaischen Aristokraten hatten sich ihre Denkmäler auf brauchbarere Weise gesetzt, mit ihren Investitionen in Banken, Transportgesellschaften und Industrien stiegen sie direkt in die eigne Verherrlichung ein. Sie brauchten nur den Kurs ihrer Schiffe zu wenden, um in Alalia auf Korsika, im gallischen Nikäa, Massalia, Agathe oder im spanischen Zakynthos, Hemeroskopeion, Maenake Zuflucht und reichliches Auskommen zu finden. Die in der Stadt gebliebne Bevölkerung hatte indessen die persischen Okkupanten zu bedienen und zu ernähren oder sich einzureihen in deren Armeen. Der griechische Traum von den fernen paradiesischen Inseln, wo unsterbliche Heroen in Glückseligkeit lebten, hatte seine Verwandlungen durchlaufen. Den Großhändlern war er zur Inkarnation ewigen Wachstums geworden, keine Abgeschiednen gab es dort, sondern gefügige Knechte, die ihrem Streben nach hohen Gewinnspannen Erfüllung schenkten. Mit Wucher verwalteten sie dieses irdische Jenseits, in ihnen lebte das Elysion fort als ein Verlangen nach ständig gesteigertem Mehrwert. Nur zwischen den andern, die damals noch Schatten waren, den Schatten im Land der Toten gleich, behielt das Paradies noch Züge seines ursprünglichen Bilds bei. Auch hier waren die Gefilde der Seligen ins Diesseitige gerückt worden, doch Gerechtigkeit versprachen sie ihnen, denen sonst jede Gerechtigkeit verwehrt war, und Erlösung aus Not, Sklaverei und Krieg. Die Mächtigen schlugen sich weiterhin um die Hegemonie über die aus den Meeren steigenden neuen Länder, die Entmachteten warteten noch, wußten noch nicht, daß es möglich war, das auferlegte Joch von sich abzustoßen, die Verurteilung zum Schweigen mit eigner Stimme zu durchbrechen, erst mußten die Phokaier in Iberien den erstarkten Karthagern weichen und diese sich von den Römern zurücktreiben lassen, und Alexander mußte die Perser schlagen und Pergamon das heruntergekommne Phokaia besetzen und dann selbst seinem Zerfall entgegengehn, ehe die Leibeignen Kraft gewannen aus ihrer Vorstellung von den Inseln des Frühlings und sich erhoben, als Sonnenbürger, als Heliopoliten, geführt von Aristonikos und von Saturninus auf Sizilien, und gegen Rom dann im Gefolge des Spartacus. Zwischen den körnigen Säulenstücken mit den Bohrlöchern für die Befestigungskolben wandten wir den Blick über die sandige Küste, über die Waldungen und Felder, die geschlängelten Wege, die Hügel und Gebirgsketten, und die Stille war unwirklich beim Gedanken an das ungeheure Kräftemessen, das oben am Ebro stattfand. Schnell war auch die griechische Siedlung unter uns verschwunden, die Karthager bewachten jetzt den Hafen, ließen die Erze fördern, das Bergsalz waschen und das Meersalz in den Salinen, und starke Heere rüsteten sich wieder zum Vormarsch. Da kamen sie, von Carthagena her, dem neuen Hafen an der Südküste, neunzigtausend iberische und nordafrikanische Infanteristen, Spezialtruppen von Schleuderern aus den Balearen, zwölftausend numidische Reiter und die graue wogende Masse der Elefanten, und unter bunten Feldzeichen, umringt von den blinkenden Lanzen der Leibwächter, ritt Hannibal. Dies war der Beginn des großen Zugs nach Norden zur Wiederherstellung der Grenze am Ebrus zwischen den Interessensphären der Karthager und Römer. Um Saguntum stand die erste Schlacht. Die römischen Kohorten wurden aus der von ihnen besetzten Stadt vertrieben, die Karthager aber machten am Ebro nicht halt. Im Juli des Jahrs Zweihundertachtzehn überquerte Hannibal mit seinen Streitkräften den Fluß. Als Statthalter installierte er seinen Bruder Hasdrubal, überließ ihm zum Schutz der iberischen Kolonie fünfzehntausend Söldner und zog weiter mit seiner Armee durch Katalonien, über die Pyrenäen, durch Gallien, über die

Alpen, warum, wußte niemand zu sagen, und wohin noch, konnte keiner voraussehn, und die Römer sammelten sich währenddessen zum Gegenschlag, sandten unter Scipio eine Flotte nach Saguntum, schlugen Hasdrubal in die Flucht, nahmen Carthagena ein, Malaca und Gades, erbeuteten enorme Mengen von Waffen und Katapulten, von Gold, Silber und Getreide sowie achtzehn Kriegsschiffe und dreiundsechzig Frachter. Im Jahr Zweihundertsechs war Spania von den Römern pazifiziert und der Untergang des karthagischen Reichs eingeleitet worden. Was hatten die Utopien der Sklaven noch alles über sich, wie weit war es noch bis zum Schritt hinaus aus der Welt des Jammers und Elends, da bereitete Scipio die Überfahrt nach Afrika vor, da schloß in Pergamon Attalos der Erste sein Schutzbündnis mit Rom, da schlug Hannibal sich mit seinen letzten Veteranen durch Italien, wurde, nachdem er seine Pferde und Elefanten getötet hatte, von den Resten der karthagischen Flotte evakuiert und in seiner Stadt von Scipio, der sich den Namen Africanus zulegte, besiegt. Da brannten die Römer Karthago nieder, da flüchtete Hannibal nach Kreta, bot Prusias, dem König von Bithynien, seine Dienste im Krieg gegen Pergamon an, geriet in Gefangenschaft und nahm den Giftbecher, und noch einmal fielen die Römer über Karthago her, machten es dem Erdboden gleich. Welche Kämpfe standen noch bevor, unterm Wechsel der Dynastien. An den Olivenbäumen entlang, mit ihren weit ausladenden, zum Erhängen geeigneten Ästen, gingen wir auf dem Feldweg zur Villa Candida, Aufstände, Revolten entflammten und wurden wieder erstickt. Gegen die Römer rebellierten die Bauern, Vandalen, Sueben und Alanen überfluteten während der Völkerwandrung das Land, die Westgoten ließen hier ein Königreich entstehn, vom Süden drangen die berberischen Mauren ein, arabische Kalifen errichteten ihre Herrschaft und wurden abgelöst von christlichen Königen in Kastilien, Asturien, León, das Landvolk stritt um seine Rechte, erreichte zeitweilig Selbstverwaltung, Unabhängigkeit, wurde wieder unterworfen in Aragón, ständig Erhebungen, ständig Schlachten, Messer, Hacken, Sicheln schlugen ins Fleisch, Blut tränkte die Erde, Kastilien eroberte Córdoba, Aragón eroberte Sizilien, dann, unter Ferdinand und Isabella, ein mächtiges vereinigtes spanisches Reich, Einführung der Inquisition, Ausrottung der Mohammedaner und Mauren, Vertreibung der Juden, Entdekkung Westindiens, Spanien als Weltmacht, Spanien unter den Habsburgern, große Teile der Niederlande, Belgiens, Italiens in Spaniens Besitz, nach Englands Aufstieg Vernichtung der spanischen Flotte, Verlust der europäischen Vasallenstaaten, Aufruhr in Katalonien, Einmarsch Napoleons, Sieg der Guerilla über die feindlichen Truppen, Abfall der lateinlateinenamerikanischen Kolonien, Auflösung der Inquisition, nach mehr als dreihundert Jahren, nationaler Volkskrieg um eine demokratische Verfassung, Achtzehnhundert Dreiundzwanzig mit französischer Waffenhilfe niedergeschlagen, drei Jahrzehnte später erste Organisation spanischer Arbeiter, gescheiterte bürgerliche Revolution, Ausrufung der Republik, Wiederherstellung der Monarchie. Cuba, Puerto Rico, Guam, die Philippinen gingen im spanisch amerikanischen Krieg an das neue Imperium verloren. Die letzten Besitzungen im Stillen Ozean, die Marianen, Karolinen und Marshall Inseln wurden ans Deutsche Reich verkauft. Doch das nahgelegne Marokko ließ sich noch erobern und bis jetzt unter Schutzherrschaft halten. Neunzehnhundert Siebzehn Generalstreik, bewaffneter Aufstand an manchen Orten. Militärdiktatur, bei den Wahlen Neunzehnhundert Einunddreißig aber republikanischer Sieg, Absetzung des Königs, Aufteilung des feudalen Großgrundbesitzes, Abtrennung der Kirche vom Staat, autonome Verwaltung in Katalonien, im Baskenland, erneute Konsolidierung der reaktionären Kräfte, Neunzehnhundert Vierunddreißig erster gemeinsamer Schlag einer proletarischen Front. Welche Mühen, welch unerrechenbare Opfer, und welche Stille über den Gärten, die wir bald verlassen würden.

Sie hatten hinabgeblickt auf uns, der Empecinado, der Espoz y Mina und der Priester Merino, die Vorkämpfer aus der heroischen Epoche des achtjährigen Kriegs gegen Napoleons Armeen, riesige, von Gerüsten getragne Gestalten aus Papiermaché, auf Wagen voll vertrockneter Blumen, als wir durch den Hof des Stadthauses in Valencia gingen, sie waren nicht ausgefahren worden, am neunzehnten März dieses Jahrs, zu den fallas, dem großen Fest, das an diesem Tag in der Stadt sonst, zum Getön der Pauken, Trommeln, Pfeifen und Dudelsäcke, der Knallfrösche, Böllerschüsse und Raketen stattfand. All die grotesken Puppen, erbaut hinterm Gemäuer der Gassen, konnten in diesem Jahr nicht im lärmenden Fackelzug durch die Straßen schaukeln, zur Plaza Castelar, um dort, während die Menge tanzte und sang, in Flammen aufzugehn, denn ein andres Feuerwerk, andre Detonationen beherrschten die Nacht. So ragten sie nur düster und drastisch auf, mit großen starrenden Augen, emporgestreckten Schwertern und Fahnen, prachtvoll und hohl, und auch höhnisch schienen sie uns, die wir enttäuscht, betreten, aus dem Barocksaal der Halle gekommen waren, abgewiesen von der Militärkommission, denn ausländische Freiwillige konnten jetzt nicht mehr angemustert werden, zur

Ausbildung war keine Zeit, in einem Monat mußten die Brigaden das Land verlassen. Wieder wurde uns bewußt, wie unvorstellbar uns ein Ende des Kriegs ohne unsern Sieg gewesen war. Nun sollten wir plötzlich, an diesem verwirrenden Tag in der zweiten Septemberwoche, nicht mehr gebraucht werden. Wir hatten jegliche Funktion verloren, mußten uns erst wieder auf andre Aufgaben besinnen. Im Büro der Partei erhielten wir den Befehl, uns am Abend mit einem Transport nach Denia zurückzubegeben und zu versuchen, auf den ausfahrenden Schiffen nach Marseille zu kommen. Wie schon einmal, vor langem, so ging ich nun wieder, ehe wir uns bei der Abfahrtstelle der Lastwagenkolonne einzufinden hatten, ziellos in der Stadt umher. Und da geriet ich, wie oft zuvor in Spanien, vor ein merkwürdig unzeitgemäßes oder zeitloses Geschehnis. An einem Seiteneingang zur Kathedrale, neben der Plaza de la Virgen, sah ich Menschen dicht gedrängt, trat hinzu und fand mich vor dem Wassergericht, das hier jeden Donnerstag seine öffentliche Sitzung abhielt. Links vom Tor, unter den Steinfiguren der Heiligen, saßen hinterm Halbkreis eines grünen schmiedeeisernen Gitters auf hohen Holzstühlen die bäuerlichen Richter, in weiten schwarzen Hemdjacken. Auf jeder Stuhllehne war ein Messingschild angebracht, mit dem Namen des Wasserbezirks, Mislata war da zu lesen, Favara, Rovella, Pautahar und Rascania. Es ging bei der Verhandlung um Streitfragen, wie sie aufkommen konnten bei der Verwendung der Gräben und Kanäle in den Reisfeldern im Tiefland um den See Albufera. So mochten sie hier schon vor Jahrhunderten gesessen haben, mit gebräunten Gesichtern, manche alt, zerfurcht, bärtig, alle aufmerksam, klug, erfahren, voller Würde, oft mit Humor, zum Gelächter der Umstehenden, dem Kläger, dem Angeklagten antwortend und ihr Urteil sprechend. Und doch müssen sie, deren Überlegenheit so augenfällig ist, sagte eine Stimme zu meiner Seite, sich immer noch mit den alten Eigentumsbestimmungen auseinandersetzen. Zwar ist es ihnen traditionsgemäß überlassen, selbst Gericht zu üben, denn nur sie kennen jede Furche, jeden Grenzwall im Feld, doch läßt der Staat, ob feudal oder republikanisch, sie dabei nur für den Weiterbestand der Ordnungen sorgen. Es war Ayschmann, der neben mir stand. Um seinen Hals und kreuzweise um Brust und Schultern lief ein Verband. Nur ein gebrochnes Schlüsselbein, sagte er, ein paar gebrochne Rippen, eine Gehirnerschütterung, ein Riß in der Leber. Bei der Explosion einer Mine war er fünf Meter durch die Luft gegen eine Mauer geschleudert worden. Unterm Arm trug er einige Hefte und Bücher. Er gab, wie nach einer durchgeführten Rekognoszierung, den Ort an, wo er sie erstanden hatte, in einem Antiquariat in der Calle Castellón, zwischen der Plaza de toros und der langen Ziegelsteinfassade des Nordbahnhofs. Er zog mich mit sich, wollte mir die Abbildungen zeigen. Wir gingen vorbei am Alabasterportal am Palast des Marqués de Dos Aguas, mit seinen Delphinen, Löwen und Titanen, durch das Stadttor zwischen den mit Schießscharten besetzten Rundtürmen, und auf der Serranos Brücke über das breite ausgetrocknete Flußbett. Zu den Seiten der jetzt nur als Graben fließenden Turia weideten Schafherden, drüben, hinter der hohen Ufermauer, erstreckten sich Felder und Apfelsinenpflanzungen. Ayschmann ging steif in seinen Verbänden, er wollte zum Apfelsinenwald, dort hinter den letzten Vorstadthäusern. Wir schritten tief in einen Pfad zwischen den Bäumen hinein, setzten uns nieder an einer Böschung. Ayschmann schlug die Zeitschrift auf, Cahiers d'Art, in der die Reproduktionen der verschiednen Entwicklungsstufen des Bilds Guernica, bis zur fertigen Form, und die Vorstudien, enthalten waren. Die Beilage, die auseinandergefaltet werden konnte, ermöglichte, in ihren grauen und schwärzlichen Tönungen, eine Vorstellung des Gemäldes, das, etwa dreieinhalb zu acht Metern groß, vor einem Jahr im Pavillon der Spanischen Republik auf der Pariser Weltausstellung zum ersten Mal gezeigt, auch keine andren Farben besaß. Zunächst hob sich das Bild, das wir in den vorgestreckten Händen hielten, fremdartig ab von dem blanken, ungeheuer leuchtenden Blaugrün der Blätter der Apfelsinenbäume. Es stellte etwas völlig Neues, Unvergleichbares dar. Roh, gewaltsam widersprachen die scharfen Lichtkegel und Schatten, die flächig ineinandergeschnittnen mastodontischen Gliedmaßen und Gesichter, die harten Diagonalen und Senkrechten der reglosen, tiefen Dichte ringsum. Die Luft war erfüllt vom metallischen Gesang der Grillen. Von der Stadt her waren keine Geräusche zu hören. Nach einer Weile nahm die Komposition, mit ihrer zentralen Figurenpyramide, ihren seitwärts aufragenden Gestalten, Gegenständlichkeit an. Ohne die Erscheinung noch ganz zu begreifen, sahn wir, was in Spanien geschah. Gehämmert zu einer Sprache von wenigen Zeichen, enthielt das Bild Zerschmettrung und Erneurung, Verzweiflung und Hoffnung. Die Körper waren nackt, zusammengeschlagen und deformiert von den Kräften, die auf sie einbrachen. Aus Flammenzacken ragten steil die Arme hervor, der überlange Hals, das aufgebäumte Kinn, im Entsetzen verdreht die Gesichtszüge, der Leib zu einem Bolzen geschrumpft, verkohlt, emporgeschleudert von der Hitze des Feuerofens. Schräg von rechts unten stieß sich die gebeugte Frau aus der Schwärze in den Lichtkeil hinein, ihre Füße, ihre Beine, erdschwere Brocken, trugen sie noch, die Hände flogen ohnmächtig, wie unter starkem Luftzug, zurück, ihr Gesicht aber war hoch erhoben, ihr Blick in den Schein des

Leuchters gerichtet, der von verknoteter Faust an schwelendem Arm in den Raum gestreckt wurde. Links die Frau war ein kauerndes Bündel, ihre Hand hing gedunsen, in ihrem Arm das Kind, mit den kleinen erbärmlichen Zehen, den ausgewalzten Handlappen, war so tot wie es nur sein konnte. Dicht über ihrem schreienden Profil, mit der spitz aus dem Mund stechenden Zunge, wachte der gewendete Kopf des Stiers, unter dem sie Schutz gesucht hatte, massiv, schnaubend stand er da, sein Schwanz peitschte in heftiger Bewegung nach oben, seine menschlichen Augen starrten nach vorn. Über der gefällten Statue des Kriegers, gipsern, doch mit schrecklich lebendigen Händen, die eine ihre Linien öffnend, die andre um den Griff des zerborstnen Schwerts geklammert, breitete, aufgeteilt zu Muskelwülsten, das Pferd sich aus, mit riesiger klaffender Wunde, durchbohrt von der Lanze, ins Knie gegangen, doch immer noch stampfend, gefährlich, röhrend aus bösem Maul. Der wehenden Mähne entgegen streckte sich dieser Handklumpen am wolkenähnlichen Arm, tragend den ärmlichen Petroleumleuchter, wie er in Bauernstuben zu finden war, und es hatte was besondres auf sich mit diesem altertümlichen Licht, das mit solch ausholender Gebärde durch die enge Luke hineingestoßen wurde von einer Nike, deren andre Hand in der Form eines Sterns zwischen den Brüsten ruhte. Ihr aus dem Unendlichen kommendes dominierendes Gesicht drängte sich fließend aus dem Innern eines Bauwerks, unter Dachziegeln, nach draußen, an einem weißgetünchten Mauerstück vorbei, doch in dieser Bewegung gelangte es wieder nach innen, in den langgestreckten kargen Raum, in dem das apokalyptische Geschehn sich abspielte, erhellt von der elektrischen Sonne der Küchenlampe, neben deren kalten Strahlen die Flamme der Ölfunzel mild und unberührt in ihrem Glasschirm stand. Dies waren andeutungsweise die ersten Züge des Bilds, die sich erkennen ließen, gleich aber wieder anders ausgelegt werden konnten, jede Einzelheit war vieldeutig, wie die Bausteine der Poesie. War die Geste der zur Mitte geneigten Frau nicht eher demütig, fragten wir uns, drückten die flatternden Hände in ihrer Leere nicht aus, daß sie eben einen Toten hingelegt hatten, und erinnerten die ausgebreiteten abgehackten Arme des vor ihr Liegenden nicht an die Haltung dessen, der vom Kreuz gehoben worden war. Da wuchs, dünn und verwischt, aus der ums Schwert verkrampften Hand ein Blumenstengel auf, da flatterte auf dem dunklen, nur mit Konturen gekennzeichneten Tisch im Hintergrund ein Vogel, vielleicht eine Taube, unförmig, mit großem aufgestülptem Schnabel, und die Linien im Innern der Hand des Gefallnen kehrten als Muster wieder in den Händen der Frauen und des Kinds, und auch zwischen dem Huf auf der Fußsohle des Pferds, alles stand zueinander in

Beziehung, war miteinander verbunden, der gleichen Bestimmung unterworfen auf der Bühne dieser Scheune, dieser Küche, dieser Alltäglichkeit, die vom Außergewöhnlichen beherrscht war. Die Skizzen in der Zeitschrift, die Zeichnungen, die ersten Fassungen des Bilds gaben zu erkennen, daß der Stier und die vorschnellende Hand mit dem Notlicht von Anfang an die Vision überragten, und da der Stier immer menschlicher wurde, und das Pferd immer bestienhafter, meinten wir, im Taurus die Dauerhaftigkeit des spanischen Volks dargestellt zu sehn, und im engäugigen, starr schraffierten Hengst den verhaßten, vom Faschismus aufgezwungnen Krieg. Und zeigte sich auch in einer Serie von Gravüren, die das Thema des Wandbilds vorbereiteten, das Pferd als ein ekelerregendes Ungetüm, mit Gesichtszügen, die an den Generalissimo erinnerten, und der Stier als eine überlegne Kraft, und war in Bleistiftzeichnungen der Gaul auch immer wieder frenetisch zerbeult und niedergewürgt worden, während der Stier erhalten blieb in seinem Triumph, so ließ sich doch, beim Studium des Hefts, aus ein paar Entwürfen der Hinweis auf eine andre Sinngebung entnehmen. Denn da entflog einmal der in den Pferdeleib geschlagnen Wunde ein kleines geflügeltes Roß, das dann wiederzufinden war, zierlich sitzend auf dem gezähmten gesattelten Bullen. In der gemalten Fassung war es nicht vorhanden, oder zur Taube transformiert, so übergroß, fast störend aber war die schwarze rhombische Wunde, daß die Aufmerksamkeit immer wieder darauf gelenkt wurde. Mit solchem Loch im Rumpf konnte das Tier sich eigentlich gar nicht mehr aufrecht halten, die Seele mußte ihm schon entwichen sein. An die eindringlichen Zeichnungen des Pegasus denkend, fragten wir uns, ob nicht grade durch das Fehlende, durch die erschreckende Aushöhlung, auf ein Hauptmotiv des Gemäldes hingewiesen werden sollte. Doch wenn wir nun, ausgehend vom Strom der Nebenbilder, der Auftürmung menschlichen und kreatürlichen Leidens noch eine Klage über die Flucht des Pegasus hinzufügen wollten, so mußten wir auch den Kritikern recht geben, die dem Werk, von dem sie Agitation verlangten, eine Undurchschaubarkeit und Gebrochenheit vorwarfen. Zwei verschiedne Realismusauffassungen stießen aneinander, sagte Ayschmann. Die schmerzliche Verunstaltung des Menschen unter der Wucht der Destruktion widersprach der Ansicht der Partei, daß der Kämpfende in jeder Lage seine Stärke und Einheit beizubehalten habe. Da waren groteske Züge, gleichsam kindlich gekritzelt, sie waren, wie es hieß, ungeeignet, die Sache des Proletariats zu vertreten. Die antagonistischen, zur Synthese gebundnen Kräfte im Bild entfesselten einen heftigen Streit, ehe die Lehre, die Picasso erteilte, dem Nachdenkenden verständlich wurde. Die äußere

Schicht der Wirklichkeit war abgehoben worden. Unterdrückung und Gewalt, Klassenbewußtsein und Parteilichkeit, Todesschrecken und heroischer Mut zeigten sich in ihren elementaren, dynamischen Funktionen. Indem das Zerfetzte sich zu einer neuen Ganzheit zusammenschloß, wurde dem Feind eine Abwehr entgegengestellt, die unbesiegbar war. Auch wenn das Bild, mit seinem schauerlichen Wundmal, mitten im Angriff auf alles Lebendige noch eine Frage nach dem Verbleib der Kunst stellte, wurde seine Wirkung dadurch nicht verringert. Jedes der Werke Picassos war als Bestandteil einer Vielfalt zu verstehn, deren Summe auch die flüchtigste Notiz einbezog. Vom Genius der Musen war in dieser Torturkammer nichts übriggeblieben, der Maler hatte seinen ursprünglichen Gedanken zurückgedrängt, desto mehr entblößt und preisgegeben stand das Ereignis da. Doch daß Pegasus, unsichtbar, in das Bild gehörte, bestätigte sich, als wir einen Ausspruch Picassos fanden, der keinen Zweifel ließ an seiner Arbeitsweise, bei der nichts, keine Vorstudie, als verloren, als verworfen angesehn wurde. Sein ganzes Leben, hatte er bei der Konzeption dieses Gemäldes erklärt, sei nichts andres als ein fortwährender Kampf gegen die Rückständigkeit des Denkens und gegen den Tod der Kunst, und er verstand mit diesen Worten die Übergriffe der Reaktion auf das Volk und die Freiheit in Spanien. Er setzte den Kampf um die Wahrheit in der Kunst der Auflehnung gegen die Demagogie gleich, für ihn war die künstlerische Arbeit untrennbar von der sozialen und politischen Realität. Das Zerstörerische, das sich über Spanien hermachte, wollte nicht nur Menschen und Städte, sondern auch die Ausdrucksfähigkeit vernichten. In der Bildfolge, die er Traum und Lüge des Franco nannte, griff der molluskenhafte, mit Rüsseln besetzte Caudillo mit einer Spitzhacke zuerst das Bildnis der Künste an und brachte, von Stacheldraht umzäunt, dem Götzen des Geldes Opfer dar, dann nahm der Stier ihn wütend aufs Horn, und die tränenüberströmten Gesichter der Menschen hoben sich den Stationen des Duells auf Leben und Tod entgegen, bis am Ende nur noch die hockende Frau übrigblieb, vor der brennenden Ruine des Hauses, mit dem Leichnam des Kinds in den Armen. Vieles war an Aussage noch verborgen, konnte zukünftig erforscht werden. Die Bombardierung der baskischen Stadt Guernica, am Nachmittag des sechsundzwanzigsten April Neunzehnhundert Siebenunddreißig, durch deutsche Flugzeuge der Legion Condor, war ein Signal, noch größere Verheerungen schienen sich von dem flachen, gedrängt angefüllten Küchenraum aus anzubahnen. Die Tür hinterm Schweif des Stiers stand offen, und auch neben der im Feuersturm Endenden ging es weit hinaus. Der Abschnitt einer Prophezeiung war hier festgehalten, in greller Beleuchtung, und da die Glühbirne an der Decke, mit ihrem verknäulten Draht, bald erlöschen konnte, war die andre, zuverlässige Öllampe hinzugeholt worden, und dies war das Licht des Bewußtseins, des Erkennens. In den Skizzen war der Toro, nachdem er anfangs alle andern Figuren breit überlagert hatte, immer mehr dem zunächst gefällten, dann wieder hochschnellenden Pferd gewichen, das von Anfang an seine tödliche Verletzung aufwies. So hatte sich der spanische Stier, im Fortgang des Kriegs, einer Rückzugsmöglichkeit angenähert, während das vom Speer durchbohrte und von Pfeilen umflogne Pferd in der Mitte wütete. Indem das Bild uns aufforderte, den ersten Eindruck nur als Anlaß zu benutzen, das Gegebne auseinanderzunehmen und von verschiednen Richtungen her zu überprüfen, es dann aufs neue zusammenzusetzen und es sich somit anzueignen, bestätigte sich die Regel, die ich von frühsten künstlerischen Untersuchungen kannte. Wie einmal bei der Konfrontation mit dem kristallischen Gemälde Légers, das er nicht Holzfäller, sondern Akte im Wald nannte, vermittelten auch hier die scharfkantig aufeinanderstoßenden Einzelteile eine Kraft, die das Sehn zum Bauen, zum Kombinieren zwang. Die grauen und bläulich violetten Würfel, Kegel und Zylinder des Holzes, des Gesteins, der Körper im Wald sprachen vom Eingekeiltsein zwischen Stämmen und Stümpfen, doch neben der gewaltsamen Anstrengung der Arbeit, neben der kolbengleichen Muskulatur wurde noch eine andre Welt dargestellt, oder vielmehr, durch den Anblick dieser in der Erdtiefe eingeschloßnen Kyklopen wurde unser Blick wachgerissen auf den eignen Zustand im Rohrwerk der Maschinen. So eröffneten die verlängerten Fluchtlinien der Konturen an Feiningers Häusern eine ganze Stadt, und die kometenhaft sprühenden Formen am Turm der blauen Pferde ließen eine Vitalität in Erscheinung treten, die konventionelle Mittel der Abbildung nie erreichen konnten. Solch überraschende Darstellungen, die nicht von einem geschloßnen Aspekt, sondern von einer Vieldeutigkeit ausgingen, gaben tieferen Aufschluß über die Mechanismen, zwischen denen wir lebten, als die statische Anordnung es vermochte. Bezeichnend für sie war, daß sie die Phantasie dazu anleiteten, nach Beziehungen, nach Gleichnissen zu suchen und damit den Bereich der Aufnahmefähigkeit zu erweitern. Eine Kreidestudie Picassos, die eine Frau mit totem Kind eine Leiter emporklimmend zeigte, wies auf die Region hin, die vom Stier, vom Pferd, von der ausgestreckten Hand mit dem Licht eingenommen wurde, und als Ayschmann die Abbildung der Minotauromachie aufschlug, wurden die Küche des Bauernhauses bei Cueva la Potita und der tief in die Erde gegrabne Keller gegenwärtig. Dieses graphische Blatt war der Brunnen, aus dem das Guernicabild gestiegen war. Da beugte sich beschirmend, mit überdimensioniertem Haupt, der Stiermensch über das zusammengebrochne Pferd, das eine Einheit bildete mit seinem Reiter, hier ein weiblicher Toreador, der sterbend den Degen in der Hand trug. Vor dem Dunkel der steinernen Mauer, in deren Nische die Taube einen Flecken Helligkeit reflektierte, die auf dem Vogel des großen Werks zur blendenden Schneide eines Messers wurde, stand ein Kind, eine brennende Kerze und einen Blumenstrauß haltend, während hinter ihm der Landmann, als antiker Wanderer, als Odysseus, den Schacht hinaufkletterte. Auch in dieser Radierung durchdrangen Exterieur und Interieur einander, kommend aus offnem Meer und Himmel neigte sich der Minotaurus in die tiefe Schwärze des Kellers, und ich sah dabei den jungen Sohn, die Lampe hoch erhoben, und den Bauern über ihm auf der steilen Treppe, die Karaffe auf der Schulter tragend. Daß die Zerstörung Guernicas auf den viereckigen Fliesen einer Küche stattfand, war mir unmittelbar verständlich. In einem solchen Raum hatte auch ich die Einsicht gewonnen, daß es keine Trennung gab zwischen den sozialen und politischen Materialisationen und dem Wesen der Kunst. Doch hast du, fragte Ayschmann, nicht ständig deine Benachteiligung empfunden gegenüber denen, die unbehindert ihr Studium betreiben konnten. Er stieß mich mit diesen Worten aus einem Gleichgewicht, das zu besitzen ich schon vorgegeben hatte. Meine Bildung war nicht fundiert, sondern sporadisch angelesen. Ein sogenanntes Reifezeugnis konnte ich nicht herzeigen. Dagegen hatte ich mich für die Arbeit in Werkstätten, Lagerlokalen, Fabriken legitimiert. Einen Augenblick lang befand ich mich in einer Feindlichkeit gegenüber Ayschmann, der ganz selbstverständlich den akademischen Werdegang für sich in Anspruch genommen hatte. Ich spürte die Auflehnung gegen seine Welt, dann aber beschämte mich diese Reaktion, denn seine Frage war ausgegangen vom Gedanken der Zusammengehörigkeit. Wir haben uns nicht als minderwertig angesehn, sagte ich, oft meinten wir uns, mit unsern praktischen Kenntnissen, den Studenten sogar überlegen, da der Stoff ihrer Lehrbücher auch für uns erreichbar war, während sie von unsrer Grundschulung nichts wußten. Wir hatten gelernt, den Begriff des Intellektuellen in einem erweiterten Sinn zu verwenden. Wenn wir zu Hause von der Intelligentsia sprachen, so meinten wir damit alle selbständig denkenden Menschen. Und doch hatte Ayschmann recht. Trotz aller Gleichstellung bestand eine Kluft zwischen uns. Ich war Autodidakt. Meine Entwicklung wäre anders verlaufen, hätte ich einer ökonomisch begünstigten Familie angehört. Desto höher war die Leistung meiner Eltern zu bewerten, die den Umgang mit Literatur zu etwas Dazugehörigem machten. In der Schule, bis zu meinem zwölften Jahr, war ich dem System ausgesetzt, unter dem wir zu nichts andrem als zu Arbeitsvieh erzogen wurden. Kein einziger Lehrer hätte je den Versuch unternommen, die Begabung, die in uns allen lag, auch nur durch den geringsten Anstoß zu fördern. Wir waren, als Kinder eines proletarischen Viertels, zur Nichtigkeit bestimmt, ein Wort, das von Reflexion zeugte, wurde niedergeschlagen mit Fäusten und Stöcken. Wenn mein Vater übermüdet nach Hause gekommen war, setzte er sich doch immer noch mit einem Buch an den Tisch und besprach die Lektüre mit mir. Er war es, der mich anregte, in die Bibliothek zu gehn. Aus Abteilungen, die uns Kindern verschlossen waren, brachte er mir Werke mit. Das Lesen, das Betrachten von Kunstreproduktionen gehörte zum Dasein. Die Literatur war eine Notwendigkeit. Ich gewann den Eindruck, daß es sich ohne sie nicht leben ließ. Wann mein Interesse für Bücher geweckt worden war, konnte ich nicht sagen. Es lagen immer Reiseschilderungen, Biographien, Berichte über Entdeckungen und historische Ereignisse bei uns in der Küche. Sie erschlossen sich mir Seite für Seite, ihr Inhalt begleitete mich bis in den Schlaf. Ayschmann wollte eine Ausnahme in diesem Vorgang sehn. Wir aber gingen davon aus, daß die Beschäftigung mit Literatur, Philosophie, Kunst überall möglich war. Allen war die Fähigkeit gegeben nachzudenken. Es hatte uns immer empört, wenn uns intellektuelle Aktivität nach dem Tagewerk nicht zugetraut wurde. Wir waren Arbeiter, und wir waren auf dem Weg, uns eine kulturelle Grundlage zu schaffen. Allein der Hinweis, daß dies ja nur durch besondre Umstände erreicht werden könne, empfanden wir als herablassend, diskriminierend. Daß wir selbst, nicht besser und klüger als alle andern, imstande waren zu studieren, zu forschen, bewies, daß es auch jedem andern gelingen mußte. Was oft fehlte, war nur die Motivation, das fing bereits in der Schule an, setzte sich dann in den Gewerkschaftsverbänden fort, die nicht die Ungeduld des Denkens, sondern kleinbürgerliche Genügsamkeit förderten. Die Verhältnisse hatten uns gezwungen, das, was uns allen hätte zuteil werden sollen, aus eigner Kraft, unter unsäglichen Anstrengungen, zu erobern. Dies meinte ich, wenn ich sagte, mein Vater habe aus eigner Initiative den Schritt aus der Versklavung ins wissenschaftliche Zeitalter getan, und daß ihn dabei nichts andres stützte als das Bewußtsein seines Rechts. Da er sich um den Einblick in Kunst und Literatur bemühte, hatte er, voller Wut oft, das auf unsern Bedarf zurechtgeschnittne populistische Gut zurückgewiesen und bestritten, daß Leitfäden, auf begrenzte, einfache Gedankengänge eingestellt, uns weiterhelfen könnten. Ob dies alles nun programmatisch gewesen sei oder unsrer tiefsten Überzeugung entsprochen habe, fragte Ayschmann, und ich wußte nicht mehr drauf zu antworten, als daß Coppi, ich und einige andre, die uns nahstanden, diesen Weg als den richtigen anerkannt hätten, daß uns aber Beistand zuteil geworden wäre, ein Beistand, der als Privileg zu bewerten sei, indem wir, wenn auch nur für kurze Zeit, eine fortschrittliche Schule besucht hätten. Auf eine solche Hilfe angewiesen zu sein, war allerdings quälend. Unter der Küchenlampe erhellte sich uns die Welt, das, was wir uns vorstellten, nahm Gestalt an, wir dachten uns heran bis an eine Finisterre, wo Begegnungen stattfanden mit mythologischen Erscheinungen. So stießen wir, das graphische Pferd und dessen tote oder tief bewußtlose Reiterin vergleichend mit dem Streitroß und dem zu Scherben zerfallnen tönernen Krieger, auf weitere Metamorphosen. Wie Toreador und Pferd ineinander verschmolzen und gemeinsam zusammenbrachen, so verendeten in den Kompositionsstudien Pferd und Krieger anfangs als ein einziger zerschlagner Körper, und aus der Wunde riß sich die Frauengestalt mit dem Leichnam des Kinds heraus. Männliches und Weibliches ging ineinander über, da war die Erinnrung an Medusa, aus deren Leib Pegasus sprang. Ihr schauerliches Gesicht mit dem versteinernden Blick war sowohl im Kopf des Pferds als auch in dem des Kriegers zu erkennen. Sich abwendend von der Gorgo, nur in einem Spiegel ihr fratzenhaftes Antlitz auffangend, hatte Perseus sie getötet, und dieses Ausweichen war auch Picasso zu eigen. Die angreifende Gewalt blieb unsichtbar in seinem Bild, nur die Überwältigung war da, nur die Betroffnen zeigten sich. Entblößt, schutzlos waren sie dem nicht sichtbaren Feind ausgesetzt, dessen Stärke ins Unermeßliche wuchs. Perseus, Dante, Picasso blieben heil und überlieferten, was ihr Spiegel aufgefangen hatte, das Haupt der Medusa, die Kreise des Inferno, das Zersprengen Guernicas. Die Phantasie lebte, so lange der Mensch lebte, der sich zur Wehr setzte. Doch der Gegner beabsichtigte nicht nur materielle Zertrümmrung, sondern auch das Auslöschen aller ethischen Grundlagen. Wir stimmten darin überein, daß der Angreifer nicht in einem Vakuum bleiben durfte, sondern erkennbar geschildert werden mußte. Dies aber schloß nicht aus, daß mit den Medien der Kunst auf den Schwierigkeitsgrad, der das Verständnis entscheidender Vorgänge bestimmte, aufmerksam gemacht werden konnte. Die Katastrophe, die hier über die Gesichter und Körper hergefallen war, besaß Dimensionen, die wir noch nicht zu fassen vermochten. Die durch den Luftdruck platt gedrückten Formen und Gesten waren von einem Licht in die Bildwand geprägt worden, dessen Schein kein Auge ertragen konnte. Jeder Versuch, das Abgebildete unmittelbar zu erklären, würde zum Erlöschen des Werks führen. Die Wirkungskraft der Gedenkfläche Guernicas, und der Tauromachie, wurde um so stärker, je vorbehaltloser wir uns ihr stellten. Mit ihren roh geschnittnen Bestandteilen bot die große Komposition einen ersten, schnell zu erfassenden Überblick. Nichts konnte hier seinen Standort wechseln, alle Relationen waren in starker Vereinfachung gegeben. Doch indem das Abgebildete begreifbar wurde und auf die Kräfte hinwies, die es hervorgerufen hatten, zeigte es uns unsre eigne Lage, in der die Parteilichkeit den äußren Zusammenhalt gab, während im Innern die Zerwürfnisse, Zweifel, Hilflosigkeiten und Ängste stattfanden. Bot sich auch an, die Verhältnisse zu analysieren, so blieb es zumeist doch nur bei Hypothesen, die bald wieder verworfen wurden. Die fehlende Sicherheit, diese Empfindung des Fließenden gab den Ausschlag für ein Denken, das mit der spätbürgerlichen Gesellschaft untergehn würde und das uns, trotz unsrer politischen Alternative, angesteckt hatte. Mit großem Kraftaufwand waren wir in Spanien gegen Bitterkeit und Lethargie angegangen. Doch dann folgte die Auflösung der Front, die uns fieberhaft daran erinnerte, wie früher schon Initiativen der Arbeiterbewegung durch Rückschläge abgebrochen wurden. Wieder war der Kampf gegen die Nutznießer fehlgeschlagen und hatte die Ausgebeuteten in noch größre Abhängigkeit gebracht. Immer noch war die Zahl derer nicht groß genug, die sich zur Wehr setzten, und hunderttausende hatten darum mit ihrem Leben zahlen müssen. Dennoch war in Spanien fortgesetzt worden, was die Insurgenten von Madrid Achtzehnhundert Acht, die französischen Revolutionäre Achtzehnhundert Dreißig, die Kommunarden und die Kämpfer des Oktober begonnen hatten. Dies alles, der mächtige Aufstieg und das Scheitern, das Absinken und die Sammlung zu neuem Vorstoß, war in dem großen Bild von Guernica enthalten. Vor zwei Jahrzehnten hatten sich die Arbeitenden in unsern Ländern die Macht entreißen lassen, die Reformisten hatten zur Stärkung der Profiteure verholfen, deren Herrschaft zu furchtbaren Verunstaltungen geführt hatte. Picassos zerbeulte, berstende Leiber und verschobne Gesichtszüge zeugten von dieser Epoche. Das Bild schrie und erinnerte an alle zurückliegenden Stadien der Unterdrückung. Es war nah einer andern Visualisierung, in deren Zentrum ein sich lang streckendes schwarzes Pferd flog, mit einer Reiterin in zerrißnem wehendem Kleid, Schwert und Fackel tragend, und darunter lagen, zerbrochen, die nackten Gefallnen. So war der sausende Sprung des Kriegs, über weißlich graue Körper und Erdformationen hinweg, vor einem halben Jahrhundert vom Zöllner Rousseau dargestellt worden, und das Antlitz der Frau, mit den großen, hart konturierten Augen, dem aufgerißnen Mund, trug das gleiche Grauen, das die Bewohner Guernicas erstarren ließ. Bis zur Pietà des Mantegna und des Meisters von Avignon, bis zur Apokalypse des Beatus von Liebana und den Höhlenzeichnungen der Steinzeit führte Picassos Werk zurück. Auch in den Variationen der weinenden Frau mit den gebleckten Zähnen gab es die Spuren von fließenden Tränen, das an die Augen gepreßte Tuch, wie es von den Meistern des fünfzehnten Jahrhunderts vorgebildet worden war, und der Gestürzte im Vordergrund Guernicas war dem rücklings ausgestreckten Toten in der Grablegung zu Avignon ähnlich. Die Miniatur des Beatus, aus dem elften Jahrhundert, wies die von Picasso verwendeten Bestandteile der Komposition in einer noch unverstellten Landschaft auf. In dem Gefallnen, dem Pferd, der Frau mit dem Kind aber bahnten sich Stilisierung, Abstrahierung schon an, und die Taube, mit der Inschrift Columba versehn, Hoffnung, Licht, Friede, flog vom Olivenbaum auf, um im Schatten der Küchenecke zu landen. Picassos Bild wies auf seine Herkunft hin, doch die Verhaltenheit in der Trauer der Vorgänger war verschwunden. Hier war der Schmerz unverhüllt. Die Tränen waren Nadeln und Pfeile, die Schnitte im Fleisch zurückließen. Indem es seine Unterlagen und Vorbereitungen zu erkennen gab, wurde das Neuartige noch bedeutsamer. Wir sahn, in Ayschmanns Büchern und Zeitschriften, die Geschichte der Kunst als eine Geschichte des menschlichen Lebens, aus der die Stufen sozialer Entscheidungen abzulesen waren. Bezüge zu unsrer eignen Entwicklung stellten sich her. Vielfach war unser Denken geprägt worden von Bildern und literarischen Werken. Zeiten von Bewußtseinsveränderungen hingen oft mit bestimmten künstlerischen Themen zusammen. So dachten wir jetzt, in der Zeit des entscheidenden politischen Kampfs, über das Kind in der Minotauromaquia nach. Unbeirrt hob es sein Licht den Schatten entgegen, es verkörperte mehr als die Poesie, stellte, bei aller Gebrechlichkeit, einen Spürsinn dar, ohne den sich das monströse Wuchern der Realität nicht begreifen ließ. Solche Bilder standen als Wegzeichen im Gewirr der historischen Linien. Ein paar andre Werke noch hoben wir hervor. Wie Guernica war auch die Barrikade von Delacroix, mit der Gestalt der Freiheit, nach dem Pyramidenmuster komponiert, in dem sich das Aufgewühlte als gebändigte Einheit darstellte. Die Farbe war reduziert auf bleierne Töne, auf ein dumpfes Umbra, auch die rote Glut in der Trikolore wurde gedämpft von den Schwaden des Rauchs. Über Pflastersteinen und Brettern und den wächsernen, flach hingeworfnen Leibern der Toten stieg die Volksführerin auf, die kräftige, halbentblößte Wäscherin, in locker flatterndem Rock, Fahne und Gewehr tragend, mit dem zur Seite gedrehten Gesicht der Nike gleichend, die ihr immenses Profil in Picassos Bildraum streckte. In ihrer fleischigen Fülle, die Faust um die scharf gezeichnete Schußwaffe geballt, den schweren Schenkel vorgestemmt, zeigte sie das Stadium an, in dem die Idee zur materiellen Gewalt wird. In der Dreieinigkeit des Proletariats schlossen sich ihr Arbeiter, Intellektueller und Jugendlicher an. Ayschmann wies auf den Mann in schwarzem Jackett und Hut und mit der breiten Binde um den Hemdkragen. In ihm hatte Delacroix sich selbst porträtiert. Diese biographische Einzelheit verlieh dem Bild einen zusätzlichen Wert, denn sie sprach von einer durch die Zeitumstände erzwungnen Entscheidung. In seinem Wesen eher konservativ, stellte der Künstler sich doch in die vorderste Reihe der Revolutionäre, er war seiner Rolle noch nicht ganz gewachsen, er kniete, leicht zurückweichend, wie nach einer Stütze hinter sich suchend, das Gewehr etwas ängstlich in den Händen, den Finger unbeholfen am Hahn, und dieser Augenblick drückte seine ganze Lebenssituation aus. Was er wiedergab, war ein Wunschbild und besaß deshalb auch etwas von der Absonderlichkeit des Traums, es war seinem Gesicht anzumerken, daß er eigentlich nicht hierher gehörte, verwundert, im überaus real Gemalten, sich der eignen Handlung kaum bewußt und sie bald auch widerrufend, nahm er, visionär, die Position eines Zukünftigen ein. Am weitesten nach vorn, einen Schritt an der Beschirmerin vorbei, war der Junge gelangt, aus den Gassen kam er gestürmt, begeistert seine Pistolen schwingend. Während die Fahnenträgerin unverwundbar schien und die andern Kämpfer, in statuarischer Haltung, abwartend, sich wachsam verhielten, konzentrierte sich alles Mitreißende, Spontane, Heroische in diesem Halbwüchsigen, und indem er den Fuß hob, um über die Gefallnen zu springen, die übergroße Munitionstasche schlenkernd an der Hüfte, war es, als stünde der Sieg der Revolution schon bevor. Darin aber lag gleichzeitig das Schreckliche, denn nicht nur würde der Junge, völlig schutzlos dem Gegner preisgegeben, mit Bestimmtheit in der nächsten Sekunde niedergeschossen werden und in den Leichenhaufen fallen, der gradezu bereit zu sein schien, ihn aufzunehmen, sondern wir wußten auch, was auf den achtundzwanzigsten Juli Achtzehnhundert Dreißig folgte. Das Volk, versammelt unterm Ideal der Freiheit, war bereits betrogen, das Handwerk des Aufstands hatte es ausgeführt wie vier Jahrzehnte zuvor, mit seinen Opfern hatte es höheren Klassen den Weg geebnet, im Hintergrund blieb es auch jetzt, neuer Geldadel, neue Monarchie drängte sich vor. Nachdem in der Folge von Revolution und Gegenrevolution der napoleonische Thron die Diktatur der Jakobiner ersetzt und das Königtum sich auf den Trümmern des Kaiserreichs wiederhergestellt hatte, lag vor der Barrikade die uneingeschränkte Herrschaft des Großkapitals, gegen die der Kampf, in weiteren revolutionären Phasen, fortgesetzt werden würde. Das Erstarrte in diesem Bild, das doch Anspruch drauf erhob, einen Sprung der Geschichte in seiner Kühnheit und Großartigkeit zu preisen, hing damit zusammen, daß der Maler selbst vorm Übergang zur Erneurung innehielt, daß er in einer Zwischenstellung verblieb, beschwert von den Resten romantischer, allegorischer Anschauungen. Vor ihnen, die hier zusammenbrachen im Feuer, die sich wieder aufrafften, lagen die Bastionen von Achtzehnhundert Einunddreißig, Vierunddreißig, Achtundvierzig und Einundsiebzig und auch die Eroberungen im Bereich der Kunst, wie sie Form fanden bei Courbet, Millet, Daumier, van Gogh. Zwischen den Aufständischen wollte Delacroix sich hervorheben, doch jetzt erschrak er. Dem Bürgertum war er näher als seinen Helden, schon war er bereit, sich gegen die Umwälzung zu wenden. Grade in dieser Gebrochenheit aber kennzeichnete er die Situation auf der Barrikade. Bleich, gespannt seinen Platz einnehmend, mit rotem Band umgürtet, den Zylinder verwegen schief auf dem Kopf, repräsentierte er die Klasse, die mitten im Kampf nach ihren eignen Vorteilen Ausschau hielt, ein Datum hatte er visualisiert, so wie Picasso es mit seinem Bild tat, eine Sekunde widersprüchlicher Hoffnungen, und während das Volk unter der Freiheitsgöttin verblutete, blickte er, der Mitläufer, düster, melancholisch, seinem Aufwachen entgegen, und dieses Aufwachen war voller Verrat. Genau so war jener Tag in Paris. Die Arbeitenden hatten begonnen, um ihre Rechte zu kämpfen, zwischen ihnen aber befand sich, bedrängend, behindernd, bindend, die Reaktion, unendlich mühsam war das Erklimmen einer höheren historischen Stufe, erst jenseits des Walls aus aufgerißnen Straßensteinen würde der wissenschaftliche Sozialismus entstehn, rasend angegriffen, diffamiert, untergraben im kommenden Jahrhundert von der bis an die Zähne bewaffneten Bourgeoisie. Zwölf Jahre früher war das Floß der Medusa in die akademischen Kunsträume eingebrochen. Das Gemälde des Delacroix fand Würdigung bei dem, der sich Bürgerkönig nannte, denn zur Apotheose seines Wegs zur Macht war es geworden, ihm diente jetzt, hochbesoldet, der Künstler. Géricaults Bild jedoch war ein gefährlicher Angriff gewesen auf die etablierte Gesellschaft. Mit seinem gewaltigen Format schon, sieben zu fünf Metern, drohte es, alle übrigen Werke im Salon zu erschlagen, unerträglich aber war den Honoratioren das Thema, das die Korruption der Beamtenschaft, den Zynismus, die Selbstsucht der Regierung entblößte. Am zweiten Juli Achtzehnhundert Sechzehn war, durch Unfähigkeit des Kommandanten und Fahrlässigkeit der Marinebehörden, die Medusa, das Flaggschiff eines französischen Flottenverbands auf dem Weg nach

Senegal, in der Nähe von Cap Blanc auf Grund gelaufen. Von den etwa dreihundert Kolonialsoldaten und Siedlern an Bord konnten die Rettungsboote kaum die Hälfte fassen. Der Kapitän, die höhren Offiziere und einflußreichen Passagiere nahmen mit Gewalt Besitz von den Booten. Auf einem Floß, notdürftig aus Bohlen und Maststücken erbaut, drängten sich die übrigen Schiffbrüchigen zusammen. Die Rettungsboote sollten das Floß ziehn, beim aufkommenden Sturm aber wurden die Taue gekappt, das Floß trieb ab, und von den hundertfünfzig Menschen, die dort, verhungernd, verdurstend gegeneinander kämpften, waren nach zwölf Tagen noch fünfzehn am Leben. Lag das Ereignis auch fast drei Jahre zurück, so wurde der Name Medusa im Bildtitel doch nicht zugelassen, als Schiffbruchsszene wurde das Werk, hoch über den andern Gemälden, in schlechtem Licht aufgehängt. Der vom Maler geschilderte Augenblick, da der Mast der rettenden Fregatte am Horizont auftauchte, war mit solcher Verzweiflung, solchem Aufruhr geladen, daß die Vertreter der bourbonischen Restauration ihn mit Recht als einen ersten Schritt zur Revolte gegen ihr Regime deuteten. Die undeutliche Reproduktion im Buch versetzte uns in die Lage derer, die sich bemühten, trotz des Abstands und der schlechten Beleuchtung, etwas von der Authentizität des Bilds zu entziffern. Die Überlebenden auf dem Floß streckten sich in einer gemeinsamen Bewegung empor, von den Toten im Vordergrund weg, mehr und mehr sich aufrichtend, bis zum dunkelhäutigen Rücken des Hochgehobnen, dem der Wind das Tuch in der winkenden Hand zur Seite riß. Die Komposition folgte dem Prinzip der Doppeldiagonale, womit sowohl die Struktur der großen Fläche gefestigt als auch eine Verschiebung zweier Perspektiven hergestellt wurde. Von links unten dehnte sich die Gruppe, in ihrer erregten, ineinandergreifenden Gestik, nach rechts oben aus, zielend auf den winzigen Mast, der gleich von einer heranrollenden Welle verdeckt werden würde, von rechts unten, ansetzend am über Bord hängenden Arm eines Toten, stieg die andre Linie auf, vom geblähten Segel der linken Höhe entgegen gerissen, so daß die Richtung, die von der Masse der Figuren beschrieben wurde, die Fahrtrichtung des Floßes durchkreuzte. Dies weckte eine Empfindung von Schwindel. Nicht auf das ferne Schiff zu, sondern daran vorbei glitt das Floß, und diese Wahrnehmung erfuhr eine weitere Beunruhigung durch den Anblick der Woge, die, von niemandem auf dem Fahrzeug beachtet, sich turmhoch vor dem leeren Bug erhob, um auf die Übriggebliebnen niederzuschlagen. Delacroix hatte seine Gestalten frontal dem Beschauer zugewandt, sein Aufruf zum Mitstreiten wurde nur durch seine eigne halb zögernde, halb kokettierende Haltung gedämpft. Géricault verzichtete auf diese direkte Agitation, die Schiffbrüchigen drehten sich zum größten Teil nach rückwärts, sie waren völlig für sich, der nach vorn gekehrt Sitzende, die Hand um einen Toten geschlungen, war in Erschöpfung und Trauer versunken, wie vom Blick eines Ertrinkenden war das Floß gesehn, und die Rettung war so entlegen, daß es schien, als müsse sie erst erdacht werden. Eine Täuschung, eine Halluzination konnte diese auftauchende Hilfe sein, der sich die letzte wachwerdende, gradweise sich steigernde Kraft zuwandte, in einer Zukunft lag sie, weit weg von der Welt, in der die Zuschauer sich befanden. Aus der vereinzelten Katastrophe war das Sinnbild eines Lebenszustands geworden. Voller Verachtung den Angepaßten den Rücken zukehrend, stellten die auf dem Floß Treibenden Versprengte dar einer ausgelieferten Generation, die von ihrer Jugend her noch den Sturz der Bastille kannte. Sie lehnten und hingen aneinander, alles Widerstreitende, das sie auf dem Schiff zusammengeführt haben mochte, war vergangen, vergessen war das Ringen, der Hunger, der Durst, das Sterben auf hoher See, zwischen ihnen war eine Einheit entstanden, gestützt von der Hand eines jeden, gemeinsam würden sie jetzt untergehn oder gemeinsam überleben, und daß der Winkende, der Stärkste von ihnen, ein Afrikaner war, vielleicht zum Verkauf als Sklave auf die Medusa verladen, ließ den Gedanken aufkommen an die Befreiung aller Unterdrückten. Ayschmann war plötzlich blaß geworden, er sank vornüber, das Buch fiel ihm aus der Hand. Ich legte ihn ins Gras. Er preßte die Hände an die Schläfen, nur eine Schwäche, sagte er, geht schnell vorbei, und richtete sich schon wieder auf. Die Bilder, mit denen wir uns in dieser Stunde befaßt hatten, waren geprägt von der Schnelligkeit und Heftigkeit, in der Lebendiges ausgelöscht werden konnte. So wie wir selbst es taten, hoben sich die gemalten Figuren von der Vernichtung ab, lagen, knieten, krochen über Berge von Leichen. Unaufhörlich sei der Tod ihm jetzt gegenwärtig, sagte Ayschmann. Die Maler hatten eine Sekunde des Nochlebens der übermächtigen Zerstörung abgewonnen und in Zeitlosigkeit versetzt. Von solcher Anstrengung mußte etwas Unheimliches, ein Schweigen bei angehaltnem Atem zurückbleiben. Ich fragte Ayschmann, ob ich ihn zum Krankenheim bringen solle, aber er hatte das Buch schon wieder aufgeschlagen mit Goyas Bild von der Erschießung der Aufständischen. Und doch, sagte er, in die Gesichter blickend, mit den im Haß zusammengepreßten Mündern, den weit aufgerißnen Augen, verspüre ich keinen Schrecken beim Gedanken, daß das, was uns eben noch nah ist, gleich unwiederbringlich verloren sein kann, denn das Gefühl dieser Nähe, das so überaus wichtig ist, ist ja nur vorhanden, so lange wir leben, es verschwindet mit unserm Tod. Ich meine, sagte er, daß wir uns ans Leben ja nur klammern, solange wir vom Leben wissen, und daß es einen Schmerz über unser ausgelöschtes Leben nicht gibt, weil wir selbst mit dem Verlornen vergehn. Nur als Lebende können wir den Tod fürchten und haben doch keinen Grund dazu, weil wir noch am Leben sind, mit dem Tod hört diese Furcht auf, deshalb ist die Furcht vor dem Tod absurd. Nur eines, sagte er, habe ich gelernt, nie nachzulassen in meiner Aufmerksamkeit so lange ich hier bin, nie zu vergessen, daß ich lebe. Einen winzigen Zeitraum hatten die Verurteilten am dritten Mai Achtzehnhundert Acht noch vor sich. Die Gewehre waren angehoben. Im Schein der abgestellten großen Laterne glänzten die Blutlachen. Vor dem Haufen der Knienden lagen die schon Abgeschlachteten mit zerfetzten Körpern. Ein dichter Zug von Gefangnen wurde zur Böschung geführt. Einige ballten die Hände oder schlugen sie vors Gesicht. Sie aber, die sich vorn zusammendrängten, Arbeiter, Bauern, ein Mönch, den Mündungen unmittelbar gegenüber, starrten in wildem Trotz. Einer, in offnem weißem Hemd, hielt die Arme zur Aufnahme des Tods weit ausgestreckt. Unerträglich, weil sie nie ein Ende nehmen würde, war die Spannung in dieser Erwartung der Salve. Die Silhouette eines vorgeschobnen Stadtteils lag erloschen, mit der gähnenden Wölbung eines Tors, aus dem die Gefangnen kamen. Das schwere Braungrün des nächtlichen Himmels wurde aufgenommen von den Mänteln der Grenadiere, deren Finger sich am Hahn des Gewehrs krümmten. In das lehmige Dunkel, in der Stunde vor Morgengrauen, stieß von links der gelblich fahle Keil des Hügels hinein, durchschnitten von den Linien der mit Bajonetten verlängerten Gewehre. Gab es auch nirgends Hilfe, und war das unmittelbar folgende Krachen der Schüsse auch sicher, so ging doch von der Schar der Insurgenten der Sieg aus, und die Rücken der Soldaten, automatengleich aneinandergereiht, waren gebeugt vor der kommenden Niederlage. Und warum, sagte Ayschmann, sollte uns unser Verenden ängstigen, da uns ja unser Nichtsein vor der Geburt auch nicht bestürzt. Drückt er nicht aus, sagte er, auf den Mann mit den erhobnen Armen weisend, was in dieser Spanne zwischen Geburt und Tod alles zu erreichen ist, ist seine Geste nicht voller Stolz und Überlegenheit, da er alles losläßt und seinen ganzen Leib dem Ende darbietet, in der Gewißheit, nicht unnütz gelebt zu haben. Sie alle haben den gleichen Blick, sagte Ayschmann, immer wieder habe ich diese Augen gesehn, bei Teruel und Caspe, bei Vinaroz, Benicasim und Castellón, und ich nehme an, daß auch ich so starrte, als ich durch die Luft flog, ehe es schwarz wurde.

Die gefangnen Insurgenten von Madrid, die Schiffbrüchigen der Medusa, das Volk auf der Barrikade in Paris, die Bewohner Guernicas, sie hatten die Wirklichkeit direkt vor sich, und was ihnen widerfuhr, war weit entfernt von den Zeugnissen, die von den Malern darüber ausgestellt wurden. Sosehr diese sich auch um stoffliche Genauigkeit bemühten, der tatsächliche Vorgang war doch nicht zu umfassen und mitzuteilen. Nie ließen sich von andern erlittne Schmerzen nachempfinden, nur eigne Erfahrungen konnten wiedergegeben werden. Mit ihrer Einbildungskraft erzeugten die Maler Situationen, in denen Selbsterlebtes so lange über das gewählte Geschehnis geschoben wurde, bis der Eindruck von Übereinstimmung entstand. Diese Übereinstimmung stellte sich her, wenn der höchste Grad emotionaler Intensität erreicht war. Wie Delacroix stets nach Themen suchte, die seiner von Depressionen unterbrochnen Leidenschaftlichkeit entsprachen, so beschwor er auch die Sekunde auf der Barrikade aus seinem Zweifel an sich selbst, seinem Überdruß herauf. Bisher hatte er seine ausschweifenden Phantasien in Höllenfahrten und Gemetzel versetzt, das grausame Niederschlagen des griechischen Freiheitskampfs war ihm noch nah, nun versuchte er, diesem Julitag, in dessen Toben er geraten war, Gestalt zu geben. Getrieben von Idealismus und auch von Hochmut, der zum Gefühl der Nutzlosigkeit gehörte, das sein Leben bisweilen überschattete, wollte er teilhaben an der unaufhaltsamen Kraft, die zur Verändrung drängte, und verwechselte in seinem diffusen, schwelgerischen Empfinden die Wünsche des Volks mit den Bestrebungen der Orléanisten und Bonapartisten. An der Seite der fortschrittlichen Gewalt, die in jenen Stunden erst zu ahnen war und die sich ein Jahr später, in Lyon, freimachte und von den Arbeitenden hinausgetragen wurde auf die Straßen, wäre er längst nicht mehr zu finden gewesen. Desgleichen entstieg Géricaults Vision einem gehetzten, verstörten Leben, in dem die Unbändigkeit, die ständige Flucht vor sich selbst anfangs ihren Ausdruck fand in den Heerzügen und dem Zusammenbruch des napoleonischen Reichs, in breit und heftig gemalten martialischen Szenen, später dann in wild dahinjagenden Pferden. Etwas von einem Dandy, einem Libertin war in diesem Maler, der seinem Ausbrennen, seiner Erschöpftheit doch immer wieder einen überlegnen Farbfluß, einen atemberaubenden Rhythmus abgewann. Die kolonialen Revolten, die Meutereien von Matrosen, die Übergriffe eines korrupten Staats lenkten ihn dem Motiv entgegen, das in seinem eignen Außenseitertum, seinen Anfällen von Umnachtung schon vorbereitet war. Fieberhaft nahm er alles auf und ließ es in sich wirksam werden, fast zerbrach er an der Mühe, das Gemalte zum Augenzeugenbericht werden zu lassen. Goya war tief verwurzelt in seinem reflektierten Entsetzen, dessen Konkretion sich zuweilen ins Irreale steigerte. Alle blitzhaften Eindrücke aus der zehnjährigen Zeit des Kriegs gegen die napoleonischen Truppen kamen in der Brutalität der Hinrichtung zum Ausdruck. Er projizierte ein Bild, das in jeder Einzelheit einem Sachverhalt zu entsprechen schien und das so, wie es sich auf der Leinwand abzeichnete, doch nie stattgefunden hatte. Trotzdem war es den Malern gelungen, bei der Umsetzung des tatsächlichen Ereignisses in die Skala der Kunst, einschneidenden Augenblicken ein Denkmal zu setzen. Etwas Durchlebtes hatten sie in ihre eigne Gegenwart gerückt, und wir, die die Kristallisierung sahn, ließen sie aufs neue aufleben. Gezeigt wurde immer etwas andres als das, woraus es hervorgegangen war, gezeigt wurde eine Parabel, eine Kontemplation über Vergangenes. Aus Vorbeitreibendem war etwas Bleibendes, Freistehendes geworden, und wenn es Wirklichkeitsnähe besaß, so deshalb, weil wir plötzlich davon angerührt, bewegt wurden. Am eindeutigsten hatte Picasso die Unmöglichkeit ausgedrückt, dem Erlebnis andrer Menschen gerecht zu werden, nur auf seine eignen Wahrnehmungen, seine subjektiven Assoziationen verließ er sich. Es ging ihm nicht darum, die Zahl der abgeworfnen Bomben, der zerstörten Häuser, der Verwundeten und Toten zu nennen. Das konnte an andrer Stelle nachgelesen werden. Er wartete, bis die Wolken des Rauchs, des Staubs sich zerteilt hatten, bis das Stöhnen und Schreien verstummt waren. Dann erst, für sich, im Raum allein mit der Malfläche, fragte er sich, was Guernica war, und als es Gestalt annahm vor ihm, als offne Stadt, als Stadt der Wehrlosen, wurde es zur ungeheuren Mahnung vor Heimsuchungen, wie sie dieser Art noch kommen konnten. Guernica stand am Anfang einer Reihe, deren Ende noch nicht abzusehn war. Géricault zeigte einen Schlußpunkt auf. Er befragte die Überlebenden, ließ sich ein Modell des Floßes bauen, begab sich ins Hospital und Leichenschauhaus, erforschte die Physiognomie von Geisteskranken und Sterbenden und die Hautverfärbungen an Toten. In Gefängnissen fertigte er Zeichnungen an von den Köpfen und Rümpfen Guillotinierter, und an der atlantischen Küste malte er zahllose Studien der Wellen, der Brandung. In der Nähe der Siechen, der Irren und Ausgestoßnen suchte und lernte er das Detail, das er zur Darstellung der Opfer des beginnenden französischen Kolonialstaats und des weiterwirkenden Menschenverschleißes benötigte. So konnte das, was zweifelhaft und unzureichend war im Leben des Künstlers, doch plötzlich umschlagen in Überlegenheit. Aus Dahindämmern, dem kraftlosen Daliegen auf den glitschigen Planken des Floßes wuchs eine noch unverbrauchte Energie empor, und die Gesten der Gruppe vor der Erschießung wiesen weit hinaus aus dem Grauen in der Sandgrube bei Madrid. Zum Wesen des künstlerischen Prozesses gehörte dieser Zwiespalt zwischen Ungewißheit und Überzeugung, zwischen Schemenhaftem und überdeutlicher Konkretion. Géricault war siebenundzwanzig Jahre alt, als sein Bild zum Skandal des Herbstsalons Achtzehnhundert Neunzehn wurde. Er nahm seitdem an keiner Ausstellung mehr teil. Entmutigung trieb ihn von Paris nach London. Die vier Jahre, die ihm noch blieben, waren mit sinnloser Hektik erfüllt, die ihm schließlich, nach wüsten Finanzspekulationen und Hindernisritten, das Rückgrat brach. Als Zweiunddreißigjähriger starb er, weniger an den Folgen seiner Leidenschaft fürs Pferderennen, als am Wahn seines Zeitalters. In den vier, in gleichartiger Bewegung hoch überm Boden fliegenden Pferden beim Derby von Epsom hatte er den Traum seines Todes gemalt. Hier war alles gebannt in einem Lauschen vor schwarzem Himmel, im sausenden Sprung hügelab. Delacroix, Hofmaler, Ritter der Ehrenlegion, protestierte nicht, als sein Freiheitsbild, das bei den neuerrichteten Barrikaden nun doch Anstoß erweckte, in den Keller des Luxembourgmuseums befördert wurde. Erst bei der Ausrufung der Zweiten Republik, im Februar Achtundvierzig, wurde es aus dem ländlichen Versteck geholt, wo Delacroix selbst es während der letzten zehn Jahre verwahrt hatte, um nach dem Staatsstreich Louis Napoleons wieder hinter Schloß und Riegel zu geraten. Er mochte ein Opportunist gewesen sein, doch zurückgelassen hatte er ein politisches Bild, an dem Meinungen sich entzünden konnten. Hellsichtigkeit und Empörung gehörten zu den Malern, ebenso wie Wankelmut und Verblendung. In ihren Werken erhoben sie sich über die eigne Unsicherheit und besiegten die Unzuverlässigkeit ihres Denkens. So fanden sie auch, vorm Weggewischtwerden, eine Bestätigung ihrer selbst, und das Verlangen danach war vielleicht der erste Impuls, der sie zu ihrem Handwerk führte. Beim Kräftemessen mit der Vergänglichkeit wurden kleine Standorte, Beobachtungsstellen umrissen, ein Hemeroskopeion wurde errichtet und befestigt. Ich erinnerte mich, wie mich beim Lesen, beim Betrachten von Bildern zuweilen die Empfindung von Ausweglosigkeit überkam, das ganze Mißtrauen gegen eine Welt, die Mühsal und Ekel durch Formen und Farben bezwang. Noch einmal die Reproduktion von Goyas Gemälde aufschlagend, versuchte ich mir vorzustellen, wie es gewesen sein mußte in diesem sandigen Hohlweg, in den der Maler eine so flammende Vitalität gelegt hatte. Vermutlich gab es neben den noch zuckenden, blutüberströmten Leibern nicht den geringsten Gedanken an Zorn, Stolz und Sieg, nur Würgen, Frieren und unsägliche Angst, und von einer Zukunft war keine Spur vorhanden, beim Krachen der Schüsse war alles längst in furchtbarer Unwirklichkeit vergangen. Was sollten wir anfangen mit diesen Zeichen der Einmaligkeit, was half uns das vollendet komponierte Massaker, wenn alles um uns ungelöst blieb. Dann aber hörte ich wieder, als wir uns ausgestreckt hatten im Gras, unterm tiefgrünen Blattwerk, in diesem ewigen Tönen der Zikaden, die Stimme meines Vaters. Für ihn, sagte ich, wären dies Dinge gewesen, die ihn zum Forschen angeregt hätten. Warum, so könnte er fragen, ließ Géricault sich enttäuschen, warum ging er jetzt nicht erst recht zum Kampf über, da er die Reaktion auf sein Bild sah. Und er würde fragen, ob das Gemälde des Delacroix nun an Wert verlor, weil dieser zum Reaktionär geworden war, und dann aus der Bibliothek alles herbeitragen, was sich über das Leben des Malers auffinden ließ, und meine Mutter würde ihm aus den französischsprachigen Büchern übersetzen. Oft hatte ich meinen Vater sagen hören, daß er die Zeit vor sich sehe, in der er, im Alter, wenn keine Werkstatt ihn mehr aufnähme, sich ganz solchen Studien widmen könne. Doch dabei mußte er an eine Zukunft gedacht haben, die jetzt noch fern war, und rasend würden wir an die Arbeit gehn müssen, um die Voraussetzungen zu schaffen dafür, daß er erhielt, was er benötigte. Wie mein Vater stets Anspruch erhoben hatte auf den Zugang zu den kulturellen Gütern, so hatte er drauf beharrt, daß ihm gehöre, was ihn an seinem Arbeitsplatz umgab. Kunst und Literatur waren Produktionsmittel, wie es die Werkzeuge und Maschinen waren. Sein Leben war eine einzige Anstrengung, um über die gezogne Trennungslinie hinwegzukommen. In der Fabrik konnten Kollegen ihn zuweilen verspotten, ihn sogar Streber nennen, wenn sie ihn bei übermäßiger Pflege der Maschine fanden, wenn er nachdachte über technische Verbeßrungen. Daß wir mißbraucht werden, sagte er, dürfe nicht dazu führen, daß wir in unsrer Arbeit nur Zwang und Fron sähen und uns von Unlust und Unwillen leiten ließen. So wie wir verloren wären, wenn wir uns nicht den Inhalt von Büchern und Bildern aneigneten, so würden wir absterben, betrachteten wir nicht jetzt schon jedes Ausrüstungsstück in der Fabrik, jeden von uns erzeugten Gegenstand als unsern Besitz. Hieß es dann, er gäbe sich einem Selbstbetrug hin, denn nicht uns, sondern andern käme unsre Arbeit zugute, so richtete er sich auf, wandte dem Sprecher zunächst sein breites, knöchernes Gesicht stumm zu und antwortete dann, mit seiner verhaltnen Überzeugungskraft, daß sich ihm ringsum nichts andres zeige, als daß wir uns vorbereiteten auf die Übernahme der Macht. Ich wußte, welche Selbstüberwindung es ihn kostete, bei allen Niederlagen, die er im Lauf der Jahre einzustecken hatte, an seinem Standpunkt festzuhalten. Auch als er seine Anstellung als Vorarbeiter verlor und nur aushilfsweise Verwendung fand, ließ er nicht davon ab, jede Aufgabe im Bewußtsein seiner ganzen Verantwortung auszuführen. Nie würden wir imstande sein, sagte er, unsre Lage zu verändern, so lange wir gefangen blieben in unsrer Halbheit und Entfremdung. Daß ihm niemand für seinen Einsatz dankte, war klar, verständlich war auch, daß viele ihn, den Lohnabhängigen, der tat, als bewege er sich auf dem Boden eines vergesellschafteten Betriebs, für schrullig hielten. Sein Wahlspruch war der Marxsche Satz, daß die Arbeit das schöpferische Prinzip, das Wesen der Menschengattung ausmache. Probleme der Kunst, der Literatur wurden immer von der Basis der Arbeit aus erwogen. Wir werden einmal, sagte mein Vater, entdekken, daß es seit jeher eine Kunst im Untergrund gegeben hat, die das Leben des arbeitenden Menschen schilderte. Ich gab Ayschmann seine Worte wieder, derer ich mich jetzt entsann. Ich sah meinen Vater am Küchentisch sitzen, er hatte davon gesprochen, daß der Arbeiter erst gegen Ende des neunzehnten Jahrhunderts als Gestalt in der Kunst erschien. Vordem war er in bekannteren Werken überhaupt nicht oder nur als Staffage vorhanden gewesen. Oben konnte man sagen hören, während sie durch ihn hindurchsahn, er mache nicht viel von sich reden. Die umstürzenden Handlungen, die revolutionären Verändrungen, die seiner Initiative zugeschrieben werden mußten, waren schnell in den Besitz des Bürgertums eingegangen. Das Volk, ohne eignen Reproduktionsapparat, konnte die Umwälzungen nur unter großen Schwierigkeiten und bruchstückweise erkennen. Mein Vater verlangte nach einer Wissenschaft, deren Anliegen es war, die Vorboten der proletarischen Kämpfe in Zeichnungen, Holzschnitten, Gemälden, Skulpturen aufzufinden. Dies gehörte wieder zu den Themen, die er, aufgrund ihrer riesigen Verzweigungen, seinem Dasein als studierender Pensionär vorbehalten mußte. Er habe jedoch auf Abbildungen sumerischer, babylonischer, ägyptischer Friese und asiatischer Tempel, in den Chroniken, Miniaturzyklen, Brevieren und Hausbüchern, an mittelalterlichen Altarschreinen und Betgestühlen bereits so viele Hinweise auf die tragenden Kräfte der Gesellschaft entdeckt, daß er von einem ungeheuren Andrang sprechen müsse, dem die Maler und Bildhauer nicht ausweichen konnten. Überall traten, so wie sie sich dem Blick der Künstler eingeprägt hatten, sagte mein Vater, die Arbeiter, Bauern, Handwerker aus dem gemeißelten Stein, dem geschnitzten Holz, den Strichen der Stifte und Pinsel zutage. Und doch blieben sie immer im Hintergrund der Bildgeschichte. Ihre Gesichtszüge waren voller Sicherheit und Besonnenheit, ihre Geräte, die sie selbst hergestellt hatten, besaßen die Ausgewogenheit des Funktionellen, in ihren Gebärden war nichts Zufälliges, Überflüssiges. Sie waren die Tätigen, alles, was erzeugt wurde, ging durch ihre Hände, es blieb beim Anblick all dieser Pflügenden und Fischenden, Erntenden und Bauenden kein Zweifel daran, daß den Fürsten und Priestern, den Heerführern und Feudalherrn das gesamte Gefüge im Nu zusammenbrechen würde, ließen diese kleinen, emsigen, achtsamen Gestalten davon ab, es zu stützen und zu pflegen. Dennoch waren sie unscheinbar, schmolzen ein in die Landschaftsteile, in die Ausschnitte von Städten und Burgen, waren nicht mehr als ein Gewächs, ein weidendes Tier, während die Hoheiten, weich und leer in prunkvollen Gewändern, sich turmhoch über sie erhoben. So war es eben, sie, denen das Sehen Beruf war, konnten nicht umhin, dieses unaufhörliche Wirken zu würdigen. Auch waren sie selbst ja Handwerker, von begünstigtem Stand, kamen ihnen nah bei der Auswahl der Werkzeuge, des Arbeitsmaterials, aber sie standen im Bann der Größenverhältnisse, kolossal krönten die Köpfe der göttlichen Könige die Bauwerke, allmächtig umschlangen ihre Glieder die Gemäuer, nur unter ihren Füßen konnte Platz gefunden werden für ein schmales Relief, auf dem sich etwas vom täglichen Leben des Volks andeuten ließ. Was mein Vater untersuchen wollte und wozu er die Systematisierung seiner Eindrücke benötigte, das waren die Ansätze, die es immer wieder gegeben hatte, in denen die Beziehungen zu den Werktätigen sich vertieften, in denen die Dimensionen sich verschoben und die Arbeitenden aus ihrer Geringfügigkeit herausgelöst wurden, um sogar hier und da, in einer sozialen Zusammenstellung, zu dominieren. Einen Knecht, einen Soldaten schwerwiegender erscheinen zu lassen als den Herrn, den Ritter, das kam einer ketzerischen Handlung gleich, die vorerst noch nach Verborgenheit, nach Konspiration verlangte. Doch es war so, sagte mein Vater, daß der Dargestellte nie von sich selbst, sondern immer vom Künstler, vom Angehörigen eines andern Lebenskreises, gesehn wurde. Wir, sagte er, haben uns einzig und allein in unsrer Arbeit ausgedrückt, nur selten bekamen wir zu Gesicht, was in der Kunst von uns festgehalten wurde. Wir hatten den Umgang mit unsern Werkzeugen, unsre Kunst war das Bewirtschaften der Felder, das Veredeln der Früchte, das Bauen der Häuser, dazu gehörten Lieder, Fabeln, Märchen, mündlich überliefert, nie machten wir etwas aus dem, was wir mit unserm Namen unterzeichneten. Die geheime Kunst, die auf Tempeln und Kathedralen, in Handschriften und Ständebildern etwas über unsre Gegenwart aussagte, war uns wohl verbündet, und sie trug auch dazu bei, daß allmählich eine Würdigung unsrer Leistungen aufkam, doch was wir meinen, wenn wir von unsrer Kultur sprechen, ist was andres, es ist eben dieses Tätigsein, das allem zugrunde liegt, was uns auf dem Land und in den Städten umgibt. Unsre Kultur, das ist das Tragen, Ziehn und Heben, das Aneinanderknüpfen und Befestigen. Diese Kultur tritt mir entgegen, sagte er, wenn ich sehe, wie einer das gehackte Holz aufschichtet, die Sense schleift, das Netz flickt, die Balken zum Dachstuhl zusammenfügt, die Kolben der Maschine poliert. Er wolle dies nicht idealisieren, fügte er hinzu, aber er sehe keine andre Möglichkeit, etwas von dem wachzurufen, was uns mit der Gesamtheit von Können und Wissen einer Epoche verbinde. Das Merkwürdige sei ja, sagte er, daß erst die künstlerische Abbildung einer Näherin, einer Spitzenklöpplerin, eines Mähers und Dreschers, einer Magd bei der Traubenernte oder eines Schmieds unsrer Arbeit einen Wert verleiht. Nur im Kunstwerk besäße die Arbeit kulturelle Bedeutung, dort sei sie zu Kunst geworden, während die Ausführenden ranglos blieben. Ich entsann mich dieses Gesprächs so deutlich, weil es zusammenhing wiederum mit einem Bild, dem zweieinhalb Meter breiten Gemälde des Eisenwalzwerks von Menzel. Anhand eines Farbdrucks hatte mein Vater mir erklärt, wie jetzt, da durch das Heranwachsen einer bewußten Arbeiterklasse auch in der anerkannten offiziellen Kunst ein Platz für sie eingeräumt wurde, auf dem sie sich zur Geltung bringen durfte, und wie gleichzeitig die Großzügigkeit des Etablissements mit geschickter Handhabung zurückgenommen wurde. Allgemein wurde dieses Bild, dessen Original wir uns später in der Nationalgalerie ansahn, eine Apotheose der Arbeit genannt. Die Atmosphäre der Schwerindustrie war überzeugend mit großer technischer Sachkenntnis wiedergegeben worden. Der Dampf, das Dröhnen der Hämmer, das Kreischen der Kräne und Zugketten, das Rotieren der Schwungräder an den Maschinen, die Hitze der Feuer, die Weißglut des Eisens, die Anspannung der Muskeln, dies alles war in der Malerei zu verspüren. Zum Bildzentrum hin schob die Gruppe der Schmiede den glühenden Metallblock vom angehobnen Karren unter die Walze, rechts, abgedeckt durch eine zerbeulte Blechscheibe, zusammengesunken unter Rohren und Ketten, rasteten ein paar Männer, löffelten aus Näpfen, hoben eine Flasche zum Mund, und am linken Bildrand, mit nacktem Oberkörper, wuschen sich Leute der abgelösten Schicht Hals und Haare. Jede Handhabung, jede Drehung und Beugung über den Werkzeugen und auch das müde, erschlaffte Dasitzen in der Ecke war Bestandteil der riesigen Halle, eingezwängt in das Gestänge, das Tageslicht, das entfernt an ein paar Stellen durch den Dunst schimmerte, schien unerreichbar. Die Schilderung dieses unaufhörlichen, verschwitzten Ineinandergreifens sagte nichts andres aus, als daß hier hart und widerspruchslos gearbeitet wurde. Die Wucht im Hochstemmen und Ausschwingen, geregelt und beherrscht, der Augenblick größter Konzentration beim Griff um die Zangen, die Wachsamkeit des bärtigen Vorarbeiters am Hebel, beim Entgegennehmen des Walzstücks, das Abschrubben der verrußten Körper, das Erloschensein in kurzer Pause, wies auf ein einziges Thema hin, auf die Arbeit, auf das Prinzip der Arbeit, und es war ein bestimmtes Prinzip, dessen Art sich erst nach eingehender Beobachtung definieren ließ. Es handelte sich nicht um die Arbeit, so wie mein Vater von ihr sprach, um die Arbeit als Vorgang der Selbstverwirklichung, sondern um Arbeit geleistet zu niedrigstem Preis und zu höchstem Profit des Arbeitkäufers. Da nur die Arbeitenden zu sehn waren, mit ihrem ganzen Dasein den Tätigkeiten hingegeben, wurde der Eindruck erweckt, daß sie das Werk beherrschten. Sie füllten, kraftvoll skulptiert vom Schein des Feuers, den Raum aus. Beim ersten Anblick, sagte mein Vater, als wir uns im Kunstmuseum befanden, stellen sie sich in der überwältigenden Dominanz von Produktivkräften dar. Und doch bestätigen sie nur bis ins letzte die Regeln der Arbeitsteilung. Es wirkt, als handelten sie selbständig, sie existieren aber einzig in ihrer Bindung an die Maschinen und Geräte, die das Eigentum andrer sind. Diese andern waren nicht zu sehn, die Arbeitenden jedoch waren ihnen verdingt. Auch sie, die im verdreckten Winkel kauerten, eine Weile für sich, fast wie im Besitz eines eignen Lebens, warteten nur auf das Signal, das sie wieder zurückrief. Ihre Stärke entwickelten sie allein im Handwerk, und auch dort waren die Bewegungen ihrer Arme nicht bedrohlich, es war deutlich, daß sie diese ausschließlich zur Erzeugung von Gütern verwenden würden. Die Lobpreisung der Arbeit war eine Lobpreisung der Unterordnung. Die Männer, die sich von Funken umsprüht um die glühende Eisenmasse scharten, die sich am Trog wuschen, und sie, die übermüdet vor sich hinstarrend bei ihrer Mahlzeit saßen und vor denen die junge Frau mit dem verhärmten, ängstlich aufblickenden Gesicht die leeren Becher in den Korb packte, sie alle waren machtlos. Die Tiefe der Fabrik war unbestimmbar, die Reihen der senkrechten und horizontalen Eisenträger und Rohre zogen sich als Gitterwerk ins Unendliche hin. Der sich im Rauch verlierende Bau war eine Welt, aus der es kein Entrinnen gab. Besaßen wir heute auch eine Kantine, einen Waschraum, eine Umkleidekammer und konnten mit technischen Verbeßrungen rechnen, so war der Produktionsgang doch noch der selbe, wie Menzel ihn dargestellt hatte Achtzehnhundert Fünfundsiebzig, vier Jahre nach der Zerschlagung der Commune. Ihre gesammelte Energie legten die Arbeiter in die Herstellung der eisernen Blöcke, aus denen Schienen, Lafetten, Kanonenrohre wurden. Ihre Friedfertigkeit schmolzen sie um zu einer Gewalt, die sich, von weit draußen her, gegen sie, gegen ihre Interessen richten würde. Der

Frau mit den umschatteten Augen, rechts vorn, war anzusehn, daß sie in einem Kellerloch zu Hause war, daß ihre Kinder hungerten. Der Maler hatte ihre Dürftigkeit gekennzeichnet, er hatte die Arbeitshetze wiedergegeben, die unwürdigen Verhältnisse, unter denen die Arbeitenden sich wuschen und ihre Mahlzeit einnahmen, und doch weckte das Bild keine Empörung. Vielmehr gemahnte es an etwas Unabwendbares. Der arbeitende Mensch war Träger der Aktion, voller Sicherheit verrichtete er seine Aufgaben, jeder Griff, jede Geste schien ihm selbstbewußte Größe zu verleihn, seine Leistungskraft aber, darauf wies mein Vater hin, war nur dazu angetan, unsichtbare Kassen und Tresore zu füllen. Bei allem Mitgefühl, das der Künstler für die soziale Lage der Arbeiter gespürt haben mochte, waren die Männer, mit ihren zerfurchten Gesichtern und den vor der Glut zusammengekniffnen Augen, ihren um die Werkzeuge geballten Fäusten, doch losgelöst worden von den gesellschaftlichen Kenntnissen, Dokumentationen und Organisationen, die damals bereits Wirklichkeit besaßen. Als Laufjunge dienend bei Alfa Laval sah ich, wen Menzels Meisterschaft vors bewundernde Publikum gestellt hatte, den deutschen Arbeitsmann aus Bismarcks und Wilhelms Reich, unangefochten vom Kommunistischen Manifest, in seiner einzigen Befugnis, wacker und treu zu sein. Seine mit Glanzlichtern und fließenden Schatten versehne Gestalten waren Handlanger des Eisens. Diesem war etwas Elementares zu eigen. Mit seiner intensiven Glut war es mehr als Metall, es symbolisierte die Expansion des industriellen Imperialismus. Der Arbeiter war grade so viel wert, wie der Lohn, den er empfing. Hauptfigur des Werks, dessen Materialtreue die Freude des Fachmanns war, war nicht der Arbeitende, sondern die weißglühende sinterspritzende Luppe, die zur Akkumulation des Kapitals unter die Walztrommeln kam. Vielleicht hätte mich diese Lesart des Bilds noch nicht überzeugt, wenn ich das Gemälde im Museum nicht flankiert gesehn hätte von zwei andern Werken des Malers. Das eine schilderte die Abreise des Königs Wilhelm zur Armee, am einunddreißigsten Juli Siebzig. Unter den Linden stand, ehrfürchtig sich verneigend oder in strammer Haltung, hüteschwingend, jubelnd, schluchzend vor Rührung das Volk, und huldvoll winkte der Regent in der Kutsche und fuhr in Richtung Brandenburger Tor, Sedan, Versailles, seiner Proklamierung zum Kaiser und der Gründung des Deutschen Reichs entgegen. Das andre, aus dem Jahr Neunundsiebzig, zeigte ein Ballsouper in den Prunksälen des Schlosses, wo, umglänzt von Gold und Kristall, die ordengeschmückten Herrn in Frack und Galauniform ihre Gläser und Teller balancierten, mit Damen in großer Toilette plaudernd. Zwischen solch festlichem Farbenrausch, schwirrend von Seide, von Juwelen glitzernd, und dem Gewoge von wehenden Fahnen, von Hochrufen auf besonnter Straße, bot sich das verrauchte Eisenwalzwerk dar. Links das Ereignis, von dem es hieß, der Herzschlag der Nation käme darin zum Ausdruck, rechts die Hofgesellschaft unterm Reigen der Engel. Auf der einen Seite die begeisterte Begrüßung des Kriegs, die Erziehung zum Bückling, zum Speichellecken, auf der andern Seite die Verherrlichung schwülstiger Pracht. In der Mitte härteste Schufterei, um denen zur Rechten und Linken den Reichtum zu schaffen. Ein Triptychon über die neuere deutsche Geschichte. Das zentrale Stück mit den Männern in ledernen Schürzen, schwere Stangen und Zangen schwingend, wies den ganzen Betrug auf, der an der Arbeiterklasse begangen wurde. So waren die Arbeitenden, ausgenützt von den Machthabenden, dazu gezwungen worden, den Feldzug gegen Frankreich zu ermöglichen, so hatten sie, verleitet von ihren eignen Parteiführern, den Weltkrieg mit ins Rollen gebracht, und so schmiedeten sie nun dem Faschismus die Waffen. Das Gemälde des Eisenwalzwerks, als Farbdruck weit verbreitet, wurde ihnen, den Produzierenden, als Vorbild, als Mittel zur Erbauung, vorgelegt. Es war in mancher Arbeiterküche zu finden. In größerem Format und eingerahmt kam es früher bei Gewerkschaftsfeierlichkeiten zur Verlosung, später wurde es ausgegeben von nationalsozialistischen Organisationen. Die Werkleute, von Menzel in ein Gefängnis versetzt, aus dem der Klassenkampf verbannt war, wurden von meinem Freund Coppi oft umgezeichnet, so daß in den Zangengriff strampelnde Männchen in Frack und Zylinder oder ordenbehängter Uniform gerieten. Die Reproduktion des Bilds untersuchend, waren wir auf eine weitere aufschlußreiche Einzelheit gestoßen. Beim Nachziehn des perspektivischen Musters der Komposition zeigte sich, daß die Fluchtlinien aller Rohre und Balken, der Walzgestelle und angehobnen Zangengriffe, der Werkstücke auf den Karren und der Schwergewichtsverlagrung in den Bewegungen der Gruppen in dem Punkt links im Hintergrund zusammenliefen, wo, unter der Senkrechten eines Tragpfeilers, ein Herr stand, in Hut und Gehrock, die Hände auf dem Rücken, abgewandt vom Betrieb, das Profil träumerisch dem Lichtstrahl entgegengehoben, der durch die Dämpfe hindurch auf ihn fiel. Solchermaßen beschienen und so abgesondert, müßig und zufrieden war sonst keiner. Unauffällig stand er da, verweilte auf seinem Rundgang und sann nach, vielleicht über die malerischen Reize dieses metallischen Gefüges, vielleicht über Aktienkurse oder über Auszeichnungen, die ihm von den Ministern verliehn würden, und darüber, wie wohl alles unverändert seinen Lauf nehmen könne. So hatte Menzel in dem imponierenden Vexierbild seinen Auftraggeber versteckt. Ich beschrieb Ayschmann, wie die Produktionsverhältnisse geschildert worden waren von einem Maler namens Koehler, Achtzehnhundert Sechsundachtzig, in den Vereinigten Staaten. Das Bild hieß Der Streik, und dessen Reproduktion, einer alten Ausgabe der Zeitschrift Harpers Weekly entnommen, hing schon in Bremen bei uns in der Wohnung. Dieses Werk, auf der Pariser Weltausstellung Achtzehnhundert Neunundneunzig gezeigt, hatte nichts von Menzels saftiger und prickelnder Farbbehandlung, es war von illustrativer Sachlichkeit, die eine Frage nach Malweise und Komposition ausschloß und die Aufmerksamkeit allein auf den Inhalt lenkte. Links war der Fabrikbesitzer aus der Tür seines mit einem Säulenvorbau versehnen Hauses getreten. Er stand auf der obersten Stufe der Treppe, hinterm ornamentierten gußeisernen Geländer, vornehm gekleidet, mit Stehkragen, Manschetten, Zylinder, weißhaarig, blaß und verbissen, die Finger der Rechten angehoben, als hielten sie eine Zigarre, die Hand aber war leer, ihre Geste drückte Überraschung, kraftlose Abwehr aus. Überragte er auch die vor ihm Stehenden und war seine Haltung auch noch geprägt von der Selbstsicherheit einer Klasse, die sich das Aufgeben ihrer Vorrechte nicht denken konnte, so war doch ersichtlich, daß ihm gegenüber eine Stärke anwuchs, die ihm ohne geringste Mühe seine Vergänglichkeit beibringen könnte. Rückwärts gedeckt von den Steinquadern seines Hauses, vom erschrocknen Diener jedoch schon halb verlassen, stand er in käsiger Würde vor den Arbeitern, die sich erregt zusammenscharten, und sein ganzer Mut bestand darin, daß es ihm unvorstellbar war, sie könnten den Schritt zu ihm hinauf tun und ihn von seinem Podest reißen. Unzählige Male, schon als Kind, hatte ich dieses Bild betrachtet und mit meinen Eltern drüber gesprochen, und immer wieder regte es die Phantasie zu neuen Auslegungen an. In der Gruppe der auf dem freien Platz vorm Haus versammelten Arbeiter schienen alle Entwicklungsmöglichkeiten des entstandnen Konflikts enthalten zu sein. Die eine Hand geballt, mit der andern, zurückgestreckten Hand auf die Fabrik zeigend, deren Schornsteine, im Gegensatz zu den Schloten der Industrien am diesigen Horizont, nicht rauchten, wandte sich der Wortführer unmittelbar vor der Treppe dem Chef zu, während die andern, in abwartenden und unterschiedlich drohenden Haltungen der Auseinandersetzung folgten oder untereinander heftig diskutierten. Eine Frau versuchte, einen der Arbeiter, dessen Gebärde ausdrückte, daß die Geduld jetzt zu Ende sei, daß sofort was geschehn müsse, zu beschwichtigen, und ein Mann, rechts vorn, mit einer Mütze aus gefaltetem Papier, beugte sich zum staubigen Boden herab, um einen Stein aufzuheben. Sie waren aus ihrer braunschwarzen, burgähnlichen Fabrik rausgekommen, sie waren unbewaffnet, sie hatten sich jetzt genug schinden lassen, voller Zorn waren sie den Hügel hinuntergelaufen, bis zur Treppe, die letzten der Belegschaft eilten aus dem verräucherten Bau, auch der Kutscher hatte sein Pferdegespann, drüben in der lehmigen Mulde, verlassen. Der Griff zum Stein, der im Hintergrund wiederholt wurde, war das Signal, daß nur noch Gewalt möglich sei. Der Besitzer der Fabrik stand steif und kalt als einzelner da, und die Arbeitenden besaßen vernichtende Überlegenheit. Trotzdem blieb dem Herrn Unnahbarkeit erhalten. Der Stein würde nicht geworfen werden. Was auch immer sich aus der gegebnen Situation anbahnen wollte, es kam vor der Schwelle der Treppe zum Stocken. Bei den weiter entfernt Stehenden waren die Bewegungen voller Empörung, Entschlossenheit, in der Nähe des Ziegelsteinhauses ließen sie nach, wurden zögernder, abwartender, jedoch nicht mutlos. Das Haus wurde nicht gestürmt, weil die Arbeiter die Gewalt kannten, die dem morbiden Herrn die Arroganz sicherte. Hinter dem Haus standen unsichtbar die schwerbewaffneten Nationalgarden. Wie oft, sagte ich zu Ayschmann, als wir auf dem Pfad zwischen den Apfelsinenbäumen zum Flußufer zurückgingen, hatte ich versucht, mir vorzustellen, mit welcher Leichtigkeit die Treppe genommen und der Alte mit einem Schlag erledigt werden könnte, doch diese Vorstellung war in sich gebrochen, denn wir wußten, weder in Amerika, noch bei uns, war diese einfache Handlung gelungen. Nur in Rußland hatten sie den Schritt die Stufen hinauf gewagt. Die Menge der Arbeitenden dominierte den Bildraum, ihre Macht war greifbar, das Bisherige war unerträglich, es konnte so nicht weitergehn, und doch kam es nicht zum Sprung. Später verstand ich, daß das im Bild dargestellte Geschehnis, bei aller gärender Unruhe, doch nur eine Möglichkeit enthielt. Der Maler war keiner Utopie verfallen, er stand eindeutig auf der Seite der Arbeitenden, er kannte deren Lebensbedingungen, er hatte seine Gestalten studiert, so wie auch Menzel sie studiert hatte, doch im Gegensatz zu dem preußischen Hofmaler hatte er die Arbeiter, in ihrer schweren Körperlichkeit, nicht im Bann der Warenerzeugung, sondern in ihrem Selbstbewußtsein gezeigt. Sie standen, bei ausgebrochner Kampfaktion, dem Ausbeuter gegenüber, der im Eisenwalzwerk noch unbehelligt meditieren konnte. Ihr Einhalten vor der Treppe war von der Vernunft diktiert. Ein vereinzelter Angriff wäre sinnlos gewesen, sofort zusammengeschossen worden. Das wütende Warten, die geschüttelten Fäuste waren Vorboten von Maßnahmen, die auf organisatorischem Weg getroffen werden mußten. Auch mich packte jedesmal beim Anblick der knöchernen schwarzgekleideten Figur oben auf der Treppe der Aufruhr. Erörterten wir dann das Bild, stellten wir die Klugheit, die historischen Einsichten des Malers fest. Achtzehnhundert Achtundsechzig, das war das Jahr gewesen, als in den Vereinigten Staaten die Massenstreiks begannen, als für den Achtstundentag demonstriert und als, am Ersten Mai, in Chicago die Kundgebung der Arbeiterschaft von den Polizeitruppen blutig niedergeschlagen wurde. Das Bild des Malers Koehler, Achtzehnhundert Fünfzig in Hamburg geboren, Neunzehnhundert Siebzehn verarmt in Minneapolis gestorben, behielt seine Gegenwärtigkeit als unverstelltes Zeugnis vom Antagonismus zwischen den Klassen. Der Gewerkschaftsbund war gegründet worden, die Arbeiterführer aber hatten sich korrumpieren, einkaufen lassen vom Feind, das Proletariat befand sich immer noch vor der dringenden Aufgabe, seine Lage zu verändern. Langsam über die Brücke auf das Stadttor zugehend, mit seinen gedrungnen Wehrtürmen, kam Ayschmann noch einmal auf meinen Vater zu sprechen. Wie leicht war mir alles zugefallen, früher, sagte er, mir kam nie der Gedanke, daß der Erwerb eines Buchs mit Schwierigkeiten verbunden sein könnte, bei uns waren die Wandregale angefüllt mit Literatur, in langen Reihen standen Schallplatten mit klassischer und moderner Musik, wir reisten, sahn uns Kunstschätze an, jetzt besitzen wir nichts, mein Vater, einst Großkaufmann, schleppt in London hausierend seinen Musterkoffer zu den Textilfirmen, kann seinen Lebensunterhalt kaum mehr verdienen. Im Zimmer einer Pension leben meine Eltern, sie lesen nicht mehr, sie hören keine Musik, sie gehn zugrunde. Wie kann ich ihnen helfen, fragte er, was soll ich ihnen sagen, wenn ich je zu ihnen zurückkomme. Woher nahmen dein Vater, deine Mutter die Kraft. Meine Mutter erlag oft dem Druck der alltäglichen Mühen, sagte ich, sie ging zur Arbeit, dieser Gang morgens wurde nie infrage gestellt, abends aber konnte sie lange wie erloschen dasitzen. Wenn mein Vater aufmunternd zu ihr sprach, liefen ihr die Tränen übers Gesicht. Ich wußte auch nicht zu sagen, wie meine Eltern fertig werden würden mit den Bedrohungen, die sich jetzt vor ihnen auftürmten, täglich konnte ihr Land überfallen werden. Doch so war es ja immer gewesen. Was mein Vater auszudrücken versuchte, das war dies, wie die großen Geschehnisse auf uns zukamen, wie sie uns erdrücken, auslaugen, zermalmen wollten, alles, was er tat, war Auflehnung gegen diese Mächte, die über uns hinfluteten, und er wußte sehr wohl, wie winzig das für ihn Erreichbare war verglichen mit den tatsächlichen Proportionen des sozialen und geistigen Kampfs. Ein Zug Arbeiter in zerschlißnen Overalls kam uns auf der Brücke entgegen. Da fiel mir, überwältigend, das Bild von Munch ein, mit dem Titel Arbeiter auf dem Weg. Mit ihren schweren Schlagschatten gingen sie die lange, kahle Straße entlang, in fortwährendem Rhythmus, bei frühem Sonnenaufgang oder bei untergehender Sonne. Neben Koehlers Gemälde besaß diese Darstellung eines Lebenswegs besondre Bedeutung, da ich in der mittleren Figur des fast gespenstisch gradeaus starrenden vorgebeugten Manns mit dem kurzen Bart immer meinen Vater gesehn hatte. Die beiden Bildreproduktionen machten, neben dem Plakat mit dem grauen Arbeiter, der seine Ketten sprengte, den einzigen Wandschmuck in unsrer Küche aus, und war auf dem einen Bild der Streik, der Aufruhr zum Ausdruck gekommen, so sprach das andre vom ständigen Weitergehn, vom Wiederaufnehmen der Arbeit. Da gingen Alte und Junge hin und her zwischen dem Tagewerk, die Sirenen riefen nach ihnen und entließen sie wieder, und sie waren es, die der Arbeitsstätte ihr Wesen gaben. Ich nannte Ayschmann dieses Bild, weil alles drin vorhanden war, was ich am eignen Leib erfahren hatte, das morgenmüde Stampfen zur Fabrik, der erloschne Rückzug nach der Schicht, die Gebundenheit an die Arbeit, der Haß auf diese Gebundenheit und auf den Zwang, die Arbeit zu nehmen, die sich bot, die erstickte Wut, für andre arbeiten zu müssen, und die Angst, diese Arbeit zu verlieren. Es war die Vereinsamung darin, die sich aus der Betäubung, der ewigen Wiederholung ergab, es war darin die Niedergeschlagenheit, das Gefühl der Untauglichkeit, verschwendeter Energien, brachliegender bester Möglichkeiten, aber auch das Suchen nach Sinnvollem und Haltbarem, es war, trotz des Verstummens, der Vereinzelung in der Monotonie, gleichzeitig ein Zusammengehn darin, eine Erinnrung an die ungenutzte Stärke, die in jedem noch vorhanden war und die den Strom auf der von hoher Mauer gesäumten schnurgraden Straße unaufhaltsam machte. Von den Ärmeln der Blusen gestreift, ein paar Wortfetzen aufnehmend, den Rauch einer Zigarette einatmend, gingen wir in diesem Hin und Her, gehörten dem aus entgegengesetzten Richtungen zusammengewebten Weg an, der uns von Arbeit zu Arbeit führen würde. Gleich stand die Trennung bevor, der Krieg ging weiter, hier wurden wir nicht mehr gebraucht, Spanien aber war groß, lag überall, die Sache Spaniens begleitete uns, wohin auch immer wir kommen würden. Viel hätte es noch zu fragen gegeben, die Kolonne der Lastwagen aber wartete schon an der Plaza Castelar, an welche Adresse wir Briefe aneinander richten sollten, wußten wir nicht, doch da der Weg für uns der gleiche war, da uns die gleiche Kraft vorantrieb, blieben wir auch miteinander verbunden. Den Druck seiner Hand spürte ich noch, hörte undeutlich, im Dröhnen der anlaufenden Motore, daß er jetzt nach ihr suchen würde, die er in Albacete nicht mehr angetroffen hatte, dann nur noch sein Lachen, als ich mich hinaufschwang aufs

Deck, als ich mich entfernte und er zurückblieb zwischen den riesigen Kuppeln und Türmen Valencias, sein Lachen im hellen Gesicht, sein Winken, Straßenschluchten, Uferallee, Ausfahrtswege, Tiefebene, Erntende in den Reisfeldern, Gewehr auf dem Rücken, blitzende Sicheln, schmaler Landstreifen zwischen Meer und Binnensee, aufwirbelnder Sand, Brücken über Kanälen und Schleusen, Pinienwälder, Apfelsinenhaine, die Mündung des Jucar, Ketten von Hügeln und Bergen, einbrechende Dunkelheit.